Le système fiscal international : une construction conceptuelle et pragmatique

Finances publiques/Public finance

Collection dirigée par/ Collection directed by Thierry Lambert

Les finances publiques connaissent un développement important et se diversifient. Cette discipline couvre notamment les finances de l'État, le droit public financier, le droit fiscal, les finances communautaires, les finances locales, les finances sociales, les finances internationales et comparées, les procédures fiscales ainsi que le droit douanier. Ces questions peuvent être envisagées dans un cadre national, communautaire ou mondial.

La présente collection a pour vocation de publier des travaux originaux (thèses, essais, colloques...) ou de facture plus classique (manuels, commentaires de textes, recueils de documents...).

Elle a aussi pour ambition de rééditer des ouvrages aujourd'hui introuvables, mais fort utiles, dès lors qu'ils s'imposent comme référence et qu'ils sont agrémentés d'une préface substantielle.

Public finance steadily developing and diversifying. This discipline more particulary covers state finance, public finance law, tax law, EU finance, local finance, social finance, international and comparative finance, tax procedures and customs law. Those questions can be considered within a national community or global framework.

The aim of this collection is to publish original works (theses, essays, symposiums...) or more traditional ones (textbooks text analyses, collections of documents ...).

In addition, it is meant to re-publish books which are currently untraceable no matter how useful provided they stand as genuine references and contain substantial prefaces.

Dernières parutions

François Marie DJOA BOYAM, *Finances publiques et décentralisation au Cameroun*, 2024.
Simon RIO, *Les dispositifs anti-abus en droit fiscal international, Contribution à l'étude de la théorie de l'abus de droit appliquée au droit fiscal internationa*l, 2024.
Yoan ANTONIO, *L'intégration de l'égalité femmes-hommes dans le budget de l'Etat*, 2024.
Marie-Caroline LEFEBVRE, *La proportionnalité en droit fiscal, Une action modératrice, par l'adaptation, dans l'application de la norme fiscale*, 2023.
Jennyfer PILOTIN, *Le secret en matière fiscale*, 2022.
Florent OLIVIER, *Le juge et l'impôt, D'un dualisme complexe à un monisme vertueux*, 2022.
Gbandi NADJOMBE, *La fiscalité privilégiée en propriété industrielle. Contribution à la cohérence d'une fiscalité au service de l'innovation*, 2022.

Jean Giard

Le système fiscal international : une construction conceptuelle et pragmatique

Préface de Thierry Lambert

L'Harmattan

5-7, rue de l'Ecole-Polytechnique, 75005 Paris

http://www.editions-harmattan.fr

ISBN : 978-2-14-030969-4
EAN : 9782140309694

À ma sœur Louise
À ma famille
À mes amis

Le présent ouvrage est la reproduction, sous réserve de modifications mineures, d'une thèse pour le doctorat en droit public déposée à l'École doctorale de Sciences juridiques et politiques (ED 67) le 13 juin 2022 et soutenue publiquement à la Faculté de droit et de science politique de l'Université d'Aix-Marseille le 14 septembre 2022.

Le jury était composé de :
Monsieur le professeur Thierry LAMBERT
Professeur à l'Université d'Aix-Marseille – Directeur de thèse
Maître Bruno GOUTHIÈRE
Avocat associé, CMS Francis Lefebvre Avocats
Monsieur le professeur Emmanuel JOANNARD-LARDANT
Professeur à l'Université Lumière Lyon 2
Madame la professeure Marie MASCLET DE BARBARIN
Professeure à l'Université d'Aix-Marseille – Présidente
Monsieur le professeur Xavier OBERSON
Professeur à l'Université de Genève – Rapporteur
Monsieur le professeur Lukasz STANKIEWICZ
Professeur à l'Université Jean Moulin Lyon 3 – Rapporteur

Cette thèse a été honorée du **Prix Gaston JÈZE**, attribué à l'étudiant ayant soutenu une thèse constituant une recherche fondamentale en droit public.

Sommaire

Préface

La crise économique de 2008 – 2009 a participé à la transformation du droit fiscal international. Le développement des échanges de renseignements et le rôle renouvelé du forum mondial sur la transparence et l'échange de renseignements à des fins fiscales ont été au cœur du début de cette mutation. L'OCDE en collaboration avec les pays du G20, en 2014, après que les États-Unis aient adopté en 2010 une loi dite « Foreign Account Tax Complinace Act » (dite FATCA), a présenté une nouvelle norme d'échange automatique de renseignements, modifiant les paradigmes. Le plan « Base Erosion and Profit Shifting » (BEPS), en quinze actions, a participé à la réécriture de certains fondamentaux du droit fiscal international. La convention multilatérale, l'instrument inclusif, qui en est le prolongement, permet d'actualiser plus de mille six cents conventions bilatérales de telle sorte qu'elles s'inscrivent dans des standards communs.

En moins de quinze ans les fondamentaux du droit fiscal international ont été réécrits.

Pour autant, une interrogation récurrente s'impose : est-on face à un système fiscal international ?

Le sujet est d'importance et Monsieur Giard y a consacré sa thèse.

Qu'est-ce qu'un système ? Qu'est-ce qui fait système ? Quels sont les éléments constitutifs d'un système ? Le droit fiscal international est-il un système ? À suivre l'auteur le système fiscal international peut être défini comme l'ensemble des éléments de la fiscalité internationale interagissant de manière globale pour concourir à un objectif commun. Une fois le cadre théorique posé en introduction, Monsieur Giard soutient en deux parties qu'il y a une identification structurelle et une identification fonctionnelle permettant de démontrer l'existence d'un système fiscal international.

Au cœur du dispositif une organisation administrative internationale : l'OCDE. On peut discuter la nature de l'expertise qu'elle apporte mais personne ne remet en cause la qualité des travaux et propositions fournis. L'organisation internationale, qui n'est pas véritablement concurrencée par le comité d'experts de l'ONU, tient sa légitimité du G20 qu'elle alimente, en propositions, rapports et analyses, en amont, et dont elle transforme, en aval, les décisions politiques en propositions de standards internationaux. L'organisation, avec la soft law comme moyen, n'impose rien. Monsieur Giard analyse les travaux de l'OCDE et fait des propositions précises pour que les parlements, qui ont une légitimité démocratique, soient mieux associés.

À suivre l'auteur le rendement budgétaire et la justice fiscale sont les deux éléments essentiels de l'identification fonctionnelle (1ère partie) du système fiscal international. Des développements sont consacrés au principe de neutralité. La lutte contre la double imposition et la double non-imposition font l'objet d'exposés circonstanciés.

L'histoire des conventions fiscales et le rôle de l'OCDE participent à son identification structurelle (2ème partie). L'auteur nous présente la théorie des graphes, dont les juristes ne sont pas familiers, au service d'une démonstration convaincante. On assiste à une redistribution des compétences mais aussi, et surtout, à un renouvellement des sources. Les analyses sur ce point, nourries de lectures très abondantes et importantes, comme sur d'autres, sont très convaincantes.

Le doctorant explore une piste peu fréquentée. La Chine, avec la mise en œuvre d'un projet titanesque, « les nouvelles routes de la soie », développe une logique propre, refusant pour des raisons de principe l'arbitrage et mettant en place un réseau conventionnel avec ses partenaires. Tout ceci est connu sous le nom de « BRITACOM ». Le doctorant est fondé à s'interroger sur le point de savoir s'il s'agit de propositions alternatives aux standards proposés par l'OCDE.

Monsieur Giard ne sait pas seulement analyser le droit positif, il mobilise utilement les sciences économiques, la science administrative et les relations internationales. Il a une approche globale et dégage ce qui fait système, ce qui explique et justifie sa cohérence. Par l'analyse des influences réciproques l'auteur démontre qu'il s'agit, à la fois, d'une construction conceptuelle, dont on ne peut pas se départir, et pragmatique car les problèmes fiscaux internationaux doivent être réglés.

La solidité de l'argumentation, sa pertinence, nourrie par une écriture élégante, et une vision claire de l'auteur, font que le doctorant a reçu les plus hautes distinctions à l'issue de la soutenance de sa thèse.

La thèse de Monsieur Giard remplit le vide laissé par la doctrine française, et trouve sa place parmi les meilleurs auteurs de la doctrine mondiale, dominée par les auteurs nord-américains.

Thierry LAMBERT
Professeur Aix-Marseille Université
Directeur du Centre d'études fiscales et financières

Abréviations

AELE	Association européenne de libre-échange
AOTCA	Asia Oceania Tax Consultants' Association
ASEAN	Association des Nations d'Asie du Sud-Est
ATAD	Anti Tax Avoidance Directive
ATAF	African Tax Administration Forum
BEPS	Base Erosion and Profit Shifting
BIAC	The Business and Industry Advisory Committee to the OECD
BM	Banque mondiale (Groupe)
BOFiP	Bulletin officiel des finances publiques
BRI	Belt and Road Initiative
BRICS	Brésil, Russie, Inde, Chine, Afrique du Sud
BRITACEG	Belt and Road Initiative Tax Administration Capacity Enhancement Group
BRITACOF	Belt and Road Initiative Tax Administration Cooperation Forum
BRITACOM	Belt and Road Initiative Tax Administration Cooperation Mechanism
CAA	Cour administratif d'appel
CAEM (COMECON)	Conseil d'assistance économique mutuelle
CAF	Comité des affaires fiscales (OCDE)
CAN	Communauté andine des Nations
CARICOM	Communauté des Caraïbes
CCI	Chambre de commerce internationale
CECA	Communauté européenne du charbon et de l'acier
CEE	Communauté économique européenne
CEFP	Commission économique et financière provisoire (SdN)
CEN	Capital export neutrality
CGI	Code général des impôts

CIAT	Centre inter-américain des administrations fiscales
CICE	Crédit d'impôt pour la compétitivité et l'emploi
CIN	Capital import neutrality
CJCE	Cour de justice des Communautés européennes
CJUE	Cour de justice de l'Union européenne
CLEN	Capital and labour export neutrality
CLIN	Capital and labour import neutrality
CNRS	Centre national de la recherche scientifique
coll.	collection
CON	Capital ownership neutrality
CPAF (CTPA)	Centre de politique et d'administration fiscales (Center for Tax Policy and Administration) (OCDE)
CREDAF	Cercle de réflexion et d'échange des dirigeants des administrations fiscales
CRESAL	Centre de recherches et d'études sociologiques appliquées de la Loire
CSE	Conseil suprême économique
CSS	Center for Security Studies
DC	Décision de conformité
DG TAXUD	Direction générale Fiscalité et union douanière (Commission européenne)
DGFiP	Direction générale des finances publiques
dir.	directeur(s) de publication
DLF	Direction de la législation fiscale
ECOSOC	Conseil économique et social (ONU)
ed(s).	editor(s)
éd.	édition
ENA	École nationale d'administration
etc.	et cetera
ETNC	États et territoires non coopératifs
ex.	exemple
FATCA	Foreign Account Tax Compliance Act
FHTP	Forum on Harmful Tax Practice
FMI	Fonds monétaire international
G5, G6, G7, G8, G20	Groupe des 5, 6, 7, 8, 20
GAFAM	Google, Apple, Facebook, Amazon, Microsoft
GloBE	Global Anti-Base Erosion
IASB	International Accounting Standards Board
Ibid.	Ibidem

IBFD	International Bureau of Fiscal Documentation
ICIJ	Consortium international des journalistes d'investigation
IFA	International Fiscal Association
IFS	Institute for Fiscal Studies
IISF	Inspecteurs des impôts sans frontières
IML	Convention multilatérale pour la mise en œuvre des mesures relatives aux conventions fiscales pour prévenir le BEPS (Instrument multilatéral)
INSP	Institut national du service public
IR	Impôt sur le revenu
IRS	Internal Revenue Service
ITIC	International Tax and Investment Center
JCP G	La Semaine juridique - Édition générale
LFR	Loi de finances rectificative
LGDJ	Librairie générale de droit et de jurisprudence
LoB	Limitation of Benefits
LOLF	Loi organique relative aux lois de finances
LPF	Livre des procédures fiscales
M., MM., Mme	Monsieur, Messieurs, Madame
m.-à-j.	mise-à-jour
MIT	Massachusetts Institute of Technology
MN	Market neutrality
n°(s)	numéro(s) En l'absence de référence à une source bibliographique, « n° » renvoie au numéro de paragraphe correspondant dans la thèse.
NN	National neutrality
NON	National ownership neutrality
not.	notamment
NPF	Nation la plus favorisée
OBOR	One Belt, One Road
OCDE	Organisation de coopération et de développement économiques
OECE	Organisation européenne de coopération économique
OEF	Organisation économique et financière (SdN)
OMD	Organisation mondiale des douanes
OMPI	Organisation mondiale de la propriété intellectuelle
ONG	Organisation non gouvernementale
ONU	Organisation des Nations unies

Op. cit.	Opus citatum
p., pp.	page, pages
PCT	Platform for Collaboration on Tax
PIB	Produit intérieur brut
PLF	Projet de loi de finances
PNUD	Programme des Nations Unies pour le développement
PPT	Critère des objets principaux (Principal purpose test)
PUAM	Presses universitaires d'Aix-Marseille
PUF	Presses universitaires de France
RAI	Règle d'assujettissement à l'impôt
RDIR	Règle d'inclusion du revenu
REIDF	Revue européenne et internationale de droit fiscal
RPII	Règle relative aux paiements insuffisamment imposés
SdN	Société des Nations
SEC	Sociétés étrangères contrôlées
SFDI	Société française pour le droit international
SH	Système harmonisé
SMIC	Salaire minimum de croissance
sqq.	sequunturque
t.	tome
TA	Tribunal administratif
TCE	Traité instituant la Communauté européenne
TCEE	Traité instituant la Communauté économique européenne
TFUE	Traité sur le fonctionnement de l'Union européenne
trad.	traduction
TUE	Traité sur l'Union européenne
TVA	Taxe sur la valeur ajoutée
UE	Union européenne
UN	United Nations
UNESCO	Organisation des Nations unies pour l'éducation, la science et la culture
Vol.	Volume
V.	Voir
WATAF	West African Tax Administration Forum
&	et

Introduction

> « Puisqu'on ne peut être universel en sachant tout ce qui se peut savoir sur tout, il faut savoir peu de tout, car il est bien plus beau de savoir quelque chose de tout que de savoir tout d'une chose. Cette universalité est la plus belle. Si on pouvait avoir les deux encore mieux, mais s'il faut choisir il faut choisir celle-là. Et le monde le sent et le fait, car le monde est un bon juge souvent. »
>
> Blaise PASCAL, *Pensées*, Transition n° 2/8, *RO* 49-3 v°

1. L'objectif de cette thèse est d'affirmer la dimension systémique du droit fiscal international, laquelle permet d'en justifier la cohérence, c'est-à-dire d'en définir le but et d'en expliquer le fonctionnement.

2. **Le système fiscal international en débat.** La reconnaissance de l'existence d'un système fiscal international fait aujourd'hui débat, en particulier au sein de la doctrine anglo-saxonne. Ces disputes doctrinales se concentrent sur le contenu du système fiscal international, c'est-à-dire sur les règles de fond qu'il est susceptible de porter et d'imposer, davantage que sur l'existence même du système en question. Cette dernière question conditionne pourtant la pertinence même de ces débats. Si son existence est parfois contestée, l'expression « système fiscal international » est néanmoins omniprésente dans les discours politiques, dans les règles de *soft law* et dans les commentaires doctrinaux traitant de fiscalité internationale. Cette invocation du « système » n'est pas anodine : elle est le témoin de la systématisation du droit fiscal international au niveau mondial, et appelle à une appréhension globale des acteurs, règles et mécanismes qui l'animent. Cette approche globale par l'application de la systémique au droit fiscal international est le cœur de cette recherche.

3. **Un concept à définir.** Le système fiscal international, souvent invoqué, n'est jamais défini. Il constitue de prime abord une notion malléable à souhait, une expression volontairement floue évitant de s'interroger sur la pertinence, la cohérence et la portée réelle des mécanismes internationaux à l'origine des grandes mutations de la fiscalité internationale. Ces mutations se sont fortement accélérées au cours des années 2010 et parviennent, au début des années 2020, à des résultats inégalés dans la coopération fiscale mondiale. À l'aune de ces succès, il convient de replacer le droit fiscal dans son contexte global, afin d'en appréhender tant les enjeux que le fonctionnement réel.

4. **La place de la recherche dans le droit fiscal international.** Prônant une approche globale du droit fiscal international, cette recherche rejette le débat portant sur la nature du droit fiscal international qui relèverait du droit international privé pour les uns, du droit international public pour les autres. Elle porte et démontre la dimension fondamentalement (et prioritairement) fiscale du droit fiscal international.

5. **La délimitation de la recherche.** L'étude du système fiscal international requiert de définir à définir les principaux concepts qui y président (**Section 1**), avant de circonscrire le champ de la recherche (**Section 2**), dans l'intérêt même du sujet (**Section 3**), qu'il convient enfin de problématiser (**Section 4**).

SECTION 1 :
Objet de la recherche

6. **Le domaine matériel.** Le système est ici invoqué comme élément méthodologique permettant d'appréhender le droit fiscal international. Ce dernier constitue un ensemble hétérogène qui ne bénéficie pas d'une définition qui puisse faire consensus (**1.**). De manière générale, l'état de l'art est caractérisé par l'omniprésence du concept de souveraineté (**2.**), lequel occulte pourtant les principaux mécanismes et acteurs internationaux qui sous-tendent aujourd'hui les grandes mutations de la fiscalité internationale. Le concept de système fiscal international permet ainsi de proposer une alternative à cette approche traditionnelle, permettant de la compléter en assumant – et formalisant – la dimension globale et dynamique de la fiscalité internationale (**3.**). L'identification du système permettra en outre, au terme de cette recherche, de redéfinir le droit fiscal international comme *l'ensemble des règles participant au système fiscal international*.

1. Définir le droit fiscal international

7. **L'absence de définition consensuelle.** S'il est une chose certaine dans la définition du droit fiscal international, c'est que celle-ci ne fait pas consensus. De fait, le droit fiscal international, selon qu'il est appréhendé par des fiscalistes ou des internationalistes, par des praticiens ou des théoriciens, par des monistes ou des pluralistes, par des institutions nationales ou internationales, souffre de conceptions divergentes. Ces approches sont en outre rarement formalisées : rares sont les auteurs à tenter de définir le droit fiscal international. Il en résulte une faiblesse conceptuelle du droit fiscal international, à laquelle l'identification du système fiscal international permettrait d'apporter une solution, en définissant *in fine* le droit fiscal international comme le contenu de ce système.

8. **Un hybride récent.** Le droit fiscal international, dans son acception contemporaine, est une matière relativement récente au regard des droits à la croisée desquels il semble se placer : le droit fiscal d'une part, et le droit international d'autre part.

Le premier peut renvoyer à la naissance même du droit, en ce qu'il participe à la pacification des premières sociétés en proposant une alternative juridique au pillage et au tribut[1]. Le second procède quant à lui d'une matière amplement étudiée, qui commence traditionnellement au début du XVIe siècle avec Fransisco DE VITORIA[2] et Hugo GROTIUS[3], sans pour autant nier l'apport de leurs prédécesseurs ou même l'héritage antique du *jus gentium*[4].

De son côté, l'histoire du droit fiscal international est souvent confondue avec celle des conventions fiscales. Les auteurs ne retiennent pas tous la même convention pour désigner *la* première, mais la convention franco-belge de 1843[5] est la plus fréquemment évoquée[6]. Le phénomène conventionnel est

---

[1] V. Gabriel ARDANT, *Histoire de l'impôt, Livre I : De l'Antiquité au XVIIe siècle*, Paris, Fayard, coll. Les grandes études historiques, 1971, 634 p., not. Chapitre premier, « Naissance de l'impôt : du pillage au tribut, de la corvée à la taxe », pp. 29-39.

[2] Fransisco DE VITORIA (app. 1483-1546), dominicain espagnol et théologien thomiste, inspira l'école de Salamanque. Il pose les premières bases du droit international moderne dans son ouvrage *De potestate civili* (1528), en théorisant une société internationale fondée sur le droit naturel, considérant l'État comme fondamentalement soumis à la morale universelle – donc soumis à des normes à valeur supra-étatique.

[3] Huig DE GROOT, dit « GROTIUS » (1583-1645), synthétise et approfondit la matière en en juridicisant les fondements dans ses ouvrages *Mare Liberum* (1609) et surtout *De Jure Belli ac Pacis* (1625).

[4] Dominique GAURIER, *Histoire du droit international : De l'Antiquité à la création de l'ONU*, Rennes, Presses universitaires de Rennes, 2014, 1136 p. ; not. pp. 13-15, et spécifiquement sur l'héritage du *jus gentium* pp. 16-24.

[5] Convention, signée à Lille le 12 août 1843, relative à l'échange de renseignements tirés des actes présentés à la formalité de l'enregistrement, des déclarations de succession ou de mutation par décès et d'autres documents administratifs.

[6] V. par ex. Jean-Claude MARTINEZ, « Théorie générale des conventions fiscales », *JurisClasseur* fasc. 350, § 2, nov. 1984 ; ou encore Bruno GOUTHIÈRE, *Les impôts dans les affaires internationales*, Paris, Francis Lefebvre, 15e éd., 2021, p. 25.

pourtant marginal au XIXe siècle et la doctrine reste peu loquace en la matière jusque l'entre-deux-guerres[7].

Pour autant, le droit fiscal international n'est pas qu'un droit des traités : son objet fiscal ne saurait être éclipsé – objet qui semble assez efficace à dissuader les auteurs internationalistes, publicistes comme privatistes, à intégrer la matière fiscale aux manuels de droit international.

9. **Une définition notionnelle.** Faute de parvenir à un consensualisme en la matière, il convient de proposer une définition qui accompagnera la thèse. Celle-ci doit s'accorder autant que faire se peut avec la *notion* de droit fiscal international, c'est-à-dire avec le sens commun qui peut lui être attribué *a priori*. La conceptualisation du droit fiscal international procédera quant à elle des conclusions de cette recherche.

Afin d'arrêter une première définition, il peut être considéré que *le droit fiscal international réunit l'ensemble des règles visant à résoudre les situations particulières nées de la rencontre de deux ou plusieurs systèmes fiscaux.*

Les systèmes fiscaux sont ici nationaux ; le droit fiscal international résolvant la confrontation de ces systèmes, ces derniers constituent logiquement des sous-systèmes du système fiscal international. De fait, les problématiques fiscales internationales sont d'abord résolues par des règles internes, nationales, qui visent spécifiquement les situations présentant un élément d'extranéité. En identifiant le système fiscal international, cette recherche s'attachera à mettre en exergue les éléments extra étatiques, c'est-à-dire les standards et règles de *soft law*[8] qui conditionnent de plus en plus la *hard law* des États. Ainsi, le système fiscal international dépasse la seule addition des systèmes nationaux, et son identification permettra *in fine* d'élargir le domaine du droit fiscal international en le redéfinissant comme *l'ensemble des règles participant au système fiscal international.*

---

[7] V. Partie 2 : Titre 1 : Chapitre 1 : Le transfert des compétences. En outre, la matière ne sera pas véritablement conçue comme telle : les principales publications de l'entre-deux-guerres sont soit des publications d'« économistes », soit des publications d'« internationalistes » ; ainsi les publications des Cours à l'Académie de droit international de La Haye réunissent certaines des plus éminentes études en matière de fiscalité internationale de l'époque – v. not. les Cours des Professeurs Benvenuto GRIZIOTTI (*L'imposition fiscale des étrangers*, Volume 13, 1926), Edwin R. A. SELIGMAN (*La double imposition et la coopération fiscale internationale*, Volume 20, 1927), Luigi EINAUDI (*La coopération internationale en matière fiscale*, Volume 25, 1928) ou encore Jean-Paulin NIBOYET (*Les doubles impositions au point de vue juridique*, Volume 31, 1930).

[8] La *soft law* peut être définie, selon le Conseil d'État (Étude annuelle 2013, *Le droit souple*, Paris, La documentation française, 2013, p. 61), comme « l'ensemble des instruments réunissant trois conditions cumulatives :

« - ils ont pour objet de modifier ou d'orienter les comportements de leurs destinataires en suscitant, dans la mesure du possible, leur adhésion ;

« - ils ne créent pas par eux-mêmes de droits ou d'obligations pour leurs destinataires ;

« - ils présentent, par leur contenu et leur mode d'élaboration, un degré de formalisation et de structuration qui les apparente aux règles de droit. »

2. Aller au-delà de la souveraineté

10. **Le paradigme de la souveraineté.** La souveraineté est, sommairement, le « pouvoir politique suprême dont jouit l'État »[9]. Elle est une caractéristique essentielle de l'État[10]. L'impôt est fondamentalement lié aux notions d'État et de souveraineté. En tant que fonction régalienne de l'État, l'impôt est une prérogative exclusive de l'État souverain. En outre, l'histoire du consentement à l'impôt a entretissé entre les notions d'État, de souveraineté et d'impôt des liens indissolubles. Il est logique que la notion d'impôt, y compris dans la sphère internationale, ne soit abordée en droit que sous un angle strictement national. Pourtant, il appert que cette approche ne permet pas d'appréhender tous les aspects de la fiscalité internationale, et en particulier de comprendre ses récentes mutations. L'identification du système fiscal international ayant vocation à compléter l'approche classique de la souveraineté, il convient d'en expliquer au préalable les limites.

11. **Un concept ancien et pluriel.** La *souveraineté* est une notion riche dont la définition a évolué au cours de son histoire et en fonction des auteurs : de Jean BODIN[11] bien sûr, premier à avoir formulé une définition proprement juridique de la notion, mais aussi, un peu avant, de Nicolas MACHIAVEL[12], et

---

[9] « Souveraineté », *in* CNRTL, *Trésor de la Langue Française informatisé*, www.cnrtl.fr, consulté le 1er juin 2022.

[10] L'État est classiquement défini par la formule de Max WEBER, lors d'une conférence donnée en 1919, comme « cette communauté humaine qui, à l'intérieur d'un territoire déterminé (le « territoire » appartient à sa caractérisation), revendique pour elle-même et parvient à imposer le monopole de la violence physique légitime » (Max WEBER, *Le savant et le politique* (1919), trad. Catherine COLLIOT-THÉLÈNE, Paris, La Découverte, coll. Sciences humaines et sociales, 2003, p. 118).

[11] V. Jean BODIN, *Les Six Livres de la République*, Paris, Jacques du Puys, 1576, 861 p., et notamment le chapitre IX du Livre premier : « De la souveraineté », pp. 124-154, introduit comme suit (p. 125) :

> « La souveraineté est la puissance absoluë & perpetuelle d'une Republique, que les Latins appellent *majestatem*, les Grecs ἄκραν ἐξγουσὶαν, & κυρίαν ἀρκὴν, & κύριον πολίτευμα : les Italiens *segnoria*, duquel mot ils usent aussi envers les particuliers, & envers ceux la qui manient toutes les affaires d'estat d'une Republique : les Hebreux l'appellent *tomadchavet* c'est à dire la plus grande puissance de commander. »

[12] Traité essentiellement politique, très éloigné des égards juridiques et de la vision que proposera BODIN, *Le Prince* de MACHIAVEL permet d'appréhender justement un certain contexte de l'émergence de cette notion. Là où la souveraineté sera liée de manière inextricable à l'État, le souverain chez MACHIAVEL est d'abord une personne, celle du Prince, qui ne peut être soumis à d'autres lois que les siennes. Mais en abordant les lois de la guerre, MACHIAVEL annonce sans que cela soit son intention l'émergence du droit international et de la définition de la souveraineté qui en découlera (Nicolas MACHIAVEL, *Le Prince* (*Il Principe*, 1532), trad. Jean-Vincent PÉRIÈS, *in* Charles LOUANDRE (dir.), *Œuvres politiques de Machiavel*, Paris, Charpentier, 1855, p. 63.) :

> « La guerre, les institutions et les règles qui la concernent sont le seul objet auquel un prince doive donner ses pensées et son application, et dont il lui convienne de faire son métier : c'est là la vraie profession de quiconque gouverne ; et par elle, non-seulement ceux qui sont nés princes peuvent se maintenir, mais encore ceux qui sont nés simples particuliers peuvent souvent devenir princes. »

plus tard de Francisco DE VITORIA[13], de Thomas HOBBES, de GROTIUS, de Samuel VON PUFENDORF, de Jean-Jacques ROUSSEAU, de l'abbé SIEYÈS, de Georg JELLINEK[14], de Maurice HAURIOU, de Léon DUGUIT, de Raymond CARRÉ DE MALBERG[15], de Hans KELSEN, de Carl SCHMITT[16], et de bien d'autres encore[17]. À cette longue histoire de la souveraineté, il faut encore ajouter les dissensions entre les différents mouvements doctrinaux : entre jusnaturalistes et positivistes[18], entre normativistes et décisionnistes[19], entre

---

C'est sur ce contexte politique de l'émergence de la notion de souveraineté que JELLINEK, et d'autres après lui comme CARRÉ DE MALBERG, ont fondé leur analyse.

[13] VITORIA n'est pas exactement un juriste (v. Joseph BARTHÉLEMY, « François de Vitoria » *in* Joseph BARTHÉLEMY *et alii*, *Les fondateurs du droit international* (1904), Paris, Éditions Panthéon-Assas, coll. Introuvables, 2014, p. 45) : théologien dominicain, d'obédience thomiste, il défend une approche de la souveraineté comme l'indépendance absolue et inviolable des États – entre eux, mais aussi vis-à-vis notamment du Pape.

[14] Georg JELLINEK, *L'État moderne et son droit*, trad. Georges FARDIS, Deuxième Partie : *Théorie juridique de l'État*, Paris, M. Giard & É. Brière, 1913, 593 p. ; JELLINEK formalise notamment l'idée de souveraineté en tant que « compétence de la compétence », *Kompetenz-Kompetenz*.

[15] Raymond CARRÉ DE MALBERG, *Contribution à la théorie générale de l'État*, Tome 1, Paris, Sirey, 1920, 837 p.

[16] La plus célèbre citation de SCHMITT en la matière est sans doute :

« Est souverain celui qui décide de l'exception. »

Cette phrase introduit sa *Théologie politique* (1922) ; v. Carl SCHMITT, *Political Theology – Four Chapters on the Concept of Sovereignty* (*Politische Theologie: Vier Kapitel zur Lehre von der Soueränität*, trad. George SCHWAB, 2nd ed., 1934), Cambridge, The MIT Press, Studies in Contemporary German Social Thought, 1985, p. 5.

[17] L'histoire de la souveraineté – et son analyse critique – et de ses auteurs constitue un vaste sujet, pouvant faire – et ayant fait – l'objet de plusieurs thèses. V. not. Lider BAL, *Le mythe de la souveraineté : la souveraineté des États à l'épreuve des mutations de l'ordre juridique international*, thèse de doctorat, Université de Strasbourg, 2012, 702 p., ou bien Pauline MORTIER, *Les métamorphoses de la souveraineté*, thèse de doctorat, Université d'Angers, 2011, 473 p. V. aussi Anne LEVADE, *Souveraineté et compétences des États*, thèse de doctorat, Paris 12, 1997, 739 p.

[18] Le positivisme juridique (ou jus-positivisme) recouvre un ensemble de courants de pensée juridique aux contours incertains. Pour une définition détaillée, v. Michel TROPER, *Pour une théorie juridique de l'État*, Paris, PUF, coll. Léviathan, 1994, 360 p., et plus particulièrement son Chapitre I : « Le positivisme juridique », pp. 23-44. V. aussi de manière plus synthétique Michel TROPER, « Positivisme juridique », *Encyclopædia Universalis* (accessible en ligne), consulté le 1er juin 2022. De manière générale, le positivisme s'oppose au jusnaturalisme. Les deux courants s'intéressent au même objet, à savoir le droit positif, c'est-à-dire le droit posé, édicté par les hommes ; diffèrent en revanche leurs postulats. Pour les jusnaturalistes, le droit positif se compare et s'évalue au regard d'un droit naturel – dont la source varie selon les courants. Les deux droits coexistent dans une vision dualiste. Pour les jus-positivistes en revanche, il n'existe pas d'autre droit que le droit positif – c'est une conception moniste – lequel est seul à pouvoir être étudié. Appliquée à la notion de souveraineté, considérant que celle-ci est la source du droit positif (le souverain est celui qui édicte ou au nom de qui sont édictées les lois), cette différence oppose une vision contrainte de la souveraineté (soumise au droit naturel) ou non (en l'absence de droit naturel). C'est HOBBES qui, avec l'idée de *Léviathan*, introduit une forme de positivisme dans l'analyse de la souveraineté.

[19] C'est notamment l'opposition fondamentale entre SCHMITT et KELSEN. V. not. Carl SCHMITT, *Les trois types de pensée juridique* (*Über die drei Arten des rechtswissenschaftlichen Denkens*, 1934), trad. Mira KÖLLER & Dominique SÉGLARD, Paris, PUF, coll. Quadrige, 1995, 163 p. V. aussi Jean-

internationalistes et constitutionnalistes[20], mais aussi entre certaines traditions juridiques, comme les doctrines issues des systèmes de *Common law* et celles des systèmes romano-civilistes[21]. Il faut enfin, autant que faire se peut, faire la part des choses entre les dimensions politiques, économiques et juridiques de la souveraineté.

La souveraineté est un concept ancien et pluriel ; elle constitue surtout, dès son origine, un concept consubstantiel de celui d'État.

12. **La souveraineté comme caractéristique intrinsèque de l'État.** De manière générale[22], la souveraineté est intrinsèquement liée à la notion d'État.

Louis SCHLEGEL, « SCHMITT Carl (1888-1995) », *Encyclopædia Universalis* (accessible en ligne), consulté le 1er juin 2022 et Michel TROPER, « KELSEN Hans (1881
1973) », *Encyclopædia Universalis* (accessible en ligne), consulté le 1er juin 2022.

De manière schématique, le normativisme postule l'existence de la norme – et de son système – comme fondement et nécessaire préalable de toute décision ; l'État et son politique sont donc soumis au droit (c'est le principe de l'État de droit). Le décisionnisme schmittien, à l'inverse, considère que c'est la décision qui crée le droit : le sujet souverain prend des décisions dans des domaines jusqu'alors non prévus par le droit (situations exceptionnelles), et édicte, par là même, la norme. L'État et son politique ne sont plus alors soumis au droit puisqu'ils le précèdent. D'une certaine manière, le normativisme correspond au règne de la souveraineté, en tant que concept juridique, là où le décisionnisme correspond au règne du souverain, en tant qu'individu (ou groupe d'individus).

[20] Ainsi, du point de vue internationaliste, la souveraineté s'oppose de manière exclusive aux autres souverainetés, au sein de l'ordre international public, tandis que d'un point de vue constitutionnel la souveraineté est d'abord l'apanage du pouvoir le plus élevé au sein de l'ordre interne, la base du système juridique interne. Ces visions sont davantage complémentaires qu'opposées, et renvoient à l'idée d'une souveraineté externe et d'une souveraineté interne (v. *infra*).

V. not., pour le pendant internationaliste, Samantha BESSON, « Sovereignty », *in Max Planck Encyclopedia of Public International Law*, Oxford University Press, online, April 2011, n° 1 :

> « The principle of sovereignty, ie of supreme authority within a territory, is a pivotal principle of modern international law. What counts as sovereignty depends on the nature and structure of the international legal order and vice-versa. »

À l'inverse, l'article 3 de la Déclaration des droits de l'Homme et du citoyen de 1789 illustre une vision plus « constitutionnaliste » :

> « Le principe de toute Souveraineté réside essentiellement dans la Nation. Nul corps, nul individu ne peut exercer d'autorité qui n'en émane expressément. »

[21] L'histoire de la souveraineté entretient un lien particulier avec les traditions de droit continental, dites « romano-civilistes », et en particulier avec la doctrine juridique française, laquelle a eu un rôle prépondérant et dans son origine (avec BODIN) et dans son évolution. Née en France pour justifier le renforcement et l'autonomie du pouvoir monarchique vis-à-vis du pouvoir du Pape d'un côté et de l'Empereur – du Saint-Empire romain « germanique » – de l'autre, la doctrine continentale aura tendance à conserver à la souveraineté des limites extrinsèques (comme le droit naturel par exemple, chez BODIN et VITORIA) ou intrinsèques (comme l'État de droit par exemple, chez HAURIOU ou KELSEN). À l'inverse, la vision anglo-saxonne s'inscrit sur une vision influencée par les révolutions anglaises (en particulier la première – 1642-1651 – qui inspira HOBBES) et américaine, qui offrent à la souveraineté une vision plus radicale, plus absolue (v. *infra*). Cette division souffre néanmoins de contre-exemples, dans les deux sens.

[22] V. not. la thèse d'Alexandre MAITROT DE LA MOTTE, qui propose en introduction une synthèse de plusieurs définitions de la souveraineté, partant de celle de CARRÉ DE MALBERG et de ses émules : Alexandre MAITROT DE LA MOTTE, *Souveraineté fiscale et construction communautaire – Recherche sur les impôts directs*, Paris, LGDJ, coll. Bibliothèque de science financière, 2005, pp. 21 *sqq*.

La souveraineté peut être définie comme la puissance de l'État, absolue et exclusive[23], et – depuis CARRÉ DE MALBERG – deux aspects de la souveraineté peuvent alors être considérés : la *souveraineté interne* et la *souveraineté externe*[24].

La souveraineté interne correspond à la souveraineté *dans* l'État, c'est-à-dire au pouvoir *absolu* (sans préjudice des limites de l'État de droit) de l'État sur son territoire et sa population. *In concreto*, c'est « la faculté d'élaborer des règles de droit et d'en imposer unilatéralement le respect, sous peine de sanction »[25].

La souveraineté externe correspond à la souveraineté *de* l'État, c'est-à-dire au pouvoir *exclusif* (vis-à-vis de toute autre souveraineté, de tout autre État) de l'État sur son territoire et sa population. *In concreto*, c'est « la faculté de s'autolimiter en consentant à respecter des règles de droit qui le lient à d'autres États, et par conséquent de ne pas se voir imposer des normes auxquelles il n'aurait pas consenti : la souveraineté signifie, ici, indépendance »[26].

Il apparait que l'une procède de l'autre[27], mais c'est bien la souveraineté externe qui intéresse la matière fiscale internationale.

13. **Les rapports entre État, souveraineté et impôt.** À l'instar de la souveraineté, l'impôt est intrinsèquement lié à la notion d'État. Le consentement à l'impôt est de fait abordé, quoiqu'en des termes ambigus, dans le sixième livre de *la République* de Jean BODIN comme une forme de limite

---

[23] En tant qu'absolue et exclusive, la souveraineté suppose l'indépendance totale des États entre eux, et donc leur égalité sur la scène internationale. C'est à cet égard – et au vu de la réalité des relations internationales – que la souveraineté est souvent qualifiée de « fiction juridique » : v. Dominique CARREAU, « Souveraineté : *comme la virginité, on l'a ou on ne l'a pas* » *in* Hervé ASCENSIO *et alii* (dir.), *Dictionnaire des idées reçues en droit international*, Paris, Éditions A. Pedone, 2017, pp. 547-551.

[24] D'aucuns, comme BODIN ou LE BRET, refusaient cette distinction au motif que la souveraineté, à l'instar de l'État, est une et indivisible. V. Jean-Marc Favret, « L'intégration européenne et la France : quelques réflexions sur la divisibilité de la souveraineté », *Revue du Droit public*, 1999, n° 6, p. 1743. Celle-ci est néanmoins aujourd'hui assez consensuelle – v. Alexandre MAITROT DE LA MOTTE, *op. cit.*, pp. 25-26.

[25] Michel DE VILLIERS & Armel LE DIVELLEC, *Dictionnaire du droit constitutionnel*, Paris, Dalloz, coll. Dictionnaire Sirey, 11e éd., 2017, p. 347.

[26] *Ibid.*

[27] Alexandre MAITROT DE LA MOTTE (*op. cit.*, p. 26) met en avant une opposition entre deux visions. L'une, à laquelle il adhère, considère que la souveraineté interne procède de la souveraineté externe (c'est la vision notamment de Jean COMBACAU, « Pas une puissance, une liberté : la souveraineté internationale de l'État », *Pouvoirs*, 1993, n° 67, p. 49). L'autre considère que la souveraineté externe procède de la souveraineté interne (c'est la vision notamment d'Olivier BEAUD, *La puissance de l'État*, Paris, PUF, coll. Léviathan, 1994, 512 p.). Il ne semble toutefois pas que ces deux visions, bien qu'opposées, soient véritablement incompatibles ; elles manifestent davantage l'intrication des deux aspects d'une même notion. Le fait que l'une procède de l'autre permet finalement de revenir à l'indivisibilité de la souveraineté prônée par BODIN – bien qu'il convienne peut-être de parler plutôt d'indissociabilité.

de la souveraineté du monarque[28] : l'impôt doit être consenti par le peuple. Sans qu'il soit nécessaire de détailler l'histoire du consentement à l'impôt, des origines jusqu'à son inscription à l'article 13 de la Déclaration des droits de l'Homme et du citoyen de 1789 et ses évolutions postérieures[29], il convient de relever l'intrication conceptuelle qui existe entre l'État, la souveraineté et l'impôt[30]. La mondialisation économique et l'internationalisation du droit[31] qui s'ensuit mettent en jeu les limites théoriques de telles notions.

La souveraineté est notamment invoquée au renfort d'une vision restrictive du droit fiscal international, en le limitant au seul droit interne des États, qui, étant dépositaires de la souveraineté, sont les seuls légitimes à lever l'impôt. Cette approche est particulièrement présente dans la doctrine anglo-saxonne et est exprimée dans la notion de « *tax sovereignty* ». Celle-ci n'est généralement pas définie[32] et n'a que peu de sens, renvoyant classiquement à l'idée d'indépendance fiscale de l'État, ce qui est en soi ambigu – les auteurs admettant souvent que cette indépendance faiblit[33]. La *tax sovereignty* ne peut

---

[28] V. Antonio MARONGLU, « Bodin et le consentement à l'impôt », *in* Centre de recherches en littérature et linguistique de l'Anjou et des Bocages, *Jean Bodin : Actes du Colloque Interdisciplinaire d'Angers (24-27 Mai 1984)*, vol. 2, Angers, Presses Universitaires d'Angers, 1985, pp. 365-373.

[29] V. par exemple Michel BOUVIER, *L'impôt sans le citoyen ? Le consentement à l'impôt : un enjeu crucial pour la démocratie*, Issy-les-Moulineaux, LGDJ, Lextenso, coll. Forum, 2019, 174 p.

[30] Cette intrication est présente dans les travaux de l'OCDE, par exemple à l'origine du projet BEPS : OCDE, *Lutter contre l'érosion de la base d'imposition et le transfert des bénéfices*, Paris, OCDE Éditions, 2013, p. 32 :

> « [...] La politique fiscale n'est pas seulement l'expression de la souveraineté nationale, mais elle est au cœur de cette souveraineté, et chaque pays est libre de concevoir son système fiscal comme il l'entend. [...] »

[31] Sur ces notions, v. par ex. Pierre DE SENARCLENS, *La mondialisation : Théories, enjeux et débats*, Paris, Armand-Collin, Dalloz, coll. U. Science politique, 2e éd., 2001, 219 p. ; Marc LEROY (dir.), *Mondialisation et fiscalité : La globalisation fiscale*, Paris, L'Harmattan, coll. Finances publiques, 2006, 286 p.

[32] Ceci est bien entendu sujet à exceptions, v. not. Philipp GENSCHEL & Thomas RIXEN, « Settling and Unsettling the Transnational Legal Order of International Taxation » *in* Terence C. HALLIDAY & Gregory SCHAFFER (eds.), *Transnational Legal Orders*, Cambridge, Cambridge University Press, coll. Cambridge Studies in Law and Society, 2015, p. 156 :

> « International double taxation and international tax competition have a common cause: national tax sovereignty, that is, the exclusive right of national governments to make tax law (legal sovereignty), to administer and enforce tax law (administrative sovereignty), and to claim all tax revenue for the national budget (revenue sovereignty). »

[33] C'est dans ce sens que Tsilly DAGAN semble apprécier la notion pour en préconiser l'abandon au profit de la compétition fiscale, c'est-à-dire d'une approche de marché des politiques fiscales. V. Tsilly DAGAN, « Chapter 3: Tax Sovereignty in an Era of Tax Multilateralism », *in* Dennis WEBER (ed.), *EU Law and the Building of Global Supranational Tax Law: EU BEPS and State Aid*, Amsterdam, IBFD, GREIT Series, 2017, pp. 37-48 ; et de manière plus développée : Tsilly DAGAN, *International Tax Policy: Between Competition and Cooperation*, Cambridge, Cambridge University Press, coll. Cambridge Tax Law Series, 2018, 251 p.

Une dimension politique au sens donné à la notion de souveraineté fiscale est bien évidemment sous-jacente.

pas constituer une base théorique solide pour conceptualiser le droit fiscal international. Elle ne doit pas non plus être traduite directement par l'expression « souveraineté fiscale », laquelle fait l'objet d'une définition spécifique dans la doctrine francophone.

14. **L'impossible « souveraineté fiscale ».** L'expression même de « souveraineté fiscale » est en fait problématique au regard du caractère absolu et exclusif de la souveraineté. La souveraineté est nécessairement une et indivisible. Distinguer une « souveraineté fiscale » mettrait directement à mal la souveraineté dont elle procède. Par sa seule expression, la « souveraineté fiscale » souffre d'une faiblesse conceptuelle qui la condamne. Conscients de cette faiblesse *ab ovo*, les tenants de la « souveraineté fiscale » ont tenté de la développer de manière autonome de la souveraineté. Ces tentatives illustrent surtout les tâtonnements théoriques pour répondre à certaines problématiques du droit fiscal international.

La « souveraineté fiscale » a pu être définie comme le « [p]ouvoir d'édicter un système fiscal doté d'une autonomie technique et jouissant d'une exclusivité d'application sur un territoire donné »[34]. Théoriquement, la notion de souveraineté fiscale serait par conséquent décorrélée de celle de souveraineté (de « souveraineté politique »)[35].

C'est Maxime CHRÉTIEN qui, le premier, a défini cette notion[36]. Selon lui, la « souveraineté fiscale » est surtout une « souveraineté territoriale particulière »[37] qui recouvrirait à la fois la compétence et le pouvoir d'imposer – c'est-à-dire un seul pouvoir et une seule compétence, là où la souveraineté était la compétence de la compétence, le pouvoir du pouvoir[38]. *In concreto*, ce serait « l'autonomie technique et l'exclusivité d'application d'un système fiscal »[39].

---

[34] Jean-Pierre JARNEVIC, « Souveraineté fiscale » *in* Loïc PHILIP (dir.), *Dictionnaire encyclopédique de finances publiques*, Paris, Economica, 1re éd., 1991, Tome 2, p. 1 443.

[35] V. not. Alexandre MAITROT DE LA MOTTE, *Souveraineté fiscale et construction communautaire – Recherche sur les impôts directs*, Paris, LGDJ, coll. Bibliothèque de science financière, 2005, pp. 33 *sqq.*, qui développe cette idée selon laquelle « [l]es notions de "souveraineté" et de "souveraineté fiscale" obéissent en effet à des logiques juridiques différentes » (p. 33).

[36] Maxime CHRÉTIEN, *À la recherche du droit international fiscal commun : étude de droit positif à partir de la jurisprudence des cours internationales*, Paris, Librairie du Recueil Sirey, 1955, pp. 27 *sqq.* Sur l'histoire du concept de « souveraineté fiscale » – et les raisons justifiant de l'abandonner aujourd'hui – relevant notamment quelques occurrences antérieures à l'œuvre de Maxime CHRÉTIEN, v. Andréas KALLERGIS, *La compétence fiscale* (Paris 1, 2016), Paris, Dalloz, coll. Nouvelle bibliothèque de thèses, 2018, pp. 10-16.

[37] *Ibid.*, p. 2.

[38] V. Alexandre MAITROT DE LA MOTTE, « Souveraineté fiscale » *in* Gilbert ORSONI (dir.), *Finances publiques : Dictionnaire encyclopédique*, Paris, PUAM, Economica, coll. Finances publiques, 2e éd., 2017, pp. 839-840.

[39] Vincent DUSSART, « Maxime Chrétien et la question de la souveraineté fiscale » *in* Sophie RAIMBAULT DE FONTAINE (dir.), *Doctrines fiscales : à la redécouverte de grands classiques*, Paris, L'Harmattan, coll. Finances publiques, 2007, p. 193. Cette définition est admise et largement reprise

15. **Des tentatives de conceptualisation dans le fractionnement des territoires fiscaux.** C'est à partir de la jurisprudence internationale[40] que Maxime CHRÉTIEN élabore les critères de sa notion – autonomie et exclusivité. Ces critères reposent sur le caractère territorial de la loi fiscale, qui acquiert en droit fiscal une particulière importance, le principe de territorialité y étant fondamental[41]. Or c'est bien la territorialité (qui correspond au *nexus*[42], au lien entre la base imposable et la loi fiscale, qui induit le pouvoir d'imposer) qui confère à la « souveraineté fiscale » sa dimension exclusive ; c'est également le caractère territorial de l'impôt qui permet d'imaginer une décorrélation d'avec la souveraineté politique.

Ainsi il est admis par ses tenants – à l'inverse de la souveraineté politique – que la « souveraineté fiscale » n'appartiendrait pas nécessairement à l'État[43] et pourrait être exercée, par exemple, par certains territoires d'outre-mer, ou encore par les États fédérés au sein d'une fédération – ou encore, dans une certaine mesure, au niveau de l'Union européenne[44]. Les professeurs

---

la doctrine francophone ; reformulée par Guy GEST & Gilbert TIXIER, *Droit fiscal international*, Paris, Presses Universitaires de France, Collection Droit fondamental, 2e éd., 1990, p. 15, elle fait référence.

[40] Maxime CHRÉTIEN retient en particulier trois affaires : deux de la Cour permanente de justice internationale (CPJI, organe de la SdN) et une de la Cour internationale de justice (CIJ, organe de l'ONU). Il s'agit de : CPJI, avis consultatif, 5 septembre 1931, Régime douanier entre l'Allemagne et l'Autriche (Protocole du 19 mars 1931) (CPJI, Recueil Série A/B fasc. 41) ; CPJI, 7 juin 1932, France c/ Suisse, Affaire des zones franches de la Haute-Savoie et du Pays de Gex (CPJI, Recueil Série A/B fasc. 46) ; et CPJI, 27 août 1952, France c/ États-Unis d'Amérique, Affaire relative aux droits des ressortissants des États-Unis d'Amérique au Maroc (CIJ Recueil 1952, p. 176).

[41] V. « Territorialité » *in* Jean-Luc ALBERT, Jean-Luc PIERRE & Daniel RICHER, *Dictionnaire de droit fiscal et douanier*, Paris, Ellipses, coll. Dictionnaires de Droit, 2007, pp. 567-568.

[42] Le *lien*, selon le terme retenu par Philippe MALHERBE, *Éléments de droit fiscal international*, Bruxelles, Bruylant, 2016, p. 12 ; l'usage de cette expression peut s'avérer néanmoins problématique quand elle risque d'être confondue avec l'« approche *nexus* » promue notamment par l'OCDE ou l'UE, qui recouvre une certaine promotion politique du renforcement du lien fiscal et sa concrétisation.

[43] La souveraineté fiscale peut aussi bien se retrouver au niveau infraétatique que supra étatique :

> « [...] Ainsi, une fédération est du point de vue du droit international public une seule et même puissance souveraine englobant plusieurs souverainetés fiscales distinctes, dès lors que les institutions fédérales ont attribué compétence en matière fiscale à des instances décentralisées. On trouve également la situation inverse. Tel est le cas du budget de l'Union européenne qui est alimenté par une fiscalité européenne embryonnaire (par ex., et parmi les quatre ressources du budget de l'Union européenne, la ressource TVA est produite d'un taux appliqué à une assiette déterminée d'une manière uniforme en Europe. Cette assiette ne peut dépasser 50 % du PNB des États membres (écrêtement). Le taux d'appel *maxima* est de 0,5 % de l'assiette TVA harmonisée et écrêtée). » (Georges CAVALIER, « Souveraineté fiscale » *in* Jean-Luc ALBERT, Jean-Luc PIERRE & Daniel RICHER (dir.), *Dictionnaire de droit fiscal et douanier*, Paris, Ellipses, coll. Dictionnaires de Droit, 2007, p. 515.)

[44] C'est toute la thèse d'Alexandre MAITROT DE LA MOTTE, *Souveraineté fiscale et construction communautaire – Recherche sur les impôts directs*, Paris, LGDJ, coll. Bibliothèque de science financière, 2005, 537 p.

Guy GEST et Gilbert TIXIER invoquent notamment les mêmes critères d'autonomie et d'exclusivité de Maxime CHRÉTIEN :

> « Une entité territoriale déterminée, bénéficiant ou non de la souveraineté politique, est réputée jouir de la souveraineté fiscale dès lors qu'elle dispose d'un système fiscal présentant deux caractéristiques essentielles, d'une part une autonomie technique, d'autre part une exclusivité d'application dans le territoire en question. »[45]

De cette approche il faut retenir, sinon le concept imparfait de « souveraineté fiscale », la situation de fait à laquelle il est censé répondre : l'existence d'entités territoriales non étatiques disposant d'un système fiscal autonome et exclusif.

De fait, diverses causes historiques, économiques ou politiques remettent en cause aujourd'hui la vision unifiée du territoire des États, qui ne correspondent pas toujours parfaitement aux territoires fiscaux. Cette décorrélation entre États souverains et entités dotées d'un système fiscal pose des difficultés dans les ordres juridiques nationaux[46], mais est pleinement appréhendée par les instances internationales actives dans la fiscalité internationale. À titre d'exemple, le G20 et l'OCDE dans leurs travaux en matière fiscale en invitant tous les « pays et juridictions » (*countries and jurisdictions*) à participer aux forums de coopération fiscale, plutôt que les seuls États souverains[47]. La notion de « juridiction fiscale » est volontairement floue, afin de prendre en compte les entités qui, disposant d'un système fiscal autonome et exclusif sur leur territoire, ne bénéficient pourtant pas de la souveraineté – au sens interne ou externe.

Théorisée en France et peu reprise par la doctrine anglo-saxonne, l'idée de « souveraineté fiscale » constitue une originalité française à l'égard du reste de la doctrine. Si cette notion n'est pas satisfaisante, elle constitue néanmoins une tentative bienvenue dans un domaine où la capacité de la doctrine à initier et porter des idées emporte des enjeux plus importants qu'il n'y paraît : la

---

[45] Guy GEST & Gilbert TIXIER, *Droit fiscal international*, Paris, Presses Universitaires de France, Collection Droit fondamental, 2e éd., 1990, p. 15.

[46] V. Partie 2 : Titre 2 : Chapitre 1 : Le transfert des compétences.

[47] Par exemple, lors du Sommet d'Antalya des 15 et 16 novembre 2015, les dirigeants du G20, en approuvant les mesures préconisées dans les rapports du projet BEPS, ont considéré que, pour être effectives, celles-ci devaient être implantées de manière étendue et consistante – notamment par le plus grand nombre de « pays et juridictions » possible. C'est la création du Cadre inclusif sur le BEPS (G20, G20 Leaders' Communiqué, Antalya Summit, 15-16 November 2015, n° 15, pp. 3-4 ; nous accentuons) :

> « We, therefore, strongly urge the timely implementation of the project and encourage *all countries and jurisdictions*, including developing ones, to participate. To monitor the implementation of the BEPS project globally, we call on the OECD to develop an inclusive framework by early 2016 with the involvement of interested non-G20 countries and jurisdictions which commit to implement the BEPS project, including developing economies, on an equal footing. »

confection de doctrines propres constitue, à l'heure des forums internationaux et au regard de l'importance des experts susceptibles de porter ces doctrines, un enjeu capital du droit fiscal international contemporain[48].

16. **L'approche par la « compétence fiscale ».** Conçue dans un premier temps comme monolithique[49], la conceptualisation de la « souveraineté fiscale » par la doctrine a évolué pour faire face à ses contradictions, en admettant finalement une distinction de ses composants qui, *in fine*, la remplacent : le pouvoir fiscal d'une part, et la compétence fiscale d'autre part.

Critique de la notion en ce qu'elle repose sur une « définition erronée de la souveraineté »[50], M. Andréas KALLERGIS rejette l'idée de « souveraineté fiscale » pour proposer dans sa thèse la distinction la plus aboutie entre pouvoir et compétence en matière fiscale, s'inscrivant à cette fin dans la doctrine internationaliste. Dans ce cadre, le pouvoir fiscal correspond alors au contenu de l'action étatique[51], c'est-à-dire à la capacité de l'État à édicter (pouvoir normatif) et appliquer (pouvoir exécutif) des règles – ici en matière fiscale. M. Andréas KALLERGIS définit la compétence comme la « sphère du pouvoir étatique »[52] ; la compétence fiscale correspond alors au « domaine du pouvoir exercé en matière fiscale par une personne publique ou ses organes »[53]. Dans l'ordre interne, une telle compétence relève d'une habilitation d'organes institués à exercer le pouvoir fiscal, tandis que dans l'ordre international « la compétence fiscale ne repose pas sur une habilitation, mais désigne une délimitation par le droit international de la sphère des pouvoirs que les sujets de droit international se reconnaissent »[54].

La compétence et le pouvoir ainsi définis conformément à la doctrine internationaliste restent nécessairement ceux de l'État. L'objectif de la thèse de M. KALLERGIS est d'identifier les limites internationales à la liberté de l'État en matière fiscale, c'est-à-dire les contraintes que fait peser l'ordre international sur la compétence fiscale des États. Ses conclusions sont que « l'établissement de la compétence fiscale et l'exercice du pouvoir fiscal sont encadrés de manière rudimentaire par le droit international »[55]. Partant, « tant que les [États-]membres demeurent souverains », l'emprise d'une organisation internationale sur leur compétence fiscale étatique ne peut être

---

48 V. Partie 2 ; Titre 2 ; Chapitre 2 : L'émergence de nouvelles doctrines fiscales.

49 Ainsi en est-il notamment chez Maxime CHRÉTIEN, *À la recherche du droit international fiscal commun : étude de droit positif à partir de la jurisprudence des cours internationales*, Paris, Librairie du Recueil Sirey, 1955, p. 70.

50 Andréas KALLERGIS, *La compétence fiscale* (Paris 1, 2016), Paris, Dalloz, coll. Nouvelle bibliothèque de thèses, 2018, p. 13.

51 Selon Olivier BEAUD, *La puissance de l'État*, Paris, Presses universitaires de France, coll. Léviathan, 1994, p. 169.

52 Andréas KALLERGIS, *La compétence fiscale*, *op. cit.*, p. 21.

53 *Ibid.*, p. 1.

54 *Ibid.*, p. 2. Cette définition ne recouvre pas toutes les acceptions que peut viser l'expression « compétence fiscale » dans la doctrine (*Ibid.*, pp. 9-10).

55 *Ibid.*, p. 747.

considérée comme irréversible[56]. Dans cette logique, « les limites du pouvoir fiscal dans l'ordre juridique international ne sont déduites ni de l'ontologie de l'État ni de sa souveraineté, mais se ramènent aux conditions générales de la liberté de l'État en droit international »[57].

L'identification d'un système fiscal international permettra de compléter une telle approche en inscrivant le droit fiscal international dans une perspective globale. En exposant les dynamiques sous-jacentes aux mécanismes interétatiques, elle permettra une approche déliée du prisme strictement étatique qui contraint, sinon, de les appréhender comme des limites.

3. Identifier le droit fiscal international comme système

17. **Le système comme vecteur de cohérence du droit fiscal international.** La proposition de cette thèse est de conceptualiser le droit fiscal international comme un système.

Cette proposition est d'abord une proposition méthodologique, en ce que le système constitue un outil théorique de mise en cohérence d'éléments *a priori* disparates, d'abord développé en philosophie avant d'être repris par la doctrine juridique. Affirmer que le droit fiscal international constitue un système suppose l'identification de ses éléments, laquelle permettra de présenter et de justifier la cohérence des évolutions de ce droit.

18. **La définition classique du système.** « Un système n'est autre chose que la disposition des différentes parties d'un art ou d'une science dans un ordre où elles se soutiennent toutes mutuellement, et où les dernières s'expliquent par les premières. »[58] Ces mots de CONDILLAC introduisent son *Traité des systèmes* de 1749 dans lequel il condamne vigoureusement l'abus en philosophie de « systèmes abstraits », c'est-à-dire reposant sur des principes et propositions strictement abstraits. Transposée au droit, une telle condamnation tend à faire privilégier l'approche systémique dans l'appréhension de la pratique juridique plutôt que dans le déploiement des principes les plus abstraits.

Le système a notamment été conceptualisé par M. Edgar MORIN, qui le définit dans le lexique de sa *Méthode* comme une « [u]nité globale organisée d'interrelations entre éléments, constituants, actions ou individus »[59]. La notion de système renvoie de manière générale à « un certain degré d'unité et

[56] *Ibid.*, p. 749

[57] *Ibid.*

[58] Étienne Bonnot de CONDILLAC, *Traité des systèmes*, Paris, Ch. Houel, 1798, p. 8.

[59] V. not. Edgar MORIN, *La méthode* (1977), t. 4, *Les idées*, Paris, Éditions Points, coll. Essais, 2014, 396 p.

d'ordre »[60]. Le terme « système » est fréquemment employé dans la doctrine juridique sans être explicitement défini. Il recouvre des sens divers, mais renvoie « dans tous les cas [à] un ensemble complexe constitué de parties liées entre elles par des relations stables »[61].

19. **Le droit comme système.** L'analyse systémique a fait l'objet de nombreux développements[62]. L'invocation de la notion de système en droit également. Elle est particulièrement présente dans l'œuvre du professeur Jacques CHEVALLIER. La théorie des systèmes, prise dans la sociologie des organisations, constitue l'une des étapes fondamentales dans l'édification de la *Science administrative*[63]. La « systématicité » figure de manière générale une caractéristique essentielle du droit, ce dernier constituant, dans un espace social donné, « un ensemble cohérent de règles, mutuellement compatibles, régies par un principe fondamental de non-contradiction », et pour cause : « toute antinomie insurmontable, toute injonction paradoxale, signerait la mort du droit, en le privant de sa puissance normative »[64].

Au sein du système du droit, le droit fiscal international réunit aujourd'hui les mêmes aspirations à la systématisation – le système fiscal international

---

[60] Robert HERTZOG, « À la recherche d'une théorie du système financier public complexe », *in* Louis FAVOREU, Robert HERTZOG & André ROUX (dir.), *Constitution et finances publiques : études en l'honneur de Loïc Philip*, Paris, Économica, 2005, p. 404.

[61] Gérard TIMSIT, « Système », *in* Denis ALLAND & Stéphane RIALS (dir.), *Dictionnaire de la culture juridique*, Paris, Lamy, Presses universitaires de France, coll. Quadrige, Dicos poche, 2003, p. 1 462.

[62] Pour une approche générale de la notion, v. not. Pierre DELATTRE, *Système, structure, fonction, évolution : essai d'analyse épistémologique*, Paris, Maloine, coll. Recherches interdisciplinaires, 1971, 184 p. ; Jean-Louis LE MOIGNE, *La théorie du système général : Théorie de la modélisation*, Paris, Presses universitaires de France, coll. Systèmes, 1994, 338 p. ; ou encore Jean-Claude LUGAN, *La systémique sociale*, Paris, PUF, coll. Que sais-je ?, 2009, not. pp. 32-50 pour la définition des systèmes.

[63] Jacques CHEVALLIER, *Science administrative*, Paris, PUF, coll. Thémis, Droit, 6e éd., 2019, pp. 38-39.

[64] Jacques CHEVALLIER, *L'État post-moderne*, Paris, Maison des Sciences de l'Homme, coll. Droit et société, Série politique, 4e éd., 2014, p. 149. Le professeur Jacques CHEVALLIER ajoute (*Ibid.*) :

> « Sans doute, cette systématicité n'est-elle jamais donnée, mais en permanence conquise : à l'âge de la modernité aussi, elle résultait d'une entreprise – aléatoire, fragile et vouée à l'incomplétude – de "systématisation" ; si l'éclatement d'un droit post-moderne, désormais produit en de multiples lieux et sous des formes hétérogènes, accroît les difficultés de cette entreprise, elle la rend plus nécessaire encore. Le "désordre normatif" qui est devenu la règle dans les sociétés contemporaines engendre une série d'effets pervers – selon le Conseil d'État [Conseil d'État, « De la sécurité juridique », Rapport public 1991, *Études et documents*, n° 43, 1992, pp. 15-48], il conduit à "l'égarement des usagers" et à "l'insécurité des opérateurs économiques", tout en laissant "les juges perplexes" –, qui justifie d'y remédier. Il est indispensable de rétablir un principe de cohérence, en gommant les contradictions apparentes, afin de permettre à la règle de continuer à produire son effet normatif : la jurisprudence et la doctrine contribuent activement à cet effort de systématisation, qui conduira à penser qu'au moins formellement, la "pyramide tient toujours debout" [Michel TROPER, « La pyramide est toujours debout », *Revue du droit public*, 1978, n° 6, pp. 1 523 *sqq.*]. »

étant ici abordé d'un point de vue juridique, en tant que sous-système du droit pris globalement. Les récents développements fiscaux internationaux, caractérisés notamment par un foisonnement de la *soft law*, appellent à une rationalisation intellectuelle des processus en action, à une mise en cohérence du droit pour lutter contre le « désordre normatif »[65]. L'approche doctrinale soutenue dans cette thèse tend à cette mise en cohérence par la systématisation du droit fiscal international.

20. **Les éléments d'identification d'un système.** Synthétiquement[66], un système s'identifie par trois critères fondamentaux :

- un ensemble d'*éléments* ;
- des *interactions* entre ces éléments propres, leur donnant un caractère *organisé* ;
- une *unité générale* du système, c'est-à-dire un caractère d'*identité* à tous les éléments.

Affirmer que le droit fiscal international *fait système*, c'est être à même d'identifier, au sein de ce droit, les éléments qui interagissent en vertu d'une unité générale, c'est-à-dire qui participent d'une dynamique commune à identifier.

21. **Les éléments du système fiscal international.** Un système est d'abord un ensemble, c'est-à-dire une réunion d'éléments divers. L'ensemble du droit fiscal international est hétérogène et composite. Il est composé d'acteurs – sujets du droit fiscal international au sens large – et des énoncés qu'ils formulent ou qui leur sont adressés aux fins de résoudre les problématiques fiscales internationales.

L'idée d'*acteurs* du droit fiscal international n'est pas sans rappeler celle, complexe, de sujets du droit international[67]. Le but de l'analyse systémique étant de permettre une vision globale, la notion d'acteur doit être admise dans

---

[65] *Ibid.* pp. 150 *sqq.*

[66] Faisant la synthèse de nombreux auteurs dans un plaidoyer en faveur de la méthode systémique appliquée au droit, M. Christophe SAMPER met en exergue « trois critères de définition d'un système (Christophe SAMPER, « Argumentaire pour l'application de la systémique au droit », *Archives de Philosophie du Droit*, n° 43, pp. 328-329) :

« -il faut qu'il y ait un ensemble d'éléments ou de composants. Ils peuvent être de nature différente d'un système à l'autre, mais aussi à l'intérieur d'un même système. Ils peuvent d'ailleurs constituer eux-mêmes des sous-systèmes.

« -il faut que ces éléments soient en interaction et présentent ainsi une certaine organisation au sein du système. Il ne s'agit pas de se limiter à une juxtaposition qui relève plutôt des ensembles. Cette interaction peut aussi se traduire par l'idée d'interdépendance ou de solidarité.

« -il faut enfin qu'il existe une certaine unité, ce qui va au-delà du simple jeu de l'interaction entre les éléments. Cette idée est fondamentale puisqu'elle confère au système sa spécificité et permet de distinguer si tel élément appartient ou non au système. Elle accorde un aspect d'identité aux éléments qui n'existeraient pas sans une certaine unité. Cette dernière se fonde sur ou plusieurs principes qui déterminent la structure du système. »

[67] V. not. Franck LATTY, « Sujets : *en sont toujours un* », *in* Hervé ASCENSIO *et alii* (dir.), *Dictionnaire des idées reçues en droit international*, Paris, éditions A. Pedone, 2017, pp. 559-564.

un sens élargi. Peuvent être considérés comme tels, classiquement, les États – en fait les juridictions fiscales –, les contribuables, les organisations internationales ayant une incidence (sans avoir nécessairement de compétence) en matière fiscale, ainsi que des structures *ad hoc* telles que les forums internationaux, les comités d'experts, etc. De manière générale, les acteurs du droit fiscal sont tous *ceux* (*lato sensu*) qui ont *intérêt* (*lato sensu*) à la fiscalité internationale.

Les *énoncés* du système fiscal international, formalisant les liens entre les acteurs. Ils regroupent d'abord les règles de *hard law*, c'est-à-dire les normes, qu'elles soient émises unilatéralement – il s'agit alors du droit interne des États – ou conventionnellement – au sein des traités fiscaux. Ces énoncés sont en outre constitués d'une constellation de règles de *soft law* à la portée variable : modèles de conventions, modèles de normes, recommandations, rapports, commentaires, etc.

In fine, l'admission ou non d'un élément (acteur ou énoncé) dans le système dépendra de savoir s'il participe ou non de l'unité de ce système, de sa dynamique.

22. **L'organisation du système fiscal international.** L'organisation du système fiscal correspond à l'ordonnancement des éléments du système entre eux, conformément à sa dynamique.

L'organisation des éléments du système fiscal international constitue la structure du système. Elle correspond aux mécanismes aboutissant à l'édification du droit fiscal international. Ce caractère organisé suppose enfin une unité.

23. **L'unité du système fiscal international.** L'unité du système fiscal international, sur laquelle repose sa cohérence, pose comme hypothèse l'existence d'une dynamique générale du droit fiscal international, d'une logique fondamentale commune, d'un but ontologique de la matière.

L'identification de ce but, tenant en réalité davantage du droit fiscal que du droit international, permettra d'identifier la structure qui s'articule autour.

SECTION 2 :
Champ de la recherche

24. **Point d'origine de la recherche : l'invocation du système fiscal international.** Le système fiscal international est de plus en plus invoqué dans le discours juridique et politique, national et international. Les problématiques de la fiscalité internationales, qu'elles tiennent de la double imposition ou de la double non-imposition, peuvent être qualifiées de systémiques[68] : elles sont

---

[68] V. par ex. Peter HONGLER, *International Law of Taxation*, Oxford, Oxford University Press, coll. Elements of International Law, 2021, p. 26.

inhérentes à la conjonction de systèmes fiscaux d'abord pensés comme exclusifs. À des problématiques systémiques doivent répondre des solutions systémiques. La conception de ces dernières exige un ajustement du point de vue initial, pour englober la pluralité des droits fiscaux internationaux et les mettre en cohérence dans l'ordre international. Le système fiscal international est généralement évoqué en vue de le réformer ; pour soutenir de tels vœux et identifier les moteurs efficaces de telles réformes, il est nécessaire d'étudier au préalable le fonctionnement de ce système.

Pour répondre à un tel besoin, il convient de circonscrire le champ de cette recherche aux domaines utiles à cette finalité.

25. **Domaine historique : le rejet d'une approche statique.** L'appréhension du système fiscal international appelle, pour en comprendre les mécanismes sous-jacents, à revenir sur l'histoire des problématiques, mécanismes et institutions concernées dans l'édification du droit fiscal international. Les problématiques fiscales contemporaines et le droit fiscal international qui y répond apparaissent au XIXe siècle, et se développent au cours du XXe siècle, portés par la mondialisation de l'économie. Une accélération notable dans l'évolution de la fiscalité internationale doit être relevée à partir du début du XXIe siècle, sous l'effet conjugué de crises économiques successives et de prise de conscience, par les citoyens et leurs représentants, de ces problématiques. C'est au cours de ces dernières années, marquées par cette accélération, que s'observent les manifestations les plus évidentes du système fiscal international.

Toutefois un bornage chronologique contraignant rendrait l'analyse statique : arrêter le temps pour permettre de faire un état du droit fiscal international à un instant donné est l'approche privilégiée par les manuels de droit fiscal international. Après une période de relative stagnation au cours du XXe siècle[69], les mutations du droit fiscal international s'accélèrent ; une telle approche suppose alors des mises à jour quasi quotidiennes. Mais l'objet de cette thèse n'est pas le régime porté par le système fiscal international, mais le système en lui-même ; elle vise non pas le « contenu » mais le « contenant » du droit fiscal international. Il convient alors, au contraire, de l'appréhender avec une certaine élasticité temporelle : les mécanismes actuels sont le fruit des évolutions passées, et ne peuvent être expliqués sans une compréhension de leur genèse.

26. **Domaine géographique : une approche résolument globalisante.** Si le droit fiscal international constitue historiquement l'apanage des États, son histoire est celle de sa « mondialisation ». Avec la mondialisation de l'économie initiée au XIXe siècle et confirmée au XXe siècle, les situations ou les personnes

---

[69] Bien que les progrès les plus topiques de la coopération fiscale internationale s'observent depuis 2009, il est loisible de considérer une première évolution – après une période de stagnation – à partir de 1988, avec la conclusion de la Convention multilatérale concernant l'assistance administrative mutuelle en matière fiscale par le Conseil de l'Europe et l'OCDE (v. *infra* n° 80).

(physiques ou morales) concernées par des situations d'extranéité les soumettant à plusieurs systèmes fiscaux nationaux se sont multipliées, les lésant (double imposition) ou leur donnant au contraire des opportunités d'échapper à l'impôt (double non-imposition). Le développement, au XXe siècle avec une certaine lenteur, et ces deux dernières décennies avec davantage de succès, d'instances internationales (essentiellement sous l'égide de l'OCDE) susceptibles d'aborder ces problématiques et d'y proposer des solutions juridiques viables, participe au mouvement de globalisation du droit[70]. Le système fiscal international est global, et doit par conséquent être appréhendé mondialement.

Par exemple, le projet BEPS du G20 et de l'OCDE, qui constitue à ce jour une des plus évidentes manifestations des mutations du droit fiscal international, repose sur une vision mondiale assumée : « [d]ans le contexte d'une économie mondialisée, c'est à l'échelle planétaire que les débats doivent être menés et les solutions appliquées »[71]. L'évolution du Cadre inclusif formé aux fins de participer au projet BEPS illustre cette dimension mondiale : si quarante-quatre États étaient initialement et officiellement associés au projet BEPS jusqu'à l'adoption par le G20 du paquet BEPS en 2015[72], le cadre inclusif réunit aujourd'hui cent quarante et un pays et juridictions (**Carte 1**)[73]. Dans la mesure où le G20 représente à lui seul 85 % du commerce mondial et 90 % du PIB mondial, la capacité de diffusion du système fiscal international et sa dimension globale sont peu contestables.

---

[70] V. Jean-Bernard AUBY, *La globalisation, le droit et l'État*, paris, LGDJ, coll. Systèmes, série Perspectives, 3e éd., 2020, 262 p.

[71] OCDE, *Exposé des actions 2015*, Projet OCDE/G20 sur l'érosion de la base d'imposition et le transfert de bénéfices, OCDE, www.oecd.org, 2015, p. 13.
Est aussi parfois mentionnée l'idée à long terme d'une « fiscalité globale » ; v. not. Pascal SAINT-AMANS & Éric ROBERT, « Le projet BEPS et la longue marche en direction d'une fiscalité globale pour l'économie du XXIe siècle », *Droit fiscal* n° 49, 3 décembre 2015, étude n° 709.

[72] Sommet du G20 d'Antalya des 15 et 16 novembre 2015. Pascal SAINT-AMANS & Éric ROBERT, « Le projet BEPS et son héritage », *in* Dossier : *Base Erosion and Profit Shifting* – BEPS – ou la refondation du droit fiscal international, *Revue européenne et internationale de droit fiscal*, n° 2016/4, pp 409-419, p. 410 :

> « En pratique, en prenant en considération la participation active et directe de certains pays en développement aux réunions des Groupes de travail sur le BEPS, plus de 60 pays et organisations fiscales régionales ont été directement impliqués dans les travaux techniques [...]. En parallèle, un grand nombre d'autres pays ont également pris part à l'orientation des travaux du projet BEPS de l'OCDE et du G20 par l'intermédiaire de structures d'échange à l'échelon régional. »

[73] OCDE, *Membres du cadre inclusif sur le BEPS*, OCDE, www.oecd.org, mise à jour : novembre 2021.

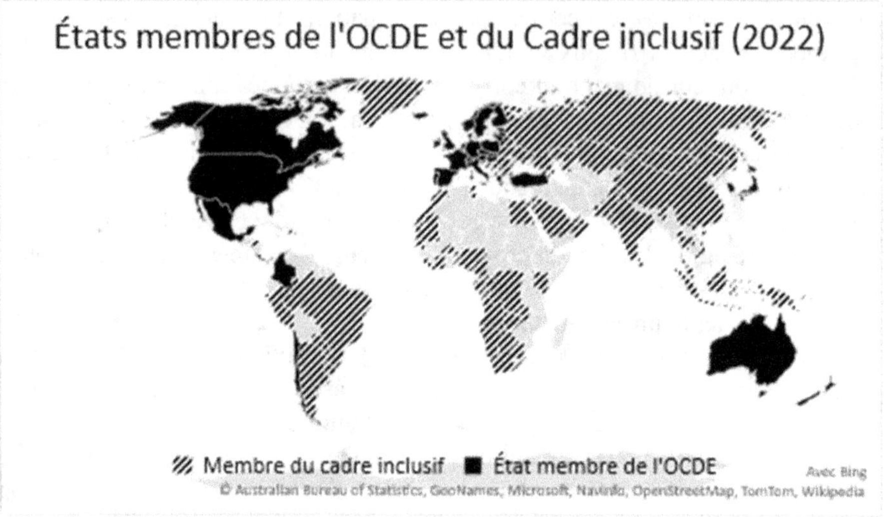

Carte 1 : Membres de l'OCDE et du Cadre inclusif sur le BEPS[74]

L'approche globalisante ici proposée s'attardera nécessairement sur le rôle des instances internationales dans la construction du droit fiscal international, au premier rang desquelles figurent l'OCDE et le G20. C'est en particulier au sein de ces instances internationales que la conceptualisation du droit fiscal international, encadré limitativement par la souveraineté, rencontre le plus de limites, et est explicitement remise en cause. Cette remise en cause peut être illustrée par les auditions de M. Pascal SAINT-AMANS, directeur du Centre de politique et d'administration fiscale de l'OCDE, auprès des commissions parlementaires françaises. Si « [l]a globalisation s'est faite de manière non régulée en matière fiscale », c'est notamment à cause de la réticence des États « à se lier et à limiter leur souveraineté par des accords internationaux », d'où un appel que leur adresse l'OCDE à « regarder ce qui se passe de l'autre côté de la frontière, et [à] arrêter de se retrancher derrière la souveraineté en leur proposant un modèle de législation commune »[75]. Ainsi, « [p]aradoxalement, pour renforcer leur souveraineté en matière fiscale, les États doivent y renoncer pour partie en coopérant »[76].

---

[74] Source : Auteur ; données : www.oecd.org, consulté le 1er juin 2022.

[75] Sénat, Commission des finances, Compte rendu du mercredi 28 juin 2017, « Convention multilatérale du 7 juin 2017 pour la mise en œuvre des mesures relatives aux conventions fiscales pour prévenir l'érosion de la base d'imposition et le transfert de bénéfices – Audition de M. Pascal Saint-Amans, directeur du Centre de politique et d'administration fiscales de l'OCDE ».

[76] Assemblée nationale, Commission des affaires étrangères, Compte rendu du mercredi 7 décembre 2016, « Examen du projet de loi autorisant l'approbation de l'accord multilatéral entre autorités compétentes portant sur l'échange des déclarations pays par pays (n° 4181) – Audition de M. Pascal Saint-Amans, directeur du Centre de politique et d'administration fiscales de l'OCDE sur la coopération internationale en matière de lutte contre l'érosion des bases fiscales ».

27. **Le domaine matériel : une approche finaliste du droit fiscal international.** Comme il a été proposé *supra*[77], le droit fiscal international peut-être défini *a priori* comme l'ensemble des règles visant à résoudre les situations particulières nées de la rencontre de deux ou plusieurs systèmes fiscaux. Cette définition permet de circonscrire le domaine matériel de la recherche aux problématiques fiscales internationales, relevant d'une part de la double imposition et d'autre part de la double non-imposition, la présentation desquelles constituera la première étape de l'identification du système[78].

Cette définition finaliste du droit fiscal international permet d'en appréhender l'hétérogénéité : il est fréquent de diviser le droit fiscal international en branches et sous-ensemble, bien qu'ils soient rarement exclusifs. Il est ainsi tentant de vouloir distinguer entre règles de *hard law* et de *soft law,* mais la frontière est parfois difficile à identifier, tant les secondes nourrissent les premières. De même, s'il est possible de distinguer le droit fiscal international des États, celui d'organisations internationales à caractère régional (la plus développée en la matière étant l'Union européenne) et les règles à vocation mondiale portées par les instances telles que le G20 et l'OCDE, force est de constater qu'elles se répondent les unes aux autres. Il est possible de distinguer encore selon le contenu de la règle, c'est-à-dire la nature de l'imposition visée : si la pertinence de la distinction entre droits indirects et droits directs fait aujourd'hui débat[79], la fiscalité indirecte fait l'objet, au sein d'instances comme l'Union européenne, d'une harmonisation et d'une coopération incomparable avec celles réalisées en matière de fiscalité directe.

L'identification du système fiscal international ne nécessite heureusement pas une analyse exhaustive de la fiscalité, de toutes les impositions. De fait, les problématiques fiscales internationales sont l'objet prioritaire du droit conventionnel, et l'identification du système reposera, par conséquent, essentiellement sur l'analyse des conventions relatives aux doubles impositions, lesquelles se concentrent (sans leur être exclusif) sur les impositions directes et personnelles. Pour autant il conviendra de relever, dans leurs finalités, les rapprochements potentiels entre les différents systèmes de coopération mis en œuvre.

Il convient néanmoins de justifier l'exclusion de la fiscalité douanière. Les rapports entre le droit douanier et le droit fiscal international sont complexes, mais indéniables. Les deux partagent à la fois des objectifs, des règles et des

---

[77] V. n° 9 ci-dessus.

[78] V. Partie 1 : Titre 1 : Chapitre 1 : Les neutralités recherchées.

[79] Le débat en question à moins lieu sur la distinction en elle-même que sur la portée de ses limites. Le débat est ancien, Maxime CHRÉTIEN ayant notamment soutenu cette distinction dans une conférence à la Faculté de droit de Coimbra en 1954 ; cité par Vincent DUSSART, « Maxime Chrétien et la question de la souveraineté fiscale », *in* Sophie RAIMBAULT DE FONTAINE (dir.), *Doctrines fiscales : À la redécouverte de grands classiques*, Paris, L'Harmattan, coll. Finances publiques, 2007, p. 189.

concepts communs[80], et l'internationalité des problématiques douanières est indiscutable. Pour autant le système douanier mondial et le système fiscal international ne se confondent pas. En France, les douanes et leur droit bénéficient d'une administration distincte[81], d'une règlementation et de Codes spécifiques[82]. Si l'Union européenne ne dispose pas de compétences réelles en matière de fiscalité directe, elle s'est à l'inverse construite sur la base d'une union douanière[83] ; la notion de territoire, fondamentale en droit fiscal international comme en droit douanier, est décorrélée entre ces deux matières : le territoire est strictement national en droit fiscal, tandis que le territoire douanier relève quant à lui de l'Union européenne. Au niveau mondial, les douanes bénéficient d'une coopération renforcée et structurée, au sein d'une organisation dédiée : l'Organisation mondiale des douanes (OMD). À titre d'exemple, le système de nomenclature douanière qu'elle propose (le « système harmonisé », ou « SH »[84]) est suivi par 212 pays, territoires et unions économiques et douanières[85]. L'historiographie des douanes[86] remonte bien plus loin que celle du droit fiscal international dont les problématiques spécifiques n'apparaissent qu'au XIXe siècle, et de manière générale, le droit douanier fait l'objet d'études doctrinales distinctes du droit fiscal[87]. Cette

---

[80] En outre, les rapprochements entre droit douanier et droit fiscal sont à l'origine d'un enrichissement certain de la matière. Les rapports entre les matières sur la notion de « valeur » l'illustrent bien ; v. par ex. Iure PONTES VIEIRA, *La valeur en droit fiscal et douanier*, Paris, LGDJ Lextenso éditions, Bibliothèque finances publiques et fiscalité, 2012, 589 p.

[81] La Direction générale des douanes et des droits indirects (DGDDI) est restée indépendante malgré d'importantes réorganisations administratives – qui ont abouti notamment à la fusion de la Direction générale des impôts et de la Direction générale de la comptabilité publique en Direction générale des finances publiques en 2008 ; v. Jean-Luc ALBERT, *Douane et droit douanier*, Paris, PUF, coll. Questions judiciaires, 2013, pp. 14-16.

[82] Plus exactement, de deux Codes spécifiques : le Code de douanes français et le Code des douanes de l'Union.

[83] V. Partie 1 : Titre 1 : Chapitre 2 : La neutralité contrariée.

[84] Le système harmonisé est prévu par la Convention internationale sur le Système harmonisé de désignation et de codification des marchandises, signée à Bruxelles le 14 juin 1983, amendée le 24 juin 1986 et entrée en vigueur le 1er janvier 1988. Texte accessible en ligne : www.wcoomd.org ; consulté le 1er juin 2022. Le système harmonisé est commenté et régulièrement mis à jour par l'OMD.

[85] La Convention sur le SH ne réunit « que » 160 Parties contractantes (159 pays et l'Union européenne), mais d'autres pays ou organisations déclarent appliquer le SH sans y adhérer. V. OMD, *Liste des Parties contractantes de la Convention sur le Système harmonisé et des pays utilisant le SH*, 1er octobre 2020, accessible en ligne : www.wcoomd.org ; consulté le 1er juin 2022.

[86] L'histoire du droit douanier est celle des échanges entre peuples ; v. not. Claude J. BERR & Henri TRÉMEAU, *Le droit douanier : Communautaire et national*, Paris, Economica, coll. Droit des Affaires et de l'Entreprise, série Études et Recherches, 7e éd., 2006, pp. 2-9.

[87] Si les ouvrages traitant du droit douanier abordent des questions fiscales en présentant la fiscalité, ils ne mentionnent pas les problématiques caractéristiques de la fiscalité internationale, comme celle de la double imposition ; par ex. Claude J. BERR & Henri TRÉMEAU, *Le droit douanier : Communautaire et national*, *op. cit.* ; Claude J. BERR, *Introduction au droit douanier*, Paris, Economica, nouvelle éd., 2008, 73 p. ; Jean-Luc ALBERT, *Douane et droit douanier*, *op. cit.* Rares

distinction traditionnelle est consacrée au sein même des travaux internationaux sur ces matières : dès 1920, au sein de la Société des Nations (SdN), la Commission économique et financière provisoire distingue les matières en confiant les problématiques du commerce international et des douanes à un Comité économique et la problématique fiscale des doubles impositions à un Comité financier[88]. Depuis lors, le droit fiscal international s'est développé de manière séparée du droit du commerce international et du droit douanier. Partant, s'il est utile de rappeler les relations et influences entre le droit douanier et le droit fiscal international, il convient néanmoins d'appréhender le système fiscal international de manière autonome du système douanier mondial.

SECTION 3 :
Intérêt de la recherche

28. **Définir un axiome.** L'évaluation de la cohérence, de la résilience, de la pertinence et de la légitimité du droit fiscal international pose comme axiome l'existence d'un « système fiscal international ». En se donnant pour objectif d'identifier le système fiscal international, cette recherche a pour but de conceptualiser cette notion invoquée aux fondements des actuelles mutations du droit fiscal international. En permettant de contextualiser ces mutations (**1.**) l'identification du système fiscal international tient lieu de proposition d'un cadre méthodologique à leur appréhension en droit (**2.**).

1. Contextualiser le droit fiscal international

29. **Une théorie embryonnaire pour un droit en pleine croissance.** Le droit fiscal international est une matière peu conceptualisée en tant que telle, en comparaison du droit international, public comme privé, ou du droit fiscal. La doctrine s'attache bien davantage aux solutions proposées par le droit fiscal international qu'à le théoriser en tant qu'ensemble cohérent.

Historiquement appréhendée comme branche du droit fiscal national, la matière a fait l'objet de peu d'études dédiées par la doctrine juridique, en

---

sont les ouvrages à s'attarder sur le lien entre droit fiscal et droit douanier ; font figure d'exception des ouvrages tels que : Jean-Luc ALBERT, Jean-Luc PIERRE & Daniel RICHER, *Dictionnaire de droit fiscal et douanier*, Paris, Ellipses, coll. Dictionnaires de Droit, 2007, 598 p.

[88] Sunita JOGARAJAN, *Double Taxation and the League of Nations*, Cambridge University Press, Cambridge Tax Law Series, 2018, p. 17, note 37. Sur le rôle de la Commission économique et financière provisoire, et les travaux de la Société des Nations en matière fiscale, v. Partie 2 : Titre 1 : Chapitre 2 : La concurrence des compétences.

particulier en France[89]. Bien que, depuis 2010[90], le droit fiscal international connaisse un regain d'intérêt important dans la doctrine[91], force est de constater que la matière souffre encore aujourd'hui de faiblesses conceptuelles. Contraint par l'idée d'une souveraineté renforcée[92], le droit fiscal international n'a pas encore pu bénéficier pleinement des apports de l'évolution du droit international public et des théories des relations internationales[93].

À l'inverse pourtant, le droit fiscal international a connu d'importants développements au cours du XXe siècle et, sous couvert de la technicité de la matière, s'est doté d'institutions *ad hoc* souvent à dominante économique, édictant des règles (modèles, standards, codes de conduite, etc.) dont la juridicité interroge[94]. Le développement du droit fiscal international a connu, ces dernières années, des progrès inégalés au sein des travaux menés par des instances sous l'égide l'OCDE, comme le Forum mondial sur la transparence et l'échange de renseignements (créé en 2000, mais dont les succès comme la fin du secret bancaire tiennent beaucoup de sa refonte en 2009, sur l'initiative du G20), ou le Cadre inclusif sur le BEPS (permettant l'adoption de l'Instrument multilatéral sur le BEPS, ou plus récemment encore l'accord politique reposant sur deux piliers pour résoudre les défis fiscaux soulevés par la numérisation de l'économie). Ces progrès dans la coopération fiscale internationale sont directement liés à un investissement politique et social, tributaire d'un contexte de crises répétées et marquant un changement paradigmatique dans la perception du droit fiscal international.

30. **Le développement de la coopération fiscale dans un contexte de crises successives.** Quoiqu'il ait évolué de manière assez constante depuis près d'un siècle, c'est à partir du début des années 2010 que le droit fiscal

---

89 Le constat est ancien, déjà partagé par Maxime CHRÉTIEN (Maxime CHRÉTIEN, *À la recherche du droit international fiscal commun*, *op. cit.*), et encore valable jusqu'à récemment (v. not. Vincent DUSSART, « Maxime Chrétien et la question de la souveraineté fiscale » *in* Sophie RAIMBAULT DE FONTAINE (dir.), *Doctrines fiscales : à la redécouverte de grands classiques*, Paris, L'Harmattan, coll. Finances publiques, 2007, p. 192).

90 À partir de 2009 se dessinent progressivement, sous l'égide de l'OCDE, les contours d'une « nouvelle coopération fiscale internationale » ; v. « La nouvelle coopération fiscale internationale », Actes du colloque organisé le 15 juin 2010 par l'École de droit de la Sorbonne, *Droit fiscal* 2010, n°42-43, étude 531.

91 Ce regain s'observe à la fois dans la multiplication des thèses dédiées à la matière, des ouvrages ou encore de revues spécialisée (avec par exemple la publication du *World Tax Journal* (Éditions IBFD) à partir de 2009, de la *Revue européenne et internationale de droit fiscal* (Éditions Larcier) à partir de 2015, ou encore de la revue *Fiscalité internationale* (Éditions JFA) à partir de 2019).

92 V. n°s 10 ci-dessus et suivants.

93 Pour une tentative d'analyse du droit fiscal international au regard de la théorie des relations internationales, v. Diane M. RING, « International Tax Relations : Theory and Implications », *Tax Law Review*, n° 60, 2007, pp. 83-154.

94 V. not. SFDI/OCDE, *Le pouvoir normatif de l'OCDE*, Paris, Pedone, 2013, 148 p.

international a bénéficié d'un regain d'énergie[95] né de la conjonction de trois circonstances, liées à la crise économique mondiale de 2008.

Cette crise, et ses conséquences sur l'ensemble des finances publiques – avec notamment la crise des dettes souveraines en zone euro de 2010 –, ont créé un besoin de financement important – en particulier dans les économies développées des États membres du G20 –, et ce dans un contexte de pression fiscale déjà important.

Cette même crise a par ailleurs renforcé la place de certaines organisations internationales au sein des relations internationales, tout particulièrement les organisations à vocation économique, requises avant tout pour leur expertise en matière financière, comme le FMI, l'OMC, mais aussi l'OCDE, laquelle s'était déjà saisie dans la deuxième moitié du XXe siècle des problématiques fiscales internationales.

C'est enfin dans le contexte post-crise des années 2010 que différentes affaires d'« évasions fiscales »[96] ont fait l'objet d'un fort retentissement médiatique : *Offshore Leaks* (2013), *Luxembourg Leaks* (2014), *SwissLeaks* (2015), *Panama Papers* (2016), *Paradise Papers* (2017), *FinCEN Files* (2020) et *Pandora Papers* (2021). Ces affaires viennent renforcer le sentiment général d'exaspération fiscale à l'égard des pratiques d'évasion et d'évitement fiscaux.

Le développement de la coopération fiscale internationale au sein notamment des travaux BEPS, commandés par le G20 à l'OCDE en 2012, et dont les actions se mettent en place depuis 2015, caractérise depuis lors la volonté renouvelée des États à s'engager dans la lutte contre ces pratiques et dans la coopération fiscale globale.

La pandémie du Covid-19 débutée en 2020 et ses conséquences sur l'économie mondiale n'ont pas remis en cause cette dynamique. L'OCDE s'est notamment emparée des problématiques fiscales liées à la pandémie en assurant une veille attentive des mesures adoptées par les États membres et non-membres, en proposant des synthèses régulières pour en donner une vision globale et en préconisant et coordonnant la mise en place de solutions communes[97]. En parallèle, les travaux du Cadre inclusif sur les problèmes fiscaux soulevés par l'économie du numérique ont également bénéficié d'avancées notables, les problématiques posées par les nouvelles technologies étant, de fait, mises en relief par la crise (par exemple avec la généralisation

---

[95] V. par ex. Pascal SAINT-AMANS & Brigitte ALEPIN, « Dix ans après la crise, où en sommes-nous dans les réformes de fiscalité internationale ? », *Revue française de finances publiques*, févr. 2019, n° 145, p. 289.

[96] Sur la notion d'évasion fiscale, v. Partie 1 : Titre 1 : Chapitre 1 : Les neutralités recherchées.

[97] L'OCDE a notamment publié, depuis avril 2020, plusieurs rapports relatifs aux « Réponses clés » à la crise du Covid-19, pendant et après la pandémie (v. www.oecd.org/coronavirus) : v. par ex. OCDE, *Les réponses de politiques fiscale et budgétaire à la crise du coronavirus : Accroître la confiance et la résilience*, Paris, Éditions OCDE, 19 mai 2020, 57 p. ; OECD, *Tax and fiscal policies after the COVID-19 crisis*, Paris, OECD Editions, 14 October 2021, 39 p.

du télétravail) et les États ayant à faire face à une situation budgétaire encore plus aggravée.

Il apparait que le contexte de crises successives bénéficie au développement de la coopération fiscale internationale.

31. **Répondre à une légitimité en crise.** Si les États réinvestissent les problématiques fiscales internationales, la technicité prétendue de la matière a réduit le rôle des législateurs nationaux dans le processus d'édiction de ces nouvelles règles. Les États suivent alors les standards et modèles, la *soft law*, des instances internationales auxquelles ils adhèrent. Cette « technicité » est présente *ab initio* dans la fiscalité internationale, dès le fameux *Rapport sur la double imposition*[98] de la SdN de 1923, rédigé par les « Quatre Économistes »[99] plutôt que par des juristes, et est toujours prégnante aujourd'hui dans l'importance des comités d'experts dédiés, notamment à l'OCDE, et du désengagement apparent de certains législateurs en la matière. Le développement du droit fiscal international dans ces conditions pose un problème de légitimité, engendrant autant une contestation des règles que des conditions de leur édiction. Ce déficit de légitimité du droit fiscal international et de ses institutions a fait l'objet de nombreuses critiques[100] : le professeur Ed MORGAN s'interrogeant sur les fondements du droit fiscal international, notamment du réseau conventionnel, va jusqu'à le qualifier de « système de Ponzi »[101]. M. Cees PETERS, dans sa thèse *On the Legitimacy of International*

---

[98] Gijsbert BRUINS, Luigi EINAUDI, Edwin SELIGMAN & Josiah STAMP, *Report on Double Taxation submitted to the Financial Committee Economic and Financial, Commission Report by the Experts on Double Taxation*, Document E.F.S.73. F.19, April 5th 1923, 51 p. Les circonstances et la dimension technique du rapport sont abordées *infra* (not. Partie 2 : Titre 1 : Chapitre 1 : Le transfert de compétences).

[99] V. l'article de Christophe FARQUET, « Expertise et négociations fiscales à la Société des Nations », *Relations internationales* 2010/2, n° 142, pp. 5-21. V. aussi Christophe FARQUET, « Lutte contre l'évasion fiscale : l'échec de la SDN durant l'entre-deux-guerres », *L'Économie politique* 2009/4, n° 44, pp. 93-112.

[100] Par ex. Ivan OZAI, « Institutional and Structural Legitimacy Deficits in the International Tax Regime », *World Tax Journal*, 2020, vol. 12, n° 1, pp. 53-78 ; Linda BROSENS & Jasper BOSSUYT, « Legitimacy in International Tax Law-Making: Can the OECD Remain the Guardian of Open Tax Norms? », *World Tax Journal*, 2020, vol. 12, n° 2, pp. 313-376.

[101] Ed MORGAN, « International Tax Law as a Ponzi Scheme », *Suffolk Transnational Law Review*, vol. 34 : 1, n° 69, 2011, pp. 69-115. Le professeur MORGAN nie tout fondement à un système fiscal international (p. 115) :

> « International fiscal relations are built in a way which creates super-sovereign treaty and policy structures that ultimately circle back, Ponzi-style, to the enforcement of or deference to unilateral state policies. Although the perception of international law is that normative voids between states have been filled, the reality of tax law is that it is a circular world where assertive state policies continuously abscond with the policy investment in treaties. Every interpretation sees sovereign interests peeking out from behind the façade of transnational cooperation. In the end, global tax rules are no more and no less than what states, in all of their differences and similarities, say they are. In this way, adjudicators and policymakers have achieved the "grand illusion of a ... worldwide tax system ... [and] global tax harmonization," creating a net credit out of little more than an aggregate of debits. »

Taxation[102], plaide en faveur d'une reconstitution d'un cadre démocratique à la gouvernance fiscale internationale. Comme le relève le professeur Thierry LAMBERT, c'est d'abord l'absence de débats sur la fiscalité internationale qui porte préjudice à la démocratie[103].

L'identification du système fiscal constitue une première étape dans la re-légitimation du droit fiscal international : en formalisant ses mécanismes et ses fondements, elle permet de contextualiser le droit fiscal international, son cadre démocratique et la légitimité de ses acteurs, et en particulier celui des organisations et institutions internationales[104].

32. **Mettre en cohérence le droit fiscal international et son contexte.** L'identification du système fiscal international permet de réinterpréter le droit fiscal international à l'aune de ses évolutions et de son contexte. Il est admis que les concepts traditionnels du droit fiscal international ont été conçus au début du XIXe siècle et se révèlent souvent inadaptés à l'économie mondialisée du XXIe siècle. Les travaux sur les problématiques fiscales de l'économie du numérique sont topiques de ce décalage entre le cadre conceptuel (fondé en l'occurrence sur la notion de territoire, et d'établissement stable) avec la réalité économique visée par l'imposition (en l'occurrence des activités numériques, pouvant exercer une activité

---

[102] Cees PETERS, *On the Legitimacy of International Tax Law*, Amsterdam, IBFD, coll. Doctoral Series vol. 31, 2014, 452 p. M. PETERS étudie dans sa thèse la légitimité du droit fiscal international, notamment d'un point de vue harbermasien. Il considère notamment que le succès des travaux BEPS à créer un cadre de coopération renforcée est susceptible de remettre en cause cette légitimité.

[103] Thierry LAMBERT, *L'impôt dans une économie mondialisée : Contribution à une théorie générale de l'impôt*, Bruxelles, Bruylant, coll. Droit & Économie, 2021, p. 11.

[104] Question d'importance à laquelle s'était déjà attelé Maxime CHRÉTIEN, quoique dans un contexte historique éloigné (1954), dans une vision orientée par le concept de souveraineté fiscale et centrée sur le groupe SdN/ONU, cette dernière n'étant plus aujourd'hui l'organisation internationale la plus influente en matière de fiscalité : Maxime CHRÉTIEN, « Contribution à l'étude du droit international fiscal actuel : le rôle des organisations internationales dans le règlement des questions d'impôts entre divers états », *Collected Courses of the Hague Academy of International Law*, vol. 86, 1954, pp. 1-116.

Plus récemment, Alexandre MAITROT DE LA MOTTE, « La souveraineté fiscale et les organisations internationales à vocation économique », Dossier : Néji BACCOUCHE (dir.), Les implications financières, fiscales et douanières de l'Union euro-méditerranéenne, *Revue Tunisienne de Fiscalité*, 2009, n° 11, pp. 181-227.

V. aussi et surtout la chronique dédiée à « L'activité fiscale des organisations internationales » sous la responsabilité de Lukasz STANKIEWICZ dans la *Revue européenne et internationale de droit fiscal*. Cette question vaut également pour les instances européennes : v. par exemple les thèses du professeur Alexandre MAITROT DE LA MOTTE (Alexandre MAITROT DE LA MOTTE, *Souveraineté fiscale et construction communautaire – Recherche sur les impôts directs*, Paris, LGDJ, coll. Bibliothèque de science financière, 2005, 537 p.) ou du professeur Céline VIESSANT (Céline VIESSANT, *La pénétration du droit communautaire en droit fiscal français*, thèse de doctorat, Université Paul Cézanne (Aix-Marseille 3), 1999, 599 p.). V. aussi, sur le régionalisme fiscal : Laurence VAPAILLE, « Le fédéralisme et le régionalisme fiscal », Dossier : Le fédéralisme et le régionalisme fiscal, *Revue européenne et internationale de droit fiscal*, n° 2019/1, pp. 5-8.

économique importante sans avoir de lien matériel avec le territoire où elle a lieu).

L'identification du système fiscal international s'inscrit dans un effort de recontextualisation du droit fiscal international, ses fonctionnements et ses buts, pour mieux en appréhender les futures évolutions. Cette proposition de système tient lieu, à cette fin, de proposition méthodologique.

2. Proposer un cadre méthodologique

33. **Une proposition méthodologique et une méthodologie de thèse.** La méthode systémique proposée ici promeut une approche globale du sujet. Il ne s'agit pas de présenter de manière exhaustive le système fiscal international, mais d'en présenter les éléments prégnants permettant de le caractériser. Il s'agit « de savoir quelque chose de tout » le droit fiscal international, plutôt « que de savoir tout d'une chose »[105]. Promouvant la dimension transnationale du droit, le système constitue le prisme permettant d'étudier les règles de droit fiscal internationales en cohérence avec le cadre formé par les acteurs du système et leurs interactions.

34. **Une épistémologie juridique[106] affirmant la dimension transnationale du droit.** L'identification d'un système fiscal international relève davantage de la qualification *du* droit fiscal international que de la qualification *en* droit fiscal international. À cet égard, cette recherche s'inscrit dans une démarche d'épistémologie juridique – l'épistémologie étant retenue ici comme « connaissance de la connaissance »[107] – s'inscrivant dans la « rupture épistémologique dite *global turn* [qui] traverse aujourd'hui l'ensemble des sciences sociales et transforme nos représentations du "monde" »[108]. Cette thèse ne s'inscrit pas directement dans la lignée du « droit global »[109], en raison du caractère trop éclaté de ces théories[110], mais elle n'en

---

[105] Blaise PASCAL, *Pensées*, Transition n° 2/8, *RO* 49-3 v°, cité en épigraphe de cette introduction.

[106] V. not. « Épistémologie juridique », *in* Boris BARRAUD, *La recherche juridique : sciences et pensées du droit*, Paris, L'Harmattan, coll. Logiques juridiques, 2016, pp. 181 *sqq.* ; v. aussi Christian ATIAS, *Épistémologie juridique*, Paris, Dalloz, coll. Précis Dalloz, 2002, 240 p.

[107] V. not. Edgar MORIN, *La méthode*, Tome III : *La connaissance de la connaissance*, Paris, Éditions du Seuil, coll. Points, série Essais, 1991, 243 p.

[108] Gilles LHUILIER, *Le droit transnational*, Paris, Dalloz, coll. Méthodes du droit, 2016, p. 405. V. en particulier Seconde partie : Les méthodes du droit transnational, 3. L'épistémologie du droit transnational, pp. 403-454.

[109] Pour une présentation condensée de cette notion, v. Benoît FRYDMAN, *Petit manuel pratique de droit global*, Bruxelles, Académie royale de Belgique, coll. L'Académie en poche, 2014, 122 p. ; v. aussi Shavana MUSA & Eefje DE VOLDER (ed.), *Reflections on Global Law*, Leiden, Brill, 2013, 234 p.

[110] Pour une contestation du « droit globale », ou « jur iglobisme », v. not. Otto PFERSMANN, « Chapitre IV – Monisme revisité contre *juriglobisme* incohérent », *in* Jean-Yves CHÉROT & Benoît FRYDMAN (dir.), *La science du droit dans la globalisation*, Bruxelles, Bruylant, coll. Penser le droit, 2012, pp. 63-88.

renie pas l'influence et adhère, sinon à leurs conclusions, du moins à leur prémisse commune : la nécessité de dépasser – sans nier – l'approche actuelle des souverainetés pour s'attacher à une dimension transnationale du droit[111].

35. **Une méthode de nature systémique.** Une méthode peut être définie comme « un ensemble de procédures permettant d'obtenir à propos d'un objet quelconque, une théorie située à un niveau de vérification aussi élevé que possible et permettant d'expliquer l'interdépendance des éléments constitutifs de cet objet »[112]. La démonstration de l'existence et, partant, de l'identification du système fiscal international suppose ainsi de requérir à des procédures identifiées. Cette recherche prend le parti d'inscrire celles-ci dans une logique systémique. Si « l'argument systémique [...] vise à interpréter les énoncés juridiques à la lumière d'autres énoncés de l'ordre auquel ils appartiennent »[113], l'application de la méthode systémique au droit fiscal international cherche de même – à travers l'identification d'un système défini *supra* – à expliquer les traitements juridiques des situations fiscales internationales les uns au regard des autres, ce dans une approche volontairement holistique de la matière[114]. L'identification de ce système fiscal international appelle un double mouvement, chacun relevant pour sa part d'une méthodologie spécifique.

36. **Entre fonctionnalisme et structuralisme.** S'agissant de méthode et non de courant de pensée, l'idée n'est pas ici d'appliquer rigoureusement au droit fiscal international le fonctionnalisme au sens de Norberto BOBBIO[115], lequel s'attache aux fonctions sociales du droit, mais de mettre l'accent sur le but final du système en vue d'en identifier l'unité. Il s'agit d'une approche téléologique qui anime la première partie, laquelle, initialisant le système fiscal international, permettra en deuxième partie une approche structurelle, organique, du système, à travers l'étude des éléments du système et de leur cohérence aux fins de parvenir à ce but final.

---

[111] V. not. Philipp GENSCHEL & Thomas RIXEN, « Settling and Unsettling the Transnational Legal Order of International Taxation », *in* Terence C. HALLIDAY & Gregory SCHAFFER (eds.), *Transnational Legal Orders*, Cambridge, Cambridge University Press, coll. Cambridge Studies in Law and Society, 2015, pp. 154-183.

[112] Raymond BOUDON, *À quoi sert la notion de « structure » ? Essai sur la signification de la notion de structure dans les sciences humaines*, Paris, Gallimard, coll. Les Essais, 1968, p. 204, cité par Madeleine GRAWITZ, *Méthodes des sciences sociales*, Paris, Dalloz, coll. Précis, 11e éd., 2000, p. 429. La notion de méthode ainsi définie ne doit pas éclipser les nuances qu'elle peut revêtir – v. not. Madeleine GRAWITZ, *Ibid.*, pp. 351-353.

[113] Véronique CHAMPEIL-DESPLATS, *Méthodologie du droit et des sciences du droit*, Paris, Dalloz, coll. Méthodes du droit, 2e éd., 2016, p. 372.

[114] Sur les vertus et les spécificités de l'approche systémique, v. Christophe SAMPER, « Argumentaire pour l'application de la systémique au droit », *Archives de Philosophie du Droit*, n° 43, pp. 327-348.

[115] V. Norberto BOBBIO, *De la structure à la fonction : nouveaux essais de théorie du droit* (1975), trad. David SOLDINI, Paris, Dalloz, coll. Rivages du droit, 2012, 186 p.

Section 4 :
Problématique et plan

37. **Un plan au service de la méthode.** L'approche du droit fiscal international par le système constitue une proposition méthodologique, laquelle a guidé la structure de la thèse. Le plan de cette démonstration de l'existence du système fiscal international répond à cette méthodologie.

38. **Problématique :** L'organisation actuelle du droit fiscal international permet-elle d'identifier un véritable système fiscal international ?

39. **La recherche de la fonction et de la structure du système fiscal international.** L'identification d'un système fiscal international suppose d'identifier l'organisation de ses éléments. L'identification fonctionnelle du système, la mise en valeur de ses buts, communs aux échelons international, régional et national, permettent d'appréhender une cohérence fonctionnelle de ses éléments (**Partie 1**). Ces éléments, validés par l'approche finaliste, s'organisent en une structure cohérente d'un droit fiscal international systématisé, lequel s'est progressivement affirmé au sein d'instances internationales et procède à un renouvellement des sources (**Partie 2**).

PARTIE 1 :
UNE IDENTIFICATION FONCTIONNELLE

40. **Une approche téléologique.** L'identification du système fiscal international requiert dans un premier temps la reconnaissance d'un objectif commun à l'ensemble des éléments de ce système, d'une fonction à ce système. Pour que le droit fiscal international fasse système, il doit concourir à un tel but commun. Cet objectif est le premier élément d'une mise en cohérence de l'ensemble du droit fiscal international. L'identification de cet objectif permet en outre de mettre en perspective les enjeux théoriques du système et d'y affirmer la préséance de l'aspect fiscal sur l'aspect international.

41. **L'objectivation du droit fiscal international.** Si la fonction du droit fiscal international peut sembler au premier abord de résoudre les problèmes nés de situations internationales, cette résolution ne permet pas néanmoins d'appréhender de manière exhaustive les éléments du système fiscal international : ils relèvent d'intérêts et d'objectifs proches, parallèles, mais non confondables dans un principe de neutralité unique (**Titre 1 : La multiplication des objectifs internationaux**). C'est moins dans la dimension internationale du droit fiscal international que dans sa dimension fiscale et financière qu'il faut chercher la fonction du système fiscal international, à savoir la recherche de la prospérité de l'État et, plus loin, la recherche d'une véritable justice fiscale (**Titre 2 : La primauté de l'objectif fiscal**).

TITRE 1 :
La multiplication des objectifs internationaux

42. **Une pluralité d'objectifs.** Le droit fiscal international concourt à plusieurs objectifs, lesquels sont soit explicitement mentionnés dans les travaux internationaux (préambule des conventions, intitulé des forums internationaux, exposé des motifs, etc.), soit dégagés par la doctrine. Ces objectifs pluriels évoluent au cours du temps, se multipliant. Ainsi, sont régulièrement mentionnés : l'assistance administrative en matière de recouvrement, la lutte contre la double imposition, la lutte contre l'évasion et la fraude, l'échange de renseignements à des fins fiscales, ou encore la lutte contre les « paradis fiscaux » et la double non-imposition. Certains de ces objectifs se recoupent[1]. Il paraît alors opportun, de prime abord, de rechercher dans ces objectifs un principe qui leur serait commun et qui permettrait ainsi d'identifier le but primordial, la fonction fondamentale du droit fiscal international. Ces objectifs se concentrent sur le *contexte international* dans lequel évoluent les normes et les acteurs concernés ; c'est en ce sens qu'il est observé ici une « multiplication des objectifs *internationaux* ». Ils tendent précisément à résoudre *in fine* les problématiques soulevées par cette spécificité, souvent dans une *logique « neutralisante »*.

43. **L'hypothèse d'un principe de neutralité.** De fait, une certaine idée de neutralité en droit fiscal international traverse la doctrine, aujourd'hui plus encore qu'hier. Pullulent ici et là des interprétations neutralisantes selon lesquelles le droit fiscal international a vocation, pour but ultime, de gommer les barrières fiscales entre les États et garantir qu'une opération internationale ne soit pas plus – ni moins – grevée qu'une opération nationale (**Chapitre 1 : Les neutralités recherchées**). Pourtant, il n'existe pas à proprement parler de

---

[1] Le professeur Gauthier BLANLUET, par exemple, retient que « [l]a fiscalité internationale poursuit traditionnellement deux buts. Le premier est d'assurer la juste répartition de la matière imposable entre les États et d'éviter la double imposition. [...] Le second but est la lutte contre l'évasion fiscale. » (Philippe MARTIN, Gauthier BLANLUET, Marie-Pascale ANTONI, Éric ROBERT & Milena MATHÉ, « L'adaptation des standards du droit fiscal international à une économie mondialisée et transformée par le numérique », *in* Conseil d'État, *La fiscalité internationale à réinventer ? Un colloque organisé par le Conseil d'État le 30 novembre 2018*, Paris, La Documentation Française, 2020, p. 49).

« principe de neutralité » en droit fiscal international, et pour cause : les États n'y ont pas intérêt, et si l'application d'une telle idée de manière ponctuelle peut s'avérer bénéfique, sa systématisation suscite davantage de difficultés qu'elle n'en résout (**Chapitre 2 : La neutralité contrariée**).

Chapitre 1 :
Les neutralités recherchées

44. **Une multiplicité de neutralités au sein du système.** La notion de neutralité est récurrente en droit fiscal en général et en droit fiscal international. La neutralité de la fiscalité internationale est invoquée à ce titre comme un principe directeur de la fiscalité internationale[1], et défendue comme un principe de bonne pratique par les instances internationales[2]. La neutralité semble ainsi, au premier abord, infuser l'ensemble du droit fiscal international et pourrait constituer un objectif premier du système fiscal international : dans cette optique, le système fiscal international aurait pour fonction de neutraliser les effets néfastes des situations internationales sur la fiscalité, qu'ils soient négatifs pour les contribuables (doubles impositions) ou pour les États (doubles non-impositions). L'exposé des objectifs classiquement invoqués du droit fiscal international et de leurs mécanismes au prisme de cette interprétation d'un système fiscal international neutralisant met toutefois en exergue la multiplicité de ces « neutralités », lesquelles se concilient mal et peinent à former un objectif unifié du système fiscal international.

45. **La neutralité de l'impôt.** Une mesure fiscale est dite neutre lorsqu'elle n'influe pas sur les choix opérés par les acteurs économiques[3]. La notion de neutralité de l'impôt renvoie à une idée libérale très présente dans la doctrine financière classique[4] et souvent résumée par la formule de René STOURM :

---

[1] V. n° 48 ci-dessous.

[2] V. n° 49 ci-dessous.

[3] V. par ex. Stephen UTZ, « *Tax neutrality* », *in Mélanges en l'honneur de Pierre BELTRAME*, Aix-en-Provence, Presses universitaires d'Aix-Marseille, 2010, p. 568 :

> « A tax measure is neutral if it does not influence the economic choices of economic agents, chiefly, producers and consumers. Neutrality is not to be confused with fairness. [...] Tax neutrality is [...] concerned only with preventing the distortion of economic behavior by an extraneous influence and not with the fairness of tax consequences to those who bear them. »

[4] C'est en ce sens que Martin COLLET la qualifie de « vieux principe d'inspiration libérale », et d'ajouter (Martin COLLET, *Droit fiscal*, Paris, PUF, coll. Thémis, 10e éd., 2022, p. 175) :

> « Ce principe – strictement *politique*, dans la mesure où il manifeste certaines valeurs, sans entraîner lui-même aucune obligation *juridique* – signifie qu'un bon impôt doit être un impôt qui

« L'impôt ne doit être ni stimulant, ni moralisateur, ni protecteur ; il doit être exclusivement le pourvoyeur du Trésor. »[5]

Entendue ainsi, la neutralité de l'impôt s'opposerait à la recherche, par le droit fiscal, d'autres objectifs que le rendement budgétaire. Elle s'opposerait donc, *a priori*, à la mise en place d'une politique fiscale : neutralité et interventionnisme fiscal seraient « antinomiques »[6].

Ce rôle minimal de l'impôt, intrinsèquement lié à une vision minimale du rôle de l'État portée par le libéralisme classique, ne résiste pas à l'évolution du droit fiscal au cours du XXe siècle. Force est de constater aujourd'hui, en France comme ailleurs, que l'impôt *est* stimulant[7] ; l'impôt *est* moralisateur[8] ; l'impôt *est* protecteur[9].

---

n'influence pas les entreprises et les personnes dans la manière de gérer leur argent, d'investir dans tel bien plutôt que dans tel autre. L'idée sous-jacente est que la liberté serait le meilleur gage de prospérité. »

[5] René STOURM, *Systèmes généraux d'impôts*, Paris, Librairie Guillaumin et Cie, 2e éd., 1905, p. 35. Cette idée peut être mise en parallèle avec la loi d'équilibre des finances publiques, formulée par Gaston JÈZE dont elle forme, en quelque sorte, le corollaire en matière fiscale : « Il y a des dépenses, il faut les couvrir. » (attribué à Gaston JÈZE, *Cours élémentaire de science des finances et de législation financière française* (1931), Paris, Éditions la Mémoire du droit, coll. de la Faculté Jean Monnet, 2013, 432 p. ; sur cette attribution v. Matthieu CONAN, « Gaston Jèze et l'utilité de la dépense publique – l'élaboration d'une théorie générale des finances publiques », *La Revue du Trésor* 2008, n° 2, p. 159) Idéalement, l'État agit, et la fiscalité (*lato sensu*) finance cette action – intégralement (JÈZE), et exclusivement (STOURM).

[6] Patrick SERLOOTEN, « La neutralité fiscale. Un principe obsolète ? », *in Mélanges dédiés à Louis BOYER*, Toulouse, Presses de l'Université des sciences sociales de Toulouse, 1996, p. 704.

[7] La stimulation de comportements sociaux par le truchement de l'impôt est l'objet de la fiscalité dite « incitative » ou « comportementale ». V. not. Sénat, Yves DAUDIGNY & Catherine DEROCHE, Rapport d'information n° 399 fait au nom de la mission d'évaluation et de contrôle de la sécurité sociale de la commission des affaires sociales *sur la fiscalité comportementale*, 26 février 2014, 166 p. Les sénateurs ne nient pas dans ce rapport que « les contours de la notion de "fiscalité comportementale" restent difficiles à cerner » (p. 11), notamment en l'absence d'une politique fiscale incitative générale ; les mesures éparses d'incitation fiscale sont néanmoins présentes dans de nombreux domaines du droit fiscal.

[8] L'aspect moralisateur est éminemment subjectif. Pour STOURM, sont moralisateurs – et donc illégitimes et condamnables – « les impôts sur le luxe, ou plutôt *contre* le luxe » ainsi que ceux « sur les objets antihygiéniques, dangereux, corrupteurs » (René STOURM, *Systèmes généraux d'impôts*, *op. cit.* pp. 37-38). Il est ainsi loisible de voir dans des fiscalités particulières, comme par exemple le droit de consommation sur les tabacs ou les droits indirects sur les alcools, plus que des mesures de santé publique, une condamnation morale de consommations « peccamineuses » – même si, à l'époque de STOURM, une certaine ambigüité était déjà cultivée entre l'objectif financier et l'objectif « moralisateur » ; v. not. Damien GROS, *Naissance de la Troisième République*, Paris, Presses universitaires de France, coll. Léviathan, pp. 355-375. La majoration de la taxe sur la diffusion en vidéo physique et en ligne de contenus audiovisuels de l'article 1609 sexdecies B du CGI, passant d'un taux de 5,15 % à 15 % lorsque les œuvres sont considérées « à caractère pornographique ou d'incitation à la violence » (V.), peut également être considérée comme moralisatrice.

[9] La fiscalité peut par exemple servir à la protection de l'environnement : c'est l'objet de la fiscalité dite « environnementale » ; v. Nicolas CARUANA, *La fiscalité environnementale*, Paris, L'Harmattan, coll. Finances publiques, 2015, not. pp. 51-61.

46. **La neutralité fiscale comme principe économique.** Si la notion de neutralité fiscale est présente dans la doctrine juridique, elle n'y a pas la même importance que dans la théorie économique où elle est prépondérante, et ce dès les origines de la pensée libérale.

Adam SMITH relevait déjà que « l'impôt peut entraver l'industrie du peuple et le détourner de s'adonner à certaines branches de commerce ou de travail, qui fourniraient de l'occupation et des moyens de subsistance à beaucoup de monde. Ainsi, tandis que d'un côté il oblige le peuple à payer, de l'autre il diminue ou peut-être anéantit quelques-unes des sources qui pourraient le mettre plus aisément dans le cas de le faire »[10]. Ainsi, « la neutralité de l'impôt s'entend d'un objectif de politique fiscale qui tend à optimiser les recettes fiscales de l'État en asseyant l'impôt sur une assiette large et un taux faible »[11].

L'idée qu'un taux d'imposition trop élevé est susceptible de détruire l'assiette fiscale est symbolisée, à partir des années 1970, par la « courbe de LAFFER », aujourd'hui contestée[12].

C'est essentiellement sous l'inspiration de cette approche économique que la neutralité fiscale, en tant que topique théorique, est développée dans la doctrine juridique. D'un point de vue pratique, elle se rattachera alors, selon les cas, à la liberté du commerce et de l'industrie, la liberté d'établissement ou la liberté d'entreprise d'une part, et au principe d'égalité d'autre part[13].

47. **La relativité de la neutralité fiscale.** La mise en œuvre de politiques fiscales étant une réalité prégnante des systèmes fiscaux contemporains[14], l'interventionnisme fiscal redéfinit la neutralité de l'impôt. Ainsi, le professeur Gilbert ORSONI relève que, dès les années 1950, la (néo-)neutralité de l'impôt telle qu'invoquée par Maurice LAURÉ ou Henri LAUFENBURGER désigne les « impôts insusceptibles de toucher aux structures économico-

---

[10] Adam SMITH, *Recherches sur la nature et les causes de la richesse des nations* (1776), trad. Germain GARNIER & Adolphe BLANQUI, Tome I, Guillaumin, 1843, pp. 500-501.

[11] Loup BOMMIER, *L'objectif de neutralité du droit fiscal comme fondement d'une imposition unitaire de l'entreprise*, Paris, LGDJ, coll. Bibliothèque Finances publiques et fiscalité t. 73, 2021, p. 4.

[12] La pertinence de cette représentation a fait l'objet de nombreuses critiques, développées *infra*, n°s 152 et suivants. V. par ex. Georges DUMAS, *Politique fiscale : le naufrage*, Paris, L'Harmattan, coll. Finances publiques, 2007, pp. 82 *sqq*.

[13] Loup BOMMIER, *L'objectif de neutralité du droit fiscal comme fondement d'une imposition unitaire de l'entreprise*, Paris, LGDJ, coll. Bibliothèque Finances publiques et fiscalité t. 73, 2021, pp. 11-16.

[14] Les évolutions progressives de la neutralité et de l'interventionnisme fiscal ont été étudiées et synthétisées au regard du besoin de compétitivité par Éric OLIVA, « Compétitivité et impôt : Ne pas jeter le bébé avec l'eau du bain ! », *Pouvoirs*, 2014/4, n° 151, pp. 99-115. Pour une analyse du point de vue des économistes, v. par ex. Jean-Marie MONNIER, « L'impôt et la contrainte ou la dialectique de l'autonomie et de la responsabilité », *European Journal of Economic and Social System*, Lavoisier, 2006, 19 (1), pp. 99-110.

sociales, de fausser les conditions de la production comme de la distribution »[15].

Maurice LAURÉ pose ainsi comme « bases scientifiques » de son *Traité de politique fiscale*, les « principes économiques que doit observer cette science », deux interdits :

> « La fiscalité ne doit pas gêner la libre circulation des produits.
> « La fiscalité ne doit pas fausser, par son action sur les prix, l'évaluation des efforts consacrés à la production. »[16]

La neutralité, exprimée par ces interdits, devient le « garde-fou » de la politique fiscale en l'intégrant, cette dernière pouvant définir dans ce cadre des objectifs pour lesquels la fiscalité peut prévoir des mécanismes incitatifs ou désincitatifs. La neutralité du système fiscal sera alors appréciée au regard du système économique et de la politique fiscale auxquels elle s'applique.

S'inscrivant alors dans la politique fiscale, la neutralité de l'impôt s'interprète au regard de cette politique et par rapport au système fiscal dans lequel l'impôt concerné s'inscrit. Il est alors loisible de pousser plus loin le raisonnement. La neutralité fiscale ne consiste plus alors en « l'absence de distorsions causées au libre fonctionnement de l'économie », mais en « l'absence de distorsions contraires à la réalisation du plan ou des objectifs poursuivis ou éventuellement la recherche des distorsions qui leur seraient favorables »[17]. C'est la finalité du système économique qui prime, passant ici du libéralisme absolu à un interventionnisme visant des objectifs définis. La neutralité de l'impôt se définirait alors comme « l'absence de toute distorsion qui pourrait nuire à la finalité du système économique »[18]. Transposée au domaine international, la neutralité fiscale supposerait l'absence de distorsion pouvant nuire à la finalité du système économique international, c'est-à-dire au commerce mondial.

48. **La neutralité comme principe directeur de la politique fiscale internationale.** Interventionnisme et neutralité forment, pour le professeur Bernard CASTAGNÈDE, les deux principes directeurs entre lesquels les États souverains choisissent pour définir leur politique fiscale internationale. Le *principe de neutralité* a pour but est de préserver les conditions de la concurrence et qui prohibe de ce fait toute mesure de

---

[15] Gilbert ORSONI, *L'interventionnisme fiscal*, Paris, Presses universitaires de France, coll. Fiscalité, 1995, p. 247. V. aussi Gilbert ORSONI, *Les finances publiques en question*, Bruxelles, Bruylant, coll. Finances publiques, 2021, 284 p.

[16] Maurice LAURÉ, *Traité de politique fiscale*, Paris, Presses universitaires de France, 1956, p. 53.

[17] Patrick SERLOOTEN, « La neutralité fiscale. Un principe obsolète ? », *in Mélanges dédiés à Louis Boyer*, Toulouse, Presses de l'Université des sciences sociales de Toulouse, 1996, p. 706.

[18] *Ibid.*

protection du marché, d'incitation ou de désincitation[19]. Le *principe d'interventionnisme* à l'inverse a pour but de rectifier les défaillances du libre marché en faisant de la politique fiscale une politique volontariste[20].

Le choix des États est néanmoins aujourd'hui contraint par leurs engagements internationaux et s'inscrit dans un nécessaire « compromis entre le principe de neutralité fiscale, désormais dominant, et les dispositions interventionnistes qu'autorise la régulation du marché »[21].

Dominant, le « principe » de neutralité fiscale ainsi entendu se retrouve dans la philosophie de libéralisation des échanges qui inspire de nombreux engagements internationaux et partenariats économiques – chacun participant à contraindre un peu plus la politique fiscale internationale des États qui y adhèrent. Ainsi, les États membres de l'Union sont à la fois contraints par les règles de libre concurrence de l'Union européenne et de l'Organisation mondiale du commerce. Le phénomène de libéralisation des échanges gagne en outre les pays en développement avec, par exemple, la réduction constante des droits de douane sous l'impulsion de l'OMC et de l'OMD, mais également à travers le développement des zones d'intégration économiques régionales, accords de libre-échange et autres partenariats économiques. Il y a une indéniable progression de la neutralité fiscale au cours de ces dernières décennies, dont les évolutions en matière de double imposition, double non-imposition et lutte contre la fraude et l'évasion sont topiques.

49. **La neutralité portée par les instances internationales.** L'idée de neutralité fiscale semble progresser par les récents travaux des différentes instances internationales ; elle y figure parfois explicitement, quoique dans des acceptions variables.

Ainsi, dans le cadre des négociations sur la taxation du commerce électronique lors de la conférence ministérielle d'Ottawa du 7 au 9 octobre 1998, les ministres ont retenu cinq « principes fiscaux généraux largement

---

[19] Bernard CASTAGNÈDE, *Précis de fiscalité internationale*, Paris, Presses universitaires de France, 6e éd., 2019, n° 10, p. 34 :

« Le *principe de neutralité* traduit, sur le terrain fiscal, le souci d'un jeu libre et sincère des mécanismes du marché, que ne doit pas perturber l'offre d'avantages, ou l'application de pénalisations, venant fausser les conditions de la concurrence. Appliqué aux relations internationales, il conduit à prohiber toutes mesures fiscales protectionnistes ou discriminatoires, le soutien fiscal aux exportations ou la pénalisation des importations, les dispositions en faveur du déploiement extérieur des entreprises nationales ou, au contraire celles tendant à renforcer l'attractivité d'un territoire. »

[20] *Ibid.* :

« Le principe d'*interventionnisme* fonde les dispositions permettant, dans une lecture critique du libéralisme économique, de remédier aux déséquilibres que le libre jeu du marché produit ou ne peut corriger, et plus généralement celles reflétant la mise en œuvre de politiques publiques volontaristes. Il a pu justifier l'offre systématique d'avantages fiscaux des *Codes des investissements* de nombreux pays en développement, le statut des *zones franches*, comme toutes mesures fiscales favorisant des productions, des entreprises ou des territoires. »

[21] *Ibid.*

admis qui devraient s'appliquer au commerce électronique »[22], mais qui ont été ensuite repris par l'OCDE dans des contextes plus généraux[23]. Ces cinq principes sont la *neutralité*, l'*efficience*, la *certitude et simplicité*, l'*efficacité et équité*, et la *flexibilité*. La neutralité y est associée à la notion d'équité, considérant que « la fiscalité devrait viser à assurer la neutralité et l'équité entre les différentes formes de commerce électronique et entre les formes conventionnelles et les formes électroniques de commerce. Les décisions devraient être motivées par des considérations économiques et non fiscales. Les contribuables qui se trouvent dans des situations similaires et qui effectuent des transactions similaires devraient être soumis à des niveaux d'imposition similaires »[24].

Dans le cadre de l'Union européenne, l'article 110 du TFUE (ex-article 90 TCE) établit un principe strict de neutralité fiscale interne au sein de l'Union :

> « Aucun État membre ne frappe directement ou indirectement les produits des autres États membres d'impositions intérieures, de quelque nature qu'elles soient, supérieures à celles qui frappent directement ou indirectement les produits nationaux similaires.
>
> « En outre, aucun État membre ne frappe les produits des autres États membres d'impositions intérieures de nature à protéger indirectement d'autres productions. »

C'est ainsi que l'interprète la jurisprudence de la Cour de justice, qui retient que cet article « a pour but d'assurer la libre circulation des marchandises entre les États membres dans des conditions normales de concurrence, par l'élimination de toutes formes de protection pouvant résulter de l'application d'impositions intérieures discriminatoires à l'égard de produits des autres États membres, et de garantir la parfaite neutralité des impositions intérieures au regard de la concurrence entre produits nationaux et produits importés »[25].

---

[22] OCDE, Comité des affaires fiscales, *Conditions cadres pour l'imposition du commerce électronique*, Rapport du Comité des affaires fiscales comme présenté aux Ministres à la Conférence ministérielle de l'OCDE, « Un monde sans frontières : concrétiser le potentiel du commerce électronique mondial » le 8 octobre 1998, rapport approuvé par les Ministres, p. 4.

[23] Par ex. en matière d'impositions sur la consommation : v. OCDE, Comité des affaires fiscales, Groupe de travail n° 9 sur les impôts sur la consommation, *Principes directeurs internationaux de l'OCDE pour l'application de la TVA/TPS : Principes directeurs sur la neutralité*, approuvés par le Comité des affaires fiscales le 28 juin 2011, pp. 4-5.

[24] *Ibid.*

[25] Vu sur une affaire de régime fiscal du vin et de la bière : CJCE, 9 juillet 1987, aff. 356/85, Commission CE c/ Royaume de Belgique, pt. 6 (*Rec. CJCE*, 1987, 03299). Le considérant a par la suite été repris dans la jurisprudence de la Cour, v. not. CJCE, grande chambre, 8 avril 2008, aff. C-167/05, Commission CE c/ Royaume de Suède, pt. 40 (*Rec. CJCE*, 2008, I, p. 2127), là aussi en matière d'imposition du vin et de la bière. L'interprétation, avec la référence à la « parfaite neutralité des impositions intérieures au regard de la concurrence entre produits nationaux et produits importés », est de jurisprudence constante ; v. Fabrice PICOD, « Synthèse - Libre circulation des marchandises », *JurisClasseur Europe Traité*, màj. 1er janvier 2021, nos 18 à 20.

Cette neutralité[26] est l'expression en droit fiscal de la libre circulation des marchandises, liberté fondamentale pour l'Union[27].

50. **La neutralisation des effets internationaux.** Le droit fiscal international, dans sa conception initiale à partir de la fin du XIXe siècle à ses évolutions les plus récentes, semble de fait procéder d'une recherche renouvelée d'une forme de *neutralité*, du moins d'une *neutralisation* des principaux effets de l'extranéité d'une situation sur son traitement fiscal. Ce souci de neutralité se retrouve ainsi, dans un premier temps, dans la lutte contre la double imposition, objet traditionnel des conventions fiscales (**Section 1**). Il se retrouve également dans les évolutions récentes consacrant un engagement concret des États dans la lutte contre la double non-imposition (**Section 2**).

SECTION 1 :
La neutralisation de la double imposition

51. **La nécessaire neutralisation des doubles impositions.** La double imposition porte atteinte à la neutralité fiscale dans toutes ses acceptions. Selon l'acception économique classique, la double imposition induit un taux d'imposition excessif car supérieur à celui prévu par chacun des États. Elle nuit également à la liberté de circulation des produits et crée une distorsion de concurrence entre la situation internationale double imposée (défavorisée) et une situation nationale similaire à imposition unique (favorisée).

La double imposition ne résulte pas en revanche de la volonté des États, bien au contraire ; c'est sans doute pour cette raison qu'elle fut la première à avoir fait l'objet de coopération en vue de l'éliminer. Cette lutte contre la double imposition, limitée dans un premier temps aux accords bilatéraux[28], tend à se systématiser, au niveau mondial par les projets impulsés par l'OCDE

---

[26] L'article 110 du TFUE prohibe les mesures fiscales *défavorisant* les produits en provenance des autres États membres ; il est complété par l'article 111 du TFUE (ex-article 91 TCE) qui prohibe les mesures fiscales *favorisant* les produits à destination des autres États membres :

> « Les produits exportés vers le territoire d'un des États membres ne peuvent bénéficier d'aucune ristourne d'impositions intérieures supérieure aux impositions dont ils ont été frappés directement ou indirectement. »

[27] La neutralité fiscale de l'article 110 du TFUE constitue ainsi, « dans le système du traité, un complément des dispositions relatives à la suppression des droits de douane et des taxes d'effet équivalent. Elle a pour objectif d'assurer la libre circulation des marchandises entre les États membres dans des conditions normales de concurrence par l'élimination de toute forme de protection pouvant résulter de l'application d'impositions intérieures discriminatoires à l'égard des produits originaires d'autres États membres » : CJCE, première chambre, 8 novembre 2007, aff. C-221/06, Stadtgemeinde Frohnleiten et Gemeindebetriebe Frohnleiten GmbH contre Bundesminister für Land- und Forstwirtschaft, Umwelt und Wasserwirtschaft, pt. 30 (*Rec. CJCE*, 2007, I, p. 9643).

[28] V. Arnaud DE NANTEUIL, *Introduction aux conventions de double imposition*, Bruxelles, Bruylant, coll. Paradigme, 2019, pp. 161-178.

et le G20, mais également au niveau régional. L'Union européenne s'est par exemple dotée en 2017 d'un mécanisme de règlement des différends fiscaux[29] visant en particulier les situations de double imposition.

Si la double imposition est un phénomène polymorphe (**§ 1**), les solutions pratiques qui y sont apportées sont également diverses (**§ 2**).

§ 1 : La multiplicité des doubles impositions

52. **Définition de la double imposition.** La double imposition est un concept *a priori* facilement accessible et défini de longue date :

> « La double imposition dans son sens le plus simple correspond à l'imposition d'une même personne ou d'une même chose deux fois. »[30]

En 1895, dans ses *Essays in Taxation*[31], Edwin SELIGMAN considère néanmoins l'ambivalence de la notion, notamment au regard de l'acception plus ou moins stricte qui en est retenue.

53. **La double imposition *lato sensu*.** Entendue au sens large, la double imposition est un phénomène omniprésent au sein des systèmes fiscaux ; il est rare qu'une personne, physique ou morale, ne soit redevable que d'une seule imposition. En réalité, un souci de rentabilité et de justice fiscales[32] suppose une diversification des impositions[33], lesquelles sont amenées à grever directement ou indirectement les mêmes personnes ou les mêmes choses.

Ainsi la plupart des systèmes fiscaux admettent simultanément une imposition sur les revenus (comme l'impôt sur le revenu) et une imposition sur la consommation (comme la taxe sur la valeur ajoutée), visant, sans entrer dans les détails, les mêmes contribuables (dont les sommes qui leur servent à consommer ont formé au préalable des revenus imposés comme tels).

De manière plus explicite encore, le système fiscal français comprend des *taxes additionnelles* (taxe additionnelle à la cotisation foncière des entreprises, à la cotisation sur la valeur ajoutée des entreprises, aux droits

---

[29] Directive (UE) 2917/1852 du Conseil du 10 octobre 2017 concernant les mécanismes de règlement des différends fiscaux dans l'Union européenne (*JOUE*, L 265/1, 14 octobre 2017). Cette directive « établit des règles relatives à un mécanisme destiné à régler les différends entre États membres lorsque ces différends découlent de l'interprétation et de l'application d'accords et de conventions qui prévoient l'élimination de la double imposition du revenu et, le cas échéant, de la fortune » (Article premier).

[30] Edwin R. A. SELIGMAN, *Essays in Taxation*, New York, Macmillan and co., 1895, p. 95 : « Double taxation in the simplest sense denotes the taxation of the same person or the same thing twice. »

[31] Edwin R. A. SELIGMAN, *Essays in Taxation, op. cit.*, chapter IV. "Double Taxation", pp. 95-120.

[32] V. Partie 1 : Titre 2 : La primauté de l'objectif fiscal.

[33] Souci peu abordé par la doctrine, il n'en demeure pas moins accessible par un raisonnement *a contrario* à partir des nombreuses – et infructueuses – tentatives de conception d'un impôt unique.

d'enregistrement, à la taxe sur les surfaces commerciales), lesquelles, comme leur nom l'indique, viennent s'ajouter à une imposition déjà existante et visent, dans les cas spécifiés, à la fois le même contribuable (la *même personne*) et la même base d'imposition (la *même chose*)[34], lesquels sont ainsi imposés deux fois.

Cette approche de la double imposition n'est pas nécessairement problématique : elle relève des choix fiscaux opérés par l'autorité détentrice de la compétence fiscale et procède de la logique propre au système fiscal – national – dans laquelle elle s'inscrit. En revanche, cette logique est brisée lorsque la double imposition procède de deux autorités fiscales concurrentes, de deux systèmes fiscaux distincts. C'est l'origine de la double imposition internationale.

54. **Les prémices de la double imposition internationale.** La problématique de la double imposition n'est pas, en soit, une invention moderne : dès le Moyen Âge, l'existence de plusieurs impositions concurrentes sur une même personne – en l'occurrence essentiellement des impositions municipales –, selon le lieu de résidence ou d'origine du contribuable visé, soulève des interrogations. SELIGMAN relève ainsi dès le XIIIe siècle des œuvres de juristes, canonistes et glossateurs, mais également de théologiens et, sensiblement plus tard, d'économistes, qui abordent la question de la double imposition pour y proposer différentes solutions[35].

De fait, le phénomène de double imposition intervenant dès lors qu'un bien ou une personne entrent dans le giron de deux autorités fiscales différentes – tel est le cas par exemple de l'imposition de l'« étranger », du pérégrin, et de ses biens –, la question de l'opportunité de cette double imposition, de sa pertinence économique et morale, de sa justice se pose. Rapidement, la double imposition est considérée par une partie de la doctrine comme un *mal*, dont l'évitement appelle des solutions spécifiques. Mais la mention de l'imposition de l'« étranger » n'est pas anodine : ce sont bien les bases d'une problématique internationale qui se profilent ici.

SELIGMAN souligne l'importance des impôts généraux sur la propriété et des droits de succession dans les problématiques de double imposition[36] et attribue le « désintérêt » à l'égard de ces questions fin XVIIIe-début XIXe à la perte de prestige de ce type d'impositions. Un renouveau, une redécouverte, de la problématique de double imposition apparait alors dans la deuxième moitié du XIXe, en réaction de laquelle sont conclues les premières conventions fiscales bilatérales classiquement recensées. C'est la naissance du droit fiscal international contemporain.

---

[34] À noter que certains contribuables et tout ou partie de la base de l'imposition principale peuvent être exonérés de taxe additionnelle, mais pas l'inverse.
[35] Edwin R. A. SELIGMAN, « La double imposition et la coopération fiscale internationale », *Recueil des Cours de l'Académie de droit international de La Haye*, vol. 20, 1927, pp. 488 *sqq*.
[36] *Ibid.*

55. **La double imposition, objet principal et historique des conventions et de leurs modèles.** La double imposition juridique internationale est l'objet principal des conventions dites de double imposition. Le modèle conventionnel OCDE débute son introduction par sa définition :

> « La double imposition juridique internationale peut être définie de manière générale comme l'application d'impôts comparables dans deux (ou plusieurs) États au même contribuable, pour le même fait générateur et pour des périodes identiques. »[37]

De manière plus synthétique, les commentaires sur les articles 23 A et 23 B du modèle, « concernant les méthodes pour éliminer les doubles impositions », résument la notion de *double imposition juridique* au « cas où une même personne est imposable au titre d'un même revenu ou d'une même fortune par plus d'un État »[38]. Ils la distinguent surtout de la *double imposition économique*, « c'est-à-dire du cas où deux personnes différentes sont

---

[37] OCDE, *Modèle de Convention fiscale concernant le revenu et la fortune 2017 (Version complète)*, Paris, Éditions OCDE, 10e éd., 2019, p. I-1 ; et d'ajouter :

« Ses effets néfastes sur l'échange de biens et de services et sur les mouvements de capitaux, de technologie et de personnes sont si bien connus qu'il est superflu de souligner l'importance d'une suppression des obstacles que constitue la double imposition pour le développement des relations économiques entre les pays. »

[38] Commentaires OCDE, C (23) n° 1 (p. C(23)-1). Les commentaires précisent (*ibid.* n° 3) :

« Il peut y avoir double imposition juridique internationale dans trois cas :

« *a)*lorsque chaque État contractant assujettit la même personne à l'impôt pour son revenu et sa fortune totaux [...] ;

« *b)*lorsqu'une personne est un résident d'un État contractant [...] et reçoit des revenus ou possède de la fortune dans l'autre État contractant [...] et que les deux États imposent ces revenus ou cette fortune [...] ;

« *c)*lorsque chaque État contractant assujettit la même personne qui n'est pas un résident d'un État contractant à l'impôt pour des revenus provenant d'un État contractant ou pour de la fortune qu'elle y possède ; ce peut être le cas par exemple lorsqu'un non-résident a un établissement stable dans un État contractant [...] par l'intermédiaire desquels il tire des revenus ou possède de la fortune dans l'autre État contractant [...]. »

imposables au titre d'un même revenu ou d'une même fortune »[39]. Et de préciser que la double imposition économique n'est pas l'objet du modèle[40].

56. **Les critères de la double imposition.** Le professeur Bernard CASTAGNÈDE retient une définition peut-être plus exhaustive :

> « Suivant une analyse classique, une double imposition internationale est constituée lorsqu'un même contribuable se trouve atteint, au titre d'une même base imposable et d'une même période, par des impôts de nature comparable appliqués par deux ou plusieurs États, dans des conditions telles que la charge fiscale globale qu'il supporte s'avère supérieure à celle qui résulterait de l'intervention, dans des conditions de droit commun, d'un seul pouvoir fiscal. »[41]

Cette définition permet de dégager des critères spécifiques à la double imposition internationale : l'identité de contribuable (qui), l'identité de base imposable (quoi), l'identité de période (quand), la comparabilité des impositions concernées d'un pays à l'autre, et, plus originale, l'existence d'une *surcharge fiscale*.

57. **La surcharge fiscale.** La notion de surcharge fiscale se retrouve également en droit interne, par exemple dans la définition de la double imposition retenue à l'article L. 251 B du Livre des procédures fiscales, en matière de règlement des différends fiscaux au sein de l'Union européenne

---

[39] Commentaires OCDE, C (23) n° 2 (p. C(23)-1). Pour illustrer la double imposition économique, le professeur Bernard CASTAGNÈDE propose plusieurs exemples, *in* Bernard CASTAGNÈDE, *Précis de fiscalité internationale*, Paris, Presses universitaires de France, coll. Fiscalité, 6e éd., 2019, n° 2, pp. 24-25 :

> « [L]es bénéfices des sociétés de capitaux, ainsi, sont d'abord atteints par l'impôt sur les sociétés au niveau de la société bénéficiaire, avant d'être taxés entre les mains des associés à raison des distributions effectuées.
>
> « Une double imposition économique peut être également constituée en cas de redressement appliqué dans un État à une entreprise qui s'y trouve établie, à raison des prix de transferts pratiqués par celle-ci dans le cadre de transactions effectuées avec une entreprise apparentée située dans un autre État, lorsque ce dernier ne procède pas aux ajustements corrélatifs permettant d'éviter la surcharge fiscale atteignant alors le bénéfice des deux entreprises. Elle pourrait également apparaître dans le cas de succession d'imposition des bénéfices d'une même entreprise, d'abord taxés par l'État de résidence de celle-ci, puis inclus dans le bénéfice imposable d'une autre entreprise, dont elle dépend, résidente d'un autre État mettant en œuvre un régime d'imposition mondial ou consolidé des bénéfices des entreprises, si la législation du second État n'assurait pas, ou pas complètement, l'élimination de la surcharge fiscale. »

[40] Ainsi, « [s]i deux États veulent résoudre des problèmes de double imposition économique, ils doivent le faire par négociations bilatérales » (Commentaires OCDE, C (23) n° 2 (p. C(23)-1)). Les doubles impositions économiques étant généralement tolérées, sous une forme ou une autre, dans les ordres fiscaux nationaux (par ex. par le cumul d'impositions sur le bénéfice des sociétés et sur les dividendes), leur résolution ne peut pas *a fortiori* être systématisée à l'international.

[41] Bernard CASTAGNÈDE, *Précis de fiscalité internationale*, Paris, Presses universitaires de France, 6e éd., 2019, n° 2, p. 24.

(créé par l'article 130 de la loi de finances pour 2019[42] en vue de transposer la directive 2017/1852 du 10 octobre 2017 concernant les mécanismes de règlement des différends fiscaux dans l'Union européenne). La surcharge fiscale correspond à trois cas :

> « 1° Une charge fiscale supplémentaire ;
> « 2° Une augmentation de la charge fiscale ;
> « 3° Une annulation ou une réduction des pertes qui pourraient être utilisées pour compenser des bénéfices imposables. »[43]

La surcharge fiscale s'entend aussi bien d'une charge supplémentaire (nouvelle imposition) que d'une augmentation d'une charge existante (aggravation d'une imposition). Le troisièmement de l'article L. 251 C renvoie à la problématique soulevée dans l'arrêt Céline[44] sans lequel il se confondrait sans doute avec le deuxièmement : la réduction des pertes imputables aux bénéfices imposables.

L'idée même de surcharge fiscale repose sur l'anormalité présumée de la situation de double imposition. Ce n'est donc pas tant l'état de double imposition lui-même qui est problématique, que les effets qui en résultent. La double imposition dépasse alors l'aspect technique pour atteindre des principes plus fondamentaux du droit fiscal tels que la justice fiscale, l'adéquation aux facultés contributives et le rejet de l'impôt confiscatoire[45].

---

42 Loi n° 2018-1317 du 28 décembre 2018 *de finances pour 2019*, *JORF* n° 0302 du 30 décembre 2018, texte n° 1.

43 Article L. 251 C du Livre des procédures fiscales.

44 CE, 9e et 10e ss-sect., 12 mars 2014, n° 362528, *Sté Céline* (*JurisData* n° 2014-004866 ; *Droit fiscal* 2014, n° 22, comm. 356, concl. F. ALADJIDI, note Ph. DURAND ; *RJF* 6/2014, n° 602). En l'espèce, les conventions fiscales (franco-italienne et franco-japonaise) accordaient au résident français (la société Céline) un crédit d'impôt imputable sur l'impôt français égal montant des impôts payés dans l'État de la source (Italie et Japon), plafonné au montant de l'impôt dû sur les mêmes revenus en France. Du fait de ces stipulations, la déduction des impositions payées à l'étranger prévue par l'article 39, 1., 4° du CGI était écartée. Or la société Céline étant déficitaire sur l'exercice en cause, son impôt dû en France était nul, et donc les crédits d'impôt neutralisés. Dès lors, la société ne pouvait ni bénéficier des crédits d'impôt en raison de l'impôt payé en Italie et au Japon, ni bénéficier de sa déductibilité (qui lui aurait permis d'augmenter son déficit reportable, et donc réduire son impôt futur). Il s'agit d'une situation dans laquelle la convention relative à la lutte contre la double imposition aggrave la situation du contribuable.
Dans son arrêt CE, 7 juin 2017, n° 386579, *Sté LVMH Moët Hennessy Louis Vuitton* (*RJF* 2017, 942, concl. BOKDAM-TOGNETTI ; *Droit fiscal* 2017, 430, note ZAGHDOUN & PHLIPPE), le Conseil d'État a néanmoins précisé que dans une situation similaire, si la convention ne s'y oppose *expressément*, la société peut bénéficier de la déductibilité.

45 Sur la notion d'impôt confiscatoire en droit français, v. not. Polina KOURALEVA-CAZALS, « Quelques réflexions sur les particularités de l'appréciation du caractère confiscatoire ou excessif d'une imposition par le Conseil constitutionnel », *Revue européenne et internationale de droit fiscal*, n° 2017/2, pp. 141-147 ; ou encore Alexandre MANGIAVILLANO, « Le caractère excessif de l'impôt », *Revue du droit public*, 2014, n° 1, pp. 121-136.

Pour neutraliser cette surcharge, ces effets indésirables, les États ont développé plusieurs techniques, lesquelles forment le socle premier du système fiscal international.

§ 2 : Les solutions à la double imposition

58. **Les premiers éléments du système fiscal international.** La résolution des doubles impositions constitue l'une des premières problématiques abordées par le droit fiscal international. Les méthodes et outils développés à cette fin sont les premiers éléments du système fiscal international ; ils visent spécifiquement à assurer la neutralisation des effets de doubles impositions tout en garantissant l'intégrité des systèmes fiscaux nationaux.

Par ailleurs, si les outils qui les portent s'inscrivent dans un cadre unilatéral ou bilatéral, les méthodes sont le fruit d'une première coopération véritablement internationale initiée par la Société des Nations.

59. **Méthodes et outils contre la double imposition.** La double imposition internationale naissant de la rencontre des prétentions fiscales de deux États, le seul remède possible à une telle situation est la modulation de ces prétentions. Au regard du principe de souveraineté des États, il est acquis qu'une telle modulation ne peut procéder que d'une autolimitation d'un ou des deux États quant à ses prétentions. Celle-ci peut prendre la forme d'une exonération ou d'un crédit d'impôt, selon la méthode employée.

Les États sont théoriquement libres du choix de la méthode à employer pour résoudre ou limiter la double imposition (**A.**) sur laquelle ils peuvent statuer unilatéralement, ou s'entendre entre eux afin d'assurer la pertinence des mesures (**B.**). La conceptualisation de ces méthodes et outils au niveau international, dès les travaux de la Société des nations en matière de conventions fiscales, constitue la première étape d'une conceptualisation internationale des problématiques fiscales, et un préalable nécessaire à la construction d'un système fiscal international[46].

A. Les méthodes

60. **Les méthodes de la Société des nations.** Les prémices du système fiscal international peuvent être perçues dès les premiers travaux de la Société des Nations sur les conventions fiscales, et en particulier dans le *Rapport sur la double imposition* de 1923[47]. Ces travaux identifiaient quatre méthodes pour résoudre la double imposition : la méthode du *credit* – ou *deduction for*

---

46 Pour l'histoire des conventions, v. Partie 2 : Titre 1 : Chapitre 1.

47 Gijsbert BRUINS, Luigi EINAUDI, Edwin SELIGMAN & Josiah STAMP, *Report on Double Taxation submitted to the Financial Committee Economic and Financial, Commission Report by the Experts on Double Taxation*, Document E.F.S.73. F.19, April 5th, 1923, 51 p.

income from aboard – (c'est-à-dire l'imputation dans l'État de la résidence des impositions payées dans l'État de la source, idée inspirée du système américain d'imposition mondiale), la méthode de l'*exemption* (attribution exclusive du droit d'imposer – généralement à l'État de résidence), la *division of taxes* (les États se répartissent les impositions entre eux, idée inspirée du système fiscal britannique établi avec ses dominions en 1920[48]) et la *classification and assignment of sources* (les revenus sont catégorisés et le droit d'imposer réparti entre les États selon les catégories)[49].

Ces méthodes sur lesquelles se disputaient les « Quatre Économistes »[50] sont fortement influencées par le paysage économique et fiscal des systèmes nationaux de l'époque[51].

61. **L'alternative entre exemption et imputation.** Les modèles conventionnels internationaux actuels reprennent comme « méthodes d'élimination des doubles impositions » (titre de l'article 23) l'alternative classique entre les méthodes de l'exemption et de l'imputation. Ces modèles, de l'OCDE et de l'ONU, présentent chacun dans deux versions alternatives de l'article 23 (A et B), les méthodes permettant l'élimination de la double imposition que sont l'exemption (1.) et l'imputation (2.).

1. L'exemption (ou exonération)

62. **Fonctionnement de l'exemption.** La méthode de l'exemption fait l'objet de la proposition d'article 23 A des modèles conventionnels[52]. Si la

---

[48] V. John TAYLOR, « Twilight of the neanderthals, or are bilateral double taxation treaty networks sustainable », *Melbourne University Law Review* 2010, vol. 34, pp. 268-312.

[49] Sunita JOGARAJAN, *Double Taxation and the League of Nations*, Cambridge University Press, Cambridge Tax Law Series, 2018, pp. 20-21.

[50] Les quatre « alternatives » sont explicitées *in* Gijsbert BRUINS, Luigi EINAUDI, Edwin SELIGMAN & Josiah STAMP, *Report on Double Taxation submitted to the Financial Committee Economic and Financial, op. cit.*, pp. 41-42. Le rapport est détaillé ci-dessous, v. n° 134.

[51] Pour un résumé de la situation économicopolitique des années 1920, v. Sunita JOGARAJAN, *Double Taxation and the League of Nations*, Cambridge University Press, Cambridge Tax Law Series, 2018, pp. 11-14.

[52] OCDE, *Modèle de Convention fiscale concernant le revenu et la fortune 2017 (Version abrégée)*, Paris, Éditions OCDE, 10e éd., 2018, p. 45 :

« Article 23 A

« Méthode d'exemption

« 1.Lorsqu'un résident d'un État contractant reçoit des revenus ou possède de la fortune qui sont imposables dans l'autre État contractant conformément aux dispositions de la présente Convention (sauf dans la mesure où ces dispositions autorisent l'imposition par cet autre État uniquement parce que le revenu est également un revenu reçu par un résident de cet autre État ou parce que la fortune est également une fortune possédée par un résident de cet autre État), le premier État exempte de l'impôt sur ces revenus ou cette fortune, sous réserve des dispositions des paragraphes 2 et 3.

« 2.Lorsqu'un résident d'un État contractant reçoit des éléments de revenu qui sont imposables dans l'autre État contractant conformément aux dispositions des articles 10 et 11 (sauf dans la double imposition internationale naît de la rencontre des prétentions fiscales de deux États, la solution la plus évidente est sans doute l'abandon, par l'un de ces États, de sa prétention. La *méthode de l'exonération* (dite aussi *méthode de l'exemption*[53]) consiste à réserver le droit d'imposer à l'un des deux États, qu'il s'agisse de celui de la source ou de celui de la résidence – et donc *exonérer* le bien ou le revenu en cause dans l'autre État (en *exempter* le contribuable).

Dans son approche la plus simple la méthode de l'exonération est une solution résolument *a priori* à la double imposition internationale : en octroyant à un seul État le pouvoir d'imposer, il ne peut y avoir de double imposition. La méthode de l'exonération fait l'objet néanmoins de plusieurs variations, et il faut distinguer l'*exonération intégrale* de l'*exonération avec progressivité* (dite *méthode du taux effectif*).

63. **L'exonération intégrale.** L'exonération intégrale interdit simplement à un État – généralement celui de la source – d'imposer les revenus ou les biens visés afin de prévenir leur double imposition.

Une telle exonération est susceptible de créer des déséquilibres dès lors que les économies des États contractants ne sont pas également développées. À cet égard, il n'est pas anodin que le modèle OCDE propose d'abord cette méthode. M. Bruno GOUTHIÈRE met l'accent en outre sur l'emploi de cette technique au sein de l'Union européenne[54], notamment au regard de la jurisprudence de l'Union européenne pour contrer les barrières économiques entre États – ce qui s'inscrit dans la continuité de l'observation précédente, le marché intérieur ayant pour objectif une certaine harmonie de développement.

À l'inverse, une exonération dans l'État de la source sera généralement modulée par un taux effectif.

---

mesure où ces dispositions autorisent l'imposition par cet autre État uniquement parce que le revenu est également un revenu reçu par un résident de cet autre État, le premier État accorde, sur l'impôt qu'il perçoit sur les revenus de ce résident, une déduction d'un montant égal à l'impôt payé dans cet autre État. Cette déduction ne peut toutefois excéder la fraction de l'impôt, calculé avant déduction, correspondant à ces éléments de revenus reçus de cet autre État.

« 3.Lorsque, conformément à une disposition quelconque de la Convention, les revenus qu'un résident d'un État contractant reçoit ou la fortune qu'il possède sont exempts d'impôt dans cet État, celui-ci peut néanmoins, pour calculer le montant de l'impôt sur le reste des revenus ou de la fortune de ce résident, tenir compte des revenus ou de la fortune exemptés.

« 4.Les dispositions du paragraphe 1 ne s'appliquent pas au revenu reçu ou à la fortune possédée par un résident d'un État contractant lorsque l'autre État contractant applique les dispositions de la Convention pour exempter d'impôt ce revenu ou cette fortune ou applique les dispositions de l'article 10 ou 11 à ce revenu. »

[53] Les notions d'exemption et exonération se confondent ici. Les auteurs français semblent faire volontiers référence à la « méthode de l'exonération » (v. par ex. Bruno GOUTHIÈRE, *Les impôts dans les affaires internationales*, Paris, Francis Lefebvre, 15e éd., 2021, nos 7 900 *sqq.*, pp. 255 *sqq.*), bien que les modèles conventionnels se réfèrent à la « méthode d'exemption ». La doctrine administrative utilise également la « méthode de l'exemption » (v. BOI-INT-DG-20-20-100-50 à 90).

[54] Bruno GOUTHIÈRE, *Les impôts dans les affaires internationales*, Paris, Francis Lefebvre, 15e éd., 2021, n° 7 966, p. 256.

64. **L'exonération avec progressivité, ou avec taux effectif.** Lorsque l'exonération ne porte que sur un type de revenu, si l'État a prévu une imposition progressive sur l'ensemble des revenus (de type IR), l'exonération intégrale emporterait une distorsion de la progressivité de l'impôt appliqué aux autres revenus que celui exonéré. La méthode du taux effectif permet de résoudre cette distorsion. L'exonération avec progressivité autorise l'État qui exonère – généralement cette fois celui de la résidence – à prendre en compte les revenus exonérés pour calculer le taux d'imposition applicable aux revenus non exonérés.

Dans cette méthode le montant de l'impôt dû est calculé en deux temps : dans un premier temps le montant de l'impôt est calculé sans prendre en compte l'exonération, donc sur l'ensemble des revenus du contribuable (impôt théorique) ; de cet impôt théorique initial, rapporté sur l'ensemble des revenus, est calculé un taux d'imposition dû (taux moyen). Dans un second temps, pour calculer l'impôt réellement dû, le taux moyen est appliqué aux revenus réduits du montant des revenus exonérés.

65. **Une méthode simple.** Le système de l'exonération ou de l'exemption est le plus simple : il s'agit d'une limitation du pouvoir d'imposer de l'un des deux États. Un revenu ainsi pourra être exempté dans l'État de sa source pour être imposé dans l'État de la résidence de son bénéficiaire, ou inversement. C'est une résolution a priori de la double imposition, en empêchant le double prélèvement. C'est aussi le système le plus attentatoire à la souveraineté des États en matière d'impôts – l'un des États se prive de sa compétence fiscale.

2. L'imputation

66. **Fonctionnement de l'imputation.** La méthode de l'imputation fait l'objet de la proposition d'article 23 B des modèles conventionnels[55]. Cette

---

[55] OCDE, *Modèle de Convention fiscale concernant le revenu et la fortune 2017 (Version abrégée)*, Paris, Éditions OCDE, 10e éd., 2018, pp. 45-46 :

« Article 23 B

« Méthode d'imputation

« 1. Lorsqu'un résident d'un État contractant reçoit des revenus ou possède de la fortune qui sont imposables dans l'autre État contractant conformément aux dispositions de la présente Convention (sauf dans la mesure où ces dispositions autorisent l'imposition par cet autre État uniquement parce que le revenu est également un revenu reçu par un résident de cet autre État ou parce que la fortune est également une fortune possédée par un résident de cet autre État), le premier État accorde :

« *a)*sur l'impôt qu'il perçoit sur les revenus de ce résident, une déduction d'un montant égal à l'impôt sur le revenu payé dans cet autre État ;

« *b)*sur l'impôt qu'il perçoit sur la fortune de ce résident, une déduction d'un montant égal à l'impôt sur la fortune payé dans cet autre État.

« Dans l'un ou l'autre cas, cette déduction ne peut toutefois excéder la fraction de l'impôt sur le revenu ou de l'impôt sur la fortune, calculé avant déduction, correspondant selon le cas aux revenus ou à la fortune imposables dans cet autre État.

méthode permet pour sa part un aménagement des prétentions fiscales des États sans en annihiler aucune. Ainsi, l'imputation n'empêche pas la double imposition – les deux États continuent d'imposer l'ensemble du revenu – mais en module les effets pour prévenir les conséquences sur le contribuable. Elle consiste, de manière générale, en l'octroi au contribuable dans l'État de la résidence d'un crédit d'impôt correspondant à l'impôt payé dans l'État de la source. L'impôt dû dans l'État de la résidence est réduit du montant de l'impôt payé à la source, et partant la situation du contribuable ne souffre pas de la double imposition (bien que le contribuable reste imposé deux fois pour le même revenu).

La neutralisation de la double imposition par imputation permet de revenir à une imposition du revenu à un taux « normal » ; reste à déterminer si ce taux normal est celui de l'État de la source ou l'État de résidence. Pour ce faire, l'imputation peut elle-même être modulée, entre imputation intégrale et imputation partielle.

67. **L'imputation intégrale.** L'imputation intégrale permet au contribuable, imposé dans l'État de la résidence sur l'ensemble de ses revenus, y compris étrangers, de bénéficier dans l'État de la résidence d'un crédit montant strictement équivalent à l'impôt déjà acquitté dans l'État de la source. Dans une situation d'imputation intégrale, l'imposition totale effective correspond *in fine* à celui de l'État de résidence (tout impôt payé ailleurs la réduisant de manière équivalente). L'imputation intégrale peut en revanche engendrer des problèmes de rentabilité et de trésorerie pour les États de la résidence, et parvenir à des situations problématiques si jamais l'imposition de l'État de la source est supérieure à celle due dans l'État de la résidence : auquel cas, l'État de la résidence devrait rembourser au contribuable l'impôt qu'il a payé à l'étranger...

C'est pourquoi l'imputation intégrale n'est pas réellement pratiquée par les États[56], lesquels ont développé deux autres types d'imputation : l'*imputation partielle* (ou *ordinaire*) et, dans un tout autre but, l'imputation du *crédit pour impôt fictif* (ou *crédit d'impôt forfaitaire*).

68. **L'imputation partielle, ou ordinaire.** L'imputation partielle, qualifiée d'imputation ordinaire par le modèle conventionnel OCDE, repose sur le mécanisme d'imputation d'un crédit d'impôt dans l'État de la résidence équivalent au montant de l'impôt versé dans l'État de la source, mais dans la limite du montant dû dans l'État de la résidence au titre des revenus tirés de l'État de la source. Il s'agit simplement de plafonner le crédit d'impôt afin

« 2.Lorsque, conformément à une disposition quelconque de la Convention, les revenus qu'un résident d'un État contractant reçoit ou la fortune qu'il possède sont exempts d'impôt dans cet État, celui-ci peut néanmoins, pour calculer le montant de l'impôt sur le reste des revenus ou de la fortune de ce résident, tenir compte des revenus ou de la fortune exemptés. »

[56] Bruno GOUTHIÈRE, *Les impôts dans les affaires internationales*, Paris, Francis Lefebvre, 15e éd., 2021, n° 8 080, p. 258.

d'empêcher la situation précédemment mentionnée, d'empêcher que l'État de la résidence n'ait à rembourser une imposition payée à l'État de la source.

À cet égard, l'imputation partielle qui est une des méthodes les plus courantes n'est cependant qu'une méthode imparfaite de résolution de la double imposition, puisque si le crédit d'impôt est plafonné, alors toute imposition payée à l'État de la source dépassant ce plafond est donc bien une surcharge fiscale pour le contribuable : il reste bien une « double imposition partielle rémanente »[57].

69. **L'imputation forfaitaire, ou crédit pour impôt fictif.** Le crédit d'impôt fictif, à l'inverse, est une pratique peu encouragée par l'OCDE, étant plutôt l'apanage du modèle ONU. Elle permet aux États développés de valoriser l'effort fiscal consenti par les États en développement afin d'y favoriser les investissements. Il s'agit de décorréler le montant du crédit d'impôt imputable dans l'État de la résidence (État développé) du montant de l'impôt effectivement payé dans l'État de la source (État en développement), lequel peut ainsi réduire sa pression fiscale pour attirer les investissements sans que l'État de la résidence ne récupère le montant du sacrifice fiscal consenti.

La pratique du crédit d'impôt fictif décroit bel et bien et est souvent présentée comme étant vouée à disparaitre. Une telle affirmation est néanmoins sujette à caution, notamment au regard de la déjà longue existence de ces mécanismes et leur survivance malgré l'hostilité de certaines instances (en particulier les États-Unis, et dans leur sillage l'OCDE). En ce sens, si ces concepts infusent l'ensemble du système fiscal international, leur application pratique par les États témoigne de l'hétérogénéité des politiques fiscales internationales mises en place.

B. Les outils

70. **La résolution unilatérale.** La résolution des situations internationales est généralement visée par les systèmes fiscaux nationaux, par des mesures unilatérales. Ceci ne serait-ce qu'à cause des règles de *territorialité* posées pour les impositions nationales[58]. Tel est le cas en France, par exemple en matière d'impôt sur les sociétés au sein de l'article 209, I. du Code général des impôts (CGI), qui prévoit notamment l'imposition des

---

[57] Bruno GOUTHIÈRE, *Les impôts dans les affaires internationales*, Paris, Francis Lefebvre, 15e éd., 2021, n° 8105, p. 259.

[58] Code général des impôts, article 209, I. :

« I. – Sous réserve des dispositions de la présente section, les bénéfices passibles de l'impôt sur les sociétés sont déterminés d'après les règles fixées par les articles 34 à 45, 53 A à 57, 108 à 117, 237 ter A et 302 septies A bis et en tenant compte uniquement des bénéfices réalisés dans les entreprises exploitées en France, de ceux mentionnés aux a, e, e bis et e ter du I de l'article 164 B ainsi que de ceux dont l'imposition est attribuée à la France par une convention internationale relative aux doubles impositions. [...] »

« bénéfices réalisés dans les entreprises exploitées en France », exonérant de fait les entreprises exploitées hors de France ne sont pas imposés en France (mesure équivalente à une exonération totale).

L'article 39 du CGI[59] permet quant à lui une résolution partielle des doubles impositions en rendant déductibles les impôts payés par le contribuable à l'étranger. Cette solution générale à la double imposition est néanmoins limitée[60] : par la déduction en charge, l'impôt étranger est soustrait de l'assiette d'imposition et non de l'impôt dû en France. Pour un revenu réalisé à l'étranger par une société française, soumis à l'impôt au même taux à l'étranger qu'en France, la double imposition n'est résolue qu'à proportion du taux d'imposition.

De manière générale, les seules solutions unilatérales ne permettent pas de résoudre de manière satisfaisante les situations de double imposition.

71. **La résolution conventionnelle.** En effet, les mesures unilatérales, non concertées, peuvent entrer en conflit avec celles d'autres États et permettre la survenance de situation de double imposition. Il est nécessaire que les États s'entendent sur leurs méthodes de résolution de la double imposition entre eux : tel est l'objet (principal) des conventions fiscales bilatérales[61].

Si l'essaimage des méthodes à partir des rapports de la SdN en fait le premier élément théorique du système fiscal international, la conclusion des traités bilatéraux et la construction progressive du réseau conventionnel font apparaître les premiers éléments normatifs du système fiscal international.

---

[59] Code général des impôts, article 39 :

« 1.Le bénéfice net est établi sous déduction de toutes charges, celles-ci comprenant [...] notamment : [...]

« 4°[...] les impôts à la charge de l'entreprise, mis en recouvrement au cours de l'exercice, à l'exception des impôts prélevés par un État ou territoire conformément aux stipulations d'une convention fiscale d'élimination des doubles impositions en matière d'impôt sur les revenus conclue par cet État ou territoire avec la France, des taxes prévues aux articles 231 ter, 235 ter X, 235 ter ZE bis et 990 G et, pour les rappels de taxe sur la valeur ajoutée afférents à des opérations au titre desquelles la taxe due peut être totalement ou partiellement déduite par le redevable lui-même, du montant de la taxe déductible. [...] »

[60] Elle peut en outre être neutralisée par une convention fiscale, v. note de bas de page n° 44.

[61] V. Bernard CASTAGNÈDE, *Précis de fiscalité internationale*, Paris, Presses universitaires de France, coll. Fiscalité, 5e éd., 2015, n° 7, p. 15 :

« [L]es conventions fiscales internationales sont apparues comme les instruments fondamentaux de la fiscalité internationale, et leur objet premier, l'élimination des doubles impositions, comme le problème central des relations fiscales entre États. »

Témoignant de l'évolution de la fiscalité internationale, le professeur Bernard CASTAGNÈDE ne reprend pas cette formule dans la 6e édition (2019) de son *Précis*, insistant davantage sur la « diversification des objectifs des conventions fiscales » (Bernard CASTAGNÈDE, *Précis de fiscalité internationale*, Paris, Presses universitaires de France, 6e éd., 2019, n° 7, p. 30) :

« À côté de la répartition du droit d'imposer, permettant que ne se créent pas de surcharges fiscales au détriment des contribuables, les traités fiscaux poursuivent aujourd'hui d'autres objectifs, protecteurs des intérêts financiers publics. »

La double imposition constitue l'objectif premier des conventions fiscales bilatérales, mais celui-ci a été étoffé – sinon concurrencé – par un autre, dont la problématique était présente dès l'origine mais s'est considérablement renforcée ces derniers temps : la double non-imposition.

SECTION 2 :
La neutralisation de la non-imposition

72. **La nécessaire neutralisation des doubles non-impositions.** La neutralisation de la non-imposition est présente *ab initio* au sein des travaux fiscaux internationaux, notamment à la Société des Nations. Le développement de cet objectif a davantage tardé à être développé que celui de neutralisation des doubles impositions. Il constitue néanmoins aujourd'hui un objectif assumé des États et, à ce titre, l'une des dynamiques des mutations actuelles du système fiscal international.

La double non-imposition, qu'elle résulte d'un comportement frauduleux de la part du contribuable ou d'un acte de concurrence fiscale agressive de la part d'un État, ne porte pas atteinte à la prohibition des taux excessifs, bien au contraire. Elle crée toutefois une distorsion de concurrence entre les opérateurs non-imposés (qu'ils soient fraudeurs ou évadés fiscaux) vis-à-vis des opérateurs strictement nationaux. Cette évasion est en outre réservée aux opérateurs les plus « importants » (économiquement) qui ont les moyens de bénéficier de montages fiscaux internationaux ; en tout état de cause, cette situation est susceptible de renforcer les phénomènes mono- ou oligopolistiques, en contrariété avec la doctrine libérale classique.

C'est dans ce domaine que l'objectif de neutralité fiscale a fait les progrès les plus remarquables ces dernières années, avec l'identification des pratiques fiscales dommageables[62] dans les années 1990, la création du forum mondial, puis, au cours de la dernière décennie, les travaux BEPS, la convention multilatérale, le cadre inclusif, le BEPS 2.0 – et les directives européennes y faisant écho. De plus en plus, la notion même de neutralité se retrouve au sein de ces travaux internationaux.

La double non-imposition souffre néanmoins d'une ambigüité : si elle peut être « subie » par les États à travers les comportements de fraude et d'évasion fiscales des contribuables (**§ 1**), elle peut parfois également résulter d'un comportement volontaire des États pratiquant une concurrence fiscale dommageable (**§ 2**).

---

[62] V. Benoît DELAUNAY, « Essai de typologie des pratiques fiscales dommageables », *in* Thierry LAMBERT (dir.), *La fin des paradis fiscaux ?*, Paris, Montchrestien, coll. Grands colloques, 2011, pp. 41-56.

§ 1 : La non-imposition subie : la fraude et l'évasion fiscales

73. **Une problématique fondamentale.** La fraude et l'évasion fiscales sont les problématiques centrales de la fiscalité internationale contemporaine : elles regroupent les pratiques permettant, en violation directe (fraude) ou indirecte (évasion) de la loi, d'éviter l'impôt. Elles se distinguent de l'optimisation fiscale, pratique cherchant à réduire l'impôt dû conformément à la loi : la fraude vise les comportements manifestement contraires à la loi, tandis que l'évasion constitue une frontière floue entre fraude et optimisation, pouvant le cas échéant être sanctionnée sur le fondement de l'abus de droit[63]. La notion d'« habileté fiscale » est parfois invoquée, se confondant tantôt avec l'évasion fiscale, tantôt avec l'optimisation[64]. L'appréhension de ces notions au niveau international constitue aujourd'hui un enjeu primordial pour le système fiscal international.

Ces problématiques ont été particulièrement mises en avant ces dernières années par plusieurs affaires retentissantes qui ont émaillé les années 2010, que ce soient les éléments fiscaux du *Cablegate* de WikiLeaks en 2010 ou les différentes enquêtes du Consortium international des journalistes d'investigation (ICIJ) : *Offshore Leaks* en 2013, *LuxLeaks* en 2014, *SwissLeaks* en 2015, *Panama Papers* en 2016, *Paradise Papers* en 2017, *FinCEN Files* en 2020 et *Pandora Papers* en 2021.

La problématique n'est pourtant pas nouvelle : elle est mentionnée dès les premiers travaux de la Société des Nations, notamment dans le *Rapport sur la double imposition et l'évasion fiscale* des experts techniques adressé au Comité financier de la SdN en 1925[65]. Ces travaux ont finalement pris le parti de traiter les problématiques de double imposition et d'évasion fiscale séparément – notamment en réponse aux demandes suisses – malgré les liens reconnus entre elles[66]. Se sont ainsi développées de manière parallèle des

---

[63] V. *infra*. Sur les rapports – parfois confus – entre ces notions, v. not. Élisabeth DUFAU, « Optimisation, évasion et fraude fiscales : le nécessaire maintien de frontières au tracé délicat », *Revue Droit & Affaires* n° 12, septembre 2015, ét. 18.

[64] V. not. Maurice COZIAN, « Éloge de l'habileté fiscale », *La revue fiscale du patrimoine* n° 1, janvier 2006, act. 1. V. aussi Bernard NAVATTE, « La fraude et l'habileté en droit fiscal », *Dalloz*, 1959, chron., 87 ; ou encore Antoine MALGOYRE, *Montages juridiques & habileté fiscale*, Paris, Gualino, 3e éd., 2020, 312 p.

[65] Technical Experts to the Financial Committee of the League of Nations, *Double Taxation and Tax Evasion: Report and Resolutions submitted by the Technical Experts to the Financial Committee*, Document F.212, Geneva, February 1925 ; v. not. Sunita JOGARAJAN, *Double Taxation and the League of Nations*, *op. cit.* pp. 22 *sqq.*

[66] *Ibid.*, pp. 30-31. Le professeur JOGARAJAN met l'accent sur la position française, portée par Henri BAUDOUIN-BUGNET, qui considérait que les deux problématiques étaient interdépendantes, en ce sens que les contribuables les plus aisés pouvaient être tentés de pratiquer l'évasion fiscale pour éviter les doubles impositions, et qu'un travail pour réduire les doubles impositions, diminuant l'imposition des plus aisés, devait pour être accepté dans l'opinion publique être associé à un travail de lutte contre l'évasion (p. 30).

conventions relatives à la double-imposition et des conventions relatives à l'échange d'informations à des fins fiscales. Pourtant, si la double imposition n'est traitée que par les premières, les premières comme les secondes influent – et luttent – contre l'évasion fiscale.

74. **De l'optimisation à la fraude.** La fraude et l'évasion fiscales recouvrent une multiplicité de situations. Le professeur Franck LAFFAILLE relève que l'évasion fiscale « consiste en l'utilisation de moyens légaux pour alléger une charge fiscale tandis que la fraude emporte violation de la règle », mais précise immédiatement que « distinguer l'optimisation astucieuse de la pratique illégale peut s'avérer ardue »[67].

Maurice COZIAN proposait à cette fin une échelle de la légalité, assise sur une « théorie des trois zones ». Il distinguait ainsi, parmi les manières d'échapper à l'impôt, trois zones : une zone illégale (*contra legem*), c'est-à-dire la fraude fiscale, une zone légale (*intra legem*), c'est-à-dire l'optimisation fiscale, et une zone extra-légale (*extra legem*), c'est-à-dire l'évasion fiscale[68].

Cette dernière zone, extra-légale, illustre le caractère ambigu de la liberté du contribuable dans le silence des textes. Si « tout ce qui n'est pas défendu par la loi ne peut être empêché »[69], l'État doit pourtant lutter contre l'évasion fiscale et dispose à cette fin de plusieurs moyens.

M. Christophe FARQUET recontextualise les négociations de la SdN et les prises de position de la Suisse dans ce cadre au cours des années 1920 *in* Christophe FARQUET, *Histoire du paradis fiscal suisse*, Paris, Presses de Sciences Po, 2018, pp. 109-125. V. aussi Christophe FARQUET, *La défense du paradis fiscal suisse avant la Seconde Guerre mondiale : une histoire internationale*, Neuchâtel, Éditions Alphil Presses universitaires suisses, 2016, pp. 176-229.

[67] Franck LAFFAILLE, « Évasion fiscale » *in* Gilbert ORSONI (dir.), *Finances publiques : Dictionnaire encyclopédique*, Paris, PUAM, Economica, coll. Finances publiques, 2e éd., 2017, p. 439.

[68] Préface de Maurice COZIAN à la thèse de Charles ROBBEZ MASSON, *La notion d'évasion fiscale en droit interne français*, Paris, LGDJ, coll. Bibliothèque de science financière, t. 29, 1990, 503 p. ; cité notamment *in* Sénat, Philippe DOMINATI (prés.), Éric BOCQUET (rapp.), Rapport n° 673 fait au nom de la commission d'enquête *sur l'évasion des capitaux et des actifs hors de France et ses incidences fiscales*, 17 juillet 2012, Tome I : rapport, p. 122 ; cité également par Alexandre LAUMONIER, *La coopération entre États dans la lutte contre la fraude et l'évasion fiscales internationales*, Paris, LGDJ, coll. Bibliothèque de finances publiques et fiscalité, t. 67, 2019, p. 14 :

> « Les fraudeurs sont des habitués de la première zone, celle de l'illégalité ; pour se soustraire à l'impôt, ils n'hésitent pas à emprunter les sens interdits fiscaux ; s'ils sont condamnés, il n'y a pas à pleurer sur leur sort.
>
> « La zone légale est celle du confort puisque le législateur propose aux contribuables le choix entre plusieurs voies inégalement taxées. Du moment qu'il permet de se soustraire à l'impôt là où il est normalement dû, on ne saurait reprocher aux contribuables une fuite organisée par la loi elle-même. Ainsi, la liquidation d'une entreprise individuelle entraîne l'immédiate taxation des plus-values latentes ; mais le Code général des impôts prévoit des régimes de sursis d'imposition en cas de transmission à titre gratuit ou en cas d'apport en société par exemple. [...]
>
> « Pour que l'on puisse parler d'évasion proprement dite, il faut pénétrer dans la zone extra-légale, là où la loi n'a tracé aucun interdit, ni davantage indiqué les voies que les contribuables sont autorisés à emprunter. C'est le domaine du non-légiféré. Le contribuable se prend en charge lui-même. »

[69] Selon la formule de l'article 5 de la Déclaration des droits de l'Homme et du citoyen de 1789.

75. **La fraude appréhendée par le droit interne**[70]. D'un point de vue légal, en France, la fraude fiscale est un délit, sanctionné par les articles 1741 et suivants du Code général des impôts. Commet ainsi une fraude fiscale : « quiconque s'est frauduleusement soustrait ou a tenté de se soustraire frauduleusement à l'établissement ou au paiement total ou partiel [de l'impôt], soit qu'il ait volontairement omis de faire sa déclaration dans les délais prescrits, soit qu'il ait volontairement dissimulé une part des sommes sujettes à l'impôt, soit qu'il ait organisé son insolvabilité ou mis obstacle par d'autres manœuvres au recouvrement de l'impôt, soit en agissant de toute autre manière frauduleuse ».

Comme le fait remarquer M. Alexandre LAUMONIER dans sa thèse[71], cette définition est tautologique, la *fraude* naissant ici d'un « comportement *frauduleux* », et si l'article illustre les cas permettant de qualifier un tel comportement, il ne manque pas d'étendre sa portée à « toute autre matière frauduleuse ». Par cette mention, « le législateur a voulu éviter de donner une énumération limitative des procédés de fraude de façon à permettre de réprimer sans aucune ambiguïté possible tous les faits de soustraction ou de tentative de soustraction à l'établissement ou au paiement de l'impôt »[72].

Le délit de fraude fiscale est classiquement constitué par un élément matériel et un élément intentionnel, c'est-à-dire par des faits matériels tendant à permettre au contribuable de se soustraire totalement ou partiellement au paiement de l'impôt (élément matériel de l'infraction), et par une intention délibérée de commettre la fraude (élément intentionnel de l'infraction). Au regard du caractère non exhaustif des moyens de fraude présentés, l'intention est prédominante dans la qualification de l'infraction[73] : elle est qualifiée par la doctrine de condition « nécessaire » et « suffisante »[74]. En ce sens, la qualification de fraude fiscale a vocation à s'étendre à l'ensemble des montages frauduleux, au gré de leurs inventions.

La notion même de fraude fiscale déborde par ailleurs le domaine pénal. Par exemple, la « mauvaise foi » (renommée « manquement délibéré » en

---

[70] Pour une analyse plus exhaustive de l'expression « fraude fiscale », ses origines et ses emplois, v. Laure AGRON, *Histoire du vocabulaire fiscal*, Paris, LGDJ, coll. Bibliothèque de science financière, t. 36, pp. 24-30.

[71] Alexandre LAUMONIER, *La coopération entre États dans la lutte contre la fraude et l'évasion fiscales internationales*, Paris, LGDJ, coll. Bibliothèque de finances publiques et fiscalité, t. 67, 2019, pp. 8-13.

[72] BOI-CF-INF-40-10-10-10, n° 260.

[73] L'intention est le critère caractéristique de la fraude telle qu'appréhendée par la Cour des comptes : « Sont fraudés les prélèvements intentionnellement éludés par le contribuable. » (Cour des comptes, Rapport, *La fraude aux prélèvements obligatoires : Évaluer, prévenir, réprimer*, communication au Premier ministre, novembre 2019, p. 25.)

[74] BOI-CF-INF-40-10-10-10, n° 70.

2005[75]) à laquelle renvoie l'étymologie de la « fraude »[76] a constitué la base de sanctions fiscales (majorations d'imposition) prévues à l'article 1729 du Code général des impôts, en cas d'insuffisances, inexactitudes ou omissions dans la déclaration du contribuable – le phénomène de fraude pouvant donc être doublement sanctionné, fiscalement et pénalement[77].

Cette double sanction de la fraude fiscale illustre l'importance donnée à la lutte contre ce phénomène, laquelle est consacrée fondamentalement dans l'ordre juridique par la reconnaissance de l'objectif à valeur constitutionnelle de lutte contre la fraude et l'évasion fiscales.

76. **L'objectif à valeur constitutionnelle de lutte contre la fraude et l'évasion fiscales.** Le Conseil constitutionnel a formellement consacré l'objectif à valeur constitutionnelle de lutte contre la fraude fiscale dans sa décision n° 99-424 DC[78]. Si la place exacte d'un tel objectif au sein de la

---

[75] Le changement terminologique a été opéré lors de la refonte des pénalités fiscales en 2005 (ordonnance n° 2005-1512 du 7 décembre 2005 relative à des mesures de simplification en matière fiscale et à l'harmonisation et l'aménagement du régime des pénalités, art. 13 (*JORF* n° 0285 du 8 décembre 2005)), « simple modification formelle qui n'emporte aucune conséquence juridique sur les éléments constitutifs de l'infraction » (BOI-CF-INF-10-20-20, n° 30).

[76] Étymologiquement, la « fraude », *fraus*, renvoie à la « mauvaise foi, tromperie, fraude, fourberie, perfidie [tj. avec idée de ruse [...] » (*Dictionnaire latin-français Gaffiot*, 1934, p. 686).

[77] Sanctions fiscales cumulables avec la sanction pénale de fraude fiscale de l'article 1741 ; cette articulation (entre les articles 1728 et 1741, pouvant être transposée par analogie avec l'articulation entre les articles 1729 et 1741) est notamment justifiée par le Conseil constitutionnel, décision n° 2018-745 QPC du 23 novembre 2018, *M. Thomas T. et autre* [Pénalités fiscales pour omission déclarative et sanctions pénales pour fraude fiscale] (*JORF* n° 0272, 24 novembre 2018, texte n° 70), dans son considérant 18 :

> « [L]es dispositions [...] de l'article 1728 [et, par analogie, 1729] comme de l'article 1741 permettent d'assurer ensemble la protection des intérêts financiers de l'État ainsi que l'égalité devant l'impôt, en poursuivant des finalités communes, à la fois dissuasive et répressive. Le recouvrement de la nécessaire contribution publique et l'objectif de lutte contre la fraude fiscale justifient l'engagement de procédures complémentaires dans les cas de fraudes les plus graves. Aux contrôles à l'issue desquels l'administration fiscale applique des sanctions pécuniaires peuvent ainsi s'ajouter des poursuites pénales dans des conditions et selon des procédures organisées par la loi. »

V. également Stéphane DETRAZ, « Délit général de fraude fiscale et autres infractions communes à tous les impôts », *JurisClasseur Lois pénales spéciales*, V° Impôts, fasc. 20, màj. 30 octobre 2020. Le Conseil des impôts, dans rapport de 1977, considérait déjà que « dès lors qu'il s'agit d'un comportement délictuel délibéré, consistant notamment à dissimuler une fraction des recettes et à majorer des charges, c'est la fraude qui fait l'objet de majoration pour mauvaise fois et éventuellement une répression pénale » (Conseil des impôts, *L'imposition des bénéfices industriels et commerciaux*, IIIe Rapport au Président de la République, Éditions des journaux officiels, 1977, p. 24 ; cité par Alexandre LAUMONIER, *La coopération entre États dans la lutte contre la fraude et l'évasion fiscales internationales*, *op. cit.*, p. 9).

[78] Conseil constitutionnel, décision n° 99-424 DC du 29 décembre 1999, *Loi de finances pour 2000* (*JO* 31 décembre 1999, p. 19 991, *Rec.* p. 156), considérant 52 :

> « Considérant qu'il appartient au législateur d'assurer la conciliation de l'objectif de valeur constitutionnelle de lutte contre la fraude fiscale, qui découle nécessairement de l'article 13 de la Déclaration des droits de l'homme et du citoyen, avec le principe énoncé par son article 8, aux

hiérarchie des normes peut être discutée, il peut être considéré comme participant *a minima* du principe de nécessité de l'impôt, issu de l'article 13 de la Déclaration des droits de l'Homme et du citoyen dont le Conseil le fait découler[79]. C'est en ce sens que le professeur Éric OLIVA considère que « [c]et objectif a donc, au moins, une valeur constitutionnelle médiate provoquée par la réalisation du principe de nécessité de l'impôt »[80].

Initialement concentré sur la notion de fraude, le Conseil se réfère à la notion d'« objectif constitutionnel de lutte contre l'évasion fiscale » en la confondant avec (ou en la déduisant de) l'objectif de lutte contre la fraude[81]. De fait, les notions sont implicitement liées et reconnues, avant même la consécration de l'objectif[82] ; ainsi lutte contre la fraude fiscale et lutte contre l'évasion fiscale peuvent être invoquées individuellement ou conjointement, dans un objectif unique[83].

77. **L'évasion fiscale : une notion protéiforme internationalisée.** À l'instar de la fraude, le terme d'« évasion » fiscale renvoie directement au

---

termes duquel : "La loi ne doit établir que des peines strictement et évidemment nécessaires et nul ne peut être puni qu'en vertu d'une loi établie et promulguée antérieurement au délit, et légalement appliquée" ; »

L'idée qu'une « légitime répression » de la fraude fiscale se déduisait de l'article 13 de la DDHC et pouvait justifier une atteinte à des droits et libertés constitutionnellement garantis émaillait déjà la jurisprudence, depuis une décision de 1983 : Conseil constitutionnel, décision n° 83-164 DC du 29 décembre 1983, *Loi de finances pour 1984*, ou *Perquisitions fiscales* (*JO* 30 décembre 1983, *Rec.* p. 67) ; v. not. n° 60, « Perquisitions fiscales, Lutte contre la fraude fiscale », *in* Louis FAVOREU, Loïc PHILIP *et alii*, *Les grandes décisions du Conseil constitutionnel*, Paris, Dalloz, coll. Grands arrêts, 19e éd., 2018, n° 60, pp. 937 *sqq.*

[79] La nécessité de l'impôt est également mentionnée à l'article 14 de la DDHC, lequel consacre le droit pour tous les citoyens « de constater, par eux-mêmes ou par leurs représentants, la nécessité de la contribution publique ». V. aussi Alexandre DUMONT, « Le citoyen et la nécessité de l'impôt (contribution autour des articles 13 et 14 de la Déclaration des droits de l'homme et du citoyen) », *in* Jean-François BOUDET & Xavier CABANNES (dir.), *Finances publiques citoyennes*, Paris, LGDJ, 2017, pp. 37-44.

[80] Éric OLIVA, « La lutte contre la fraude fiscale : principe à valeur constitutionnelle ou simple objectif ? », *in* Thierry LAMBERT (dir.), *Le contentieux fiscal en débats*, Paris, LGDJ, coll. Grands colloques, 2014, p. 14.

[81] L'objectif est invoqué explicitement, en tant que tel, pour la première fois dans : Conseil constitutionnel, décision n° 2010-16 QPC du 23 juillet 2010, *Organismes de gestion agréés* (*JO* 24 juillet 2010, p. 13 728, texte n° 121 ; *Rec.* p. 164), cons. 6. V. aussi la décision éponyme : Conseil constitutionnel, décision n° 2010-70 QPC du 26 novembre 2010, *Lutte contre l'évasion fiscale* (*JO* 27 novembre 2010, p. 21 118, texte n° 41 ; *Rec.* p. 340), cons. 4. Force est de constater que la lutte contre l'évasion fiscale est particulièrement invoquée en matière de QPC.

[82] V. Conseil constitutionnel, décision n° 89-268 DC du 29 décembre 1989, *Loi de finances pour 1990* (*JO* 30 décembre 1989, p. 16 498 ; *Rec.* p. 110).

[83] Première mention de « l'objectif constitutionnel de lutte contre l'évasion et la fraude fiscales » (objectif au singulier) par le Conseil constitutionnel, décision n° 2011-166 QPC du 23 septembre 2011, *Validation législation de procédures fiscales* (*JO* 24 septembre 2011, p. 16 016, texte n° 76 ; *Rec.* p. 455).

vocabulaire pénal[84]. Tenant de la « délivrance »[85], l'expression « évasion fiscale » met en exergue autant le caractère malhonnête d'un tel comportement que l'aspect aliénant de la fiscalité à laquelle l'évadé tente d'échapper.

Pour certains auteurs, l'évasion fiscale constitue avec la fraude fiscale un diptyque dans la qualification des comportements du contribuable tendant à minimiser le montant de son imposition. Cette approche binaire distingue ainsi les comportements légaux (évasion fiscale) des comportements illégaux (fraude fiscale), l'un étant nécessairement exclusif de l'autre[86]. Cette approche n'est toutefois pas compatible avec l'ambiguïté inhérente à la notion d'évasion fiscale, présente autant dans l'ordre interne que l'ordre international.

Dans l'ordre interne, le seul objectif à valeur constitutionnelle de lutte contre l'évasion fiscale, ayant valeur *supra legem*, induit que l'évasion ne peut être rigoureusement légale. La Cour des comptes, dans son *Rapport sur la fraude aux prélèvements obligatoires* de 2019, qualifie d'évasion fiscale « l'ensemble des opérations destinées à réduire le montant des prélèvements dont le contribuable doit normalement s'acquitter, et dont la régularité est incertaine »[87]. Cette incertitude caractérise l'ambiguïté de la notion, ce que Maurice COZIAN qualifiait de « zone *extra-legem* »[88], qui se situe entre la « zone illégale » de la fraude et la « zone légale » de l'optimisation (ou habileté) fiscale. La clarification de cette zone grise, cet entre-deux, en analysant les phénomènes qui la composent et en tranchant sur leur (il)légalité – notamment par des outils juridiques comme l'abus de droit ou l'acte anormal de gestion – est l'objet même de la lutte contre l'évasion fiscale.

L'évasion fiscale n'est pas nécessairement internationale, elle peut résulter de montages strictement nationaux. Toutefois l'évasion fiscale trouve toute sa dimension dans un cadre international[89]. Elle y est une problématique omniprésente, et ce dès les premières négociations en matière de fiscalité

---

[84] Laure AGRON, *Histoire du vocabulaire fiscal*, *op. cit.* p. 25.

[85] Étymologiquement, « évasion » est un emprunt au latin chrétien *evasio, -onis* « évasion, délivrance » ; v. également le latin classique *evadere* « sortir de, s'échapper de » (« Évasion » et « Évader » *in* Trésor de la langue française informatisé, Étymologie, www.cnrtl.fr).

[86] V. en ce sens Jean-Claude MARTINEZ, *La fraude fiscale*, Paris, PUF, coll. Que sais-je ?, 2nde éd.,1990, p. 7.

[87] Cour des comptes, Rapport, *La fraude aux prélèvements obligatoires : Évaluer, prévenir, réprimer*, communication au Premier ministre, novembre 2019, p. 38. Pour cette définition, la Cour des comptes s'appuie explicitement sur deux rapports parlementaires antérieurs : Sénat, Philippe DOMINATI (prés.), Éric BOCQUET (rapp.), Rapport n° 673 fait au nom de la commission d'enquête *sur l'évasion des capitaux et des actifs hors de France et ses incidences fiscales*, 17 juillet 2012, Tome I : rapport, 860 p. ; Assemblée nationale, Bénédicte PEYROL (rapp.), Jean-François PARIGI (prés.), Rapport d'information n° 1236 déposé en application de l'article 145 du règlement, par la commission des finances, de l'économie générale et du contrôle budgétaire, en conclusion des travaux d'une mission d'information *relative à l'évasion fiscale internationale des entreprises*, 12 septembre 2018, 313 p.

[88] V. *supra* ; § 74.

[89] Le terme même d'« évasion » y prend un sens renforcé ; certaines formes d'évasion sont parfois qualifiées d'« exil fiscal ».

internationale[90]. Partant, l'évasion fiscale est communément entendue en tant qu'évasion internationale[91]. Dans ce contexte, son sens est parfois élargi pour recouvrir l'ensemble des « trois zones » : ainsi, pour M. Bruno GOUTHIÈRE, « l'expression "évasion fiscale" englobe à la fois l'optimisation et la fraude ; si le contribuable a recours à des moyens légaux, l'évasion entre dans la catégorie de l'optimisation alors que si elle s'appuie sur des techniques illégales, ou des procédés de dissimulation, elle devient de la fraude »[92].

Outre l'objectif à valeur constitutionnelle de lutte contre l'évasion fiscale, plusieurs mesures d'ordre interne ont pour but de lutter contre l'évasion fiscale. L'évasion fiscale internationale ne peut néanmoins être éliminée par les seuls moyens internes, et fait l'objet des attentions d'instances internationales, à plusieurs niveaux.

78. **Les moyens internes français contre l'évasion fiscale.** En droit interne, les mécanismes de l'abus de droit et de l'acte anormal de gestion permettent de qualifier certains montages d'évasion de fraude fiscale, et d'ainsi les sanctionner et les écarter. Ils permettent concrètement de ramener certains montages fiscaux de la zone *extra legem* à la zone *contra legem*.

La théorie de l'acte anormal de gestion, déduite par la jurisprudence de la lecture combinée des articles 38 et 209 du Code général des impôts, permet d'écarter la déductibilité des dépenses émises dans le cadre d'une gestion anormale de l'entreprise. De manière générale, le Conseil d'État retient que « [c]onstitue un acte anormal de gestion l'acte par lequel une entreprise décide de s'appauvrir à des fins étrangères à son intérêt »[93]. L'acte anormal de gestion est notamment utile pour contrer des schémas d'optimisation fiscale agressive de groupes de sociétés, au sein desquels certains actes peuvent être consentis entre les sociétés du groupe dans l'intérêt fiscal du groupe mais au détriment de certains de ses membres[94].

---

[90] La question est abordée conjointement à la problématique de la double imposition dans les travaux de la Société des Nations dès les premières discussions des experts techniques ; v. ASDN, F.212, *Double imposition et évasion fiscale*, Rapport et résolutions présentés par les experts techniques au comité financier de la Société des Nations, 7 février 1925.

[91] V. par exemple « Évasion fiscale », *in* Jean-Luc ALBERT, Jean-Luc PIERRE & Daniel RICHER (dir.), *Dictionnaire de droit fiscal et douanier*, Paris, Ellipses, coll. Dictionnaires de droit, 2007, pp. 225-233.

[92] Bruno GOUTHIÈRE, *Les impôts dans les affaires internationales*, Paris, Francis Lefebvre, 15e éd., 2021, n° 70 550, p. 1 213.

[93] Conseil d'État, Chambres réunies, 21 décembre 2018, n° 402006, *Sté Croë Suisse* (*JurisData* n° 2018-023298 ; *Droit fiscal* 2019, n° 9, concl. A. BRETONNEAU, note. F. DEBOISSY et G. WICKER ; *RJF* 3/2019, n° 246, chron. V. VILLETTE, p. 303).

[94] Sur la définition de l'acte anormal de gestion et ses enjeux, voir l'étude récente de Florent TAP, « La définition de l'acte anormal de gestion par le juge fiscal est-elle constitutionnelle ? », *Droit fiscal* n° 9, 4 mars 2021, étude 154. Un tel mécanisme pose nécessairement des difficultés d'ordre probatoire ; v. not. Emmanuel JOANNARD-LARDANT, Florence LERAT & Vincent VILLETTE, « La preuve de l'acte anormal de gestion : le droit et la pratique », *Droit fiscal* n° 41, 12 octobre 2019, ét. 394.

L'abus de droit fiscal est quant à lui prévu par l'article L. 64 du Livre des procédures fiscales, qui permet à l'administration d'écarter comme ne lui étant pas opposables les actes qui « n'ont pu être inspirés par aucun autre motif que celui d'éluder ou d'atténuer les charges fiscales »[95].

La notion d'abus de droit fiscal est particulièrement large[96] et étend peu à peu sa portée à travers ses évolutions jurisprudentielles et légales – avec de manière notable le « mini-abus de droit », tel qu'institué à l'article L. 64 A du Livre des procédures fiscales par la loi de finances pour 2019, qui sanctionne les actes ayant un but « principalement » plutôt qu'« exclusivement » fiscal comme le L. 64[97]. La notion d'abus de droit fiscal fait écho à la jurisprudence de la Cour de justice de l'Union européenne en la matière, et de manière plus distendue aux travaux internationaux menés notamment par l'OCDE, en matière d'abus de droit fiscal international, ou abus de traités[98], ou *treaty shopping*.

Pour lutter contre l'évasion fiscale internationale, l'administration fiscale française dispose enfin de dispositions visant spécifiquement la matière internationale ; celles-ci reposent sur les notions d'États et territoires non coopératifs et de régimes fiscaux privilégiés, lesquelles sont les manifestations juridiques de la lutte contre les « paradis fiscaux ».

79. **L'insaisissable notion de « paradis fiscaux ».** De fait, la notion de « paradis fiscal » n'a pas de substance juridique – moins encore que celle d'évasion fiscale ; elle est pourtant bien présente à l'esprit des contribuables comme des fiscalistes. À l'instar de l'« évasion fiscale », l'expression « paradis fiscal » est une métaphore ; ce recours fréquent à des expressions imagées dans une matière souffrant pourtant de sa technicité illustre la dimension passionnelle que ce phénomène fiscal peut prendre dans l'imaginaire collectif. D'un point de vue juridique, force est de constater que

[95] Livre des procédures fiscales, article L. 64 :
« Afin d'en restituer le véritable caractère, l'administration est en droit d'écarter, comme ne lui étant pas opposables, les actes constitutifs d'un abus de droit, soit que ces actes ont un caractère fictif, soit que, recherchant le bénéfice d'une application littérale des textes ou de décisions à l'encontre des objectifs poursuivis par leurs auteurs, ils n'ont pu être inspirés par aucun autre motif que celui d'éluder ou d'atténuer les charges fiscales que l'intéressé, si ces actes n'avaient pas été passés ou réalisés, aurait normalement supportées eu égard à sa situation ou à ses activités réelles. [...] »

[96] À ce titre, la notion et ses critères ont fait l'objet de plusieurs critiques, notamment de la part de praticiens ; v. par exemple Didier LECOMTE, « Le praticien et les abus de droit, entre inquiétude et sérénité », *Revue européenne et internationale de droit fiscal*, n° 2020/4, pp. 507-512. La notion d'abus de droit a en outre tendance à être entendue de plus en plus largement par la jurisprudence.

[97] Loi n° 2018-1317 du 28 décembre 2018 *de finances pour 2019* (*JORF* n° 0302 du 30 décembre 2018), art. 109.

[98] V. Kevin JESTIN, *La notion d'abus de convention fiscale internationale : Réflexions à la lumière des droits français et américains*, thèse de doctorat, Aix-Marseille Université, 2 tomes, 2017, 855 p., et Lukasz STANKIEWICZ, *L'abus de convention fiscale internationale*, thèse de doctorat, Lyon 3, 2009, 782 p.

la notion de « paradis fiscal », là encore, recouvre plusieurs situations distinctes.

Le *Lexique des termes juridiques* tente d'établir quelques points communs aux « paradis fiscaux » pour les définir. Il s'agit ainsi d'États ou territoire ayant « une fiscalité sensiblement plus favorable que celle du reste du monde », cette faveur consistant en un ou plusieurs traits caractéristiques : faible taux d'imposition, opacité vis-à-vis des juridictions extérieures, peu de régulations financières[99].

Il n'existe pas de définition générale des « paradis fiscaux », chaque « paradis » s'étant adapté et développé dans un contexte particulier, lié à des zones géographiques ou à des activités particulières[100]. Leur point commun serait d'offrir « des outils juridiques et fiscaux permettant d'échapper à l'impôt d'États dont la fiscalité est jugée trop lourde »[101].

Ce point commun met en exergue le caractère relatif des « paradis fiscaux » par rapport à des États ayant une fiscalité plus « lourde ». En outre, un système fiscal est dit « paradisiaque » non pas en tant que tel, mais au regard d'une situation fiscale particulière. C'est ainsi que la France, pouvant être qualifiée d'« enfer fiscal » pour les Américains, peut devenir un « paradis fiscal » pour les citoyens américains s'installant en France – en vertu notamment de régimes favorables aménagés par la convention fiscale franco-américaine de 1994, assez unique en son genre[102].

Si les « paradis fiscaux » ont pu être dans un premier temps considérés comme la conséquence inévitable d'une économie mondialisée[103], la lutte

[99] « Paradis fiscaux » *in* Serge GUINCHARD & Thierry DEBARD (dir.), *Lexique des termes juridiques*, Paris, Dalloz, 29e éd., 2021, p. 755 :

> « États ou territoires qui, en général pour attirer les capitaux étrangers, ont une fiscalité sensiblement plus favorable que celle du reste du monde, alliée souvent à des mesures connexes. On y trouve d'ordinaire un faible niveau d'imposition, l'absence d'informations fiscales vis-à-vis de l'extérieur, un contrôle des changes inexistant ou très faible et la pratique du secret bancaire. L'OCDE s'efforce d'encadrer leur action. On distingue à présent les territoires non coopératifs. »

[100] Partant, c'est sans doute par l'exemple que la notion s'appréhende le mieux. Par exemple, dans le lexique de son *Guide des paradis fiscaux*, M. Édouard CHAMBOST les définissait en se référant pour chaque critère à un pays concerné (Édouard CHAMBOST, *Guide Chambost des paradis fiscaux face au XXIe siècle*, Lausanne, Favre, 7e éd., 1999, p. 705) :

> « Pays ne levant pas d'impôts (Monaco) ou des impôts modérés (îles Vierges britanniques), ou exemptant les personnes physiques ou morales qualifiées de non résidentes ou d'exemptées (ex. Jersey) ou bien ne levant des impôts qu'en raison des opérations réalisées sur leur territoire (ex. Costa Rica ou Panama) ou bien enfin constituant éventuellement volontairement des "créneaux" dans leur fiscalité (ex. Pays-Bas, Luxembourg). »

[101] Pierre-Alexis BLEVIN, *Les paradis fiscaux*, Paris, PUF, coll. Que sais-je ?, 2e éd., 2022, p. 18.

[102] V. Anthony LACOUDRE, « La France, un "paradis fiscal" pour les Américains », *Droit fiscal* n° 15, 11 avril 2019, étude 224.

[103] Sur l'histoire des paradis fiscaux, v. not. Pierre-Alexis BLEVIN, *Les paradis fiscaux*, Paris, PUF, coll. Que sais-je ?, 2e éd., 2022, pp. 9 *sqq.* Aussi, il y a un demi-siècle, en conclusion de la première édition de son *Guide des paradis fiscaux*, M. Édouard CHAMBOST se montrait-il confiant sur l'avenir

contre de tels phénomènes s'est progressivement affirmée au cours des dernières décennies[104]. La crise financière de 2008, l'affaire des évadés fiscaux de la Banque HSBC la même année, ainsi que les nombreux scandales fiscalo-financiers qui ont éclaté depuis ont notamment fait de lutte contre les « paradis fiscaux » et l'évasion fiscale une cible prioritaire pour les États[105].

Cet objectif a par exemple été systématisé au sein du réseau des conventions fiscales bilatérales par la modification de leur préambule (que ce soit par la révision du modèle conventionnel de l'OCDE en 2017, ou directement par l'article 6 de l'instrument multilatéral sur le BEPS signé la même année[106]), l'objet de la convention restant classiquement « l'élimination de la double imposition », mais en veillant désormais à ne pas « créer de possibilités de non-imposition ou d'imposition réduite par l'évasion ou la fraude fiscale (y compris par des mécanismes de chalandage fiscal destinés à obtenir les allégements prévus dans la présente Convention au bénéfice indirect de résidents d'États tiers) »[107].

Le développement du système fiscal international bénéficie de cette lutte : les affaires médiatisées d'évasions fiscales ont fait basculer les « paradis fiscaux » en dehors du « domaine acceptable », et le système fiscal international permet, concrètement, de mettre en place des mesures pragmatiques à leur encontre.

La lutte contre la non-imposition appelle à une coopération entre les États, bien qu'une situation de concurrence fiscale existe entre eux.

---

global des « paradis fiscaux » (Édouard CHAMBOST, *Guide des paradis fiscaux*, Paris, Tchou, coll. Patrimoines, 1977, p. 225) :

> « Les Paradis fiscaux naissent à la fois de la disparité des législations et de leur caractère extrêmement contraignant, et les grands pays ont appris à s'en accommoder, et même à en profiter d'une façon indirecte. En outre, des mesures trop sévères ou trop hâtives sont propres à nuire au niveau des exportations, au pays qui en est l'auteur.
>
> « Dans ces conditions, et hormis l'éventualité d'une harmonisation mondiale des législations, les Paradis fiscaux semblent voués à un fort bel avenir, à la condition, toutefois, qu'ils restent dans un domaine acceptable, c'est-à-dire qu'ils ne soient pas trop utilisés couramment, et qu'ils le soient, en tout cas, sans fraude. »

[104] V. n°s 80 ci-dessous et suivants. Sur l'évolution de la notion et celle du droit international de l'Union européenne et de celui des États-Unis dans la lutte contre les « paradis fiscaux », v. not. Karim BERTHET, *L'évolution de la lutte contre les paradis fiscaux : Europe, États-Unis*, Bruxelles, Larcier, 2015, 582 p.

[105] V. Pierre-Alexis BLEVIN, « Que reste-t-il des paradis fiscaux ? », *Revue européenne et internationale de droit fiscal*, n° 2021/2, pp. 175-182.

[106] V. n°s 220 ci-dessous et suivants.

[107] V. Convention multilatérale pour la mise en œuvre des mesures relatives aux conventions fiscales pour prévenir l'érosion de la base d'imposition et le transfert de bénéfices, article 6 ; et OCDE, *Modèle de Convention fiscale concernant le revenu et la fortune 2017 (Version complète)*, Paris, Éditions OCDE, 10e éd., 2019, p. M-5.

§ 2 : La non-imposition choisie : la concurrence fiscale

80. **Les « paradis fiscaux », cibles des instances internationales.** Dans un premier temps, les instances internationales comme la Société des Nations, puis l'ONU et l'OCDE, ont insisté sur la coopération administrative entre États, en encourageant la conclusion de conventions sur l'échange d'informations à des fins fiscales entre les États, afin de pouvoir croiser les informations non seulement des déclarants mais également des tiers – informations bancaires, déclarations de revenus et de patrimoine, etc. L'idée est que l'extranéité de certaines situations normalement taxables peut créer une opacité pour les administrations fiscales, qui n'ont normalement pas compétence en dehors du territoire de leur État (normalement, car l'extraterritorialité d'une juridiction fiscale comme celle des États-Unis[108] pose bien des problèmes par ailleurs[109]). Ainsi la coopération administrative entre États permet-elle de retracer les flux économiques et garantit une meilleure évaluation de l'assiette fiscale.

Cette coopération, présente dès les premiers travaux de la SdN, a, ces dernières années, acquis une dimension nouvelle. La fin du secret bancaire, appelée par le G20 en 2009 – bien que concrétisé essentiellement à l'initiative des États-Unis par le *Foreign Account Tax Compliance Act* (FATCA) de 2010 –, a eu raison de la résistance du secret bancaire suisse, lequel avait justifié en 1925 la dissociation des problématiques d'évasion fiscale et de double imposition[110]. L'échange d'informations – à travers les procédures d'échange de renseignements sur demande et d'échange de renseignements automatisé – est standardisé au sein du Forum mondial sur la transparence et l'échange de renseignements à des fins fiscales, créé en 2001 sous l'égide du G20 et de l'OCDE. Le standard d'échange est repris à l'article 26 du modèle de convention fiscale de l'OCDE. Le Forum mondial promeut l'assistance entre États en matière fiscale au sein de plusieurs accords multilatéraux, se concentrant autour de la Convention multilatérale concernant l'assistance administrative mutuelle en matière fiscale, conclue en 1988 et amendée en 2010. Initialement élaborée en 1988 par le Conseil de l'Europe et l'OCDE,

---

[108] Outre les États-Unis, seule l'Érythrée a adopté une imposition extraterritoriale, fondée sur la citoyenneté. Les Philippines ont abandonné un tel système en 1996. V. Angélique DEVAUX, « Imposition sur la citoyenneté : *made in USA* », *La revue fiscale du patrimoine*, n° 10, 2019, ét. 25. V. aussi Résolution du Parlement européen du 5 juillet 2018 sur les effets néfastes de la loi des États-Unis relative au respect des obligations fiscales concernant les comptes étrangers (FATCA) sur les citoyens de l'Union européenne, et en particulier les « Américains accidentels » (2018/2646(RSP)), *JOUE* du 8 avril 2020, n° C118, p. 141, point N.

[109] V. Kevin JESTIN, « L'extraterritorialité du droit fiscal américain », *Revue européenne et internationale de droit fiscal*, n° 2021/2, pp. 261-276.

[110] V. Christophe FARQUET, *Histoire du paradis fiscal suisse*, Paris, Presses de Sciences Po, 2018, pp. 109-125 ; Christophe FARQUET, *La défense du paradis fiscal suisse avant la Seconde Guerre mondiale : une histoire internationale*, Neuchâtel, Éditions Alphil Presses universitaires suisses, 2016, pp. 176-229.

cette convention amendée réunit aujourd'hui 144 juridictions[111], et est complétée par l'Accord multilatéral entre autorités compétentes portant sur l'échange automatique des déclarations pays par pays, et l'Accord multilatéral entre autorités compétentes sur l'échange automatique de renseignements relatifs aux comptes financiers, qui permettent la mise en œuvre concrète des normes communes de déclaration, respectivement pour les rapports sur l'échange de renseignements automatique pays par pays et pour l'échange automatique des renseignements relatifs aux comptes financiers. En outre, le Forum mondial a mis en place un examen « par les pairs » des législations nationales aux fins de s'assurer de la conformité des législations et règlementations nationales aux différentes normes adoptées.

Sur la base de ces évaluations, l'OCDE publie depuis 2009 des listes des « bons et mauvais élèves » en matière de transparence et de coopération fiscale internationale (avec, comme référence, une norme minimale d'échanges de renseignements pertinents sur demande, dans tous les domaines de la fiscalité, sans condition d'intérêt fiscal national ni possibilité de refuser ces demandes sur le fondement d'un secret bancaire – bien qu'une confidentialité des renseignements échangés doive être assurée). Ces critères affinent les précédentes publications par l'OCDE de listes de « paradis fiscaux », en distinguant ainsi quatre listes émises en 2009 : une liste « blanche » (les États respectant les standards internationaux), des listes « grises » (les États ne respectant pas les standards internationaux mais s'étant engagés à les mettre en œuvre – avec une liste « gris foncé » des États concernés qui figuraient déjà dans les précédentes listes de « paradis fiscaux » et une liste « gris clair » correspondant à d'autres places financières) et une liste « noire » (les États refusant les standards internationaux).

La liste noire OCDE s'est néanmoins vidée dans les jours qui ont suivi sa publication : les États visés (Costa Rica, Malaisie, Philippines et Uruguay) ont rapidement pris les engagements nécessaires. Les autres listes ont été régulièrement mises à jour ; et la technique a fait des émules. L'OCDE reste toutefois investie dans la régulation de la concurrence fiscale[112].

81. **Les « paradis fiscaux », cibles des instances européennes.** L'Union européenne dispose ainsi de ses propres listes d'États et territoire non coopératifs depuis 2015 (émise dans un premier temps par la Commission, puis reprise par l'Eurogroupe qui a constitué à cette fin un groupe d'experts nationaux baptisé « Code de conduite »), elles aussi régulièrement mises à jour.

---

[111] V. OECD, *Jurisdictions participating in the Convention on mutual administrative assistance in tax matters*, www.oecd.org, m.-à-j. 22 décembre 2021.

[112] V. Lukasz STANKIEWICZ, « Le rôle de l'OCDE dans la régulation de la concurrence fiscale », *Revue européenne et internationale de droit fiscal*, n° 2021/2, pp. 235-246, relevant notamment le « potentiel de régulateur de la concurrence fiscale [...] clair et assumé » du projet GLoBE (*Global Anti-Base Erosion Proposal* ; v. *infra* n° 293).

Les critères du classement européen agrègent à la transparence des États (respects des standards sur l'échange d'informations) la pratique de concurrence fiscale déloyale (au regard des critères posés par le Code de conduite de l'UE ou par le Forum de l'OCDE sur les pratiques fiscales dommageables[113]) et l'engagement à la mise en œuvre des normes minimales du projet BEPS contre l'érosion de la base fiscale et le transfert des bénéfices. À ce jour, la « liste noire » de l'UE comprend 12 juridictions[114] fiscales et la « liste grise » en comprend 13 autres[115]. Si, à l'inverse de l'OCDE, l'Union européenne classe encore certaines juridictions en liste noire, ces listes sont néanmoins critiquées, notamment en ce qu'elles ne contiennent aucune juridiction fiscale européenne, alors même que certains comme le Luxembourg, Malte, l'Irlande ou les Pays-Bas ont été pointés du doigt pour leurs pratiques fiscales. De même, certaines juridictions « satellites » de l'Union souvent associées aux « paradis fiscaux » (comme le Liechtenstein, Monaco, Andorre, Saint-Marin) n'y figurent pas. Cette indulgence s'explique notamment par la règle de l'unanimité contraignant l'Eurogroupe dans l'adoption des listes.

Il faut en outre considérer les différentes directives de l'Union prises en matière d'évasion fiscale et de lutte contre la fraude, ainsi que la jurisprudence de la Cour de justice en la matière – notamment quant à l'abus de droit, inspirant notamment la mise en place en droit français du « mini-abus de droit » de l'article L. 64 A du LPF.

82. **Les « paradis fiscaux », cibles du droit fiscal interne.** La pratique des listes se retrouve également au niveau interne[116]. La loi de finances pour 2009, dans le sillage des travaux de l'OCDE et de l'Union européenne, a introduit la notion d'États et territoires non coopératifs en droit interne, notamment par l'article 238-0 A du CGI[117].

La liste française est censée être actualisée tous les ans, bien que dans la pratique cette mise à jour soit beaucoup moins fréquente. De fait, elle reprend

---

113 V. *infra*.

114 Anguilla, Dominique, Fidji, Guam, Îles Vierges américaines, Palaos, Panama, Samoa, Samoa américaines, Seychelles, Trinité-et-Tobago et Vanuatu.

115 Anguilla, Australie, Bosnie-Herzégovine, Botswana, Eswatini, Jordanie, Maldives, Maroc, Mongolie, Namibie, Sainte-Lucie, Thaïlande et Turquie.

116 V. not. Jean-Luc ALBERT, « OCDE : du pluriel au singulier », *in* Thierry LAMBERT (dir.), *La fin des paradis fiscaux ?*, Paris, Montchrestien, coll. Grands colloques, 2011, pp. 19-36.

117 Code général des impôts, article 238-0 A, 1. :

> « 1. Sont considérés comme non coopératifs, à la date du 1er janvier 2010, les États et territoires dont la situation au regard de la transparence et de l'échange d'informations en matière fiscale a fait l'objet d'un examen par l'Organisation de coopération et de développement économiques et qui, à cette date, n'ont pas conclu avec la France une convention d'assistance administrative permettant l'échange de tout renseignement nécessaire à l'application de la législation fiscale des parties, ni signé avec au moins douze États ou territoires une telle convention.
>
> « La liste des États et territoires non coopératifs est fixée par un arrêté des ministres chargés de l'économie et du budget après avis du ministre des affaires étrangères. »

pour l'essentiel la liste de l'Union européenne – et hérite de ses défauts. Seules les Îles vierges britanniques distinguent la liste française où elles figurent de la liste noire de l'UE. Il est loisible d'imaginer que la situation du Brexit puisse, à l'avenir, modifier la position indulgente de l'Union à l'égard de cette juridiction.

La liste permet notamment de limiter la déductibilité des charges payées dans les États visés en vertu de l'article 238 A du CGI (al. 3) (voir également l'article 209 B, 5.). Mais de manière générale, le droit interne se réfère davantage à la notion de « régime fiscal privilégié », prévu au même article 238 A : « les personnes sont regardées comme soumises à un régime fiscal privilégié dans l'État ou le territoire considéré si elles n'y sont pas imposables ou si elles y sont assujetties à des impôts sur les bénéfices ou les revenus dont le montant est inférieur de 40 % ou plus à celui de l'impôt sur les bénéfices ou sur les revenus dont elles auraient été redevables dans les conditions de droit commun en France, si elles y avaient été domiciliées ou établies ». Cette définition permet l'application des dispositions de lutte contre les « paradis fiscaux » à un champ plus large que les États et territoires non coopératifs – ceux-ci étant visés par une forme de présomption (réfragable) de régime fiscal privilégié.

Liste « noire » UE des ETNC (màj. 21 février 2021)[118]
Anguilla
Dominique
Fidji
Guam
Îles Vierges américaines
Palaos
Panama
Samoa
Samoa américaines
Seychelles
Trinité-et-Tobago
Vanuatu

Liste française des ETNC (màj. 26 février 2021)[119]
Anguilla
Dominique
Fidji
Guam
Îles Vierges américaines
Îles Vierges britanniques
Palaos
Panama
Samoa
Samoa américaines
Seychelles
Trinité et Tobago
Vanuatu

Tableau 1 : Comparaison des listes des ETNC européenne et française

118 Conclusions du Conseil relatives à la liste révisée de l'UE des pays et territoires non coopératifs à des fins fiscales (*JOUE*, C 66, 21 février 2021).

119 Arrêté du 26 février 2021 modifiant l'arrêté du 12 février 2010 pris en application du deuxième alinéa du 1 de l'article 238-0 A du code général des impôts (*JORF*, n° 0054, 4 mars 2021).

83. **La notion de concurrence fiscale dommageable.** La fraude et l'évasion fiscale ont été envisagées dans un premier temps comme le fait de contribuables indélicats ; c'est en ce sens que les premières mesures de lutte contre elles sont avant tout des accords d'assistance administrative entre États, ces derniers s'entraidant contre les fraudeurs. Toutefois, dans les années 1990, un revirement s'opère avec la prise en compte de la participation des États au jeu de l'évasion fiscale. En 1996, le G7 réuni à Lyon met en avant cette responsabilité des États à travers la notion de concurrence fiscale dommageable entre États (« *harmful tax competition between States* »)[120].

La concurrence fiscale peut être définie simplement comme la « concurrence entre gouvernements nationaux ou locaux pour attirer la base fiscale sur leur territoire »[121]. Elle désigne à la fois, « de manière statique, la situation dans laquelle certains acteurs mettent en compétition les systèmes fiscaux de différents États et, de manière dynamique, les réactions des États pour améliorer leur position dans cette compétition »[122]. Cette définition illustre l'ambigüité du rapport que les États peuvent entretenir à l'évasion fiscale : celle-ci réduit les recettes fiscales des États, mais elle peut être favorisée par certains d'entre eux pour attirer des assiettes fiscales mobiles. Cette pratique de certains États sera considérée comme « dommageable » lorsqu'elle aura pour effet de décorréler la localisation de la matière imposable de la localisation de l'activité économique réelle ; le « dommage » pouvant être considéré comme étant fait au système fiscal international – là où l'idée de « *dumping* fiscal » renvoie davantage aux dommages qu'une telle politique peut causer au sein même du système interne (pertes fiscales, et donc budgétaires).

La notion de concurrence fiscale repose sur une approche « marchande » des relations fiscales et n'est légitime que si la méthode du marché fonctionne et est adaptée à l'objet fiscal. Cette approche peut être contestée par la doctrine

---

[120] G7, Sommet de Lyon (France), 27-29 juin 1996, Communiqué économique du 28 juin 1996, *Making a Success of Globalization for the Benefit of All*, § 16 :

> « Finally, globalization is creating new challenges in the field of tax policy. Tax schemes aimed at attracting financial and other geographically mobile activities can create harmful tax competition between States, carrying risks of distorting trade and investment and could lead to the erosion of national tax bases. We strongly urge the OECD to vigorously pursue its work in this field, aimed at establishing a multilateral approach under which countries could operate individually and collectively to limit the extent of these practices. We will follow closely the progress on work by the OECD, which is due to produce a report by 1998. We will also follow closely the OECD's continuation of its important work on transfer pricing, where we warmly endorse the significant progress that the OECD has already achieved. »

[121] Agnès Bénassy-Quéré, « Concurrence et harmonisation fiscale dans l'Union européenne », *in* Michel Aujean & Christian Saint-Étienne (dir.), *Stratégies fiscales des États et des entreprises : souveraineté et concurrence*, Paris, PUF, Descartes & Cie, coll. Les cahiers, 2009, p. 31 ; citée not. par Lukasz Stankiewicz, « Le rôle de l'OCDE dans la régulation de la concurrence fiscale », *Revue européenne et internationale de droit fiscal*, n° 2021/2, p. 236.

[122] Conseil des impôts, *La concurrence fiscale et l'entreprise*, XXIIe Rapport au Président de la République, Paris, Éditions des journaux officiels, 2004, p. 13.

d'un point de vue général et conceptuel – notamment quant à ses effets[123], comme le fait de déplacer la charge de l'impôt sur le travail, moins mobile que le capital. Mais elle est surtout remise en question par les instances internationales promouvant le libéralisme sur la scène internationale, qui voient spécifiquement dans les pratiques dommageables une rupture des règles du « marché fiscal », une atteinte à la neutralité fiscale.

84. **Les luttes « classiques » contre la concurrence fiscale dommageable.** Dans les années 1990, la lutte contre la concurrence fiscale dommageable prend un tournant particulier ; mise en avant par le G7 et étudiée par l'OCDE, elle est de manière concomitante la cible des instances européennes.

En réponse au communiqué du G7 de 1996, l'OCDE publie en 1998 un rapport fondateur sur la *Concurrence fiscale dommageable : un problème mondial*[124]. Celui-ci définit des « pratiques fiscales dommageables », identifiant à la fois les « paradis fiscaux » et les régimes fiscaux préférentiels dommageables présents dans les systèmes fiscaux nationaux, tant des États membres de l'OCDE que des États tiers. Le rapport met en avant plusieurs propositions pour remédier à cette concurrence. Il propose des principes directeurs sur les régimes fiscaux dommageables, initie la création d'une liste de « paradis fiscaux »[125], émet des recommandations d'actions visant à la fois les législations nationales et les conventions fiscales, et, surtout, crée un Forum sur les pratiques fiscales dommageables, ouvert au plus grand nombre de juridictions fiscales, afin d'assurer un suivi de ces propositions et de leur mise en œuvre. Ces éléments préfigurent plusieurs outils mis en œuvre plus tard par l'OCDE, notamment au sein du projet BEPS.

Les préoccupations du G7 – et de l'OCDE – étant celles de ses États membres, il n'est pas étonnant que, concomitamment à ces travaux, les instances européennes se soient saisies des mêmes questions[126]. La coordination fiscale au sein de l'Union européenne, appelée de ses vœux par le Conseil Ecofin informel de Vérone en avril 1996, dans une approche globale et novatrice de la fiscalité, supposait une « action coordonnée au niveau européen [...] pour réduire les distorsions provoquées au sein du marché unique, pour prévenir d'importantes pertes de recettes fiscales et pour orienter

---

[123] V. not. Philippe DIDIER, « La notion de concurrence fiscale », *Archives de philosophie du droit*, vol. 46 (2002), pp. 103-115.

[124] OCDE, Comité des affaires fiscales, *Concurrence fiscale dommageable : Un problème mondial*, Paris, OCDE, 1998, 88 p.

[125] V. n° 82 ci-dessus.

[126] V. not. Alexandre MAITROT DE LA MOTTE, « La concurrence fiscale et sa régulation dans l'Union européenne », *Revue européenne et internationale de droit fiscal*, n° 2021/2, pp. 218-225 ; v. aussi, sur la place de la jurisprudence de la Cour de justice en la matière : Alexandre MAITROT DE LA MOTTE, « La concurrence fiscale dans la jurisprudence de la Cour de justice », *in* Éric CARPANO, Manuel CHASTAGNARET & Emmanuelle MAZUYER (dir.), *La concurrence règlementaire, sociale et fiscale dans l'Union européenne*, Bruxelles, Larcier, coll. Europe(s), 2016, pp. 293-311.

les structures fiscales dans un sens plus favorables à l'emploi, notamment en inversant la tendance qui consiste à imposer davantage le travail que des bases plus mobiles »[127]. Cette action coordonnée se concrétise avec l'adoption du « paquet fiscal » du 1er décembre 1997[128], comprenant plusieurs actions, dont la mise en place d'un Code de conduite en matière de fiscalité des entreprises afin de lutter contre la concurrence dommageable[129]. Ce Code de conduite, à l'instar d'ailleurs des mesures prises par l'OCDE, n'a pas de valeur juridique contraignante pour les États ; il a néanmoins une valeur politique forte. Il donne les critères d'identification des mesures fiscales « dommageables » – proches de ceux retenus par le rapport de l'OCDE de 1998 – et amorce l'examen des mesures fiscales des États membres pour en étudier leur potentiel « dommageable » par le « Groupe Code de conduite » (groupe *ad hoc* chargé de la mise en œuvre du code) à partir de 1998[130].

85. **Le renforcement des mesures contre la concurrence fiscale dommageable.** Cette première évolution dans l'approche de la non-imposition, passant de la responsabilité des contribuables à la responsabilité des États dans la fraude internationale, n'a pas eu d'effets révolutionnaires sur la fiscalité internationale. Elle a néanmoins posé les jalons des réformes postérieures, en introduisant, en plus de ce glissement conceptuel, les outils permettant une réforme en profondeur : la base du multilatéralisme, avec l'accord multilatéral sur les échanges en matière fiscale, la mise en œuvre du « *name and shame* » pour contraindre les États et la création d'un forum mondial permettant de dépasser politiquement les seules organisations internationales. Cette réforme d'envergure est initiée à la suite de la crise financière de 2008, avec comme programme topique le projet BEPS du G20 et de l'OCDE.

---

127 Commission des Communautés européennes, *Un ensemble de mesures pour lutter contre la concurrence fiscale dommageable dans l'Union européenne*, Communication de la Commission au Conseil et au Parlement européen, Bruxelles, 5 novembre 1997, COM(97) 564, p. 2.

128 Conseil de la communauté européenne, *Conclusions du Conseil ECOFIN en matière de politique fiscale*, 1er décembre 1997, *JOCE* du 6 janvier 1998, C 2/1.

129 Les autres actions consistant en l'engagement de la Commission de publier des lignes directrices sur les règles aux aides d'État dans la fiscalité de l'entreprise et l'adoption des principaux éléments pour une directive sur la fiscalité de l'épargne et une directive éliminant les retenues à la source sur les paiements d'intérêts et de dividendes entre entreprises associées. V. Michel AUJEAN & Clara MAIGNAN, « Les raisons d'être du Code de conduite contre la concurrence fiscale dommageable », *Droit fiscal* n° 25, 20 juin 2013, ét. 331.

Pour M. Alexandre LAUMONIER, la présentation du Code de conduite au sein d'un « paquet fiscal » plus large traduit que les mesures de lutte contre l'évasion fiscale n'auraient pas été acceptées par certains États sans des concessions faites dans les autres actions (Alexandre LAUMONIER, *La coopération entre États dans la lutte contre la fraude et l'évasion fiscales internationales*, Paris, LGDJ, coll. Bibliothèque de finances publiques et fiscalité, t. 67, 2019, p. 298).

130 Conclusions du Conseil du 9 mars 1998 concernant la création du « Groupe Code de conduite », *JO* C 99 du 1er avril 1998, p. 1.

La mise en exergue de l'existence d'une concurrence fiscale dommageable permet en outre de marquer sémantiquement une contrariété entre certaines pratiques fiscales et l'exercice du libre marché. Partant, c'est l'objectif même de neutralité fiscale qui peut être redéfini.

Conclusion du chapitre

86. **Des neutralités hétérogènes.** Le droit fiscal international tend à neutraliser les effets négatifs que peut causer l'internationalité des situations au regard du droit fiscal, essentiellement national et astreint à un territoire. Le système fiscal international pourrait alors être perçu comme poursuivant un objectif de neutralité, mais cela supposerait – à tort – qu'un principe unifié de neutralité puisse être dégagé.

La recherche de telles neutralisations est à l'origine même des règles de la fiscalité internationale, dans son acception contemporaine : les méthodes de neutralisation des doubles impositions sont des fondamentaux du droit fiscal international, leur déploiement nécessitant une mise en œuvre commune entre les États qui s'est développée tout au long du XXe siècle. La neutralisation des effets négatifs de l'internationalité est également en œuvre dans la mutation du droit fiscal international, l'amenant à viser les situations de non-impositions. Ces dernières amorcent néanmoins un élargissement de champ dans l'appréhension des problématiques fiscales internationales : elles ne concernent pas seulement les rapports entre l'État et les contribuables concernés par une extranéité, mais également les rapports entre les États eux-mêmes.

À l'aune de ces observations, il est loisible de considérer ces dynamiques de neutralisations comme participant au développement du système fiscal international. Il ne faut toutefois pas y voir un principe général de neutralité qui présiderait au système fiscal international. Le passage conceptuel des neutralisations à un principe de neutralité est contrarié par une incompatibilité entre ces différentes neutralités.

Chapitre 2 :
La neutralité contrariée

87. **La recherche d'un objectif implicite au droit fiscal international.** L'invocation d'un système fiscal international, de plus en plus omniprésent dans la doctrine (**Figure 1** & **Figure 2**), suppose l'existence d'une fonction à ce système, donc d'un objectif général du droit fiscal international. La doctrine ne s'attardant pas néanmoins à définir la nature systémique du droit fiscal international, elle n'a pas eu à en expliciter l'objectif – il lui suffit généralement d'expliciter un ou plusieurs *des* objectifs du droit fiscal international, selon la dimension qui en est commentée. La systématisation de la fiscalité internationale suppose l'unification de ces objectifs au sein d'une même finalité.

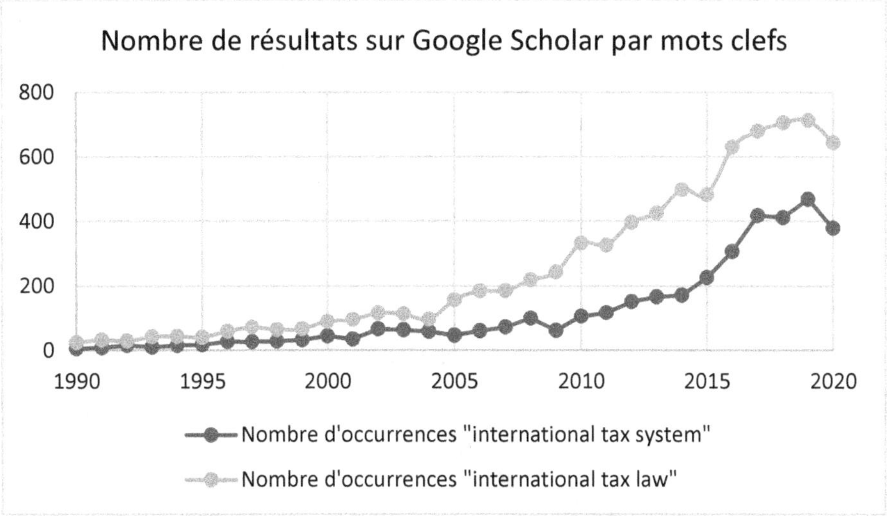

Figure 1 : Nombre de résultats (articles) sur Google Scholar pour « *international tax system* » et « *international tax law* », par année[1]

[1] Sur la période 1990-2020. Données : scholar.google.com, m.-à-j. 11 mai 2021.

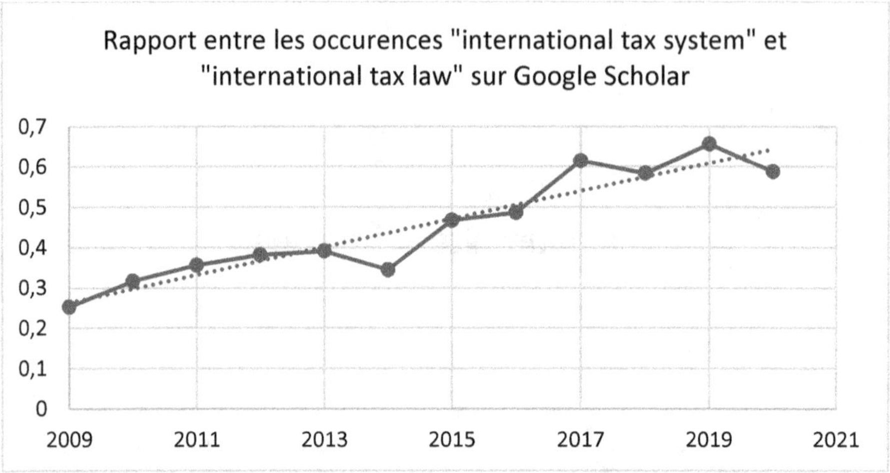

Figure 2 : Rapport entre les occurrences « *international tax system* » et « *international tax law* » sur Google Scholar, par année[2]

88. **L'éventualité d'un principe unifié de neutralité fiscale.** La neutralité est omniprésente au sein du droit fiscal international, au point de pouvoir en être qualifié de « principe directeur »[3] ou de « principe fondamental »[4]. Comme le remarque le professeur David ELKINS, elle joue un rôle central dans la doctrine relative à la fiscalité internationale[5]. De fait, malgré une diversification des objectifs du droit fiscal international[6], chacun d'entre eux semble pouvoir être rattaché à une acception de la neutralité.

Mieux encore : en consacrant la lutte contre la double non-imposition et contre l'évasion fiscale en général, les États semblent avoir parachevé une logique de neutralité globale que la lutte contre la double imposition avait initiée. Ainsi, la seconde procède de la neutralisation des désavantages causés

---

[2] Sur la période 2009-2020. Données : scholar.google.com, m.-à-j. 11 mai 2021. Les occurrences d'« *international tax system* » pour l'année visée sont divisées par celles d'« *international tax law* » pour la même année. Les pointillés figurent la courbe de tendance correspondante (régression linéaire ; y = 0,0346x - 69,33).
Ce rapport illustre la propension croissante de la doctrine à recourir à l'expression « *international tax system* » lorsqu'elle aborde des questions de droit fiscal international, sur la période 2009-2021.

[3] Bernard CASTAGNÈDE, *Précis de fiscalité internationale*, Paris, Presses universitaires de France, 6e éd., 2019, p. 34.

[4] Le « principe de neutralité » est souvent invoqué parmi les « principes fondamentaux du droit fiscal international » ; ces principes peuvent varier dans la doctrine mais la neutralité en est un des plus récurent : v. Peter HONGLER, *Justice in International Tax Law*, Amsterdam, IBFD, 2019, pp. 416-435 ; v. aussi les principes retenus par l'OCDE – v. n° 49 ci-dessus.

[5] Ainsi introduit-il sa critique de la notion dans David ELKINS, « A Critical Reassessment of the Role of Neutrality in International Taxation », *Nw. J. Intl'l L. & Bus.*, vol. 40, n° 1, 2019, pp. 1-46.

[6] Diversification des objectifs qui s'explicite notamment par celle des objectifs des conventions fiscales, en particulier à travers les nouveaux titres et préambules du modèle OCDE ; v. Bernard CASTAGNÈDE, *Précis de fiscalité internationale*, Paris, Presses universitaires de France, 6e éd., 2019, p. 30.

aux opérateurs du fait de l'internationalité de la situation, tandis que la première permet la neutralisation des avantages causés aux opérateurs du fait de l'internationalité – par rapport à une situation strictement nationale. La réduction des inconvénients comme des avantages peut se lire comme un véritable principe global, unifié, de neutralité du système fiscal international.

La définition de la portée d'un tel principe soulèverait quelques difficultés, mais permettrait la mise en cohérence de certaines logiques fiscales, comme l'imposition unitaire de l'entreprise d'après M. Loup BOMMIER en conclusion de sa thèse :

> « [...] S'il est encore difficile de voir se dégager un principe de neutralité [...] le caractère normatif de l'objectif de neutralité n'en est pas moins réel, permettant de rendre compte d'un ensemble conséquent de solutions très disparates [...] qui étaient jusqu'alors pensé[e]s séparément. [...] »[7]

Toutefois, en l'état du droit, s'il est loisible de rechercher un objectif de neutralité sous-jacent aux règles existantes, il est plus problématique d'en identifier la portée normative et sa valeur en tant que principe, en l'absence de norme, écrite et contraignante. De fait, un tel principe général n'existe pas formellement[8].

89. **L'éventualité d'un objectif unifié de neutralité fiscale.** En l'absence de principe formel, un objectif général de neutralité reste parfois invoqué. Celui-ci est néanmoins régulièrement remis en cause dans la doctrine, au point de parler d'un « combat sans fin pour la neutralité fiscale »[9]. De fait, sa pertinence peut être contestée, mais c'est dans sa concrétisation pratique qu'il semble le plus bancal, les neutralités poursuivies selon les cas pouvant être concrètement incompatibles entre elles.

En ce sens, la neutralité fiscale forme le pivot de débats de longue date sur la manière *d'éviter* les distorsions fiscales, mais surtout sur les distorsions fiscales *à éviter* (**Section 1**). Elle acquiert une dimension nouvelle avec l'harmonisation européenne, au sein de laquelle elle acquiert une véritable portée normative, mais éminemment divisée (**Section 2**).

---

[7] Loup BOMMIER, *L'objectif de neutralité du droit fiscal comme fondement d'une imposition unitaire de l'entreprise*, Paris, LGDJ, coll. Bibliothèque Finances publiques et fiscalité t. 73, 2021, p. 444.

[8] En conclusion de sa thèse, Loup BOMMIER fait plusieurs propositions : des propositions de principe qui sont des « propositions de rupture visant à garantir l'objectif de neutralité du droit fiscal et à en préserver la portée normative », et des propositions techniques visant à « renforcer la neutralité des dispositifs actuellement en vigueur ». Les premières propositions de principe proposent d'ailleurs de « reconnaître l'objectif de neutralité propre aux structures de consolidation comme un principe général du droit fiscal ». La neutralité fiscale en tant que principe (juridique) est donc bien de nature *prospective* (Loup BOMMIER, *L'objectif de neutralité du droit fiscal comme fondement d'une imposition unitaire de l'entreprise*, Paris, LGDJ, coll. Bibliothèque Finances publiques et fiscalité t. 73, 2021, p. 445).

[9] V. le §11.4.2 « The never-ending fight for tax neutrality », *in* Peter HONGLER, *Justice in International Tax Law*, Amsterdam, IBFD, 2019, p. 418.

Section 1 :
Un objectif international disputé

90. **L'aspect relatif de la neutralité fiscale.** La neutralité se définit négativement[10] : elle ne correspond pas à un effet souhaité de la fiscalité, mais à l'évitement d'un effet indésirable. D'un point de vue économique, la neutralité fiscale correspond à l'absence d'effets de la fiscalité sur un comportement économique. Elle ne peut se concevoir que par rapport à un acteur économique (contribuable) et un comportement visé. Au regard du système fiscal international, l'affirmation d'un tel objectif irait à l'encontre de sa dimension globale : l'aspect relatif de la neutralité ne permet pas une conceptualisation transversale de la fiscalité internationale. Elle amène en outre à des contradictions entre ses différentes acceptions.

Si les premières neutralités se concentrent sur les flux d'investissement (origine et destination des capitaux) (**§ 1**), de nombreuses autres conceptions de la neutralité ont été développées dans la deuxième moitié du XXe siècle (**§ 2**), visant différents aspects d'une économie de plus en plus mondialisée.

§ 1 : Une opposition fondamentale

91. **Une dualité initiale.** Historiquement, deux formes de neutralité fiscale internationale ont acquis un statut de concepts « pivots »[11]. Richard A. MUSGRAVE distingue ces notions dès 1960[12] ; Peggy B. MUSGRAVE (née RICHMAN) les développe dans sa thèse en 1963[13] : il s'agit de la neutralité à

[10] V. not. Shu-Chien Jennifer CHEN, « Neutrality as Tax Justice: The Case of Common Consolidated Corporate Tax Base under the EU law », *European studies*, vol. 5/2018, p. 36 ; aussi Cees PETERS, *On the Legitimacy of International Taxation*, Amsterdam, IBFD, IBFD Doctoral Series vol. 31, 2014, p. 106.

[11] Cees PETERS, *On the Legitimacy of International Taxation*, Amsterdam, IBFD, IBFD Doctoral Series vol. 31, 2014, p. 107.

[12] Richard A. MUSGRAVE, « Criteria for Foreign Tax Credit », *in* Russell BAKER (ed.), Tax Institute (U.S.), *Taxation and Operations Abroad, A Symposium Volume*, Princeton, Series on the impact of taxation on management responsibility, 1960, pp. 83-93, cité not. par Klaus VOGEL, « Worldwide vs. Source Taxation of Income – A Review and Re-Evaluation of Arguments (Part II) », *Intertax*, 1988, vol. 16, n° 10, p. 311.

[13] Peggy B. RICHMAN, *The Taxation of Foreign Income: An Economic Analysis*, Baltimore, John Hopkins Press, 1963, 140 p. Elle continue le développement de ces notions dans : Peggy B. MUSGRAVE, *United States Taxation of Foreign Investment Income: Issues and Arguments*, Cambridge (Mass.), Law School of Harvard University, International Tax Program, 1969, 171 p. Toutefois l'idée de ces neutralités circulait déjà avant 1960 : v. Reuven S. AVI-YONAH, « All of a Piece Throughout: The Four Ages of U.S. International Taxation », *Virginia Tax Review* 25, n° 2, 2005, pp. 325-326.

l'importation de capitaux (ou *capital import neutrality, CIN*) et de la neutralité à l'exportation de capitaux (ou *capital export neutrality, CEN*)[14].

92. ***Capital export neutrality*, la neutralité de la destination du capital.** La neutralité à l'exportation de capitaux consiste à ce que les résidents d'un État soient imposés de la même manière (du même montant d'impôt total), peu importe l'État dans lequel ils choisissent d'investir. La neutralité est atteinte lorsque les investisseurs ne sont pas influencés fiscalement dans le choix de l'État dans lequel ils réalisent leurs investissements ; partant, ils devraient choisir d'investir au lieu offrant le meilleur rendement avant impôt[15].

Concrètement, la *CEN* est atteinte lorsque l'imposition de l'investissement domestique par l'État de résidence est identique à l'imposition de l'investissement étranger résultant de la combinaison de l'imposition de l'État de la source et de l'État de résidence[16].

D'un point de vue global, ou systémique, la *CEN* pourrait être atteinte en éliminant toute forme d'imposition dans l'État de la source, consacrant l'imposition exclusive dans l'État de résidence. L'investisseur n'étant alors soumis qu'à l'impôt de son État de résidence, celui-ci sera le même peu importe la source. De manière plus pratique, quoiqu'imparfaite, la *CEN* peut être obtenue par l'organisation d'une imposition dans l'État de la source immédiate, et d'un crédit d'impôt illimité correspondant dans l'État de résidence (méthode de l'imputation intégrale[17]).

L'opposition entre la *CEN* et l'imposition dans l'État de la source fonde l'une de ses principales critiques, considérant que le bénéfice réel ne serait pas imposé dans l'État où il a été réalisé. En outre, la résidence d'un investisseur (personne privée ou personne morale) peut facilement être transportée (réellement ou artificiellement) dans un État proposant une imposition moindre, ouvrant ainsi de nombreuses possibilités d'évasion fiscale, et de concurrence fiscale dommageable entre États[18].

[14] Cette dualité, quoique discutée, reste à la base de l'appréhension de la neutralité fiscale. Ainsi peut-on lire que c'est en ces termes que la « neutralité fiscale est généralement examinée » (v. Commission des Communautés européennes, Communication de la Commission au Conseil, au Parlement européen et au comité économique et social européen, *Imposition des dividendes au niveau des personnes physiques dans le marché intérieur*, Bruxelles, 19 décembre 2003, COM(2003) 810 final, p. 21).

[15] V. par ex. David A. Weisbach, « The Use of Neutralities in International Tax Policies », *University of Chicago Coase-Sandor Institute for Law & Economics Research Paper* n° 697, 2014, p. 3 ; ou Georg Kofler, « Indirect Credit versus Exemption : Double Taxation Relief for Intercompany Distributions », *Bulletin for International Taxation* vol. 66, n° 2, 2012.

[16] Ruth Mason, « Tax Discrimination and Capital Neutrality », *World Tax Journal*, 2010, n° 2, p. 130.

[17] V. n° 67 ci-dessus.

[18] Peter Hongler, *Justice in International Tax Law*, Amsterdam, IBFD, 2019, p. 419.

93. ***Capital import neutrality*, la neutralité de l'origine du capital.** La neutralité à l'importation de capitaux consiste à l'inverse à ce que les capitaux dans un État soient imposés au même taux marginal, peu importe l'État de résidence de l'investisseur. La neutralité est atteinte lorsque toutes les activités au sein d'un pays sont soumises au même niveau d'imposition ; partant, le taux de rendement après impôt est égal pour chaque investisseur[19]. Cette neutralité permet de protéger l'épargne, c'est-à-dire les investissements internes effectués par les résidents, par rapport aux investissements étrangers.

Concrètement, la *CIN* est atteinte lorsque l'imposition de l'investissement étranger résultant de la combinaison de l'imposition de l'État de la source et de l'État de la résidence est identique à l'imposition de l'investissement domestique par l'État de la source[20].

D'un point de vue global, ou systémique, la *CIN* pourrait être atteinte en éliminant toute forme d'imposition dans l'État de résidence, consacrant l'imposition exclusive dans l'État de la source. Cela suppose notamment l'exonération, dans l'État de résidence, des revenus réalisés par un établissement stable à l'étranger. Le professeur Peter HONGLER met en avant en ce sens l'explication de Klaus VOGEL :

> « [A] taxpayer who conducts an enterprise in another country – or market – and thus utilizes the other's country facilities (public goods) can be sure of being taxed no more than anyone else who, under the same circumstances, uses these facilities to the same extent. »[21]

La *CIN* peut être atteinte par la méthode de l'exemption dans l'État de résidence, ou bien, *a minima*, par l'imputation sur l'impôt dû dans l'État de résidence du montant payé dans l'État de la source, limité au montant de l'impôt exigible dans l'État de résidence (méthode de l'imputation partielle, ou ordinaire[22]).

94. **Des logiques incompatibles.** Les objectifs de neutralité à l'exportation de capitaux et à l'importation de capitaux ont été conçus comme des propositions en vue d'assurer l'optimalité de la fiscalité internationale d'un point de vue économique. Plus exactement, ils sont pensés pour ne pas contrarier l'optimalité prétendue du système économique en place.

---

[19] V. par ex. David A. WEISBACH, « The Use of Neutralities in International Tax Policies », *University of Chicago Coase-Sandor Institute for Law & Economics Research Paper* n° 697, 2014, p. 3 ; ou Georg KOFLER, « Indirect Credit versus Exemption : Double Taxation Relief for Intercompany Distributions », *Bulletin for International Taxation* vol. 66, n° 2, 2012.

[20] Ruth MASON, « Tax Discrimination and Capital Neutrality », *World Tax Journal*, 2010, n° 2, p. 130.

[21] Klaus VOGEL, « Worldwide vs. Source Taxation of Income – A Review and Re-Evaluation of Arguments (Part II) », *Intertax*, 1988, vol. 16, n° 10, pp. 310-320 ; not. cité par Peter HONGLER, *Justice in International Tax Law*, Amsterdam, IBFD, 2019, p. 419.

[22] V. n° 68 ci-dessus.

Ainsi, la *CEN* cherche à éviter toute modification pour des raisons fiscales de la répartition géographique de l'investissement, théoriquement optimale. La *CIN* pour sa part cherche à protéger l'épargne – les investisseurs locaux – par rapport aux investisseurs étrangers. La première « protège » les investisseurs étrangers au détriment potentiel des épargnants locaux ; la seconde « protège » les épargnants locaux au détriment potentiel des investisseurs étrangers.

In jure, l'opposition entre *CEN* et *CIN* renvoie à certains clivages juridiques classiques de la fiscalité internationale : l'opposition entre État de la source (qui aurait seul le droit d'imposer pour une parfaite *CIN*) et l'État de résidence (qui aurait seul le droit d'imposer pour une parfaite *CEN*) d'une part, l'opposition entre système de mondialité de l'impôt (essentiellement l'apanage du système fiscal américain) et de territorialité de l'impôt d'autre part[23].

CIN et *CEN* sont des notions « contraires ». Elles ne peuvent pas être réalisées simultanément[24], sauf à ce que l'imposition dans l'État de la source et l'imposition dans l'État de résidence soient identiques[25]. D'un point de vue juridique, cela supposerait alors une harmonisation fiscale parfaite entre les deux États, non seulement sur le taux d'imposition, mais aussi sur les règles d'assiette et de recouvrement – et même, logiquement, sur les sanctions. Une telle harmonisation est peu réaliste dans le cadre d'un rapport entre États.

L'approche retenue de la fiscalité internationale par la neutralité économique présuppose de fait que l'imposition « optimale » maximise le bénéfice global de l'investissement international, sans distinguer les bénéfices spécifiques à chaque pays, qu'il soit exportateur ou importateur de capitaux[26]. En l'absence d'une telle distinction, le choix entre *CIN* et *CEN*, dès lors qu'elles sont incompatibles, risque d'être indifférent. En pratique, les politiques fiscales s'analysent alors individuellement, chaque mesure pouvant être considérée davantage selon une neutralité plutôt qu'une autre, et relativement au système économique à laquelle elle s'applique.

---

[23] V. not. Nicolas MELOT, *Territorialité et mondialité de l'impôt : étude de l'imposition des bénéfices des sociétés de capitaux à la lumière des expériences française et américaine*, Paris, Dalloz, coll. Nouvelle bibliothèque de thèses, 2004, 954 p.

[24] Cette incompatibilité est consensuelle. Elle peut parfois être remise en cause, mais à condition de redéfinir les neutralités – notamment en redéfinissant la *CIN* en *CON* (v. infra) : telle est la position par exemple de Michael S. KNOLL, « Reconsidering International Tax Neutrality », *Tax Law Review*, 2011, vol. 64, n° 2, pp. 99-130.

[25] Comme le démontre le professeur Ruth MASON, si la *CEN* suppose que l'imposition de l'investissement domestique par l'État de résidence soit identique à l'imposition de l'investissement étranger résultant de la combinaison de l'imposition de l'État de la source et de l'État de résidence, et si la *CIN* suppose que l'imposition de l'investissement étranger résultant de la combinaison de l'imposition de l'État de la source et de l'État de la résidence soit identique à l'imposition de l'investissement domestique par l'État de la source, alors pour que la *CEN* et la *CIN* soient réalisées simultanément il faut l'imposition de l'investissement domestique par l'État de résidence soit identique à l'imposition de l'investissement domestique par l'État de la source. V. Ruth MASON, « Tax Discrimination and Capital Neutrality », *World Tax Journal*, 2010, n° 2, p. 131.

[26] Thomas HORST, « A Note on the Optimal Taxation of International Investment Income », *The Quaterly Journal of Economics*, June 1980, vol. 94, n° 4, p. 793.

95. **Une approche économique centrale dans la doctrine anglo-saxonne.** L'idée de neutralité à l'importation ou à l'exportation des capitaux est fondamentale dans l'appréhension anglo-saxonne de la fiscalité internationale : celle-ci est dominée par la dimension économique du problème.

L'approche économique était déjà présente dans l'appréhension de la fiscalité internationale, notamment dans les premiers travaux de la SdN, inaugurés en 1923 par le fameux *Rapport sur la double imposition* des « Quatre Économistes » qu'étaient Gijsbert BRUINS, Luigi EINAUDI, Edwin SELIGMAN et Josiah STAMP[27]. Aux États-Unis en particulier, avant même l'apparition de la notion de neutralité, la question de la fiscalité internationale est généralement dévolue aux économistes, les plus influents sur la première moitié du XXe siècle étant par exemple Thomas ADAMS, professeur d'économie à l'Université de Yale, principal conseiller du Trésor américain sur les questions de fiscalité internationale dans les années 1910 et 1920, ou Edwin SELIGMAN, professeur d'économie à l'Université de Columbia et membre des « Quatre », ayant largement influencé la construction du modèle SdN[28].

Le professeur AVI-YONAH identifie dans l'histoire de la fiscalité internationale américaine, un « âge de la neutralité » en particulier, courant de 1961 jusqu'aux années 1980[29]. Cet épisode marque le gain d'influence des économistes dans la définition de la politique fiscale internationale américaine, notamment sous l'égide de Stanley SURREY[30]. La neutralité à l'exportation des capitaux sert alors de justification économique à une politique promouvant l'imposition dans l'État de résidence[31] – et, notamment, l'évitement de toute

[27] Gijsbert BRUINS, Luigi EINAUDI, Edwin SELIGMAN & Josiah STAMP, *Report on Double Taxation submitted to the Financial Committee Economic and Financial, Commission Report by the Experts on Double Taxation*, Document E.F.S.73. F.19, April 5th 1923, 51 p. Sur les premiers travaux de la SdN et l'influence de ce rapport, v. Partie 2 : Titre 1 : Chapitre 1.

[28] Reuven S. AVI-YONAH, « All of a Piece Throughout: The Four Ages of U.S. International Taxation », *Virginia Tax Review* 25, n° 2, 2005, pp. 317-318. À titre de contre-exemple parmi les figures influentes américaines, il faut relever l'influence de Mitchell B. CARROLL, avocat et fondateur de l'*International Fiscal Association*, fortement impliqué dans les travaux de la SdN.

[29] Reuven S. AVI-YONAH, « All of a Piece Throughout: The Four Ages of U.S. International Taxation », *Virginia Tax Review* 25, n° 2, 2005, pp. 324-330.

[30] Stanley S. SURREY, alternativement employé par le Trésor américain (notamment Secrétaire adjoint du Trésor pour la politique fiscale de 1961 à 1969) et professeur de droit (not. à Harvard où il publia nombre de ses articles) a fortement influencé (pour ne pas dire modelé) la fiscalité américaine de la deuxième moitié du XXe siècle, mais également l'ensemble des négociations fiscales internationales, tant par ses apports doctrinaux que par ses décisions dans le cadre des missions qui lui ont été confiées – et bien au-delà des seules publications signées de sa main. V. Stanley I. LANGBEIN, « The Unitary Method and the Myth of Arm's Lenght », 30 *Tax Notes* 625, 17 février 1986 ; Reuven S. AVI-YONAH, « All of a Piece Throughout: The Four Ages of U.S. International Taxation », *Virginia Tax Review* 25, n° 2, 2005, pp. 327-328.

[31] Reuven S. AVI-YONAH, « All of a Piece Throughout: The Four Ages of U.S. International Taxation », *Virginia Tax Review* 25, n° 2, 2005, pp. 328-330.

double non-imposition, avec le rejet absolu des crédits pour impôt fictif[32] au sein de ses conventions bilatérales, à l'inverse de la pratique conventionnelle de la France ou du Royaume-Uni.

Cette position favorable à l'État de résidence et à la *CEN* s'explique notamment par l'exportation massive de capitaux opérée depuis les États-Unis. Ainsi, en 1960 près de la moitié des investissements directs à l'étranger provenaient d'investisseurs établis aux États-Unis[33]. Forts de cette position dominante sur le marché des capitaux, les États-Unis disposaient autant d'un intérêt à privilégier l'imposition dans l'État de résidence des investisseurs que d'un moyen de pression dans les négociations avec les États importateurs de capitaux pour intégrer cette politique dans leurs conventions fiscales – bien que les États-Unis aient toujours eu réseau conventionnel relativement peu développé.

96. **Des premières conceptions de la neutralité critiquées.** À partir des années 1980, le diptyque *CIN*/*CEN* est néanmoins critiqué par la doctrine, et les politiques conçues sur la *CEN* sont peu à peu remises en cause[34].

Conceptuellement, l'étude de la neutralité dans le rapport entre les investissements internationaux et la fiscalité se fait toutes choses égales par ailleurs, occultant de fait de nombreuses problématiques connexes à la fiscalité internationale : l'impact de l'investissement sur le commerce international, le chômage, la distribution du revenu entre le capital et le travail et bien d'autres problèmes de politiques publiques[35]. À cet égard, certains commentateurs américains mettent en avant qu'en privilégiant un intérêt global, la *CEN* ne prend pas suffisamment en compte les intérêts spécifiques des États-Unis[36].

---

[32] Le professeur Guy GEST relevait par exemple, dans l'affaire des crédits d'impôt brésiliens, que la pratique du crédit pour impôt fictif tend à assurer une neutralité au regard de l'importation des capitaux, à l'inverse du crédit pour impôt effectif qui tend classiquement à une neutralité au regard de l'exportation des capitaux, expliquant l'opposition des États-Unis à l'égard des crédits d'impôt fictifs (Guy GEST, « L'affaire des crédits d'impôt brésiliens, ou les limites de l'interprétation littérale des conventions », *Droit fiscal* n° 50, 14 décembre 2006, ét. 69, note 64).

[33] Robert E. LIPSEY, « Foreign Direct Investment and the Operations of Multinational Firms: Concepts, History, and Data », *National Bureau of Economic Research Working Papers*, 2001, n° 8665, p. 25.

[34] V. Reuven S. AVI-YONAH, « All of a Piece Throughout: The Four Ages of U.S. International Taxation », *Virginia Tax Review* 25, n° 2, 2005, pp. 330 *sqq.* V. aussi Morgan VAIL, *Marché intérieur et neutralité de l'impôt direct : la construction fiscale européenne revisitée*, thèse de doctorat, Paris 2, 2011, pp. 185-194.

[35] Thomas HORST, « A Note on the Optimal Taxation of International Investment Income », *The Quaterly Journal of Economics*, June 1980, vol. 94, n° 4, p. 793.

[36] V. not. Michael J. GRAETZ, « The David R. TILLINGHAST Lecture – Taxing International Income: Inadequate Principles, Outdated Concepts, and Unsatisfactory Policies », *Tax Law Review*, 2001, vol. 54, n° 261, pp. 261-336. Le professeur AVI-YONAH cite également : William P. MCCLURE & Herman B. BOUMA, « The Taxation of Foreign Income from 1909 to 1989: How a Tilted Playing Field Developed », *Tax Notes*, 1989, vol. 43 n° 1379 ; James R. HINES, Jr., « The Case Against Deferral: A Deferential Reconsideration », *National Tax Journal*, 1999, vol. 52, n° 385

La globalisation de l'économie progressant, l'attention des commentateurs se concentre alors davantage sur la compétitivité des entreprises dans le cadre d'une compétition mondialisée, et sur l'attrait des capitaux, de plus en plus mobiles[37].

Le modèle binaire de la neutralité ne peut constituer en tant que tel le fondement d'un système fiscal international. Pour pallier ses défauts, d'autres formes de neutralités sont proposées pour prendre en compte davantage de critères que les seules origines et destinations des capitaux.

§ 2 : Des propositions d'alternatives

97. **La multiplication des neutralités économiques.** La remise en cause du diptyque n'implique pas une disparition des neutralités à l'importation et à l'exportation des capitaux, qui restent encore aujourd'hui des notions fondamentales de l'analyse économique de la fiscalité internationale. Comme le remarque professeur WEISBACH, la *CEN* est encore largement invoquée pour justifier certaines politiques fiscales internationales, et même les auteurs qui en rejettent le principe l'utilisent comme point de départ de leurs propos[38].

À partir des années 1980, et jusqu'à aujourd'hui, la doctrine enrichit la neutralité fiscale de nouvelles acceptions, tournées vers d'autres facteurs économiques. Selon les auteurs, les définitions diffèrent, certains redéfinissant les notions antérieures, d'autres en créant de nouvelles, selon l'objet de leurs démonstrations[39].

Certaines de ces neutralités se retrouvent régulièrement mentionnées, comme la *national neutrality*, la *capital ownership neutrality* ou la *national ownership neutrality*.

98. ***National neutrality.*** L'idée de « neutralité nationale » (ou *national neutrality*, *NN*) est attribuée aux professeurs FELDSTEIN et HARTMAN[40]. Elle consiste à considérer comme optimale l'imposition dans l'État de résidence des revenus de source étrangère, déduction faite des impositions payées dans l'État de la source comme coûts (c'est-à-dire, en cas d'impôt sur les sociétés, de passer les impôts étrangers en charge – donc déduits de l'assiette de l'impôt dans l'État de résidence, contrairement à un crédit d'impôt qui s'imputerait

(Reuven S. AVI-YONAH, « All of a Piece Throughout: The Four Ages of U.S. International Taxation », *Virginia Tax Review* 25, n° 2, 2005, p. 330).

37 Reuven S. AVI-YONAH, « All of a Piece Throughout: The Four Ages of U.S. International Taxation », *Virginia Tax Review* 25, n° 2, 2005, pp. 330-333.

38 David A. WEISBACH, « The Use of Neutralities in International Tax Policies », *University of Chicago Coase-Sandor Institute for Law & Economics Research Paper* n° 697, 2014, p. 5.

39 Par ex. Michael S. KNOLL, « Reconsidering International Tax Neutrality », *Tax Law Review*, 2011, vol. 64, n° 2, pp. 99-130 redéfinit la notion de *CIN* pour la concilier avec la *CEN* (v. *supra*, note de bas de page 24).

40 Martin FELDSTEIN & David HARTMAN, « The Optimal Taxation of Foreign Source Investment Income », *The Quaterly Journal of Economics*, November 1979, vol. 93, n° 4, pp. 613-629. Si l'idée y est présentée, l'expression de « national neutrality » n'y est toutefois pas employée.

sur l'impôt dû)[41]. À l'inverse des approches *CIN* et *CEN*, la *NN* considère la neutralité non plus d'un point de vue international, mais strictement du point de vue de l'État de résidence[42] : l'imposition est considérée comme efficace quand elle est perçue dans l'État de résidence visé.

La *NN* répond à la critique avancée sur l'absence de prise en compte des intérêts des États. De fait, que l'imposition aille dans l'État de la source ou dans l'État de résidence peut être considéré comme neutre tant du point de vue du contribuable que de l'intérêt global, mais pas du point de vue des États qui ont un intérêt direct à imposer.

La notion de neutralité n'en est que plus relative : il ne s'agit plus seulement de considérer la neutralité par rapport à un acteur économique et un comportement visé, mais également par rapport à un État donné.

99. ***Capital ownership neutrality.*** Les professeurs DESAI et HINES[43] empruntent l'expression « *capital ownership neutrality* » au professeur DEVEREUX qui a mis en évidence en 1990 l'éventuelle variation de la productivité d'un actif selon son propriétaire[44]. En matière de marques et de brevets en particulier, issus du marketing et de la R&D, leur importante

---

[41] David A. WEISBACH, « The Use of Neutralities in International Tax Policies », *University of Chicago Coase-Sandor Institute for Law & Economics Research Paper* n° 697, 2014, pp. 3-4.

[42] V. not. Tsily DAGAN, « National Interests in the International Tax Game », *Virginia Tax Review*, 1998, vol. 18, n° 2, pp. 369-370.

[43] Mihir A. DESAI & James R. HINES Jr., « Evaluating International Tax Reform », *National Tax Journal*, 2003, vol. 56, n° 3, pp. 487-502. Cet article est le premier d'une série : v. not. Mihir A. DESAI, « New Foundations for Taxing Multinational Corporations », *Taxes – The Tax Magazine*, 2004, vol. 82, n° 3, pp. 39-46/235-236 ; Mihir A. DESAI & James R. HINES Jr., « Old Rules and New Realities: Corporate Tax Policy in a Global Setting », *National Tax Journal*, 2004, vol. 57, n° 4, pp. 937-960.

[44] Michael P. DEVEREUX, « Capital Export Neutrality, Capital Import Neutrality and Capital Ownership Neutrality and All That », *IFS Working Paper*, London, Institute for Fiscal Studies, June, 1990. Cet article n'a toutefois jamais été publié (v. Michael S. KNOLL, « Reconsidering International Tax Neutrality », *Tax Law Review*, 2011, vol. 64, n° 2, p. 110).

Pour le professeur DEVEREUX la productivité des capitaux dépend davantage de leur localisation que de l'identité de leurs propriétaires, mais met en exergue les différences de productivité entre propriétaires. Les professeurs DESAI et HINES (« Evaluating International Tax Reform », *op. cit.*) renvoient en outre à d'autres articles : Michael P. DEVEREUX, « Efficiency Criteria in the International Taxation of Income from Capital », *Keele University Department of Economics Working Papers* 93-8, May 1993 ; Michael P. DEVEREUX, « Issues in the Taxation of Income from Foreign Portfolio and Direct Investment », *Keele University Working Paper*, April 1998 ; Michael P. DEVEREUX & Mark PEARSON, « European Tax Harmonization and Production Efficiency », *European Economic Review* 39 n° 8, October 1995, pp. 1657-1681; Joel SLEMROD, « Free-Trade Taxation and Protectionist Taxation », *International Tax and Public Finance* 2 n° 3, November 1995, pp. 471-489.

Une approche des distorsions causées par la fiscalité à la propriété et des objectifs de neutralité afférents, v. aussi Mitchell A. KANE, « Ownership Neutrality, Ownership distorsion, and International Tax Welfare Benchmarks », *Virginia Tax Review*, vol. 26, 2006, pp. 53-79.

spécificité fait dépendre largement leur rentabilité de qui les exploite[45]. Partant, la neutralité à la propriété des capitaux (ou *capital ownership neutrality*, *CON*) vise à ce que la fiscalité ne perturbe pas la répartition de la propriété des capitaux.

La recherche la neutralité à la propriété des capitaux permet de prendre en compte une conception plus large de l'entreprise, intégrant à la fiscalité internationale des éléments de « théorie de la firme », en prenant en compte l'utilisation – et les effets sur le rendement des investissements – des produits incorporels, des synergies de production, des économies d'échelle, d'accès au marché, etc.[46] propre aux groupes – ces mêmes groupes étant les plus susceptibles d'être concernés par l'internationalité de la fiscalité[47].

Plusieurs méthodes permettent de remplir l'objectif de neutralité à la propriété des capitaux.

D'un point de vue global, ou systémique, la neutralité à la propriété des capitaux pourrait être atteinte en éliminant toute forme d'imposition dans l'État de résidence, consacrant l'imposition exclusive dans l'État de la source.

Elle peut également être atteinte par l'imputation dans l'État de résidence d'un crédit d'impôt équivalent à l'impôt payé dans l'État de la source : dans ce cas, le montant total d'imposition (imposition dans l'État de la source et dans l'État de résidence) peut varier d'un investisseur à un autre, selon son pays de résidence, mais chaque investisseur en est encouragé à allouer ses investissements d'une manière qui maximise le rendement avant impôt[48].

La notion de *CON* est disputée par une partie de la doctrine[49]. Elle ne rend manifestement pas compte de toutes les distorsions que peut engendrer la propriété des capitaux et ne s'applique pas à tous les investissements. De fait, la théorie sous-jacente au concept de *CON* se concentre sur les grands groupes

---

[45] V. Rachel GRIFFITH, James R. HINES Jr. & Peter Birch SØRENSEN, « International Capital Taxation » (2008), *in* Institute for Fiscal Studies (ed.), *Dimensions of Tax Design*, Oxford, Oxford University Press, 2017, pp. 953-954.

[46] Wolfgang SCHÖN, « International Tax Coordination for a Second-Best World (Part I) », *World Tax Journal*, 2009, vol. 1, n°1, p. 81.

[47] Les professeurs DESAI et HINES expliquent ainsi l'intérêt de viser la neutralité à la propriété des capitaux (Mihir A. DESAI & James R. HINES Jr., « Evaluating International Tax Reform », *National Tax Journal*, 2003, vol. 56, n° 3, p. 495) :

> « [...] It is easiest to understand the welfare properties of CON by considering the extreme case in which the total stock of physical capital in each country is unaffected by international tax rules. In this setting, the function of foreign direct investment is simply to reassign asset ownership among domestic and foreign investors. If the productivity of capital depends on the identities of its owners (and there is considerable reason to think that it does), then the efficient allocation of capital is one that maximizes output given the stocks of capital in each country. It follows that tax systems promote efficiency if they encourage the most productive ownership of assets within the set of feasible investors. »

[48] *Ibid.*, p. 496.

[49] Pour plus une critique plus détaillée de l'opportunité de juger l'efficacité d'un système fiscal à partir du concept de *CON*, v. par ex. : Jane G. GRAVELLE, « Reform of U.S. International Taxation : Alternatives », *Congressional Research Service Report* RL34115, v. 18, August 01, 2017, pp. 7-10.

internationaux susceptibles de disjoindre les actifs de leur activité pour les localiser dans des États différents, excluant de nombreuses situations (par ex. les activités immobilières ou de portefeuille, et toutes les activités hors groupe)[50]. En se concentrant sur l'activité – en neutralisant la propriété, donc la résidence, et notamment en consacrant l'imposition dans l'État de la source – l'objectif de *CON* est également critiqué comme ne prenant pas en compte que les biens produits dans un État ne sont généralement pas consommés dans cet État[51].

100. ***National ownership neutrality.*** La neutralité nationale à la propriété – sous-entendu, des capitaux – (ou *national ownership neutrality*, *NON*) est présentée par les professeurs DESAI et HINES immédiatement après la *CON*[52]. Elle en est la conséquence directe, et correspond à la transposition des problématiques de propriété des capitaux du cadre global au cadre national. Elle s'inspire en ce sens directement du standard de *NN*[53] vu précédemment[54].

Dans l'hypothèse (très spécifique[55]) où l'investissement direct à l'étranger sortant est compensé par un investissement direct à l'étranger entrant et équivalent – notamment également productif – alors l'État visé à un intérêt particulier à exonérer les revenus de source étrangère, peu importe ce que font les autres États[56].

En revanche, si la balance des investissements directs à l'étranger entrant et sortant est déséquilibrée, alors l'objectif de *NON* visera son rétablissement – en tenant compte de l'effet sur la productivité de la propriété[57].

101. **Une possibilité infinie d'autres neutralités.** Parmi les différentes acceptions de la neutralité économique, *CIN, CEN, NN, CON* et *NON* sont

---

[50] Wolfgang SCHÖN, « International Tax Coordination for a Second-Best World (Part I) », *World Tax Journal*, 2009, vol. 1, n°1, p. 82.

[51] Peter HONGLER, *Justice in International Tax Law*, Amsterdam, IBFD, 2019, p. 420.

[52] Mihir A. DESAI & James R. HINES Jr., « Evaluating International Tax Reform », *National Tax Journal*, 2003, vol. 56, n° 3, pp. 496-497.

[53] *Ibid.*, p. 496.

[54] V ; n° 98 ci-dessus.

[55] V. not. Mitchell A. KANE, « Ownership Neutrality, Ownership Distortions, and International Tax Welfare Benchmarks », *Virginia Tax Review*, vol. 26, 2006, pp. 78-79.

[56] Mihir A. DESAI & James R. HINES Jr., « Evaluating International Tax Reform », *National Tax Journal*, 2003, vol. 56, n° 3, p. 496 :

> « [...] The reason is that additional outbound foreign investment does not reduce domestic tax revenue, since any reduction in home-country investment by domestic firms is offset by greater investment by foreign firms. With unchanging domestic tax revenue, home-country welfare increases in the after-tax profitability of domestic companies, which is maximized if foreign profits are exempt from taxation. Tax systems that exempt foreign income from taxation can therefore be said to satisfy "national ownership neutrality" (NON). [...] »

[57] *Ibid.* :

> « [...] If foreign investment and domestic investment are equally productive in the home country, but inbound foreign investment replaces only 75 percent of domestic investment lost due to outbound FDI, then the analysis implies that the optimal home-country policy is to tax 34 percent of the after-tax foreign income earned by home-country firms. »

peut-être les plus représentées (**Tableau 2, ci-dessous**). D'autres notions émaillent néanmoins la doctrine.

Considérant la notion de *CON* développée par les professeurs DESAI et HINES, et pour s'en distinguer, le professeur DEVEREUX a été amené par exemple à renommer son concept initial en neutralité à l'égard du marché (ou *market neutrality*, *MN*)[58], concept – plus large que la *CON* – selon lequel le système fiscal ne doit pas favoriser une entreprise par rapport à une autre entreprise avec laquelle elle est en compétition.

À l'inverse, de manière plus spécifique, le professeur KEMMEREN a été amené à insister dans sa thèse sur l'importance du facteur travail, et notamment l'incidence des déplacements du travail – et des travailleurs – de plus en plus importants au sein d'une économie mondialisée. Partant, il y propose de modifier les objectifs de *CIN* et de *CEN*, en neutralité à l'importation du capital et du travail (ou *capital and labour import neutrality*, ou *CLIN*) et en neutralité à l'exportation du capital et du travail (ou *capital and labour export neutrality*, ou *CLEN*)[59].

De manière générale, les notions de neutralités évoluent pour mieux rendre compte à la fois des complexités et des évolutions de la société et de l'économie globales[60]. Partant, de nouvelles notions ne manqueront pas d'émerger au fur et à mesure des évolutions de l'économie.

Ainsi, par redéfinition, combinaison ou simple invention, les propositions de nouvelles neutralités économiques sont potentiellement infinies.

---

[58] V. Michael P. DEVEREUX & Simon LORETZ, « Increased efficiency through consolidation and formula apportionment in the European Union ? », Oxford University, Center for Business Taxation, *Working Paper Series*, 2008, n° 12 (*WP* 08/12), not. note n° 5, p. 3.

[59] Eric C.C.M. KEMMEREN, *Principle of Origin in Tax Conventions: A Rethinking of Models*, Pijnenburg, Dongen, 2001, not. pp. 71 *sqq*.

[60] Cees PETERS, *On the Legitimacy of International Taxation*, Amsterdam, IBFD, IBFD Doctoral Series vol. 31, 2014, p. 110. Sur l'évolution de la notion de neutralité fiscale internationale, v. également pp. 114-121.

Neutrality	**Standard**	**Benchmark**	**Assumption**	**Achieved [globally] by**
Location of investment	Capital export neutrality (CEN)	Neutrality with regard to domestic and foreign investments producing the same pre-tax rate of return	Investment by domestic corporations comes from a fixed pool of capital available to the domestic corporate sector	Immediate taxation and full credit
	National neutrality (NN)	Preference for domestic investments whenever the pre-tax rate of return exceeds the return on a foreign investment net of foreign tax		Immediate taxation and deduction of foreign tax
Origin of investment	Capital import neutrality (CIN)	Neutrality with regard to whether an investment is made by a foreign or a domestic investor, i.e. equality of the after-tax rate of return of each investor	Capital is supplied at a fixed rate by the integrated world capital market	Adoption by all countries of the exemption method
Identity of investors	Capital ownership neutrality (CON)	Neutrality with regard to which corporation owns and exploits capital assets, i.e. corporations that exploit a given asset most efficiently are willing to pay the most to own the asset		Adoption by *all* countries of either the full credit method or the exemption method
	National ownership neutrality (NON)	Encourage residents to make foreign investments that yield a higher after-tax rate of return than domestic investments		Adoption by all countries of the exemption method

Tableau 2 : « Overview of the different neutrality standards »[61]

102. ***Global welfare vs. National welfare.*** La présentation des notions de *CON* et *NON* par les professeurs DESAI et HINES illustre l'opposition fondamentale entre deux types de neutralités, selon qu'elles poursuivent un intérêt global (*global welfare*) ou un intérêt national (*national welfare*).

L'intérêt global est poursuivi par les objectifs de *CIN*, *CEN* ou *CON*. L'intérêt national correspond davantage aux objectifs de *NN* et *NON*.

Pour les premiers, la mise en place d'une neutralité fiscale globale devrait augmenter la prospérité mondiale en assurant le rendement maximal des capitaux – en empêchant qu'ils soient affectés par la fiscalité, que ce soit quant à leur localisation (*CIN*), leur destination (*CEN*) ou leur propriétaire (*CON*). Cet objectif global suppose néanmoins une harmonisation globale des

[61] *In* Georg KOFLER, « Indirect Credit versus Exemption : Double Taxation Relief for Intercompany Distributions », *Bulletin for International Taxation* vol. 66, n° 2, 2012.

fiscalités nationales : toutes doivent concourir à l'objectif visé pour qu'il puisse être atteint.

Pour ce faire, deux systèmes nationaux sont classiquement invoqués – et opposés : la territorialité (*territorial tax system*) et la mondialité de l'impôt (*worldwide tax system*). Dans leurs expressions les plus absolues, un système national promouvant la territorialité de l'impôt consacre l'imposition des revenus dans le seul État de la source, tandis qu'un système promouvant la mondialité de l'impôt consacre l'imposition des revenus dans le seul État de résidence. Ces deux visions de la fiscalité s'opposent classiquement, la première étant la plus répandue dans la pratique, les États-Unis étant l'un des seuls pays à avoir promu une véritable mondialité de l'impôt. L'approche de la fiscalité internationale dans un objectif d'intérêt global suppose une harmonisation complète des fiscalités : non seulement des systèmes de référence (territorialité et mondialité), mais également des règles d'assiette, des taux et des modalités de recouvrement – et de répression en cas de manquement. Il est peu de dire qu'une telle visée est utopique.

Tout utopique qu'elle soit, cette approche pourrait néanmoins définir un objectif vers lequel tendre (sans espoir d'y parvenir). Néanmoins, la multiplicité des objectifs poursuivant un intérêt général met en exergue l'impossibilité de les unifier. Sur les seuls *CIN*, *CEN* et *CON*, il semble impossible de trouver des mesures qui satisfassent les trois neutralités. Le professeur KNOLL démontre ainsi que ni la mondialité ni la territorialité ne permet de remplir ces trois neutralités à la fois[62] (**Tableau 3**). Cette incompatibilité résulte essentiellement de l'incompatibilité fondamentale entre *CIN* et *CEN*[63].

Tax System	*Location Neutrality* [*CEN*]	*Ownership Neutrality* [*CON*]	*Savings Neutrality* [*CIN*]
Worldwide	✓	✓	
Territorial		✓	✓

Tableau 3 : « Tax Neutrality with Different Tax Systems »[64]

[62] Michael S. KNOLL, « Reconsidering International Tax Neutrality », *Tax Law Review*, 2011, vol. 64, n° 2, pp. 121-125.

[63] V. n° 94 ci-dessus. Cette incompatibilité fait débat. Par exemple, le professeur KNOLL s'oppose fermement à l'analyse du professeur SHAHEEN qui promeut l'imposition de l'État de la source (système de la territorialité) comme satisfaisant le mieux la *CEN* en même temps que les autres neutralités, *in* Fadi SHAHEEN, « International Tax Neutrality: Reconsiderations », *Virginia Tax Review*, 2007, vol. 27, n° 1, pp. 203-240. Mais les disputes des auteurs sur ces sujets ne font que renforcer la dimension irréconciliable de ces théories.

[64] Michael S. KNOLL, « Reconsidering International Tax Neutrality », *Tax Law Review*, 2011, vol. 64, n° 2, p. 125.

Quant aux objectifs poursuivant un intérêt national, leur relativité assumée à un État empêche de les identifier comme objectif d'un système fiscal international. Le terme même de « neutralité » est discutable dans ces approches. Si une harmonisation globale sur la base d'un de ces objectifs peut parvenir à un objectif d'intérêt global, ces objectifs nationaux restent une manifestation des antagonismes persistants entre juridictions fiscales : les *NN* et *NON* tendent avant tout à contrer les stratégies des autres États et à mettre en avant l'intérêt de l'État visé, en opposition donc avec les intérêts des autres États.

103. **Efficacité et neutralité.** La neutralité économique internationale répond avant tout à une problématique d'efficacité, non pas tant, d'ailleurs, de la fiscalité en tant que telle mais plutôt de l'économie sur laquelle elle se greffe. Un impôt est considéré comme efficace en ce qu'il ne perturbe pas les comportements économiques (neutralité), idée à laquelle on peut ajouter un souci de rentabilité, souvent occulté dans la doctrine économique. Les choix opérés par les États sont néanmoins centrés sur des gains – et capacités – étatiques. Le professeur SCHÖN résume ainsi :

> « For international allocation of taxing rights, neither the ability-to-pay principle nor the benefit principle provides reliable guidance. From an economic point of view, [...] capital export neutrality is still strong – yet it does not answer the question of whether to allocate taxing rights primarily to the residence or to the source country. An interesting new approach is provided by the concept of capital ownership neutrality [...]. However, paramount are the workings of international tax competition, which have to take into account both the strategic behaviour of firms and the policy options of governments. In this regard, governments will not automatically choose policy options which conform to a certain overall model and rather try to adjust their international tax policy (unilaterally and bilaterally) to the "market power" they have towards foreign governments and multinational firms. »[65]

Partant, les neutralités, qu'elles soient d'intérêt global ou national, restent des indicateurs permettant d'évaluer la fiscalité internationale sous un angle économique choisi. Ce sont des éléments de lecture pertinents du système fiscal international. Elles peuvent être invoquées comme argument dans l'édification des politiques fiscales des États, et dans le développement du

[65] Wolfgang SCHÖN, « International Tax Coordination for a Second-Best World (Part III) », *World Tax Journal*, 2010, vol. 2, n° 3, p. 259.

système fiscal international, mais n'en forment pas un but. De fait, un tel but serait par trop insaisissable[66].

SECTION 2 :
Des objectifs communautaires divergents

104. **La neutralité comme colonne vertébrale de l'« ordre fiscal commun ».** L'Union européenne est un relai privilégié du système fiscal international. À l'instar du reste du système, le droit communautaire fait référence à plusieurs reprises à la notion de neutralité. Pour autant, pas plus que l'ordre international, la neutralité ne constitue pas un principe unifié au sein de l'ordre communautaire.

L'idée de neutralité économique est sensiblement moins présente dans la doctrine continentale que dans la doctrine anglo-saxonne. Elle influence néanmoins – implicitement – les politiques fiscales de la plupart[67] des États.

L'idée de « neutralité » trouve un écho particulier dans la construction européenne, notamment au sein de l'« ordre fiscal commun »[68], acté par la jurisprudence *Schumacker* de 1995[69]. Elle se retrouve aussi bien dans l'intégration négative (**§ 1**) que l'intégration positive des fiscalités nationales (**§ 2**), mais sous des acceptions incompatibles.

§ 1 : La neutralité dans l'intégration négative des fiscalités nationales

105. **Objectif de neutralité, objectif de l'Union.** En vertu de l'article 4 du traité sur l'Union européenne (TUE), « [l]es États membres facilitent l'accomplissement par l'Union de sa mission et s'abstiennent de toute mesure

---

66 Considérant la « flexibilité » de la notion de neutralité fiscale internationale, Cees PETERS y voit un concept pouvant servir de norme souple à la fiscalité internationale, la notion pouvant s'adapter très facilement aux réalités sociales (Cees PETERS, *On the Legitimacy of International Taxation*, Amsterdam, IBFD, IBFD Doctoral Series vol. 31, 2014, p. 130). Mais il doit reconnaître immédiatement :

> « [...] This flexibility should however also be regarded as a disadvantage, since it is not always crystal clear what should be regarded as the objectives of international tax neutrality. »

67 Cees PETERS (*Ibid.*, p. 130, note 609), en citant Alex J. EASSON, *Taxation of Foreign Direct Investment: An Introduction*, Zuidpoolsingel (Ndl), Kluwer Law International, Series on International Taxation, 1999, pp. 26-27, souligne que la neutralité fiscale internationale n'aurait pas de sens dans une « société socialiste », et que les théories relatives à la fiscalité internationale (du moins en matière de neutralité économique) sont façonnées par un esprit capitaliste, reposant sur des économies de marché.

68 Expression notamment employée par Alexandre MAITROT DE LA MOTTE, *Souveraineté et construction communautaire : Recherche sur les impôts directs*, Paris, LGDJ, coll. Bibliothèque de science financière t. 44, 2005, 537 p. (ex. p. 49).

69 CJCE, 14 février 1995, aff. C-279/93, *Finanzamt Köln Altstadt / Roland Schumacker* (« *Schumacker* »), *Rec.* p. I-225, pt. 21 ; v. *Droit fiscal*, 1995, n° 20, comm. 1089.

susceptible de mettre en péril la réalisation des objectifs de l'Union ». Selon les professeurs Jean LAMARQUE, Olivier NÉGRIN et Ludovic AYRAULT :

> « Cette disposition de caractère général impose aux États, plus encore qu'une obligation de neutralité, l'obligation de supprimer toute mesure fiscale qui est instituée et/ou maintenue en violation d'une liberté communautaire fondamentale. »[70]

La Cour de justice de l'Union européenne a été amenée à reconnaître à certains articles des traités constitutifs de l'Union européenne, portant les grandes libertés communautaires, une portée fiscale dont ils étaient initialement dépourvus. Il s'agit, en particulier, des principes de libre circulation des marchandises[71], de libre circulation des personnes[72], de libre établissement[73], de libre prestation de services[74] et de libre circulation des capitaux[75].

Les libertés, en tant qu'objectif de l'Union s'imposant aux États membres, s'inscrivent dans une logique de neutralisation des normes ayant un effet sur les éléments visés (circulation des marchandises, des personnes, des capitaux, établissements, prestations de service). Transposées au droit fiscal par le truchement prétorien, elles participent à l'intégration négative des droits fiscaux nationaux[76].

106. **La neutralité fiscale comme élément d'intégration économique.** Béla BALASSA propose une double définition de l'intégration économique :

> « We propose to define economic integration as a process and as a state of affairs. Regarded as a process, it encompasses measures designed to abolish discrimination between economic units belonging to different national states; viewed as a state of affairs, it can be represented by the absence of various forms of discrimination between national economies. »[77]

L'intégration économique se fait idéalement en deux phases : une phase d'intégration négative, consistant en la suppression des discriminations, traitements préférentiels, entraves au commerce et à la libre circulation sont

---

[70] Jean LAMARQUE, Olivier NÉGRIN & Ludovic AYRAULT, *Droit fiscal général*, Paris, LexisNexis, coll. Manuel, 4e éd., 2016, p. 364.
[71] V. article 34 TFUE (ex-article 28 TCE) et suivants.
[72] V. article 45 TFUE (ex-article 39 TCE) et suivants.
[73] V. article 49 TFUE (ex-article 43 TCE) et suivants.
[74] V. article 56 TFUE (ex-article 49 TCE) et suivants.
[75] V. article 63 TFUE (ex-article 56 TCE) et suivants ; sur la portée fiscale de ces libertés, v. Jean LAMARQUE, Olivier NÉGRIN & Ludovic AYRAULT, *Droit fiscal général*, Paris, LexisNexis, coll. Manuel, 4e éd., 2016, pp. 364-397.
[76] V. Alexandre MAITROT DE LA MOTTE, *Droit fiscal de l'Union européenne*, Bruxelles, Bruylant, coll. Droit de l'Union européenne, Traités, 3e éd., 2022, pp. 57 *sqq*.
[77] Béla A. BALASSA, *The Theory of Economic Integration*, London, George Allen & Unwin Ltd, 1961, p. 1.

supprimées ; puis une phase d'intégration positive consistant en l'adoption de standards positifs définis en commun[78].

En un sens, l'intégration économique correspond au processus de neutralisation des effets de la fiscalité (entre autres) entre des États. Plus précisément, l'intégration économique induit, à un certain niveau, une forme de neutralité fiscale.

107. **Neutralité et intégration négative.** L'intégration négative consiste, juridiquement, en « l'instauration d'interdictions et d'obligations de ne pas faire »[79]. En matière de fiscalité directe, l'Union européenne ne dispose de fait d'aucune compétence explicite, mais encadre néanmoins les législations des États membres d'interdits. Ainsi que le formule la Cour de justice, par exemple en matière d'impôt sur le revenu :

> « [L]e droit communautaire ne contient aucune exigence spécifique quant à la manière dont l'État de résidence est tenu de prendre en compte la situation personnelle et familiale d'un travailleur salarié qui, au cours d'un exercice fiscal déterminé, a perçu des revenus dans cet État et dans un autre État membre, pour autant que les conditions de prise en compte par l'État de résidence de ladite situation ne constituent pas une discrimination, directe ou indirecte, fondée sur la nationalité, ni une entrave à l'exercice d'une liberté fondamentale garantie par le traité. »[80]

Concrètement, l'intégration négative s'opère par l'élimination des entraves fiscales aux libertés de circulation et par l'élimination des aides d'État sous forme fiscale[81].

Ces interdits, ces obligations de ne pas faire, forment pour le professeur MAITROT DE LA MOTTE le « droit européen de la fiscalité », par opposition au « droit de la fiscalité européenne » – composé d'obligations de faire, participant quant à elles d'un processus d'intégration positive[82].

108. **Trois interdits.** L'intégration négative des fiscalités nationales procède de trois interdits. Ainsi, le droit primaire de l'Union, à travers les

---

[78] Alexandre MAITROT DE LA MOTTE, *Droit fiscal de l'Union européenne*, Bruxelles, Bruylant, coll. Droit de l'Union européenne, Traités, 3e éd., 2022, pp. 50-51.

[79] Alexandre MAITROT DE LA MOTTE, *Droit fiscal de l'Union européenne*, Bruxelles, Bruylant, coll. Droit de l'Union européenne, Traités, 3e éd., 2022, p. 52. Le professeur MAITROT DE LA MOTTE cite en ce sens la formule du professeur WATHELET (*in* Melchior WATHELET, « Direct taxation and EU law: integration or disintegration ? », *EC Tax Review*, vol. 13, n° 1, 2004, p. 2) :

> « There is therefore no obligation to do something, more precisely, no obligation to harmonize, but an obligation not to do. [...] »

[80] CJCE, 12 décembre 2002, aff. C-385/00, *F.W.L. de Groot contre Staatssecretaris van Financiën* (« *De Groot* »), *Rec.* p. I-11819, pt. 115.

[81] Benoît DELAUNAY, « Droit de l'Union européenne et politique fiscale », *Revue française de finances publiques*, n° 126, mai 2014, p. 51.

[82] Alexandre MAITROT DE LA MOTTE, *Droit fiscal de l'Union européenne*, Bruxelles, Bruylant, coll. Droit de l'Union européenne, Traités, 3e éd., 2022, p. 52.

traités fondateurs et l'interprétation qu'en fait la Cour de justice de l'Union européenne, prohibe les impositions ou techniques fiscales susceptibles de se substituer aux droits de douane, les atteintes aux libertés fondamentales posées par les traités – donnant à ces libertés une valeur fiscale qu'elles n'avaient pas *ab initio* – et enfin les aides d'État susceptible de fausser la concurrence au sein du marché unique – y compris les aides de nature fiscale.

109. **La prohibition des droits de douane déguisés.** En matière de fiscalité indirecte, le droit primaire prohibe explicitement les taxes d'effet équivalent à des droits de douane[83], les impositions intérieures discriminatoires ou protectrices[84], et les subventions fiscales aux exportations[85]. Ces interdictions tiennent de la formation de l'union douanière et du marché unique, à l'encontre desquels les législations nationales ne doivent pas s'opposer, y compris en matière fiscale. La formation de l'union douanière étant une étape clef de l'intégration économique européenne, en devenir dès le traité de Rome de 1957, la Cour de justice a été rapidement amenée à appliquer ces interdictions et en expliciter les modalités d'application – l'essentiel ayant été résolu dès les années 1980[86].

La neutralisation de toute alternative fiscale aux droits de douane portée par ces interdits procède d'une neutralité, tant à l'importation qu'à l'exportation – ou, selon le vocable au sein du territoire douanier de l'Union, d'une neutralité des acquisitions et des ventes intracommunautaires. Mais elle répond avant tout à un objectif d'effectivité des règles de l'Union douanière – qui serait vidée de sa substance en l'absence de ces interdictions. La

---

83 Article 30 TFUE (ex-article 25 TCE) :

« Les droits de douane à l'importation et à l'exportation ou taxes d'effet équivalent sont interdits entre les États membres. Cette interdiction s'applique également aux droits de douane à caractère fiscal. »

84 Article 110 TFUE (ex-article 90 TCE) :

« Aucun État membre ne frappe directement ou indirectement les produits des autres États membres d'impositions intérieures, de quelque nature qu'elles soient, supérieures à celles qui frappent directement ou indirectement les produits nationaux similaires.

« En outre, aucun État membre ne frappe les produits des autres États membres d'impositions intérieures de nature à protéger indirectement d'autres productions. »

85 Article 111 TFUE (ex-article 91 TCE) :

« Les produits exportés vers le territoire d'un des États membres ne peuvent bénéficier d'aucune ristourne d'impositions intérieures supérieure aux impositions dont ils ont été frappés directement ou indirectement. »

L'article 112 TFUE (ex-article 92 TCE) en est le pendant en matière de fiscalité directe :

« En ce qui concerne les impositions autres que les taxes sur le chiffre d'affaires, les droits d'accises et les autres impôts indirects, des exonérations et des remboursements à l'exportation vers les autres États membres ne peuvent être opérés, et des taxes de compensation à l'importation en provenance des États membres ne peuvent être établies, que pour autant que les mesures envisagées ont été préalablement approuvées pour une période limitée par le Conseil, sur proposition de la Commission. »

86 Alexandre MAITROT DE LA MOTTE, « L'application du droit de l'Union européenne en matière fiscale », *Titre VII*, n° 2, avril 2019, pp. 60-68.

libéralisation des échanges et la neutralité fiscalo-douanière des échanges de marchandises qui peut en résulter dans certains cas procède davantage du fond de la politique douanière de l'Union que de la neutralisation des alternatives fiscales aux droits de douane.

110. **L'extension prétorienne des libertés fondamentales.** L'intégration négative procède de l'application prétorienne du droit primaire de l'Union, c'est-à-dire des traités. La Cour de justice des Communautés européennes – devenue Cour de justice de l'Union européenne – en est le principal acteur.

Dans sa décision *Avoir fiscal* de 1986[87], la Cour de justice y applique pour la première fois[88] les libertés de circulation (en l'espèce, la liberté d'établissement des assurances) à la fiscalité directe nationale. La formule de l'arrêt *Schumacker*, en 1995, consacre les rapports entre droit communautaire et fiscalité directe :

> « [S]i, en l'état actuel du droit communautaire, la matière des impôts directs ne relève pas en tant que telle du domaine de la compétence de la Communauté, il n'en reste pas moins que les États membres doivent exercer leurs compétences retenues dans le respect du droit communautaire [...]. »[89]

C'est le principe même de l'intégration négative, neutralisant les obstacles aux libertés de circulation, que la Cour de justice applique en l'élargissant, au fur et à mesure de sa jurisprudence, à différents aspects de la fiscalité directe[90] : en matière de de déductions fiscales et crédits d'impôt pour les non-

---

[87] CJCE, 28 janvier 1986, aff. C-270/83, *Commission contre France* (« *Avoir fiscal* »), *Rec.* p. 273. V. not. pt. 24 :

> « [I]l y a lieu de constater que l'absence d'une harmonisation des dispositions législatives des États membres en matière d'impôt sur les sociétés ne peut pas justifier la différence de traitement en question. S'il est vrai qu'en l'absence d'une telle harmonisation la situation fiscale d'une société dépend du droit national qui lui est appliqué, l'article 52 du Traité CEE interdit à chaque État membre de prévoir dans sa législation, pour les personnes qui font usage de la liberté de s'y établir, des conditions d'exercice de leurs activités différentes de celles définies pour ses propres ressortissants. »

[88] « Comme si pendant trente ans, personne n'avait imaginé que l'on pût trouver un quelconque lien entre la fiscalité directe (qui n'est même pas citée en tant que telle dans les traités communautaires) et le droit européen », remarque Melchior WATHELET, dans son commentaire de la décision *Marks & Spencer*, *in* Michaël KARPENSCHIF & Cyril NOURISSAT (dir.), *Les grands arrêts de la jurisprudence de l'Union européenne*, Paris, Presses Universitaires de France, coll. Thémis, Droit, 4e éd., 2021, p. 333.

[89] CJCE, 14 février 1995, aff. C-279/93, *Finanzamt Köln Altstadt / Roland Schumacker* (« *Schumacker* »), *Rec.* p. I-225, pt. 21.

[90] Tels que listés (de manière non exhaustive) par Hanno KUBE, Ekkehart REIMER & Christoph SPENGEL, « Tax Policy: Trends in the Allocation of Powers Between the Union and Its Member States », *EC Tax Review*, vol. 25, nos 5-6, 2016, p. 253-254.

résidents (v. arrêts *Schumacker*[91], *Gerritse*[92] ou *Scorpio*[93]), en matière de transferts des pertes en présence de filiales (v. arrêt *Marks & Spencer*[94]) ou d'établissements stables (v. arrêt *Lidl Belgium*[95]), en matière de dividendes transfrontaliers (v. arrêts *Amurta*[96], *Haribo*[97] ou *Commission contre Allemagne*[98]), en matière d'*exit tax* (v. arrêts *Lasteyrie du Saillant*[99] ou *National Grid Indus*[100]), en matière de sociétés étrangères contrôlées (v. arrêts *Cadbury Schweppes*[101] ou *SGI*[102]), en matière d'intérêts d'emprunts d'actionnaires (v. arrêts *Lankhorst-Hohorst*[103]), ou encore en matière d'avoir fiscal (v. arrêts *Manninen*[104] ou *Meilicke*[105]).

111. **La prohibition des aides d'État de nature fiscale.** Dans un troisième mouvement, l'intégration négative vise à contrôler les aides d'État de nature fiscale. L'article 107 TFUE (ex-article 87 TCE) prohibe notamment les aides d'État incompatibles avec le marché intérieur[106].

---

[91] CJCE, 14 février 1995, aff. C-279/93, *Finanzamt Köln Altstadt / Roland Schumacker* (« *Schumacker* »), *Rec.* p. I-225.

[92] CJCE, 5e ch., 12 juin 2003, aff. C-234/01, *Arnoud Gerritse contre Finanzamt Neukölln-Nord* (« *Gerritse* »),*Rec.* p. I-5933.

[93] CJCE, gde ch., 3 octobre 2006, aff. C-290/04, *FKP Scorpio Konzertproduktionen GmbH contre Finanzamt Hamburg-Eimsbüttel* (« *Scorpio* »), *Rec.* p. I-9461.

[94] CJCE, gde ch., 13 décembre 2005, aff. C-446/03, *Marks & Spencer plc contre David Halsey (Her Majesty's Inspector of Taxes)*, (« *Marks & Spencer* »), *Rec.* p. I-10837.

[95] CJCE, 4e ch., 15 mai 2008, aff. C-414/06, *Lidl Belgium GmbH & Co. KG contre Finanzamt Heilbronn* (« *Lidl Belgium* »), *Rec.* p. I-3601.

[96] CJCE, 1re ch., 8 novembre 2007, aff. C-379/05, *Amurta SGPS contre Inspecteur van de Belastingdienst/Amsterdam* (« *Amurta* »), *Rec.* p. I-9569.

[97] CJUE, 3e ch., 10 février 2011, aff. C-436/08 et C-437/08, *Haribo Lakritzen Hans Riegel BetriebsgmbH et Österreichische Salinen AG contre Finanzamt Linz* (« *Haribo* »), *Rec.* p. I-305.

[98] CJUE, 1re ch., 20 octobre 2011, aff. C-284/09, *Commission contre Allemagne*, *Rec.* p. I-9879.

[99] CJCE, 5e ch., 11 mars 2004, aff. C-9/02, *Hughes de Lasteyrie du Saillant contre Ministère de l'Économie, des Finances et de l'Industrie* (« *Lasteyrie du Saillant* »), *Rec.* p. I-2409.

[100] CJUE, gde ch., 29 novembre 2011, aff. C-371/10, *National Grid Indus BV contre Inspecteur van de Belastingdienst Rijnmond/kantoor Rotterdam* (« *National Grid Indus* »), *Rec.* p. I-12273.

[101] CJCE, gde ch., 12 septembre 2006, aff. C-196/04, *Cadbury Schweppes plc et Cadbury Schweppes Overseas Ltd contre Commissioners of Inland Revenue* (« *Cadbury Schweppes* »), *Rec.* p. I-7995.

[102] CJUE, 3e ch., 21 janvier 2010, aff. C-311/08, *Société de Gestion Industrielle (SGI) contre État belge* (« *SGI* »), *Rec.* p. I-487.

[103] CJCE, 5e ch., 12 décembre 2002, aff. C-324/00, *Lankhorst-Hohorst GmbH contre Finanzamt Steinfurt* (« *Lankhorst-Hohorst* »), *Rec.* p. I-11779.

[104] CJCE, gde ch., 7 septembre 2004, aff. C-319/02, *Petri Manninen*, *Rec.* p. I-7477.

[105] CJCE, gde ch., 6 mars 2007, aff. C-292/04, *Wienand Meilicke, Heidi Christa Weyde et Marina Stöffler contre Finanzamt Bonn-Innenstadt* (« *Meilicke* »), *Rec.* p. I-1835.

[106] Article 107 TFUE (ex-article 87 TCE), §1. :

> « Sauf dérogations prévues par les traités, sont incompatibles avec le marché intérieur, dans la mesure où elles affectent les échanges entre États membres, les aides accordées par les États ou au moyen de ressources d'État sous quelque forme que ce soit qui faussent ou qui menacent de fausser la concurrence en favorisant certaines entreprises ou certaines productions. »

Les aides d'État sont néanmoins envisageables de manière exceptionnelle, lorsque l'équilibre du marché est menacé, comme cela fut le cas lors de la crise du Covid-19 : v. en ce sens Julien DEFLINE,

Les avantages fiscaux accordés par les États sous forme de dépenses fiscales sont susceptibles de rentrer dans la catégorie de ces aides « sous quelque forme que ce soit ». La Commission procède ainsi, en vertu de l'article 108 TFUE (ex-article 88 TCE), à un « examen permanent des régimes d'aides » existantes ou nouvelles pour en assurer la compatibilité au marché intérieur[107]. L'article 109 TFUE (ex-article 89 TCE) donne compétence au Conseil pour établir les conditions d'application des articles précédents et leurs exceptions.

Ce mécanisme de contrôle des aides d'État sert notamment à la Commission, en matière fiscale, à lutter contre la concurrence fiscale dommageable entre États[108] – de manière accrue depuis la crise de 2008[109]. La prohibition des aides d'État participe ainsi directement à la neutralité tant entre les contribuables qu'entre les États.

La prohibition des aides d'État, en ce qu'elle contraint les législations nationales susceptibles d'être qualifiées d'aides d'État à travers un double mécanisme de contrôle *a priori* et de recours *a posteriori*, constitue une forme avancée d'intégration négative. Or il apparaît que cette intégration négative « restera nécessaire tant que l'intégration positive des droits fiscaux nationaux ne sera pas achevée »[110].

§ 2 : La neutralité dans l'intégration positive des fiscalités nationales

112. **Les modes d'intégration positive.** Le professeur MAITROT DE LA MOTTE présente ainsi l'intégration positive des fiscalités nationales :

> « [L]'intégration positive repose sur l'instauration d'un système institutionnel d'encadrement des politiques ou actions communes,

---

« Une remise en cause des contraintes européennes par la crise ? Entre capacité d'adaptation et imperfections », *Gestion & Finances publiques*, 2021/3, n° 3, pp. 29-35.

[107] Sur la prohibition des aides d'État de nature fiscale, v. not. Alexandre MAITROT DE LA MOTTE, *Droit fiscal de l'Union européenne*, Bruxelles, Bruylant, coll. Droit de l'Union européenne, Traités, 3e éd., 2022, pp. 279-389. Pour une analyse dédiée, v. Ioanna PAPADAMAKI, *Les aides d'État de nature fiscale en droit de l'Union européenne*, Bruxelles, Bruylant, coll. Droit de l'Union européenne, Thèses, 2018, 539 p.

[108] Comme le relève elle-même la Commission, à la suite de l'adoption du Code de conduite pour lutter contre la concurrence fiscale dommageable, *in* Communication de la Commission sur l'application des règles relatives aux aides d'État aux mesures relevant de la fiscalité directe des entreprises, *JOCE*, C 384 du 10 décembre 1998, p. 3 :

> « Les dispositions du traité en matière d'aides d'État avec leur mécanisme propre, contribueront également de leur côté à l'objectif de lutte contre la concurrence fiscale dommageable. »

[109] Stefania GIANONCELLI, « Un marché libre et non faussé par la concurrence fiscale », *Revue européenne et internationale de droit fiscal*, n° 2019/4, p. 449.

[110] Alexandre MAITROT DE LA MOTTE, « L'application du droit de l'Union européenne en matière fiscale », *Titre VII*, n° 2, avril 2019, pp. 60-68.

> l'objectif étant de permettre à des économies intégrées de fonctionner selon des conditions égales. »[111]

À l'inverse de l'intégration négative, l'intégration positive suppose des « obligations de faire »[112]. Elle ne peut pas être d'origine prétorienne : « la Cour de justice, non plus qu'aucune autre juridiction, ne saurait mettre la moindre obligation de faire à la charge des États membres »[113]. C'est en ce sens que la Cour de justice refuse de sanctionner l'absence d'élimination des doubles impositions par les législations nationales[114], ou de contraindre les États au respect d'une clause de la nation la plus favorisée en matière fiscale sur le fondement des libertés de circulation[115].

L'intégration positive relève de la compétence du législateur européen : le TFUE confie ainsi au Conseil l'harmonisation des législations relatives aux impositions indirectes, toujours aux fins d'assurer le fonctionnement du marché unique[116]. En outre, le chapitre 3 du titre VII de la première partie du TFUE[117] prévoit un « rapprochement des législations », applicable à la fiscalité directe. Ces mesures d'harmonisation requièrent toutefois, en matière fiscale, une procédure législative spéciale reposant sur le principe d'unanimité du Conseil[118]. Ce principe d'unanimité est le principal obstacle à la mise en place d'une harmonisation complète au sein de l'ordre juridique commun : si

---

111 Alexandre MAITROT DE LA MOTTE, *Droit fiscal de l'Union européenne*, Bruxelles, Bruylant, coll. Droit de l'Union européenne, Traités, 3e éd., 2022, p. 52.

112 Alexandre MAITROT DE LA MOTTE, « L'avenir de l'Europe fiscale : Présentation du dossier », *Droit fiscal* n° 6, 11 février 2021, ét. 137.

113 Alexandre MAITROT DE LA MOTTE, *Droit fiscal de l'Union européenne*, Bruxelles, Bruylant, coll. Droit de l'Union européenne, Traités, 3e éd., 2022, p. 385.

114 V. not. CJCE, gde ch., 14 novembre 2006, aff. C-513/04, *Mark Kerckhaert et Bernadette Morres contre État belge*, (« *Kerckhaert et Morres* »), *Rec.* p. I-10967 ; dans ses conclusions sur l'affaire, l'avocat général GEELHOED rappelle « que les règles du traité relatives à la libre circulation n'obligent pas, en tant que telles, les États membres à alléger la double imposition juridique induite par la scission de l'assiette d'imposition entre deux États membres » (pt. 30).

115 Ainsi posé par deux arrêts de grande chambre : CJCE, gde ch., 5 juillet 2005, aff. C-376/03, *D. contre Inspecteur van de Belastingdienst/Particulieren/Ondernemingen buitenland te Heerlen* (« *D.* »), *Rec.* P. I-5821 ; et CJCE, gde ch., 12 décembre 2006, aff. C-374/04, *Test Claimants in Class IV of the ACT Group Litigation contre Commissioners of Inland Revenue* (« *ACT* »), Rec. p. I-11673. Cette jurisprudence a été régulièrement confirmée; v. not. Louis NAYBERG, « Refus de reconnaissance d'une clause de la nation la plus favorisée : la CJUE persiste et signe », *Droit fiscal* n° 39, 29 septembre 2016, act. 543.

116 Article 113 TFUE (ex-article 93 TCE) :

> « Le Conseil, statuant à l'unanimité conformément à une procédure législative spéciale, et après consultation du Parlement européen et du Comité économique et social, arrête les dispositions touchant à l'harmonisation des législations relatives aux taxes sur le chiffre d'affaires, aux droits d'accises et autres impôts indirects dans la mesure où cette harmonisation est nécessaire pour assurer l'établissement et le fonctionnement du marché intérieur et éviter les distorsions de concurrence. »

117 Articles 114 à 118 TFUE (ex-articles 94 à 97 TCE).

118 V. article 113 et article 115 TFUE, l'article 114 TFUE §2 excluant de la procédure législative ordinaire – entre autres – les dispositions fiscales.

la fiscalité indirecte, en particulier la TVA, bénéficie d'une harmonisation avancée, celle en matière de la fiscalité directe reste à ce jour « embryonnaire »[119], bien qu'elle tende à se développer ces dernières années.

Pour pallier cette difficulté d'harmonisation, d'autres procédés d'intégration positive ont été mis en œuvre, notamment relatifs à l'élimination des doubles impositions et à la coopération fiscale.

113. **L'hypothèse d'une neutralité positive.** Si la notion d'intégration positive peut sembler s'écarter de la notion de neutralité, elle s'inscrit toutefois dans la continuité de l'intégration négative : elle en transcrit de fait les exigences dans la fiscalité, garantissant que les fiscalités nationales respectent les interdits communautaires en participant directement à leur création. L'harmonisation et la coopération fiscales porteraient ainsi une forme de « neutralité positive ». À la lecture de l'intégration négative et de l'intégration positive, d'aucuns considèrent que la « fonction de la gouvernance fiscale au sein de l'Union européenne est d'assurer la plus grande neutralité possible des systèmes fiscaux nationaux sur le processus d'"unité du marché" »[120].

Force est de constater que cette neutralité à l'égard du marché renvoie à une réalité plurielle, constituée de principes juridiques distincts plus ou moins aboutis[121]. L'unité de la neutralité, et *a fortiori* sa qualification de principe, sont dès lors sujettes à caution[122].

114. **Les neutralités dans l'harmonisation de la TVA.** L'harmonisation des impositions indirectes, frappant la consommation, était une condition indispensable à la réalisation du marché unique. Elle a été mise en place progressivement, en particulier en matière de TVA[123], au moyen des directives. L'harmonisation est amorcée par la première directive du Conseil n° 67/227/CEE, du 11 avril 1967, en matière d'harmonisation des législations

---

[119] Alexandre Maitrot de la Motte, « L'avenir de l'Europe fiscale : Présentation du dossier », *Droit fiscal* n° 6, 11 février 2021, ét. 137.

[120] Fabrice Pezet, « Au nom du marché : une gouvernance fiscale européenne partagée ? », *Revue européenne et internationale de droit fiscal*, n° 2019/4, p. 439.

[121] De fait, l'intégration des fiscalités nationales est un processus progressif, inachevé, et fait notamment l'objet de résistances ; v. Thierry Lambert, « Droit fiscal de l'Union européenne : les occasions manquées », *Revue européenne et internationale de droit fiscal*, n° 2019/4, p. 486 :

> « L'intégration, négative ou positive, peut parfois prendre plusieurs décennies avant qu'elle ne produise des effets. Elle est faite de "petits pas", de renoncements, parfois d'une évolution incrémentale de la législation des États qui pour des raisons, qui ne sont pas toutes fiscales, résistent. »

[122] En outre, « [s]i la TVA est neutre pour ses assujettis [...] elle ne l'est pas pour le consommateur final » (Antoine Magnant, « La neutralité de la TVA : Propos introductifs », *Revue française de finances publiques*, nov. 2014, n° 128, p. 47).

[123] Sur l'« invention » de la TVA, v. not. le témoignage de Maurice Lauré, « Petite histoire de la naissance de la TVA » (1984), *La Jaune et la Rouge*, août/septembre 2001, pp. 7-11 ; bien que le rôle de Maurice Lauré puisse être discuté, v. Damien Falco, « Une nouvelle légende fiscale : la TVA de Maurice Lauré », *Gestion & Finances publiques*, 2021/1, n° 1, pp. 22-28.

des États membres relatives aux taxes sur le chiffre d'affaires[124], qui prévoit notamment que les « États membres remplacent leur système actuel de taxes sur le chiffre d'affaires par le système commun de taxe sur la valeur ajoutée » (article premier)[125].

L'adoption du système commun de TVA permet de remplacer les systèmes de taxes cumulatives à cascade[126] sur la consommation. Le droit de la TVA est largement régi par le droit européen, notamment par les directives successives y afférentes[127].

Pour le professeur BERLIN, l'harmonisation du système commun de taxe sur la valeur ajoutée poursuit un double objectif, à travers deux acceptions de la neutralité fiscale[128] : la TVA tend à la neutralité « non seulement sur un plan fiscal pour les entreprises mais également sur un plan financier pour les États »[129].

115. **La neutralité fiscale de la TVA.** La neutralité fiscale à l'égard des entreprises est une caractéristique fondamentale de la TVA par rapport à d'autres taxes sur le chiffre d'affaires : en tant qu'impôt de consommation, la charge de la TVA repose sur le consommateur final et doit être neutre à l'égard de toutes les entreprises participant au processus de production et de distribution – neutre à l'égard du nombre d'entreprises (d'intermédiaires), neutre à l'égard du type d'entreprise.

---

[124] *JOCE* du 14 avril 1967, pp. 1301-1303. L'aspect pratique du système commun de taxe sur la valeur ajoutée est prévu par la deuxième directive du Conseil n° 67/228/CEE, du même jour, en matière d'harmonisation des législations des États membres relatives aux taxes sur le chiffre d'affaires – Structure et modalités d'application du système commun de taxe sur la valeur ajoutée, *JOCE* du 14 avril 1967, pp. 1303-1312.

[125] Cette TVA communautaire, inspirée du système français, voit son principe énoncé à l'article 2 :

« Le principe du système commun de taxe sur la valeur ajoutée, est d'appliquer aux biens et aux services un impôt général sur la consommation exactement proportionnel au prix des biens et des services, quel que soit le nombre des transactions intervenues dans le processus de production et de distribution antérieur au stade d'imposition.

« À chaque transaction, la taxe sur la valeur ajoutée, calculée sur le prix du bien ou du service au taux applicable à ce bien ou à ce service, est exigible déduction faite du montant de la taxe sur la valeur ajoutée qui a grevé directement le coût des divers éléments constitutifs du prix. [...] »

[126] V. Dominique BERLIN, *Politique fiscale*, vol. 1, Bruxelles, Éditions de l'Université de Bruxelles, Institut d'études européennes, 3e éd. m-à-j., 2012, p. 110.

[127] Notamment la sixième directive du Conseil n° 77/388/CEE, du 17 mai 1977, en matière d'harmonisation des législations des États membres relatives aux taxes sur le chiffre d'affaires – Système commun de taxe sur la valeur ajoutée : assiette uniforme, *JOCE* n° L 145 du 13 juin 1977, pp. 1-40, remplacée par la directive du Conseil n° 2006/112/CE du 28 novembre 2006, relative au système commun de taxe sur la valeur ajoutée, *JOUE* L 347 du 11 décembre 2006, pp. 1-118. Cette dernière directive forme le socle du droit actuel de la TVA communautaire, mais a été régulièrement amendée – v. par ex. directive du Conseil n° 2008/8/CE, du 12 février 2008, modifiant la directive 2006/112/CE en ce qui concerne le lieu des prestations de services, *JOUE* L 44 du 20 février 2008, pp. 11-22.

[128] Dominique BERLIN, *Politique fiscale*, vol. 1, Bruxelles, Éditions de l'Université de Bruxelles, Institut d'études européennes, 3e éd. m-à-j., 2012, pp. 111-121.

[129] *Ibid.*, p. 120.

Pour ce faire, l'impôt ouvre droit à déduction de l'impôt acquitté au stade antérieur[130]. Ainsi la TVA s'assoit sur le chiffre d'affaires – le prix de vente – mais, par l'exercice du droit à déduction, les entreprises ne s'acquittent que de l'impôt dû pour la part de valeur ajoutée par elles. En outre, l'imposition étant due proportionnellement au prix de vente, c'est ce dernier qu'elle grève *in fine*, et donc le consommateur final qui en supporte le coût – quel qu'en soit le taux fixé par l'État – de sorte que la TVA serait non seulement neutre juridiquement (par le droit à déduction), mais également neutre économiquement à l'égard des entreprises qui n'en supportent théoriquement pas la charge finale.

> « Cette "parfaite neutralité" de la TVA à l'égard des entreprises est néanmoins peu crédible au regard du marché et de la pratique. D'un point de vue économique en effet, comme le remarque le professeur BERLIN, il est peu probable qu'une modification (à la hausse comme à la baisse) des taux de TVA se retrouve intégralement dans le prix final des biens et des services visés. En cas d'augmentation des taux, "les opérateurs [...] ne pourront intégralement répercuter la hausse de TVA que si le marché le permet, i.e. si la demande est suffisamment inélastique pour supporter cette hausse sans se reporter sur des produits ou services de substitution, voire pour ne pas renoncer à la consommation"[131]. Et à l'inverse, en cas de baisse des taux, comme cela a pu avoir lieu en 2009 en matière de TVA sur la restauration[132], "si le marché le

[130] La doctrine administrative française explicite l'objectif de neutralité fiscale (et économique) visé par le droit à déduction de la TVA (BOI-TVA-DED-10-10, n° 1, 12 septembre 2012) :

« Le système de TVA prévoit que sont soumises à la taxe les opérations réalisées à chacun des stades de la production et de la distribution des biens et services, et le droit à déduction permet l'effacement de cette imposition chez tout acheteur qui utilise ces biens et services pour les besoins d'opérations également imposables.

« L'exercice par les redevables du droit à déduction de la taxe qui a grevé les éléments du prix de leurs opérations imposables constitue ainsi l'un des mécanismes essentiels de la TVA. Il permet, en effet :

« – de concilier le principe du paiement fractionné de la taxe avec son caractère d'impôt unique assis sur le prix final à la consommation des biens et services ;

« – d'atteindre l'objectif de neutralité fiscale et économique qui s'attache à la TVA.

« En effet, autoriser l'opérateur redevable d'aval à effectuer la déduction ou à obtenir le remboursement de la taxe acquittée au Trésor par l'opérateur d'amont aboutit à ce que le prix des biens et services au stade de la consommation finale ne supporte qu'une seule fois la taxe. »

[131] Dominique BERLIN, *Politique fiscale*, vol. 1, Bruxelles, Éditions de l'Université de Bruxelles, Institut d'études européennes, 3e éd. m-à-j., 2012, p. 113.

[132] Au 1er juillet 2009, le taux de TVA sur la restauration est passé de 19,6 % à 5,5 %. Cette baisse a été absorbée en majorité par les opérateurs économiques, la réduction de prélèvement ne se retrouvant qu'à environ 20 % dans le prix final ; v. Quentin LAFFÉTER & Patrick SILLARD, *L'addition est-elle moins salée ? La réponse des prix à la baisse de TVA dans la restauration en France*, INSEE, Documents de travail, n° F1404, 5 juin 2014, not. p. 1 : « Les résultats obtenus font état d'une baisse

permet, il n'y a aucune raison économique pour que les fournisseurs baissent leurs prix d'un même pourcentage que la baisse de la TVA" »[133].

La condition de plasticité du marché peut être poussée davantage en considérant que si une augmentation ou une diminution de la variation de TVA imposée était permise par le marché, les opérateurs l'auraient déjà absorbée : si le marché permettait une hausse des prix, alors les fournisseurs auraient augmenté leurs prix afin de maximiser leur profit. Dans cette hypothèse, les variations de TVA seront toujours, en partie au moins, absorbées, en bien ou en mal, par les opérateurs économiques[134].

Partant, la neutralité fiscale à l'égard des entreprises reste économiquement impossible.

116. **La neutralité de la TVA comme technique juridique.** Juridiquement, la neutralité fiscale de la TVA peut constituer un véritable principe contraignant, régulièrement invoqué par la Cour de justice[135] selon une formule consacrée :

> « [L]e régime des déductions vise à soulager entièrement l'entrepreneur du poids de la TVA due ou acquittée dans le cadre de toutes ses activités économiques. Le système commun de taxe sur la valeur ajoutée garantit, par conséquent, la parfaite neutralité quant à la charge fiscale de toutes les activités économiques, quels que soient les buts ou les résultats de ces activités, à condition que lesdites activités soient elles-mêmes soumises à la TVA. »[136]

Ainsi présenté, toutefois, le principe de neutralité semble se confondre pleinement avec le droit à déduction, « principe fondamental inhérent au système de TVA »[137]. C'est le droit à déduction qui « garantit la neutralité » de la TVA[138], et les atteintes à la neutralité sont appréhendées juridiquement à travers les dispositions relatives au droit à déduction. En ce sens, le principe de neutralité

---

moyenne des prix de l'ensemble des produits de la classe *restauration et cafés* de 2,1 % à court terme et de 2,4 % à long terme, du fait de la baisse de la TVA (effet moyen du traitement), alors que la baisse résultant d'une répercussion intégrale de la baisse de TVA aurait été de 9,8 % dans notre base de données. »

[133] Dominique BERLIN, *Politique fiscale*, vol. 1, *op. cit.*, p. 114.

[134] *Ibid.* pp. 113-114.

[135] V. Yolande SÉRANDOUR, « Déductions. – Principes généraux », *JurisClasseur Fiscal Chiffre d'affaires*, Fasc. 2025-10, 6 juillet 2015, § 35.

[136] CJCE, 9e ch., 14 février 1985, aff. C-268/83, *D.A. Rompelman et E.A. Rompelman-Van Deelen contre Minister van Financiën* (« *Rompelman* »), *Rec.* p. I-655, pt. 19.

[137] CJCE, 5e ch., 8 janvier 2002, aff. C-409/99, *Metropol Treuhand Wirtschaftstreuhand GmbH et Mickael Stadler contre Finanzlandesdirektion für Vorarlberg, Rec.* p. I-81, pt. 42. V. encore Yolande SÉRANDOUR, « Déductions. – Principes généraux », *JurisClasseur Fiscal Chiffre d'affaires*, Fasc. 2025-10, 6 juillet 2015, § 35.

[138] CJCE, 5e ch., 8 janvier 2002, aff. C-409/99, *Metropol Treuhand Wirtschaftstreuhand GmbH et Mickael Stadler contre Finanzlandesdirektion für Vorarlberg, Rec.* p. I-81, pt. 59.

fiscale constitue davantage une composante certes fondamentale mais technique de la TVA et n'en constitue pas l'objectif premier.

117. **Un objectif de neutralité fiscale insuffisant.** La neutralité fiscale à l'égard des entreprises correspond à une neutralité recherchée de la fiscalité dans la concurrence entre entreprises. Elle ne suffit pas à elle seule à expliquer la mise en place du système commun de TVA. Comme le remarque le professeur BERLIN, l'intérêt du marché commun aurait sans doute été aussi bien préservé par une harmonisation moins poussée, en harmonisant le principe ou les caractéristiques principales des taxes sur le chiffre d'affaires. Une harmonisation minimale aurait d'ailleurs été davantage conforme à l'esprit de l'acte juridique privilégié pour cette harmonisation : la directive. En vertu de l'article 288 TFUE (ex-article 249 TCE), celle-ci « lie tout État membre destinataire quant au résultat à atteindre, tout en laissant aux instances nationales la compétence quant à la forme et aux moyens » (al. 3) ; l'harmonisation communautaire aurait ainsi pu fixer un résultat à atteindre, en l'occurrence la neutralité fiscale à l'égard des entreprises, et laisser aux États le soin de déterminer les moyens appropriés à leurs situations respectives[139].

L'harmonisation par la mise en place du système commun de TVA n'a donc pas pour seul objectif la neutralité fiscale ; elle poursuit également un objectif financier, budgétaire, pour les États comme pour l'Union.

118. **La neutralité financière de la TVA.** En 1970, le Conseil décida qu'« [à] partir du 1er janvier 1975, le budget des Communautés est, sans préjudice des autres recettes, intégralement financé par des ressources propres aux Communautés »[140]. Ces ressources propres comprennent alors, en plus des droits de douane et des prélèvements agricoles, « celles provenant de la taxe à la valeur ajoutée et obtenues par l'application d'un taux qui ne peut dépasser 1 % à une assiette déterminée d'une manière uniforme pour les États membres, selon des règles communautaires »[141]. La « ressource TVA » ne constitue pas une ressource fiscale de l'Union[142] – en l'état, il ne s'agit que d'une contribution versée par les États membres déterminée forfaitairement par un taux actuellement de 0,30 % sur une assiette théorique de TVA, déterminée par les règles communautaires[143]. La

---

139 Dominique BERLIN, *Politique fiscale*, vol. 1, *op. cit.* p. 114.

140 Décision n° 70/243/CECA, CEE, EURATOM du Conseil, du 21 avril 1970, relative au remplacement des contributions financières des États membres par des ressources propres aux Communautés, *JOCE* n° L 94 du 28 avril 1970, pp. 19-22, art. 4, 1., al. 1.

141 *Ibid.*, art. 4, 1., al. 2.

142 Marie HEMERY, « L'inclusion difficile mais envisagée de la fiscalité dans le financement du budget européen : le plan de relance ultime impulsion vers la création d'un impôt européen ? », *Droit fiscal* n° 6, 11 février 2021, ét. 141.

143 V. Directive n° 2006/112/CE du Conseil, du 28 novembre 2006, relative au système commun de taxe sur la valeur ajoutée, *JOUE* n° L 347 du 11 décembre 2006, pp. 1-118 ; et Règlement (CEE, Euratom) n° 1553/89 du Conseil, du 29 mai 1989, concernant le régime uniforme définitif de perception des ressources propres provenant de la taxe sur la valeur ajoutée, *JOCE* n° L 155 du 7 juin 1989, pp. 9-13.

mise en place de cette ressource supposait néanmoins l'édiction de telles règles communautaires, et si l'assiette de la « ressource TVA » diffère encore de l'assiette réelle de la TVA appliquée, elle en a néanmoins favorisé l'harmonisation[144]. La définition d'une assiette uniforme de TVA poursuit alors un objectif de neutralité entre les États dans la détermination de leur contribution, laquelle est fonction de leur richesse théorique, évaluée par le truchement de l'assiette commune de TVA.

En outre, la réalisation du marché commun, puis du marché unique, ont poussé à appréhender l'hétérogénéité des impositions indirectes sur la consommation en général et de la TVA en particulier comme constitutive de « frontières fiscales » qui, après les frontières douanières, devaient être éliminées[145]. Or « [s]upprimer la frontière fiscale revient à remettre en cause les rentrées fiscales de certains États qui étaient [auparavant] garanties par la perception de l'impôt sur l'opération d'importation »[146]. Il fallait que le législateur européen développe une harmonisation poussée du système de TVA pour assurer la compatibilité des règles nationales entre elles et pour neutraliser les conséquences de la suppression de frontières fiscales : plusieurs mécanismes du système commun de TVA participent à cette neutralisation, comme la déductibilité immédiate, l'encadrement des taux, l'interdiction d'autres taxes sur le chiffre d'affaires, etc.

Dans ces conditions, la neutralité financière de la TVA n'est pas l'objectif de l'harmonisation mais un palliatif aux effets négatifs de cette dernière. Cette neutralité n'est pas le but de l'harmonisation mais un moyen nécessaire.

119. **Les balbutiements d'une intégration positive de la fiscalité directe.** Dans une forme beaucoup moins développée qu'en matière de fiscalité indirecte, d'autres formes d'intégration positive des législations fiscales nationales – d'autres « obligations de faire » – ont été mises en place en matière de fiscalité directe.

S'agissant de la double imposition notamment, l'article 293 du TCE (ex-article 220 TCEE) prévoyait que « [l]es États membres engageront entre eux, en tant que de besoin, des négociations en vue d'assurer, en faveur de leurs ressortissants : [...] l'élimination de la double imposition à l'intérieur de la Communauté [...] ». La Cour de justice, à plusieurs occasions, a jugé que cet article n'avait « pas d'effet direct »[147], les États étant simplement encouragés à

---

144 Dominique BERLIN, *Politique fiscale*, vol. 1, *op. cit.*, pp. 115-117.

145 Dans cette dynamique, le professeur BERLIN voit dans le passage, le 1er janvier 1993, entre le marché commun et le marché unique, prévu par l'Acte unique européen, un « saut qualitatif », considérant que « le marché commun commandait simplement l'élimination des obstacles à la libre circulation des produits, alors que le marché unique passait, comme son nom l'indique, par la création d'un espace unique, à l'image d'un marché intérieur où les frontières n'ont plus de place » (Dominique BERLIN, *Politique fiscale*, vol. 1, *op. cit.*, p. 119).

146 Dominique BERLIN, *Politique fiscale*, vol. 1, *op. cit.*, p. 120.

147 CJCE, 12 mai 1998, aff. C-336/96, *Époux Robert Gilly contre Directeur des services fiscaux du Bas-Rhin* (« *Gilly* »), *ECR* p. I-2793, pt. 17. La Cour saisie sur le premier tiret de ce même article

négocier des conventions entre eux pour résoudre les situations de double imposition. Celles-ci sont en réalité résolues par le réseau de conventions bilatérales entre les États membres, sur la base du modèle conventionnel de l'OCDE. Cette disposition du TCE favorisant la négociation conventionnelle, et ne donnant un cadre que peu efficace à une négociation multilatérale au sein de l'Union[148], s'opposait à la logique d'harmonisation par le truchement de la législation européenne. Elle a été abandonnée dans le TFUE, laissant en théorie la place à l'harmonisation par directives. Du fait de la règle de l'unanimité, cette harmonisation peine toujours à s'accomplir[149].

Par ailleurs, le législateur européen a, dès les années 1970, posé des règles de coopération administrative en matière fiscale. Elles portent sur l'assistance au renseignement en matière de fiscalité directe[150], et sur le recouvrement des droits de douane et des prélèvements agricoles[151]. Cette assistance, en matière de renseignement et de recouvrement, a été approfondie par la suite[152]. Néanmoins ces éléments d'harmonisation restent ponctuels, et s'ils participent à neutraliser certains artéfacts liés à l'unification du marché, ils ne peuvent en tant que tels qualifier un objectif général de neutralité.

(alors 220) avait déjà statué que celui-ci « n'a pas pour objet de poser une règle juridique opérante comme telle, mais se borne à tracer le cadre d'une négociation que les États membres engageront "en tant que besoin" » (CJCE, 11 juillet 1985, aff. C-137/84, *Ministère public contre Robert Heinrich Maria Mutsch* (« *Mutsch* »), *ECR* p. 2681, pt. 11).

[148] Seule la convention n° 90/436/CEE, du 23 juillet 1990, relative à l'élimination des doubles impositions en cas de correction des bénéfices d'entreprises associées (*JOCE* L 225 du 20 août 1990, pp. 10–24) a été adoptée sur ce fondement ; elle visait en particulier la définition d'une procédure amiable de résolution des différends en matière de prix de transferts, qui fut implémentée par certains États membres mais n'eut que peu d'incidence réelle, en raison du nombre réduit de procédures adoptées par les États concernés (Pietro Boria, *Taxation in European Union*, Cham, Springer, 2nd ed., 2017, p. 70).

[149] La directive (UE) n° 2017/1852 du Conseil, du 10 octobre 2017, concernant les mécanismes de règlement des différends fiscaux dans l'Union européenne (*JOUE* n° L 265 du 14 octobre 2017, p. 1) est venue compléter la convention n° 90/436/CEE, en étendant largement la portée des procédures de règlement des différends qu'elle prévoyait. Cette directive constitue bien « un pas important dans l'élimination de la double imposition » au sein de l'Union (Dominique Berlin, « Vers la fin de la double imposition ? », *La Semaine Juridique Édition Générale* n° 44-45, 30 octobre 2017, act. 1167). Mais cette harmonisation reste circonscrite au règlement des différends ; l'harmonisation de la fiscalité directe, notamment autour de la question de la double imposition, reste encore largement non harmonisée.

[150] Directive n° 77/799/CEE du Conseil, du 19 décembre 1977, concernant l'assistance mutuelle des autorités compétentes des États membres dans le domaine des impôts directs, *JO* L 336 du 27 décembre 1977, pp. 15-20.

[151] Directive n° 76/308/CEE du Conseil, du 15 mars 1976, concernant l'assistance mutuelle en matière de recouvrement des créances résultant d'opérations faisant partie du système de financement du Fonds européen d'orientation et de garantie agricole, ainsi que de prélèvements agricoles et de droits de douane, *JO* L 73 du 19 mars 1976, pp. 18-23.

[152] V. not. Dominique Berlin, « Synthèse – Droit fiscal de l'Union européenne », *JurisClasseur Europe Traité*, 31 décembre 2020, nos 50 et 51

Conclusion du chapitre

120. **L'absence d'objectif unifié de neutralité fiscale.** Il est ainsi démontré que la neutralité fiscale ne constitue pas un objectif général et unifié de la fiscalité internationale en générale, ni même de la fiscalité européenne en particulier. La neutralisation des effets internationaux sur la fiscalité n'est pas un objectif structurant du système fiscal international

D'un point de vue économique, la neutralité fiscale est nécessairement relative et ne peut être appréhendée de manière unifiée. Les différentes interprétations économiques invoquent régulièrement la neutralité, mais selon des approches irréconciliables. Bien que la neutralité soit invoquée de manière récurrente dans la littérature fiscale internationale, elle ne forme pas d'objectif global cohérent aux règles fiscales internationales, ni de principe juridique.

De prime abord, la tentative d'harmonisation fiscale européenne semble davantage reposer sur ce principe. Néanmoins, rapidement, les pratiques européennes se réduisent à des techniques juridiques éparses, visant à neutraliser les effets négatifs de l'harmonisation européenne et de l'unification du marché vis-à-vis des contribuables, des redevables et des États. Les intérêts visés étant nécessairement divergents, les moyens employés varient. Il n'est pas plus possible au sein de l'ordre fiscal européen d'identifier un objectif de neutralité unique et cohérent que dans l'ordre fiscal international.

Partant, il convient de rechercher un objectif du système fiscal international ailleurs que dans la neutralisation des effets négatifs du caractère international des situations fiscales.

Conclusion du titre

121. **L'absence d'objectif général de neutralité du système fiscal international.** Il convient de conclure que le système fiscal international n'a pas pour objectif fondamental la neutralité.

La neutralité se définissant négativement, comme l'évitement d'un effet indésirable, un système – international ou européen – ne peut se définir comme poursuivant prioritairement un tel objectif. S'il se définissait ainsi, il perdrait sa dynamique et sa substance. En effet, le meilleur moyen d'éviter que l'harmonisation européenne et le marché unique ne perturbent la neutralité fiscale, c'est de ne pas les réaliser ; le meilleur moyen d'éviter que le commerce international ne perturbe la concurrence, c'est de ne pas en faire.

Et c'est parce que la neutralité fiscale n'est pas l'objectif fondamental du système fiscal international, que celui-ci peut avoir une dynamique *positive*, et donc exister.

122. **L'absence de neutralité du système fiscal.** De manière générale, il est également important de considérer que le système fiscal international n'est pas neutre.

Les choix fiscaux ne sont jamais neutres, ni pour les États, ni pour les contribuables. Or le système fiscal international influence ces choix. Appréhender le droit fiscal international comme la seule neutralisation des effets indésirables de l'internationalité sur le droit fiscal revient à occulter les effets souvent mal appréhendés par le droit, mais bien réels, de ces règles internationales, des politiques qui les sous-tendent, et à sous-estimer les enjeux de leur édiction, de leur adoption et de leur mise en œuvre.

TITRE 2 :
La primauté de l'objectif fiscal

123. **Les effets positifs de l'impôt.** La neutralisation des effets *négatifs* de situations internationales sur l'impôt ne pouvant former un objectif cohérent du système fiscal international, il faut rechercher son but réel dans les effets *positifs* de l'impôt, c'est-à-dire dans la fonction même de l'impôt.

Le premier effet positif de l'impôt réside dans son effet budgétaire : l'impôt offre aux administrations publiques les principales ressources pour leur action. L'optimisation de cet effet, la maximisation du rendement, est un objectif systématique dans l'édification des règles fiscales. Il apparaît que le droit fiscal international, à l'instar du droit fiscal dans son ensemble, participe de cet *objectif de rendement budgétaire*, lequel est partagé par les États, et peut être mis en commun au sein du système fiscal international (**Chapitre 1 : L'objectif fondamental de rendement**).

L'objectif de rendement budgétaire, qu'il puisse paraître évident ou qu'il soit mal perçu par les contribuables, n'est que peu mis en avant par les acteurs du système fiscal international. Ces derniers préfèrent mettre en avant un *objectif de justice fiscale*, lequel justifie l'adoption de cadres normatifs tant au bénéfice des États que des contribuables (**Chapitre 2 : L'objectif dynamique de justice fiscale**).

Chapitre 1 : L'objectif fondamental de rendement budgétaire

124. **La fonction première de l'impôt.** Le système fiscal international a acquis une dimension positive en assimilant les objectifs de la fiscalité. Il convient en ce sens de rechercher son objectif fondamental dans les fonctions mêmes de l'impôt.

Or la première fonction de l'impôt est de subvenir aux besoins de l'État, ou plus largement de la collectivité. Ainsi, la première des quatre maximes posées par Adam SMITH sur les impôts en général considère :

> « Les sujets d'un État doivent contribuer au soutien du gouvernement, chacun le plus possible en proportion de ses facultés, c'est-à-dire en proportion du revenu dont il jouit sous la protection de l'État. »[1]

L'impôt est nécessaire « [p]our l'entretien de la force publique, et pour les dépenses d'administration »[2]. De manière très classique, l'impôt est régulièrement réduit à cette seule fonction financière, c'est-à-dire au revenu qu'il constitue pour l'État. S'il est reconnu aujourd'hui d'autres fonctions à l'impôt[3], sa « vocation financière »[4] – sa « fonction originelle »[5] – reste la plus évidente et la plus fondamentale. Tel est encore le sens de la formule consacrée, attribuée à Gaston JÈZE :

> « Il y a des dépenses, il faut les couvrir. »[6]

---

[1] Adam SMITH, *Recherche sur la nature et les causes de la richesse des nations*, 1776, Livre V, Chapitre 2.

[2] Déclaration des droits de l'Homme du citoyen, 1789, article 13.

[3] V. Partie 1 : Titre 2 : Chapitre 2 : L'objectif dynamique de justice fiscale, ci-dessous.

[4] Henry LAUFENBURGER, « Rôle et fonctions de l'impôt dans l'économie contemporaine », *Revue économique et sociale*, juillet 1959, vol. 17, n° 3, p. 241.

[5] Martin COLLET, *Droit fiscal*, Paris, PUF, coll. Thémis, 10e éd., 2022, p. 5.

[6] Attribué à Gaston JÈZE, *Cours élémentaire de science des finances et de législation financière française* (1931), Paris, Éditions la Mémoire du droit, coll. de la Faculté Jean Monnet, 2013, 432 p. ; sur cette attribution v. Matthieu CONAN, « Gaston Jèze et l'utilité de la dépense publique – l'élaboration d'une théorie générale des finances publiques », *La Revue du Trésor* 2008, n° 2, p. 159. V. Partie 1 : Titre 1 : Chapitre 1, note n° 5.

L'impôt n'est pas neutre : il peut, par le biais d'un interventionnisme fiscal, servir des politiques d'incitation ou de dissuasion[7], en matière économique, sociale ou environnementale, mais de par sa seule fonction de « pourvoyeur du Trésor »[8], il abonde en les finançant l'ensemble des politiques menées par les États.

Ces politiques sont diverses ; la recherche d'un rendement fiscal peut être motivée pour générer un socle de revenus minimal à l'État et assurer ainsi sa subsistance (**Section 1**), mais elle peut également aller au-delà, et supporter un vaste ensemble de politiques interventionnistes, pour faire face à des contingences diverses (**Section 2**). Dans un cas comme dans l'autre, cet objectif de rendement, pensé *a priori* au niveau de l'État, constitue pourtant un moteur de la coopération internationale, du système fiscal international.

Section 1 :
La couverture suffisante de l'instrument étatique

125. **Les besoins essentiels des États.** Les États ont parmi leurs besoins de financement une part incompressible qui, indépendamment de considérations politiques – sauf modèles étatiques spécifiques[9] –, devra être financée. La recherche et l'assurance d'un rendement fiscal permettent de garantir le financement de ces dépenses et, partant, la subsistance des États (**§ 1**) ; cette recherche du rendement *a minima* justifie déjà en tant que tel le développement d'une coopération entre États (**§ 2**) et anime le système fiscal *ab ovo*.

§ 1 : Le rendement pour la subsistance des États

126. **Efficacité et rendement fiscaux.** La préoccupation de l'efficacité fiscale est prégnante dans la doctrine fiscale internationale. L'efficacité fiscale est généralement abordée de manière consubstantielle à la neutralité fiscale[10].

---

[7] Le doyen Gilbert ORSONI en dressait notamment une carte détaillée en 1995 : Gilbert ORSONI, *L'interventionnisme fiscal*, Paris, PUF, coll. Fiscalité, 1995, 305 p.

[8] Selon la formule de René STOURM, v. § 44.

[9] V. Paul AMSELEK, « Peut-il y avoir un État sans finances ? », *Revue du droit public et de la science politique en France et à l'étranger*, 1983, n° 2, pp. 267-283. Le professeur AMSELEK considère néanmoins que « l'impôt n'est nullement inhérent à l'existence et au fonctionnement de l'État » (p. 273), ce que réfute notamment le professeur BUISSON pour qui « [l]'impôt est [...] bien un attribut nécessaire de l'État souverain » (Jacques BUISSON, « Impôt et souveraineté », *Archives de philosophie du droit*, n° 46, 2002, p. 28).

[10] Peter HONGLER, *Justice in International Tax Law*, Amsterdam, IBFD, 2019, pp. 416-417 :

> « The terms "efficiency" and "neutrality" are intertwined, as it is argued that to achieve an efficient tax system, the tax system should be neutral, and vice versa, that a neutral tax system leads to an efficient tax system. »

Mais cette dernière ne constituant pas en soi un objectif satisfaisant[11], il convient de redéfinir l'objectif d'efficacité de manière indépendante, comme l'optimisation du rendement fiscal.

Entendue au niveau de l'impôt, cette optimisation suppose une effectivité, c'est-à-dire l'application réelle de l'imposition, ainsi qu'une rentabilité, évaluée par le ratio entre le revenu tiré de l'imposition et les coûts que sa collecte suscite.

Étendue au niveau du système fiscal, cette optimisation suppose d'assurer la rentabilité de l'ensemble des impositions au regard de l'ensemble des coûts suscités, qu'ils soient financiers, économiques ou même sociaux. Dans ce dernier cas, les coûts peuvent théoriquement être considérés comme négatifs par la constitution d'un bénéfice sociétal dans le cadre d'une politique interventionniste[12].

L'efficacité fiscale au niveau du système n'est toutefois possible que s'il bénéficie déjà d'une rentabilité suffisante : la modulation des politiques publiques, y compris fiscales, suppose au préalable que l'État qui les mène dispose au moins des ressources nécessaires à son fonctionnement.

127. **Un objectif implicite.** Ainsi entendu, l'objectif de rendement tient généralement de l'implicite.

Dans le rapport entre État et contribuable, le revenu fiscal de l'État correspond schématiquement à la dépense du contribuable. Privilégier ce revenu se fait logiquement au détriment du contribuable. Or les systèmes fiscaux contemporains reposent essentiellement sur le principe du consentement à l'impôt[13], c'est-à-dire sur l'acceptation du principe de l'impôt par les citoyens et sur le vote démocratique et répété de l'autorisation de prélever l'impôt. Dans ces conditions, il peut être contreproductif d'insister sur ce qui pourrait être perçu comme l'accentuation du prélèvement par le contribuable citoyen, qui devra lui-même statuer par les urnes sur la validation du système fiscal visé.

Cet état de fait est néanmoins à relativiser au regard des évolutions de la perception par les contribuables de la fiscalité internationale, et de la dénonciation des effets de la fraude, de l'évasion et de l'optimisation fiscale. L'optimisation du rendement fiscal à l'international met ainsi en exergue une opposition entre les contribuables qui ne sont soumis qu'à des situations strictement nationales et des contribuables transnationaux. Toutefois, dans ce cas, les arguments en faveur de l'augmentation de la fiscalité en cas d'internationalité reposeront généralement davantage sur l'idée de justice fiscale que sur celle de rendement fiscal (Partie 1 : Titre 2 : Chapitre 2).

---

[11] V. Partie 1 : Titre 1 : Chapitre 2 : La neutralité contrariée.

[12] V. Partie 1 : Titre 2 : Chapitre 2 : L'objectif dynamique de justice fiscale.

[13] V. Déclaration des droits de l'Homme et du citoyen, 1789, article 14 ; v. not. Michel BOUVIER, *L'impôt sans le citoyen ?*, Issy-les-Moulineaux, LGDJ, Lextenso, coll. Forum, 2019, 174 p.

128. **Le « capacity building » des États en développement.** L'objectif de rendement prend une dimension particulière dans les États en développement dont les ressources fiscales sont moins disponibles et moins modulables que dans les États développés.

Par exemple, dans la zone « Afrique »[14] évaluée par l'OCDE, le taux moyen d'IS est plus élevé que dans les autres zones géographiques étudiées – avec en 2020 un taux moyen de 27,5 %[15]. La part moyenne des recettes d'IS en pourcentage du PIB sur la même zone était pourtant de 2,8 %, soit légèrement inférieure à la moyenne OCDE (3 %)[16]. L'OCDE explique ainsi que « l'écart entre la proportion relativement élevée de l'IS dans le total des recettes fiscales et la part relativement modeste de cet impôt dans le PIB reflète le faible poids des prélèvements dans le PIB (17 % en moyenne) de ces pays »[17]. Cet écart entre un taux plus élevé et un ratio entre l'impôt et le PIB plus faible pour les États en développement tient alors davantage de « difficultés à mobiliser les ressources intérieures (capacités administratives et respect des obligations fiscales) »[18], que d'un véritable choix politique. Ces difficultés tiennent autant à la capacité de l'État à mettre en place un système fiscal efficace et à le faire respecter, qu'au contexte plus général d'une économie nationale – l'impôt sur les sociétés notamment suppose l'existence préalable de sociétés structurant l'économie.

Pour pallier ces difficultés, les États s'organisent pour assurer un rendement fiscal, qui pourrait être qualifié de « rendement fiscal de subsistance ». La question figure dans les travaux internationaux sous l'expression plus générale de « *capacity building* » en matière fiscale, présente dans les travaux de l'ONU et de l'OCDE.

Au sein du Comité fiscal de l'ECOSOC de l'ONU, le Groupe consultatif sur le développement des capacités (*Advisory Group on Capacity Development*) contribue à la mise en œuvre du Programme de développement des capacités des Nations Unies en matière de coopération fiscale internationale (*UN Capacity Development Programme on International Tax Cooperation*). Il vise à développer l'effectivité et l'efficacité des systèmes fiscaux nationaux dans les États en développement. La recherche d'effectivité vise à s'assurer que les règles fiscales sont respectées au sein des ordres nationaux, et que les fraudes et autres évasions sont dûment sanctionnées. En effet, un État qui aurait adopté les standards internationaux en matière de lutte contre l'évasion et la fraude fiscales mais qui ne serait pas en mesure de les mettre en œuvre effectivement constituerait un potentiel « maillon faible » au sein d'une économie mondialisée. La recherche d'efficacité permet aux États de recueillir les ressources nécessaires

---

14 Données établies sur la base de 26 pays.

15 OCDE, *Statistiques de l'impôt sur les sociétés : Deuxième édition*, Paris, OCDE, 2020, p. 14.

16 OCDE, *Statistiques de l'impôt sur les sociétés : Deuxième édition*, Paris, OCDE, 2020, p. 8.

17 *Ibid.*

18 *Ibid.*

au financement d'une administration fiscale disposant des moyens de son effectivité.

De même, au sein de l'OCDE, le Centre de politique et d'administration fiscales a mis en œuvre un Groupe de travail informel sur la fiscalité et le développement réunissant à la fois des États membres de l'OCDE, des pays émergents et en développement, des organisations internationales et régionales, la société civile et des entreprises. Ses travaux se construisent autour d'un Programme Fiscalité et développement de l'OCDE. Leur « objectif est d'agir pour améliorer les conditions d'ensemble et doter les pays en développement des moyens de percevoir des recettes fiscales suffisantes et adéquates et de bâtir des États efficaces »[19]. La fiscalité y est conçue comme une « source essentielle du développement des États », et la clef « de la construction d'États aptes à remplir leurs missions »[20] et à participer activement à la coopération internationale.

Ces programmes généraux se subdivisent en de nombreux travaux ponctuels ou suivis, plus ou moins formalisés. Par exemple, l'initiative « Inspecteurs des impôts sans frontières », mise en œuvre conjointement par l'OCDE et le Programme des Nations unies pour le développement, organise notamment des échanges d'expériences entre administrations fiscales afin d'assister les administrations demandeuses dans la mise en œuvre et la consolidation de leurs procédures fiscales, notamment de vérification (évaluations des risques, techniques d'enquêtes, évaluations des prix de transfert, techniques de lutte contre la fraude fiscale, etc.)[21].

Des initiatives régionales fleurissent également entre les pays en « développement fiscal ». Par exemple, le Forum africain d'administration fiscale (*African Tax Administration Forum* – ATAF) initié en 2008 réunit aujourd'hui 38 États africains. Sa mission est de fournir une plateforme pour améliorer la performance des administrations fiscales en Afrique. Elle cite notamment l'amélioration de « la capacité des administrations fiscales africaines à atteindre leurs objectifs de revenus » en premier dans l'exposé des objectifs de son mandat[22].

L'objectif de rendement est de fait plus explicite dans les États en développement que dans les États développés. Le caractère implicite ou explicite de l'objectif de rendement varie également dans la doctrine. Le point de vue adopté par les auteurs se confond alors généralement avec la position de leurs États respectifs.

---

[19] « Renforcement des capacités fiscales dans les pays en développement », *in* www.oecd.org (consulté le 1er juin 2022).

[20] *Ibid.*

[21] Site : www.tiwb.org (consulté le 1er juin 2022). V. aussi Gaston KONGBRÉ, « L'Initiative "Inspecteurs des impôts sans frontières" (IISF) et le recouvrement des impôts en Afrique », *Revue européenne et internationale de droit fiscal*, n° 2021/4, pp. 567-582.

[22] V. « Notre mandat », *in* www.ataftax.org (consulté le 1er juin 2022).

129. **La protection du rendement budgétaire.** Au sein des États développés, l'objectif de rendement budgétaire trouve néanmoins écho dans les mesures de protection des bases taxables. L'objectif ne tient plus tant alors dans la poursuite d'un rendement budgétaire idéal que dans la préservation de ce rendement. Pour ce faire, les États adoptent, dans leurs droits fiscaux internationaux respectifs, des dispositions sanctionnant les comportements d'évitement de l'impôt et d'évasion des bases taxables. Ces multiples dispositions constituent un « arsenal » législatif mis à disposition de l'administration afin de préserver le rendement des impositions en en empêchant l'évitement par les contribuables.

130. **Les outils anti-abus français.** En droit fiscal international français, les outils anti-abus sont nombreux[23].

Plusieurs dispositions du Code général des impôts (CGI) et du Livre des procédures fiscales (LPF) permettent ainsi à l'administration de réintégrer dans les bases taxables les montants qui en auraient été indûment soustraits et de recouvrer l'impôt éludé.

L'article 57 du CGI intègre ainsi dans la base taxable des entreprises françaises les bénéfices indirectement transférés à une entreprise étrangère contrôlée ou contrôlante – c'est la problématique des prix de transfert – évitant ainsi des évasions intragroupes des bénéfices vers des pays à fiscalité moindre. La condition de contrôle disparait d'ailleurs lorsque l'entreprise bénéficiaire du transfert est située dans un État ou territoire à régime fiscal privilégié[24].

L'article 209 B du CGI intègre à la base taxable des entreprises françaises les bénéfices qu'elles ont réalisés par l'intermédiaire d'entreprises ou d'entités établies dans les pays à régime fiscal privilégié[25] – c'est le régime des sociétés

---

[23] Et même « très nombreux », selon Assemblée nationale, Bénédicte PEYROL (rapp.), Jean-François PARIGI (prés.), Rapport d'information n° 1236 déposé en application de l'article 145 du règlement, par la commission des finances, de l'économie générale et du contrôle budgétaire, en conclusion des travaux d'une mission d'information *relative à l'évasion fiscale internationale des entreprises*, 12 septembre 2018, p. 100. V. aussi Jean-Luc ALBERT, « OCDE : du pluriel au singulier », *in* Thierry LAMBERT (dir.), *La fin des paradis fiscaux ?*, Paris, Montchrestien, coll. Grands colloques, 2011, pp. 19-36.

[24] L'article 57, al. 1 et 2, du CGI dispose :

« Pour l'établissement de l'impôt sur le revenu dû par les entreprises qui sont sous la dépendance ou qui possèdent le contrôle d'entreprises situées hors de France, les bénéfices indirectement transférés à ces dernières, soit par voie de majoration ou de diminution des prix d'achat ou de vente, soit par tout autre moyen, sont incorporés aux résultats accusés par les comptabilités. Il est procédé de même à l'égard des entreprises qui sont sous la dépendance d'une entreprise ou d'un groupe possédant également le contrôle d'entreprises situées hors de France.

« La condition de dépendance ou de contrôle n'est pas exigée lorsque le transfert s'effectue avec des entreprises établies dans un État étranger ou dans un territoire situé hors de France dont le régime fiscal est privilégié au sens du deuxième alinéa de l'article 238 A ou établies ou constituées dans un État ou territoire non coopératif au sens de l'article 238-0 A. »

[25] L'article 209 B, I. 1., al. 1, du CGI dispose :

étrangères contrôlées (SEC). L'article 123 *bis* du CGI prévoit d'une manière comparable un régime des SEC en cas de détention par une personne physique, assimilant les bénéfices de la SEC à des capitaux mobiliers – imposés à l'IR – de la personne physique[26]. En complément logique de ces dispositions visant à réintégrer des bénéfices réalisés à l'étranger, la loi prévoit l'exclusion de certaines dépenses faites à l'étranger. L'article 238 A du CGI prévoit ainsi la non-déductibilité en charges des sommes versées à des personnes physiques ou morales établies dans un État à fiscalité privilégiée, à moins de prouver la réalité des opérations liées à ces dépenses[27].

L'article 155 A prévoit l'imposition en France des sommes perçues par une personne établie hors de France pour des services rendus en France[28]. Cette

---

« I.– 1.Lorsqu'une personne morale établie en France et passible de l'impôt sur les sociétés exploite une entreprise hors de France ou détient directement ou indirectement plus de 50 % des actions, parts, droits financiers ou droits de vote dans une entité juridique : personne morale, organisme, fiducie ou institution comparable, établie ou constituée hors de France et que cette entreprise ou entité juridique est soumise à un régime fiscal privilégié au sens de l'article 238 A, les bénéfices ou revenus positifs de cette entreprise ou entité juridique sont imposables à l'impôt sur les sociétés. Lorsqu'ils sont réalisés par une entité juridique, ils sont réputés constituer un revenu de capitaux mobiliers imposable de la personne morale établie en France dans la proportion des actions, parts ou droits financiers qu'elle détient directement ou indirectement. »

[26] L'article 123 *bis*, 1., al. 1, du CGI dispose :

« 1.Lorsqu'une personne physique domiciliée en France détient directement ou indirectement 10 % au moins des actions, parts, droits financiers ou droits de vote dans une entité juridique-personne morale, organisme, fiducie ou institution comparable établie ou constituée hors de France et soumise à un régime fiscal privilégié, les bénéfices ou les revenus positifs de cette entité juridique sont réputés constituer un revenu de capitaux mobiliers de cette personne physique dans la proportion des actions, parts ou droits financiers qu'elle détient directement ou indirectement lorsque l'actif ou les biens de la personne morale, de l'organisme, de la fiducie ou de l'institution comparable sont principalement constitués de valeurs mobilières, de créances, de dépôts ou de comptes courants. »

[27] Il s'agit d'une présomption – réfragable – de non-déductibilité. L'article 238 A, al. 1, du CGI dispose :

« Les intérêts, arrérages et autres produits des obligations, créances, dépôts et cautionnements, les redevances de cession ou concession de licences d'exploitation, de brevets d'invention, de marques de fabrique, procédés ou formules de fabrication et autres droits analogues ou les rémunérations de services, payés ou dus par une personne physique ou morale domiciliée ou établie en France à des personnes physiques ou morales qui sont domiciliées ou établies dans un État étranger ou un territoire situé hors de France et y sont soumises à un régime fiscal privilégié, ne sont admis comme charges déductibles pour l'établissement de l'impôt que si le débiteur apporte la preuve que les dépenses correspondent à des opérations réelles et qu'elles ne présentent pas un caractère anormal ou exagéré. »

[28] L'article 155 A du CGI dispose :

« I.Les sommes perçues par une personne domiciliée ou établie hors de France en rémunération de services rendus par une ou plusieurs personnes domiciliées ou établies en France sont imposables au nom de ces dernières :

« – soit, lorsque celles-ci contrôlent directement ou indirectement la personne qui perçoit la rémunération des services ;

disposition permet d'éviter certains montages classiques comme le « *rent a star system* », consistant à interposer une société *offshore* entre un artiste ou un athlète et son employeur afin d'éluder l'impôt[29].

Les articles 212 et 212 *bis* du CGI prévoient plusieurs mécanismes de limitation de la déduction des charges financières. L'article 212 *bis* vise notamment à la limitation de la déduction des charges financières nettes, de manière générale (régime de droit commun) ou de manière plus spécifique en cas de sous-capitalisation, en cas de charges afférentes au financement de projets d'infrastructures publiques à long terme ou en cas de charges supportées par les entreprises autonomes[30]. Ces dispositions ne s'appliquent pas lorsque les sociétés sont membres d'un groupe fiscal[31] ; dans cette situation, c'est l'article 223 B *bis* du CGI, tel que modifié en 2018, qui prévoit un dispositif de limitation de la déduction des charges financières nettes supportées par des sociétés membres

« – soit, lorsqu'elles n'établissent pas que cette personne exerce, de manière prépondérante, une activité industrielle ou commerciale, autre que la prestation de services ;

« – soit, en tout état de cause, lorsque la personne qui perçoit la rémunération des services est domiciliée ou établie dans un État étranger ou un territoire situé hors de France où elle est soumise à un régime fiscal privilégié au sens mentionné à l'article 238 A.

« II.Les règles prévues au I ci-dessus sont également applicables aux personnes domiciliées hors de France pour les services rendus en France.

« III.La personne qui perçoit la rémunération des services est solidairement responsable, à hauteur de cette rémunération, des impositions dues par la personne qui les rend. »

[29] Tel était notamment le cas dans l'arrêt *Aznavour* (CE, 10e et 9e ss-sect., 28 mars 2008, n° 271366, *Aznavour*) : Charles AZNAVOUR, domicilié en Suisse, faisait facturer ses prestations à la société française Cinéma Communication Vidéo par la société Tangerine Music Productions Ltd, établie en Grande-Bretagne. Sur le fondement de l'article 155 A, l'administration fiscale avait imposé la somme directement dans les mains de Charles AZNAVOUR, au titre de l'impôt sur le revenu pour 1989. V. not. Noah GAOUA & Emmanuel JOANNARD-LARDANT, « French "rent a star" anti-avoidance measure compliant with international tax law – Article 155 A of the French Tax Codes », *Revue européenne et internationale de droit fiscal*, n° 2015/2, pp. 320-325.

[30] V. not. BOI-IS-BASE-35-10, 13 mai 2020, n° 1 :

« [...] L'article 34 de la loi n° 2018-1317 du 28 décembre 2018 de finances pour 2019 a supprimé, pour les exercices ouverts à compter du 1er janvier 2019, le dispositif de lutte contre la sous-capitalisation prévu aux II et III de l'article 212 du code général des impôts (CGI), le dispositif de limitation des charges financières afférentes à l'acquisition de certains titres de participations prévu au IX de l'article 209 du CGI, ainsi que le dispositif de plafonnement général des charges financières nettes (dispositif dit du "rabot") prévu à l'article 212 *bis* du CGI dans sa version en vigueur antérieurement au 1er janvier 2019, et institué corrélativement un nouveau dispositif de limitation des charges financières nettes codifié à l'article 212 bis du CGI.

« [...] L'article 45 de la loi n° 2019-1479 du 28 décembre 2019 de finances pour 2020 a supprimé, pour les exercices ouverts à compter du 1er janvier 2020, le dispositif de limitation des charges financières en cas de faible imposition ou d'exonération des intérêts dans le résultat de l'entreprise liée créancière prévu au b du I de l'article 212 du CGI.[...] »

[31] La notion de « groupe fiscal » est entendue dans ces dispositions au sens du régime de l'intégration fiscale prévu par les articles 223 A et suivants du CGI, permettant à une société tête de groupe – la société intégrante – d'être seule redevable de l'IS dû par les sociétés du groupe – les sociétés intégrées, dont la société tête de groupe contrôle directement ou indirectement et de manière continue au cours d'un exercice au moins 95 % du capital.

d'un groupe fiscal[32]. L'article 223 B du CGI, relatif à la détermination du résultat d'ensemble du groupe fiscal, prévoit dans son alinéa 6 (introduit par l'article 13 de la loi n° 88-1193 de finances rectificatives pour 1988, lui-même issu d'un amendement gouvernemental dit « amendement Charasse ») créé une limitation spécifique des charges financières en cas de « rachat à soi-même »[33].

Outre ces exemples de règles parfois très spécifiques, il faut considérer des dispositifs plus généraux, tels que l'ensemble des règles de territorialité[34], qui permettent d'imposer en France certaines bases fiscales pourtant situées à l'étranger – réellement ou fictivement par le biais de fraude. Il faut constater de manière générale, à travers la jurisprudence et la législation – nationales et européennes –, que les mesures anti-abus tendent à se généraliser. Tel est le cas de la clause spécifique anti-abus du régime mère-fille prévue par les articles 119 *ter* et 145 du CGI, remplacée par la loi n° 2018-1317 de finances pour 2019 par une clause anti-abus générale en matière d'impôt sur les sociétés à l'article 205 A du CGI[35], transposant l'article 6 de la directive 2016/1164/UE

---

[32] L'article 34 de la loi n° 2018-1317 du 28 décembre 2018 de finances pour 2019 a modifié l'article 223 B *bis* du CGI ; il instaure ce nouveau régime en remplacement des anciennes dispositions relatives au plafonnement général des charges financières nettes et à la lutte contre la sous-capitalisation. V. BOI-IS-GPE-20-20-110, 13 mai 2020, n°s 1 *sqq.*

[33] L'article 223 B, al. 6, du CGI dispose :

« Lorsqu'une société a acheté les titres d'une autre société qui est ou qui devient membre du même groupe ou les titres d'une société intermédiaire ou d'une société étrangère aux personnes qui la contrôlent, directement ou indirectement, ou à des sociétés que ces personnes contrôlent, directement ou indirectement, au sens de l'article L. 233-3 du code de commerce, les charges financières déduites pour la détermination du résultat d'ensemble sont rapportées à ce résultat pour une fraction égale au rapport du prix d'acquisition de ces titres, limité, le cas échéant, à la valeur vénale des titres des sociétés du groupe directement ou indirectement détenues par la société intermédiaire ou par la société étrangère acquise, à la somme du montant moyen des dettes, de chaque exercice, des entreprises membres du groupe. Le prix d'acquisition à retenir est réduit du montant des fonds apportés à la société cessionnaire lors d'une augmentation du capital réalisée simultanément à l'acquisition des titres à condition que ces fonds soient apportés à la société cessionnaire par une personne autre qu'une société membre du groupe ou, s'ils sont apportés par une société du groupe, qu'ils ne proviennent pas de crédits consentis par une personne non membre de ce groupe. La réintégration s'applique pendant l'exercice d'acquisition des titres et les huit exercices suivants. »

[34] Par exemple, l'article 209 du CGI prévoit les règles de territorialité en matière d'impôt sur les sociétés. L'article 164 B du CGI énumère les revenus de sources françaises, selon que les biens, droits ou activités générateurs du revenu sont localisés en France (article 164 B, I.), ou que le domicile ou établissement du débiteur des revenus soit en France (article 164 B, II.), étant considéré que – sauf convention fiscale contraire – les contribuables domiciliés hors de France qui disposent de revenus de source française sont imposables en France à raison de ces revenus, quelle que soit leur nationalité (v. BOI-IR-DOMIC-10-10, 27 février 2020, n°s 1 *sqq.*).

[35] L'article 205 A du CGI dispose :

« Pour l'établissement de l'impôt sur les sociétés, il n'est pas tenu compte d'un montage ou d'une série de montages qui, ayant été mis en place pour obtenir, à titre d'objectif principal ou au titre d'un des objectifs principaux, un avantage fiscal allant à l'encontre de l'objet ou de la finalité du du Conseil du 12 juillet 2016 établissant des règles pour lutter contre les pratiques d'évasion fiscale qui ont une incidence directe sur le fonctionnement du marché intérieur (dite « ATAD »). Ces clauses complètent les pouvoirs de requalification du juge – à travers la théorie de l'acte anormal de gestion – et de l'administration – à travers la notion d'abus de droit, en vertu de l'article L. 64 du LPF[36].

131. **Le rendement des dispositifs anti-abus.** Les différents dispositifs anti-abus en droit fiscal international français mentionnés constituent les plus « rentables » : c'est sur ces bases légales que s'opèrent les redressements de bases et de droits éludés les plus importants. Les dispositifs protégeant le rendement budgétaire des impositions nationales peuvent ainsi être évalués en fonction de leur propre rendement, c'est-à-dire du montant des redressements, de bases ou de droits, effectués sur leur fondement.

Dans un rapport d'information pour la Commission des finances de l'Assemblée nationale en 2018, la députée Bénédicte PEYROL évaluait le rendement de ces principaux dispositifs (**Tableau 4**, ci-dessous), et concluait à la « robustesse des outils français » en la matière[37].

---

droit fiscal applicable, ne sont pas authentiques compte tenu de l'ensemble des faits et circonstances pertinents.

« Un montage peut comprendre plusieurs étapes ou parties.

« Aux fins du présent article, un montage ou une série de montages est considéré comme non authentique dans la mesure où ce montage ou cette série de montages n'est pas mis en place pour des motifs commerciaux valables qui reflètent la réalité économique.

« Ces dispositions s'appliquent sous réserve de celles prévues au III de l'article 210-0 A. »

[36] L'article L. 64 du LPF dispose :

« Afin d'en restituer le véritable caractère, l'administration est en droit d'écarter, comme ne lui étant pas opposables, les actes constitutifs d'un abus de droit, soit que ces actes ont un caractère fictif, soit que, recherchant le bénéfice d'une application littérale des textes ou de décisions à l'encontre des objectifs poursuivis par leurs auteurs, ils n'ont pu être inspirés par aucun autre motif que celui d'éluder ou d'atténuer les charges fiscales que l'intéressé, si ces actes n'avaient pas été passés ou réalisés, aurait normalement supportées eu égard à sa situation ou à ses activités réelles.

« En cas de désaccord sur les rectifications notifiées sur le fondement du présent article, le litige est soumis, à la demande du contribuable, à l'avis du comité de l'abus de droit fiscal. L'administration peut également soumettre le litige à l'avis du comité.

« Les avis rendus font l'objet d'un rapport annuel qui est rendu public. »

[37] Assemblée nationale, Bénédicte PEYROL (rapp.), Jean-François PARIGI (prés.), Rapport d'information n° 1236 déposé en application de l'article 145 du règlement, par la commission des finances, de l'économie générale et du contrôle budgétaire, en conclusion des travaux d'une mission d'information *relative à l'évasion fiscale internationale des entreprises*, 12 septembre 2018, pp. 101-102 :

« [L]le montant des bases redressées en 2017, sur un panel d'outils significatifs mais non exhaustifs, est supérieur à 6 milliards d'euros, dont plus de la moitié résulte du dispositif relatif aux prix de transfert prévu à l'article 57 du CGI (3,2 milliards d'euros en 2017).

« S'il est difficile – voire impossible – de déduire des seules bases le montant des droits et pénalités envisageables, l'ampleur des montants en jeu témoigne indéniablement de la robustesse des outils français. »

Fondement	Mesures	Droits (D)/ Bases (B)	2013	2014	2015	2016	2017
57	Rectification des prix de transfert	B	2 195	3 589	2 829	2 917	3 223
209 B	Régime des sociétés étrangères contrôlées (SEC)	B	95	63	74	573	35
123 *bis*	Régime des SEC quand détention par une personne physique	B	23	123	55	30	85
238 A	Encadrement de la déductibilité des charges payées à une entreprise étrangère soumise à un régime fiscal privilégié	B	123	53	10	42	8
155 A	Imposition des rémunérations perçues par une personne établie hors de France au titre de prestations réalisées en France	B	13	15	7	10	21
119 *ter* et 145	Clause anti-abus du régime mère-fille	D	100	85	32	14	33
L. 64 LPF	Abus de droit	D	255	262	740	113	171
Juge	Acte anormal de gestion	B	216	1 189	113	136	177
212	Dispositifs d'encadrement de la déductibilité des charges financières	B	98	125	154	158	285
223 B, al. 6	« Amendement Charasse » (encadrement des opérations de rachat à soi-même)	B	51	387	2 110	93	141
209	Règles de territorialité de l'IS	B	308	763	298	506	2 272
Total Bases			**3 122**	**6 307**	**5 650**	**4 465**	**6 247**
Total Droits (anti-abus mère-fille et abus de droit)			**355**	**347**	**772**	**127**	**204**

Tableau 4 : Rendement des principaux outils anti-abus (Hors dispositifs spécifiques aux États et territoires non coopératifs – ETNC)[38]

[38] Source : Assemblée nationale, Bénédicte PEYROL (rapp.), Jean-François PARIGI (prés.), Rapport d'information n° 1236 déposé en application de l'article 145 du règlement, par la commission des finances, de l'économie générale et du contrôle budgétaire, en conclusion des travaux d'une mission d'information *relative à l'évasion fiscale internationale des entreprises*, 12 septembre 2018, p. 101 : « (1) En l'absence de précision, l'article est dans le CGI. L'indication « LPF » renvoie au livre des procédures fiscales. / (2) Les lignes grisées portent sur les *droits* (D), c'est-à-dire l'impôt redressé hors majoration, les autres portent sur des *bases* (B), c'est-à-dire l'assiette redressée. »

Cette protection du rendement budgétaire par des mesures unilatérales au sein des États développés peut être considérée comme efficace ou, à tout le moins, « rentable » comme en témoignent les montants recouvrés sur ces fondements.

132. **L'internationalisation de la protection du rendement.** Le déploiement de tels dispositifs et leur généralisation procède de la prise de conscience progressive, au niveau étatique, des effets l'internationalisation de l'économie sur la fiscalité nationale. Les politiques nationales tendent à renforcer la lutte contre l'évasion fiscale et la fraude. En France, ces phénomènes font l'objet d'une veille renforcée et transversale, notamment à travers un document de politique transversale (ou « orange budgétaire ») dédié, annexé chaque année au projet de loi de finances[39].

La mise en œuvre unilatérale de ces dispositifs crée néanmoins une concurrence entre les États. L'efficacité des mesures anti-abus dépend de fait de la capacité des administrations fiscales à appréhender l'entièreté de la situation fiscale des contribuables et des bases taxables. Certains États peuvent alors aider les contribuables à dissimuler leurs bases taxables, soit activement soit passivement, en refusant de communiquer aux autres États les informations qui leur sont nécessaires pour appréhender la réalité des situations économiques et l'absence d'abus. C'est la problématique des États et territoires non coopératifs (ETNC)[40].

133. **Le rendement budgétaire au croisement de politiques nationales.** La mise en œuvre de l'objectif de rendement procède des politiques nationales, et entre en concurrence avec d'autres objectifs politiques[41], selon

---

[39] V. Document de politique transversale, Projet de loi de finances pour 2021, *Lutte contre l'évasion fiscale et la fraude en matière d'impositions de toutes natures et de cotisations sociales*, 119 p. ; le document fait le bilan de la lutte contre la fraude fiscale, la fraude douanière et la fraude aux cotisations sociales. La politique transversale fait notamment la part belle aux opérations internationales et à la coopération internationale ; v. p. 10 :

> « Dans le contexte d'internationalisation et de dématérialisation de l'économie, *le contrôle des opérations internationales* est une priorité essentielle du contrôle fiscal et de la lutte contre la fraude, qui s'appuie sur une meilleure identification des comportements et opérations frauduleux. La lutte contre la fraude liée aux paradis fiscaux ou le démantèlement de schémas d'optimisation fiscale agressifs constituent des objectifs prioritaires. La DGFiP a enfin adapté ses moyens et son organisation pour optimiser ses actions de coopération internationale. »

Elle insiste en outre sur l'effectivité du recouvrement des sommes éludées, dont dépend *in fine* la protection du rendement des impositions nationales ; v. p. 10 :

> « Pour être efficace tout en étant dissuasif, la lutte contre la fraude doit *aboutir au recouvrement* des sommes éludées. Le recouvrement offensif des créances doit ainsi être considéré comme une partie intégrante de l'action de contrôle fiscal. Les liaisons entre les services de contrôle et les comptables publics se renforcent et les moyens juridiques et techniques doivent permettre non seulement d'accroître l'efficacité des opérations de contrôle, mais aussi du recouvrement effectif des rehaussements. »

[40] V. n°s 81 et suivant.

[41] Parmi les exemples fréquemment invoqués, l'imposition des revenus du capital peut ainsi entrer en opposition avec une politique économique de relance de l'investissement.

les États – ou, en cas d'insuffisance des institutions étatiques, avec des objectifs privés[42]. L'effectivité des règles fiscales – notamment internationales – dépend ainsi autant de la capacité des États à les mettre en œuvre que de leur volonté de le faire.

L'intérêt national dicte ainsi les politiques fiscales nationales et les positions défendues par les États sur la scène fiscale internationale. La fiscalité internationale est au carrefour des intérêts nationaux, *a priori* contradictoires.

§ 2 : L'émergence d'un intérêt à coopérer

134. **Le rendement fiscal : un objectif partagé.** Le droit fiscal international, en tant que branche du droit fiscal, a une incidence directe sur les revenus fiscaux des États. Comme le relève Edwin SELIGMAN, « l'intérêt économique du gouvernement en jeu » revêt « une importance suprême » dans l'étude des problématiques fiscales internationales[43]. Chacun des États a notamment un intérêt financier à taxer le plus largement possible – bien qu'il puisse être contrebalancé par d'autres, comme celui d'attirer certaines entreprises et certains investissements – et cet objectif de chaque État est de nature à les opposer.

De cette opposition sont susceptibles de naître deux conséquences antithétiques lors d'une situation de confrontation des droits d'imposer de deux États – situation fiscale présentant un élément d'extranéité.

Dans un premier temps, les États, ayant chacun un intérêt financier à imposer, pourront soumettre la même situation chacun à son impôt. C'est la base des situations de double imposition juridique[44].

Mais la double imposition grève excessivement le contribuable, le mettant dans une situation économiquement intenable, ou *a minima* l'incitant à organiser l'évasion de la base imposable du ressort des systèmes fiscaux des États trop prompts à imposer. La présence d'activité économique sur le territoire de l'État peut servir d'assiette à d'autres prélèvements. Dans ce cas, l'État risque, en imposant, de réduire au contraire le revenu de l'activité économique, et par ricochet son propre revenu.

Ainsi dans un second temps, les États, ayant chacun un intérêt financier à attirer sur leur territoire l'activité économique, pourront à l'inverse exonérer l'imposition, ou à tout le moins tenter d'en proposer une imposition moindre que si le contribuable était présent dans l'autre État. Les États entrent alors en concurrence fiscale[45].

---

[42] Les phénomènes de corruption illustrent de manière topique l'empiètement indu d'intérêts privés sur l'intérêt public.

[43] Edwin R. A. SELIGMAN, « La double imposition et la coopération fiscale internationale », *Recueil des Cours de l'Académie de droit international de La Haye*, vol. 20, 1927, p. 473.

[44] V. § 51 *sqq*.

[45] V. § 72 *sqq*.

Or la concurrence fiscale tend à une réduction générale des taux d'imposition au niveau global. L'OCDE – en se gardant néanmoins de l'attribuer à la concurrence fiscale – relève ainsi que le taux légal moyen de l'impôt sur les bénéfices des sociétés a reculé entre 2000 et 2020 de 7,4 points, passant de 28 % en 2000 à 20,6 % en 2020[46].

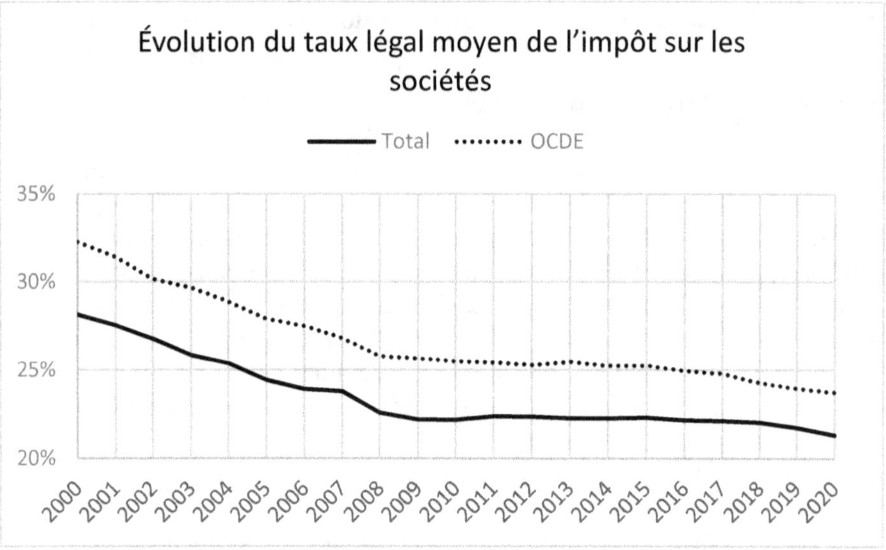

Figure 3 : Évolution du taux légal moyen de l'impôt sur les sociétés[47]

Si cette réduction des taux n'est pas directement assimilable à une réduction de la recette fiscale[48], la croissance et plusieurs contingences économiques étant de nature à compenser la réduction des taux, elle illustre néanmoins le phénomène de globalisation et de convergence qu'induit une économie mondialisée sur les systèmes fiscaux nationaux.

L'accent mis sur la lutte contre la concurrence fiscale dommageable ces dernières décennies dans la coopération fiscale internationale témoigne en outre de l'intention des États de se concerter sur cet objectif partagé de revenu fiscal.

135. **Le rendement fiscal : un objectif commun.** Face aux pratiques d'évasion fiscale de la part des contribuables, les États ont développé la coopération internationale en matière fiscale. Celle-ci procède de l'impact

[46] OCDE, *Statistiques de l'impôt sur les sociétés : Deuxième édition*, Paris, OCDE, 2020, p. 9. L'étude des taux légaux d'imposition des sociétés couvre les données de 109 juridictions entre 2000 et 2020. Parmi elles, 88 ont diminué leur taux, 15 l'ont conservé en l'état, et 6 l'ont augmenté (Andorre, Chili, Hong Kong, Inde, Maldives, Oman) (*ibid.*).

[47] Données : OCDE, *Statistiques de l'impôt sur les sociétés : Deuxième édition*, Paris, OCDE, 2020, graph. 6, p. 13.

[48] Ainsi les recettes de l'impôt sur les sociétés – sur la base des données de 93 juridictions – sont passées en moyenne de 2,7 % du PIB en 2000 à 3,1 % en 2017 (*ibid.*, p. 3).

négatif de l'évasion fiscale – légale ou illégale – sur les recettes fiscales de la majorité des États. Cette coopération met en exergue l'intérêt commun des États, dépassant les intérêts particuliers des États.

136. **Le dilemme classique du prisonnier.** La théorie des jeux a pu être utilisée dans l'analyse des relations internationales en général, et dans la coopération fiscale internationale en particulier[49]. Le dilemme du prisonnier[50] en particulier illustre les intérêts pour les États à coopérer ou non, notamment en matière fiscale. Dans la coopération entre deux États, le dilemme du prisonnier pourrait s'illustrer par la matrice des paiements suivante (unités d'utilité arbitraires) :

	État A coopère	**État A fait défaut**
État B coopère	État A : 3 État B : 3	État A : 4 État B : 1
État B fait défaut	État A : 1 État B : 4	État A : 2 État B : 2

Tableau 5 : Dilemme du prisonnier entre États

[49] Toby ROGERS, « Using Prisoner's Dilemma to Evaluate Corporate Tax Reform Proposals », *SSRN Electronic Journal*, 2013, 26 p. ; Áron KISS, *Essays in political economy and international public finance*, Frankfurt am Main, Peter Lang, 2009, pp. 79-88 ; Grégoire ROTA-GRAZIOSI, « Implementing Tax Coordination and Harmonization through Voluntary Commitment », *Études et Documents,* 2016, n° 12, CERDI.

[50] Mis en évidence par une expérience de Merril FLOOD et Melvin DRESCHER en 1950, le dilemme du prisonnier fut ainsi nommé par Albert W. TUCKER, dans un article publié en 1951. TUCKER, dans une lettre adressée à DRESCHER sur son expérience, le présente ainsi (d'après William POUNDSTONE, *Prisoner's dilemma*, New York, Anchor Books, 1993, pp. 117-118) :

« Two men, charged with a joint violation of law, are held separately by the police. Each is told that

« (1)if one confesses and the other does not, the former will be given a reward ... and the latter will be fined ...

« (2)if both confess, each will be fined ...

« At the same time, each has good reason to believe that

« (3) if neither confesses both will go clear. »

Après quelques évolutions, la matrice des paiements (en l'occurrence, des peines auxquelles sont condamnés les deux complices) du dilemme du prisonnier fut fixée ainsi (*ibid.*, p. 118) :

	B refuses deal	**B turns state's evidence**
A refuses deal	1 year, 1 year	3 years, 0 years
A turns state's evidence	0 years, 3 years	2 years, 2 years

Le dilemme illustre l'opposition entre l'intérêt collectif, dans lequel les peines cumulées pour les prisonniers sont réduites (en haut à gauche, optimum de PARETO), et les intérêts particuliers de chacun des complices : quoique fasse l'autre, chacun à un meilleur gain à le trahir. Si chacun poursuit son intérêt particulier, la situation globale leur sera défavorable (en bas à droite, équilibre de NASH).

Si les États ont un intérêt commun à coopérer tous les deux (optimum de PARETO), l'intérêt de chaque État pris individuellement, quel que soit le comportement de la partie adverse, est toujours de faire défaut (si la partie adverse fait également défaut, cela réduit les pertes ; si la partie adverse coopère, cela apporte un avantage plus conséquent). Dans cette optique, les deux États auront tendance à refuser la coopération (équilibre de NASH).

Le principal enseignement tiré du dilemme du prisonnier est qu'un système dans lequel les acteurs (ici les États) cherchent à maximiser leurs intérêts particuliers peut parvenir à un équilibre qui sera pourtant sous-optimal par rapport à l'intérêt global.

137. **Le dilemme du prisonnier appliqué à la concurrence fiscale internationale.** Dans le cadre de la concurrence fiscale en matière d'impôt sur les sociétés, par exemple, les États ont tendance à réduire leurs taux d'imposition pour attirer les investissements et les emplois sur leur territoire[51].

Il peut être considéré que deux États, se partageant une assiette fiscale d'IS de 100 (unité arbitraire), laquelle serait parfaitement mobile (impliquant une parfaite mobilité du capital et des entreprises), en supposant une égalité stricte entre les États à l'égard de tous les autres facteurs de production (juridiques, économiques, sociaux, ou même simplement techniques), se retrouveraient quant au choix de leurs taux d'imposition face à la matrice des paiements suivante[52] :

	État A **taxe à 30 %** (coopère)	**État A** **taxe à 20 %** (fait défaut)
État B **taxe à 30 %** (coopère)	État A collecte 30 % de 50 = **15** État B collecte 30 % de 50 = **15**	État A collecte 20 % de 100 = **20** État B collecte 30 % de 0 = **0**
État B **taxe à 20 %** (fait défaut)	État A collecte 30 % de 0 = **0** État B collecte 20 % de 100 = **20**	État A collecte 20 % de 50 = **10** État B collecte 20 % de 50 = **10**

Tableau 6 : Dilemme du prisonnier entre États et mobilité de l'assiette fiscale

La concurrence entre les États diminue les revenus fiscaux non seulement des États, mais également de l'ensemble du système : pour « gagner » le jeu

[51] Les États fixent ainsi leurs taux d'IS en fonction des taux pratiqués dans les autres États, justifiant la courbe descendante (**Figure 3**, ci-dessus) ; v. Michael P. DEVEREUX, Ben LOCKWOOD & Michela REDOANO, « Do countries compete over corporate tax rates? », *Journal of Public Economics*, 2008, n° 92, pp. 1210-1235.

[52] Toby ROGERS, « Using Prisoner's Dilemma to Evaluate Corporate Tax Reform Proposals », *SSRN Electronic Journal*, 2013, p. 5.

de concurrence fiscale, les États doivent se coordonner entre eux, pour s'assurer de leur coopération mutuelle et parvenir ainsi à l'optimum de PARETO.

Le dilemme du prisonnier est un jeu à somme non nulle, d'où la recherche d'une telle optimisation. Néanmoins, comme le relevait Albert TUCKER[53] lui-même, il peut devenir un jeu à somme nulle triparti en prenant en compte, dans le cas du dilemme du prisonnier, les intérêts de l'État à faire condamner les criminels, et, dans le cas de la concurrence fiscale internationale, les intérêts des contribuables. Les contribuables payants *in fine* l'impôt, peu importe que ce soit à l'État A ou à l'État B, « gagnent » le jeu tant qu'au moins l'un des États fait défaut ; leur matrice des paiements est la suivante :

	État A **taxe à 30 %** (coopère)	**État A** **taxe à 20 %** (fait défaut)
État B **taxe à 30 %** (coopère)	**(30)**	**(20)**
État B **taxe à 20 %** (fait défaut)	**(20)**	**(20)**

Tableau 7 : Dilemme du prisonnier entre États du point de vue des contribuables

138. **Les limites du dilemme du prisonnier.** Si le dilemme du prisonnier met en exergue l'utilité de la coopération internationale malgré des intérêts des États divergents, il n'en constitue pas pour autant une modélisation très satisfaisante des relations fiscales internationales entre États.

Le dilemme du prisonnier est qualifié de « simple symmetric two-person game (not zero-sum) »[54]. Il faut par ailleurs, pour que le choix ait un sens, que chaque joueur ignore le choix de l'autre lorsqu'il prend sa décision (sous peine de systématiquement « faire défaut »).

La politique fiscale internationale des États, en revanche, ne peut pas être qualifiée de symétrique : les États ne sont jamais égaux économiquement, et le capital et la localisation des entreprises ne reposent pas sur le seul critère

[53] Albert W. TUCKER, « A Two-Person Dilemma: The Prisoner's Dilemma » (1951), cité dans « The Mathematics of Tucker: A Sampler », *The Two-Year College Mathematics Journal*, vol. 14, n° 3, June 1983, p. 228 :

> « The game becomes zero-sum three-person by introducing the State as a third player. The State exercises no choice (that is, has a single pure strategy) but receives payoffs [...]. »

La matrice des paiements de la partie tierce, ici l'État, est nécessairement inverse aux paiements des parties.

[54] Albert W. TUCKER, « A Two-Person Dilemma: The Prisoner's Dilemma » (1951), cité dans « The Mathematics of Tucker: A Sampler », *The Two-Year College Mathematics Journal*, vol. 14, n° 3, June 1983, p. 228.

du taux d'imposition – bien au contraire, le paysage économique mondial prouve que les entreprises sont relativement peu mobiles ; seuls certains contribuables bénéficient réellement de la concurrence fiscale entre États.

Elle ne peut pas non plus être réduite à une situation à deux joueurs : outre la prise en compte des contribuables (remettant en cause le caractère de « somme non nulle ») qui peuvent influer sur la décision des États, il faut considérer les réactions des 193 États, ainsi que des juridictions fiscales et des organisations internationales spécialisées. Si la dualité présentée par le dilemme peut trouver un écho dans le bilatéralisme caractéristique du droit fiscal international, ce bilatéralisme ne doit pas occulter l'équilibre global sous-jacent à ces choix.

Enfin les choix fiscaux ne sont pas ponctuels, mais évoluent en continu, en s'influençant mutuellement. En ce sens, ils rejoignent davantage certaines variantes itératives du dilemme du prisonnier, dans lesquelles le jeu se répète, les joueurs pouvant adapter leur comportement par rapport aux « jeux » précédents[55].

139. **La coopération fiscale comme maximisation du pouvoir d'imposer.** En partant du dilemme du prisonnier, une nouvelle lecture peut être faite des conventions fiscales, qui ne viseraient plus tant à *répartir le droit d'imposer* qu'à assurer la coopération en tant que telle, c'est-à-dire la *maximisation des droits d'imposer* au bénéfice commun des États.

Ce rapport aux droits d'imposer, appréhendés dans une logique de *rendement global*, justifie à la fois la lutte contre les non-impositions – dans un souci d'*effectivité globale* de l'imposition – et la lutte contre les doubles impositions – dans un souci de préservation des bases, donc d'*efficacité globale* de l'imposition. Cette approche globale correspond à celle d'un système fiscal international.

La maximisation du rendement fiscal se justifie d'autant plus au regard de la multiplicité des besoins fiscaux des États. Il ne s'agit plus de la recherche d'un rendement suffisant à la subsistance des États, mais d'un rendement permettant la mise en œuvre de l'ensemble des politiques publiques.

SECTION 2 :
La couverture optimale des politiques publiques

140. **La maximisation du rendement au service des politiques publiques.** En 1959, Richard MUSGRAVE réunissait les fonctions

[55] Le professeur Robert AXELROD a notamment mis en exergue plusieurs formes de stratégies s'imposant dans le cadre de ce « dilemme itératif du prisonnier », *in* Robert AXELROD, *The Evolution of Cooperation*, New York, Basic Books, revised edition, 2006, 241 p. Il démontre néanmoins qu'il ne peut exister de stratégie optimale absolue : l'efficacité d'une stratégie dépend nécessairement de la stratégie de l'autre joueur (v. not. p. 14).

économiques de l'État sous trois objectifs, ou branches, de politique budgétaire : ajuster l'allocation des ressources, ajuster la répartition des revenus et des richesses et stabiliser l'économie[56]. Ces fonctions de l'État – si tant est qu'elles soient les seules – demandent des moyens qui dépassent les seules conditions de subsistance des États. En outre, l'intervention des États n'est pas seulement financée par l'impôt : le choix de ce qui est imposé ou non, et dans quelle mesure, permet à l'État d'agir sur des secteurs, des personnes ou des comportements spécifiques. La politique fiscale est, de fait, une politique publique à part entière. Ces éléments participent de l'extension de l'objectif de rendement (**§ 1**), dont la multiplication des intérêts renforce *in fine* l'intérêt des États à coopérer à cette fin (**§ 2**). Cette extension de l'objectif de rendement illustre en outre la dynamique de développement du système fiscal international.

§ 1 : Le rendement pour l'interventionnisme des États

141. **L'interventionnisme par la dépense fiscale.** L'objectif de rendement vise à financer les politiques publiques. Il permet également de créer les conditions d'une véritable politique fiscale interventionniste par la mise en place de dépenses fiscales.

En France, les dépenses fiscales sont définies comme « des dispositions législatives ou réglementaires dont la mise en œuvre entraîne pour l'État une perte de recettes et donc, pour les contribuables, un allégement de leur charge fiscale par rapport à ce qui serait résulté de l'application de la norme, c'est-à-dire des principes généraux du droit fiscal français »[57]. Cette définition est conforme à celles retenues dans la plupart des autres États et instances internationales[58], qui souffrent toutes de l'ambigüité de l'interprétation de la situation fiscale de référence considérée comme « normale ». En pratique,

---

[56] Richard A. MUSGRAVE, *The theory of public finance: a study in public economy*, New York, McGraw-Hill, 1959, p. 5.

[57] Telle est la définition retenue par le « bleu » budgétaire *Voies et moyens* annexé au projet de loi de finances de chaque année, v. par ex. *Évaluation des voies et moyens*, Tome II : *Les dépenses fiscales*, Annexe au projet de loi de finances pour 2021, p. 7.

La notion de dépense fiscale apparaît en droit français dans l'article 32, alinéa IV, de la loi de finances pour 1980 (loi n° 80-30 du 18 janvier 1980 ; *JORF* n° 16 du 19 janvier 1980, p. 152) qui prévoit justement :

> « Chaque année, dans le fascicule "Voies et moyens" annexé au projet de loi de finances, le Gouvernement retracera l'évolution des dépenses fiscales en faisant apparaître, de manière distincte, les évaluations initiales, les évaluations actualisées, ainsi que les résultats constatés. Les dépenses fiscales seront ventilées, de manière détaillée, par nature de mesures, par catégories de bénéficiaires et par objectifs. »

Il n'existe en revanche aucune définition légale ou réglementaire des dépenses fiscales. V. not. Éric PICHET, *Théorie générale des dépenses socio-fiscales*, Chatou, Les Éditions du Siècle, 2016, p. 31.

[58] V. not. OCDE, *Les dépenses fiscales dans les pays de l'OCDE*, Paris, Éditions OCDE, 2010, p. 12.

chaque allègement fiscal devra faire l'objet d'une analyse circonstanciée pour déterminer s'il doit être considéré comme une dépense fiscale, et s'il est l'outil le plus adapté à la politique à laquelle il participe (par rapport, par exemple, à un financement direct par subvention[59]).

142. **Les critères d'identification.** Les critères d'identifications de la dépense fiscale tiennent dans la définition de la « norme ». En France, cette norme est définie dans le bleu budgétaire annexé au projet de loi de finances en fonction du type d'imposition – distinguant ainsi l'impôt sur le revenu, l'impôt sur les sociétés, l'impôt sur la fortune immobilière, les droits de mutation à titre gratuit, la taxe sur la valeur ajoutée, les taxes intérieures de consommation sur les produits énergétiques, le gaz naturel, le charbon et l'électricité, et les impôts locaux[60].

Par exemple, la TVA[61] – encadrée par la directive de 2006[62] – peut faire l'objet, en France, de plusieurs taux : un taux normal de 20 %, des taux réduits de 10 %, 5,5 % et 2,1 % sur certaines catégories de produits, et des taux spécifiques appliqués aux départements d'outre-mer et à la Corse. L'application d'un taux *réduit* constitue en soi, pour l'État, une *perte de recettes*, et pour les contribuables, un *allègement* par rapport à l'application du taux normal. Pour autant, toutes les applications d'un taux réduit de TVA ne seront pas considérées comme des dépenses fiscales :

> « Dès lors que l'application de taux réduit de TVA ne résulte pas d'une obligation communautaire, c'est le caractère incitatif de l'application du taux réduit qui déterminera si la mesure est classée ou non en dépense fiscale. »[63]

---

[59] Sur la notion de subvention, v. par ex. Clothilde BLANCHON, *Recherche sur la subvention : contribution à l'étude du don en droit public*, Paris, LGDJ, coll. Bibliothèque de droit public t. 307, 2019, 386 p.

[60] *Évaluation des voies et moyens*, Tome II : *Les dépenses fiscales*, Annexe au projet de loi de finances pour 2021, pp. 8-11.

[61] V. *Ibid.*, pp. 10-11.

[62] Directive du Conseil n° 2006/112/CE du 28 novembre 2006, relative au système commun de taxe sur la valeur ajoutée, *JOUE* L 347 du 11 décembre 2006, pp. 1-118.

[63] *Évaluation des voies et moyens*, Tome II : *Les dépenses fiscales*, Annexe au projet de loi de finances pour 2021, p. 10. Et d'illustrer :

> « En principe, sont traitées comme des règles générales les dispositions qui, pour l'ensemble des contribuables visés, contribuent à rendre supportable cet impôt sur la consommation ou qui ont pour effet de préserver l'accès de tous à certains produits ou services. C'est le cas des taux réduits de TVA destinés non à stimuler un secteur ou un comportement, mais visant la consommation de certains produits de base. Il s'agit en particulier de l'alimentation ou des médicaments pour lesquels l'application d'un taux réduit relève d'une logique générale et redistributive. Considérer ces taux réduits comme des dépenses fiscales serait par conséquent purement artificiel et antinomique au regard des critères définis par le Conseil des impôts en 2003.

L'évaluation des dépenses fiscales et de leur montant, comme de leur importance dans les finances publiques et sur les recettes fiscales, varie d'un pays à un autre. En France par exemple, le PLF 2021 identifie 475 mesures de dépenses fiscales, pour un coût (c'est-à-dire un manque à gagner par rapport à une imposition normale) évalué à 85,9 Md€, soit un peu plus de 24 % du montant des recettes fiscales nettes pour l'année[64]. L'essentiel de ces dépenses fiscales concerne les impôts sur le revenu et sur les sociétés (65 % du montant des dépenses fiscales) et la TVA (20 % du montant des dépenses fiscales). Les parts des dépenses fiscales attachées à ces impositions ne sont pas parfaitement corrélées au poids respectif de ces dernières dans les recettes fiscales nettes (les impôts sur le revenu et sur les sociétés représentent 42 % des recettes fiscales nettes de l'État, la TVA représente 33 %[65]). Cet écart peut s'expliquer par plusieurs facteurs : le caractère impersonnel de la TVA en tant qu'imposition sur la consommation, la force de l'harmonisation européenne en matière de TVA contraignant davantage l'adoption de telles mesures d'allègement fiscal, ou encore, à l'inverse, le fait que le système harmonisé de TVA définisse la norme à l'aune de laquelle seront établies les dépenses fiscales, alors qu'il admet lui-même des « allègements », notamment des taux réduits.

143. **D'une norme à un système de référence.** La pratique des dépenses fiscales fait l'objet de plusieurs critiques ; elle constitue un exemple topique du développement d'une pratique des États à contre-courant des recommandations libérales et internationales[66]. Comme le remarque l'OCDE, les dépenses fiscales suscitent une certaine « préoccupation » :

« Par extension, plusieurs taux de TVA réduits procèdent de cette logique et ne sont pas considérés comme des dépenses fiscales, notamment celui sur les livres ou encore sur les services de transport public.

« En revanche, l'application du taux réduit de TVA pour soutenir économiquement un secteur doit être classée en dépense fiscale ; tel est le cas notamment du taux réduit de TVA appliqué aux services de restauration. »

[64] *Ibid.* pp. 12-13. Ces valeurs sont en baisse, conformément à la prescription de la loi n° 2018-32 du 22 janvier 2018 de programmation des finances publiques pour les années 2018 à 2022 (*JORF* n° 18, 23 janvier 2018), qui encadre les dépenses fiscales dans son article 20 :

« I. – Le rapport entre, d'une part, le montant annuel des dépenses fiscales et, d'autre part, la somme des recettes fiscales du budget général, nettes des remboursements et dégrèvements, et des dépenses fiscales ne peut excéder 28 % pour les années 2018 et 2019, 27 % pour l'année 2020, 26 % pour l'année 2021 et 25 % pour l'année 2022.

« II. – Les créations ou extensions de dépenses fiscales instaurées par un texte promulgué à compter du 1er janvier 2018 ne sont applicables que pour une durée maximale de quatre ans, précisée par le texte qui les institue. »

[65] Selon les données retenues en prévision de recettes fiscales nettes prévues dans *Évaluation des voies et moyens*, Tome I : *Les évaluations de recettes*, Annexe au projet de loi de finances pour 2021, p. 8.

[66] Le Centre de politique et d'administration fiscales de l'OCDE a été amené plusieurs fois à travailler sur les dépenses fiscales, notamment en 1984, 1996, 2003 ou 2010, et à mettre en garde contre un recours abusif à cette technique.

> « [...] La préoccupation est double : d'une part, les dépenses fiscales pourraient avoir des effets préjudiciables sur la politique budgétaire et fiscale ; d'autre part, pour des raisons politiques et techniques, elles pourraient être plus faciles à mettre en œuvre, et donc moins susceptibles d'être réexaminées sérieusement et abrogées que des programmes de dépenses équivalents mais plus directs. Pourtant, cette pratique fait partie du système fiscal de tous les pays développés. Certaines dépenses fiscales sont défendues en tant qu'instruments judicieux de la politique fiscale et on ne propose nulle part de les supprimer complètement. [...] »[67]

La « norme », la situation de référence, sert à définir les dépenses fiscales (qui sont « anormales ») et, sur les recommandations internationales, européennes et nationales[68], à les passer régulièrement en revue pour en apprécier l'opportunité. La « norme » pose des difficultés de définition ; elle reste incertaine et évolue dans le temps. En fait de norme, les commentateurs internationaux s'attachent à une définition plus large du « système fiscal de référence »[69], considérant son caractère subjectif, étant fondé « sur des principes généraux fruits d'une vision idéologique partagée à un moment donné par la majorité d'un peuple sur ce qu'est l'équité fiscale, et exprimée par le vote de ses représentants »[70].

Pourtant, il est loisible d'observer une harmonisation latente de certains critères sur la scène internationale. Ainsi, le rapport de 2010 de l'OCDE relatif aux dépenses fiscales compare les importantes différences dans les pratiques des États en matière de dépenses fiscales dans le but assumé de donner aux États la possibilité de se comparer et d'aller puiser dans les systèmes des autres États les moyens d'une politique fiscale efficace. La motivation est que « [s]i

---

[67] OCDE, *Les dépenses fiscales dans les pays de l'OCDE*, Paris, Éditions OCDE, 2010, p. 14.

[68] V. not. Assemblée nationale, Didier MIGAUD (prés.), Gilles CARREZ (rapp. gén.), Rapport d'information n° 946 déposé par la Commission des finances, l'économie générale et du plan *sur les niches fiscales*, 5 juin 2008, 278 p.

[69] *Ibid.*

[70] Éric PICHET, « Contribution à une théorie de la dépense fiscale, pour la réforme du système français des "niches" fiscales », *Droit fiscal*, n° 14, 5 avril 2012, ét. 242. :

> « Chaque système fiscal a son idiosyncrasie, ce qui explique la difficulté des pays de l'Union européenne à faire converger leur fiscalité. Chaque *système fiscal de référence* se fonde sur les capacités contributives du citoyen, selon un référentiel propre à chaque pays et qui trouve sa source, en France, dans l'article 13 de la Déclaration des droits de l'homme et du citoyen de 1789. Comme le rappelle le Conseil des prélèvements obligatoires : "C'est parce que les capacités contributives ou les facultés, croissent plus que proportionnellement aux revenus des citoyens qu'il a été considéré que la contribution commune pouvait être progressive, prenant la forme de prélèvements progressifs ou de transferts en direction de ceux qui disposent des facultés les plus faibles". C'est pourquoi, dans notre *système fiscal de référence*, les taux inférieurs au taux marginal du barème de l'IR ne sont pas des niches fiscales... »

la pratique d'un pays peut stimuler la volonté politique d'un autre, cela se traduira par de meilleurs résultats »[71].

Il est possible d'imaginer qu'à terme le « système fiscal de référence » s'internationalise, intégré dans le système fiscal international.

144. **L'influence internationale sur les critères des dépenses fiscales.** L'OCDE ne propose pas de système fiscal de référence pour l'appréhension des dépenses fiscales. Elle permet néanmoins, par l'observation et la comparaison des dépenses fiscales, de leurs justifications et de leurs traitements par les États, un certain rapprochement des pratiques nationales.

L'OCDE s'attache à promouvoir la transparence fiscale des États, de laquelle procèdent quelques exigences en matière de dépenses fiscales, et notamment un examen régulier – annuel – de leur coût, de leurs effets et de leur opportunité. L'organisation relève notamment que la France a mis fin à sa pratique consistant à considérer la variation de la « norme » dans le temps (une mesure fiscale appliquée depuis un certain temps pouvait devenir, en raison de son ancienneté, la norme[72]). L'abandon de cette pratique témoigne d'une forme d'objectivisation de l'appréhension des dépenses fiscales. Si cette évolution ne peut être directement et uniquement rattachée à l'influence internationale sur l'approche budgétaire française[73], elle témoigne d'une démarche de rationalisation et de transparence portée par les instances nationales comme internationales.

145. **Une multiplicité de motifs pour une multiplicité de dépenses fiscales.** Les dépenses fiscales semblent consubstantielles à l'imposition : ainsi, dès la création de l'impôt sur le revenu en 1914, celui-ci prévoyait l'exonération des contribuables aux revenus les plus modestes. Ces dépenses ont souvent tendance à croître, les mesures d'allègement se multipliant : en 1920, l'exonération à l'impôt sur le revenu était étendue aux pensions familiales, les pensions militaires et les traitements attachés à la Légion d'honneur et à la Médaille militaire[74]. Les motifs et finalités des dépenses fiscales sont nombreux.

146. **Des dépenses fiscales à vocation sociale.** Des motifs sociaux sont historiquement invoqués pour l'exonération de catégories de contribuables (exonérations en faveur de revenus les plus modestes, des situations de handicap, de solidarité familiale, etc.) ou pour favoriser certains secteurs économiques ayant une incidence sociale (mesures en faveur de l'immobilier

---

[71] OCDE, *Les dépenses fiscales dans les pays de l'OCDE*, Paris, Éditions OCDE, 2010, p. 172.

[72] OCDE, *Les dépenses fiscales dans les pays de l'OCDE*, Paris, Éditions OCDE, 2010, p. 118 et p. 156.

[73] Cette approche est conforme aux réformes budgétaires françaises, et à la dernière loi de programmation des finances publiques (v. *supra*).

[74] Exemple cité par Éric PICHET, *Théorie générale des dépenses socio-fiscales*, Chatou, Les Éditions du Siècle, 2016, p. 77.

résidentiel, en faveur de la presse, etc.)[75]. Les exonérations prévues pour les dons et legs aux associations et aux fondations illustrent l'éventail des motifs visés, en fonction de l'étendue des domaines que ces organismes peuvent couvrir. L'article 200 du Code général des impôts prévoit ainsi une réduction d'impôt en faveur, entre autres, « [d]'œuvres ou d'organismes d'intérêt général ayant un caractère philanthropique, éducatif, scientifique, social, humanitaire, sportif, familial, culturel, ou concourant à la mise en valeur du patrimoine artistique [...], à la défense de l'environnement naturel ou à la diffusion de la culture, de la langue et des connaissances scientifiques françaises » (1., b)).

147. **Des dépenses fiscales environnementales.** Les motifs environnementaux ont pris, ces dernières années, une place particulière dans les politiques publiques, et notamment dans les dépenses fiscales. La fiscalité environnementale[76] est composée d'impositions sanctionnant les activités ou produits polluants, et d'allègements fiscaux – dépenses fiscales – en faveur de comportements ou produits alternatifs. Ces dépenses fiscales peuvent concerner les impositions spécifiquement environnementales : par exemple, en matière d'accises sur les produits énergétiques, les carburants sont imposés en vue de désinciter leur consommation ; certains carburants considérés comme moins polluants que les autres font néanmoins l'objet de taux réduits, constituant une dépense fiscale[77]. Elles peuvent également concerner d'autres impositions, sans rapport direct avec l'environnement ou avec l'objectif particulier visé. Ainsi, le crédit d'impôt pour la transition énergétique (CITE) prévu aux articles 200 quater et 200 quater A du Code général des impôts ouvre aux contribuables domiciliés en France le bénéfice d'un crédit d'impôt sur le revenu au titre notamment « des dépenses effectivement supportées pour la contribution à la transition énergétique du logement dont ils sont propriétaires et qu'ils affectent à leur habitation principale »[78]. La fiscalité a de longue date admis dans ses objectifs l'amélioration de la qualité de vie, laquelle recouvre certaines préoccupations environnementales[79] ; ce n'est toutefois que récemment[80] que la fiscalité environnementale en tant que telle a pris son essor conceptuel. Les objectifs environnementaux s'étant cristallisés

---

75 *Ibid.*, p. 79.

76 Il faut entendre ici la fiscalité environnementale au sens large, à la fois matériel et finaliste.

77 V. not. Nicolas CARUANA, *La fiscalité environnementale*, Paris, L'Harmattan, coll. Finances publiques, 2015, pp. 217-218.

78 CGI, Article 200 quarter, 1.

79 Jean-Luc ALBERT, « La dimension environnementale dans l'histoire fiscale française », *Revue française de finances publiques*, n° 114, avril 2011, pp. 5-16.

80 Le Conseil des impôts, en 2005, considérait par exemple que la plupart des impositions rattachées à la fiscalité environnementale avaient été mises en place d'abord dans une logique de rendement budgétaire (v. Conseil des impôts, *Fiscalité et environnement*, XXIIIe Rapport au Président de la République, Paris, Éditions des journaux officiels, 2005, 161 p.).

juridiquement à travers des engagements[81] et des accords[82] historiques, le recours à l'outil fiscal pour y parvenir fait désormais l'objet de nombreux travaux internationaux[83] – participant à l'internationalisation des systèmes fiscaux[84]. Les études en matière de fiscalité environnementales sont néanmoins souvent critiques quant à l'efficacité des différentes mesures et dépenses fiscales, notamment en ce qu'elles peuvent entrer en conflit avec d'autres mesures prises en faveur de l'économie.

148. **Des dépenses fiscales économiques.** Les motivations économiques sont de fait les plus importantes dans l'adoption de dépenses fiscales[85]. Elles peuvent relever de la sauvegarde d'un secteur économique spécifique (qu'il soit en difficulté ou considéré comme stratégique au sein de l'économie visée) ou bien d'un soutien général à la « compétitivité des entreprises », c'est-à-dire à l'économie dans son ensemble[86]. Ces aides aux entreprises peuvent se faire par la stimulation de la demande à travers des taux réduits (ou exonérations) de TVA pour certains biens et services, ou par l'incitation à l'investissement

---

[81] Au titre de ces engagements, le plus important (normativement parlant) de la France en la matière est sans doute l'inscription dans le bloc de constitutionnalité de la Charte de l'environnement en 2004 – v. loi constitutionnelle n° 2005-205 du 1er mars 2005 relative à la Charte de l'environnement (*JORF* n° 51 du 2 mars 2005, p. 3697).

[82] Par exemple, la Convention-cadre des Nations Unies sur les changements climatiques, adoptée à New York le 9 mai 1992, sur la base duquel ont été adoptés, notamment, le Protocole de Kyoto le 11 décembre 1997 (visant à réduire les émissions de gaz à effet de serre) ou, le 22 avril 2016, l'Accord de Paris sur le climat.

[83] Si l'ONU s'est illustrée dans le développement du droit international de l'environnement, l'OCDE joue encore un rôle clef dans la mise en œuvre des politiques fiscales environnementales portées par le G20 ; v. par exemple le rapport joint de l'OCDE et du FMI en matière de tarification des émissions de gaz à effet de serre, sur commande du G20 : IMF/OECD, *Tax Policy and Climate Change : IMF/OECD Report for the G20 Finance Ministers and Central Bank Governors*, Italy, April 2021, 36 p.

V. également OECD, *Taxing Energy Use 2019 : Using Taxes for Climate Action*, Paris, OECD Publishing, 2019, 105 p. ; OCDE, *Taxer la consommation d'énergie au service du développement durable*, Paris, OECD Publishing, 2021, 28 p. ; OECD, *Environmental Fiscal Reform : Progress, Prospects and Pitfalls*, OECD Report for the G7 Environment Ministers, June 2017, 47 p.

[84] L'Union européenne s'inscrit dans cette logique à travers notamment son « Pacte vert » initié en 2019 (Commission européenne, *Le pacte vert européen*, Communication de la Commission au Parlement européen, au Conseil européen, au Conseil, au Comité économique et social européen et au Comité des régions, Bruxelles, COM(2019) 640 final, 11 décembre 2019, 28 p.) ; la fiscalité européenne de l'énergie se transforme ainsi progressivement en fiscalité environnementale européenne, v. Fabrice PEZET, « Du "serpent de mer" au "serpent de vert" : la refonte de la directive sur la fiscalité de l'énergie », *Droit fiscal* n° 6, 11 février 2021, ét. 144.

[85] La seule mission « Économie » est la plus importante en termes de coût (17,2 milliards d'euros, soit 20 % du total) dans la répartition des dépenses fiscales par mission budgétaire présentée dans les *Voies et moyens* du PLF 2021 (*Évaluation des voies et moyens*, Tome II : *Les dépenses fiscales*, Annexe au projet de loi de finances pour 2021, p. 13). Il faut considérer par ailleurs que les décisions fiscales (d'impositions ou de dépenses fiscales) sont des décisions économiques, et sont donc toutes justifiées, en partie du moins, par des considérations économiques.

[86] Éric PICHET, *Théorie générale des dépenses socio-fiscales*, Chatou, Les Éditions du Siècle, 2016, pp. 80-85.

(par exemple, les allègements fiscaux sur l'investissement locatif auraient participé à relancer le secteur de la construction de logements[87]). Les dépenses fiscales peuvent encore viser à alléger les coûts du travail ; tel était notamment le but affiché du crédit d'impôt pour la compétitivité et l'emploi (CICE) instauré en 2013[88] et remplacé par un allègement de cotisations sociales pour les employeurs en 2019[89] (le CICE octroyait aux entreprises un crédit d'impôt sur les salaires n'excédant pas 2,5 SMIC, d'un taux variant entre 4 % et 7 %). De même pour les particuliers, la loi prévoit une TVA réduite pour les travaux d'entretien et d'amélioration des logements, ainsi qu'un crédit d'impôt en faveur des particuliers pour les emplois à domicile[90].

149. **Des dépenses fiscales conjoncturelles.** D'autres motifs peuvent être invoqués encore pour la mise en place de dépenses fiscales. Le « réalisme » du droit fiscal, toute « tarte à la crème » qu'il puisse être[91], peut être invoqué à diverses occasions. La mise en place des dernières dépenses fiscales citées a ainsi pu être justifiée, entre autres motifs, par la nécessité de lutter contre les fraudes largement répandues en matière de travaux ou de services à domicile. Ces secteurs étant plus difficilement contrôlables que d'autres, une imposition moindre permettait ainsi de réduire l'incitation à la fraude[92].

Dans le cas de la crise du Covid-19, les États ont été amenés à prendre en urgence des mesures pour sauvegarder l'économie malgré le ralentissement ou l'interruption de l'activité de pans entiers de l'économie. Parmi ces mesures figurent diverses dépenses fiscales, qu'il s'agisse de mesures très ciblées comme le crédit d'impôt bailleur[93] (incitant les bailleurs à annuler une partie des loyers dus par des entreprises particulièrement affectées par les restrictions sanitaires au titre du mois de novembre 2020), ou visant les entreprises en général, comme les reports et les remises d'impôts directs

---

[87] *Ibid.* p. 83, note 218.

[88] Le CICE a été mis en place (à partir du 1er janvier 2012) par l'article 66 de la loi n° 2012-1510 du 29 décembre 2012 de finances rectificative pour 2012 (*JORF* n° 304 du 30 décembre 2012, texte n° 2), modifiant l'article 244 quater C du CGI.

[89] Le CICE a été supprimé (à partir du 1er janvier 2019) par l'article 86 de la loi n° 2017-1837 du 30 décembre 2017 de finances pour 2018 (*JORF* n° 305 du 31 décembre 2017, texte n° 2) ; il reste néanmoins applicable à Mayotte, avec un taux de 9 %.

[90] V. Article 199 sexdecies du CGI ; le crédit d'impôt est égal à la moitié des dépenses éligibles, lesquelles sont plafonnées à 12 000 € – plafond majoré notamment pour les contribuables de plus de 65 ans ou ayant à charge des enfants ou personnes invalides ou en situation de handicap. Il s'agit d'un crédit d'impôt, il est donc imputé sur l'impôt sur le revenu dû et, s'il l'excède, l'excédent est restitué.

[91] Selon l'expression de Maurice COZIAN, « Propos désobligeants sur une "tarte à la crème" : l'autonomie et le réalisme du droit fiscal », *Droit fiscal* 1980, n° 41, p. 1054 (réédité notamment *in* Maurice COZIAN, *Les grands principes de la fiscalité des entreprises,* Paris, LexisNexis, 4e éd. (1999), 2016, pp. 3-16.).

[92] V. not. Éric PICHET, *Théorie générale des dépenses socio-fiscales*, Chatou, Les Éditions du Siècle, 2016, p. 83.

[93] Article 20 de la loi n° 2020-1721 du 29 décembre 2020 de finances pour 2021 (*JORF* n° 315 du 30 décembre 2020, texte n° 1).

opérés au cas par cas. Les effets de la crise du Covid sur le bilan des dépenses fiscales sont toutefois mitigés : le poids des mesures sanitaires sur les recettes fiscales (du fait de la réduction de l'activité) est tel que la crise du Covid-19 réduit le montant total des dépenses fiscales. Ainsi, les recettes fiscales ont été diminuées de 37 Md€ en 2020[94], et « [l]e coût total des dépenses fiscales diminuerait en 2020 de l'ordre de 3 Md€, essentiellement sous l'effet des mesures sanitaires prises pour lutter contre l'épidémie »[95]. Cette réduction illustre la nécessité de bénéficier d'une recette fiscale effective et pérenne pour pouvoir bénéficier de l'outil politique des dépenses fiscales – et donc la nécessité pour les États, dans l'absolu, d'assurer leurs recettes fiscales au-delà d'un certain seuil pour pouvoir mener comme ils l'entendent leurs politiques publiques.

Toutes ces motivations apportées aux dépenses fiscales sont cumulatives et non alternatives. Le Covid- 19 l'illustre encore : dans ses recommandations aux États sur les politiques fiscales à tenir pendant la pandémie et après, l'OCDE insiste aussi bien sur les motivations sociales (mesures en faveur des personnes les plus exposées et les plus affectées) qu'environnementales (les mesures fiscales en faveur de la reprise économique devraient être alignées sur les objectifs à long terme en matière environnementale), dans une approche résolument économique[96]. Chacune de ces motivations crée une raison supplémentaire au développement de la coopération fiscale internationale, au sein du système fiscal international à la fois conceptuel et pragmatique.

---

[94] Les recettes fiscales nettes sont évaluées dans le projet de loi de règlement de 2020 à 256 Md€, tandis que la loi de finances initiale pour 2020 prévoyait 293 Md€ (soit une diminution de 12,6 %). De fait, « [c]ette nette diminution s'explique à titre principal par les effets de la crise sanitaire sur l'activité et la consommation [...] ». Les principaux écarts à l'exécution (en montant) concernent la TVA (– 12,2 Md€, soit une diminution de 9,7 %) et l'IS (– 11,9 Md€, soit une diminution de 24,7 %), et la TICPE (– 5,7 Md€, soit une diminution de 45,6 %). Les recettes d'IR, affectées par la diminution des salaires liée à la crise, peuvent sembler moins affectées par la crise (– 1,5 Md€, soit une diminution de 2 % seulement), mais les chiffres retenus en la matière peuvent être faussés par le caractère partiellement contemporain de l'impôt, les contribuables ayant relativement peu eu recours à la modulation de leur taux de prélèvement (Assemblée nationale, *Projet de loi de règlement du budget et d'approbation des comptes de l'année 2020*, n° 4090, enregistré à la Présidence de l'Assemblée nationale le 14 avril 2021, pp. 24-25).

[95] *Évaluation des voies et moyens*, Tome II : *Les dépenses fiscales*, Annexe au projet de loi de finances pour 2021, p. 13.

[96] OECD, *Tax Policy Reforms 2021: Special Edition on Tax Policy during the COVID-19 Pandemic*, Paris, OECD Publishing, 21 April 2021, 75 p. Ce rapport s'inscrit dans la suite d'un précédent fait après examen de 700 mesures que les pays avaient adoptées ou envisagées en avril 2020 : OCDE, *Les réponses de politiques fiscale et budgétaire à la crise du coronavirus : Accroître la confiance et la résilience*, Paris, OCDE Éditions, (màj.) 19 mai 2020, 57 p.

§ 2 : La multiplication des intérêts à coopérer

150. **Une augmentation continue des besoins fiscaux.** De manière générale, les dépenses publiques ont tendance à croître dans le temps. L'augmentation des dépenses implique logiquement une augmentation des besoins de financement et, mécaniquement, des recettes fiscales toujours plus importantes. De 1965 à 2019, le coefficient moyen d'impôts en % du PIB est ainsi passé dans l'OCDE de 24,8 % à 33,9 % – et en France, réputée pour avoir l'un des coefficients les plus élevés, de 33,7 % à 45,4 %) (**Figure 4**).

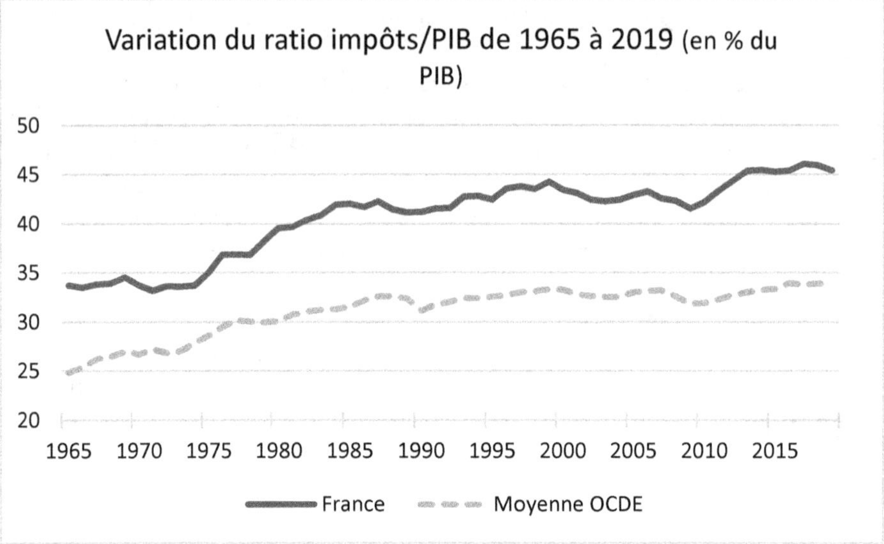

Figure 4 : Variation du ratio impôts/PIB de 1965 à 2019[97]

L'évolution des besoins – et des recettes – n'est pas constante dans le temps ; l'OCDE, dans ses *Statistiques des recettes publiques*[98], en commente les principales périodes. Les pays de l'OCDE ont bénéficié, avant le premier choc pétrolier en 1973, d'une croissance forte. Dans une telle période, les impôts progressifs (impôt sur le revenu) augmentent mécaniquement : selon les barèmes, les revenus plus élevés sont imposés à un taux marginal plus élevé, relevant progressivement le taux effectif d'imposition, et donc le ratio impôts/PIB. À partir de la moitié des années 1970, le ralentissement de la croissance et l'augmentation du chômage, conséquents à la crise, mettent un frein à l'évolution du ratio. Mais le second choc pétrolier de 1980 a inauguré une période de récession ; le PIB diminuant, les États ont dû recourir davantage à l'impôt pour maîtriser leurs déficits – notamment pour faire face

[97] Source : OCDE, *Statistiques des recettes publiques 2020*, Paris, OCDE Éditions, 2020, Graphique 1.1.

[98] OCDE, *Statistiques des recettes publiques 2020*, Paris, OCDE Éditions, 2020, 200 p.

aux dépenses sociales. À partir de la moitié des années 1980, les pays de l'OCDE ont réduit leurs taux d'imposition sur les personnes physiques et sur les sociétés, mais ont élargi dans le même temps la base de ces impositions (notamment par un contrôle des dépenses fiscales[99]). De fait, le coefficient des recettes fiscales par rapport au PIB dans les pays de l'OCDE semble être resté relativement stable depuis la fin des années 1990. La crise économique de 2008 a réduit temporairement les recettes fiscales, lesquelles sont ensuite reparties à la hausse[100].

151. **Des besoins accrus en situation de crise.** À la lumière des chocs pétroliers, de la crise économique de 2008 ou de la crise du Covid-19, il apparaît que les crises économiques ont une double implication sur les recettes fiscales des États.

Dans un premier temps, la crise économique provoquant une récession de l'activité en général, elle entraîne une réduction de la base imposable (diminution des bénéfices, revenus, etc.). La récession se manifeste en outre, par définition[101], par un recul du PIB. Le rapport entre les impositions et le PIB évolue alors à la baisse, mais de manière moindre que les recettes fiscales. Il diminue néanmoins, dans la mesure où la réduction des bases imposables est nécessairement plus rapide que celle du PIB : le PIB est composé d'éléments imposables et d'autres non imposables, et les premiers sont plus exposés que les seconds (une réduction d'activité grave pour une entreprise impacte prioritairement ses bénéfices – imposables – avant d'arriver à un déficit – non imposable).

Les crises génèrent en outre des dépenses souvent importantes pour les États[102], qu'il s'agisse de dépenses en faveur des entreprises afin de sauvegarder l'économie (par exemple, le rachat de certaines banques à la suite de la crise de 2008), ou des dépenses sociales (par exemple, une augmentation du chômage), ou autres (par exemple, les dépenses sanitaires de la crise du Covid-19). Ces dépenses nouvelles sont autant de besoins de financement. Partant, les États sont amenés à recourir à l'impôt dans un second temps pour maîtriser leur déficit – maîtrise du déficit rendue nécessaire ne serait-ce que

---

[99] Cette tendance s'observe en France comme dans les autres pays de l'OCDE.

[100] OCDE, *Statistiques des recettes publiques 2020, op. cit.* :

« La moyenne de l'OCDE masque de grandes variations des ratios nationaux. En 1965, les ratios des pays de l'OCDE étaient compris entre 10,6 % en Turquie et 33,7 % en France. En 2018, ces niveaux oscillaient entre 16,2 % au Mexique et 45,9 % en France. La tendance continue à l'augmentation des niveaux d'imposition reflète le besoin de financer l'augmentation considérable des dépenses du secteur public dans presque tous les pays de l'OCDE. »

[101] L'INSEE définit la récession ainsi (« Récession », *in* www.insee.fr ; consulté le 1er juin 2022) :

« Période de recul temporaire de l'activité économique d'un pays.

« Le plus souvent, on parle de récession si l'on observe un recul du Produit Intérieur Brut (PIB) sur au moins deux trimestres consécutifs. »

[102] V. crise des dettes souveraines de 2010.

pour assurer la soutenabilité de la dette qui n'aura pas manqué d'être creusée par les dépenses de crise.

Par exemple, dans le contexte de la crise du Covid-19, les États-Unis ont choisi de faire passer leur taux d'impôt sur les bénéfices des entreprises de 21 % à 28 % à partir de 2022. Ce choix est classiquement justifié, en premier lieu, par des besoins de financement – parmi lesquels figure le plan de relance américain de 2 200 Md$:

> « Raising the corporate income tax rate is an administratively simple way to raise revenues in order to pay for the Administration's infrastructure proposals and other long-run drivers of spending growth. [...] »[103]

À l'inverse, la France n'a pour le moment pas infléchi l'évolution de son taux d'impôt sur les sociétés qui, conformément à la trajectoire visant un taux normal à 25 % en 2022, est passé en 2021 à 26,5 % (27,5 % pour les entreprises dont le chiffre d'affaires dépasse 250 M€)[104]. D'autres réformes fiscales sont néanmoins étudiées – notamment une réforme des droits de succession et de donation[105], dont le domaine a également été récemment étudié à l'OCDE[106].

Au niveau de l'Union européenne, *NextGenerationEU* est l'instrument temporaire de relance de plus de 800 Md€ adopté pour aider à réparer les dommages économiques et sociaux causés par la pandémie. Le financement de *NextGenerationEU* s'inscrit dans le temps long, et par des mesures encore incertaines[107]. En effet, si l'Union européenne finançait le plan de relance européen par des contributions des États membres, le plan serait logiquement inutile. Si elle le finançait par la réduction de ses dépenses, ces dernières étant

---

[103] Department of the Treasury, *General Explanations of the Administration's Fiscal Year 2022 Revenue Proposal*, May 2021, p. 3.

[104] Le taux normal d'impôt sur les sociétés est prévu à l'article 219 du Code général des impôts. Sa réduction progressive de 33,⅓ % à 25 % a été réalisée de 2018 à 2019 conformément aux dispositions de l'article 84 de la loi n° 2017-1837 du 30 décembre 2017 de finances pour 2018 (*JORF* n° 305 du 31 décembre 2017), de l'article 4 de la loi n° 2019-759 du 24 juillet 2019 portant création d'une taxe sur les services numériques et modification de la trajectoire de baisse de l'impôt sur les sociétés (*JORF* n° 171 du 25 juillet 2019) et de l'article 39 de la loi n° 2019-1479 du 28 décembre 2019 de finances pour 2020 (*JORF* n° 302 du 29 décembre 2019). Pour le détail de cette trajectoire, v. par ex. « IS – Liquidation et taux – Taux normal », BOI-IS-LIQ-10, 16 juin 2020.

[105] Olivier BLANCHARD & Jean TIROLE (rap.), *Les grands défis économiques*, juin 2021, not. pp. 271-286. V. Thierry LAMBERT, « Y penser tout le temps, n'en parler jamais ! », édito, *Billet Edgard Allix*, n° 7, juin 2021, p. 2.

[106] OCDE, « Impôt sur les successions dans les pays de l'OCDE », *Études de politique fiscale de l'OCDE*, n° 28, 2021, 168 p.

[107] V. not. European Commission, *The EU's 2021-2027 long-term Budget and NextGenerationEU: Facts and Figures*, Luxembourg, Publication Office of the European Union, 2021, p. 22 :

« To finance NewtGenerationEU, the European Commission will raise funds on the capital markets – up to EUR 750 billion in 2018 prices or up to EUR 806.9 billion in current prices.

« The borrowed amounts will be repaid over a long-term period, until 2058. To help with the repayments, the EU will look introducing new own resources to the EU budget. »

déjà restreintes, ce serait l'Union européenne elle-même qui deviendrait inutile. Le recours à de nouvelles ressources propres a été proposé, et validé dans son principe par le Conseil européen en juillet 2020[108].

Envisagée de longue date, mais jamais aboutie[109], l'idée de prélèvements fiscaux exclusivement européens trouvait ainsi une occasion qui semblait idéale. La mise en œuvre de cette nouvelle fiscalité européenne, et de manière générale des nouvelles ressources propres rencontre néanmoins d'importantes difficultés. Dans le cadre du paquet climat « *Fit for 55* » présenté le 14 juillet 2021 par la Commission[110], les dispositions relatives au mécanisme d'ajustement carbone aux frontières et au marché carbone ne prévoient pas l'affectation de leurs recettes au budget européen – en raison notamment de risques juridiques quant à l'adéquation de ces mesures à l'égard des règles de l'OMC[111]. De même, les discussions sur la redevance numérique européenne prévue par *NextGenerationEU*[112] ont été mises en suspens pour ne pas interférer avec les négociations en cours à l'OCDE dans la cadre du Pilier Un

---

108 Conclusions du Conseil européen, 17 au 21 juillet 2020, pt. A29 (Secrétariat général du Conseil, *Réunion extraordinaire du Conseil européen (17, 18, 19, 20 et 21 juillet 2020)*, EUCO 10/20, CO EUR 8, CONCL 4, p. 8) :

> « Au cours des prochaines années, l'Union s'efforcera de réformer le système des ressources propres et d'introduire de nouvelles ressources propres. Dans un premier temps, une nouvelle ressource propre fondée sur les déchets plastiques non recyclés sera établie et appliquée à partir du 1erjanvier 2021. Au cours du premier semestre de 2021, à titre de base pour des ressources propres supplémentaires, la Commission présentera des propositions relatives à un mécanisme d'ajustement carbone aux frontières et à une redevance numérique, en vue de leur introduction au plus tard le 1er janvier 2023. Dans le même esprit, la Commission présentera une proposition relative à un système révisé d'échange de quotas d'émission, éventuellement étendu à l'aviation et au transport maritime. Enfin, l'Union s'efforcera, au cours du prochain CFP, de mettre en place d'autres ressources propres, qui pourraient inclure une taxe sur les transactions financières. Le produit des nouvelles ressources propres introduites après 2021 sera utilisé pour le remboursement anticipé des emprunts contractés dans le cadre de Next Generation EU. »

V. not. Alexandre MAITROT DE LA MOTTE, « Faire face à la crise de la Covid 19 : quelles nouvelles ressources propres européennes ? », *Revue des affaires européennes*, 2020, n° 4, pp. 823-837.

109 Marie HEMERY, « L'inclusion difficile mais envisagée de la fiscalité dans le financement du budget européen : le plan de relance ultime impulsion vers la création d'un impôt européen ? », *Droit fiscal*, 2021, n° 6, étude 141.

110 S'inscrivant au sein du Pacte vert européen (*European Green Deal*), *Fit for 55* (« ajustement à l'objectif ») comprend un paquet de mesures visant la réduction des émissions carbones, notamment une réduction à l'horizon 2030 de 55 % des émissions nettes par rapport à 1990, et une neutralité carbone à l'horizon 2050. V. Commission européenne, *« Ajustement à l'objectif 55 » : atteindre l'objectif climatique de l'UE à l'horizon 2030 sur la voie de la neutralité climatique*, Communication de la Commission au Parlement européen, au Conseil, au Comité économique et social européen et au Comité des régions, Bruxelles, le 14 juillet 2021, COM(2021) 550 final, 17 p.

111 « Grand flou sur le remboursement du plan de relance européen », *Contexte*, édition numérique, 20 juillet 2021.

112 Alexandre MAITROT DE LA MOTTE, « La redevance numérique du plan « Next Generation EU » : le premier impôt européen se matérialise », *Droit fiscal* n° 6, 11 février 2021, ét. 142.

de BEPS 2.0[113]. La taxe sur les transactions financières[114] reste pour le moment à l'état conceptuel. La seule mesure de financement prévue pour *NextGenerationEU* à avoir été adoptée est une contribution supplémentaire à charge des États, et non une mesure fiscale : il s'agit de la contribution sur le plastique non recyclé[115]. Néanmoins, son rendement prévu de 6 Md€ pour 2021 a vocation à diminuer dans le temps avec l'augmentation de la capacité de recyclage des États.

Il appert de l'expérience européenne que l'adoption de nouvelles impositions dans un contexte de crise, bien qu'elle réponde à des besoins de financement, s'avère difficile, et que d'autres moyens coopératifs, tenant du système fiscal international, peuvent être déployés.

152. **Les limites à l'augmentation des taux.** L'augmentation des impositions face à des situations de crise n'est pas renouvelable *ad infinitum*. Il existe nécessairement une limite à l'augmentation de l'impôt. Il ne s'agit pas forcément d'un « plafond » déterminé à partir duquel les « effets désincitatifs sur le travail et l'épargne de la croissance des taux des prélèvements obligatoires entraîneraient une réduction du volume de la production »[116] comme le suppose la courbe de LAFFER.

La courbe de LAFFER tient son nom de l'économiste Arthur LAFFER qui, sans que l'on puisse dire qu'il l'a inventée, l'a du moins popularisée. Elle représente l'évolution du rendement fiscal en fonction du taux d'imposition appliqué en mettant en exergue les effets désincitatifs du taux sur l'activité taxée, amenant à ce que les recettes fiscales diminuent alors que les taux augmentent. Il y aurait ainsi un taux d'imposition – assurant un rendement fiscal maximum – au-delà duquel une hausse des taux ne compense pas la réduction de la base d'imposition, réduisant dans l'absolu les rentrées fiscales. Deux « zones » se dessinent ainsi : l'une figurant des taux « acceptables » – rentables – et l'autre figurant des taux « dissuasifs », économiquement destructeurs, dans laquelle devrait se garder de tomber toute politique fiscale[117]. Il est facile de se convaincre qu'une imposition à 0 % suppose des recettes nulles, et qu'un taux à 100 % pourrait être de nature à dissuader

---

[113] V. Partie 2 : Titre 2 : Chapitre 2 : L'assimilation du système par la doctrine.

[114] Alice FOURNIER, « L'éternel retour de la taxe européenne sur les transactions financières », *Droit fiscal* n° 6, 11 février 2021, ét. 143.

[115] Décision (UE, EURATOM) n° 2020/2053 du Conseil du 14 décembre 2020 relative au système des ressources propres de l'Union européenne et abrogeant la décision n° 2014/335/UE, Euratom (*JO* L 424 du 15 décembre 2020, pp. 1-10).

[116] Bruno THÉRET & Didier URI, « La courbe de Laffer dix ans après : un essai de bilan critique », *Revue économique*, 1998, n° 39-4, p. 753.

[117] Pourtant les politiques fiscales peuvent être volontairement désincitatives, notamment dans le cadre de la fiscalité comportementale (v. § 19). Dans ce cas, cet « effet LAFFER », dissuasif, peut être précisément l'objectif recherché.

quiconque d'exercer une activité ainsi imposée[118] – et supposerait encore des recettes nulles. Si les deux extrémités de la courbe se discutent peu, l'intervalle entre les deux est davantage sujet à débats, au point que certains n'hésitent pas à parler de « l'imposture de Laffer »[119].

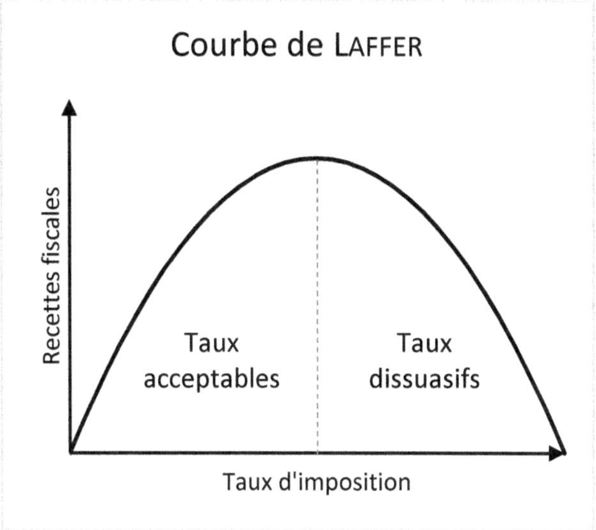

Figure 5 : Courbe de LAFFER

La courbe de LAFFER repose en effet sur trop d'hypothèses *ad hoc* pour constituer un modèle viable d'évaluation des effets des taux sur le rendement fiscal[120]. En particulier, prise au niveau du système fiscal, la courbe de LAFFER

---

[118] Il est ici question d'impositions directes – en pratique d'impôt sur le revenu ou sur les sociétés. En effet, il est loisible d'imaginer qu'un taux de TVA à 100 % sur certains produits, ne faisant que doubler le prix des biens, ne soit pas de nature à en supprimer toute consommation. Tel est d'ailleurs le cas de la fiscalité sur les carburants : les montants cumulés de la TICPE et de la TVA grevant l'essence ou le gazole dépassent le prix de production et de distribution. En juin 2021, les taxes représentaient 61,7 % du prix de l'essence SP95 E5 et 59,7 % du prix du gazole ; il en résulte un taux effectif d'imposition de respectivement 160,9 % et 148,2 % (calculs sur les prix moyens HT et TTC pour le mois de juin 2021 ; données : Direction générale de l'énergie et climat, *Prix de vente moyens nationaux hebdomadaires*, *via* valeurs.ufip.fr). Toutefois, pris globalement, il peut être envisagé un taux de TVA (supérieur à 100 %) suffisamment prohibitif pour en supprimer toute consommation. La courbe de LAFFER peut donc être adaptée en fonction des impositions, et est souvent généralisée au niveau du système fiscal dans son ensemble.

[119] Georges DUMAS, *Politique fiscale : le naufrage*, Paris, L'Harmattan, coll. Finances publiques, 2007, pp. 82 *sqq*.

[120] V. Bruno THÉRET & Didier URI, « La courbe de Laffer dix ans après : un essai de bilan critique », *Revue économique*, 1998, n° 39-4, pp. 802-803 :

> « La non-validation d'une courbe de Laffer signifie seulement que la hausse des prélèvements obligatoires ne débouche pas sur un rendement fiscal marginal négatif. Elle ne saurait impliquer l'absence – ou l'absence d'importance – de leurs effets désincitatifs, parfois décelables au niveau micro-économique. En revanche, au *niveau global*, d'une part les effets de revenus n'ont guère

ignore les effets de la dépense publique (c'est-à-dire l'utilité même du prélèvement dont elle prétend évaluer les effets) sur la production. La courbe ne trouve d'ailleurs pas d'application empirique sérieuse, et les simulations statistiques tendent à la contredire. L'invalidité en tant que modèle de la courbe ne disqualifie pas pour autant la maxime – qu'elle schématise – selon laquelle « les hauts taux tuent les totaux ».

L'imposition doit être raisonnable et doit notamment prendre en compte les capacités contributives. Cet impératif est d'autant plus présent dans les sociétés démocratiques dans lesquelles les contribuables personnes physiques sont également citoyens et électeurs et sont sollicités – par le biais de leurs représentants – pour *consentir à l'impôt*[121].

153. **La réappropriation des bases fiscales.** Face aux difficultés liées à l'augmentation des taux, les États ont concentré leurs efforts sur l'accroissement du contrôle des bases d'imposition[122].

---

de raison de se compenser – surtout dans les économies en croissance – contrairement à ce que prétend le modèle ; d'autre part, les effets de substitution (négatifs) ne s'ajoutent pas nécessairement. Dans les études relatives à la courbe de Laffer, le rôle des dépenses publiques est manifestement négligé. Il est notamment oublié que la contrepartie de prélèvements c'est, pour une bonne part, du travail (taxable) de production des services non marchands publics ; pour une autre part, des revenus de transfert (également taxables, à l'instar des prestations de retraite ou des allocations de chômage). Il est difficile d'imaginer en quoi l'augmentation des taux de prélèvement sur ces revenus versés par les administrations peut exercer un quelconque effet de réduction absolue de l'assiette taxable (et même, dans ces exemples, de l'offre de facteurs *marchands*...). Pour ces prélèvements sur des revenus de prélèvement, la mécanique des effets de substitution est d'un genre tout différent : *la croissance des prélèvements compris dans le PIB marchand est en même temps croissance de la base taxable constituée de l'utilisation de ces prélèvements sous forme de diverses dépenses publiques.* »

[121] Dans les sociétés démocratiques, les contribuables peuvent théoriquement influer sur le poids de l'imposition par le poids du vote. Pour autant, et peut-être justement parce qu'ils peuvent le contrôler, l'imposition peut généralement être plus lourde dans une société démocratique que dans une société non démocratique : c'est le paradoxe de MONTESQUIEU. V. MONTESQUIEU, *De l'esprit des lois* (1748), Livre XIII. Chapitre XII. « Rapport à la grandeur des tributs avec la liberté. » :

> « Règle générale : on peut lever des tributs plus forts, à proportion de la liberté des sujets ; & l'on est forcé de les modérer, à mesure que la servitude augmente. Cela a toujours été, & cela sera toujours. C'est une règle tirée de la nature, qui ne varie point [...].
>
> « Mais la règle générale reste toujours. Il y a, dans les états modérés, un dédommagement pour la pesanteur des tributs ; c'est la liberté. Il y a, dans les états despotiques, un équivalent pour la liberté, c'est la modicité des tributs. [...] »

Sur la vérification de ce principe, v. André BARILARI & Thomas BRAND, « Le paradoxe de Montesquieu. De la corrélation entre l'importance des prélèvements obligatoires, le développement économique et social et le niveau de démocratie », *Revue française de finances publiques*, n° 108, 2009, pp. 133 *sqq.* ; André BARILARI, « Le consentement à l'impôt », *Revue française de finances publiques*, n° 147, 2019, pp. 191 *sqq.*

[122] Bernard CASTAGNÈDE, *Précis de fiscalité internationale*, Paris, Presses universitaires de France, 6e éd., 2019, p. 91 (n° 70) :

> « Freinés dans leurs initiatives de valorisation de leur économie par des moyens fiscaux, les États demeurent attachés à la préservation des ressources fiscales nécessaires à la conduite de leurs politiques publiques. [...] »

Du point de vue du rendement fiscal, la maîtrise des bases offre un double avantage : elle permet, sans modifier les taux, d'augmenter les recettes fiscales ; elle réduit par ailleurs la faculté d'évitement de l'impôt de certains contribuables, et limite l'« effet LAFFER » de réduction des bases en fonction du taux d'imposition.

La réappropriation des bases fiscales par les États suppose, en plus des initiatives nationales d'autocontrôle de leurs dépenses fiscales (avec l'examen régulier de leurs effets et de leur opportunité[123]), une coopération internationale renforcée. Dans un contexte d'économie mondialisée, le succès de l'entreprise de réappropriation des bases repose de fait sur la capacité des États à contrôler les transferts de bases d'un État à un autre. La limitation, ou du moins le contrôle du transfert des bases – des actifs – entre États constitue en outre une incitation supplémentaire à coopérer : si le dilemme du prisonnier met en avant l'intérêt individuel des États à faire défaut (à réduire leurs taux d'imposition) en cas de bases parfaitement mobiles[124], la réduction de cette mobilité diminue d'autant cet intérêt. Dans l'hypothèse de bases parfaitement « immobiles », les contribuables n'ont plus de choix dans la territorialité et donc dans le système fiscal qui les impose ; les États ne souffrent plus alors de concurrence. En revanche, dans le cadre actuel d'interdépendance économique mondiale, la coopération sur les bases ouvre des opportunités de consensus – du moins partiels –, d'ententes sur des intérêts communs. À cet égard, il n'est pas anodin que les projets de coopération fiscale les plus aboutis concernent d'abord les bases fiscales plutôt que les taux. Le projet le plus représentatif de cette coopération reste à ce jour le projet *Base Erosion and Profit Shifting* (*BEPS*) de l'OCDE – et ses suites. De même, au niveau européen, la TVA communautaire constitue avant tout un système harmonisé sur les bases – les taux, bien qu'encadrés, restent au choix final des États.

Ces projets répondent notamment à la prééminence des grands groupes internationaux dans l'économie mondiale, qui donne aux bases fiscales une dimension internationale et, dans certains secteurs, de plus en plus volatile. La numérisation de l'économie en particulier permet aujourd'hui à ses principaux acteurs de disposer d'une activité importante dans des juridictions fiscales dans lesquelles ils ne sont pourtant pas présents physiquement. Plus une base fiscale est volatile, plus elle fait l'objet de schémas d'optimisation fiscale internationale, et plus elle suscite de concurrence fiscale entre États. Cet état de fait justifie en partie la diminution des taux de certaines impositions au détriment de bases fiscales moins mobiles qui sont taxées davantage pour compenser le manque à gagner. Les États ont ainsi tendance à surimposer les revenus du travail par rapport aux revenus du capital.

La coopération fiscale internationale en matière de bases permettra ainsi à terme aux États de rééquilibrer leurs systèmes fiscaux entre les différentes

---

[123] V. n°s 142 et suivants.

[124] V. Tableau 6, p. 129.

bases fiscales, pour se reconcentrer sur l'appréhension des capacités contributives et neutraliser la sous-imposition effective des bases les plus mobiles.

154. **La coopération à l'objectif de rendement.** À travers l'objectif de rendement nécessairement poursuivi par les États au sein de leurs politiques fiscales, c'est autant le but que le principal moteur de la coopération fiscale internationale qui est ici identifié.

L'objectif de rendement justifie aussi bien la recherche directe des financements des politiques publiques que la mise en œuvre de la coopération, dont les intérêts peuvent être illustrés par le dilemme du prisonnier. Il apparaît clairement que cet objectif n'est pas l'apanage d'économies en développement mais touche aussi bien les économies développées, et plus encore dans le climat actuel de crises répétées.

De plus en plus d'États[125] coopèrent de plus en plus[126]. En outre, d'autres acteurs ont investi la coopération fiscale internationale. Les contribuables y ont en particulier une influence directe tant dans l'édiction de la norme – en tant que citoyens ou lobbyistes – que dans son application – le contribuable *in fine* décidant de son lieu de résidence réelle, de la localisation de ses activités réelles, d'exercer ou non cette activité, etc. *A priori*, les intérêts des contribuables et des juridictions fiscales divergent, les recettes des secondes étant constituées de prélèvements sur les premiers. Pourtant, ces dernières années, l'appréhension des problématiques fiscales par les contribuables, personnes physiques ou morales, a évolué. Le rôle de l'État et de sa politique fiscale et financière dans l'économie a ainsi été mis en avant dans un contexte de crises répétées[127] et la logique de la régulation a progressivement gagné les entreprises, passant par l'étape de l'autorégulation et par l'intégration de la *compliance* fiscale à un ensemble plus large de responsabilité sociétale des entreprises[128]. Certaines affaires médiatisées au cours des années 2010 – par

---

[125] Cet accroissement géographique du cadre de la coopération fiscale internationale s'illustre notamment dans le succès du cadre inclusif du BEPS, réunissant 138 pays et juridictions fiscales (v. Partie 2)

[126] La mise en œuvre du BEPS, avec l'adoption de l'instrument multilatéral modifiant les conventions fiscales, ainsi que les suites du BEPS – notamment le BEPS 2.0 – illustrent, parmi de nombreux autres exemples, l'accroissement de la coopération fiscale internationale (v. Partie 2).

[127] Le rôle de l'État et des finances publiques est régulièrement questionné à l'aune des crises économiques. Quant aux finances publiques face à la crise du Covid-19, v. not. les actes du colloque du Centre d'études fiscales et financières « Quoi qu'il en coûte ? », *in Gestion & Finances publiques*, 2021, n° 3-4. Sur le même sujet, v. aussi le dossier « Covid-19 et finances publiques comparées (Allemagne, Espagne, France, Italie, Luxembourg, RU et USA) », *in Revue française de finances publiques*, n° 154, 2021, pp. 3-102.

[128] V. en particulier Daniel GUTMANN *et alii*, « La responsabilité sociale des entreprises, un nouvel enjeu fiscal », actes du colloque organisé le 24 mai 2011 à la Sorbonne par le Master 2 professionnel de droit des affaires et fiscalité, le département Sorbonne Fiscalité (ex-centre de recherche de fiscalité de l'université Paris I), l'École de droit de la Sorbonne et HEC, *Droit fiscal* n° 6, 9 février 2012, ét.

ex. les *Offshore Leaks* en 2013, les *Luxembourg Leaks* en 2014, les *SwissLeaks* en 2015, les *Panama Papers* en 2016, les *Paradise Papers* en 2017, mais aussi les *FinCEN Files* en 2020 et les *Pandora Papers* en 2021 – ont contribué à susciter chez les contribuables une réprobation à l'égard des comportements d'évitement fiscal, et le souhait d'une coopération fiscale internationale renforcée pour lutter contre.

Ce souhait s'inscrit de manière générale dans un *objectif global de justice fiscale*. Cet objectif de justice, plus socialement avouable que celui de rendement, est de plus en plus invoqué dans le cadre de la coopération fiscale internationale. Un rendement suffisant demeure toutefois la condition *sine qua non* d'une telle justice fiscale. L'invocation répétée de la justice fiscale dans les communications internationales ne fait que renforcer l'objectif sous-jacent de rendement qui la conditionne.

---

131. V. aussi Kevin JESTIN, « De la perception du concept de Responsabilité Sociétale de l'Entreprise (RSE) à sa transposition dans le domaine fiscal », *Revue européenne et internationale de droit fiscal*, n° 2020/1, pp. 129-143.

Conclusion du chapitre

155. **Le rendement comme fonction de l'impôt et du système fiscal international.** Fonction première de l'impôt, le financement de l'action publique fonde l'intérêt premier des États à coopérer. La préservation du rendement budgétaire de l'impôt est un objectif commun à tous les États, que ce soit *a minima* pour financer les besoins des fonctions primaires étatiques, ou de manière plus large pour permettre la mise en place d'une véritable politique fiscale. En ce sens, l'objectif commun de rendement budgétaire fonde la base de la coopération fiscale internationale, et, partant, du système fiscal international. Le rendement budgétaire donne ainsi au système fiscal international un objectif pragmatique.

Au fur et à mesure du développement de la coopération fiscale internationale, cet objectif fondamental est néanmoins moins invoqué que celui qui en est le revers nécessaire : l'objectif de justice fiscale.

Chapitre 2 :
L'objectif dynamique de justice fiscale

156. **La notion de justice fiscale.** Si le rendement budgétaire constitue un objectif pragmatique du système fiscal international, la justice fiscale constitue un objectif plus théorique. Il complète néanmoins l'objectif de rendement, en renvoyant le système fiscal international aux fonctions mêmes de l'impôt.

Bien davantage invoquée à l'appui des mutations de la fiscalité internationale que l'idée de rendement budgétaire, la notion de justice fiscale a acquis un statut particulier depuis les années 2000. La notion de justice fiscale est plus attrayante que le rendement fiscal, en particulier auprès des contribuables ; elle est néanmoins beaucoup plus abstraite, et résiste à une conceptualisation formelle. Il est généralement admis que « la notion de justice fiscale ne [peut] être que relative, subjective et contingente, variable en fonction des temps, des lieux et des hommes, diverse selon les disciplines, malléable à souhait au cœur de chaque doctrine »[1].

Il y a autant de définitions de la justice fiscale que d'auteurs qui l'aient étudiée[2]. Nombre de présentations contemporaines de la justice fiscale reposent encore sur la définition aristotélicienne de la justice distributive. D'autres études plus spécifiques abordent la fiscalité par le prisme de définitions plus récentes de la justice, comme celle de John RAWLS[3] ou celle de Jürgen HABERMAS[4]. Elles interrogent en particulier le rapport entre la

---

[1] Selon les mots du professeur Albert RIGAUDIÈRE en préface des actes du colloque « Regards croisés sur la justice fiscale (Xe-XXIe siècle). Égalités ou statuts particuliers ? », tenu les 4 et 5 avril 2019 à Amiens : Emmanuel DE CROUY-CHANEL, Crédric GLINEUR & Céline HUSSON-ROCHCONGAR (dir.), *La justice fiscale (Xe-XXIe siècle)*, Bruxelles, Bruylant, coll. Finances publiques, 2020, p. 13.

[2] V. not. Alexandre DUMONT, *La justice en droit fiscal*, thèse dactylographiée, Paris 1, 2016. V. aussi, sur différentes définitions du concept de justice, transposables à la matière fiscale : Léon CHAZELLES, *L'idée de justice en matière fiscale* (Université de Paris, 1912), Paris, Giard et Brière, 1912, not. pp. 5-19.

[3] V. par ex. Peter HONGLER, *Justice in International Tax Law*, Amsterdam, IBFD, 2019, 581 p.

[4] V. par ex. Cees PETERS, *On the Legitimacy of International Taxation*, Amsterdam, IBFD, IBFD Doctoral Series vol. 31, 2014, 452 p.

justice fiscale et la justice sociale, et peuvent s'inscrire dans un courant plus vaste de la sociologie fiscale[5].

La notion de justice fiscale peut enfin être ramenée, dans une tentative de juridicisation, au principe d'égalité devant l'impôt, pris dans ses deux branches[6] : l'égalité devant la loi fiscale[7] et l'égalité devant les charges publiques[8]. C'est en ce sens que le professeur Loïc PHILIP introduit sa définition de la justice fiscale ainsi :

> « Ce concept n'est pas facile à définir, car il comporte des exigences difficilement conciliables découlant de l'article 13 de la Déclaration de 1789. La contribution commune est indispensable, mais elle doit être également répartie entre tous les citoyens en raison de leurs facultés. »[9]

Il semble néanmoins que ce ne soit pas sur cette dernière approche que se fondent les invocations répétées à la justice fiscale dans le cadre international. La justice fiscale y relève davantage de la légitimation – parfois volontairement vague – de processus globaux de mutation des règles fiscales internationales. Elle est l'argument clef en faveur du développement massif de la coopération internationale en matière fiscale[10].

157. **La justice fiscale internationale à la croisée des chemins du système fiscal international.** En tant que justification de la coopération fiscale internationale, la notion de justice fiscale internationale se situe au carrefour des intérêts de l'ensemble des acteurs du système fiscal international : elle s'inscrit aussi bien dans les intérêts des contribuables

---

[5] V. *infra* n° 127.

[6] V. Olivier FOUQUET, « Le Conseil constitutionnel et le principe d'égalité devant l'impôt », *N3C* 2011, n° 33, pp. 7-13.

[7] C'est-à-dire l'application en matière fiscale du principe d'égalité de tous les citoyens devant la loi consacré à l'article 6 de la Déclaration des droits de l'Homme et du citoyen de 1789 :

> « La Loi est l'expression de la volonté générale. Tous les Citoyens ont droit de concourir personnellement, ou par leurs Représentants, à sa formation. Elle doit être la même pour tous, soit qu'elle protège, soit qu'elle punisse. [...] »

[8] Telle que consacrée par l'article 13 de la Déclaration des droits de l'Homme et du citoyen :

> « Pour l'entretien de la force publique, et pour les dépenses d'administration, une contribution commune est indispensable : elle doit être également répartie entre tous les citoyens, en raison de leurs facultés. »

[9] Loïc PHILIP, « Justice fiscale », *in* Gilbert ORSONI (dir.), *Finances publiques : Dictionnaire encyclopédique*, Paris, PUAM, Economica, coll. Finances publiques, 2e éd., 2017, p. 570. Un lien est fait ici entre la justice fiscale et le principe de nécessité de l'impôt, prévu aux articles 13 et 14 de la DDHC, et dont est déduit l'objectif à valeur constitutionnelle de lutte contre la fraude et l'évasion fiscales ; v. n° 76 ci-dessus. V. aussi Alexandre DUMONT, « Le citoyen et la nécessité de l'impôt (contribution autour des articles 13 et 14 de la Déclaration des droits de l'homme et du citoyen) », *in* Jean-François BOUDET & Xavier CABANNES (dir.), *Finances publiques citoyennes*, Paris, LGDJ, 2017, pp. 37-44.

[10] Jeremy LEAMAN & Attiya WARIS, « Why Tax Justice Matters in Global Economic Development », *in* Jeremy LEAMAN & Attiya WARIS (eds.), *Tax Justice and the Political Economy of Global Capitalism, 1945 to the Present*, New York, Berghahn, 2013, pp. 1-16.

(**Section 1**) que dans ceux des juridictions fiscales (**Section 2**). Dans un cas comme dans l'autre, un besoin accru de justice fiscale apparaît au tournant du millénaire, besoin duquel procède la systématisation de la coopération fiscale internationale.

Section 1 : La justice fiscale pour les contribuables

158. **La recherche de justice fiscale par le contribuable.** Si l'objectif de rendement est un objectif des États, la justice fiscale est un objectif plus transversal car partagé par les contribuables eux-mêmes. Du point de vue du contribuable, la justice fiscale est une notion ambigüe, interrogeant dans un premier temps son rapport personnel à l'État (**§ 1**), puis, suivant la mondialisation et l'internationalisation des problématiques fiscales, son rapport aux autres citoyens-contribuables (**§ 2**).

§ 1 : Le rapport personnel à l'impôt

159. **Injustice fiscale et résistances à l'impôt.** Historiquement, l'aspiration des contribuables à la justice fiscale se manifeste davantage comme une opposition à une injustice fiscale. L'adhésion des contribuables à un système fiscal repose d'abord sur un refus de ce qui pourra être perçu comme une injustice personnelle (injustice fiscale), et le rapport du contribuable au système fiscal international s'inscrit dans la même logique.

Cette opposition à l'injustice fiscale se manifeste régulièrement au niveau national. Son expression la plus concrète réside dans les mouvements de résistance à l'impôt qui émaillent l'Histoire. Ces mouvements suivent l'évolution des rapports entre gouvernants et gouvernés, puis entre État et citoyen : à bien des égards, ils permettent d'illustrer l'évolution des sociétés et la construction de l'État moderne.

Les résistances à l'impôt peuvent être réunies en deux ensembles de comportements : les comportements individuels d'évitement de l'impôt d'une part et les comportements collectifs de soulèvement contre l'impôt d'autre part.

Les soulèvements contre l'impôt, c'est-à-dire les révoltes fiscales, sont des phénomènes historiques et sociaux récurrents dans l'Histoire : par exemple en France, des antiques bagaudes aux révoltes industrielles des canuts, en passant par la Grande Jacquerie de 1358, le rejet de l'imposition – injuste car excessive – traverse l'histoire des insurrections autant que celle des institutions. Le rapport à l'impôt se confond alors avec le rapport au gouvernant : si certaines de ces révoltes ont surtout marqué l'histoire par leur répression, certaines ont mené à des évolutions politiques et juridiques importantes, comme la consécration du consentement à l'impôt. Des expressions plus récentes de telles résistances de groupe, populaires, à l'impôt sont parfois considérées dans des mouvements de manifestations portant des revendications fiscales tels que ceux des « bonnets rouges »[11] ou des « gilets jaunes ».

S'inscrivant en réaction de l'imposition considérée comme un phénomène légal, l'évitement de l'impôt couvre quant à lui l'ensemble des comportements compris entre la simple astuce fiscale et la fraude caractérisée. Sauf à considérer l'impôt comme intrinsèquement injuste, l'évitement de l'impôt n'est pas exclusivement attribuable à l'injustice fiscale. Si de tels comportements sont présents dès l'Antiquité[12], ils ont pris néanmoins une dimension particulière dans le contexte de mondialisation des XXe et XXIe siècles.

160. **Rapport entre réactions individuelle et collective.** Le rapport entre réaction individuelle et réaction collective, c'est-à-dire entre l'évitement fiscal et le soulèvement populaire, se conçoit *a priori* comme un rapport d'intensité. Un système fiscal *juste*, c'est-à-dire perçu comme tel par les contribuables, devrait faire l'objet de peu de résistances. Un système considéré comme moins juste fera l'objet d'oppositions individuelles, les contribuables les plus exposés à l'injustice étant tentés d'éviter de subir cette injustice et d'éviter l'imposition. Un système fiscal devenant plus injuste encore pourra alors fédérer les mécontents contre lui, et voir l'apparition d'un soulèvement à son encontre pour le renverser.

Cette approche ne permet toutefois pas de rendre compte de l'ensemble des résistances fiscales, en particulier dans le contexte de la fiscalité des XXe et XXIe siècles d'une part, et de l'économie mondialisée d'autre part.

161. **Personnalité et progressivité de l'impôt.** Le début du XXe siècle se caractérise par une métamorphose de la fiscalité, passant d'une fiscalité

---

[11] Les manifestations des « bonnets rouges » de 2013, opposés à l'Écotaxe, se référaient directement aux révoltes des « bonnets rouges » de 1675, s'opposant à plusieurs augmentations de la fiscalité – notamment sur le papier timbré (timbre fiscal), le tabac et l'étain.

[12] Les exemples fleurissent dès l'Antiquité. Le deuxième livre des *Économiques* attribué à Aristote mentionne diverses anecdotes directement liées aux besoins de financement des princes et de la résistance de citoyens à payer un impôt jugé excessif. Par exemple, sous le règne de Denys de Syracuse (V[e]-IVe siècles av. JC) (selon ARISTOTE, *Les Économiques*, trad. Ferdinand HOEFER, Livre second, pt. XXI) :

> « Les citoyens accablés d'impôts ne nourrissaient plus de bestiaux. Denys voyant cela, leur dit qu'il avait, pour le moment, assez de revenus, et que désormais les propriétaires de troupeaux seraient exempts d'impôts. Cette promesse engagea donc beaucoup de gens à acquérir des troupeaux. Mais lorsqu'il crut le moment favorable, il ordonna un recensement et rétablit l'impôt. Les citoyens, indignés de se voir dupés, tuèrent leurs bestiaux et les vendirent. Et comme il fit porter un règlement déterminant le nombre des bestiaux qui devaient être tués par jour, les Syracusains, de leur côté, les offrirent en sacrifice. Alors il leur défendit de sacrifier aucun animal femelle. »

indirecte, sur les *choses*, à une fiscalité directe, sur les *personnes*[13]. Or la personnalisation de l'impôt est concomitante à la mise en place de la progressivité.

Si des premières propositions de progressivité sont faites dès la Révolution en France, celle-ci n'apparaît dans la fiscalité française qu'à l'aube du XXe siècle, menée en particulier par Joseph CAILLAUX[14]. Dès 1900, la loi sur la contribution mobilière à Paris introduit le principe de progressivité au sein d'une imposition locale ; en 1901 la loi sur les successions est refondue pour intégrer un barème progressif, introduisant la notion au niveau national ; en 1905 est adoptée une loi sur la patente des grands magasins, appliquant une nouvelle forme de progressivité[15]. La progressivité est finalement consacrée à travers la loi organique de l'impôt général et progressif sur le revenu, en 1914[16]. Cette dernière s'inspire en particulier de l'*income tax* progressif

---

[13] En ce sens, il s'agit d'un renversement du rapport à l'imposition directe, laquelle est jusqu'alors davantage assimilée soit à l'impôt de capitation, pesant sur les personnes, mais non personnalisé, soit à des impositions proportionnelles sur des richesses mal évaluées, et mal évaluables – problème classique de l'impôt foncier. Adolphe THIERS, discutant *De la propriété* en 1848, défendait ainsi la supériorité de l'impôt indirect sur l'impôt direct (Adolphe THIERS, *De la propriété*, Paris, Paulin, Lheureux et Cie, 1848, pp. 406-407) :

> « L'impôt indirect est [...] l'impôt des pays avancés en civilisation, tandis que l'impôt direct est celui des pays barbares. La première chose qu'un gouvernement sait faire, c'est de demander à chaque homme, à chaque terre une certaine somme. Les Turcs, le bâton à la main, savent bien percevoir le miri. Mais les gouvernements habiles, dans les pays prospères, savent, avec un prélèvement sur la richesse qui passe, se procurer des revenus abondants ; et tandis que la Turquie vit du miri, l'Angleterre vit de l'excise et des douanes, après avoir aboli l'impôt foncier. [...] En un mot, pays pauvre, pays esclave et impôt direct, avec le doublement, le triplement de l'impôt pour ressource extraordinaire, sont des faits toujours unis. Pays riche, pays libre, et impôt indirect, avec le crédit pour ressource extraordinaire et illimitée, sont encore des faits tout aussi constamment unis que les précédents. »

Pour Gabriel ARDANT, cette défense de l'impôt indirect par THIERS illustre l'esprit de la fiscalité du XIXe siècle, favorisant en particulier les épargnants et les chefs d'entreprises, dans un régime qui « était l'expression presque parfaite des intérêts d'une classe » et dont THIERS se fait l'apologiste (Gabriel ARDANT, *Histoire de l'impôt, Livre II : Du XVIIIe au XXIe siècle*, Paris, Fayard, coll. Les grandes études historiques, 1972, pp. 350 *sqq.*). L'Histoire donne d'ailleurs rapidement tort à THIERS, l'Angleterre rétablissant dès 1852 son *income tax* (v. *infra*). Pour une analyse détaillée de l'œuvre et de la pensée fiscales d'Adolphe THIERS, v. Robert SCHNERB, « La politique fiscale de Thiers », *Revue historique*, t. 201, fasc. 2, 1949, pp. 186-212 et Robert SCHNERB, « La politique fiscale de Thiers », *Revue historique*, t. 202, fasc. 2, 1949, pp. 184-220. (Ces articles ont notamment été compilés *in* Jean BOUVIER & Jacques WOLFF (dir.), *Deux siècles de fiscalité française, XIXe-XXe siècle : histoire, économie, politique*, Paris, Mouton, coll. Le savoir historique, 1973, pp. 158-222.)

[14] François PIÉTRI, *Justice et injustice fiscale*, Paris, Éditions Tallandier, Collection du temps présent, 1933, p. 23.

[15] Loi relative à la contribution des patentes du 19 avril 1905 (*JORF* n° 110 du 21 avril 1905, p. 2513).

[16] François PIÉTRI, *Justice et injustice fiscale*, Paris, Éditions Tallandier, Collection du temps présent, 1933, pp. 23-24.

Prévu par les articles 5 à 25 de la loi de finances du 15 juillet 1914 (Loi portant fixation du budget général des dépenses et des recettes de l'exercice 1914, *JORF* n° 194 du 18 juillet 1914, pp. 6449-6450), l'impôt général sur le revenu devait entrer en vigueur au 1er janvier 1915 (art. 25). Son mis en place au Royaume-Uni de 1799 à 1802, puis de manière pérenne par l'*Income Tax Act* de 1852. Cet impôt fut repris notamment aux États-Unis, au niveau fédéral, dans le *Revenue Act* de 1862, puis supprimé en 1872, puis rétabli en 1894 (« *Wilson-Gorman Tariff Act* »), mais déclaré inconstitutionnel par la Cour suprême des États-Unis[17], et enfin définitivement adopté en 1913, grâce au XVIe Amendement de 1909[18]. Des impôts sur le revenu sont progressivement mis en place, en Suède en 1861, en Italie en 1864, au Japon en 1867, en Saxe en 1874, dans le grand-duché de Bade en 1884 et dans d'autres États allemands entre 1891 et 1903[19]. La plupart des pays adoptèrent finalement des systèmes progressifs d'imposition personnelle comparables au cours de la première moitié du XXe siècle.

La mise en place de tels systèmes fiscaux, personnels et progressifs, procède d'une recherche de justice fiscale. Comme le remarquait François PIÉTRI en 1933, commentant la tendance marquée à partir des années 1890 des parlementaires et des gouvernements successifs à se saisir de la question de la progressivité :

> « Ce qui domine cette tendance, ce n'est pas tant l'idée d'une imposition globale des revenus, opposée à leur imposition par catégories, ni celle du procédé de la déclaration opposé à celui de la taxation d'office, puisque, à la vérité, suivant les systèmes proposés, ces notions varient ou se combinent entre elles... Non, le souci qui les marque tous, c'est la volonté de distinguer enfin, socialement, dans la créance de l'État sur les ressources de chacun, *le nécessaire et le superflu*, et de parvenir, au moyen d'une échelle de taxation graduée, à frapper l'un moins fortement que l'autre. »[20]

162. **Individualisation du rapport à l'impôt.** La mise en place d'impôts personnels et progressifs sur le revenu a transformé le rapport entre les contribuables et l'impôt, et la perception que les premiers peuvent avoir de la justice fiscale. Par la « personnalisation » de l'impôt, son montant varie d'un contribuable à un autre, réduisant la solidarité contre l'impôt à l'origine des phénomènes de révoltes fiscales. Par l'indexation sur les revenus, l'excès d'impôts pour les uns pourra de fait être perçu comme un excès de revenus par les autres.

---

application est néanmoins suspendue dans le contexte du début de guerre, et finalement actée en 1916.

[17] *Pollock v. Farmers' Loan & Trust Company*, 157 U.S. 429 (1895) ; 158 U.S. 601 (1895).

[18] Le XVIe Amendement permet en effet de contourner la jurisprudence *Pollock*, en disposant : « The Congress shall have power to lay and collect taxes on incomes, from whatever source derived, without apportionment among the several States, and without regard to any census or enumeration. »

[19] Gabriel ARDANT, *Histoire de l'impôt, Livre II : Du XVIIIe au XXIe siècle*, Paris, Fayard, coll. Les grandes études historiques, 1972, p. 374.

[20] François PIÉTRI, *Justice et injustice fiscale*, Paris, Éditions Tallandier, Collection du temps présent, 1933, p. 25.

La personnalisation tend ainsi à l'individualisation du rapport à l'impôt et, partant, du rapport à la justice fiscale. Celle-ci se conçoit alors davantage d'un point de vue individuel, alors même que l'impôt, sur la même période, vient financer de plus en plus de dépenses sociales, conçues dans un intérêt collectif. La première moitié du XXe siècle voit ainsi se creuser l'écart entre la perception sociale de la fiscalité – individualisée – et celle des finances publiques – socialisée. Cet écart est susceptible de fausser l'appréhension de la justice fiscale par le contribuable, l'impôt prélevé étant de plus en plus décorrélé des besoins qu'il finance.

Face à l'imposition sur le revenu, dont les taux marginaux peuvent être importants, le contribuable dispose en outre de nouvelles opportunités d'évitement. L'impôt sur le revenu intègre dès sa création plusieurs niches fiscales. En outre, l'impôt sur le revenu est un impôt *déclaratif*, offrant ainsi une facilité de fraude au contribuable qui peut être tenté de procéder à une déclaration insincère. Ces nouvelles opportunités de fraude contraignent le législateur à devoir adapter la législation fiscale pour lutter contre, sous peine de devoir composer avec la fraude. François PIÉTRI critiquait ainsi qu'une augmentation des taux de l'impôt sur le revenu soit justifiée par la « nécessité de compenser une part de dissimulation jugée obligatoire »[21].

163. **L'internationalisation des situations fiscales.** À partir de la deuxième moitié du XXe siècle, les systèmes fiscaux nationaux doivent faire face à l'internationalisation de l'économie. Les composantes de la fiscalité s'internationalisent, la période étant marquée par l'accroissement massif de la circulation internationale des personnes, des marchandises et des capitaux.

Le cadre international renforce, dans le rapport du contribuable à l'impôt, la comparaison par rapport aux systèmes fiscaux étrangers. Ainsi, le concept de « pression fiscale » apparaît pour comparer les systèmes fiscaux entre eux, mettant généralement l'accent sur la part des prélèvements obligatoires dans le produit intérieur brut, sans prendre en compte l'utilité des prélèvements. De tels concepts sont susceptibles d'accentuer l'écart dans la perception de l'impôt entre l'importance du prélèvement et les besoins qu'il finance. Un sentiment d'injustice est susceptible de naître chez des contribuables

[21] *Ibid.* p. 63, et d'ajouter (pp. 63-64) :

« Quoi qu'il en soit d'une fraude dont je ne dirai point, certes, qu'elle est légitime, mais dont j'ai le droit de dire qu'elle est, en pareille occurrence, inévitable, il va de soi qu'elle est génératrice elle-même d'injustice fiscale, puisqu'elle détermine, en fait, l'infériorité du bon contribuable sur le mauvais et que, dans la mesure où elle échappe à un contrôle insuffisant, elle consacre un véritable privilège au profit de ses auteurs.

« Quant à la distribution de la fraude entre les différents types d'impôts, il va de soi, tout d'abord, que l'ancienne taxation indiciaire excluait, par définition même, tout risque d'insincérité. Par ailleurs, la fraude sur la plupart des droits indirects, plus couramment appelée : contrebande, est une fraude purement matérielle, sanctionnée par tout un appareil de force et dont la prévention, ou la répression, sont affaire de personnel et d'autorité.

« En réalité, la fraude maligne, la fraude endémique et difficilement saisissable, *apparaît avec la procédure de la déclaration*, par conséquent avec l'éclosion de l'impôt personnel. »

comparant les systèmes fiscaux sur de telles notions. L'évitement fiscal consistera alors à délocaliser dans un pays bénéficiant d'une fiscalité moins « lourde », qui ses capitaux, qui sa production, qui enfin sa personne.

Le cadre international augmente ainsi les possibilités d'évitement de l'impôt, avec le développement global de l'évasion fiscale internationale. Celle-ci crée une inégalité entre les contribuables (personnes physiques comme morales), entre ceux pouvant bénéficier, par l'internationalisation, d'impositions réduites, et ceux restés au niveau national qui ne peuvent en faire autant[22].

164. **L'ambigüité de l'évitement fiscal.** Le rapport des citoyens à l'évitement fiscal, pour soi et pour les autres, en particulier à l'international, se fait sous deux rapports antagonistes à la justice fiscale.

Dans un premier temps, l'évitement fiscal peut être conçu comme la réaction à une injustice supposée : l'impôt étant excessif, injuste, ce n'est que rétablir la justice fiscale que de l'éviter. Plus l'impôt sera considéré comme injuste, plus les moyens de l'éviter seront ainsi « justifiés ». L'évitement de l'impôt est alors considéré comme un acte de bonne gestion, dont il faut se féliciter. Cette conception inspire la sémantique fiscale dans des expressions comme celle d'« optimisation fiscale » – généralement conçue comme une minimisation fiscale – ou, de manière plus directe, celle de « paradis fiscal ». Si l'optimisation renvoie à une logique mécanique, voire arithmétique, le paradis illustre la dimension morale qui se dessine en filigrane de l'évitement

---

[22] Des inégalités dans la mobilité des bases taxables sont démontrées empiriquement. L'inégalité de mobilité la plus flagrante figure entre le capital et le travail. Le Conseil des prélèvements obligatoires dans son rapport de 2009 relève notamment (Conseil des prélèvements obligatoires, *Les prélèvements obligatoires des entreprises dans une économie globalisée*, Paris, La Documentation française, 2009, pp. 16-17) :

> « Cette inégale mobilité des bases fiscales est vérifiée empiriquement. On trouve bien une relation croissante dans le cas des prélèvements sur le travail : une hausse d'un point du coin fiscal élève en moyenne de 2,5 % les recettes fiscales correspondantes. Dans le cas de l'impôt sur les sociétés (IS), la relation est beaucoup moins nette : élever le taux d'imposition ne semble pas être une garantie d'obtenir des recettes plus importantes, comme si les pays européens se situaient de part et d'autre du sommet de la courbe de Laffer. »

En revanche, le Conseil dans son rapport prend pour hypothèse la parfaite mobilité du capital. Cette simplification ne saurait occulter la variation de mobilité qu'il peut exister au sein d'une même base – selon le secteur d'activité, le contexte géopolitique, etc. Comme le souligne le professeur Tsilly DAGAN, la mobilité et la compétition fiscale qu'elle engendre ne bénéficient qu'à certains (Tsilly DAGAN, « Re-Imagining Tax Justice in a Globalised World », *in* Dominic DE COGAN & Peter HARRIS (eds.), *Tax Justice and Tax Law: Understanding Unfairness in Tax Systems*, Oxford, Hart Publishing, 2020, p. 185) :

> « [...] Mobility, the relocation options it opened up, and the opportunities for fragmentation of one's attributes and activities have allowed *some* taxpayers to opt for lower taxes. This has put states in a serious dilemma: how should states deal with these options? [...] »

V. aussi Peter DIETSCH, *Catching Capital : The Ethics of Tax Competition*, New York, Oxford University Press, 2015, 254 p.

de l'impôt : le paradis accueille les justes, sauvés (ou qui se sauvent eux-mêmes) de la damnation et de l'injustice des enfers fiscaux.

Dans un second temps, l'évitement fiscal crée une rupture d'égalité entre citoyens et entre entreprises susceptible de faire naître un sentiment d'injustice fiscale. L'injustice est double : ceux qui évitent l'impôt paient moins d'impôts que ceux qui ne l'évitent pas ; mais ce moins d'impôts payés crée un manque à gagner pour l'État, qu'il doit compenser en en reportant la charge sur ceux qui paient l'impôt. Les contribuables justes sont doublement pénalisés, notamment sur le plan concurrentiel en ce qui concerne les entreprises.

Cette perception d'une injustice ne peut toutefois se développer que chez les contribuables conscients des inégalités créées. Celles-ci ont été finalement médiatisées, en particulier depuis le début du XXIe siècle, permettant aux contribuables d'intégrer l'internationalité dans leur rapport à l'impôt.

§ 2 : L'internationalisation du rapport à l'impôt

165. **Les deux phases de développement de l'économie *offshore*.** Au centre de l'injustice fiscale internationale se situent les « paradis fiscaux », « passagers clandestins » du jeu de la fiscalité internationale qui offrent des opportunités aux contribuables d'autres États, selon des modèles souvent très différents, des solutions pour échapper à l'impôt. Les « paradis fiscaux » relève d'un ensemble non juridiquement encadré : la notion renvoie davantage à la perception d'une juridiction fiscale par d'autres juridictions ou par les contribuables qu'à des critères objectifs. Cette notion subjective est néanmoins au cœur de la construction du système fiscal international, et en comprendre l'histoire participe de son identification.

L'histoire des « paradis fiscaux » n'est pas linéaire, et peut-être retracée jusqu'à l'Antiquité[23]. Les « paradis fiscaux », tels qu'ils sont connus aujourd'hui, résultent néanmoins de deux périodes de mondialisation économique particulièrement importantes, à la fin du XIXe siècle et à la fin du XXe siècle (**Figure 6**).

---

[23] L'Athènes classique avait par exemple un système fiscal particulièrement développé et pratiquait notamment des réductions fiscales en faveur de politiques « internationales », pour attirer des étrangers ou certains types de marchandises (en particulier le blé) ; v. Peter FAWCETT, « "When I Squeeze You with *Eisphorai*" : Taxes and Tax Policy in Classical Athens », *Hesperia : The Journal of the American School of Classical Studies at Athens*, vol. 85, n° 1 (January-March 2016), pp. 153-199.

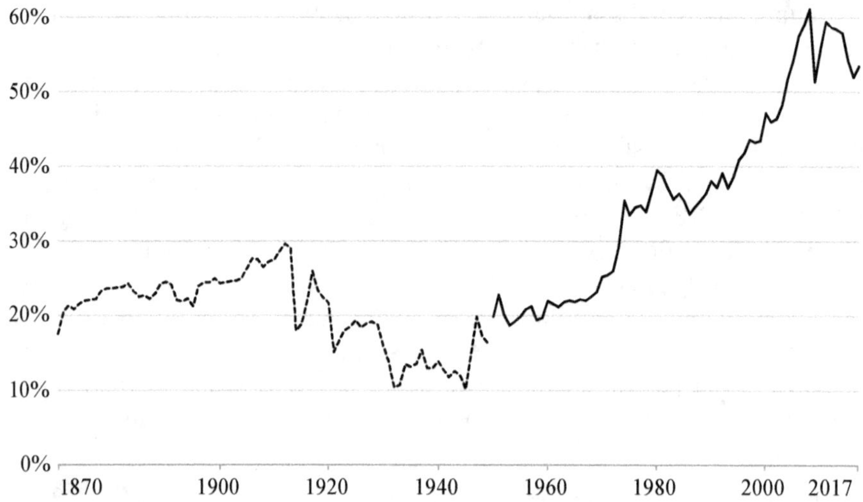

Figure 6 : Indice d'ouverture commerciale, de 1870 à 2017[24]

166. **L'apparition de l'économie *offshore* au XIXᵉ siècle.** Selon M. CHAVAGNEUX et le professeur PALAN[25], l'économie *offshore* est l'un des résultats de la confrontation, à la fin de la deuxième moitié du XIXᵉ siècle, de deux évolutions en principe opposées : une évolution politique d'une part, tenant à l'affirmation du modèle de l'« État-nation »[26], c'est-à-dire d'un État souverain et autonome, soumis à aucune autre loi que les siennes ; une évolution économique d'autre part, tenant à une forte mobilité des capitaux[27].

[24] L'indice d'ouverture commerciale correspond à la part du commerce international (somme des importations et des exportations) dans le PIB mondial. Source : Esteban ORTIZ-OSPINA & Diana BELTEKIAN, « Trade and Globalization », ourworldindata.org, 2014, m-à-j. octobre 2018. Données : Mariko J. KLASING & Petros MILIONIS, « Quantifying the Evolution of World Trade, 1870-1949 », *Journal of International Economics*, vol. 92, issue 1, January 2014, pp. 185-197 (en trait pointillé) ; Robert C. FEENSTRA, Robert INKLAAR & Marcel P. TIMMER, « The Next Generation of the Penn World Table », *American Economic Review*, 2015, vol. 105, n° 10, pp. 3150-3182 (en trait plein). L'évolution de cet indice illustre les deux « vagues » de mondialisation, la première allant du XIXᵉ siècle jusqu'à la Première Guerre mondiale, la seconde démarrant à la fin de la Seconde Guerre mondiale et prenant son essor à partir du milieu des années 1970.

[25] Christian CHAVAGNEUX & Ronen PALAN, *Les paradis fiscaux*, Paris, La Découverte, coll. Repères, 2012, pp. 28 *sqq*.

[26] Il faut entendre ici la notion d'État-nation au sens large. Le modèle de l'État-nation est d'ailleurs directement remis en cause par la mondialisation post-Guerre froide : v. Jean-François DAGUZAN, *La fin de l'État-nation ? De Barcelone à Bagdad*, Paris, CNRS éditions, coll. Débats, 2015, 64 p. ; v. aussi le dossier dirigé par Didier BILLION, « État, nation, mondialisation », *Revue internationale et stratégique*, 2016/2, n° 102, pp. 71-153.

[27] *Ibid.* Les auteurs relèvent notamment qu'« [e]n 1913, le stock d'investissements directs à l'étranger représente l'équivalent de 9 % du PIB mondial, un niveau qui ne sera de nouveau atteint que dans les années 1990. Les investissements étrangers dans les pays émergents de l'époque (Australie, Argentine...) représentent environ un tiers de leur PIB en 1914, un poids qui ne sera de nouveau atteint qu'au début des années 2000 » (pp. 28-29).

Ces évolutions étant *a priori* contradictoires – la souveraineté s'exerçant alors de manière plus contraignante sur un territoire dont les acteurs économiques s'affranchissent de plus en plus –, plusieurs solutions pratiques se sont imposées : le développement par les États du droit international public comme privé – répondant notamment aux conflits de lois et de juridictions ; la mise en place d'un réseau de traités commerciaux bilatéraux – ou traités bilatéraux d'investissement, destinés à protéger lesdits investissements ; un certain laissez-faire dans l'internationalisation des entreprises favorisant le développement de la *lex mercatoria* et de l'arbitrage international ; et encore la création de l'économie *offshore*, permettant à l'internationalisation capitaliste de contourner la rigueur des lois souveraines des États-nations[28]. Dans ce contexte, l'apparition des « paradis fiscaux » constitue autant une conséquence qu'un vecteur de l'internationalisation des capitaux.

La première période de mondialisation se distingue de la seconde, notamment par le contexte colonial de l'époque dans lequel s'exprime autant l'affirmation des souverainetés étatiques – considérant la souveraineté des métropoles sur leurs colonies – que la mondialisation économique – à travers les investissements coloniaux et l'exploitation des ressources. En 1914, le Royaume-Uni est le premier pays d'origine des investissements à l'étranger, en particulier à destination des pays en développement, suivi par la France et l'Allemagne[29], tandis que les États-Unis étaient alors la nation la plus endettée au monde vis-à-vis des investisseurs étrangers[30]. Les investissements directs à l'étranger sont alors destinés pour près des deux tiers (63 %) aux pays en développement. La répartition des investissements directs à l'étranger entre les États en développement, notamment entre les régions Afrique, Asie, et Amérique latine, évolue dans la période 1900-1914. Répartis de manière à peu près égale entre les trois régions en 1900, l'Afrique ne bénéficie pas de la même augmentation que l'Asie et l'Amérique latine : en 1914, elle ne bénéfice plus que de 11 % des investissements directs à l'étranger à destination des pays en développement, l'Asie de 33 % et l'Amérique latine de 55 %[31]. Cette évolution illustre le début du déclin des empires coloniaux au début du XXe siècle.

Les pratiques étatiques aux origines de ce qui sera ensuite qualifié généralement de « paradis fiscal » apparaissent dès la deuxième moitié du XIXe siècle, au sein de pays développés, en support de la mondialisation

---

[28] *Ibid.* pp. 30-32.

[29] Michael J. TWOMEY, « Patterns of Foreign Investment in the Third World in the Twentieth Century », 1998.

[30] Mira WILKINS, *The History of Foreign Investment in the United States to 1914*, Cambridge, Harvard University Press, coll. Harvard studies in business history, 1989, p. 145. V. aussi Mira WILKINS, « Foreign Investment in the U.S. Economy before 1914 », *The Annals of the American Academy of Political and Social Science*, vol. 516, July 1991, pp. 9-21.

[31] Statistiques calculées sur les données recueillies par Michael J. TWOMEY, « Patterns of Foreign Investment in the Third World in the Twentieth Century », 1998.

croissante. Le Royaume-Uni s'illustre notamment comme un pionnier dans le développement du droit fiscal international, et pour cause : avec l'apogée de son empire colonial à l'époque victorienne, il est l'un des premiers pays à être confronté aux questions posées par l'internationalisation des entreprises. Par exemple, la jurisprudence britannique est amenée à préciser le concept de résidence fiscale d'une entreprise dès 1876[32], en assujettissant à l'impôt britannique des entreprises ayant leur activité à l'étranger, mais dont le centre des décisions de gestion était situé au Royaume-Uni. La *Calcutta Jute Mills* dont l'activité de production avait lieu en Inde, mais qui était dirigée et contrôlée depuis Londres était donc imposable au Royaume-Uni[33]. L'identification des critères permettant d'établir la résidence fiscale d'une entreprise ouvrit néanmoins la porte à la manipulation de ces critères : dans les années 1900, certaines entreprises parviennent à transférer la localisation du contrôle de leur entreprise pour éviter l'imposition au Royaume-Uni – indépendamment du lieu de leur immatriculation. Cet état de fait est validé par la jurisprudence *Egyptian Delta Land & Investment Co.*[34] qui ouvre la voie *de facto* au développement d'une économie *offshore* : les revenus de source

---

[32] La problématique de la résidence d'une entreprise était déjà apparue dans des affaires non fiscales, notamment pour savoir si une entreprise américaine ayant une activité en Angleterre sans y avoir de structure juridique pouvait être poursuivie devant les juridictions anglaises : *Newby v. Von Oppen* (1872), L. R., 7 Q.B.

[33] *Calcutta Jute Mills v. Nicholson* (1876), 1 Ex. P. 428. De même pour la *Cesena Sulphur Mines*, dont l'activité de production avait lieu en Italie : *Cesena Sulphur Co. v. Nicholson* (1876), 1 Ex. P. 428. Cette solution posée par ces deux arrêts de la Cour de l'Échiquier fut confirmée par un arrêt de la Chambre des Lords en 1907, concernant le diamantaire *De Beers* exploitant ses mines en Afrique du Sud, mais dirigé depuis le Royaume-Uni (*De Beers Consolidated Mines, Ltd v. Howe* [1907] UKHL 626, 44 SLR 626, 45 SLR 626 (30 July 1907)). Le principe est ainsi consacré :

> « A company, for purposes of income-tax, resides in the country in which its real business is carried on, which means the country in which its central management and control are actually located. »

La définition du contrôle effectif a fait l'objet de nombreux débats jurisprudentiels. Dans un contexte similaire d'exploitations minières sud-africaines, l'affaire *Goerz & Co. v. Bell* (1904) 2 KB 136 (11 March 1904) a mis en avant l'attachement à la présence concrète d'un comité de direction effectif au Royaume-Uni, en particulier en l'absence de localisation prévue dans les statuts de l'entreprise. De même, dans une affaire relative à l'exploitation d'hôtels en Égypte, la présence d'un comité de direction au Royaume-Uni pouvait être ignorée si les réels pouvoirs de directions étaient exercés par des directeurs locaux (*Mitchell v. Egyptian Hotels, Ltd.* [1915] A. C. 1022, 1037). V. not. Ernst J. SCHUSTER, « The Nationality and Domicil of Trading Corporations », *Problems of the War*, 1916, vol. 2, Papers Read before the Society in the Year 1916 (1916), pp. 57-85. p. 70. La plupart de ces affaires s'inscrivent ainsi dans les rapports entre la métropole et les territoires de l'Empire britannique.

[34] *Egyptian Delta Land & Investment Co. v. Todd* (1929) AC 1. L'affaire peut être considérée dans la continuité de l'affaire *Mitchell v. Egyptian Hotels, Ltd.* (v. note *supra*) ; elle est surtout symptomatique des conséquences de l'affaire *De Beers Consolidated Mines, Ltd v. Howe* de 1907 : la même année, l'entreprise en cause, créée en 1904 à Londres et ayant son activité en Égypte, avait transféré son lieu de décision au Caire en y nommant un conseil de direction local, permettant ainsi d'éviter l'impôt britannique sur les revenus de l'entreprise (ce que valide la Chambre des Lords dans cette décision de 1929).

étrangère de sociétés britanniques peuvent par de tels montages être exonérés d'impôt eu Royaume-Uni[35].

Ce développement des règles fiscales internationales s'accompagne d'un infléchissement normatif de certains États pour profiter des opportunités qu'offre la relative flexibilité des entreprises dans leur localisation. C'est d'abord au sein d'États fédéraux qu'une concurrence pour attirer les entreprises apparaît : le New Jersey dans les années 1880 propose un plafonnement d'impôts aux entreprises qui s'y installent, afin d'attirer les sièges sociaux des plus grandes entreprises implantés dans les États de New York et du Massachusetts. L'État du Delaware, constatant le succès de la mesure, en fera autant en 1898. De telles pratiques apparaissent également en Suisse, en particulier à partir des années 1920, plusieurs cantons se faisant concurrence pour attirer les sièges des entreprises[36]. Ces pratiques s'associent alors au secret bancaire suisse, faisant de la Suisse l'un des « paradis fiscaux » privilégiés du XXe siècle. Amorcée par la première phase de mondialisation, l'économie *offshore* s'impose peu à peu dans l'économie mondiale ; elle connaît en outre un essor particulier lors de la deuxième phase de mondialisation, à partir des années 1970-1980.

167. **Le développement de l'économie *offshore* dans la deuxième moitié du XXe siècle.** À partir de la fin des années 1960, le « modèle fordiste » entre en crise aux États-Unis, crise qui s'étendit à l'ensemble des pays industrialisés dans les années 1970 et 1980[37]. Cette période est marquée par une série de crises financières et monétaires mondiales, initiée par la suspension par les États-Unis le 15 août 1971 du *Gold Exchange Standard*, c'est-à-dire la convertibilité du dollar en or sur laquelle était fondé le système financier international depuis les accords de Bretton-Woods – lequel est remplacé par le système des changes flottants, mis en place le 19 mars 1973 et confirmé par les accords de la Jamaïque du 8 janvier 1976. La dépréciation du dollar qui en résulte dans le courant de l'année 1973, associée au dépassement par les États-Unis de leur « pic de production » pétrolière en 1971, ainsi qu'aux tensions entre les pays arabes membres de l'OPEP et les États-Unis dans le contexte de la guerre du Kippour, déclenche en 1973 le premier choc pétrolier et une

---

[35] Pour une approche plus détaillée, v. not. Sol PICCIOTTO, « The End of Offshore? Regaining Public Control of Finance and Taxation in the Era of Globalization », *in* Mark P. HAMPTON & Jason P. ABBOTT (eds.), *Offshore Finance Centres and Tax Havens, The Rise of Global Capital*, Palgrave Macmillan, coll. Business, 1999, pp. 43-78, not. p. 49 ; une version plus courte de cet article a été publiée en français par l'auteur : Sol PICCIOTTO, « La naissance de l'offshore, les paradis fiscaux et le système international », *L'Économie politique*, n° 4, 1999, pp. 44-68. V. aussi Christian CHAVAGNEUX & Ronen PALAN, *Les paradis fiscaux*, Paris, La Découverte, coll. Repères, 2012, pp. 30-32 ; ou encore Antoine MOLÉ, *Les paradis fiscaux dans la concurrence fiscale internationale*, thèse de doctorat, Université Paris Dauphine-Paris IX, 2015, pp. 47 *sqq*.

[36] Christian CHAVAGNEUX & Ronen PALAN, *Les paradis fiscaux*, Paris, La Découverte, coll. Repères, 2012, pp. 29-30.

[37] Christian CHAVAGNEUX & Ronen PALAN, *Les paradis fiscaux*, Paris, La Découverte, coll. Repères, 2012, p. 48.

crise économique mondiale. De manière liée, le deuxième choc pétrolier de 1979 engendrera la crise monétaire des années 1980.

Dans ce contexte de remise en cause des modèles de production et de crises internationales, les entreprises doivent inventer de nouvelles stratégies pour dégager davantage de profits. L'internationalisation des grandes entreprises étant apparue dès la fin du XIXe[38], elles disposent d'une certaine « mobilité » sur le plan international. L'exploitation de cette mobilité à des fins d'évitement fiscal engendre dans les années 1970 et 1980 un important renforcement des politiques libérales, ainsi qu'un « véritable boom des pavillons de complaisance, des zones franches de production et des paradis fiscaux »[39], c'est-à-dire de l'économie *offshore*.

Ce développement s'inscrit dans un paysage international en pleine mutation. La décolonisation, d'une part, modifie le rapport aux pays en développement et introduit de nouveaux acteurs étatiques, ayant leurs propres intérêts, dans le « marché » fiscal international[40]. La Guerre froide, ses évolutions et sa fin transforment d'autre part les rapports de force entre les États, et la place sur la scène internationale des entreprises multinationales et des « paradis fiscaux »[41].

Dans ce contexte, le rapport aux « paradis fiscaux », et à l'économie *offshore* en général a évolué. Les États se sont emparés progressivement de la problématique, que ce soit pour lutter contre ou, au contraire, pour en tirer profit. De la même manière, si une minorité de contribuables en usent et abusent, la période est marquée par une progressive prise de conscience du phénomène par la majorité.

168. **L'évolution du rapport à l'économie *offshore* à l'aube du XXIe siècle.** Si les crises économiques ont continué de se répéter au cours du début du XXIe siècle, le rapport à l'économie offshore a évolué. Les « paradis

---

[38] Cette internationalisation s'amorce à partir des années 1860, tandis qu'« une vague d'entreprises multinationales prend son essor : le chimiste allemand Bayer s'installe aux États-Unis, le Français Air Liquide en Amérique latine, le Suédois Alfred Nobel investit en Allemagne et l'Américain Singer, celui des machines à coudre, s'installe en Écosse » (Christian CHAVAGNEUX & Ronen PALAN, *Les paradis fiscaux*, Paris, La Découverte, coll. Repères, 2012, p. 29).

[39] Christian CHAVAGNEUX & Ronen PALAN, *Les paradis fiscaux*, Paris, La Découverte, coll. Repères, 2012, p. 48.

[40] Pour une analyse détaillée, v. Vanessa OGLE, « 'Funk Money': The End of Empires, The Expansion of Tax Havens, and Decolonization as an Economic and Financial Event », *Past & Present*, vol. 249, issue 1, November 2020, pp. 213-249.

[41] La pratique des « paradis fiscaux » dans le contexte de Guerre froide a pu ainsi mener certaines colonies à préférer ne pas prendre leur indépendance, comme cela à pu être le cas pour plusieurs « paradis fiscaux » britanniques dans les Caraïbes, potentiellement menacés par la révolution cubaine. Les Bahamas n'ont ainsi acquis leur autonomie en 1973 qu'au cours d'une période de déclin de leur activité de « paradis fiscal » ; d'autres comme les îles Caïmans ou les îles vierges britanniques restent à ce jour des territoires britanniques d'outre-mer. V. Vanessa OGLE, « Archipelago Capitalism : Tax Havens, Offshore Money, and the State, 1950s-1970s », *American Historical Review* vol. 122, n° 5, December 2017, pp. 1 431-1 458, not. p. 1 442.

fiscaux » en particulier ont commencé à faire l'objet, à partir des années 1980 et 1990, d'analyses plus rigoureuses par les universitaires. Ils sont de plus en plus dénoncés dans les années 2000, des organismes institutionnels se penchant directement sur le problème, de même que des organismes privés (associations et autres ONG) comme le *Tax Justice Network* qui en dénoncent les effets. Dans les années 2010, la succession d'affaires très médiatisées d'évasions fiscales dans des centres financiers offshore attire l'attention du grand public sur la question fiscale internationale. En parallèle, certains scandales politico-financiers, comme, en France, l'affaire Cahuzac, témoignent de la perception désormais très négative de la fraude fiscale.

L'étude des différents facteurs dans la prise de conscience du phénomène d'évitement fiscal et dans l'évolution du rapport épidermique des contribuables-citoyens à l'évasion fiscale a fait l'objet de plusieurs travaux se rattachant au mouvement de la sociologie fiscale[42], le rapport à l'évitement fiscal renvoyant nécessairement à l'acceptation sociale de l'impôt, et donc à la justice sociale de l'impôt, et plus globalement à la justice fiscale[43].

169. **« Les théories des justices fiscales »[44].** Dans une société démocratique, le droit fiscal se veut le reflet de la conception de la justice fiscale de la société à laquelle il s'impose. Toutefois, un écart semble s'être creusé entre les conceptions de la justice fiscale telles qu'elles ont été théorisées au XIXe siècle et sur lesquelles se sont construits la plupart des systèmes fiscaux actuels et l'appréhension par nos sociétés contemporaines de cette même notion. Tel est notamment le constat du professeur Michel BOUVIER :

> « La fiscalité fait l'objet d'une charge idéologique très forte sous l'influence des conceptions de la société qui se sont affrontées au cours du XIXe siècle [...]. Or il existe un décalage de plus en plus important entre ces représentations et un contexte qui ne leur correspond plus guère. Aussi est-on conduit à s'interroger aujourd'hui sur le sens nouveau qui devrait lui être donné.
>
> « Il s'agit là d'un impératif car il n'est pas de société moderne qui puisse être et se penser solidaire sans que ceux qui en sont membres

---

[42] Pour le professeur Marc LEROY, la sociologie fiscale « s'intéresse à la construction et à l'évolution des institutions publiques autour de l'impôt, questionne la légitimité de l'État fiscal pour le citoyen, propose enfin une réflexion sur la justice fiscale et sur la démocratie financière » (Marc LEROY, « Découvrir la sociologie fiscale », *Regards croisés sur l'économie*, 2007/1, n° 1, p. 94). V. Marc LEROY, *Sociologie de l'impôt*, Paris, PUF, coll. Que sais-je ?, 2002, 125 p. ; Marc LEROY, *L'impôt, l'État et la société : la sociologie fiscale de la démocratie interventionniste*, Paris, Economica, coll. Finances publiques, 2010, 376 p. ; Nicolas DELALANDE & Alexis SPIRE, *Histoire sociale de l'impôt*, Paris, La Découverte, coll. Repères, 2010, 125 p.

[43] Marc LEROY, « Sociologie fiscale », *in* Gilbert ORSONI (dir.), *Finances publiques : Dictionnaire encyclopédique*, Paris, PUAM, Economica, coll. Finances publiques, 2e éd., 2017, pp. 827-833.

[44] Pour reprendre le titre d'un chapitre de l'ouvrage du professeur Michel BOUVIER, *L'impôt sans le citoyen ?*, Issy-les-Moulineaux, LGDJ, Lextenso, coll. Forum, 2019, pp. 73 *sqq*.

> ne soient pas convaincus que la justice constitue une réalité effective, et au premier chef la justice fiscale. [...] »[45]

L'histoire des théories de justice fiscale, telle qu'elle est généralement présentée, remonte aux concepts de justice aristotéliciens[46] : la justice est commutative ou distributive. Si l'approche commutative est rapidement mise de côté en matière fiscale, la justice *distributive* constitue avec la justice *redistributive* les deux principes qui se confrontent au sein des théories contemporaines. L'étude de ces principes et de leurs avatars que sont l'impôt proportionnel et l'impôt progressif met en exergue des visions antagonistes du rapport du contribuable à l'État, et questionne la légitimité même de l'imposition. De fait, la conceptualisation de la justice fiscale répond à un besoin de légitimation de l'impôt. Ainsi, « [t]outes les conceptions de la justice fiscale qui existent répondent à des desseins particuliers qui trouvent leur cohérence dans leur système »[47]. Or les études relatives à la justice fiscale intègrent désormais pour la plupart un questionnement sur les rapports entre l'internationalisation, la globalisation et la justice fiscale, quand elles ne sont pas dédiées directement à l'analyse d'une légitimité, d'une équité, ou d'une justice fiscales globales[48]. Le système fiscal international donne ainsi une cohérence au concept émergent de *justice fiscale internationale*.

Cette internationalisation du concept de justice fiscale au cœur du système fiscal international procède nécessairement du dépassement des théories de justices fiscales conçues nationalement et irréconciliables dans leurs principes.

170. **Des objectifs de justice contradictoires.** En matière de justice fiscale, plusieurs oppositions sont invoquées pour justifier les différentes approches et leur caractère irréconciliables[49], mais la plus classique demeure

---

[45] Michel BOUVIER, *L'impôt sans le citoyen ?*, Issy-les-Moulineaux, LGDJ, Lextenso, coll. Forum, 2019, pp. 69-70. L'accentuation est celle de l'ouvrage.

[46] ARISTOTE, *Éthique à Nicomaque*, trad. Jean-François THUROT, Paris, 1823.

[47] François BONNEVILLE, « Réflexions sur la notion de justice fiscale », *Gestion & Finances Publiques*, 2017, n° 3, p. 61.

[48] Thomas POGGE & Krishen MEHTA (eds.), *Global Tax Fairness*, Oxford, Oxford University Press, 2016, 366 p.

[49] Par exemple, le doyen CARBONNIER met en exergue l'opposition entre justice individuelle et justice collective dans le rapport à l'impôt :

> « [E]n matière fiscale, les gouvernements font appel à la morale, au mythe de la justice, de la volonté nationale. Le concept de justice fiscale a évolué. À une époque, la justice fiscale est l'impôt proportionnel. Aujourd'hui, c'est plutôt le système de l'impôt progressif, système introduit en France en 1917. Mais que signifie le mot "justice" ? S'agit-il de justice individuelle ou de justice collective ? Longtemps, l'impôt juste était celui qui l'était pour le contribuable individuel appelé à le subir. Plus récemment, on en est venu à une idée collective de la justice fiscale. La fiscalité serait juste en se réalisant par catégories de contribuables, ce qui introduit une espèce de responsabilité collective entre les contribuables individuels appartenant à la même catégorie. »

celle entre justice distributive et justice redistributive. Selon le professeur BOUVIER, la première repose sur une conception contractualiste de la société et de l'impôt[50] ; la seconde repose sur une conception solidariste de la société et de l'impôt[51]. Cette distinction n'est pas nouvelle. Joseph CAILLAUX, alors ministre des Finances, met notamment en exergue cette dichotomie – déjà classique – des conceptions de la justice fiscale dans son discours de 1907 présentant le projet de loi portant création de l'impôt sur le revenu (lequel ne sera adopté, fortement remanié, qu'en 1914, et parachevé en 1917) :

> « [L]a conception de l'impôt [...] procède de l'une ou l'autre des deux notions suivantes.
>
> « Les uns avancent que l'impôt est une sorte de prime d'assurance payée par le contribuable à l'État pour les frais de service public [...]. La logique les conduit ainsi à affirmer la nécessité d'une rigoureuse proportionnalité des contributions.
>
> « Les autres, au contraire, remarquent qu'[...]on doit considérer qu'une Nation est une association d'individus où chacun est tenu de faire un effort égal pour le bien commun [...]. Ce système aura la progression pour base, car celui-ci fait un effort plus grand quand il abandonne le dixième de son revenu s'il est pauvre, que celui-là quand il abandonne le cinquième de son revenu s'il est riche. »[52]

171. **La nécessaire internationalisation de la justice fiscale.** La capacité des contribuables à choisir, au niveau international, l'État d'imposition met les États en situation de concurrence, et force par conséquent l'approche contractualiste de la justice fiscale, mettant en échec le cas échéant la dimension solidariste pour laquelle certains États ont opté au XXe siècle.

Une théorie générale de justice fiscale, propre à concilier – à défaut de réconcilier – les systèmes fiscaux des États conçus sur des conceptions nationales potentiellement contradictoires ne peut s'inscrire autrement que dans un cadre international, c'est-à-dire au cœur même du système fiscal international.

Jean CARBONNIER, *Sociologie juridique* (2004), Paris, PUF, Quadrige Manuels, 2016, pp. 178-179 ; cité not. par François BONNEVILLE, « Réflexions sur la notion de justice fiscale », *Gestion & Finances Publiques*, 2017, n° 3, pp. 61-69.

[50] Michel BOUVIER, *L'impôt sans le citoyen ?*, Issy-les-Moulineaux, LGDJ, Lextenso, coll. Forum, 2019, pp. 74-83.

[51] *Ibid.*, pp. 83-90. V. aussi Audrey ROSA, *Solidarité et impôt : recherche sur les fondements de l'impôt moderne*, Paris, Dalloz, coll. Bibliothèque parlementaire et constitutionnelle, 2005, 500 p.

[52] Joseph CAILLAUX, Discours du 7 février 1907 ; *Projet de loi portant suppression des contributions directes et établissement d'un impôt général sur les revenus et d'un impôt complémentaire sur l'ensemble du revenu* ; présenté au nom de M. Armand FALLIÈRES, président de la République ; présenté par M. Joseph CAILLAUX, ministre des Finances, le 7 février 1907 (publié chez Clouzot-Libraire, éditeur, Niort, 1907) ; cité et commenté par Vincent DUSSART, « La création de l'impôt sur le revenu et la justice fiscale », *in* Wanda MASTOR, Julie BENETTI, Pierre EGÉA & Xavier MAGNON (dir.), *Les grands discours de la culture juridique*, Paris, Dalloz, coll. Grands arrêts, 2e éd., 2020, n° 15, pp. 173-183.

SECTION 2 :
La justice fiscale pour les États

172. **Une justice fiscale interétatique.** L'internationalisation des contribuables et des bases imposables, et la mise en concurrence dans leur attraction qui en résulte entre les États, posent un problème de justice entre les États. Ce problème se formalise dans la dénonciation de la concurrence fiscale dommageable entre États, laquelle peut être mise en parallèle avec l'idée de concurrence déloyale. La concurrence elle-même rompt le rapport entre le citoyen-contribuable et la communauté à laquelle il appartient au sein même de l'État et la solidarité qui peut en résulter : dès lors que le contribuable peut s'affranchir de la communauté et de l'impôt, ses intérêts ne sont plus solidaires de ceux de l'État, et la justice fiscale, du point de vue du contribuable, perd toute dimension collective. La notion de justice collective se déplace alors au niveau interétatique, dans la juste répartition du revenu fiscal entre les États.

Les notions d'équité formalisent au sein d'une partie de la doctrine anglo-saxonne les éléments d'une telle justice[53], en particulier la notion d'équité interjuridictionnelle.

173. **La définition d'une équité interjuridictionnelle.** La notion d'*inter-nation equity* (équité inter-nations) naît sous la plume de Peggy MUSGRAVE en 1963[54], qui la développe ensuite conjointement avec Richard MUSGRAVE

---

[53] Laure AGRON présente le « principe d'équité » en lien avec la justice fiscale (Laure AGRON, *Histoire du vocabulaire fiscal*, Paris, LGDJ, coll. Bibliothèque de science financière, t. 36, p. 416) :

> « Pour le professeur Bernard Dhaeyer, "*le bien du citoyen et l'équité en matière fiscale ne sont jamais que le reflet de l'idée qu'on s'en fait*". L'équité fiscale est la situation caractérisée par la "juste" répartition des contributions fiscales entre les contribuables. Par extension, c'est l'objectif de la politique fiscale visant à modifier la répartition des revenus dans le sens de la justice. Équité est un emprunt savant au latin *aequitas* "égalité", "équilibre moral", "esprit de justice", dérivé d'*aequus* "égal", d'où "impartial". L'équité fiscale est un concept très étudié par les Anglo-saxons, tels que Nicolas Kaldor et R-A. Musgrave. »

L'équité peut par ailleurs être invoquée pour « assouplir » un principe d'égalité qui ne satisferait pas pleinement l'idée de justice fiscale ; elle peut alors être considérée comme un « supplétif de l'égalité en matière fiscale » (Thierry LAMBERT, « L'équité, supplétif de l'égalité en matière fiscale », *in* Thierry LAMBERT *et alii*, *Égalité et équité : antagonisme ou complémentarité ?*, Paris, Economica, 1999, pp. 113-128).

[54] Peggy B. RICHMAN, *Taxation of Foreign Investment Income: An Economic Analysis*, Baltimore, Johns Hopkins Press, 1963, 140 p. Cette étude aborde la question de l'équité entre les nations, bien que l'expression « inter-nation equity », utilisée une seule fois (p. 27), y soit encore anecdotique.

dans un article dédié en 1972[55]. Dans ses œuvres postérieures[56], Peggy MUSGRAVE lui préfère parfois les termes d'*interjurisdictional equity* (équité interjuridictionnelle), expression plus précise (les juridictions fiscales correspondant à une réalité juridique plus pertinente que la notion de nations), mais moins présente dans le reste de la doctrine[57].

L'*inter-nation equity*, ou *interjurisdictionnal equity*, se distingue de l'*inter-individual equity* (équité interindividuelle).

L'équité interindividuelle se concentre sur *la juste répartition de la charge fiscale* entre les contribuables : en accord avec ce principe, des contribuables bénéficiant des mêmes revenus doivent être traités de manière similaire. L'équité interindividuelle peut ainsi se concevoir de manière verticale (elle tend alors à une juste répartition de la charge fiscale entre les contribuables selon qu'ils sont plus ou moins riches) ou horizontale (elle tend alors à une juste répartition de la charge fiscale entre des revenus de même quantité, mais de sources différentes). Elle peut également être appréhendée de manière

---

[55] Richard A. MUSGRAVE & Peggy B. MUSGRAVE, « Inter-nation equity », *in* Richard M. BIRD & John G. HEAD (eds.), *Modern Fiscal Issues: Essays in Honour of Carl S. Shoup*, Toronto, University of Toronto Press, coll. Heritage, 1972, pp. 63-85. Cet article est fondateur de la notion d'*inter-nation equity* ; il est néanmoins l'héritier des travaux antérieurs de ses auteurs. Ainsi Peggy B. MUSGRAVE avait eu l'occasion de mentionner la notion dans son étude de 1963, mais également d'en développer certains points fondamentaux dans son ouvrage Peggy B. MUSGRAVE, *United States Taxation of Foreign Investment Income : Issues and Arguments*, Cambridge (Mass.), Law School of Harvard University, 1969, pp. 130-133. Richard MUSGRAVE a également utilisé l'idée d'*inter-nation equity* dans des travaux antérieurs, quoique dans une vision beaucoup moins aboutie que dans leur article dédié. En ce sens, v. Kim BROOKS, « Inter-Nation Equity : The Development of an Important but Underappreciated International Tax Value », *in* John G. HEAD & Richard KREVER (eds.), *Tax Reform in the 21st century: A Volume in Memory of Richard Musgrave*, Alphen aan den Rijn, Kluwer Law International, coll. Series on International Taxation, vol. 34, 2009, p. 472.

[56] Ivan OZAI cite, à titre d'exemples, plusieurs travaux postérieurs de Peggy MUSGRAVE sur la notion d'*inter-nation equity* (Ivan OZAI, « Inter-Nation Equity Revisited », *Columbia Journal of Tax Law*, vol. 12, n° 1, 2020, p. 61), not. Peggy B. MUSGRAVE, « The OECD Model Tax Treaty: Problems and Prospects », *Columbia Journal of World Business*, vol. 10, n° 2, 1975, pp. 29-39 ; Peggy B. MUSGRAVE, « Interjurisdictional Equity in Company Taxation: Principles and Applications to the European Union », *in* Sijbren CNOSSEN (ed.), *Taxing Capital Income in the European Union: Issues and Options for Reform*, Oxford, Oxford University Press, 2000, pp. 46-77 ; Peggy B. MUSGRAVE, « Consumption Tax Proposals in an International Setting », *Tax Law Review*, vol. 54, n° 1, 2000, pp. 77-100 ; Peggy B. MUSGRAVE, « Sovereignty, Entitlement, and Cooperation in International Taxation », *Brooklyn Journal of International Law*, vol. 26,n° 4, 2001, pp. 1 335-1 356 ; Peggy B. MUSGRAVE, « Taxing International Income: Further Thoughts », *Brooklyn Journal of International Law*, vol. 26,n° 4, 2001, pp. 1 478-1 480 ; Peggy B. MUSGRAVE, « Combining Fiscal Sovereignty and Coordination: National Taxation in a Globalizing World », *in* Inge KAUL & Pedro CONCEIÇÃO (eds.), *The New Public Finance: Responding to Global Challenges*, New York, Oxford University Press, 2006, pp. 167-193. Certains de ces articles (ceux antérieurs à 2001) ont été réédités *in* Peggy B. MUSGRAVE, *The Policy in the Global Economy : Selected Essays of Peggy B. Musgrave*, Cheltenham, Edward Elgar, coll. Studies in Fiscal Federalism and State-Local Finance, 2002, 470 p.

[57] Ivan OZAI, « Inter-Nation Equity Revisited », *Columbia Journal of Tax Law*, vol. 12, n° 1, 2020, p. 61.

strictement nationale (en ne prenant en compte que les revenus et richesses nationales) ou de manière internationale (en prenant en compte les revenus et richesses mondiaux). L'équité interindividuelle, sur laquelle se fondent notamment les techniques d'élimination de la double imposition et de la non-imposition, est indifférente à la manière par laquelle elle est obtenue et à quel pays va le revenu de l'impôt[58].

L'équité interjuridictionnelle complète l'équité interindividuelle en s'attachant à *la juste répartition du revenu fiscal* entre les juridictions fiscales. Ce revenu fiscal est ici entendu *lato sensu* : il correspond à la capacité des États à imposer – comprenant leur accès aux investissements étrangers – davantage que du revenu réel de l'imposition. Il s'agit de répartir le « gâteau fiscal »[59] entre les États, sans préjuger qu'ils le mangent. L'équité interjuridictionnelle correspond ainsi à la juste répartition de la compétence fiscale[60]. Mais les principes permettant cette juste répartition ne font pas l'unanimité[61].

Pour les époux MUSGRAVE, par exemple, cette juste répartition s'oppose à l'imposition exclusive dans l'État de résidence, considérant le caractère arbitraire que le choix de la résidence peut revêtir pour une entreprise[62]. Certains auteurs s'accordent avec cette approche, mais d'autres ont pu considérer à l'inverse que la juste répartition devait se faire en faveur de l'imposition dans l'État de résidence[63]. Force est de constater que la notion

---

[58] V. Kim BROOKS, « Inter-Nation Equity : The Development of an Important but Underappreciated International Tax Value », *op. cit.* p. 474.

[59] « *Tax pie* », selon une expression récurrente dans la doctrine, notamment chez les époux MUSGRAVE. V. par exemple Richard A. MUSGRAVE & Peggy B. MUSGRAVE, *Public Finance in Theory and Practice*, New York, McGraw-Hill, Finance Series, 5th ed., 1989, p. 568. V. aussi Maarten Floris de WILDE, *Sharing the Pie : Taxing Multinationals in a Global Market*, Amsterdam, IBFD, 2017, 770 p., qui emprunte (v. p. 6, note 6) l'expression *sharing of the tax pie* à Nancy H. KAUFMAN, « Fairness and the Taxation of International Income », *Law & Policy in International Business*, vol. 29, n° 2, 1998, pp. 145-204, elle-même la reprenant (v. pp. 153-154, note 54) des époux MUSGRAVE, dans leur ouvrage précité.

[60] D'après Nancy KAUFMAN, « [i]n legal terms, the concern of internation equity is the distribution among countries of the competence to tax » (Nancy H. KAUFMAN, « Fairness and the Taxation of International Income », *op. cit.* p. 154). Cette *competence to tax* rejoint la notion de compétence fiscale, telle que définie par Andréas KALLERGIS, *La compétence fiscale* (Paris 1, 2016), Paris, Dalloz, coll. Nouvelle bibliothèque de thèses, 2018, pp. 1-2 :

> « La compétence fiscale peut être définie comme la sphère ou le domaine du pouvoir exercé en matière fiscale par une personne publique ou ses organes. [D]ans l'ordre juridique international, la compétence fiscale ne repose pas sur une habilitation, mais désigne une délimitation par le droit international de la sphère des pouvoirs que les sujets de droit international se reconnaissent. »

[61] Peter HONGLER, *Justice in International Tax Law*, Amsterdam, IBFD, 2019, p. 409.

[62] Richard A. MUSGRAVE & Peggy B. MUSGRAVE, « Inter-nation equity », *op. cit.* p. 72.

[63] V. Jinyan LI, « Global Profit Split : An Evolutionary Approach to International Income Allocation », *Canadian Tax Journal*, vol. 50, n° 3, 2002, pp. 823-883, not. p. 827.

d'*inter-nation equity* se confond dans la doctrine avec l'imposition dans l'État de la source, le concept fleurissant au renfort de ce point de vue[64].

Les époux MUSGRAVE déduisent de la notion d'équité inter-nations plusieurs voies d'amélioration du réseau conventionnel fiscal. Ils considèrent notamment que les conventions fiscales gagneraient à être multilatérales plutôt que bilatérales, afin d'entrer dans une logique distributive dans la répartition du droit d'imposer. Ils proposent que la retenue à la source sur les dividendes prenne en compte l'impôt sur les sociétés payé, que le principe de réciprocité soit abandonné dans les négociations conventionnelles car incompatible avec le principe de non-discrimination. Ils remarquent que le principe de non-discrimination n'est pas compatible avec le revenu des États et la dimension redistributive de l'impôt entre les États, or ces éléments peuvent prévaloir en particulier au sein des conventions fiscales entre pays développés et pays en développement. Ils prônent en outre une approche globale des revenus du capital au sein des conventions – plutôt que l'approche selon les catégories jusqu'alors retenue[65].

À travers ces idées, les époux MUSGRAVE anticipaient certaines des plus importantes mutations de la fiscalité internationales intervenues au XXIe siècle. De fait, la notion d'*inter-nation equity*, d'abord peu reprise[66], s'est finalement largement répandue à partir des années 2000[67] dans la doctrine anglo-saxonne[68] et a nourri nombre de ces réformes.

174. **L'équité dans les réformes de la fiscalité internationale.** À l'instar de la justice fiscale, la notion d'équité est un élément de langage récurrent dans les travaux fiscaux internationaux, en particulier au sein de l'OCDE. À titre d'exemple, dans son *Rapport sur la fiscalité* de juillet 2021, le secrétaire général de l'OCDE Mathias CORMANN se félicitait du succès du travail accompli sous la direction des membres du G20 finance « au cours des dix

[64] L'utilisation de l'*inter-nation equity* par la doctrine est minutieusement commentée par Kim BROOKS, « Inter-Nation Equity : The Development of an Important but Underappreciated International Tax Value », *op. cit.* pp. 489 *sqq*.

[65] V. Kim BROOKS, « Inter-Nation Equity : The Development of an Important but Underappreciated International Tax Value », *op. cit.*

[66] Nancy KAUFMAN relevait ainsi en 1998 que seule Peggy MUSGRAVE avait développé une véritable théorie de l'équité inter-nations, et que les commentateurs de cette notion étaient très rares (Nancy H. KAUFMAN, « Fairness and the Taxation of International Income », *op. cit.* p. 154). Parmi ces commentateurs figure notamment Klaus VOGEL, « The Search for Compatible Tax Systems », *in* Herbert STEIN (ed.), *Tax Policy in the Twenty-First Century*, New York, Wiley, 1988, pp. 76-85.

[67] Comme le relève Ivan OZAI, « [t]he concept of inter-nation equity is now ubiquitous in the tax literature » (Ivan OZAI, « Inter-Nation Equity Revisited », *op. cit.* p. 61).

[68] La notion d'équité inter-nations étant développée essentiellement par des économistes anglosaxons, elle reste presque totalement ignorée par la doctrine juridique française. À titre d'exceptions, v. Laurent BENZONI & Julien PELLEFIGUE, « Replacer l'équité au cœur de la réglementation des prix de transfert : une perspective économique », *Droit fiscal* n° 6, 7 février 2013, ét. 138 ; Julien PELLEFIGUE, « Prix de transfert : un changement radical s'impose », *Bulletin fiscal* 12/14, novembre 2014 ; Guillaume ALLÈGRE & Julien PELLEFIGUE, « Quel rôle peut jouer l'Europe dans l'imposition des multinationales ? », *Revue de l'OFCE* 2018/4, n° 158, pp. 331-358.

dernières années pour assurer plus de transparence et d'équité dans le système fiscal international grâce à l'adoption et à la mise en œuvre des normes relatives à la transparence fiscale et à la lutte contre l'érosion de la base d'imposition et le transfert de bénéfices »[69]. De manière générale, rendre le système fiscal international plus « équitable » constitue un objectif général des politiques mises en œuvre au niveau international, un but consensuel et largement mis en avant. Il permet de promouvoir nombre de réformes ; il constitue en particulier la clef de voute dans la construction juridique entre la protection des pays en développement par la concurrence internationale (**§ 1**) et la lutte contre les États excessifs dans la concurrence internationale (**§ 2**).

§ 1 : La protection des pays en développement

175. **L'équité interjuridictionnelle et les pays en développement.** En opposant de manière classique l'État de la résidence et l'État de la source, et considérant le gain d'un État comme la perte de l'autre, la notion d'équité interjuridictionnelle permet de prendre en compte l'intérêt de chacun des États dans une même opération internationale. Elle rééquilibre ainsi le rapport dans la conceptualisation de la fiscalité internationale entre pays développés et pays en développement, les premiers étant davantage exportateurs de capitaux que les seconds, davantage en situation d'être « État de résidence ».

176. **Un nécessaire rééquilibrage dans la production des standards.** Le rééquilibrage des rapports entre pays développés et en développement était rendu nécessaire par l'échec relatif[70] du modèle conventionnel ONU à proposer une véritable alternative au modèle OCDE. Les deux modèles de conventions fiscales proposés par l'OCDE et par l'ONU sont issus des travaux de la Société des Nations, héritant pour le premier du « modèle de Londres », de 1946, et pour le second du « modèle de Mexico », de 1943. Comme le fait remarquer Bruno GOUTHIÈRE, le modèle de Mexico, élaboré essentiellement par des représentants d'États en développement, a été critiqué par les États développés car il privilégiait l'État de la source – et, *de facto*, les États en développement. À l'inverse ces derniers ont critiqué le modèle de Londres en ce qu'il privilégiait davantage les États développés[71]. Pour autant, au cours de la deuxième moitié du XXe siècle, le modèle OCDE, régulièrement mis à jour, a été davantage utilisé que le modèle ONU, pour de multiples raisons. De fait, en cas de négociations entre États inégaux économiquement, comme un État

---

[69] OCDE, *Rapport sur la fiscalité du Secrétaire général de l'OCDE à l'intention des ministres des Finances et des gouverneurs de banques centrales des pays du G20*, Paris, OCDE, Juillet 2021, www.oecd.org, p. 4.

[70] Cet échec est relatif en ce qu'il procède davantage du succès de l'OCDE que de l'échec de l'ONU.

[71] Bruno GOUTHIÈRE, *Les impôts dans les affaires internationales*, Paris, Éditions Francis Lefebvre, 15e éd., 2021, n° 1 400, pp. 26-27. L'histoire des modèles conventionnels et leurs spécificités sont détaillés en Partie 2 : Titre 1 : Chapitre 1.

exportateur de capitaux et un État dépendant des capitaux étrangers, le premier est en position de force pour imposer ses vues, et notamment son modèle conventionnel de prédilection.

L'essentiel de négociations fiscales bilatérales se fait désormais sous l'égide du modèle OCDE, et l'essentiel des négociations fiscales multilatérales est orchestré par l'OCDE, sur commande du G20. Cette prééminence de l'OCDE et de son modèle se fait *a priori* au détriment des pays en développement. En pratique toutefois, les États en développement eux-mêmes ont davantage recours au modèle OCDE qu'au modèle ONU[72]. Si le Comité d'experts de la coopération internationale en matière fiscale de l'ECOSOC, au sein de l'ONU, peut servir de cadre de propositions conceptuelles en faveur de l'équilibre des intérêts entre pays développés et pays en développement, son échec relatif à imposer son modèle fait peser un risque sur la prise en compte de cet équilibre.

Pour pallier ce risque, l'OCDE a procédé à une ouverture de ses récents travaux à l'ensemble des États, y intégrant *de facto* la recherche d'une équité interjuridictionnelle.

177. **L'inclusion des pays en développement dans les travaux de l'OCDE.** Bien qu'elle soit considérée souvent comme un « club d'États riches », l'OCDE présente dès sa création une vocation d'aide au développement dépassant le seul cadre de ses – aujourd'hui 38 – États membres. La *Convention relative à l'OCDE*, signée à Paris le 14 décembre 1960, consacre la reconstitution de l'OECE en OCDE et estime en préambule que « les nations plus avancées dans le domaine économique devraient coopérer pour aider au mieux de leurs facultés les pays en voie de développement économique ». La convention réaffirme dans ses deux premiers articles la vocation de l'OCDE à aider les pays en développement, dans un rapport à l'économie mondiale évoquant une forme d'universalisme.

> « Article 1
> « L'[OCDE] a pour objectif de promouvoir des politiques visant :
> « a) à réaliser la plus forte expansion possible de l'économie et de l'emploi et une progression du niveau de vie dans les pays Membres, tout en maintenant la stabilité financière, et à contribuer ainsi au développement de l'économie mondiale ;

[72] V. par exemple Deana D'ALMEIDA, Valentin DEJAUNE & Célia BURNICHON, « Les modèles de convention fiscale à l'épreuve de la diversité des pays d'Afrique », *Revue européenne et internationale de droit fiscal*, n° 2021/4, p. 521 : « sur un échantillon de 39 600 clauses retenues dans 2 200 conventions fiscales signées par au moins un pays en développement, le Modèle OCDE est utilisé à hauteur de 61 % tandis que le Modèle ONU l'est à hauteur de 39 %. Le Modèle OCDE reflétant la préférence des pays de l'OCDE, il reflète aussi le déséquilibre dans les négociations : les conventions que les pays en développement signent avec des pays de l'OCDE leur retirent plus de droits que les conventions signées avec des pays non membres ».

« b) à contribuer à une saine expansion économique dans les pays Membres, ainsi que non-membres, en voie de développement économique ;
« c) à contribuer à l'expansion du commerce mondial sur une base multilatérale et non discriminatoire conformément aux obligations internationales. »[73]

Dans le cadre de ces objectifs et sur proposition du président John F. KENNEDY[74], l'OCDE s'est dotée dès 1962 d'un Centre de développement, forum international ouvert à tous les pays, membres et non-membres de l'OCDE, en vue de partager leurs expériences, assurer un dialogue entre eux et fournir aux pays en développement, par son expertise, les outils à la mise en place et à l'amélioration de politiques publiques de stimulation de la croissance et d'amélioration des conditions de vie[75]. En 2022,

---

[73] Les objectifs de l'OCDE définis à l'article 1 sont précisés par l'article 2 de la Convention qui confirme cette vocation universaliste visant en particulier les pays en développement :

« Article 2

« En vue d'atteindre ces objectifs, les Membres conviennent, tant individuellement que conjointement : [...]

« c) de suivre des politiques conçues pour assurer la croissance économique et la stabilité financière interne et externe, et d'éviter que ne se développent des situations qui pourraient mettre en danger leur économie ou celle d'autres pays ;

« d) de poursuivre leurs efforts en vue de réduire ou de supprimer les obstacles aux échanges de biens et de services, ainsi qu'aux paiements courants, et de maintenir et étendre la libération des mouvements de capitaux ;

« e) de contribuer au développement économique des pays Membres et non-membres en voie de développement économique par des moyens appropriés et, en particulier, par l'apport à ces pays de capitaux, en tenant en outre compte de l'importance que présentent pour leur économie la fourniture d'assistance technique et l'élargissement des débouchés offerts à leurs produits d'exportation. »

[74] John F. KENNEDY, *Address to Canadian Parliament*, Ottawa, 17 May 1961, pp. 4-5, JFKPOF-034-027, *in* www.jfklibrary.org (consulté le 1er juin 2022) :

« Third, let us turn to the less-developed nations in the southern half of the globe – those whose struggle to escape the bonds of mass misery appeals to our hearts as well as to our hopes for a free and stable world community. Both your nation and mine have recognized our responsibilities to these new nations. Our people have given generously, though not always effectively. We could not do less. And now we must do more.

« For our historic task in this embattled age is not merely to defend freedom. It is to extend its writ and to strengthen its covenant – to peoples of different cultures and creeds and colors, whose policies or economic systems may differ from our own. Through the Organization for Economic Cooperative Development and the Development Assistance Group, we can pool our vast resources and skills, and make available the kind of long-term capital planning and know-how without which these nations will never achieve independent and viable economies, and without which our efforts will be tragically wasted. I propose further that the OECD establish a development center, where citizens, officials, students and professional men of the Atlantic and the less-developed countries can meet to study the problems of economic development. »

Ce discours universaliste, paternaliste à l'égard des pays en développement, doit être appréhendé dans son contexte de Guerre froide (il est prononcé un mois après le débarquement de la baie des Cochons) ; il s'inscrit surtout dans la politique de la Nouvelle Frontière promue par KENNEDY.

[75] V. OCDE, « À propos du centre de développement », *in* www.oecd.org (consulté le 1er juin 2022).

le Comité directeur du Centre de développement de l'OCDE comprend ainsi 53 pays, dont 25 pays membres de l'OCDE et 28 pays en développement et émergents[76].

L'invitation des pays en développement dans les négociations fiscales menées par l'OCDE ne s'est toutefois systématisée qu'à partir des années 2000, au sein de plusieurs initiatives. Le Forum mondial sur la transparence et l'échange de renseignements à des fins fiscales en est un exemple productif : créé en 2000 pour proposer des standards en matière bancaire et fiscale, il réunissait 90 juridictions lors de sa refonte en 2009, sur initiative du G20 prononçant « la fin du secret bancaire ». En 2022, le Forum mondial compte 164 membres et 21 organisations ayant statut d'observateurs[77].

S'inspirant du succès du Forum mondial, l'OCDE a mis en œuvre les principales mesures du projet BEPS – en particulier l'instrument multilatéral – à travers un Cadre inclusif sur le BEPS de l'OCDE et du G20, approuvé par le G20 Finances de Shanghai (2016) en ces termes :

> « [...] Pour assurer une démarche cohérente et globale, nous approuvons le cadre inclusif proposé par l'OCDE pour la mise en œuvre du Projet BEPS au niveau mondial et nous encourageons tous les pays et juridictions non-membres du G20 concernés et intéressés, qui sont prêts à s'engager à mettre en œuvre les mesures issues du Projet BEPS, y compris les pays en développement, à adhérer à ce cadre sur un pied d'égalité. Nous considérons que les difficultés particulières rencontrées par les pays en développement dans la mise en œuvre des mesures issues du Projet BEPS devraient être dûment prises en compte dans le cadre. [...] »[78]

À l'été 2021, le cadre inclusif sur le BEPS réunissait ainsi « 137 membres, y compris 66 pays en développement »[79], chacun participant sur un « pied d'égalité ». Les rapports d'étape publiés annuellement par l'OCDE sur le Cadre inclusif considèrent notamment qu'« [i]l est important de souligner que les pays en développement sont également bien représentés au sein du Groupe de pilotage du Cadre inclusif de l'OCDE/G20, qui compte des vice-présidents de la République populaire de Chine et du Nigéria, ainsi que d'autres membres

[76] Source : www.oecd.org (consulté le 1er juin 2022). L'Union européenne participe également aux travaux du Comité de direction du Centre de développement de l'OCDE.

[77] Source : www.oecd.org (dernière mise à jour : mai 2022 ; consulté le 1er juin 2022).

[78] Communiqué des ministres des finances et gouverneurs des banques centrales du G20, Shanghai, 27 février 2016, pt. 7, cité et traduit par OCDE, *Note d'information : Cadre inclusif pour la mise en œuvre du projet BEPS*, mars 2016, p. 5.

[79] Source : www.oecd.org (dernière mise à jour : novembre 2021 ; consulté le 1er juin 2022). V. aussi OCDE, *Cadre inclusif sur le BEPS de l'OCDE et du G20*, Rapport d'étape juillet 2020 – septembre 2021, Paris, OCDE, 2021, 32 p. En novembre 2021, le Cadre inclusif comprend 141 membres, dont 69 pays en développement.

d'Afrique du Sud, du Brésil, de Côte-d'Ivoire, de Géorgie, d'Inde, de Jamaïque et du Sénégal »[80].

178. **Un rééquilibrage face à de nouvelles problématiques.** Ce mouvement de renforcement dans les négociations fiscales internationales de l'inclusivité à l'égard du plus grand nombre d'États en général, et des pays en développement en particulier, semble coïncider, du moins temporellement, avec la popularisation du concept d'*inter-nation equity* au sein de la doctrine anglo-saxonne.

Il est toutefois également contemporain de l'émergence du *web* 2.0, de l'émergence de « géants du Web » (devenus les « GAFAM »)[81] et de la prise de conscience des problématiques fiscales liées aux activités numériques.

Ces problématiques modifient en particulier le rapport entre État de la source et État de résidence : dans le secteur du numérique, et en particulier dans le secteur du *web*, la volatilité des activités et la prédominance américaine tendent à placer la plupart des États développés en situation majoritairement d'« État de la source » dans ces secteurs d'activité. En ce sens, la Cour des comptes en 2019 a évalué l'action des services de l'État – en France – en matière de négociation et de suivi des conventions fiscales sur les exercices 2013 à 2018, et recommandait de développer l'analyse économique des enjeux soulevés par l'évolution des règles fiscales internationales. Elle recommandait en particulier « qu'un effort soit réalisé pour mesurer plus finement les poids respectifs des secteurs où la France est durablement un "État de siège" et de ceux, tel le numérique, où elle a des intérêts d'un "État de source" ». De fait, la France est « traditionnellement "État de siège", compte tenu du nombre de sièges sociaux d'entreprises », mais elle devient souvent un « État de source » face aux GAFAM[82].

De tels renversements de situation, même s'ils semblent de fait mal évalués, peuvent expliquer également le rééquilibrage dans les rapports entre État de la source et État de résidence dans les négociations entre pays pourtant développés. La volatilité des actifs dans ces secteurs accentue en outre la problématique des juridictions non coopératives, ou « paradis fiscaux ».

---

80 *Ibid.*

81 V. John MIKLER & Ainsley ELBRA, « Paying a 'faire share': multinational corporations' perspectives on taxation », *in* Richard ECCLESTON & Ainsley ELBRA (eds.), *Business, Civil Society and the 'New' Politics of Corporate Tax Justice: Paying a Fair Share?*, Cheltenham, Edward Elgar Publishing, coll. Elgar Politics and Business, 2018, pp. 155-176.

82 Cour des comptes, référé, *Les conventions fiscales internationales*, 31 mai 2019, réf. S2019-1421, p. 3, www.ccomptes.fr.

§ 2 : La condamnation des juridictions non coopératives

179. **L'équité interjuridictionnelle et les « paradis fiscaux ».** Si la problématique des « paradis fiscaux » n'est pas nouvelle[83], une prise de conscience du phénomène a eu lieu depuis les années 2000. Le rapport de l'OCDE de 1998[84] amorce le tournant dans le traitement du problème en l'abordant sous l'angle du rapport entre États, c'est-à-dire de la *concurrence fiscale dommageable*[85]. La condamnation de cette concurrence, et la mise en œuvre de la coopération internationale pour l'enrayer – dont l'action la plus retentissante est sans doute l'abandon du secret bancaire sous l'action du Forum mondial – peuvent être les témoins de la recherche d'une équité interjuridictionnelle. La notion d'équité en effet est mentionnée dès l'origine de la démarche du rapport de 1998[86].

180. **Une réponse globale à une injustice fiscale ressentie par les contribuables.** La lutte contre les « paradis fiscaux » répond ainsi directement au sentiment d'injustice fiscale ressenti par les contribuables. La mise en œuvre de l'équité interjuridictionnelle se confond ici avec l'équité interindividuelle. La coopération internationale dans la lutte contre les « paradis fiscaux », c'est-à-dire dans la mise en œuvre de la transparence fiscale et de l'assistance administrative et dans la neutralisation des pratiques fiscales dommageables, s'inscrit en réaction en particulier aux crises économiques successives, lesquelles accentuent les inégalités tant entre contribuables qu'entre États.

De manière générale, les réformes récentes de la fiscalité internationale procèdent d'un système concourant à la mise en œuvre d'une justice fiscale internationale ; présente en filigrane dans la mise en œuvre du Forum mondial, cette notion se retrouve en particulier dans les travaux du BEPS qui cristallisent l'essence du système fiscal international. Les ministres du G20, dans la déclaration d'Antalya de 2015 validant le paquet BEPS, n'ont pas manqué, par exemple, d'invoquer un objectif de justice du système fiscal international :

---

[83] V. n°s 159 ci-dessus et suivants.

[84] V. n° 84 ci-dessus.

[85] OCDE, Comité des affaires fiscales, *Concurrence fiscale dommageable : Un problème mondial*, Paris, OCDE, 1998, 88 p.

[86] *Ibid.* p. 8 :

> « Ce rapport est destiné à mieux faire comprendre comment les paradis fiscaux et les régimes fiscaux préférentiels dommageables, qualifiés collectivement de pratiques fiscales dommageables, affectent la localisation des activités financières et des autres prestations de services, sapent la base d'imposition d'autres pays, faussent les schémas d'échanges et d'investissement et portent préjudice à l'équité et à la neutralité des régimes fiscaux ainsi qu'à l'adhésion à ces régimes du grand public en général. Cette concurrence fiscale dommageable pèse sur la prospérité mondiale et sape la confiance des contribuables dans l'intégrité des régimes fiscaux. [...] »

> « Pour parvenir à un système fiscal international moderne et juste à l'échelle internationale, nous entérinons le paquet de mesures mis au point dans le cadre de l'ambitieux projet du G20 et de l'OCDE sur l'érosion de la base d'imposition et le transfert de bénéfices (BEPS). [...] »[87]

De manière générale, l'idée d'équité, et plus encore celle de justice fiscale qu'elle sous-tend, sont invoquées à l'appui de la réforme des règles fiscales internationales. La justice fiscale est très souvent mentionnée dans les travaux de l'OCDE, en particulier dans ses instruments de communication[88]. C'est à l'aune de cette justice que se réinvente progressivement le système fiscal international.

181. **La suppression du secret bancaire.** La mise en œuvre de la justice fiscale, et en particulier de l'équité interjuridictionnelle, permet ainsi de légitimer *in abstracto* des règles qui s'imposent *in concreto* aux États, sans intervention d'une autorité formelle créatrice de norme.

C'est en matière de lutte contre les « paradis fiscaux », et plus spécifiquement de transparence et d'échange d'informations en matière fiscale que cette évolution est la plus évidente à travers l'abandon, dans les années 2010, du secret bancaire. Dénoncé comme une source potentielle de fraude et d'évasion fiscales et comme l'une des caractéristiques des « paradis fiscaux » par le rapport de 1998[89], le secret bancaire est fermement critiqué par l'OCDE. Celle-ci incite en parallèle les États à la transparence et à conclure des accords d'échanges automatiques d'informations à des fins fiscales. Ces échanges sont nécessaires à l'effectivité de l'imposition internationale – échanges d'informations auxquels s'oppose précisément le secret bancaire. L'OCDE, dans le rapport de 1998, procède à plusieurs recommandations, dont la septième :

> « Recommandation concernant l'accès aux informations bancaires : dans le contexte de la lutte contre la concurrence fiscale

---

[87] Communiqué des chefs d'État et de gouvernement du G20, sommet d'Antalya, 15-16 novembre 2015, § 15 ; traduction non officielle : Centre de recherche sur le G20 (Université de Toronto), www.g20.utoronto.ca (consulté en septembre 2020).

[88] V. par ex. OCDE, « Des avancées significatives vers un système fiscal plus efficace et plus juste », www.oecd.org, 5 juillet 2017.

[89] OCDE, Comité des affaires fiscales, *Concurrence fiscale dommageable : Un problème mondial*, Paris, OCDE, 1998, p. 24 (n° 47) :

> « Un grand nombre de territoires fiscalement souverains et d'États utilisent des incitations fiscales et non fiscales pour attirer des activités financières et d'autres prestations de services. Ces territoires offrent généralement à l'investisseur étranger un environnement où une imposition nulle ou minime se double fréquemment d'un allégement des contraintes réglementaires ou administratives. Souvent, les activités en cause ne donnent pas lieu à un échange de renseignements avec d'autres pays en raison, par exemple, de dispositions strictes en matière de secret bancaire. Comme indiqué aux paragraphes 42 et 43, ces juridictions sont généralement qualifiées de paradis fiscaux. »

dommageable, les pays devraient examiner leurs législations, règles et pratiques qui gouvernent l'accès aux renseignements bancaires dans le but de lever les obstacles à l'accès à ces informations par les administrations fiscales. »[90]

Le Luxembourg et la Suisse, membres de l'OCDE ayant une pratique réputée du secret bancaire, se sont naturellement opposés à cette position de l'organisation, en faisant annexer au rapport leur désapprobation[91].

Ni le Luxembourg ni la Suisse n'ont toutefois usé de leur droit de veto[92] sur le texte du rapport, lequel a servi de base au développement du Forum mondial, du réseau de conventions fiscales d'échange d'informations à des fins fiscales, et des mécanismes d'examens par les pairs mis en œuvre au sein du Forum mondial pour évaluer la transparence des juridictions.

De fait, une pression certaine s'est développée contre les centres financiers *offshore* et la pratique du secret bancaire ; cette pression s'est intensifiée lors de la crise financière mondiale de 2008[93]. Dans ce contexte, l'adoption par les États-Unis en 2009 du *Foreign Account Tax Compliance Act* (*FATCA*) vise à contraindre les banques, notamment en dehors des États-Unis, à communiquer au Département du Trésor américain l'ensemble des comptes détenus par des citoyens américains[94], sous peine de sanctions importantes. Le *FATCA* soumet *de*

---

[90] OCDE, Comité des affaires fiscales, *Concurrence fiscale dommageable : Un problème mondial*, Paris, OCDE, 1998, p. 76.

[91] *Ibid.* p. 82 :

> « Procédant d'une vue quasi-unilatérale quant aux mesures à prendre, le Rapport dégage l'impression que sa finalité n'est pas tellement la lutte contre la concurrence fiscale dommageable là où elle existe, mais l'abolition du secret bancaire.
>
> « Le Luxembourg ne partage pas la conviction implicite du Rapport selon laquelle le secret bancaire serait automatiquement à l'origine d'une concurrence fiscale dommageable.
>
> « Il ne peut donner son approbation à ce qu'un échange de renseignements circonscrit par le respect du droit international et des législations nationales respectives soit retenu comme un critère d'identification d'un régime fiscal préférentiel dommageable et d'un paradis fiscal. »

La déclaration suisse manifeste le même désaccord global avec le rapport, notamment (*Ibid.* p 85) :

> « La Suisse estime légitime et nécessaire de protéger la confidentialité des données privées. À cet égard, le rapport et les recommandations, dans certains de leurs aspects, sont en conflit avec l'ordre juridique suisse. »

[92] La déclaration de la Suisse mentionne en « avoir sérieusement considéré la possibilité », pour « finalement décid[er] de s'abstenir lors de l'adoption du Rapport et de ses Recommandations pour ne pas empêcher les autres États membres de l'OCDE qui le souhaitent d'adopter ces textes » (*Ibid.* p. 86).

[93] Arnaud BOURGAIN, « Vers la fin du secret bancaire dans les centres financiers *offshore* : une question d'éthique et de concurrence fiscale », *Revue d'économie financière*, 2015/3, n° 119, p. 287.

[94] La notion de « citoyen » est appréciée de manière excessivement large par l'*Internal Revenue Code* américain : elle désigne en l'occurrence les résidents aux États, les citoyens américains résidant à l'étranger, les titulaires d'une carte de résident permanent aux États-Unis, leurs conjoints et enfants et toute personne ayant des biens substantiels aux États-Unis.

C'est notamment dans ce contexte que la Suisse, en 2009, a finalement accepté le standard d'échange de renseignements en matière fiscale tel que prévu par l'article 26 de modèle conventionnel de *facto* les banques étrangères au droit américain, et prévoit des modèles d'accords intergouvernementaux pour permettre à ces banques de bénéficier de leur droit national dans leur rapport avec l'*Internal Revenue Service* (*IRS*) et assurer théoriquement la réciprocité dans l'accès aux informations entre les États.

Le 5 février 2012, l'Allemagne, l'Espagne, la France, l'Italie et le Royaume-Uni s'engagent, par un protocole d'accord avec les États-Unis, à faire appliquer le dispositif – leur permettant de bénéficier de la réciprocité. Le 14 février 2013, les États-Unis obtiennent de la Suisse la signature d'un accord *FATCA* obligeant les banques suisses à communiquer à l'*IRS* les informations requises. Cet accord marque *de facto* la fin du secret bancaire suisse. À la suite de la Suisse, en avril et en mai 2013, plusieurs autres grands centres financiers *offshore* ont accepté le principe d'échange automatique d'informations fiscales : le Luxembourg, Singapour, les Îles vierges britanniques et les Bermudes.

182. **La légitimation d'une contrainte des États.** La fin du secret bancaire découle bien entendu de l'influence américaine, liée à son importance dans l'économie mondiale, à sa capacité à nuire économiquement aux États récalcitrants, et à assurer l'effectivité de l'extraterritorialité de son droit. Le système bancaire suisse ne pouvait se dispenser du marché américain, et ne pouvait se soustraire à ces nouvelles obligations dictées. Mais il tient davantage encore de l'influence globale pesant sur les systèmes fiscaux nationaux, c'est-à-dire du système fiscal international. Le secret bancaire n'a pas été supprimé qu'envers les États-Unis, mais bien dans l'ensemble du système fiscal international[95].

La systématisation progressive d'une solution globale témoigne de la contrainte pesant de fait sur les États. Cette dimension contraignante, nécessairement extrajuridique, est l'expression naissante du système fiscal international. Si cette expression peut être considérée comme encore

---

l'OCDE dans ses futures conventions fiscales ; v. not. Xavier OBERSON, « Les accords entre l'Union européenne et la Suisse pour lutter contre la fraude et l'évasion fiscale », *in* Thierry LAMBERT (dir.), *La fin des paradis fiscaux ?*, Paris, Montchrestien, coll. Grands colloques, 2011, pp. 157-174 ; Xavier OBERSON, « L'évolution de la politique internationale de la Suisse en matière d'échange de renseignements fiscaux – Après le "big bang", la lumière », *Revue européenne et internationale de droit fiscal*, n° 2016/1, pp. 9-19.

[95] Les rapports entre les standards internationaux et la législation américaine sont parfois ambigus, et notamment en matière d'échange d'informations. L'OCDE a adopté, dans le cadre du Forum mondial, le 15 juillet 2014 une « norme d'échange automatique de renseignements relatifs aux comptes financiers en matière fiscale » très inspirée de la loi états-unienne *FATCA* ; pour autant les États-Unis ne se sont pas engagés à ce standard lors de son adoption. V. Charles-Éloi GERVAL, « Norme internationale d'échange automatique de renseignements à des fins fiscales : la reprise d'une législation américaine extraterritoriale ? », *Revue européenne et internationale de droit fiscal*, n° 2017/3, pp. 259-165 ; Steven A. DEAN, « Inclusive International Tax Policymaking: FATCA, the U.S. Congressional Black Caucus, and the OECD Blacklist », *Revue européenne et internationale de droit fiscal*, n° 2021/1, pp. 88-94 ; Pierre-Alexis BLEVIN, « Que reste-t-il des paradis fiscaux ? », *Revue européenne et internationale de droit fiscal*, n° 2021/2, pp. 175-182.

balbutiante dans la suppression du secret bancaire en raison de l'importance des lois américaines dans la réalisation concrète de l'objectif international, elle s'est ensuite affermie et pleinement épanouie à travers les travaux du projet BEPS.

183. **La consécration de la justice fiscale internationale.** La notion de justice fiscale permet de répondre à la question de la légitimité des règles dictées par et dans la coopération fiscale internationale. La capacité à mettre en place des règles internationales fiscales, les rendre acceptables – et même souhaitables – par les contribuables, et les faire adopter par les États dépend de la capacité à les présenter comme accroissant la justice fiscale.

La justice fiscale internationale s'inscrit dans la continuité de la recherche de justice : de même que l'impôt questionne historiquement le rapport de l'individu au « prince »[96], puis à la société, la fiscalité internationale – sans qu'il soit nécessaire de créer d'impôt mondial – questionne désormais le rapport de l'individu à la société internationale.

Dans la *Somme théologique*, Thomas d'Aquin définit la justice comme la « la volonté perpétuelle et constante qui accorde à chacun ce qui lui revient »[97]. La justice fiscale internationale n'en est que la transposition au sein du système fiscal international. Il convient néanmoins de considérer que dans ce cadre, « chacun » ne renvoie plus seulement aux contribuables, mais également aux États eux-mêmes.

La justice fiscale internationale consiste ainsi à ce que chaque contribuable soit imposé comme il le doit – en fonction de ses capacités contributives – et que chaque État reçoive ce qui lui est dû.

Chaque acteur doit recevoir (ou payer) ce qui lui est légitimement dû (ce qu'il doit légitimement).

Tel est l'objectif invoqué pour la construction du système fiscal international.

---

[96] Il y a alors un lien direct entre l'impôt juste et la qualité même du prince, qui, chez Thomas d'Aquin, devient brigand s'il prélève un impôt injuste (non-dû) ; Thomas d'Aquin, *Somme théologique* (1266), 2ª 2ªᵉ, Q°66, art. 8, Ob° 3 (trad. Claude-Joseph DRIOUX, 1851) :

> « Si les princes exigent de leurs sujets (Ceux-ci sont tenus de payer les impôts et toutes les taxes légitimes. Dans le cas de doute sur la légitimité d'un impôt, on doit être pour le législateur.) ce qui leur est dû conformément à la justice pour conserver le bien général, il n'y a pas de rapine, quand même ils emploieraient la violence. Mais si les princes extorquent par la violence quelque chose qui ne leur est pas dû, il y a rapine et brigandage. »[96]

[97] Thomas d'Aquin, *Somme théologique* (1266), 2ª 2ªᵉ, Q°58, art. 1, Conclusion (trad. Claude-Joseph DRIOUX, 1851).

Conclusion du chapitre

184. **Deux objectifs complémentaires.** Deux objectifs du système fiscal international ont été ici identifiés : un objectif de rendement d'une part et un objectif de justice fiscale d'autre part.

Le premier explique la nécessité de la coopération internationale pour les États, en particulier en situation de crise, pour faire face à leurs besoins fiscaux, et pour assurer l'effectivité réelle de leurs impositions dans un monde globalisé.

Le second fait concorder les intérêts des contribuables avec ceux des États à travers une vision unifiée de la justice fiscale internationale.

L'objectif de rendement s'inscrit dans la destination (budgétaire) du système fiscal international. L'objectif de justice fiscale s'inscrit dans la légitimation du système fiscal international. Ensemble, ils infusent le système fiscal international de l'amont de l'impôt (ses sources et leur légitimité) à l'aval (sa destination). L'un et l'autre répondent à l'évolution des réalités internationales, lesquelles mettent en exergue l'évolution nécessaire de la fiscalité internationale, et créent les fondements du système fiscal international.

Conclusion du titre

185. **Un objectif fondamentalement fiscal.** Ces deux objectifs complémentaires ne sont *in fine* que l'internationalisation des fonctions traditionnelles de l'impôt. Leur affirmation depuis quelques années au sein de la coopération fiscale internationale procède ainsi d'un changement de paradigme, le droit fiscal international passant peu à peu d'un droit international visant la matière fiscale à un droit fiscal visant l'internationalité – sous réserve de l'absence d'autorité fiscale supra-étatique. Cette transition progressive de l'un à l'autre n'est pas achevée, mais force est de constater que chacun de ces objectifs tend à un renforcement dans le temps des liens de coopération de manière systématique.

Ces deux objectifs peuvent ainsi être considérés comme un unique objectif *fiscal*, réunissant rendement et justice fiscale, et prenant le pas sur les objectifs *internationaux*.

Conclusion de la partie

186. **Un objectif pour le système fiscal international.** L'objectif fiscal du système fiscal international, pris en ses deux branches – rendement et justice fiscale –, crée un lien d'intérêts entre l'ensemble des acteurs de la fiscalité internationale, leur donnant des objectifs communs susceptibles de rivaliser avec leurs intérêts individuels pour permettre le développement de la coopération fiscale internationale. Cet objectif crée une dynamique infusant l'ensemble du système fiscal international. C'est bien ce double objectif fiscal qui constitue la fonction du système fiscal international.

C'est au prisme de cette fonction qu'il faut étudier la structure du système fiscal international, à travers les mutations de la coopération fiscale internationale.

PARTIE 2 :
UNE IDENTIFICATION STRUCTURELLE

187. **Une approche structurelle.** L'objectif du système fiscal international étant identifié, il convient désormais d'étudier la structure du système, c'est-à-dire l'agencement de ses éléments pour parvenir à cette fin. Cette approche structurelle a pour but d'identifier les acteurs et mécanismes concrets au sein desquels le système se met en œuvre, pour en comprendre le fonctionnement et les enjeux.

Cette approche structurelle ne peut être statique : évolutif, le système procède de l'histoire de la coopération fiscale internationale, de sa difficile institutionnalisation, et de ses réalisations les plus récentes.

188. **La cristallisation du système fiscal.** Animé par ses objectifs de rendement budgétaire et de justice fiscale, le système fiscal international s'est affirmé à travers le renforcement de la coopération internationale, l'apparition de nouveaux véhicules de cette coopération et l'évolution de ses acteurs.

L'affirmation du système fiscal international redistribue entre ces acteurs les compétences fiscales (**Titre 1 : La redistribution des compétences**) en éclatant le rapport entre l'État et la norme fiscale à d'autres acteurs du système – autres États, contribuables, organisations internationales et, surtout, constructions *sui generis*. Cet éclatement du rapport entre l'État et la norme fiscale induit un renouvellement des sources du droit fiscal international : appréhendées au sein du système fiscal international, les structures comme les doctrines sont amenées à se réinventer (**Titre 2 : Le renouvellement des sources**).

TITRE 1 :
La redistribution des compétences

189. **Le glissement des compétences.** Le système fiscal international s'est construit autour d'une translation progressive des compétences en matière fiscale internationale des structures étatiques à des structures internationales. Ce glissement procède d'une technicisation de la matière fiscale internationale autour de problématiques qui se sont renouvelées et multipliées au cours du XXe siècle.

En recourant toujours plus à l'aide technique d'institutions internationales, les États se sont peu à peu dessaisis du fond de ces problématiques, pour finalement en transférer la compétence aux organisations internationales, au premier rang desquelles figure l'OCDE (**Chapitre 1 : Le transfert de compétences**). Ce transfert de la production normative, dans lequel le projet BEPS s'inscrit en point d'orgue, procède également de l'intérêt croissant des États, et en particulier du G20, pour la matière fiscale internationale. Cet accroissement d'intérêt mène à un repositionnement des États sur la coopération fiscale internationale, et fait émerger de nouvelles rivalités et régionalismes (**Chapitre 2 : La concurrence des compétences**).

Chapitre 1 :
Le transfert de compétences

190. **L'insuffisance des droits fiscaux nationaux.** Le développement de la mondialisation au cours du XXe siècle a mis en exergue l'insuffisance des droits fiscaux nationaux à résoudre seuls les nouvelles problématiques fiscales. L'imposition sort du cadre du strict droit fiscal national, c'est-à-dire du rapport entre le contribuable et l'État : dans une économie mondialisée, les compétences fiscales respectives des États se heurtent entre elles. Ces heurts portent préjudice aux États comme aux contribuables. Partant, deux solutions sont envisageables : coordonner l'exercice de ces compétences, ou en transférer l'exercice à une même entité – transfert de l'exercice ne valant pas pour autant transfert de la compétence exercée.

191. **L'internationalisation des compétences fiscales.** La dernière décennie illustre un transfert *de facto* de l'exercice des compétences en matière fiscale internationale. Au regard des problématiques nouvelles, le besoin de coopération appelle à l'exercice concerté par les États de leurs compétences fiscales respectives. Allant plus avant, les évolutions des années 2000, et plus encore dans les années 2010, marquent un véritable transfert de ces compétences, tantôt implicite, tantôt explicite, des États aux structures hôtes de la coopération fiscale. L'histoire de la coopération fiscale internationale au XXe siècle peut être relue à l'aune de ces évolutions comme la recherche d'une autorité fiscale au niveau international, d'une organisation à même de coordonner les compétences fiscales, c'est-à-dire d'une structure où exercer les compétences en commun (**Section 1**), ou à laquelle déléguer par défaut cet exercice. À l'aube du XXIe siècle, c'est finalement le couple G20/OCDE qui s'est imposé, comme structure « compétente » en matière fiscale internationale (**Section 2**). Cette évolution dans la structure du droit fiscal international est topique de sa systématisation, de la cristallisation du système fiscal international.

SECTION 1 :
La recherche d'une autorité fiscale internationale

192. **Les débuts de l'institutionnalisation de la fiscalité internationale.** Le renouvellement de la fiscalité internationale à partir de la fin du XIXe siècle a appelé au développement d'un réseau conventionnel fiscal, développé d'abord de manière indépendante par un nombre réduit d'États directement concernés (**§ 1**), mettant rapidement en exergue un besoin de concertation et de structuration des négociations fiscales internationales dont s'est saisie, à partir des années 1920, la jeune Société des Nations (**§ 2**). Ce développement précoce de la coopération fiscale internationale au sein d'une structure internationale témoigne des prémisses d'une systématisation de la fiscalité internationale.

§ 1 : Le développement préstructuré des conventions

193. **L'aube de la fiscalité internationale.** Les problématiques fiscales internationales sont liées à l'existence de plusieurs États, plusieurs autorités fiscales indépendantes, et aux mouvements des contribuables et des bases, des capitaux et des marchandises, entre les ressorts territoriaux de ces autorités. En ce sens, les premières problématiques fiscales internationales se posent dès l'Antiquité. Au Ve siècle av. J.-C. par exemple, en Grèce, les immigrants venus de Locride orientale pour fonder la cité de Naupacte étaient exemptés d'impôts en Locride. Imposés uniquement à Naupacte, ils n'étaient toutefois autorisés à retourner dans leur région d'origine qu'après s'être acquittés de leurs obligations fiscales à Naupacte[1]. Comme il a été vu[2], dès le Moyen Âge certains auteurs, juristes, canonistes et glossateurs, se saisissent de la question des multiples impositions pesant sur une même personne – à travers notamment la problématique de l'« étranger », du pérégrin[3]. Les théologiens confrontent notamment les doubles impositions aux idées d'équité, de justice et de moralité, notamment dans le contexte des cités-États italiennes dès l'aube du *Duecento*[4].

---

[1] Christian FREIHERR VON ROENNE, « The Very Begining – The First Tax Treaties », *in* Thomas Ecker & Gernot Ressler (eds.), *History of Tax Treaties : The Relevance of the OECD Documents for the Interpretation of Tax Treaties*, Vienne, Linde, coll. Series on International Tax Law, 2011, pp. 17-39, p. 21 ; l'auteur se réfère en particulier à Gustav LIPPERT, *Das internationale Finanzrecht : Eine systematische Darstellung der internationalen Finanzrechtsnormen*, Triest, M. Quidde, 1912, p. 599.

[2] V. n° 54.

[3] V. Edwin R. A. SELIGMAN, « La double imposition et la coopération fiscale internationale », *Recueil des Cours de l'Académie de droit international de La Haye*, vol. 20, 1927, pp. 488 *sqq*.

[4] Christian FREIHERR VON ROENNE, « The Very Begining – The First Tax Treaties », *op. cit.*, p. 21 ; l'auteur se réfère en particulier à Armin SPITALER, *Das Doppelbesteuerungsproblem bei den Direkten Steuern*, Reichenberg, Gebruder Stiepel, 1936, p. 2.

Le regain des problématiques fiscales au XIXe siècle[5] s'accompagne de l'adoption des premières conventions fiscales, tentant de résoudre par la concertation entre États – dans un cadre bilatéral – les problématiques fiscales, en particulier la double imposition.

194. **Les solutions bilatérales : les premières conventions fiscales.** Les auteurs s'accordent pour dater la naissance des conventions fiscales contemporaines au XIXe siècle. La première de ces conventions fait néanmoins débat. Les auteurs francophones invoquent souvent la très francophone convention franco-belge du 12 août 1843 comme la première convention fiscale[6], bien qu'il soit admis que son objet – l'échange d'un nombre restreint de renseignements – reste très limité[7]. La convention entre la Saxe et la Prusse du 16 avril 1869 est souvent invoquée comme la première convention relative à la double imposition[8]. Elle est néanmoins relativisée en ce qu'elle s'inscrit dans le cadre fédéral de la Confédération d'Allemagne du Nord – et de l'Empire allemand à partir du 18 janvier 1871 ; partant, elle ne constitue pas un accord international au sens strict[9].

La première véritable convention bilatérale relative à la double imposition identifiée comme telle serait finalement la convention entre l'Empire austro-hongrois et le Royaume de Prusse en 1899[10].

L'objet des conventions fiscales se formalisant vers leur forme contemporaine de manière progressive, M. Christophe FARQUET liste les « conventions bilatérales sur la fiscalité internationale conclues avant 1914 ».

---

[5] V. n° 54.

[6] Convention, signée à Lille le 12 août 1843, relative à l'échange de renseignements tirés des actes présentés à la formalité de l'enregistrement, des déclarations de succession ou de mutation par décès et d'autres documents administratifs ; v. par exemple André PIATIER, *L'évasion fiscale et l'assistance administrative entre États*, Paris, Recueil Sirey, coll. Bibliothèque de finances publiques françaises et étrangères, 1938, pp. 318-321 ; Jean-Claude MARTINEZ, « Théorie générale des conventions fiscales », *JurisClasseur* fasc. 350, § 2, nov. 1984 ; Bruno GOUTHIÈRE, *Les impôts dans les affaires internationales*, Paris, Francis Lefebvre, 15e édition, 2021, n° 1400, p. 26 ; Christophe DE LA MARDIÈRE, « L'œuvre fiscale de la Société des Nations », *Revue européenne et internationale de droit fiscal*, n° 2021/1, p. 69 ; Thierry LAMBERT, *L'impôt dans une économie mondialisée : Contribution à une théorie générale de l'impôt*, Bruxelles, Bruylant, coll. Droit & Économie, 2021, pp. 135-136.

[7] Bruno GOUTHIÈRE, *Les impôts dans les affaires internationales*, *op. cit.* p. 26.

[8] Sunita JORGARAJAN précise notamment les conditions de conclusion de cet accord saxo-prussien dans le cadre constitutionnel nord-allemand de l'époque, et l'importance de la formation de la Confédération de l'Allemagne du Nord dans le développement des conventions fiscales relatives à double imposition *in* Sunita JOGARAJAN, « Prelude to the International Tax Treaty Network: 1815-1914 Early Tax Treaties and the Conditions for Action », *Oxford Journal of Legal Studies*, vol. 31, n° 4 (Winter 2011), pp. 679-707, not. pp. 696-697.

[9] Il est parfois fait mention d'accord « domestique » (*domestic agreement*), v. Christian FREIHERR VON ROENNE, « The Very Begining – The First Tax Treaties », *op. cit.*, p. 23.

[10] V. not. Christian FREIHERR VON ROENNE, « The Very Begining – The First Tax Treaties », *op. cit.* p. 21 ; Sunita JOGARAJAN, *Double Taxation and the League of Nations*, Cambridge University Press, Cambridge Tax Law Series, 2018, p. 2 ; Sunita JOGARAJAN, « Prelude to the International Tax Treaty Network: 1815-1914 Early Tax Treaties and the Conditions for Action », *op. cit.*, p. 684.

Il considère que la convention entre l'Autriche-Hongrie et la Prusse est bien la première convention relative à la double imposition en matière d'impositions sur les revenus. Lui sont antérieurs les accords en matière de lutte contre l'évasion fiscale (échange d'informations) conclus par la Belgique avec la France (1843), les Pays-Bas (1845) et le Luxembourg (1845), puis des accords relatifs à la double imposition, mais en matière de droits de navigation (accord entre les Pays-Bas et le Zollverein allemand de 1851), puis de droits de succession (accord entre la Grèce et l'Autriche-Hongrie de 1856, entre la Grande-Bretagne et le canton de Vaud de 1872, entre l'Inde et le Royaume-Uni de 1895)[11].

Quelle que soit la convention retenue comme la « première » du réseau conventionnel fiscal mondial – réunissant aujourd'hui plus de 3 000 conventions fiscales bilatérales[12] – elle hérite nécessairement de différents concepts progressivement dégagés au cours du XIXe siècle. Elle s'inscrit en particulier dans une exigence de *réciprocité*, notion fondamentale des normes de droit international public, construisant le rapport conventionnel – bien qu'elle ne lui soit pas exclusive. La réciprocité apparaît comme un principe fondamental des relations commerciales interétatiques[13], qui a notamment été développé dans le domaine du droit maritime. Une loi néerlandaise de 1819 prévoit par exemple une exonération du droit de patente pour les navires étrangers battant pavillon d'un pays accordant une exonération similaire aux navires néerlandais[14]. Ce principe de réciprocité s'est développé au cours du XIXe siècle, favorisant l'adoption de conventions pour organiser cette réciprocité. La réciprocité est également un préalable conceptuel à la *clause de la nation la plus favorisée*[15], autre principe récurrent du droit commercial international[16] qui fut rapidement transposé en droit fiscal international.

---

[11] Christophe FARQUET, *La défense du paradis fiscal suisse avant la Seconde Guerre mondiale : une histoire internationale*, Neuchâtel, Éditions Alphil Presses universitaires suisses, 2016, p. 487.

[12] Sur le nombre de conventions fiscales, v. n° 297.

[13] V. not. Michel VIRALLY, « Le principe de réciprocité dans le droit international contemporain », *Recueil des cours de l'académie de droit international de La Haye*, 1967, vol. 122, pp. 1-105.

[14] Sunita JOGARAJAN, « Prelude to the International Tax Treaty Network: 1815-1914 Early Tax Treaties and the Conditions for Action », *op. cit.*, p. 682.

[15] V. not. Boris NOLDE, « La clause de la nation la plus favorisée et les tarifs préférentiels », *Recueil des cours de l'académie de droit international de La Haye*, 1932, vol. 39, pp. 1-130.

[16] La clause de la nation la plus favorisée (NPF) pose le principe d'égalité de traitement entre les États partenaires : si un État accorde un avantage à un État, il doit accorder le même avantage aux autres États bénéficiant d'une telle clause – sauf exception. L'idée du traitement de la NPF est centrale au sein de l'Organisation mondiale du commerce : elle est présente à l'article premier de l'Accord général sur les tarifs douaniers et le commerce (GATT, du 30 octobre 1947), à l'article 2 de l'Accord général sur le commerce des services (AGCS) et l'article 4 de l'Accord sur les aspects des droits de propriété intellectuelle qui touchent au commerce (ADPIC), tels qu'annexés à l'Acte final du Cycle d'Uruguay, signé en 1994 à Marrakech.
Les clauses NPF sont également fréquentes en matière d'accords internationaux d'investissements. Dans le cadre de sa « Collection consacrée aux problèmes relatifs aux accords internationaux

L'organisation de tels principes suppose une certaine harmonisation, non pas tant des systèmes fiscaux nationaux que des moyens de les comparer. Faute de cette harmonisation, la pratique conventionnelle fiscale, à la veille de la Première Guerre mondiale, restait une pratique marginale des États, utilisée essentiellement par des pays disposant à la fois d'une pratique conventionnelle bien établie et d'un système fiscal développé, c'est-à-dire des pays qui en avaient les moyens et les besoins.

Une approche véritablement internationale, au sein d'une structure extra-étatique, était nécessaire pour « systématiser » la pratique des conventions fiscales internationales ; c'est ce constat qui poussa la Société des Nations, portant un projet de développement économique mondial, à se saisir de la question.

§ 2 : La structuration partielle par la Société des Nations

195. **La recherche de structures à la coopération internationale.** Les premières conventions fiscales s'inscrivant dans une démarche proche des accords commerciaux internationaux, il convient de relever que le commerce international fût également à l'origine, au cours de l'Histoire, de nombreuses structures *ad hoc* aux fins de coopérations. Ces constructions *sui generis* permettent de mettre en perspective la recherche d'une structure adéquate, à même d'accueillir et mener la coopération fiscale internationale.

---

d'investissement », la Conférence des Nations Unies sur le commerce et le développement (CNUCED) fait l'historique de telles clauses *in* CNUCED, *Traitement de la nation la plus favorisée*, New York et Genève, Nations Unies, Collection de la CNUCED consacrée aux problèmes relatifs aux accords internationaux d'investissement II, 2010, pp. 9-12. :

> « L'origine des clauses de traitement NPF remonte au XIIe siècle, mais c'est aux XVIIIe et XIXe siècles qu'elles sont devenues un élément coutumier de nombreux traités d'amitié, de commerce et de navigation. Les premières clauses, de portée très large, s'appliquaient à un vaste éventail de questions telles que les "droits, privilèges, immunités et exemptions" en matière de négoce, de commerce et de navigation, ou les "obligations et prohibitions" concernant les navires ainsi que l'importation ou l'exportation des marchandises [...]. » (p. 9)

Ces premières clauses peuvent être trouvées par exemple dans le Traité d'amitié et de commerce entre les États-Unis et la France de 1778 (v. art. 3.d et 4), ou le Traité d'amitié, de navigation et de commerce (Traité de Jay) entre les États-Unis et la Grande-Bretagne de 1794 (v. art. 5).

> « Ces premières clauses étaient souvent conditionnelles ; autrement dit, les avantages accordés par un État étaient subordonnés à l'octroi des mêmes avantages par l'État bénéficiaire. L'approche inconditionnelle a fait son apparition durant la seconde moitié du XVIIIe siècle. Le Traité de commerce signé en 1869 entre la Grande-Bretagne et la France (Traité Chevalier-Cobden) en est un exemple éminent. » (p. 10)

Si ce type de clause a été mis en retrait dans l'entre-deux-guerres, caractérisé par un regain du protectionnisme, les clauses de la nation la plus favorisée se sont ensuite épanouies dans le multilatéralisme suivant la Seconde Guerre mondiale : le traitement de la nation la plus favorisée fut inscrit dans la Charte de la Havane, puis dans le GATT, puis dans les accords OMC et largement diffusé en droit du commerce international et des investissements internationaux.

Les alliances commerciales s'embarrassent moins de formalisme car elles reposent autant sinon plus sur une base économique que sur une base juridique. Les exemples sont nombreux, des « peuples de la mer » aux fédérations amérindiennes, de la ligue de Délos à la ligue hanséatique, mais aussi des colonies phéniciennes aux compagnies des Indes. Dans tous ces cas, les systèmes d'ordonnancement du commerce en espaces privilégiés, et de la fiscalité qui en retourne, se sont agrégés en conglomérats économico-juridiques de type transnational – ou le cas échéant pré-transnational – peu communs et d'une consistance très variable.

Le cas de la ligue hanséatique est caractéristique d'une alliance commerciale – et fiscale – transnationale. Ses bornes chronologiques[17] sont aussi mal définies que son cadre juridique, mais son périmètre s'affranchit des souverains et des nations, regroupant en son sein un grand nombre de villes de la Baltique et de la mer du Nord : du Saint Empire romain germanique en majorité, des royaumes du Danemark, de Norvège et de Suède (sous l'Union de Kalmar), du royaume d'Angleterre (en particulier Londres), des Flandres et même de France, de Pologne et de Lituanie, de Russie (plus exactement de Novgorod), etc. Si les limites de la ligue varient fortement en raison notamment d'appareils juridiques erratiques (ou très souples), sa puissance économique (création de nombreux comptoirs commerciaux) et commerciale (quasi hégémonique) est incontestable et vient au renfort d'une capacité militaire (Confédération de Cologne) qui lui est propre – bien qu'éphémère.

C'est probablement de sa structure en réseau que la ligue hanséatique a tiré sa résilience pour constituer la principale puissance commerciale d'Europe du Nord pendant trois siècles : au contraire d'une alliance formelle, la défection d'un membre du réseau ne porte pas atteinte à la structure (sauf à dépasser un seuil critique). Cette souplesse est l'une des caractéristiques les plus originales de la ligue ; Pierre JEANNIN, synthétisant l'ouvrage de référence sur le sujet de Philippe DOLLINGER, l'admet volontiers :

> « Rien n'illustre mieux la fluidité d'une communauté sans institutions propres, l'inconsistance juridico-politique d'un organisme qui savait à l'occasion tirer avantage de cette imprécision : ainsi quand pour éviter des représailles collectives on expliquait au roi d'Angleterre (1469) que la Hanse n'était ni une *societas*, ni un *collegium*, ni une *universitas*. Les décisions prises par une Diète *(Hansetag)* n'engageaient que les villes prenant la

[17] Peuvent être retenues les années 1241 (constitution du *Wendischer Städtebund*) et 1648 (paix de Westphalie), mais la ligue, alliance de marchands devenant progressivement une alliance de villes, est surtout connue pour la période allant de la fin-XIIIe au début-XVe siècles durant laquelle elle exerça une quasi-hégémonie commerciale sur la mer du Nord et la Baltique.

peine de s'y faire représenter, et dans la mesure seulement où elles les ratifiaient après le retour de leurs délégués. »[18]

La fin de la ligue hanséatique est consommée lors des traités de Westphalie (1648) qui fixent les frontières de l'Europe en consacrant les États modernes européens, faisant suite à une longue période de déclin pour cette alliance atypique durant laquelle « un peu partout les nationalismes économiques s'affirmaient dans des monarchies puissantes »[19]. L'État dans son acception moderne, souverain et rigide, se pose alors comme obstacle à une coopération économique fluide.

Les XIXe et XXe siècles ont vu l'essoufflement du modèle westphalien, mis à mal par la polarisation des relations internationales rompant l'équilibre des puissances, et par la mondialisation[20] et la prise d'importance d'autres acteurs que les États dans les relations internationales. En parallèle à l'affaiblissement, de nouvelles formes de coopération souple se sont épanouies dans le creuset institutionnel qui s'est progressivement mis en place. En ce sens, la ligue hanséatique permet de mettre en perspective ces nouvelles formes de coopération, et préfigure *mutatis mutandis* l'émergence du système fiscal international.

196. **Les débuts de l'institutionnalisation : la Société des Nations.** Comme le remarque le professeur Christophe DE LA MARDIÈRE, « [l]es réalisations de la SDN dans le domaine de l'impôt sont tout à fait considérables, puisqu'elles ont fondé les principes qui régissent de nos jours encore le droit fiscal international »[21]. Le rôle joué par la Société des Nations dans la fiscalité n'allait toutefois pas de soi.

Au lendemain de la Première Guerre mondiale, le président Woodrow WILSON adresse au Congrès des États-Unis d'Amérique *Quatorze points* en vue de préparer les négociations de paix qui se dérouleront lors de la conférence de Paris. Le point III propose notamment :

> « The removal, so far as possible, of all economic barriers and the establishment of an equality of trade conditions among all the nations consenting to the peace and associating themselves for its maintenance. »

---

[18] Pierre JEANNIN, « Enfin une synthèse sur la Hanse [Philippe Dollinger, *La Hanse (XIIe-XVIIe siècles)*.] », *Annales Économie, Sociétés, Civilisation*, 22e année, n° 2, 1967, p. 386. Pierre JEANNIN fait ici référence à la « Réponse à un mémoire du Conseil de la couronne d'Angleterre, qui cherchait à justifier l'arrestation des Hanséates et la saisie de leurs biens » de 1469, en annexe (n° 26) de l'ouvrage de Philippe DOLLINGER, *La Hanse (XIIe-XVIIe siècles)*, Paris, Aubier, Collection historique, 1988, pp. 500-502.

[19] *Ibid.* p. 391.

[20] V. Partie 1 : Titre 2 : Chapitre 1 : L'objectif fondamental de rendement fiscal.

[21] Christophe DE LA MARDIÈRE, « L'œuvre fiscale de la Société des Nations », *Revue européenne et internationale de droit fiscal*, 2021, n° 1, pp. 67-71.

Plus célèbre, le point XIV amorce quant à lui le principe de la Société des Nations :

> « A general association of nations must be formed under specific covenants for the purpose of affording mutual guarantees of political independence and territorial integrity to great and small states alike. »[22]

Intégré au traité de Versailles, le pacte de la Société des Nations[23] ne contenait pas de mesures spécifiquement économiques[24] – ni *a fortiori* fiscales. Au sortir de la Première Guerre mondiale, le Conseil suprême économique (CSE) est créé en février 1919 par la Belgique, les États-Unis, la France, la Grande-Bretagne et l'Italie pour mettre en œuvre les mesures économiques nécessaires à la reconstruction des zones de guerre ; il échoue néanmoins à mettre en place une coopération internationale économique pérenne. À l'automne de la même année, la Banque centrale des Pays-Bas et plusieurs banques privées et économistes se réunissent à Amsterdam pour étudier l'état de l'économie mondiale qui peine à se relancer à la sortie de la Grande Guerre. Ils s'accordent sur un mémorandum (dit « mémorandum d'Amsterdam ») qu'ils adressent aux gouvernements pour convoquer une conférence financière internationale et établir une politique économique internationale. La conférence financière internationale tenue à Bruxelles en septembre 1920 réunit plus de 180 experts de 39 États – représentant les cinq continents – qui recommandent à l'unanimité à la SdN de se doter d'une structure dédiée à la coopération technique en matière économique. L'Assemblée générale de la SdN, lors de sa première réunion en novembre 1920, suit cette recommandation en entérinant la création d'une Commission économique et financière provisoire (CEFP). Cette dernière, chargée d'assister le Conseil et l'Assemblée de la SdN en matière économique et financière, est alors composée de la Section économique et financière du Secrétariat général de la SdN, d'un Comité économique et d'un Comité financier, réunissant des experts dans leurs domaines respectifs[25]. La CEFP

---

[22] Address of the President of the United States, delivered at a joint session of the two houses of Congress, January 8, 1918 ; House doc. 765, 65th Cong., 2d sess.

[23] Le pacte servant de charte de la Société des Nations, signé avec le traité de Versailles, constitue la partie I des traités de Versailles, Saint-Germain-en-Laye, Neuilly, Trianon et Sèvres, signés entre le 28 juin 1919 et le 10 août 1920 (version consolidée). Le pacte est entré en vigueur le 20 janvier 1920. Pour rappel, les États-Unis n'ont jamais ratifié le pacte et ne furent donc jamais membres de la SDN.

[24] Exception faite d'une assistance mutuelle financière et économique en cas d'acte de guerre (art. 16, § 3).

[25] Les experts furent proposés par les États, le Conseil retenant en novembre 1920 une liste de 21 experts (10 pour le Comité économique et 11 pour le Comité financier) ; v. Yann DECORZANT, « La Société des Nations et l'apparition d'un nouveau réseau d'expertise économique et financière (1914-1923) », *Critique internationale*, 2011/3, n° 52, p. 46. Les membres des comités étaient ainsi nommés par leur gouvernement respectif mais agissaient en leur nom propre. Les États ne pouvaient

est pérennisée en 1923 en devenant l'Organisation économique et financière (OEF)[26].

En répondant à la sollicitation des professionnels et experts, la mise en place de la CEFP et de l'OEF amorce un mouvement de technicisation des questions fiscales internationales, ainsi qu'un transfert d'une part des négociations économiques et fiscales vers une instance internationale, pour pallier l'insuffisance de l'unilatéralisme.

197. **Les travaux des experts fiscaux du Comité financier de la Société des Nations.** Lors de la première session jointe de la Commission économique et financière provisoire, en novembre et décembre 1920, différentes problématiques furent réparties entre les Comités. Notamment, le Comité économique se vit affecter la question du commerce international (dont la problématique douanière), tandis que celle de la double imposition fut confiée au Comité financier. Cette division des problématiques et des comités justifie en partie la distinction entre le droit du commerce international et le droit douanier d'une part et le droit fiscal international d'autre part, lesquels se sont développés depuis lors parallèlement mais séparément[27].

En septembre 1921, le Comité financier initie une série d'études sur les aspects économiques de la double imposition internationale[28], qu'il confie à des groupes d'experts réunis en groupes *ad hoc*.

---

pas nommer plus d'un représentant dans chaque comité, et les quatre États membres permanents du Conseil (France, Italie, Japon et Royaume-Uni) disposaient d'un représentant dans chacun des comités. En pratique, le Comité économique fut essentiellement composé de hauts fonctionnaires spécialisés, tandis que le Comité financier réunissait des profils plus divers, incluant fonctionnaires et banquiers privés. V. Sunita JOGARAJAN, *Double Taxation and the League of Nations*, Cambridge University Press, Cambridge Tax Law Series, 2018, p. 17.

[26] Sur les tenants et aboutissants de la création de la CEFP, partant de la coopération économique des forces interalliées et du mémorandum d'Amsterdam, v. Yann DECORZANT. « La Société des Nations et l'apparition d'un nouveau réseau d'expertise économique et financière (1914-1923) », *Critique internationale*, 2011/3, n° 52, pp. 35-50.

[27] Sunita JOGARAJAN, *Double Taxation and the League of Nations*, Cambridge University Press, Cambridge Tax Law Series, 2018, p. 17, note 37. Pour une approche douanière des travaux de la SdN, v. aussi Jean CLINQUART, *L'administration des douanes en France de 1914 à 1940*, Paris, Comité pour l'Histoire Économique et Financière de la France, 2000, notamment pp. 93 *sqq.* et pp. 111 *sqq.*

[28] La résolution insiste en particulier sur la nécessité de solliciter des experts en la matière (Provisional Economic and Financial Committee, *Report to the Council upon the Session Held at Geneva, August – September 1921, Communicated to the Assembly in Accordance with the Council's Resolution of September 19th 1921 (A.95.1921.II)*, 1921, p. 6, cité par Sunita JOGARAJAN, *Double Taxation and the League of Nations*, Cambridge University Press, Cambridge Tax Law Series, 2018, p. 18) :

> « Representations have been made to the Financial Committee that there are grave objections, not only on grounds of equity, but also on economic grounds, to existing systems of taxation, in so far as they compel citizens and corporations of one country to pay taxes in more than one country in respect of the same taxable subjects.

Les travaux du Comité financier en matière de double imposition, sur la période de 1921 à 1928, se concrétisent par la publication de quatre rapports successifs : le *Rapport sur la double imposition* de 1923[29] dit des « Quatre Économistes », les rapports sur la *Double imposition et l'évasion fiscale* rendus par deux groupes d'experts techniques en 1925[30] et en 1927[31] et le rapport sur le même thème finalement présenté par la réunion générale d'experts gouvernementaux en la matière en 1928[32], lequel contient les premiers modèles conventionnels.

198. **Le *Rapport sur la double imposition* de 1923, dit des « Quatre Économistes ».** Le premier rapport de 1923 fut confié à quatre économistes de renom : le professeur Gijsbert BRUINS de l'Université commerciale de Rotterdam, le professeur et sénateur Luigi EINAUDI de l'Université de Turin, le professeur Edwin SELIGMAN de l'Université Columbia et Sir Josiah STAMP de l'Université de Londres[33]. Ce rapport met en exergue les conséquences économiques de la double imposition et pose les principes généraux permettant de la résoudre. Ces principes mis en exergue par les « Quatre Économistes » sont les fondements des mécanismes actuels de résolution des doubles impositions[34].

199. **Le rapport sur la *Double imposition et l'évasion fiscale* de 1925.** Le rapport de 1925 réunit un cercle restreint de hauts fonctionnaires ayant des postes de direction au sein des administrations fiscales de leurs pays respectifs – les plus intéressés de la SdN aux problématiques de double imposition : la Belgique, la Tchécoslovaquie, la France, le Royaume-Uni, l'Italie, les Pays-

« The Financial Committee are of the opinion that it is desirable that this question should be studied from the widest possible standpoint, and that expressions of opinion upon it should be obtained from recognized experts on taxation together with concrete recommendations, if experts think fit, for eliminating any drawbacks attaching to double taxation. The possibility of an international convention regulating the matter should be considered. »

[29] Gijsbert BRUINS, Luigi EINAUDI, Edwin SELIGMAN & Josiah STAMP, *Report on Double Taxation submitted to the Financial Committee Economic and Financial, Commission Report by the Experts on Double Taxation*, Document E.F.S.73. F.19, April 5th 1923, 51 p.

[30] Technical Experts to the Financial Committee of the League of Nations, *Double Taxation and Tax Evasion: Report and Resolutions submitted by the Technical Experts to the Financial Committee*, Document F.212, Geneva, February 1925.

[31] Committee of Technical Experts on Double Taxation and Tax Evasion, *Double Taxation and Tax Evasion: Report*, Document C. 216. M. 85, London, April 12th, 1927.

[32] General Meeting of Government Experts on Double Taxation and Tax Evasion, *Double Taxation and Tax Evasion: Report Presented by the General Meeting of Government Experts on Double Taxation and Tax Evasion*, Document C.562.M.178.1928.II., Geneva, October 31st, 1928. Les rapports en version anglaise, tels qu'issus de la collection *Legislative History of United States Tax Conventions* imprimée par le U.S. Government Printing Office (Washington, 1962), ont été mis en ligne par l'Université de Syndey dans la collection Classic Texts in Australian and International Taxation Law sur le site adc.library.usyd.edu.au (consulté le 1er juin 2022).

[33] V. aussi Sunita JOGARAJAN, « Stamp, Seligman and the Drafting of the 1923 Experts's Report on Double Taxation », *World Tax Journal* 2013, n° 5, pp. 368-392.

[34] V. n°60.

Bas et la Suisse[35]. Le rapport des sessions de travail des experts du rapport de 1925 justifie notamment la séparation faite par la SdN entre la question de la double-imposition et celle de l'évasion fiscale. Tandis que le représentant français insistait sur l'interrelation des problématiques, le représentant suisse s'opposait formellement à les aborder de manière jointe, la Suisse concluant alors des traités contre la double imposition mais refusant tout traité visant l'évasion fiscale. Cette opposition aboutit finalement à l'adoption par la SdN de modèles conventionnels distincts entre ceux visant la double imposition et ceux visant l'assistance administrative[36]. Le rapport de 1925 émet donc un certain nombre de recommandations, pour résoudre la double imposition

[35] Chaque État avait nommé un expert se réunissant à Genève lors de cinq sessions, tenues respectivement : du 4 au 9 juin 1923 (11 réunions) ; du 8 au 12 octobre 1923 (10 réunions), du 31 mars au 7 avril 1924 (15 réunions), du 20 au 27 octobre 1924 (14 réunions) et du 2 au 7 février 1925 (9 réunions). Les représentants français et britannique ayant été remplacés à partir de la quatrième session (sur les cinq tenues), neuf noms sont associés au rapport de 1925 : Charles CLAVIER (Directeur général des contributions directes de Belgique), Vladimir VALNICEK (Chef de section au Ministère des Finances de Tchécoslovaquie), Henri BAUDOUIN-BUGNET et Marcel BORDUGE (Directeurs généraux des contributions directes de France – passation en 1924), Percy THOMPSON et Gerald CANNY (respectivement Vice-président et membre du *Board of Inland Revenue* de Grande-Bretagne), Pasquale D'AROMA (Directeur général des contributions directes d'Italie), Sinninghe DAMSTÉ (Directeur général des contributions directes, des douanes et accises des Pays-Bas) et Hans BLAU (Directeur de l'administration fédérale des contributions de Suisse). Sur les tenants et aboutissants du rapport de 1925, v. Sunita JOGARAJAN, *Double Taxation and the League of Nations*, Cambridge University Press, Cambridge Tax Law Series, 2018, pp. 22-84.
[36] *Ibid.* pp. 30-31.

d'une part – répartissant le droit d'imposer entre État de la source et État de résidence selon le type d'imposition[37] –, et l'évasion fiscale d'autre part[38].

200. **Le rapport sur la *Double imposition et l'évasion fiscale* de 1927.** Le rapport de 1927 poursuit le processus de concertation. Sur la base de l'étude théorique de 1923 et des recommandations pratiques de 1925, le Comité (temporaire) d'experts techniques sur la double imposition et l'évasion fiscale est chargé de rédiger un projet de modèles conventionnels. Conformément à une recommandation du rapport de 1925 – validée par le Comité financier et approuvée par le Conseil –, le Comité d'experts a été élargi. Y sont représentés l'Allemagne, l'Argentine, la Belgique, les États-Unis d'Amérique, la France, l'Italie, le Japon, les Pays-Bas, la Pologne, la Suisse, la Tchécoslovaquie et le Venezuela, certains représentants bénéficiant d'un ou plusieurs assistants,

---

[37] Les recommandations listent les impositions en distinguant spécifiquement les impôts réels (*impersonal or schedular taxes*) – principale source de revenus d'États comme la Belgique, la France et l'Italie – et les impôts personnels (*personal or general income tax*) – principale source de revenus de l'Allemagne, des États-Unis, des Pays-Bas et du Royaume-Uni (v. *Ibid.* pp. 34-35). Pour ces derniers, les experts posent le principe de l'imposition dans l'État de résidence (*State of domicile*), tout en reconnaissant à l'État de la source le droit d'imposer dans certaines situations, comme en cas de revenus immobiliers ou de revenus tirés d'établissements industriels ou commerciaux ou d'exploitation agricole. Les experts recommandent alors :

> « 3. The precise method of avoiding double taxation must be a matter to be worked out in detail between the States concerned, having regard to the circumstances and nature of the respective fiscal systems; but the experts indicate two methods which may be of assistance to any States which may contemplate entering into such conventions:
> « (1) Deduction by the State of domicile from the general income-tax of a sum which will bet
> « (a) Either the tax calculated according to the State's own scale and charged exclusively on income produced in the other countries, each of the latter being taken separately,
> « (b) Or the tax actually paid abroad on the income arising abroad; this sum may be limited to the amount to be deducted in accordance with paragraph (a).
> « In order to prevent a taxpayer whose entire income arises abroad from escaping all taxation in his State of domicile, the amount to be deducted on the above basis should in all cases be restricted to some fraction of the total tax chargeable in the State of domicile.
> « (2) In the State of the origin of the income, only a portion of the income arising there should be taxed, the other portion being taxed in the State of domicile of the taxpayer, but at the rate applicable to his total income from every source. »

Technical Experts to the Financial Committee of the League of Nations, *Double Taxation and Tax Evasion: Report and Resolutions submitted by the Technical Experts to the Financial Committee*, Document F.212, Geneva, February 1925, pp. 32-33 [4092-4093].

[38] Les experts sont notamment sceptiques quant à l'efficacité du bilatéralisme en matière de lutte contre l'évasion fiscale (*Ibid.*, p. 34 [4096]) :

> « 1. Unlike double taxation, in connection with which any problems arising between two States can be settled appropriately by means of bilateral conventions, the question of tax evasion can only be solved in a satisfactory manner if the international agreements on this matter are adhered to by most of the States and if they are concluded simultaneously. Otherwise, the interests of the minority of States, which would alone have signed the conventions, might be seriously prejudiced. »

diversifiant les profils des experts. Les sessions du Comité d'experts[39] s'illustrent en outre par la présence d'une délégation de la Chambre de commerce internationale (CCI), qui s'intéressait alors aux questions de double imposition et dont le rôle a pu être jugé comme important dans les travaux de la SdN.

Le professeur JOGARAJAN démontre toutefois que l'influence de la CCI dans les travaux fiscaux de la SdN fut limitée, et non décisive dans le processus de création des modèles conventionnels[40], les experts étatiques gardant l'initiative dans ces travaux. Le rapport final du Comité d'experts techniques de 1927 propose quatre projets de modèles de convention bilatérale, deux relatifs à la double imposition (en matière d'impositions directes, et en matière de droits de succession), et deux relatifs à l'assistance entre États contre l'évasion fiscale (en matière d'assistance administrative à des fins fiscales, et en matière d'assistance au recouvrement).

201. **La validation des travaux du Comité financier : la conférence de 1928.** Ces projets de modèles de conventions furent ensuite soumis à l'ensemble des États, membres et non-membres de la Société des Nations, par une résolution du Conseil de la SdN du 17 juillet 1927[41]. La Réunion générale des experts gouvernementaux sur la double imposition et l'évasion fiscale, convoquée pour discuter du rapport de 1927 et des modèles conventionnels, se tint à Genève du 22 au 31 octobre 1928, réunissant 45 représentants de 27 États[42], et 6 représentants de la CCI. Le rapport de 1928 valide les travaux des experts de 1927, tout en les élargissant. La participation d'États non membres de la SdN, comme les États-Unis (ayant déjà participé à la dernière session des travaux menant au rapport de 1927) et de l'URSS, confirme un élargissement de la coopération fiscale au-delà du seul cadre de l'organisation internationale, ainsi que l'intérêt général des États en la matière. Les débats

---

[39] Le Comité d'experts s'est réuni au cours de trois sessions : les deux premières ont été tenues à Genève du 17 au 22 mai 1926 et du 5 au 12 janvier 1927, la troisième à Londres du 5 au 12 avril 1927.

[40] Sunita JOGARAJAN, *Double Taxation and the League of Nations*, Cambridge University Press, Cambridge Tax Law Series, 2018, pp. 85-97.

[41] Citée en introduction du rapport de 1928 (General Meeting of Government Experts on Double Taxation and Tax Evasion, *Double Taxation and Tax Evasion: Report Presented by the General Meeting of Government Experts on Double Taxation and Tax Evasion*, Document C.562.M.178.1928.II., Geneva, October 31st, 1928, p. 5 [4159]) :

> « The Council requests the Secretary-General to forward to the Governments of all States Members and non-Members of the League of Nations the report of the technical experts on double taxation and tax evasion, with the request that they express their opinion on its contents, and to convene a general meeting of Government experts in 1928 for the purpose of discussing this report. »

[42] Sur les 68 gouvernements auxquels la SdN adressa le rapport de 1927 pour observations, 27 États participèrent à la Réunion générale : Afrique du Sud, Allemagne, Autriche, Belgique, Bulgarie, Chine, Danemark, Espagne, Estonie, État libre d'Irlande, États-Unis d'Amérique, France, Grande-Bretagne, Grèce, Hongrie, Italie, Japon, Lettonie, Norvège, Pays-Bas, Pologne, Roumanie, Suède, Suisse, Tchécoslovaquie, Union des républiques socialistes soviétiques, Ville libre de Dantzig.

menés en 1928 aboutissent à la publication d'une version augmentée des quatre modèles conventionnels proposés dans le rapport de 1927. Le premier modèle (de convention bilatérale en vue d'éviter les doubles impositions en matière d'impôts directs[43]) en particulier[44], fait l'objet de trois propositions différentes (numérotées Ia., Ib. et Ic.). La première, le modèle Ia., reprend le premier modèle (modèle I.) de 1927, lequel distingue, au sein des impôts directs, les impôts personnels et les impôts impersonnels. Les deux suivantes innovent en abandonnant cette distinction : le modèle Ib. vise en particulier les relations entre États dans lesquels l'imposition dans l'État du domicile (État de résidence) prédomine, tandis que le modèle Ic. vise les relations entre États ayant des systèmes fiscaux différents. Ce dernier modèle Ic. est considéré comme le plus important en termes d'influence sur le réseau conventionnel et les modèles futurs, en particulier sur le modèle OCDE dont il pose les fondations[45].

202. **Le succès de la conférence de 1928 : la pérennisation du Comité fiscal.** À la suite du succès de la conférence de Genève de 1928, la SdN pérennisa l'institutionnalisation de la coopération fiscale internationale en se dotant, par une résolution du Conseil du 14 décembre 1928, d'un Comité fiscal permanent[46], émanation du premier Comité financier[47]. Cette institutionnalisation témoigne de l'importance croissante des experts dans la coopération fiscale internationale, de même que les latitudes qui leur sont offertes par les États dès les années 1920.

Les modèles de 1928 témoignent en outre de l'importance des problématiques fiscales internationales – en particulier de celle de la double imposition – qui gagnent en importance auprès des États durant la période de l'Entre-Deux Guerres. De fait, la pratique conventionnelle s'accroît fortement : entre 1919 et 1939, 256 conventions fiscales sont conclues, soit

---

[43] General Meeting of Government Experts on Double Taxation and Tax Evasion, *Double Taxation and Tax Evasion: Report Presented by the General Meeting of Government Experts on Double Taxation and Tax Evasion*, Document C.562.M.178.1928.II., Geneva, October 31st, 1928, pp. 7-21 [4161-4175].

[44] Les trois autres modèles reprennent essentiellement le rapport de 1927 : un modèle (II.) de convention bilatérale en vue d'éviter les doubles impositions en matière de droits de succession (pp. 22-24 [4176-4178]), un modèle (III.) de convention bilatérale sur l'assistance administrative en matière fiscale (pp. 25-28 [4179-4182]), et un modèle (IV.) de convention bilatérale sur l'assistance en matière de recouvrement des impositions (pp. 29-33 [4183-4187]).

[45] Pour une comparaison article par article du modèle Ic. de 1928 et de l'actuel modèle OCDE, v. Sunita JOGARAJAN, *Double Taxation and the League of Nations*, Cambridge University Press, Cambridge Tax Law Series, 2018, pp. 243-248.

[46] Bruno GOUTHIÈRE, *Les impôts dans les affaires internationales*, Paris, Francis Lefebvre, 15e édition, 2021, n° 1400, p. 26.

[47] Christophe DE LA MARDIÈRE, « L'œuvre fiscale de la Société des Nations », *op. cit.* p. 67.

plus de dix fois plus que sur les deux décennies précédentes[48]. En ce sens, les travaux menés sous l'égide de la SdN sont primordiaux dans la construction du droit fiscal international contemporain. Les modèles conventionnels de 1928 sont souvent considérés comme l'un des rares succès de la SdN en matière de politique économique[49].

Le professeur JOGARAJAN dresse néanmoins un bilan plus mitigé de la conférence de 1928, mettant en exergue les opportunités manquées. Bien que 26 États y soient représentés, les débats lors de la conférence restèrent concentrés sur les quatre modèles sans parvenir à réconcilier les différentes approches[50]. En validant une multiplicité de modèles, la conférence de 1928 amorce une séparation entre les travaux menés sur chacun.

203. **La distinction des modèles : les conférences de Mexico et de Londres.** De 1929 à 1946, le Comité fiscal de la SdN, devenu permanent, tint dix sessions[51]. Dans le rapport de sa 5e session, qui eut lieu en juin 1935, le Comité fiscal reconnaît l'utilité des modèles de 1928 dans les négociations fiscales entre États :

> « The existence of model draft treaties of this kind has proved of real use in such circumstances in helping to solve many of the technical difficulties which arise in such negotiations. This procedure has the dual merit that, on the one hand, in so far as the model constitutes the basis of bilateral agreements, it creates automatically a uniformity of practice and legislation, while, on the

---

[48] Jean-Claude MARTINEZ, « Théorie générale des conventions fiscales », *op. cit.* Le Comité fiscal est chargé des questions d'impôt et est placé sous la dépendance du Comité financier ; v. Comité financier, *Rapport au Conseil sur les travaux de la 33e session du Comité et résolutions adoptées par le Conseil au cours de sa 53e session*, décembre 1928, document C.613.M.190.1928.II [F.616] *Questions économiques et financières* 1928.II.5 (v. aussi Maxime CHRÉTIEN, « Les recueils fiscaux de la SDN et de l'ONU », *RGDIP*, 1952, n° 4, pp. 529-585, p. 533).

[49] Sunita JOGARAJAN, *Double Taxation and the League of Nations*, Cambridge University Press, Cambridge Tax Law Series, 2018, p. 3.

[50] Sunita JOGARAJAN, *Double Taxation and the League of Nations*, Cambridge University Press, Cambridge Tax Law Series, 2018, pp. 241-242 :

> « [O]ne cannot help but view the 1928 Meeting as a lost opportunity. More than a third of all existing countries were represented in Geneva, but the discussion was soon mired in confusion and individualistic concerns. The Experts who participated in the League's earlier work demonstrated a clear desire to maintain previous decisions, on the basis that they had been made following lengthy discussions and compromises. This was particularly evident in the response to the proposals from Liubimov (USSR) and de Lemus (Spain). These proposals often involved significant reforms to Draft Convention I, and there was no appetite for extensive debate. This was in keeping with the purpose of the 1928 Meeting, which was to develop practical solutions. As in 1925 and 1927, practical considerations were at the forefront, and many Experts were mainly concerned with maintaining domestic law positions and protecting revenue. Progress was only possible because the 1928 Models were non-binding on countries, but this decision resulted in differences of opinion being dismissed rather than resolved. »

[51] Maxime CHRÉTIEN, « Les recueils fiscaux de la SDN et de l'ONU », *RGDIP*, 1952, n° 4, pp. 529-585, p. 534.

other hand, inasmuch as it may be modified in any bilateral agreement reached, it is sufficiently elastic to be adapted to the different conditions obtaining in different countries or pairs of countries. »[52]

Le développement de la pratique conventionnelle sur la période des années 1920 et 1930 conduisit au développement de nouvelles clauses, répondant à de nouvelles pratiques et problématiques en matière fiscale internationale. Le Comité fiscal de la SdN résolut, lors de sa session de juin 1939, d'entreprendre une révision des modèles de 1928 pour y intégrer ces améliorations, laquelle fut confiée à un sous-comité dédié.

Néanmoins, l'échec de la SdN à assurer une paix durable entre les Nations et son progressif délitement dans les années 1930 réduisirent *de facto* la capacité à mener des négociations mondiales. La Seconde Guerre mondiale suspendit *a fortiori* les négociations entre les nations belligérantes. Le sous-comité fut réuni une unique fois à La Haye en avril 1940 ; le Comité fiscal poursuivit son travail en organisant deux conférences fiscales régionales tenues à Mexico en juin 1940 et juillet 1943.

Au terme de la Seconde Conférence fiscale régionale de Mexico de 1943, le Comité fiscal propose un nouveau modèle de convention bilatérale relative à la double imposition[53]. Ce modèle est largement influencé par le caractère régional de la conférence et se concentre essentiellement sur la résolution de la double imposition entre États d'Amérique latine (bien qu'y soient également représentés les États-Unis et le Canada). Le modèle favorise l'imposition dans l'État de la source, inversant la logique du modèle de 1928[54]. Le modèle de Mexico était ainsi attractif pour les États en développement, plus souvent en situation d'État de la source que d'État de résidence. Il fut par conséquent considéré comme inadéquat par les États développés.

Le Comité fiscal tint ainsi une 10e et ultime session du 20 au 26 mars 1946, à Londres, réunissant cette fois les représentants de la Belgique, des États-Unis d'Amérique, de la Norvège, du Canada, de la Suisse, de la Suède, du

---

[52] League of Nations, Fiscal Committee, *Report to the Council on the Work of the Fifth Session of the Committee*, Document C.252.M.124.1935.II.A, Geneva, June 1935 ; cité par League of Nations, Fiscal Committee, *London and Mexico Model Tax Conventions Commentary and Text*, Document C.88.M.88.1946.II.A., Geneva, 1946, p. 5 [4325].

[53] League of Nations, Fiscal Committee, *Model Bilateral Conventions for the Prevention of International Double Taxation and Fiscal Evasion*, Second Regional Tax Conference, Mexico, D.F., July 1943, Document C.2.M.2.1945.II.A., Geneva, 1945. S'il est généralement fait référence au modèle de Mexico au singulier, renvoyant au modèle relatif à la double imposition des revenus, il existe en réalité trois modèles de Mexico : un modèle relatif à la double imposition des revenus, un modèle relatif à la double imposition des successions et un modèle relatif à l'assistance administrative réciproque pour l'établissement et le recouvrement des impôts directs.

[54] Ke Chin WANG, « International Double Taxation of Income : Relief Through International Agreement 1921-1945 », *Harvard Law Review*, Vol. 59, n° 1 (Nov., 1945), pp. 95-97 ; Cornelius J. GREGG, « Double Taxation », *Transactions of the Grotius Society*, Vol. 33, Problems of Public and Private International Law (1947), p. 83.

Mexique, des Pays-Bas, du Royaume-Uni, ainsi que de la CCI. Cette conférence de Londres aboutit à la publication de nouveaux modèles conventionnels[55], les experts de 1946 commentant en introduction de leur rapport les travaux de 1943 :

> « The Committee has now studied the result of this work. It wishes to express its agreement with most of the conclusions which were reached by the experts who met in Mexico City in 1943 [...] Virtually, the only clauses where there is an effective divergence between the views of the 1943 Mexico meeting and those of the 1946 London meeting are those relating to the taxation of interest, dividends, royalties, annuities and pensions. The Committee is aware of the fact that the provisions contained in the 1943 Model Conventions may appear more attractive to some States—in Latin America for instance—than those which it has agreed during its present session. [...] »[56]

Le modèle de Londres est considéré de fait comme la réaction expresse des puissances occidentales contre le modèle de Mexico[57], et repose sur le primat de l'imposition dans l'État du domicile[58] – se réinscrivant ainsi dans la logique du modèle de 1928.

Les modèles de Mexico et de Londres consacrent, au crépuscule de la SdN, l'opposition fondamentale entre l'approche des États développés et celle des États en développement, exprimée par le biais de leurs experts-représentants respectifs. Si la SdN a su institutionnaliser et pérenniser un réseau d'expertise économique et financière[59], ses derniers travaux en matière fiscale en marquent non pas la disparition mais la division. Dans le rapport de cette 10e session du Comité financier, celui-ci lègue finalement aux Nations unies la responsabilité de mener les futures discussions fiscales, en vue de concilier les points de vue des États développés et en développement :

> « [...] The Committee thinks that the work done both in Mexico and in London could be usefully reviewed and developed by a balanced group of tax administrators and experts from both capital-

---

[55] À l'instar des modèles de Mexico, les modèles de Londres concernent respectivement la double imposition des revenus, la double imposition des successions et l'assistance administrative réciproque pour l'établissement et le recouvrement des impôts directs. L'expression « modèle de Londres » fait généralement référence au premier.

[56] League of Nations, Fiscal Committee, *Report on the Work of the Tenth Session of the Committee*, document C.37.M.37.1946.II.A., Geneva, March 20th to 26th, 1946, pp. 7-8 [4305-4306].

[57] V. par ex. Christophe FARQUET, *La défense du paradis fiscal suisse avant la Seconde Guerre mondiale : Une histoire internationale*, Neuchâtel, Éditions Alphil Presses universitaires suisses, 2016, p. 476

[58] Cornelius J. GREGG, « Double Taxation », *Transactions of the Grotius Society*, Vol. 33, Problems of Public and Private International Law (1947), pp. 83-84.

[59] Yann DECORZANT, « La Société des Nations et l'apparition d'un nouveau réseau d'expertise économique et financière (1914-1923) », *Critique internationale*, 2011/3, n° 52, pp. 35-50.

importing and capital-exporting countries and from economically-advanced and less-advanced countries, when the League work on international tax problems is taken over by the United Nations. [...] »[60]

204. **L'échec de la tentative onusienne.** La Société des Nations est officiellement dissoute le 20 avril 1946, après avoir transféré ses avoirs à l'Organisation des Nations unies (ONU), laquelle avait été créée le 24 octobre 1945 (date d'entrée en vigueur de la Charte des Nations unies, signée à l'issue de la conférence de San Francisco le 26 juin 1945).

Au sein des organes principaux de l'ONU, un Conseil économique et social (ECOSOC) est créé (art. 7 de la Charte[61]), répondant à un souhait né sous la SdN d'avoir une entité intermédiaire entre l'exécutif de l'organisation et ses organes techniques[62]. Il est chargé de remplir – sous l'autorité de l'Assemblée générale – les fonctions de coopération économique et sociale internationale prévues au Chapitre IX de la Charte (v. art. 60)[63]. Il peut pour ce faire instituer des commissions dédiées à certaines problématiques (art. 68 de la Charte[64]). L'initialisation de l'ECOSOC et la mise en place de ses commissions prirent plusieurs mois, c'est pourquoi la conférence de Londres se tint encore sous l'égide du Comité financier de la SdN.

La Commission préparatoire des Nations unies fut établie lors de la conférence de San Francisco pour préparer la première session de l'Assemblée générale et l'inauguration des différentes instances de l'ONU. Dans son rapport du 23 décembre 1945, elle recommande au Conseil économique et

---

[60] League of Nations, Fiscal Committee, *Report on the Work of the Tenth Session of the Committee*, document C.37.M.37.1946.II.A., Geneva, March 20th to 26th, 1946, p. 8 [4306]. Le rapport contient en outre de nombreuses suggestions dédiées aux futures instances de l'ONU et relatives aux travaux à mener en matière de fiscalité internationale : « III. Suggestions for Future Work on Tax Problems », pp. 8-14 [4306-4312] et « Annex B : Suggested studies in the field of international tax problems », pp. 77-79 [4311-4313]. Maxime CHRÉTIEN qualifie ce rapport de « testament » du Comité fiscal (Maxime CHRÉTIEN, « Les recueils fiscaux de la SDN et de l'ONU », *RGDIP*, 1952, n° 4, p. 534).

[61] Article 7 de la Charte des Nations unies :

« 1. Il est créé comme organes principaux de l'Organisation des Nations Unies : une Assemblée générale, un Conseil de sécurité, un Conseil économique et social, un Conseil de tutelle, une Cour internationale de Justice et un Secrétariat.

« 2. Les organes subsidiaires qui se révéleraient nécessaires pourront être créés conformément à la présente Charte. »

[62] V. not. Victor-Yves GHÉBALI, « Aux origines de l'Ecosoc : l'évolution des commissions et organisations techniques de la Société des nations », *Annuaire français de droit international*, vol. 18, 1972, pp. 504 *sqq*.

[63] À cette fin, il dispose des pouvoirs prévus au Chapitre X de la Charte des Nations unies.

[64] Article 68 de la Charte des Nations unies :

« Le Conseil économique et social institue des commissions pour les questions économiques et sociales et le progrès des droits de l'homme ainsi que toutes autres commissions nécessaires à l'exercice de ses fonctions. »

social de considérer de créer rapidement (et potentiellement lors de sa première session[65]) une « Commission financière » (*Fiscal Commission*)[66] :

> « 34. This commission would make studies and advise the Council on matters related to :
> « (a) international taxation problems ;
> « (b) exchange of information among states on the techniques of government finance and on their social and economic effects ;
> « (c) fiscal techniques to assist the prevention of depressions or inflation ; and
> « (d) such functions of the Fiscal Committee of the League of Nations as the United Nations may decide to assume. »[67]

Cette Commission financière est finalement créée par une résolution du 1er octobre 1946, lors de la 3e session de l'ECOSOC[68]. La Commission financière se dota notamment d'un Comité sur les relations fiscales internationales, et entreprit de continuer les travaux de la SdN en matière de coopération fiscale internationale et de mise à jour des modèles conventionnels relatifs à la double imposition.

Ces travaux échouèrent à concilier les points de vue des États en développement et des États développés. Sur l'insistance des premiers, le modèle de Londres fut abandonné par la Commission financière au profit du modèle de Mexico en 1951. Cette modification du modèle de référence enraya les négociations au sein de l'ONU, et la Commission financière et son Comité sur les relations fiscales internationales cessèrent leurs activités en 1954[69]. L'ONU échouant à constituer une organisation internationale de référence en matière fiscale, les négociations entre États développés, davantage intéressés par le modèle de Londres que celui de Mexico, furent poursuivies au sein d'une organisation réunissant les principaux États développés : l'OECE, devenue en 1961 l'OCDE.

---

[65] United Nations, *Report of the Preparatory Commission of the United Nations*, PC/20, 23 December, 1945, p. 28.

[66] Comme le relève Maxime CHRÉTIEN, la terminologie française peut prêter à confusion (Maxime CHRÉTIEN, « Les recueils fiscaux de la SDN et de l'ONU », *RGDIP*, 1952, n° 4, p. 530) :

> « Cette Commission porte *deux titres* dans les documents officiels : elle s'appelle en anglais *The Fiscal Commission* et en français *la Commission financière* (ou encore : Commission des Finances publiques). Le terme anglais "fiscal" a en effet une signification plus compréhensive que son homonyme français : le mot français synonyme est "financier". »

[67] United Nations, *Report of the Preparatory Commission of the United Nations*, PC/20, 23 December, 1945, p. 39.

[68] Maxime CHRÉTIEN, « Les recueils fiscaux de la SDN et de l'ONU », *RGDIP*, 1952, n° 4, p. 530.

[69] V. Department of Economic & Social Affairs, *United Nations Model Double Taxation Convention between Developed and Developing Countries*, New York, United Nations, 2001, p. xvii.

Section 2 :
L'identification d'une organisation « compétente »

205. **Le développement progressif d'une institution fiscale internationale.** Les travaux de la SdN illustrent, par une première tentative d'institutionnalisation, les prémisses d'un système mondial, mais l'ONU la remplaçant n'est pas parvenue à en continuer l'œuvre fiscale. En l'absence d'organisation explicitement compétente, et pour pallier cet échec de l'ONU, les principaux États développés – du bloc de l'Ouest – ont continué cette coopération dans le cercle restreint de l'OECE – puis OCDE (**§ 1**). Ce système restreint de coopération fiscale internationale a néanmoins progressivement essaimé ses recommandations et modèles, faisant progressivement de l'OCDE l'épicentre mondial de cette coopération (**§ 2**).

§ 1 : L'institutionnalisation dans un cadre originellement restreint

206. **La reprise du modèle de Londres par le Comité fiscal de l'OECE.** À l'instar de la fin de la Première Guerre mondiale, la fin de la Seconde Guerre mondiale met en exergue la nécessité d'une coopération économique pour permettre la reconstruction des États, des infrastructures et de l'économie mondiale. Les États-Unis réalisent notamment la nécessité d'un plan d'investissements au bénéfice des États européens. Un plan d'aide économique européen est présenté par le général George MARSHALL, secrétaire d'État américain, dans son discours prononcé le 5 juin 1947 à l'Université Harvard (Massachussetts). Le succès de ce plan Marshall est conditionné à la coopération entre les États européens, et donc à la mise en place d'une organisation internationale dédiée[70].

À cette fin, 16 États européens acceptant le principe du plan Marshall se réunirent à Paris du 12 juillet au 22 septembre 1947, sur invitation de la France

[70] Staff of the Committee and the Department of State (ed.). *A Decade of American Foreign Policy*, Basic Documents 1941-1949, Washington, United States Government Printing Office, 1950, 1381 p. (81st Congress Senate Document N° 123), pp. 1268-1270 :

> « It is already evident that, before the United States Government can proceed much further in its efforts to alleviate the situation and help start the European world on its way to recovery, there must be some agreement among the countries of Europe as to the requirements of the situation and the part those countries themselves will take in order to give proper effect to whatever action might be undertaken by this Government. It would be neither fitting nor efficacious for this Government to undertake to draw up unilaterally a program designed to place Europe on its feet economically. This is the business of the Europeans. The initiative, I think, must come from Europe. The role of this country should consist of friendly aid in the drafting of a European program and of later support of such a program so far as it may be practical for us to do so. The program should be a joint one, agreed to by a number, if not all, European nations. »

et du Royaume-Uni[71]. Les travaux de cette Conférence de coopération économique européenne (ou « Conférence des Seize ») organisèrent les réponses et propositions européennes à la proposition américaine. Le plan Marshall fut validé, du côté américain, par l'*Economic Cooperation Act* du 3 avril 1948. Il se concrétisa du côté européen par la signature le 16 avril 1948 de la Convention de coopération économique européenne, créant l'Organisation européenne de coopération économique (OECE). Seuls les 16 États européens ayant participé à la conférence de 1947 étaient membres de l'OECE – rejoints en 1949 par l'Allemagne de l'Ouest, le Territoire libre de Trieste jusqu'à sa partition en 1954, et par l'Espagne en 1959. Les États-Unis et le Canada prirent le statut de pays associés le 3 juin 1950 (statut également de l'Espagne avant son adhésion, de 1958 à 1959), la Yougoslavie fut quant à elle amenée à participer à certains travaux de l'OECE en qualité d'observateur[72]. Les États-Unis n'étaient pas membres de l'OECE, bien qu'ils soient cités à plusieurs reprises dans la Convention de coopération économique européenne[73]. Cette situation donne un statut atypique à l'OECE, organisation strictement européenne mais, du moins dans un premier temps, sous ascendant américain.

---

[71] En plus de la France et du Royaume-Uni étaient représentés l'Autriche, la Belgique, le Danemark, la Grèce, l'Islande, l'Irlande, l'Italie, le Luxembourg, la Norvège, les Pays-Bas, le Portugal, la Suède, la Suisse et la Turquie – ainsi que les Commandants en chef des Zones d'occupation en Allemagne de la France, du Royaume-Uni et des États-Unis (qui deviendront l'Allemagne de l'Ouest). Le plan Marshall était ouvert initialement à l'ensemble des États à l'Ouest de l'Asie ; la conférence tenue à Paris du 27 juin au 2 juillet 1947 entre Ernest BEVIN (ministre des affaires étrangères britannique), George BIDAULT (ministre des affaires étrangères français) et Viatcheslav MOLOTOV (commissaire du peuple aux affaires étrangères d'URSS) aboutit au refus par l'URSS de participer au plan Marshall – refus s'étendant *de facto* à la Pologne, la Roumanie, la Tchécoslovaquie et la Yougoslavie. Les États du bloc de l'Est créèrent le 25 janvier 1949 un Conseil d'assistance économique mutuelle (CAEM, ou COMECON) en réponse au plan Marshall et à l'OECE.

[72] Sénat, Raymond BRUN (rap.), Avis n° 261 présenté *au nom de la Commission des Affaires économiques et du Plan sur le projet de loi, adopté par l'Assemblée nationale, autorisant l'approbation de la Convention relative à l'Organisation de Coopération et de Développement économiques*, Annexe au procès-verbal de la séance du 15 juin 1961, p. 7.

[73] En particulier à l'article 11 (l'OECE a pour fonction, entre autres, de « fournir au Gouvernement des États-Unis l'aide et les informations à convenir, relatives à l'exécution du programme de relèvement européen, et lui adresser des recommandations ») et à l'article 13 (relatif aux pouvoirs de l'OECE : celle-ci peut « a) prendre des décisions que les Membres exécuteront ; / b) conclure des accords avec ses Membres ou des pays non membres, avec le gouvernement des États-Unis et avec les organisations internationales ; / c) faire des recommandations au gouvernement des États-Unis, à d'autres gouvernements et aux organisations internationales »). Le préambule de la Convention est le plus éloquent en la matière, les États Parties à la convention :

> « Prenant acte de la volonté généreuse du Peuple américain exprimée par les mesures prises pour apporter l'aide sans laquelle les objectifs assignés ne pourraient pleinement être atteints ;
> « Décidés à créer les conditions et à établir les institutions nécessaires au succès de la coopération économique européenne et à l'usage efficace de l'aide américaine et à conclure une Convention à cette fin ; »

L'OECE ne dispose d'aucune compétence explicite en matière fiscale[74]. Toutefois, l'article 12, d), de la Convention de coopération économique européenne, relatif aux fonctions de l'OECE, prévoit que cette dernière devra notamment :

> « d) sur la demande des Parties intéressées, prêter son concours à la négociation des conventions internationales qui pourraient être nécessaires à la meilleure exécution du programme de relèvement européen. »

Cette disposition pourrait être interprétée, du moins rétrospectivement, comme fondant la compétence de l'OECE à travailler sur la mise à jour du modèle de convention fiscale, la double imposition internationale pouvant être considérée comme un obstacle à l'épanouissement économique des États. Le Conseil se fondera néanmoins davantage sur l'article 13, c), de la Convention, lui permettant de « faire des recommandations » aux États[75]. Ce positionnement du Conseil donnera aux modèles OECE (puis OCDE) une dimension plus universelle et un rôle proactif à l'organisation, qui n'attend pas d'être sollicitée par les « Parties intéressées » pour se saisir du sujet.

En pratique, après la courte période de répartition des fonds du plan Marshall (1948-1952), l'OECE diversifia son action en matière de coopération économique européenne et de libération des échanges, et créa notamment en mars 1956 un Comité fiscal[76]. Le Conseil mandata ce Comité fiscal, en juillet 1958[77], pour « lui présenter un projet [c'est-à-dire un modèle] de Convention tendant à éliminer les doubles impositions en matière d'impôts sur le revenu et la fortune et [...] lui soumettre des propositions concrètes concernant la mise en œuvre de cette Convention »[78]. Le Comité fiscal s'attela à cette tâche en partant des principes du modèle conventionnel de Londres, l'OECE étant constituée d'États dits développés. Plusieurs mises à jour du modèle furent proposées : de 1958 à 1961, le Comité fiscal de l'OECE publia quatre rapports relatifs à *L'élimination des doubles impositions*, proposant vingt-cinq articles constituant la base du futur modèle. Le texte définitif du

---

[74] La Convention de coopération économique européenne ne contient aucune disposition fiscale. Son protocole additionnel n° 1 sur la capacité juridique, les privilèges et les immunités de l'Organisation lui octroie néanmoins les immunités fiscales classiquement attribuées aux organisations internationales (art. 6) et à leurs fonctionnaires (art. 14). Sur ces immunités, v. not. Maxime CHRÉTIEN, *Le statut fiscal des organisations internationales*, Paris, Cours de l'Institut des hautes études internationales, 1959-60, 78 p.

[75] V. par ex. les visas de OECE, *Recommandation du Conseil relative à la suppression des doubles impositions*, 3 juillet 1959, Document C(59)147(Final), OECD/LEGAL/0030.
Le même pouvoir de « faire recommandations aux Membres » est repris à l'article 5, b), de la Convention OCDE et fonde les recommandations du Conseil portant les modèles OCDE.

[76] OECE, *Résolution du Conseil portant création d'un Comité fiscal*, 16 mars 1956.

[77] OECE, *Recommandation du Conseil relative à l'élimination des doubles impositions*, 11 juillet 1958.

[78] OCDE, *Projet de Convention de double imposition concernant le revenu et la fortune 1963*, Document n° C(63)87, 19 octobre 1963, p. 6.

modèle ne fut toutefois adopté qu'en 1963, l'OECE étant devenue entre temps l'OCDE.

207. **La réaffirmation de l'objectif de coopération économique par la création de l'OCDE.** L'OECE eut un certain succès dans son entreprise de redressement économique de l'Europe et de libération des échanges – notamment avec la mise en place de l'Union européenne des paiements en 1950, ou l'adoption de l'Accord monétaire européen en 1955. Néanmoins, à partir de la deuxième moitié des années 1950, la question de sa refonte fut abordée. Avant tout pensées pour la relance économique d'après-guerre, les institutions de l'OECE ne permettaient pas de pousser plus avant la coopération économique, et n'étaient plus adaptées au nouveau cadre de l'économie mondiale, aux tentatives de construction européenne et aux divisions entre les États membres de l'OECE qui en résultèrent. Le développement de la coopération économique européenne avait de fait mené à des désaccords sur le niveau de cette coopération, et les premières idées de transformation de l'OECE en une zone de libre-échange menèrent à la partition de ses États membres.

La création, par le Traité de Paris du 18 avril 1951, de la Communauté européenne du charbon et de l'acier (CECA), poursuivie en 1957 par la création, avec le Traité de Rome, de la Communauté économique européenne (CEE), instaura une coopération économique étroite (et un marché commun) au sein de l'« Europe des Six » (Allemagne de l'Ouest, Belgique, France, Italie, Luxembourg, Pays-Bas), formant un ensemble économiquement homogène. Pour contrebalancer ce rapprochement, sept autres États membres de l'OECE, à l'initiative du Royaume-Uni, formèrent leur propre zone de libre-échange, l'Association européenne de libre-échange (AELE) lors de la convention de Stockholm le 4 janvier 1960 (regroupant, à sa création, le Royaume-Uni, le Danemark, la Norvège, la Suisse, le Portugal, l'Autriche et la Suède)[79]. Cette situation scindait en pratique l'OECE en trois groupes : les

---

[79] Le sénateur Raymond BRUN, dans son avis présenté au nom de la Commission des Affaires économiques et du Plan du Sénat de 1961 relatif à la création de l'OCDE, fait état des pourparlers menés au sein de l'OECE pour unifier ces instances au sein d'une Association économique européenne, zone de libre-échange réunissant les États membres de l'OECE, et de leur échec (Sénat, Raymond BRUN (rap.), Avis n° 261 présenté *au nom de la Commission des Affaires économiques et du Plan sur le projet de loi, adopté par l'Assemblée nationale, autorisant l'approbation de la Convention relative à l'Organisation de Coopération et de Développement économiques*, Annexe au procès-verbal de la séance du 15 juin 1961, pp. 22-23) :

> « Malgré les efforts déployés au cours des pourparlers [menés au sein de l'OECE en 1958 pour créer une zone de libre-échange commune] et malgré la volonté des négociateurs de mettre sur pied une organisation européenne multilatérale, l'échec de la tentative de création d'une zone de libre échange regroupant les pays membres de la CEE et ceux de l'OECE n'appartenant pas au Marché Commun s'explique par trois raisons :

six membres de la CEE, les sept membres de l'AELE et les cinq autres États membres, ne participant ni à la CEE ni à l'AELE (à savoir l'Espagne, la Grèce, l'Irlande, l'Islande et la Turquie), auxquels il faut ajouter les États associés : le Canada et les États-Unis. Ces derniers se trouvaient en outre dans une situation économique sensiblement différente de celle de 1948 : en 1959, la balance commerciale des États-Unis – en général, mais en particulier vis-à-vis de l'Europe – devint négative pour la première fois depuis la guerre. La politique américaine restait en faveur du développement de la coopération européenne, sous réserve qu'elle ne se fasse pas à son détriment. Les tractations menant à la refonte de l'OECE se firent sous initiative américaine : la Conférence économique occidentale des Treize des 12 et 13 janvier 1960 (faisant suite à la Conférence occidentale à quatre[80], tenue à Paris le 21 décembre 1959) adopta, sur proposition notamment de Douglas DILLON, sous-secrétaire d'État américain pour les affaires économiques, trois résolutions initiant la refonte de l'OECE. Celle-ci aboutit finalement à la signature au Château de la Muette à Paris (siège de l'OECE, puis de l'OCDE), le 14 décembre 1960, de la Convention de coopération et de développement économiques – entrée en vigueur le 30 septembre 1961. Elle institue l'Organisation de coopération et de développement économiques (OCDE), réunissant alors sur un pied d'égalité les 20 pays signataires[81] – et associant l'Organisation des Communautés européennes[82].

« 1°Alors que l'Europe des Six forme un ensemble économique et géographique relativement homogène, l'ensemble des onze autres pays de l'OECE destinés à figurer dans la zone de libre échange constitue un rassemblement économique hétérogène ;

« 2°Marché Commun et zone de libre échange répondent à des soucis différents : dans l'un, l'union douanière prélude à l'union économique, dans l'autre, au contraire, le souci de développer les échanges et les relations commerciales au sein d'une institution régionale s'est toujours accompagné de la volonté de conserver les mains libres dans les autres sphères géographiques ;

« 3°À l'arrière-plan des négociations entre les Six s'est toujours manifestée une volonté d'unification politique ; il est difficile de déceler un pareil souci dans l'instauration d'une zone de libre échange. »

Cet avis dresse de manière générale les succès de l'OECE et les raisons de sa transformation en OCDE.

[80] Réunissant Charles DE GAULLE, Dwight EISENHOWER, Harold MCMILLAN et Konrad ADENAUER. Sur cette conférence, v. not. Michel VIRALLY, « La Conférence au sommet », *Annuaire français de droit international*, vol. 5, 1959, pp. 7-36.

[81] Les pays signataires sont les anciens pays membres et pays associés de l'OECE, à savoir : l'Allemagne de l'Ouest, l'Autriche, la Belgique, le Canada, le Danemark, l'Espagne, les États-Unis d'Amérique, la France, la Grèce, l'Irlande, l'Islande, l'Italie, le Luxembourg, la Norvège, les Pays-Bas, le Portugal, le Royaume-Uni, la Suède, la Suisse et la Turquie.

[82] L'article 13 de la Convention OCDE prévoit :

« La représentation dans l'Organisation des Communautés Européennes instituées par les Traités de Paris et de Rome en date des 18 avril 1951 et 25 mars 1957 est définie dans un Protocole Additionnel N° 1 à la présente Convention. »

Le préambule de la Convention insiste sur l'objectif d'une coopération économique toujours « plus large », laquelle « constituera une contribution essentielle à des relations pacifiques et harmonieuses entre les peuples ». Cette coopération répond également aux contraintes posées par la mondialisation, les États « [r]econnaissant que leurs économies dépendent de plus en plus les unes des autres ». L'OCDE s'inscrit surtout dans un système international plus vaste : les Nations Unies sont citées dès le premier considérant du préambule de la Convention[83], et les parties à la convention sont en outre déterminées à développer la coopération économique « d'une façon compatible avec les obligations découlant de leur participation à d'autres organisations, institutions ou accords internationaux ».

En vertu de l'article 16 de la Convention, le Conseil de l'OCDE peut inviter d'autres États à intégrer l'organisation. De 1961 à 2021, dix-huit autres pays ont adhéré à l'OCDE[84].

208. **Les modèles conventionnels de l'OCDE.** Le Comité fiscal de l'OCDE s'inscrit dans la continuité du Comité fiscal de l'OECE, dans le mandat duquel il a été confirmé. Le 6 juillet 1963, le Comité fiscal publie un *Rapport relatif au projet de convention tendant à éviter les doubles impositions en matière d'impôts sur le revenu et la fortune entre les pays membres de l'OCDE*, contenant ledit projet (c'est-à-dire modèle) de convention et ses commentaires. Le rapport est entériné par le Conseil de l'OCDE dans sa recommandation adressée aux États membres en date du 30 juillet 1963, laquelle encourage les pays de l'OCDE à conclure davantage de conventions fiscales bilatérales, à utiliser le projet de convention – et ses commentaires pour interprétation – dans les nouvelles conventions comme dans la révision des anciennes, et à faire part des difficultés qui pourraient être rencontrées dans son application. Dans la même recommandation, le Conseil charge le Comité fiscal de poursuivre ses travaux – notamment pour résoudre les conflits de qualification ou les différends relatifs à l'usage abusif des conventions, pour proposer un modèle conventionnel en matière d'impôts sur

---

La Commission européenne participe désormais aux travaux de l'OCDE. Elle y a droit de parole, peut être membre du bureau des organes subsidiaires, participe à l'élaboration des textes et actes juridiques et dispose d'un droit de proposition et d'amendement au même titre que les membres. Toutefois, elle ne dispose pas de droit de vote et ne prend pas part officiellement à l'adoption des actes soumis au Conseil.

[83] Les parties considèrent « que la puissance et la prospérité de l'économie sont essentielles pour atteindre les buts des Nations Unies, sauvegarder les libertés individuelles et accroître le bien-être général ».

[84] Il s'agit du Japon le 28 avril 1964, la Finlande le 28 janvier 1969, l'Australie le 7 juin 1971, la Nouvelle-Zélande le 29 mai 1973, le Mexique le 18 mai 1994, la République tchèque (Tchéquie) le 21 décembre 1995, la Hongrie le 7 mai 1996, la Pologne le 22 novembre 1996, la Corée du Sud le 12 décembre 1996, la République slovaque (Slovaquie) le 14 décembre 2000, le Chili le 7 mai 2010, la Slovénie le 21 juillet 2010, Israël le 7 septembre 2010, l'Estonie le 9 décembre 2010, la Lettonie le 1er juillet 2016, la Lituanie le 5 juillet 2018, la Colombie le 28 avril 2020 et le Costa Rica le 25 mai 2021.

les successions, pour étudier le cas des doubles impositions en matière d'impôts indirects, et pour procéder à l'examen des retours des États quant à leur pratique conventionnelle[85].

Le Projet de convention, ou modèle de 1963, reprend les vingt-cinq articles présentés dans les rapports du Comité fiscal de l'OECE en les modifiant légèrement et en y ajoutant six nouveaux articles. Il répond aux problématiques nées du développement des échanges internationaux mais aussi et surtout du réseau de conventions fiscales. La multiplication des conventions bilatérales et leur complexification appelaient à l'émission d'un nouveau modèle susceptible d'harmoniser les pratiques, uniformiser les méthodes de résolution des doubles impositions et permettre une interprétation homogène des textes de fiscalité internationale :

> « Il est en particulier très important que la situation fiscale des contribuables de chaque pays Membre qui poursuivent des activités commerciales, industrielles ou financières dans les autres pays Membres, soit clarifiée, unifiée et garantie dans toute la mesure du possible grâce à l'application par tous les pays Membres de solutions communes aux cas de double imposition identiques. »[86]

Conformément à la recommandation du Conseil de 1963, le Comité fiscal publia en 1967 un Projet de convention tendant à éviter les doubles impositions en matière d'impôts sur les successions entre les pays membres de l'OCDE[87].

Sur mandat du Conseil, le Comité fiscal, devenu en 1971 le Comité des affaires fiscales, poursuivit ses travaux sur les modèles conventionnels. En 1977, l'OCDE publia ainsi une première révision globale du Projet de convention de 1963, prenant l'appellation de *Modèle de convention en vue d'éviter les doubles impositions en matière d'impôts sur le revenu et sur la fortune*[88], accompagnée de ses Commentaires en vue d'en assurer une

[85] Le Conseil charge également le Comité fiscal d'étudier la possibilité de conclure une convention multilatérale relative à la double imposition en matière d'impôts sur le revenu et la fortune entre les pays membres de l'OCDE. OCDE, Conseil, *Recommandation du Conseil concernant la suppression des doubles impositions*, adoptée par le Conseil le 39 juillet 1963, appendice *in* OCDE, *Projet de convention de double imposition concernant le revenu et la fortune 1963*, Document n° C(63)87, 19 octobre 1963, pp. 175-176.

[86] OCDE, *Projet de convention de double imposition concernant le revenu et la fortune 1963*, Document n° C(63)87, 19 octobre 1963, p. 9.

[87] Document n° C(66)50, entériné par : OCDE, Conseil, *Recommandation du Conseil concernant la suppression des doubles impositions en matière d'impôts sur les successions*, adoptée par le Conseil le 28 juin 1966.

[88] Le Modèle remplace ainsi le Projet, clarifiant sémantiquement son rôle. V. OCDE, Conseil, *Recommandation du Conseil concernant la suppression des doubles impositions*, 11 avril 1977, Document n° C(77)40(Final) (OECD/LEGAL/0151), entérinant OCDE, Comité des affaires fiscales, *Rapport du Comité des affaires sur la révision du Projet de Convention de l'OCDE de 1963 en vue d'éviter les doubles impositions en matière d'impôts sur le revenu et sur la fortune*, 7 mars 1977, Document n° CFA(76)7(1ère Révision)

interprétation homogène entre les États membres. Cette révision – dont la possibilité était d'ailleurs envisagée dans le modèle de 1963 – se justifiait par la nécessité de « tenir compte de l'expérience acquise par les pays membres lors de la négociation ou de l'application pratique de conventions bilatérales ainsi que des modifications intervenues dans les systèmes fiscaux de ces pays, du renforcement des relations internationales, du développement de nouveaux secteurs d'activité et de l'émergence de nouvelles formes complexes d'organisation des entreprises au niveau international »[89].

De fait, l'évolution constante des pratiques et des technologies appelle à une mise à jour régulière du modèle de convention fiscale, en particulier dans le contexte d'intensification des échanges, de globalisation dans les années 1980, puis de numérisation de l'économie. Le Comité des affaires fiscales a continué depuis lors à publier des rapports thématiques, proposant des modifications au modèle[90].

En 1991, le Comité des affaires fiscales adopta le principe de l'actualisation périodique du Modèle et de ses Commentaires, initiant un processus de révision continue : un Modèle de Convention fut publié en 1992 sous forme de classeur régulièrement mis à jour pour refléter de la manière la plus actuelle possible les positions des États membres[91]. En 1996, le Comité des affaires fiscales décida, au regard de l'influence qu'avait eue jusqu'ici le modèle OCDE sur les économies non membres de l'OCDE, d'annexer au modèle les positions émises par les États qui le souhaitent[92].

209. **La spécialisation d'organes politiques de l'OCDE en matière fiscale.** Les travaux de l'OCDE en matière de coopération fiscale internationale sont pléthoriques. En témoignent les nombreux rapports liés au modèle conventionnel[93], lesquels ne représentent qu'une petite partie des

---

[89] OCDE, *Modèle de Convention fiscale concernant le revenu et la fortune 2017 (Version complète)*, Paris, Éditions OCDE, 10e éd., 2019, p. I-2.

[90] Ces Rapports sont notamment réunis dans le Volume II *in* OCDE, *Modèle de Convention fiscale concernant le revenu et la fortune 2017 (Version complète)*, Paris, Éditions OCDE, 10e éd., 2019, p. R-i (v. *infra*).

[91] Depuis la publication du Modèle de 1992, dix mises à jour ont été réalisées : en 1994, en 1995, en 1997, en 2000, en 2002, en 2005, en 2008, en 2010, en 2014 et en 2017.

[92] La version 2017 du Modèle (la plus récente à ce jour) contient ainsi les positions exprimées par 33 juridictions fiscales non membres de l'OCDE : Afrique du Sud, Albanie, Argentine, Arménie, Azerbaïdjan, Biélorussie, Brésil, Bulgarie, Colombie, Costa Rica, Côte d'Ivoire, Croatie, Émirats arabes unis, Gabon, Géorgie, Hong Kong (Chine), Inde, Indonésie, Kazakhstan, Lituanie, Malaisie, Maroc, Philippines, République populaire de Chine, République démocratique du Congo, Roumanie, Russie, Serbie, Singapour, Thaïlande, Tunisie, Ukraine et Viet Nam.

[93] Présentés en Volume II du Modèle (OCDE, *Modèle de Convention fiscale concernant le revenu et la fortune 2017 (Version complète)*, *op. cit.*) : *Prix de transfert, ajustements corrélatifs et procédure amiable* (adopté par le Conseil de l'OCDE le 24 novembre 1982) R(1)-1 ; *L'imposition des revenus provenant de la location d'équipement industriel, commercial ou scientifique* (adopté par le Conseil de l'OCDE le 13 septembre 1983) R(2)-1 ; *L'imposition des revenus provenant de la location de conteneurs* (adopté par le Conseil de l'OCDE le 13 septembre 1983) R(3)-1 ; *La sous-*

travaux menés par l'OCDE[94] : si le Comité fiscal de l'OCDE avait initialement pour affectation principale la rédaction du Modèle, ses activités se sont largement diversifiées. Ses travaux en matière fiscale sont essentiellement constitués d'analyses techniques détaillées des politiques fiscales internationales et de recommandations, c'est-à-dire d'émissions de normes de droit souple (*soft law*). Or l'influence des secondes est directement liée au degré d'expertise des premières. La structure même de l'OCDE organise les rapports entre la dimension politique et la dimension technique de l'OCDE.

---

capitalisation (adopté par le Conseil de l'OCDE le 26 novembre 1986) R(4)-1 ; *Les conventions préventives de la double imposition et l'utilisation des sociétés écran* (adopté par le Conseil de l'OCDE le 27 novembre 1986) R(5)-1 ; *Les conventions préventives de la double imposition et l'utilisation des sociétés relais* (adopté par le Conseil de l'OCDE le 27 novembre 1986) R(6)-1 ; *L'imposition des revenus des activités de divertissement et des activités artistiques et sportives* (adopté par le Conseil de l'OCDE le 27 mars 1987) R(7)-1 ; *Dérogation aux conventions fiscales* (adopté par le Conseil de l'OCDE le 2 octobre 1989) R(8)-1 ; *Problèmes posés par l'application et l'interprétation de la règle des 183 jours* (adopté par le Conseil de l'OCDE le 24 octobre 1991) R(9)-1 ; *Régime fiscal appliqué aux logiciels* (adopté par le Conseil de l'OCDE le 23 juillet 1992) R(10)-1 ; *Cas triangulaires* (adopté par le Conseil de l'OCDE le 23 juillet 1992) R(11)-1 ; *Régime fiscal des cotisations des salariés à des régimes de retraite établis à l'étranger* (adopté par le Conseil de l'OCDE le 23 juillet 1992) R(12)-1 ; *Attribution de revenus aux établissements stables* (adopté par le Conseil de l'OCDE le 26 novembre 1993) R(13)-1 ; *Les crédits d'impôt fictif – Un réexamen de la question* (adopté par le Conseil de l'OCDE le 23 octobre 1997) R(14)-1 ; *L'application du Modèle de Convention fiscale de l'OCDE aux sociétés de personnes* (adopté par le Comité des affaires fiscales le 20 janvier 1999) R(15)-1 ; *Problèmes posés par l'article 14 du Modèle de Convention fiscale de l'OCDE* (adopté par le Comité des affaires fiscales le 27 janvier 2000) R(16)-1 ; *La limitation du droit aux avantages des conventions fiscales* (adopté par le Comité des affaires fiscales le 7 novembre 2002) R(17)-1 ; *La classification conventionnelle des paiements effectués au titre du commerce électronique* (adopté par le Comité des affaires fiscales le 7 novembre 2002) R(18)-1 ; *Questions soulevées par l'article 5 (établissement stable) du Modèle de Convention fiscale* (adopté par le Comité des affaires fiscales le 7 novembre 2002) R(19)-1 ; *Plans d'options d'achat d'actions pour les salariés : problèmes transfrontaliers concernant l'impôt sur le revenu* (adopté par le Comité des affaires fiscales le 16 juin 2004) R(20)-1 ; *Améliorer la résolution des différends en matière de conventions fiscales* (adopté par le Comité des affaires fiscales le 30 janvier 2007) R(21)-1 ; *Fiscalité et non-discrimination* (adopté par le Comité des affaires fiscales le 20 juin 2008) R(22)-1 ; *Application des conventions fiscales aux sociétés de placement immobilier* (adopté par le Comité des affaires fiscales le 20 juin 2008) R(23)-1 ; *Accorder le bénéfice des conventions fiscales aux revenus d'organismes de placement collectif* (adopté par le Comité des affaires fiscales le 23 avril 2010) R(24)-1 ; *Questions posées par les permis/crédits d'émission au regard des conventions fiscales* (adopté par le Comité des affaires fiscales le 26 juin 2014) R(25)-1 ; *Questions relatives à l'article 17 du Modèle de Convention fiscale de l'OCDE* (adopté le 26 juin 2014 par le Comité des affaires fiscales de l'OCDE) R(26)-1.

[94] En témoignent également les travaux – et les succès – de l'OCDE en matière d'échange de renseignements à des fins fiscales. En témoigne encore le succès des Principes de l'OCDE applicables en matière de prix de transfert à l'intention des entreprises multinationales et des administrations fiscales, v. OCDE, *Principes de l'OCDE applicables en matière de prix de transfert à l'intention des entreprises multinationales et des administrations fiscales 2017*, Paris, Éditions OCDE, 2017, 667 p. Ceux-ci résultent également de travaux réguliers : le rapport initial *Prix de transfert et entreprises multinationales* de 1979 a été mis à jour en 1995 (mise à jour approuvée par le Comité des affaires fiscales le 27 juin 1995 et par le Conseil de l'OCDE le 13 juillet 1995), et depuis régulièrement complété (5 fois) et modifié (7 fois).

L'organe prépondérant de l'OCDE est son Conseil duquel émanent tous les actes de l'Organisation[95]. Y siègent ordinairement des ambassadeurs, représentants permanents de tous les pays membres (et de la Commission européenne) auprès de l'OCDE. Des réunions du Conseil au niveau des Ministres sont également organisées (au moins une fois par an), réunissant les chefs de gouvernement et ministres de l'Économie, du Commerce et des Affaires étrangères des pays membres. Le Conseil fixe les priorités et orientations des travaux de l'OCDE et en entérine les résultats. Ses décisions se font par réalisation d'un consensus politique. Un Président du Conseil est désigné chaque année pour présider les sessions ministérielles[96], tandis qu'un Secrétaire général, nommé par le Conseil pour cinq ans et responsable devant lui, préside le Conseil aux sessions des représentants permanents[97]. C'est le Secrétaire général qui incarne – et dirige – les instances permanentes de l'OCDE[98].

Le Conseil peut créer tout organe subsidiaire qu'il juge nécessaire à la poursuite des objectifs de l'OCDE[99] ; c'est dans ce cadre que fut créé le Comité fiscal, devenu en 1971 le Comité des affaires fiscales[100]. Le Comité des affaires fiscales (CAF) est le principal organe politique de l'OCDE dédié à la coopération fiscale internationale : il réunit les représentants des tous les pays membres (et de la Commission européenne), ainsi que de plusieurs pays non membres, pour assurer le rayonnement des propositions de l'OCDE[101]. Y sont notamment représentés aujourd'hui, en qualité d'associé[102] l'Argentine,

---

95 Conformément à l'article 7 de la Convention relative à l'OCDE :

« Un Conseil, composé de tous les Membres, est l'organe duquel émanent tous les actes de l'Organisation. Le Conseil peut se réunir en sessions de ministres ou de représentants permanents. »

96 Convention relative à l'OCDE, article 8.

97 Convention relative à l'OCDE, article 10.

98 L'incarnation de cette permanence de l'Organisation induit une certaine stabilité dans la fonction. Depuis la création de l'OCDE en 1961, seulement six secrétaires généraux se sont succédé : Thorkil KRISTENSEN (Danemark) de 1961 à 1969, Emile VAN LENNEP (Pays-Bas) de 1969 à 1984, Jean-Claude PAYE (France) de 1984 à 1996, Donald J. JOHNSTON (Canada) de 1996 à 2006 et Angel GURRÍA (Mexique) de 2006 à 2021 (pour un exercice moyen de 12 ans). Le 1er juin 2021, Mathias CORMANN (Australie) a été nommé nouveau Secrétaire général de l'OCDE.

99 Convention relative à l'OCDE, article 9.

100 Résolution du Conseil n° C(71)41.

101 Conformément à l'article 12, c), de la Convention relative à l'OCDE, cette dernière peut « inviter des Gouvernements non membres et des organisations à participer à des activités de l'Organisation ». Ces participations sont organisées par la Résolution révisée du Conseil sur les partenariats au sein des organes de l'OCDE, n° C(2012)100/REV1/FINAL, adoptée par le Conseil le 23 novembre 2015.

102 Résolution révisée du Conseil sur les partenariats au sein des organes de l'OCDE, n° C(2012)100/REV1/FINAL, n° 2 (Formes de partenariat), c) :

« Les Associés sont invités à assister à l'ensemble des réunions d'un organe subsidiaire pour une période indéterminée, sauf disposition contraire. Outre les obligations imparties aux Participants, ils sont tenus de démontrer leur engagement envers les objectifs et pratiques de l'organe concerné en répondant aux critères mentionnés au paragraphe 5 a) de l'Annexe, et de communiquer les et en qualité de participants[103] la Fédération de Russie, l'Afrique du Sud, le Brésil, l'Inde, l'Indonésie, la République populaire de Chine, l'Arabie saoudite, la Malaisie, le Pérou, Singapour et l'Uruguay. D'autres pays non membres de l'OCDE peuvent en outre être amenés à participer ponctuellement aux travaux du Comité des affaires fiscales en qualité d'invités[104] – quarante-six pays non membres sont actuellement listés dans le Plan de participation du Comité des affaires fiscales[105], sans compter les pays associés dans le cadre du projet BEPS ou d'autres organes subsidiaires du CAF. Plusieurs organisations internationales sont également représentées, en qualité d'observateurs : la Banque mondiale, le Cercle de réflexion et d'échange des dirigeants des administrations fiscales (CREDAF), le Fonds monétaire international (FMI), le Forum africain sur l'administration fiscale (ATAF), l'*Inter-American Center of Tax Administrations* (CIAT) et les Nations Unies. Le but du CAF est de parvenir à un consensus politique le plus large possible en matière de coopération fiscale internationale. Son mandat lui donne comme objet principal :

> « Le Comité des affaires fiscales (ci-après le « Comité ») a pour objectif prioritaire de contribuer à ce que la mondialisation puisse profiter à tous grâce à la promotion et à l'élaboration de politiques, de normes et d'orientations fiscales internationales efficaces et judicieuses susceptibles de permettre aux pouvoirs publics d'offrir à leurs citoyens des services de meilleure qualité, tout en maximisant la croissance économique et en atteignant des objectifs environnementaux et sociaux. Ses travaux doivent permettre aux gouvernements des pays Membres et Partenaires (pays non-Membres) de l'OCDE d'améliorer la conception et le

---

informations statistiques qui peuvent être nécessaires pour compléter les bases de données de l'organe. »

[103] Résolution révisée du Conseil sur les partenariats au sein des organes de l'OCDE, n° C(2012)100/REV1/FINAL, n° 2 (Formes de partenariat), b) :

« Les Participants sont invités à assister à l'ensemble des réunions d'un organe subsidiaire pour une période indéterminée, sauf disposition contraire, à condition que cet organe procède à un examen biennal. Sous réserve des conditions énoncées dans le Règlement de procédure, dans la présente Résolution et dans l'invitation, ils sont tenus d'avoir la capacité et la volonté d'apporter une contribution de fond à la réalisation du mandat et du programme de travail de l'organe concerné, grâce à leur participation active à ses réunions et à ses travaux, y compris en communiquant les informations dont l'organe peut avoir besoin. »

[104] Résolution révisée du Conseil sur les partenariats au sein des organes de l'OCDE, n° C(2012)100/REV1/FINAL, n° 2 (Formes de partenariat), a) :

« Les Invités peuvent être conviés à participer à certaines réunions des organes subsidiaires, à la discrétion de ces organes, sous réserve de leur inclusion dans le Plan de participation. Il est attendu qu'ils contribuent à la réalisation du mandat et du programme de travail de l'organe concerné, en assistant aux réunions auxquelles ils sont invités et en prenant part aux discussions. »

[105] Plan de participation du Comité des affaires fiscales, m.-à-j. 21 juillet 2021, accessible en ligne : www.oecd.org, consulté le 1er juin 2022.

> fonctionnement de leurs systèmes fiscaux, de favoriser la coopération et la coordination entre eux dans le domaine de la fiscalité et de réduire les obstacles fiscaux aux échanges et aux investissements internationaux. »[106]

Le CAF dispose de nombreux organes subsidiaires spécialisés sur des problématiques choisies : des organes qui lui sont exclusifs (comme le Forum sur l'administration fiscale, le Groupe de travail n° 9 sur les impôts sur la consommation, le Groupe de travail n° 10 sur l'échange de renseignements et la discipline fiscale ou le Groupe d'action sur les délits à caractère fiscal et autres délits), ou partagés avec le Cadre inclusif sur le BEPS (comme le Groupe de travail n° 1 sur les conventions fiscales et les questions connexes, le Groupe de travail n° 2 sur l'analyse des politiques et les statistiques fiscales, le Groupe de travail n° 6 sur l'imposition des entreprises multinationales, le Groupe de travail n° 11 sur la planification fiscale agressive, le Forum sur les pratiques fiscales dommageables, le Groupe de réflexion sur l'économie numérique, ou encore le Forum sur la procédure amiable)[107].

210. **L'institutionnalisation d'un organe technique de l'OCDE en matière fiscale.** Les travaux de l'OCDE en matière fiscale s'appuient sur l'expertise technique du Centre de politique et d'administration fiscales (CPAF, ou CTPA : *Center for Tax Policy and Administration*), une des « directions de substance » dépendant du Secrétariat de l'OCDE. Le CPAF réunit un ensemble d'experts fiscaux qui travaillent à appuyer les actions du Comité des affaires fiscales, de ses organes subsidiaires et du Forum mondial sur la transparence et l'échange de renseignements à des fins fiscales[108]. Le CPAF constitue un cœur d'expertise indépendant des États, ses membres étant des fonctionnaires internationaux recrutés directement par l'OCDE pour leur expertise dans leurs domaines[109].

211. **La reprise des méthodes de l'OCDE par l'ONU.** Si l'ONU s'était dessaisie des questions de coopération fiscale au bénéfice de l'OECE/OCDE avec la suppression, au sein de l'ECOSOC, de la Commission financière et de son Comité sur les relations fiscales internationales en 1954, les discussions entre pays développés et pays en développement connurent toutefois un regain

---

106 Résolution du Conseil portant révision du mandat du Comité des affaires fiscales, Documents n° C(2013)84, Annexe et n° C/M(2013)17, point 173.

107 OCDE, *Les travaux de l'OCDE en matière de fiscalité*, Paris, OCDE, 2021, p. 58, accessible en ligne : www.oecd.org, consulté le 1er juin 2022. Doivent également être mentionnés les programmes spéciaux, ayant un statut *ad hoc*, comme le Réseau OCDE sur les relations budgétaires entre les différents niveaux d'administration, le Groupe de travail informel sur la fiscalité et le développement, le Forum mondial sur la TVA, ou encore le Forum mondial sur la transparence et l'échange de renseignements à des fins fiscales.

108 Sur les travaux du Centre, v. OCDE, *Les travaux de l'OCDE en matière de fiscalité*, Paris, OCDE, 2021, pp. 3 *sqq*., accessible en ligne : www.oecd.org, consulté le 1er juin 2022.

109 V. nos 278 et suivants.

d'intérêt dans le milieu des années 1960[110]. En 1967, l'ECOSOC reconnut qu'il était souhaitable d'encourager la conclusion de conventions fiscales bilatérales entre pays développés et pays en développement[111]. En conséquence, le Secrétaire général de l'ONU mit en place en 1968 un Groupe spécial d'experts sur les conventions fiscales entre pays développés et en voie de développement, réunissant des experts et des fonctionnaires des impôts de pays développés et de pays en développement nommés à titre personnel[112] – c'est-à-dire proposés par les gouvernements, mais agissant en leur nom propre[113]. Les travaux du groupe aboutirent en 1979 à la publication d'un *Manuel de négociation des conventions fiscales bilatérales entre pays développés et pays en développement*, et en 1980 d'un premier *Modèle de convention des Nations Unies concernant les doubles impositions entre pays développés et pays en développement*. Le groupe fut renommé en 1980 Groupe spécial d'experts sur la coopération internationale[114], puis en 2004 Comité d'experts de la coopération internationale en matière fiscale[115]. Ce dernier est composé de 25 experts – désignés par les gouvernements mais agissant en leur qualité d'expert – qui se réunissent deux fois par an[116], à New York ou à Genève. Le Groupe, puis Comité, a pour tâche première de mettre à jour le Modèle conventionnel ONU (qui a été révisé en 2011, 2011, 2017[117] et

---

[110] Bruno GOUTHIÈRE, *Les impôts dans les affaires internationales*, Paris, Francis Lefebvre, 15e édition, 2021, n° 1407, p. 28.

[111] ECOSOC, Résolution n° 1273 (XLIII), adoptée le 4 août 1967.

[112] United Nations, Department of Economic & Social Affairs, *Model Double Taxation Convention between Developed and Developing Countries*, 2017 Update, New York, United Nations, 2017, p. v. Les pp. iii-vi présentent les origines du modèle ONU.

[113] Bruno GOUTHIÈRE, *Les impôts dans les affaires internationales*, *op. cit.* n° 1407, p. 28.

[114] ECOSOC, Résolution n° 1980/13 du 28 avril 1980.

[115] ECOSOC, Résolution n° 2004/69 du 11 novembre 2004.

[116] Depuis 2015 seulement ; le Comité se réunissait auparavant une fois par an. Cette augmentation de la fréquence des réunions du Comité résulte du Programme d'action d'Addis-Abeba issu de la troisième Conférence internationale sur le financement du développement, approuvé par la Résolution de l'Assemblée générale des Nations Unies n° 69/313 adoptée le 27 juillet 2015 (Document n° A/RES/69/313) ; v. not. § 29 :

> « Nous affirmons qu'il faut que la coopération et le dialogue entre les autorités fiscales nationales sur les questions fiscales internationales soit sans exclusive. À ce sujet, nous accueillons avec satisfaction les travaux du Comité d'experts de la coopération internationale en matière fiscale et en particulier de ses sous-comités. Nous avons décidé de continuer à chercher à améliorer ses ressources afin de le rendre plus efficace encore et d'augmenter ses capacités opérationnelles. À cette fin, nous augmenterons la fréquence de ses sessions, pour la porter à deux par an, chacune devant comprendre quatre jours de travail. Nous intensifierons la participation du Comité aux travaux du Conseil économique et social grâce à la réunion spéciale sur la coopération internationale en matière fiscale afin d'améliorer encore le traitement intergouvernemental des questions fiscales. [...] »

[117] V. United Nations, Department of Economic & Social Affairs, *Model Double Taxation Convention between Developed and Developing Countries*, 2017 Update, New York, United Nations, 2017, 804 p.

2021[118]) et le Manuel de négociation (qui a été révisé en 2003, 2015 et 2019[119]) : par sa résolution du 11 novembre 2004[120], l'ECOSOC charge le Comité d'experts de réviser et mettre à jour le Modèle et le Manuel autant que nécessaire, adoptant ainsi un mode de révision permanente, à l'instar de la pratique OCDE. Le Comité a recours à plusieurs sous-comités spécialisés pour traiter ses différents sujets, qui se sont en outre diversifiés vers les autres domaines de la coopération fiscale internationale, tout en étant toujours orientés pour prendre en compte spécifiquement les intérêts des pays en développement.

En ce sens, les travaux de l'ONU sont conçus de manière complémentaire aux travaux de l'OCDE, dont l'ONU reprend les techniques[121], et auxquelles elle participe en tant qu'observatrice.

Cette complémentarité a mené à l'édification de programmes joints entre l'OCDE et l'ONU en matière fiscale, comme l'initiative « Inspecteurs des impôts sans frontières » (IISF). Initiée en 2012 sous l'égide conjointe du Comité des affaires fiscales et du Comité d'aide au développement de l'OCDE, elle se concrétise en 2015, lors de la Conférence d'Addis-Abeba sur le financement du développement, comme un partenariat entre l'OCDE et le Programme des Nations Unies pour le développement (PNUD). Elle permet aux pays en développement qui le souhaitent de bénéficier de l'expérience de fonctionnaires des impôts confirmés des États développés pour former les leurs et mettre en place des programmes ciblés d'assistance en matière de vérification fiscale. Cette action connaît un certain succès et permet d'aider les États en développement à assurer l'effectivité du recouvrement[122].

---

[118] United Nations, Department of Economic & Social Affairs, *Model Double Taxation Convention between Developed and Developing Countries*, 2021 Update, New York, United Nations, 2021, 911 p.

[119] V. United Nations, Department of Economic & Social Affairs, *Manuel for the Negotiation of Bilateral Tax Treaties between Developed and Developing Countries 2019*, New York, United Nations, 2019, 222 p.

[120] ECOSOC, Résolution n° 2004/69 du 11 novembre 2004.

[121] Hervé ASCENSIO & Céline FOLSCHÉ, « L'OCDE et la coopération fiscale internationale », *in* SFDI & OCDE (dir.), *Le pouvoir normatif de l'OCDE*, Paris, Éditions A. Pedone, 2014, p. 82.

[122] V. Thierry LAMBERT, *L'impôt dans une économie mondialisée : Contribution à une théorie générale de l'impôt*, Bruxelles, Bruylant, coll. Droit & Économie, 2021, pp. 75-76. Pour une présentation de l'initiative IISF, v. Samia ABDELGHANI, « L'initiative "Inspecteurs des impôts sans frontières" au service de la mobilisation des ressources intérieures », *Revue européenne et internationale de droit fiscal*, n° 2018/1, pp. 103-110. V. aussi OCDE/PNUD, *Inspecteurs des impôts sans frontières – Rapport annuel 2021*, Paris, 2021, 51 p., accessible en ligne : tiwb.org. V. encore Gaston KONGBRÉ, « L'Initiative "Inspecteurs des impôts sans frontières" (IISF) et le recouvrement des impôts en Afrique », *Revue européenne et internationale de droit fiscal*, n° 2021/4, pp. 567-582.

§ 2 : La consécration d'une primauté mondiale

212. **La primauté de l'OCDE en matière fiscale.** Bien que d'autres organisations internationales à vocation plus universelle – au premier rang desquelles est l'ONU – puissent intervenir en matière de fiscalité, l'OCDE s'est imposée depuis sa création comme l'organisation internationale la plus active et ayant obtenu le plus de résultats.

En avril 2016, la création de la Plateforme de collaboration sur les questions fiscales (*Platform for Collaboration on Tax*, PCT), à l'initiative du G20, institutionnalise un réseau des organisations internationales en matière fiscale. La PCT réunit ainsi le Fonds monétaire international (FMI), le Groupe de la Banque mondiale (BM), les Nations Unies et l'OCDE[123]. Pour autant, ses missions relèvent davantage de la diffusion, notamment auprès des pays en développement, des travaux menés sous l'égide de l'OCDE et du G20 dans le cadre du projet BEPS.

En confiant à l'OCDE la réalisation du projet BEPS, le G20 a, de fait, confirmé la primauté de l'OCDE dans l'organisation de la coopération fiscale internationale.

213. **La création du G20 comme instigateur politique de la coopération fiscale.** Le G20 constitue aujourd'hui le principal instigateur de la gouvernance mondiale et de la coopération fiscale internationale. Son origine repose sur la coopération informelle restreinte mise en place au sein du G6, laquelle s'est progressivement étendue.

En 1971, le premier choc pétrolier et l'abandon du système de Bretton-Woods mirent à mal l'économie mondiale. L'échec des accords de Bretton-Woods remit en question la pertinence des principales instances économiques mondiales (qu'il s'agisse des institutions de Bretton-Woods, le Groupe Banque mondiale et le Fonds monétaire international, ou bien des instances économiques – comme l'ECOSOC – des Nations Unies). Il questionna en particulier leur capacité à résoudre la crise mondiale qui s'ensuivit. Dans ce contexte, les dirigeants des principales puissances économiques du moment – et, à l'époque, membres du bloc de l'Ouest – se réunirent, d'abord de manière informelle, pour discuter des mesures économiques à adopter. Le premier sommet officiel du « Groupe des 6 » (G6), regroupant les États-Unis, le Japon, la France, le Royaume-Uni, l'Allemagne de l'Ouest et l'Italie, se tint en France en 1975. En 1976, le forum intégra le Canada et devint « G7 ». À partir de la chute de l'URSS, la Fédération de Russie fut progressivement associée au groupe et l'intégra officiellement en 1997, créant le « G8 ». Toutefois, à la suite de la crise de Crimée en 2014, le groupe suspendit la participation de la Russie ; cette dernière se retira officiellement en 2017, le forum redevenant alors « G7 ». Cette dernière évolution illustre la fragilité de cette instance

---

[123] V. PCT, *PCT Progress Report 2021*, 2021, accessible en ligne : www.tax-platform.org.

informelle. Créé initialement pour résoudre des problématiques économiques transnationales, le G7 a progressivement élargi le domaine de ses discussions, se concentrant aujourd'hui davantage sur la défense des intérêts des États occidentaux et la coordination dans la lutte contre le terrorisme, l'appréhension des grands enjeux géopolitiques et la défense de l'environnement[124]. De fait, les principales questions économiques relèvent aujourd'hui du G20.

Le « Groupe des vingt » (G20) fut créé dans un contexte de crise économique analogue à celui ayant présidé la création du G7. C'est à la suite des crises économiques successives des années 1990, et en particulier de la crise économique asiatique qui frappa, à partir de 1997, l'Asie du Sud-Est, puis plusieurs pays émergents, que la nécessité d'élargir les forums de discussion du G8 aux économies émergentes se fit sentir. Le G20 fut créé sur la base de ce constat en 1999, à l'initiative du ministre des Finances canadien Paul MARTIN. Il ne réunit dans un premier temps que les ministres des Finances et directeurs des banques centrales de ses participants, soit dix-neuf États et l'Union européenne. Le Groupe réunit ainsi, en plus des États du G8, l'Australie et la Corée du Sud, les cinq BRICS (Brésil, Russie, Inde, Chine, Afrique du Sud), et cinq autres pays émergents (Arabie saoudite, Argentine, Indonésie, Mexique, Turquie) ; à ces dix-neuf États s'ajoute l'Union européenne (**Carte 2**). Cet élargissement permet une ouverture des conférences internationales à l'extérieur du bloc de l'Ouest. Il prend ainsi en compte le développement et l'intrication des économies mondialisées et réunis une part essentielle du PIB et des échanges mondiaux, dans lesquels les États du G7 ont perdu peu à peu de leur prépondérance. La réunion des ministres des Finances (et directeurs de banques centrales) du G20 fut par la suite qualifiée de « G20 Finances » lorsque, en 2008, le G20 prit une dimension supérieure en réunissant les chefs des États membres.

C'est encore une crise, en l'occurrence la crise bancaire et financière qui suivit la crise des *subprimes* de 2007, qui poussa les forums internationaux à se réinventer. En 2008, sous l'influence notamment de Nicolas SARKOZY et Gordon BROWN, les dirigeants des membres du G20 se réunirent pour la première fois le 15 novembre 2008 au sommet de Washington.

---

124 Romano PRODI, « Global Governance and Global Summits from the G8 to the G20: History, Opportunities and Challenges », *China & World* Economy, vol. 24, n° 4, 2016, p. 8.

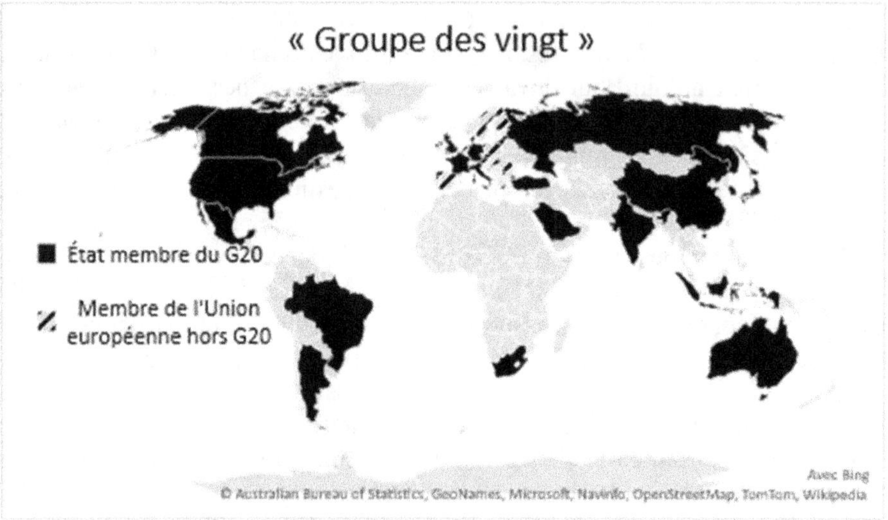

Carte 2 : Membres du G20[125]

En tant que forum, le G20 n'est pas une organisation internationale : il ne dispose ni d'un secrétariat permanent, ni d'une structure administrative propre, ni *a fortiori* de capacités techniques ou d'experts à même de mener une révision de l'ensemble de la fiscalité internationale. En revanche, sont invitées au G20 plusieurs organisations internationales d'envergure par lesquelles le forum concrétise nombre de ses décisions (le G7 procède de la même façon). Ainsi se distinguent dans la mise en place des politiques internationales l'instance politique (le G7, puis le G20) et l'instance technique (les organisations internationales invitées : FMI, Groupe de la Banque mondiale, IASB, ONU, OCDE, etc.).

214. **Le choix de l'OCDE par le G20.** Parmi ces organisations, l'OCDE s'impose comme celle à même de mener – entre autres – les projets ayant trait à la fiscalité. Elle est dépositaire du principal modèle conventionnel, dispose de la plus grande expertise et bénéficie, paradoxalement, d'une plus large représentativité que les Nations Unies.

En effet, si l'ONU réunit 193 États membres (et 2 États non membres observateurs), l'ECOSOC se compose de 54 membres de l'ONU élus par l'Assemblée générale pour 3 ans, le Conseil étant renouvelé par tiers chaque année[126]. Ainsi, tous les États de l'OCDE, du G20, ou même du G7, n'y sont pas systématiquement représentés[127]. Ces choix d'organisation induisent une

[125] Source : auteur.

[126] Charte des Nations unies, Article 61.

[127] En 2022, l'Allemagne qui est à la fois membre du G7, du G20 et de l'OCDE n'est pas représentée à l'ECOSOC. En 2022 encore, 6 États participant au G20 ne sont pas membres de l'ECOSOC, et 19 des 38 États membres de l'OCDE non plus. En outre, l'Union européenne qui participe de manière

représentativité limitée des principales puissances économiques, une représentativité décorrélée des capacités économiques et diplomatiques des États, ce qui peut expliquer le désintérêt relatif des G7/G20 à l'égard de l'ECOSOC, et la préférence de l'OCDE et de sa représentation élargie à tout État intéressé.

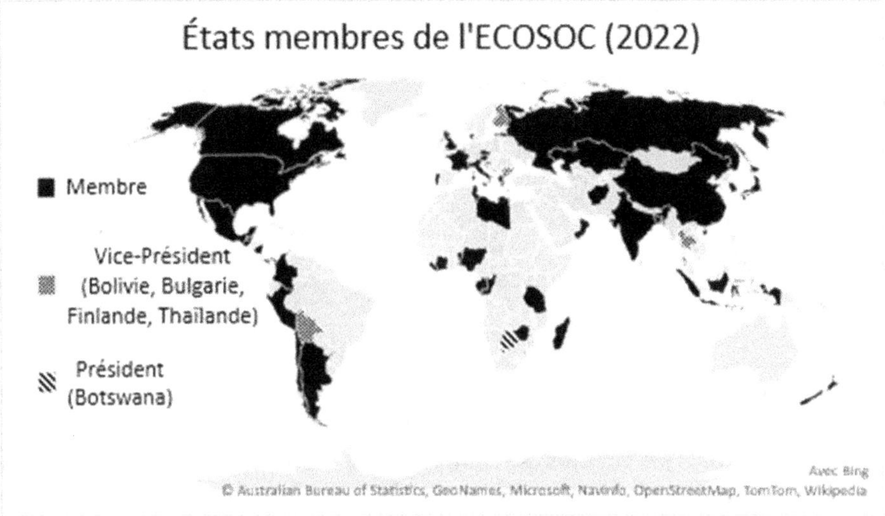

Carte 3 : États membres de l'ECOSOC (2022)[128]

---

permanente au G7 (en tant qu'organisation invitée), au G20 (en tant que membre) et aux travaux de l'OCDE (conformément au protocole additionnel n° 1 de la Convention relative à l'OCDE) ne siège pas à l'ECOSOC.

[128] Source : auteur ; données : www.un.org, consulté le 1er juin 2022.

Carte 4 : États membres de l'OCDE (2022)[129]

Dans ce contexte, le G20 a, à plusieurs reprises, requis des travaux de l'OCDE au renfort des politiques sur lesquels il s'accordait. Il encourage notamment depuis ses premières réunions à l'adoption des différents standards OCDE – notamment en matière d'échange de renseignement et de lutte contre les « paradis fiscaux »[130].

En septembre 2013, au sommet de Saint-Pétersbourg, les chefs d'État déclarent « s'attaquer à l'érosion de la base et au transfert de bénéfices, lutter contre l'évasion fiscale et promouvoir la transparence fiscale et l'échange automatique de renseignements »[131]. À cette fin, le G20 valide le plan en

[129] Source : auteur ; données : www.oecd.org, consulté le 1er juin 2022.

[130] Et ce dès la première réunion des chefs d'État : G20, *Déclaration finale des chefs d'État*, Sommet de Washington, 15 novembre 2008 :

> « Tax authorities, drawing upon the work of relevant bodies such as the Organization for Economic Cooperation and Development (OECD), should continue efforts to promote tax information exchange. Lack of transparency and a failure to exchange tax information should be vigorously addressed. »

[131] « Addressing Base Erosion and Profit Shifting, Tackling Tax Avoidance, and Promoting Tax Transparency and Automatic Exchange of Information », *in* G20, *Déclaration finale des chefs d'État*, Sommet de Saint-Pétersbourg, 5-6 septembre 2008, §§ 50-52. V. not. § 50 :

> « In a context of severe fiscal consolidation and social hardship, in many countries ensuring that all taxpayers pay their fair share of taxes is more than ever a priority. Tax avoidance, harmful practices and aggressive tax planning have to be tackled. The growth of the digital economy also poses challenges for international taxation. We fully endorse the ambitious and comprehensive Action Plan – originated in the OECD – aimed at addressing base erosion and profit shifting with mechanism to enrich the Plan as appropriate. We welcome the establishment of the G20/OECD BEPS project and we encourage all interested countries to participate. Profits should be taxed where economic activities deriving the profits are performed and where value is created. In order to minimize BEPS, we call on member countries to examine how our own domestic laws

quinze actions qui lui est proposé par l'OCDE, baptisé BEPS (*Base Erosion and Profit Shifting*), et lui donne mandat pour le mener à bien.

215. **Le développement du plan BEPS.** Le plan d'action du BEPS se compose de quinze actions articulées autour de trois piliers : « harmoniser les règles nationales qui influent sur les activités transnationales, renforcer les exigences de substance dans les standards internationaux existants, et améliorer la transparence ainsi que la certitude »[132]. En 2015, l'OCDE publie une série de rapports sur les quinze actions. Les chefs d'État et de gouvernement du G20 réunis lors du sommet d'Antalya des 15 et 16 novembre 2015 ont communiqué une déclaration de principe sur la mise en œuvre, la pérennisation et l'ouverture au plus grand nombre d'États du plan d'action BEPS[133].

---

contribute to BEPS and to ensure that international and our own tax rules do not allow or encourage multinational enterprises to reduce overall taxes paid by artificially shifting profits to low-tax jurisdictions. We acknowledge that effective taxation of mobile income is one of the key challenges. We look forward to regular reporting on the development of proposals and recommendations to tackle the 15 issues identified in the Action Plan and commit to take the necessary individual and collective action with the paradigm of sovereignty taken into consideration. »

Une annexe à la déclaration est dédiée aux modalités relatives à la fiscalité, et détaillant en particulier le plan d'action.

[132] OCDE, *Relever les défis fiscaux posés par l'économie numérique, Action 1 – Rapport final 2015*, Projet OCDE/G20 sur l'érosion de la base d'imposition et le transfert de bénéfices, Paris, Éditions OCDE, 2017, p. 3 ; cette présentation se retrouve en avant-propos du rapport final de chaque action publié en 2015.

[133] Communiqué des chefs d'État et de gouvernement du G20, sommet d'Antalya, 15-16 novembre 2015, § 15 ; traduction non officielle : Centre de recherche sur le G20 (Université de Toronto), www.g20.utoronto.ca (consulté le 1er juin 2022) :

« Pour parvenir à un système fiscal international moderne et juste à l'échelle internationale, nous entérinons le paquet de mesures mis au point dans le cadre de l'ambitieux projet du G20 et de l'OCDE sur l'érosion de la base d'imposition et le transfert de bénéfices (BEPS). Une mise en œuvre large et cohérente sera essentielle pour assurer l'efficacité de ce projet, notamment en ce qui concerne l'échange d'informations sur les rescrits fiscaux transfrontaliers. C'est pourquoi nous demandons instamment la mise en œuvre rapide de ce projet et nous encourageons tous les pays et juridictions, en particulier les pays et juridictions en développement, à y participer. Pour assurer le suivi de la mise en œuvre du projet BEPS dans le monde, nous demandons à l'OCDE d'élaborer un cadre global [ou « cadre inclusif » (*inclusive framework*)] d'ici début 2016 avec la participation de pays et juridictions intéressés non-membres du G20 qui s'engagent dans le projet BEPS, et notamment des économies en développement, sur un pied d'égalité. Nous nous félicitons des efforts déployés par le FMI, l'OCDE, les Nations Unies et le groupe de la Banque mondiale pour apporter une assistance technique appropriée aux économies en développement désireuses de relever les défis de la mobilisation des ressources nationales auxquels elles sont confrontées, y compris dans le cadre du projet BEPS. Nous reconnaissons que le calendrier de mise en œuvre par les pays en développement intéressés non-membres du G20 peut différer de celui d'autres pays et nous demandons à l'OCDE et à d'autres organisations internationales de prendre en compte la situation particulière de ces pays de manière adéquate dans ce cadre. Nous avons accompli des progrès en matière de transparence des systèmes fiscaux et nous réaffirmons nos engagements antérieurs en matière d'échange de renseignements sur demande ou d'échange

C'est sur la base de cette invitation que le « Cadre inclusif du BEPS », mené par l'OCDE, s'est mis en place. Approuvé par le G20 Finances de Shanghai les 26 et 27 février 2016[134], le Cadre inclusif a pour but la mise en œuvre du paquet BEPS, en particulier des standards minimums prévus dans les rapports de 2015. Lors de l'inauguration du Cadre inclusif, le 30 juin et 1er juillet 2016 à Kyoto, le Cadre inclusif comptait déjà 82 membres.

216. **La vocation « inclusive » du Cadre.** L'ensemble des adhérents au cadre inclusif sont associés, sur un pied d'égalité, aux travaux du Comité des affaires fiscales de l'OCDE et des différents forums associés. Pour adhérer au Cadre inclusif, les pays et juridictions candidates s'engagent à mettre en œuvre l'ensemble des mesures issues du projet BEPS de manière cohérente. Ils doivent en outre s'acquitter d'une cotisation annuelle – 20 500 euros, le montant pouvant être révisé chaque année selon l'inflation.

L'invitation aux « pays et juridictions » plutôt qu'aux États permet d'ignorer certaines limites du droit international public, en proposant à certaines entités d'adhérer au cadre inclusif alors que leur souveraineté n'est pas reconnue par d'autres membres (comme Taïwan) ou qu'elles n'en disposent pas en propre (comme le Groenland, certains territoires britanniques d'outre-mer, etc.)[135]. À titre d'exemple, 17 juridictions adhérentes au cadre inclusif ne sont pas des États membres des Nations Unies[136]. Cette ouverture correspond à l'approche pratique privilégiée au sein des travaux BEPS ; elle permet d'incorporer à la coopération fiscale internationale l'ensemble des systèmes fiscaux autonomes existants. En outre, toutes les juridictions

---

automatique de renseignements d'ici 2017 ou fin 2018. Nous invitons d'autres juridictions à se joindre à nous. Nous soutenons les efforts déployés pour renforcer l'engagement des économies en développement dans le programme fiscal international. »

134 V. le Communiqué des ministres des Finances et gouverneurs des banques centrales, 26-27 février 2016, § 7 :

« 7. Widespread, consistent and effective implementation of G20/OECD Base Erosion and Profit Shifting (BEPS) project is critical for a fair and modern international tax system. We reiterate our commitment to timely implementation of the BEPS project, and continue to monitor and address BEPS-related issues in order to ensure tax fairness and a level playing field. To ensure a consistent global approach, we endorse the inclusive framework proposed by the OECD for the global implementation of BEPS project and encourage all relevant and interested non-G20 countries and jurisdictions, which commit to implement the BEPS project, including developing countries, to join in the framework on an equal footing. We support that the specific challenges faced by developing countries in BEPS implementation should be appropriately addressed under the framework. [...] »

135 Conscients des difficultés que peut présenter, sur le plan du droit international public, l'identification des juridictions fiscales, tous les *Rapports d'étapes* du Cadre inclusif sur le BEPS présentent prudemment la mention :

« Ce document, ainsi que les données et cartes qu'il peut comprendre, sont sans préjudice du statut de tout territoire, de la souveraineté s'exerçant sur ce dernier, du tracé des frontières et limites internationales, et du nom de tout territoire, ville ou région. »

136 Anguilla ; Aruba ; Bermudes ; Îles Vierges britanniques ; Îles Caïmans ; Îles Cook ; Curaçao ; Îles Féroé ; Gibraltar ; Groenland ; Guernesey ; Hong Kong ; Île de Man ; Jersey ; Macao ; Montserrat ; Îles Turques et Caïques.

concernées ont déjà conclu des conventions fiscales bilatérales – ou adopté des instruments qui peuvent y être assimilés.

En 2022, le cadre inclusif du BEPS compte 141 pays et juridictions, soit trois fois plus que de membres de l'OCDE et du G20 réunis (**Figure** 7). Il compte en outre près de 70 pays en voie de développement[137], et est réparti sur l'ensemble du globe (**Figure 8** ; **Carte 5**). Le cadre inclusif pallie ainsi deux critiques soulevées régulièrement à l'encontre de l'OCDE – et pesant sur la légitimité de ses travaux : celle d'être un « club d'États riches » (les 38 États membres produisant 61 % du PIB mondial) et celle d'être un « club d'États occidentaux » (les États membres étant très majoritairement présents en Europe et Amérique du Nord). En ce sens, l'ouverture peut être considérée comme un succès.

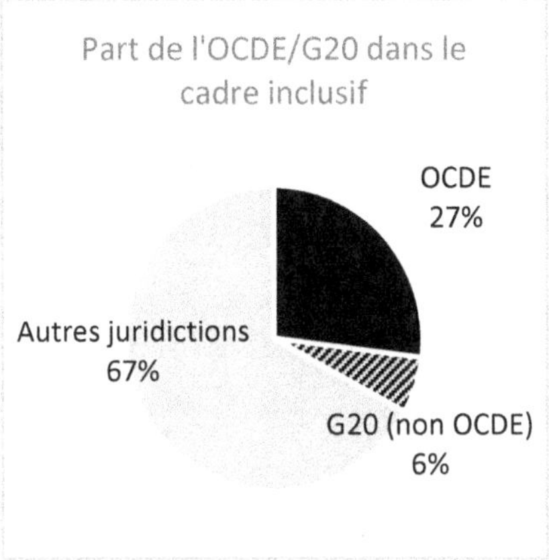

Figure 7 : Part de l'OCDE/G20 dans le cadre inclusif[138]

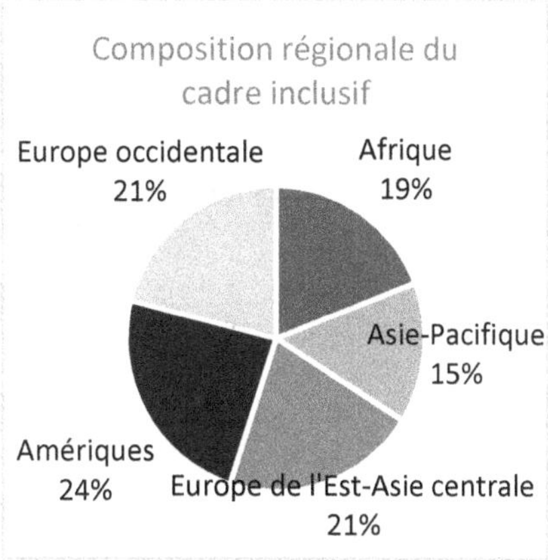

Figure 8 : Composition régionale du cadre inclusif[139]

[137] OCDE, *Cadre inclusif sur le BEPS de l'OCDE et du G20 : Rapport d'étape juillet 2020 – septembre 2021*, Paris, Éditions OCDE, 2021, p. 25 : les pays en développement « représentent près de la moitié [des] 140 membres » du Cadre inclusif.
[138] En nombre de membres ; source : Auteur.
[139] Données : OCDE, *Cadre inclusif sur le BEPS de l'OCDE et du G20 : Rapport d'étape juillet 2020 – septembre 2021*, Paris, Éditions OCDE, 2021, p. 25.

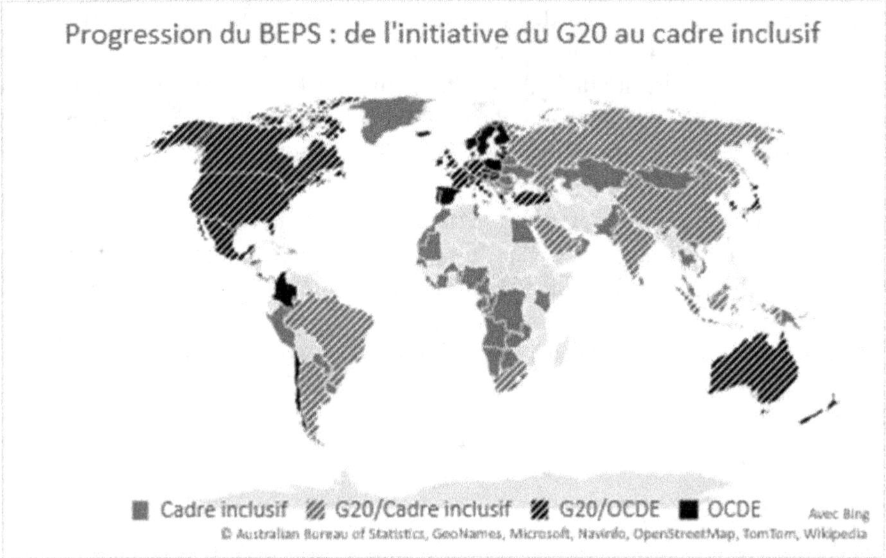

Carte 5 : Progression du BEPS : de l'initiative du G20 au cadre inclusif[140]

[140] Source : auteur.

Conclusion du chapitre

217. **Le transfert aux experts « compétents ».** Le BEPS illustre l'achèvement d'un processus de transfert de la compétence fiscale internationale vers les organisations internationales, par le truchement de l'expertise. Ce transfert procède d'une évolution continue au cours du XXe siècle, durant lequel l'OCDE s'est progressivement imposée comme la principale détentrice de cette expertise technique. Sa position s'est en outre largement renforcée depuis les années 2000 grâce au support politique des principaux États développés – en particulier du G20 –, et généralisée, mondialisée, par l'extension de ses initiatives aux pays en développement – à travers, notamment, le cadre inclusif du BEPS.

Cette captation de compétences fiscales par l'OCDE qui, au regard de son traité constitutif, en était dépourvue est symptomatique de la cristallisation du système fiscal international : par son positionnement, l'OCDE offre au système le support international que les phénomènes classiques d'institutionnalisation ne permettaient pas de mettre en place. Néanmoins, ce transfert de la compétence technique pose alors nécessairement un problème émergent de concurrence des compétences entre les acteurs du système fiscal international.

Chapitre 2 : La concurrence des compétences

218. **Les limites de la coopération par les experts.** L'abandon progressif aux experts des compétences en matière de fiscalité internationale ne va pas sans soulever des difficultés tant conceptuelles que pratiques. La prédominance des experts internationaux, et en particulier ceux de l'OCDE, dans l'appréhension des problématiques du système fiscal international questionne la place des autres acteurs du système. Elle remet notamment en question l'autonomie des États, au sens étymologique du terme, c'est-à-dire leur capacité à édicter leurs propres règles. Certains États s'opposent au « consensus des experts », de même que les autres organisations internationales, et en particulier les organisations régionales, se positionnent – voire se construisent – en réaction aux travaux de l'OCDE. Se crée alors, d'un point de vue normatif, une concurrence entre les organisations internationales et entre les États. En pratique, la prééminence de l'OCDE au sein du système fiscal international se manifeste en ce que chaque acteur doit se positionner par rapport à elle.

219. **Une concurrence normative entre organisations internationales et États.** Les importants développements des instances de coopération fiscale internationale au sein de l'OCDE créent une concurrence de fait entre la production de ces instances et les institutions traditionnelles de production des normes que sont les États souverains. L'OCDE abritant les principaux forums fiscaux internationaux, elle constitue aussi bien un centre de consensus qu'un lieu de discorde, où s'expriment accords et désaccords entre les États.

La concrétisation du projet BEPS par la mise en œuvre de l'instrument multilatéral met en exergue les rapports complexes entre les États et les instances internationales, certains des États participant aux travaux tout en refusant d'y adhérer (États-Unis, Brésil), et donc de s'y contraindre, malgré la possibilité d'y faire des réserves (**Section 1.**). Ces phénomènes ponctuels, entre États et organisations internationales, se cristallisent au sein du système fiscal international par une polarisation de la coopération fiscale internationale, c'est-à-dire la polarisation de l'adhésion ou du contournement des propositions de l'OCDE et du G20 (**Section 2**).

SECTION 1 :
Le rapport ambigu des États aux travaux du BEPS

220. **Défiances et compromis.** La mise en œuvre pratique du plan d'action BEPS tel que validé par le G20 lors du sommet d'Antalya de 2015 illustre le positionnement ambigu de certains États au sein même du système fiscal : bien que participants aux travaux prévus par le BEPS, et notamment au cadre inclusif, certains États éprouvent des réticences manifestes à se contraindre à un accord multilatéral (**§ 1**). Ce dernier, prévu par l'action 15, illustre les réponses apportées par l'OCDE à ces réticences, en offrant une modularité inédite (**§ 2**). Cette interaction entre les États et les outils que leur propose l'OCDE, ainsi que l'adaptabilité de cet instrument multilatéral pour s'appliquer tant au plus grand nombre d'États qu'au plus grand nombre de conventions fiscales, illustrent l'intrication des rapports entre les États et l'OCDE dans l'appréhension du système fiscal international.

§ 1 : Les réticences à la mise en œuvre de la coopération

221. **Les quinze actions du plan BEPS.** Le plan d'action du BEPS se compose de quinze actions articulées autour de trois piliers : « harmoniser les règles nationales qui influent sur les activités transnationales, renforcer les exigences de substance dans les standards internationaux existants, et améliorer la transparence ainsi que la certitude »[1]. Le plan d'action préconise des mesures très diverses à ces fins[2].

---

[1] OCDE, *Relever les défis fiscaux posés par l'économie numérique, Action 1 – Rapport final 2015*, Projet OCDE/G20 sur l'érosion de la base d'imposition et le transfert de bénéfices, Paris, Éditions OCDE, 2017, p. 3 ; cette présentation se retrouve en avant-propos du rapport final de chaque action publié en 2015.

[2] V. Pascal SAINT-AMANS & Éric ROBERT, « Le projet BEPS et la longue marche en direction d'une fiscalité globale pour l'économie du XXIe siècle », *Droit fiscal* n° 49, 3 décembre 2015, ét. 709 :

> « Certaines mesures préconisées permettent d'améliorer **la cohérence** des règles fiscales entre les pays (par exemple, les mesures anti-hybrides, la limitation de la déduction des intérêts financiers, les règles sur les sociétés étrangères contrôlées), d'autres de renforcer les exigences relatives à **la substance** des activités (par exemple, le standard minimum contre l'utilisation abusive des conventions fiscales, la mise à jour de l'évaluation des effets dommageables des régimes préférentiels applicable aux brevets), et d'autres enfin de garantir **plus de transparence** et de sécurité juridique (par exemple, le régime de déclaration obligatoire de certains schémas de planification fiscale agressive, la nouvelle documentation des prix de transfert avec un rapport "pays par pays", l'échange d'informations sur les *rulings*, le renforcement des mécanismes conventionnels de règlement des différends). »

Les quinze actions du plan BEPS ont ainsi vocation à couvrir l'ensemble des problématiques fiscales internationales[3]. Les solutions qu'il propose matérialisent autant les consensus que les dissensus politiques qu'elles suscitent.

222. **Une coopération à plusieurs vitesses.** L'édiction du plan BEPS tient en grande partie de l'expertise technique de l'OCDE. C'est n'est que dans la mise en œuvre de ces mesures que le consensus politique peut se concrétiser. Or si le cadre inclusif du BEPS constitue un forum de coopération fiscale internationale sans précédent, et si l'instrument multilatéral constitue un outil d'application novateur, leur efficacité doit néanmoins être remise en perspective.

Dès la commande du projet BEPS par les chefs d'État du G20, il était prévu de prendre en compte la situation particulière des États, surtout des pays en développement, dans la mise en œuvre des mesures – avec, notamment, un calendrier spécifique pour ces pays en développement. De manière générale, l'adhésion, la signature et la ratification de l'instrument multilatéral illustrent le caractère variable de l'efficacité de la coopération au sein du cadre inclusif.

Des 141 pays et juridictions adhérents au cadre inclusif sur le BEPS, 99 ont signé la *Convention multilatérale pour la mise en œuvre des mesures relatives aux conventions fiscales pour prévenir l'érosion de la base d'imposition et le transfert de bénéfices*. Parmi eux, 74 ont achevé le processus de ratification et fait entrer en vigueur l'instrument[4]. 76 pays et juridictions ont participé à la cérémonie de signature initiale de la convention le 7 juin 2017[5] ; la Convention restant ouverte, les autres juridictions y adhèrent « au fil de l'eau ». Certaines juridictions ont ainsi manifesté leur intention de signer la Convention (Algérie, Eswatini et Liban).

L'Union européenne s'illustre parmi les « bons élèves » : l'ensemble de ses États membres (et ex-État membre) ont signé la convention. Mais à l'inverse, certaines juridictions refusent de signer l'instrument. Parmi elles, les États-Unis et le Brésil se font remarquer en ce qu'ils font partie du G20 (et de l'OCDE pour les États-Unis). Ils ont non seulement participé à tous les travaux, mais en sont aussi à l'origine, en tant que commanditaires par l'intermédiaire du G20. Ces refus d'adhérer peuvent faire l'objet de plusieurs interprétations.

---

[3] Pour un détail des quinze actions, v. **Annexe : Résumé des 15 actions BEPS**, p. 365.

[4] OCDE, *Signataires et parties à la Convention multilatérale pour la mise en œuvre des mesures relatives aux conventions fiscales pour prévenir l'érosion de la base d'imposition et le transfert de bénéfices*, www.oecd.org, m.-à-j. 31 mars 2022.

[5] « Les ministres et hauts représentants de 76 pays et juridictions ont signé ce jour ou officiellement déclaré leur intention de signer [l'instrument multilatéral]. » (OCDE, « La signature d'une convention multilatérale sur le BEPS marque une étape décisive dans le processus engagé pour combler les failles dans des milliers de conventions fiscales », www.oecd.org, 7 juin 2017.)

223. **La non-adhésion à l'IML : le particularisme américain.** D'après Robert STACK, ancien sous-secrétaire adjoint aux affaires fiscales internationales du Département du Trésor américain, le choix des États-Unis s'explique par la mobilisation de ressources excessives au regard des effets escomptés, considérant que les conventions fiscales américaines seraient déjà protégées par des normes minimales et seraient peu exposées aux phénomènes de BEPS[6]. Ce refus d'adhérer ne serait pas un rejet de travaux du projet BEPS, mais une simple rationalisation des moyens.

M. Pascal SAINT-AMANS, directeur du Centre de politique et d'administration fiscales de l'OCDE, interrogé en Commission des finances du Sénat (français) lors des travaux préparatoires à la ratification de l'instrument multilatéral, va dans le même sens en considérant que : « les États-Unis, à la différence de la France, ont un réseau conventionnel robuste et, par construction, protégé du *treaty shopping* »[7]. Les conventions américaines intègrent déjà des clauses anti-abus de limitation des bénéfices (clauses *LoB*, conformes au standard minimum prévu par l'action 6 du plan BEPS), et le réseau conventionnel américain est peu développé en comparaison de la France (60 conventions fiscales américaines pour 115 conventions françaises). En plus d'être peu nombreuses, les conventions américaines sont « sélectives » : elles ne concernent pas des juridictions attractives n'ayant pas de fiscalité – comme ce peut être le cas dans les pays du Golfe, avec lesquels la France a conclu des conventions qui peuvent dès lors être considérées comme « à risque ».

Par ailleurs, le Trésor américain a révisé dès le 17 février 2016 son propre modèle (national) de convention fiscale, intégrant plusieurs éléments préconisés par le plan BEPS – notamment en matière de régimes spéciaux, de clause *LoB*, et de procédure d'arbitrage. Le geste a pu être interprété sur le moment comme une ouverture américaine à la possibilité de signer l'instrument[8]. Si tant est qu'une telle intention ait bien été portée par les autorités américaines, les élections présidentielles de 2016 et l'alternance politique s'ensuivant en ont eu raison, tandis que celles de 2020 – n'ont pour le moment – pas remis en cause cette tendance.

---

[6] « Conversations : J. Owens and R. Stack », *Tax Notes International*, August 14, 2017, p. 715 ; cité par Caroline SILBERZTEIN, Benoît GRANEL & Jean-Baptiste TRISTRAM, « La convention multilatérale de l'OCDE : vous ne lirez plus les conventions fiscales comme avant ! », *Droit fiscal* n° 39, 28 septembre 2017, ét. 475.

[7] Sénat, Commission des finances, compte-rendu de séance, 28 juin 2018, *Convention multilatérale du 7 juin 2017 pour la mise en œuvre des mesures relatives aux conventions fiscales pour prévenir l'érosion de la base d'imposition et le transfert de bénéfices* - Audition de M. Pascal SAINT-AMANS, directeur du Centre de politique et d'administration fiscales de l'OCDE.

[8] V. « 2. Mise en œuvre du modèle américain révisé de convention fiscale dans le contexte de l'instrument multilatéral prévu par l'action 15 du plan BEPS », *in* Édouard MILHAC & Céline PASQUIER, « États-Unis : chronique de l'année 2016 », *Droit fiscal* n° 9, 2 mars 2017, ét. 181.

224. **La non-adhésion à l'IML : la défiance américaine.** Malgré ces éléments de contexte et tentatives de justification, la position des États-Unis à l'égard de l'instrument multilatéral s'inscrit tout de même dans un contexte de défiance générale des États-Unis à l'égard de la coopération fiscale internationale. Le Professeur KANE relève un ressentiment américain à l'égard de la coordination fiscale internationale, notamment manifesté à l'encontre du rapport de l'OCDE sur la *Concurrence fiscale dommageable*[9] en 1998, qui n'a pu que se renforcer depuis. En effet, certaines actions du projet BEPS peuvent s'interpréter comme visant en particulier les entreprises américaines[10] – et leurs pratiques fiscales agressives. Tel est le cas, par exemple, des recommandations de l'action 1, relatives à l'économie du numérique, laquelle est dominée par les grands groupes américains qui forment les « GAFAM » (Google, Apple, Facebook, Amazon, Microsoft). Cette approche justifie notamment le choix, au sein du BEPS 2.0 revenant sur la problématique de la fiscalité du numérique, de viser de manière plus large les grands groupes internationaux et non uniquement les GAFAM[11].

De manière générale, les relations fiscales internationales telles qu'appréhendées par les États-Unis sont fortement influencées par l'unilatéralisme, principe prégnant de la diplomatie américaine et qui a, en droit fiscal, une importance renouvelée[12].

225. **La non-adhésion à l'IML : les objections brésiliennes.** Contrairement aux États-Unis, le Brésil n'est pas membre de l'OCDE. Membre du G20, le Brésil figure parmi les commanditaires du projet BEPS, et y a participé notamment en adhérant au cadre inclusif. Sa réticence à adhérer aux solutions proposées par l'OCDE a néanmoins été rapidement constatée, et son refus de signer l'instrument multilatéral relève davantage d'une politique nationale affirmée de longue date que d'un simple alignement de la politique internationale brésilienne sur la politique états-unienne[13]. Cette politique est néanmoins liée à la non-appartenance du Brésil à l'OCDE, ce que

---

[9] OCDE, Comité des affaires fiscales, *Concurrence fiscale dommageable : Un problème mondial*, Paris, Éditions OCDE, 1998, 88 p.

[10] Mitchell A. KANE, « A United States Perspective on the Relevance of the OECD BEPS Project to the Taxation of Non-Resident », *New Zealand Law Review*, Vol. 2017, Issue 2, p. 176.

[11] V. n° 288.

[12] V. Kevin JESTIN, *La notion d'abus de convention fiscale internationale : Réflexions à la lumière des droits français et américains*, thèse dactylographiée, Aix-Marseille Université, 2 tomes, 2017, 855 p.

[13] Cet alignement des politiques internationales tient essentiellement dans le rapprochement des gouvernements de Jair BOLSONARO et de Donald TRUMP. Un tel rapprochement a pu consolider le Brésil dans son refus des actions BEPS, mais celui-ci était déjà acté et commenté avant l'élection de M. BOLSONARO (élu le 28 octobre 2018, et ayant pris ses fonctions le 1er janvier 2019). En outre, l'élection de Joe BIDEN en tant que président des États-Unis n'a pas modifié fondamentalement la politique brésilienne en la matière.

sa procédure d'adhésion, initiée en 2017 et renforcée en 2019 par le soutien des États-Unis, pourrait résoudre[14].

Plus encore que les États-Unis, le Brésil dispose d'un nombre très restreint de traités fiscaux. Avec seulement 33 conventions fiscales bilatérales, le réseau conventionnel brésilien est l'un des moins développés du G20[15] – et *a fortiori* des BRICS. De manière générale, le Brésil conclut peu de traités, notamment en matière économique : le Brésil n'a ainsi conclu que 17 traités bilatéraux d'investissements. Pour autant, le Brésil dispose encore d'une dynamique économique certaine, issue d'une croissance importante en la matière dans les années 2000, bien que les années 2010 aient marqué un fort ralentissement de ce tempérament[16] ; le Brésil restait, avant la pandémie du Covid-19, l'un des principaux pays d'accueil d'investissements étrangers[17].

Si certains commentateurs insistent sur une conformité globale du système fiscal brésilien à une bonne partie des recommandations du BEPS[18] – notamment en matière d'échange d'informations en matière fiscale, ou encore de clauses *LoB* (limitation des avantages, *limitation on benefits*) et *PPT* (critère des objets principaux, *principal purpose test*) dans les conventions les plus récentes –, des incompatibilités demeurent, notamment en matière de prix de transfert[19] et sur l'instrument multilatéral.

La politique brésilienne, peu coopérative, a servi d'illustration du dilemme du prisonnier[20], dans laquelle la coopération fiscale réduit les avantages immédiats de l'État, et des défauts d'un tel raisonnement dans les relations internationales (voir en ce sens n° 137 ci-dessus). Elle se défend mieux par

---

[14] V. Rogério Bittencourt & Antonio Levenhagen, « Brazil's Road to OECD Accession: Tax Transparency and BEPS Standards », *Tax notes international*, Vol. 95, N° 9, August 26, 2019, pp. 851-853.

[15] Seul le réseau de conventions fiscales bilatérales de l'Argentine est moins développé – avec 18 conventions fiscales. Les pays du G20 (hors UE) ont des réseaux conventionnels composés en moyenne de 77 conventions (source : eoi-tax.com).

[16] Julian FERNANDEZ, *Relations internationales*, Paris, Dalloz, coll. Précis, 2e éd., 2019, pp. 704-706.

[17] Avec 60 milliards de dollars d'afflux d'investissement directs étrangers en 2018, le Brésil tenait la 9e position mondiale (UNCTAD, *World Investment Report 2020 – International Production Beyond the Pandemic* (UNCTAD/WIR/2020), 16 juin 2020, 247 p.). Le Brésil perd peu à peu sa position privilégiée en la matière : en 2012 le Brésil tenait la 4e position mondiale, avec 65 milliards de dollars (UNCTAD, *World Investment Report 2014 – Investing in the SDGs: An Action Plan* (UNCTAD/WIR/2014), 24 juin 2014, 228 p.). Un rebond a été observé en 2019, le Brésil tenant la 6e position mondiale avec 65 milliards de dollars. La crise du Covid a néanmoins porté un coup d'arrêt à l'investissement direct étranger au Brésil, passant à 25 milliards de dollars pour l'année 2020 (*World Investment Report 2021 – Investing in Sustainable Recovery* (UNCTAD/WIR/2021), 21 juin 2021).

[18] Luis Eduardo SCHOUERI & Leonardo Thomaz PIGNATARI, « Brazilian Perspective on International Tax Governance », *Revue européenne et internationale de droit fiscal*, n° 2021/1, pp. 112-134.

[19] Rogério BITTENCOURT & Antonio LEVENHAGEN, « Brazil's Road to OECD Accession: Tax Transparency and BEPS Standards », *Tax notes international*, Vol. 95, N° 9, August 26, 2019, pp. 851-853.

[20] V. Joao Marcus DE MELO RIGONI, « Brazilian View on Base Erosion and Profit Shifting: An Alternative Path », *Intertax*, 2014, vol. 42, n° 11, p. 740.

une approche juridique stricte de l'engagement international – en particulier en matière économique. L'instrument multilatéral a pour caractéristique d'être largement modulaire ; son action dépend autant des choix, options et réserves, de l'État qui y adhère que des choix, options et réserves, de l'ensemble des autres États avec lequel le premier a une convention fiscale que les deux souhaitent modifier par l'instrument. L'instrument est par ailleurs ouvert à de futures adhésions. Il n'est donc pas possible pour un État partie, ni lors de la signature ni lors de la ratification, de connaître concrètement la portée de l'instrument – à l'instant de sa ratification comme à l'avenir. Certains commentateurs, notamment brésiliens, ont pu ainsi considérer qu'une telle situation était de nature à restreindre de manière excessive la souveraineté de l'État – entendue de manière extensive en matière économique – et l'effectivité du contrôle démocratique qu'est la ratification. Cette modularité se retrouve pourtant dans d'autres instruments du droit international public ; elle repose précisément sur une anticipation par l'instrument des différents cas, et permet pléthore de – libres – choix aux États. Elle constitue surtout l'atout principal de l'instrument multilatéral, résolvant la problématique des objections étatiques.

§ 2 : Les modulations dans la mise en œuvre de la coopération

226. **La modularité de l'instrument multilatéral.** L'instrument multilatéral n'a pas d'effets autonomes : c'est une convention dont l'objet est de modifier des conventions déjà existantes. Pour ce faire, il s'adapte à la pluralité des dispositions conventionnelles pouvant exister, selon une modularité relativement complexe[21].

Quant à son champ territorial, l'instrument ne s'applique qu'aux conventions choisies par les parties. Il faut, pour qu'une convention bilatérale soit concernée, que les deux États contractants aient ratifié l'instrument multilatéral, qu'ils aient déposé les instruments de ratification – l'OCDE étant l'organisation dépositaire – et qu'ils aient désigné ladite convention comme étant couverte.

Quant à son champ matériel, l'instrument repose sur un système de notifications, d'options et réserves ouvertes aux parties, lui assurant une certaine souplesse.

227. **Une modification polymorphe des traités bilatéraux.** Les différentes parties à l'instrument doivent ainsi spécifier les conventions bilatérales auxquelles elles entendent appliquer l'instrument. Conformément

[21] Guillaume GLON & Florian RODRIGUEZ, « Convention multilatérale de l'OCDE : comprendre sa prise d'effet et ses impacts pratiques sur les conventions fiscales françaises », *Droit fiscal* n° 38, 19 septembre 2019, ét. 370 ; Nathalie BRAVO, « The Multilateral Tax Instrument and Its Relationship with Tax Treaties », *World Tax Journal*, October 2016 (Vol. 8), n° 3, pp. 279-304.

au principe de réciprocité, l'instrument ne s'applique à une convention bilatérale que si les deux parties liées l'ont spécifiquement mentionnée, et si l'instrument est entré en vigueur chez les deux parties (à date de l'entrée en vigueur la plus tardive).

Quant aux « normes minimales » prévues par le projet BEPS (actions 6 et 14[22]) et portées par l'instrument multilatéral (articles 6, 7 et 16[23]), les États ne peuvent normalement les écarter, sinon dans des cas très restrictifs – c'est-à-dire quand les conventions visées satisfont déjà à la règle minimale. En revanche, l'instrument multilatéral peut mettre en avant plusieurs options pour satisfaire à une règle minimale ; il n'en privilégie alors aucune : c'est aux parties de choisir l'option qui leur paraît la plus adaptée. Cela suppose que, si deux parties à une convention fiscale ont fait un choix différent quant à l'option dans leur adoption de l'instrument multilatéral, alors elles « doivent s'efforcer de parvenir à une solution mutuellement satisfaisante et conforme à la norme minimale »[24].

Quant aux autres normes substantielles de l'instrument, elles peuvent toutes faire l'objet de réserves de la part des parties qui ne souhaiteraient pas les appliquer à leurs conventions. L'instrument prévoit pour chaque disposition les réserves qui peuvent être émises et, le cas échéant, les options ouvertes aux parties. Des options sont également prévues en vue d'exclure l'application de certaines dispositions à une partie seulement des conventions visées – « qui contiennent des dispositions présentant des caractéristiques spécifiques et définies de façon objective »[25].

Les États disposent en outre de moyens pour changer d'avis : l'instrument prévoit que toute Partie ayant émis une réserve « peut à tout moment la retirer ou la remplacer par une réserve de portée plus limitée » (article 28, 9.) ; de même, une Partie « peut à tout moment compléter la liste de ses conventions notifiées [...] en formulant une notification à cet effet au Dépositaire » (article 29, 5.)[26] ou encore choisir une option différente de celle initialement

---

[22] L'action 6 a pour but d'« empêcher l'octroi des avantages des conventions fiscales lorsqu'il est inapproprié d'accorder ces avantages » et l'action 14 d'« accroître l'efficacité des mécanismes de règlement des différends » ; v. Annexe : Résumé des 15 actions BEPS, p. 363.

[23] L'article 6 est relatif à l'« objet d'une convention fiscale couverte » et modifie le préambule des conventions pour y intégrer la lutte contre la double non-imposition (les deux parties expriment leur intention d'éliminer la double imposition sans créer de possibilités de non-imposition ou d'imposition réduite). L'article 7 a pour but de « prévenir l'utilisation abusive des conventions » ; l'article 16 est relatif à la « procédure amiable ». V. OCDE, *Convention multilatérale pour la mise en œuvre des mesures relatives aux conventions fiscales pour prévenir l'érosion de la base d'imposition et le transfert des bénéfices*, Paris, OCDE, 2015, 50 p.

[24] OCDE, *Note explicative portant sur la Convention multilatérale pour la mise en œuvre des mesures relatives aux conventions fiscales pour prévenir l'érosion de la base d'imposition et le transfert des bénéfices*, Paris, OCDE, 2015, p. 4.

[25] *Ibid.*

[26] Tel a notamment été le cas de la France qui a déposé le 22 septembre 2020 une liste de réserves et notifications, étendant notamment le nombre de conventions qu'elle entendait voir couvertes par l'IML (v. *infra*).

notifiée. Le fait que la possibilité de « changer d'avis » ne soit ouverte qu'à une réduction des réserves a pu conduire toutefois à un comportement prudent de certains États lors de la signature de l'instrument, considérant qu'il valait mieux émettre des réserves larges, quitte à les réduire par la suite[27].

228. **L'OCDE dépositaire de l'instrument multilatéral.** L'OCDE (ou, plus exactement, son secrétaire général), en tant que dépositaire désigné (article 29 de l'instrument multilatéral)[28], reçoit les signatures et instruments de ratification contenant les options et réserves, et les tient publics. Elle propose en outre des instruments et grilles de lectures pour aider à l'appréhension et la compréhension des conventions amendées par l'instrument[29]. Elle sert, de manière générale, d'intermédiaire privilégié entre les parties.

229. **Une modification évolutive des traités bilatéraux.** L'instrument prévoit enfin sa propre modification future, lui conférant une vocation évolutive. La Convention retient dans son article 33 que les parties peuvent soumettre à l'OCDE une « proposition de modification », laquelle pourra alors être débattue par la Conférence des parties. Dans son article 38, l'instrument ajoute qu'il pourra être complété « par un ou plusieurs protocoles », même si chaque protocole devra nécessairement faire l'objet d'un nouveau processus de ratification par chaque partie.

---

[27] Guillaume GLON & Florian RODRIGUEZ, « Convention multilatérale de l'OCDE : comprendre sa prise d'effet et ses impacts pratiques sur les conventions fiscales françaises », *Droit fiscal* n° 38, 19 septembre 2019, ét. 370, § 14.

[28] L'instrument multilatéral ménage un rôle important au dépositaire de la Convention. L'article 39 prévoit ainsi :

« 1.Le Secrétaire général de l'Organisation de coopération et de développement économiques est le Dépositaire de la présente Convention et des protocoles y afférents en vertu de l'article 38 (Relation avec les protocoles).

« 2.Le Dépositaire notifie aux Parties et aux Signataires dans un délai d'un mois calendaire :

« a) toute signature conformément à l'article 27 (Signature et ratification, acceptation ou approbation) ;

« b) le dépôt de tout instrument de ratification, d'acceptation ou d'approbation conformément à l'article 27 (Signature et ratification, acceptation ou approbation) ;

« c) toute réserve, retrait ou remplacement d'une réserve conformément à l'article 28 (Réserves) ;

« d) toute notification ou notifications complémentaires conformément à l'article 29 (Notifications) ;

« e) toute proposition de modification de la présente Convention en application de l'article 33 (Modifications) ;

« f) tout retrait de la présente Convention en application de l'article 37 (Retrait) ; et

« g) toute autre communication relative à la présente Convention.

« 3.Le Dépositaire tient à jour des listes accessibles au public :

« a) des Conventions fiscales couvertes ;

« b) des réserves émises par les Parties ; et

« c) des notifications formulées par les Parties. »

[29] V. not. la *Base de données pour l'appariement de l'IM (beta)* (www.oecd.org, consulté le 1er juin 2022).

Ces modifications s'inscrivent dans la destination même de l'instrument qui, visant la mise à jour des conventions fiscales à des standards et règles minimaux rendus souhaitables par le contexte international, prévoit l'évolution de ces règles et standards pour suivre l'évolution de ce contexte.

230. **Le contenu substantiel de l'IML.** Concrètement, l'instrument multilatéral modifie les conventions bilatérales auxquelles il s'applique – ou du moins modifie leur application – pour y intégrer les mesures prévues dans le cadre du projet BEPS, pour lutter contre les dispositifs hybrides (action 2 du BEPS ; articles 3 à 5 de l'IML) et contre l'utilisation abusive des conventions (action 6 du BEPS ; articles 4 et 6 à 11 de l'IML), pour réviser la définition d'établissement stable (action 7 du BEPS ; articles 12 à 15 de l'IML), et faciliter le règlement des différends (action 14 du BEPS ; articles 16 et 17, et, en matière d'arbitrage, 18 à 26 de l'IML)[30].

231. **Réserves françaises.** La France s'est notamment réservé le droit de ne pas appliquer à ses conventions fiscales couvertes par l'IML l'intégralité des articles 3, 4, 5, 10, 11, 14[31].

Quant à l'article 19, relatif à la mise en place d'un arbitrage obligatoire et contraignant, la France s'est réservé le droit de remplacer le délai de deux ans au-delà duquel les questions non résolues par la procédure amiable peuvent être soumises à l'arbitrage (article 19, 1., b)) par un délai de trois ans. En matière d'arbitrage, la France se réserve en outre le droit de ne pas soumettre une question à l'arbitrage (ou d'interrompre la procédure d'arbitrage) si un tribunal judiciaire ou administratif d'un des États a rendu (ou rend) une décision sur la question soulevée.

Au titre de l'article 28, la France a également émis des réserves « limitant l'arbitrage aux situations de double imposition effective, dont les redressements fiscaux ne sont pas assortis de pénalités graves et qui portent sur un montant supérieur à 150 000 euros en moyenne par exercice et par an »[32]. Elle prévoit également que les cas entrant déjà dans le champ d'une procédure d'arbitrage prévue par un instrument juridique élaboré sous l'égide de l'Union européenne ne sont pas soumis à la procédure d'arbitrage de l'IML.

---

[30] V. « Rapports BEPS contenant les mesures relatives aux conventions fiscales incluses dans les dispositions de la Convention », Annexe de OCDE, *Note explicative portant sur la Convention multilatérale pour la mise en œuvre des mesures relatives aux conventions fiscales pour prévenir l'érosion de la base d'imposition et le transfert de bénéfices*, Paris, OCDE, 2016, pp. 94-95.

[31] Les articles 3 à 5 de l'instrument multilatéral concernent les dispositifs hybrides ; les articles 10 et 11 sont parmi ceux visant à éviter l'usage abusif des conventions (l'article 10 propose des règles anti-abus visant les établissements stables situés dans des juridictions tierces ; l'article 11 vise l'application des conventions fiscales pour limiter le droit d'une partie d'imposer ses propres ressortissants) ; l'article 14 lutte contre le fractionnement des contrats.

[32] Ministère de l'Europe et des affaires étrangères, Étude d'impact, *Projet de loi autorisant la ratification de la convention multilatérale pour la mise en œuvre des mesures relatives aux conventions fiscales pour prévenir l'érosion de la base d'imposition et le transfert de bénéfices*, 17 janvier 2018, p. 19.

Ceci qu'il s'agisse d'une procédure d'arbitrage existante (telle que celle de la Convention relative à l'élimination des doubles impositions en cas de correction des bénéfices d'entreprises associées, 90/436/CEE) ou à venir.

Ce choix de faire primer les procédures européennes sur les procédures de l'instrument multilatéral en matière d'arbitrage renvoie à la politique générale de l'Union européenne et à son rapport à l'OCDE.

Si le nombre de réserves semble important dans le cas de la France, celles-ci manifestent généralement une proactivité de la France dans l'appréhension et la mise en œuvre de l'instrument multilatéral[33]. Les articles optionnels qui sont écartés le sont généralement par l'application de règles plus contraignantes, ou parce qu'ils seraient contre-productifs au regard des objectifs mêmes de l'instrument multilatéral[34].

Il convient toutefois de relever que ces réserves permettent par ailleurs à la France de modifier son réseau conventionnel tout en évitant les stipulations conventionnelles susceptibles de transformer trop en en profondeur ses propres règles internes.

232. **La qualification des effets de l'IML.** Il existe une ambigüité quant à l'appréhension des effets exacts de l'IML et ses interactions avec les conventions qu'il vise. L'approche de l'OCDE, notamment dans sa note explicative adoptée en même temps que le texte de la Convention par le groupe *ad hoc* retient une application « en parallèle » de la Convention multilatérale et des conventions bilatérales concernées :

> « La Convention a pour effet de modifier les conventions fiscales conclues entre deux ou plusieurs Parties à la Convention. Elle ne fonctionnera pas de la même manière qu'un protocole portant modification d'une seule convention existante, qui modifierait directement le texte de la Convention fiscale couverte ; au lieu de cela, elle s'appliquera en parallèle avec les conventions fiscales

---

[33] C'est également le cas des options exprimées ; v. OCDE, *Liste des réserves et notifications de la France en vertu des articles 28(6) et 19(3) de la Convention*, Paris, 22 septembre 2020, accessible en ligne : www.oecd.org (consulté le 1er juin 2022). M. Édouard Marcus, sous-directeur de la sous-direction prospective et relations internationales à la DLF lors de la ratification française de l'instrument multilatéral, explique que le choix des options a été guidé par trois principes : « [d]onner le maximum de portée géographique à la convention multilatérale », « [i]dentifier les clauses constituant un réel progrès par rapport aux objectifs du projet BEPS » et « [a]ssurer la cohérence et l'homogénéité de l'application de la fiscalité internationale » (Philippe Martin, Maikel Evers, Laurence Jaton, Édouard Marcus & Caroline Silberztein, « La convention multilatérale OCDE : quel impact sur la fiscalité internationale ? – Actes de la soirée d'étude annuelle de l'IFA, 4 oct. 2017 », *Droit fiscal* n° 51-52, 21 décembre 2017, ét. 587).

[34] Les motifs des choix et réserves de la France sont notamment exprimés *in* Ministère de l'Europe et des affaires étrangères, Étude d'impact, *Projet de loi autorisant la ratification de la convention multilatérale pour la mise en œuvre des mesures relatives aux conventions fiscales pour prévenir l'érosion de la base d'imposition et le transfert de bénéfices*, 17 janvier 2018, 21 p.

existantes dont elle modifiera l'application afin de mettre en œuvre les mesures BEPS. [...] »[35]

Ce choix peut avoir vocation à renforcer la portée de l'IML en s'assurant que, si une convention bilatérale visée est renégociée postérieurement à l'entrée en vigueur de l'IML, elle reste soumise à l'application de la Convention – tandis que si elle avait simplement modifié le texte de la convention à l'instar d'un protocole, tout protocole ou convention postérieurs aurait prévalu (*lex posterior derogat priori*). Néanmoins, cette spécificité ne facilite pas la lecture des conventions ; ainsi certains États comme la France ont pris le parti de publier des versions consolidées des conventions fiscales concernées par l'IML.

233. **La ratification française de l'IML.** Membre à la fois du G20 et de l'OCDE, la France participe au projet BEPS depuis l'origine, et a logiquement rejoint le cadre inclusif dès sa création. Le texte de la Convention multilatérale pour la mise en œuvre des mesures relatives aux conventions fiscales pour prévenir l'érosion de la base d'imposition et le transfert de bénéfices (et de sa note explicative) étant adopté à Paris le 24 novembre 2016, la France est également un des 76 pays et juridictions à participer à la cérémonie de signature de la convention multilatérale sur le BEPS le 7 juin 2017. La Convention a été ratifiée par le Parlement par la loi du 12 juillet 2018[36] ; les instruments de ratifications ont été déposés à l'OCDE le 26 septembre 2018. La convention est enfin entrée en vigueur, pour la France, le 1er janvier 2019.

Le 22 septembre 2020, la France a déposé auprès de l'OCDE une liste de réserves et notifications supplémentaires, élargissant notamment la liste des conventions que la France souhaite couvrir par la Convention – passant de 91 à 120 juridictions partenaires[37].

234. **Le suivi de l'IML par le Parlement.** Le rapport d'information sur le projet de loi autorisant la ratification de la convention multilatérale déposée à l'Assemblée nationale relève la « nécessité d'une information particulière du

[35] OCDE, *Note explicative portant sur la Convention multilatérale pour la mise en œuvre des mesures relatives aux conventions fiscales pour prévenir l'érosion de la base d'imposition et le transfert de bénéfices*, Paris, OCDE, 2016, p. 3 (§ 13).

[36] Loi n° 2018-604 du 12 juillet 2018 autorisant la ratification de la convention multilatérale pour la mise en œuvre des mesures relatives aux conventions fiscales pour prévenir l'érosion de la base d'imposition et le transfert de bénéfices (*JO* n° 0160 du 13 juillet 2018, texte n° 1).

[37] Guillaume GLON & Florian RODRIGUEZ, « Convention multilatérale de l'OCDE : comprendre sa prise d'effet et ses impacts pratiques sur les conventions fiscales françaises », *Droit fiscal* n° 38, 19 septembre 2019, ét. 370 ; « Convention multilatérale pour la mise en œuvre des mesures relatives aux conventions fiscales pour prévenir l'érosion de la base d'imposition et le transfert des bénéfices », BOI-INT-DG-20-25, 16 décembre 2020, obs. Guillaume GLON, *Droit fiscal* n° 12, 25 mars 2021, ét. 190.

Parlement sur les évolutions et la portée d'un instrument vivant »[38]. Il salue en outre « l'engagement pris par le gouvernement de tenir informé chaque année le Parlement »[39], au sein d'un jaune budgétaire annexé au projet de loi de finances, des évolutions quant aux conventions bilatérales concernées, de l'entrée en vigueur de l'instrument multilatéral pour chacune en fonction des ratifications des États partenaires, et des évolutions portant sur les réserves, options et notifications. Il souligne en particulier que « [s]i la décision de lever une réserve est une compétence discrétionnaire du gouvernement, l'engagement a été pris de tenir [informé] le Parlement des éventuelles levées, ce qui n'est pas le cas pour les autres traités multilatéraux auxquels la France est partie »[40].

Cet engagement ne semble toutefois pas totalement suivi d'effets : aucun « jaune » budgétaire n'a été présenté spécifiquement sur ce sujet dans les projets de loi de finances pour 2019, 2020, 2021 et 2022. De fait, le Gouvernement n'y est pas obligé : les « jaunes » budgétaires correspondent aux « annexes générales prévues par les lois et règlements destinées à l'information et au contrôle du Parlement » prévues par la LOLF pour l'examen du projet de loi de finances[41]. S'il est admis que le Gouvernement peut transmettre volontairement au Parlement des annexes supplémentaires au titre des « jaunes » budgétaires, celles-ci restent facultatives tant qu'elles ne sont pas prévues par la loi ou le règlement ; or l'information portant sur l'évolution de l'instrument n'est prévue dans aucun texte.

La convention multilatérale est en revanche mentionnée, depuis le projet de loi de finances pour 2019, dans le rapport sur le réseau conventionnel de la France en matière d'échange de renseignements, autre « jaune » facultatif annexé au projet de loi de finances depuis 2011[42]. Y sont indiqués l'entrée en vigueur de la convention pour la France au 1er janvier 2019, et, surtout, les

---

38 Assemblée nationale, Benjamin DIRX, Rapport n° 1099 fait au nom de la Commission des affaires étrangères *sur le projet de loi, adopté par le Sénat, autorisant la ratification de la convention multilatérale pour la mise en œuvre des mesures relatives aux conventions fiscales pour prévenir l'érosion de la base d'imposition et le transfert de bénéfices*, 20 juin 2018, p. 18.

39 *Ibid.* p. 19.

40 *Ibid.* p. 19.

41 Loi organique n° 2011-692 du 1er août 2001 relative aux lois de finances (*JORF* n° 177 du 2 août 2001, texte n° 1), article 51, 7°.

42 V. *Rapport annuel du Gouvernement portant sur le réseau conventionnel de la France en matière d'échange de renseignements*, Annexe au projet de loi de finances pour 2022, not. p. 3 et p. 8 ; v. aussi le *Rapport annuel du Gouvernement portant sur le réseau conventionnel de la France en matière d'échange de renseignements*, Annexe au projet de loi de finances pour 2021, 21 p. ; le *Rapport annuel du Gouvernement portant sur le réseau conventionnel de la France en matière d'échange de renseignements*, Annexe au projet de loi de finances pour 2020, 20 p. ; et le *Rapport annuel du Gouvernement portant sur le réseau conventionnel de la France en matière d'échange de renseignements*, Annexe au projet de loi de finances pour 2019, 22 p.
Le Rapport sur le réseau conventionnel de la France en matière d'échanges est depuis le Projet de loi de finances pour 2011, bien qu'il ne semble prévu par aucun texte, et reste donc facultatif. Il n'a notamment pas été annexé aux PLF pour 2017 et 2018.

autres États partenaires de la France ayant ratifié la convention à l'instant de la rédaction du document. Le rapport n'entre cependant pas dans le détail de chaque convention concernée, ni sur les réserves, options et notifications[43].

235. **La polarisation des positions étatiques : l'exemple de l'arbitrage.** L'instrument multilatéral constitue une cristallisation sans précédent d'une politique fiscale internationale, traversant l'ensemble du système fiscal international et visant à lutter contre la fraude et l'évasion fiscale, contre l'érosion de la base fiscale par le chalandage fiscal (*treaty shopping*).

La modularité de l'instrument est son principal atout, mais permet également de mettre en exergue les différences de positions entre les États. Outre ceux qui refusent de le ratifier, les options et réserves émises par chacune des Parties illustrent les désaccords qui persistent entre les États. Au sein de ces désaccords, l'exemple de la procédure d'arbitrage telle que prévue dans la Partie VI de l'instrument est topique. Ce mécanisme optionnel consiste à activer une procédure d'arbitrage lorsque la procédure amiable de règlement des différends entre les juridictions fiscales concernées n'a pas abouti[44]. Cette

---

[43] Le rapport pour le PLF 2021 ne reporte pas, par exemple, la notification faite par la France à l'OCDE le 22 septembre 2020 qui élargit notamment le champ des conventions que la France souhaite couvrir par la convention multilatérale, passant de 91 conventions à 120.

[44] Le rapport définitif de 2015 sur l'action 14 du projet BEPS, relative au règlement des différends, met en exergue l'importance des mécanismes de règlement des différends pour l'effectivité et l'efficacité de la lutte contre les phénomènes de BEPS (OCDE, *Accroître l'efficacité des mécanismes de règlement des différends, Action 14 – Rapport final 2015*, Projet OCDE/G20 sur l'érosion de la base d'imposition et le transfert des bénéfices, Paris, Éditions OCDE, 2016, p. 9) :

> « Il est essentiel d'éliminer les possibilités de fraude et d'évasion fiscales internationales et de prévenir efficacement la double imposition pour mettre en place un système fiscal international favorisant la croissance économique et l'émergence d'une économie mondiale résistante. Les pays conviennent que l'adoption de mesures élaborées pour lutter contre l'érosion de la base d'imposition et le transfert de bénéfices dans le cadre du Plan d'action concernant l'érosion de la base d'imposition et le transfert de bénéfices (plan d'action BEPS, OCDE, 2013) ne doit pas être source d'incertitude inutile pour les contribuables qui se conforment à leurs obligations, ni de situations de double imposition involontaires. L'amélioration des mécanismes de règlement des différends fait donc partie intégrante des travaux sur les questions relevant de la lutte contre l'érosion de la base d'imposition et du transfert de bénéfices. »

De fait, l'application des règles – et, partant, leur interprétation – est aussi, sinon plus, importante que les règles elles-mêmes. Les États doivent donc disposer d'outils permettant de saisir l'autre Partie en cas de désaccord sur l'application de la convention. Le plan BEPS en dégage une norme minimale : l'organisation d'une procédure amiable telle qu'intégrée à l'IML à l'article 16, selon lequel :

> « 1. Lorsqu'une personne estime que les mesures prises par une Juridiction contractante ou par les deux Juridictions contractantes entraînent ou entraîneront pour elle une imposition non conforme aux dispositions de la Convention fiscale couverte, elle peut, indépendamment des recours prévus par le droit interne de ces Juridictions contractantes, soumettre son cas à l'autorité compétente de l'une ou l'autre des Juridictions contractantes. [...]
>
> « 2. L'autorité compétente s'efforce, si cette réclamation lui paraît fondée et si elle n'est pas elle-même en mesure d'y apporter une solution satisfaisante, de résoudre le cas par voie d'accord amiable avec l'autorité compétente de l'autre Juridiction contractante, en vue d'éviter une imposition non conforme à la Convention fiscale couverte. [...] »

partie de l'instrument multilatéral n'a été adoptée que par un tiers des Parties : sur les 99 juridictions ayant signé l'instrument, seules 33 ont opté pour l'application de ces stipulations[45].

Le rapport à la Partie VI de l'instrument illustre autant le dissensus politique des États autour de la question de l'arbitrage pour résoudre leurs différends en matière fiscale[46] qu'une certaine polarisation des positions des États, laquelle implique des phénomènes de régionalisation des politiques fiscales internationales

Un accord amiable n'est toutefois pas toujours trouvé entre les administrations. C'est pour résoudre un tel cas que la Partie VI de l'IML, aux articles 18 à 26, prévoit une procédure d'arbitrage entre les États, actionnable sur demande du contribuable auteur de la réclamation. En application de ces stipulations, la procédure d'arbitrage est alors obligatoire et contraint dans son résultat les Juridictions contractantes. Cette partie de l'IML n'est toutefois qu'optionnelle – car trop peu consensuelle – et ne s'applique que si les deux Juridictions contractantes concernées ont expressément notifié leur volonté d'y soumettre la convention fiscale bilatérale en cause (v. Article 18).
Pour une présentation de la procédure d'arbitrage prévue dans l'IML, v. Benoît DELAUNAY, « L'arbitrage dans la Convention multilatérale BEPS », *Revue européenne et internationale de droit fiscal*, n° 2017/4, pp. 390-395. V. aussi Daniel GUTMANN, « Brèves réflexions sur les règles procédurales de l'arbitrage fiscal international post-BEPS », *Revue européenne et internationale de droit fiscal*, n° 2017/4, pp. 396-401. La mise à jour du modèle conventionnel OCDE de 2017 harmonise notamment le modèle avec l'IML en matière d'arbitrage (l'article 25, § 5, du modèle, introduit en 2008, prévoyait déjà une procédure arbitrale, bien que peu de conventions l'aient alors repris ; l'ONU avait également prévu une procédure arbitrale en article 25 de son modèle (alternative B) en 2011) ; v. Pascal SAINT-AMANS, « MAP Arbitration in the OECD Model Tax Convention and the BEPS Multilateral Instrument », *Revue européenne et internationale de droit fiscal*, n° 2017/4, pp. 381-389.

45 Allemagne, Andorre, Australie, Autriche, Barbade, Belgique, Canada, Curaçao, Danemark, Espagne, Fidji, Finlande, France, Grèce, Hongrie, Irlande, Italie, Japon, Lesotho, Liechtenstein, Luxembourg, Malte, Maurice, Namibie, Nouvelle-Zélande, Papouasie-Nouvelle-Guinée, Pays-Bas, Portugal, Royaume-Uni, Singapour, Slovénie, Suède et Suisse.

46 Sur les débats sur ces mécanismes, v. Thierry LAMBERT, « À la recherche d'une solution satisfaisante pour le règlement des différends fiscaux », *Revue européenne et internationale de droit fiscal*, n° 2022/1, pp. 56-63, relevant notamment (p. 63) que « [l]a procédure amiable et l'arbitrage, portés par l'OCDE et la Convention multilatérale, sont suspects, même si ce n'est pas fondé, d'arrangements entre les États, par l'intermédiaire des administrations nationales, arrêtés dans le secret d'un bureau ».

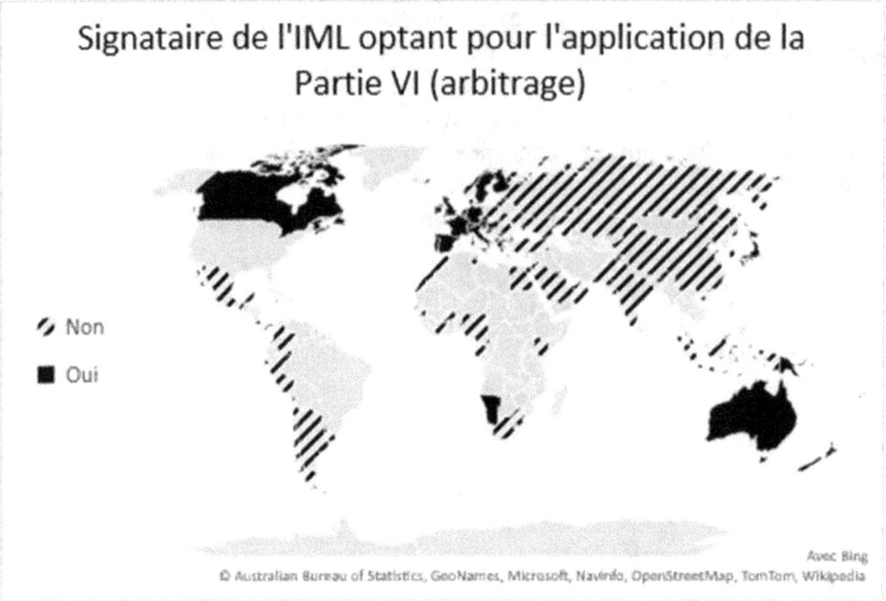

Carte 6 : Signataires de l'IML optant pour l'application de la Partie VI (arbitrage)[47]

SECTION 2 :
La polarisation des politiques fiscales internationales

236. **Multilatéralisation et polarisation.** La multilatéralisation de la fiscalité internationale cristallise des rapprochements préexistants entre les États en raison de leurs liens historiques, économiques ou géographiques. De la cartographie des États optant pour l'application de la Partie VI de l'IML (**Carte 6**, p. 270), plusieurs groupes de coopération fiscale ressortent. Adhèrent notamment à la Partie VI certains États membres du Commonwealth, mais aussi et surtout ceux d'Europe de l'Ouest.

La coopération fiscale est de fait pleinement saisie par l'Union européenne, à défaut de compétence fiscale européenne[48]. Malgré ses importantes lacunes en la matière, l'Union européenne constitue la forme la plus aboutie de coopération fiscale internationale régionale ; ses liens avec l'OCDE, sa participation aux travaux internationaux et son rôle dans la solidification de la *soft law* auprès de ses États membres en font un relai normatif de premier ordre au sein du système fiscal international.

D'autres formes de coopération ont pu inspirer ces travaux internationaux : la multilatéralisation s'inscrit comme motif récurrent de l'histoire de la

---

[47] Source : auteur ; données : OCDE, *Base de données pour l'appariement de l'IM*, m.-à-j. au 31 mars 2022, accessible en ligne : www.oecd.org.

[48] V. n°s 104.

fiscalité internationale, souvent souhaitée et jamais véritablement atteinte. Seules quelques initiatives régionales sont parvenues à mettre en place des accords fiscaux agglomérant régionalement, entre États proches, les compétences fiscales (**§ 1**). Un élargissement de cette dimension régionale marque en outre une réaction à l'ensemble du système fiscal international : sortant du cadre régional, la mise en place d'instances nouvelles et multinationales s'inscrivant en parallèle des travaux de l'OCDE illustre la polarisation du système. Le BRITACOM est un exemple d'un tel embranchement des dynamiques, créant au sein du système fiscal international, une ramification distincte de l'OCDE (**§ 2**).

§ 1 : Les organisations régionales comme relais

237. **L'aspiration originelle au multilatéralisme.** L'adoption d'une convention multilatérale en matière fiscale, et en particulier en matière de double imposition, traverse l'histoire du droit fiscal international : elle porte une vision globale de la fiscalité et aurait pu, si elle n'avait échoué, constituer la base d'un système fiscal international assumé comme tel dès la première moitié du XXe siècle. L'idée est en effet proposée dès les premiers travaux de la Société des Nations relatifs à la fiscalité[49]. L'opportunité de conclure des conventions multilatérales ou bilatérales fait l'objet de la deuxième question posée aux Quatre Économistes en mars 1922 :

> « Can any general principles be formulated as the basis for an international convention to remove the evil consequences of double taxation, or should conventions be made between particular countries, limited to their own immediate requirements? In the latter alternative, can such particular conventions be so framed as to be capable ultimately of being embodied in a general convention? »[50]

En un sens, cette question préfigure l'instrument multilatéral signé 95 ans plus tard : s'il a été impossible d'adopter une convention fiscale universelle (c'est-à-dire ayant vocation à être adoptée par tous les États), l'idée de mettre en place un réseau de conventions bilatérales avant de les encadrer par un instrument plus global est ainsi présente *ab ovo*.

La question est finalement peu saisie par les Économistes, qui se concentrent davantage sur les solutions à apporter à la double-imposition[51] que sur les véhicules normatifs de ces solutions. Cette concentration tient

---

[49] V. n°s 196 et suivants.

[50] Gijsbert BRUINS, Luigi EINAUDI, Edwin SELIGMAN & Josiah STAMP, *Report on Double Taxation submitted to the Financial Committee Economic and Financial, Commission Report by the Experts on Double Taxation*, Document E.F.S.73. F.19, April 5th 1923, p. 2.

[51] V. Partie 1 : Titre 1 : Chapitre 1 : Les neutralités recherchées.

certainement à l'approche économique naturellement privilégiée dans l'appréhension de la fiscalité internationale, la question normative relevant d'une problématique fondamentalement juridique. L'éventualité d'une convention multilatérale est abordée succinctement en matière d'échanges d'informations sur les successions afin d'éviter la double imposition, relevant l'opportunité en tel cas d'établir une « agence centrale » à laquelle seraient transmises ces informations. La Société des Nations est pressentie dans la mise en œuvre d'une telle centralisation – sans que ce soit suivi d'effets.

Edwin SELIGMAN revient néanmoins sur la question en conclusion de son cours relatif à *La double imposition et la coopération fiscale internationale* donné à l'Académie de droit international de La Haye en 1927, insistant sur les enjeux du choix « entre les conventions collectives ou simplement bilatérales ». Il relève les inconvénients d'un réseau de conventions fiscales bilatérales hétérogènes, et préconise le recours aux conventions multilatérales, au moins entre États disposant de systèmes fiscaux comparables. Il envisage également le recours à des conventions universelles pour résoudre des problématiques précises, laissant aux conventions bilatérales le règlement de problématiques subsidiaires. Il relève enfin que les États pourraient s'entendre « sur les points de détail du système fiscal et incorporer dans les lois fiscales de chaque pays telles dispositions relatives à un accord tacite qui supprimeraient la nécessité du moindre traité ». Il conclut que « [d]ans l'étude de toutes ces questions, la Chambre internationale de commerce et le Comité permanent de la Société des Nations joueraient un rôle de toute première importance »[52].

Là encore, Edwin SELIGMAN identifie les moyens qui seront utilisés par la suite dans le développement du droit fiscal international – bien qu'il attribue un rôle à la Chambre internationale de commerce et à la Société des Nations qu'elles ne parviendront pas à avoir. Si les conventions bilatérales tissent de fait l'essentiel du tissu conventionnel fiscal international, des techniques alternatives ont été sollicitées. Des conventions multilatérales s'appliquant à un nombre restreint d'États se sont développées dans des cadres très spécifiques – plus régionaux que techniques. Quelques conventions « universelles » visent des points techniques très précis. La troisième méthode, consistant à harmoniser les dispositions fiscales des systèmes nationaux en s'accordant de manière tacite, peut être assimilée à la pratique de la *soft law*, laquelle infuse l'ensemble du système fiscal international actuel.

238. **Quelques conventions « universelles » au champ technique restreint.** La fiscalité, du fait de la disparité des systèmes fiscaux nationaux – comme le remarque SELIGMAN – et plus encore de sa nature souveraine, se concilie mal avec une approche universalisante. À titre de contre-exemple, il convient néanmoins de relever l'adoption très ponctuelle de conventions

[52] Edwin R. A. SELIGMAN, « La double imposition et la coopération fiscale internationale », *Recueil des cours de l'Académie de droit international de La Haye*, volume 20, 1927, pp. 589-590.

multilatérales ouvertes au plus grand nombre, par lesquelles les États règlent des questions très spécifiques.

Ainsi, parmi les traités multilatéraux de la Société des Nations, la Convention sur le régime fiscal des véhicules automobiles étrangers de 1931[53] posa le principe de l'exonération des véhicules automobiles immatriculés dans un État et circulant temporairement dans un autre État partie. Elle prévoyait en outre les modalités pratiques de cette exonération, en la conditionnant à la détention d'un carnet fiscal international délivré par les États selon un modèle annexé à la convention. Le texte de la Convention, en vertu de son article 10, devait être transmis à tous les États de la Société des Nations, y compris ceux qui n'avaient pas participé à la rédaction de la Convention, en les invitant à la signer. Cette convention fut remplacée par la Convention relative au régime fiscal des véhicules routiers à usage privé en circulation internationale, signée à Genève le 18 mai 1956[54], complétée par les Conventions relatives au régime fiscal des véhicules routiers effectuant des transports internationaux de marchandises[55] et à celui des véhicules routiers effectuant des transports internationaux de voyageurs[56], signées à Genève le 14 décembre 1956. Les questions fiscales résolues dans ces conventions restent extrêmement restreintes, et ces conventions ne réunissent aujourd'hui qu'une vingtaine d'États parties[57]. Elles sont en outre rendues caduques par de nombreux accords régionaux, souvent plus libéraux[58]. Pour ces raisons, ces conventions

---

[53] Convention sur le régime fiscal des véhicules automobiles étrangers, signée à Genève le 30 mars 1931, entrée en vigueur le 9 mai 1933, Société des Nations, *Recueil des traités*, vol. 138, 1933, n° 3185, pp. 149-177.

[54] Nations Unies, *Recueil des Traités*, vol. 339, 1959, n° 4844, pp. 3-21.

[55] Nations Unies, *Recueil des Traités*, vol. 436, 1962, n° 6292, pp. 115-130.

[56] Nations Unies, *Recueil des Traités*, vol. 436, 1962, n° 6293, pp. 131-146.

[57] La base de données des Nations Unies pour la Convention relative au régime fiscal des véhicules routiers à usage privé en circulation internationale (treaties.un.org, consultée le 24/04/2022) répertorie par exemple 23 États participants (dont 9 signataires originels) : Albanie, Allemagne, Australie, Autriche, Belgique (bien qu'elle n'ait jamais ratifié la convention), Bosnie-Herzégovine, Cambodge, Danemark, Finlande, France, Ghana, Irlande, Luxembourg, Malte, Monténégro, Norvège, Pays-Bas, Pologne, Roumanie, Royaume-Uni, Serbie, Slovaquie, Suède, Tchéquie. Il convient de relever toutefois que l'Australie, les Pays-Bas et, surtout, le Royaume-Uni ont étendu l'application de la convention à plusieurs territoires relevant alors de leur souveraineté.

[58] L'absence de ratification de la convention par la Belgique a fait l'objet d'une question parlementaire au Sénat de Belgique en 1998, et est ainsi justifiée par le Ministre des Finances belge de l'époque (Question n° 1277/3 de M. Paul HATRY du 19 août 1998, « Convention relative au régime fiscal des véhicules routiers à usage privé en circulation internationale du 18 mai 1956 – Absence de ratification », Questions et Réponses, Sénat (Belgique), 20 octobre 1998, n° 1-84, pp. 4 461-4 462) :

> « 1. [L]a Convention du 18 mai 1956 relative au régime fiscal des véhicules routiers à usage privé en circulation internationale n'a jamais été soumise à ratification au Parlement belge, d'une part, parce qu'elle vise également les taxes sur les vélocipèdes, lesquelles relèvent de l'autonomie des provinces et des communes et, d'autre part, parce qu'elle prévoit, en cas de litige, une procédure spéciale d'arbitrage, ce qui constitue un déni de la souveraineté des États.

participent peu à la coopération fiscale internationale et ne peuvent être considérées comme des outils efficaces du système fiscal international.

La seule convention multilatérale à vocation universelle, visant les doubles impositions et conclue sous l'égide de l'ONU, fut signée à Madrid le 13 décembre 1979 : il s'agit de la Convention multilatérale tendant à éviter la double imposition des redevances de droits d'auteur. Cette convention ne fut pas à l'initiative de l'ECOSOC mais de l'UNESCO, avec le concours de l'Organisation mondiale de la propriété intellectuelle (OMPI). Elle est le fruit de la réunion de plusieurs comités d'experts de 1974 à 1979, représentant jusqu'à 49 États, 44 d'entre eux se réunissant finalement lors de la « Conférence internationale d'États sur la double imposition des redevances de droits d'auteurs transférées d'un pays dans un autre » réunie à Madrid en décembre 1979. Cette convention est topique tant de l'échec de l'ONU à concilier les États en développement et les États développés que de celui des conventions à vocation universaliste en matière fiscale internationale.

Conformément à son article 11, cette convention a de fait une vocation universelle en restant ouverte à l'adhésion de « tout État membre de l'Organisation des Nations Unies, de l'une des institutions spécialisées reliées à l'Organisation des Nations Unies ou de l'Agence internationale de l'énergie atomique ou partie au Statut de la Cour internationale de Justice ». Or, comme le souligne Paul Marie GAUDEMET :

> « Cette vocation à l'universalité a marqué le contenu de la convention. Elle a conduit ses rédacteurs à éviter toute disposition technique incompatible avec la législation fiscale ou le régime de la propriété intellectuelle de certains États dans l'espoir que tous les États seraient ainsi en mesure de la ratifier. Dès lors il était

---

« 2. La convention non ratifiée du 18 mai 1956 n'est par conséquent pas appliquée. Est par contre d'application la résolution n° 184 relative au régime fiscal des véhicules routiers à usage privé en circulation internationale, adoptée le 16 décembre 1955 par le Comité ONU des transports intérieurs de la Commission économique pour l'Europe.

« Dans cette résolution, le comité précité recommande aux gouvernements participant aux travaux de la Commission économique pour l'Europe d'exempter, sous réserve de réciprocité, des impôts et taxes qui frappent la circulation ou la détention de véhicules dans leur territoire, les véhicules routiers à moteur, y compris les cycles à moteur et les remorques, immatriculés dans un autre territoire et importés temporairement pour usage privé sur leur territoire, cette exemption étant accordée tant que sont remplies les conditions fixées par les dispositions douanières en vigueur pour l'admission du véhicule en franchise temporaire des droits et taxes d'entrée, mais pouvant être limitée à une durée de 365 jours consécutifs, même si le véhicule est admis en franchise temporaire pour une durée supérieure.

« En suivant cette résolution, la Belgique applique de facto aux véhicules routiers à usage privé en circulation internationale, le régime fiscal fixé dans la convention du 18 mai 1956. »

Outre le dissensus récurrent sur la question de l'arbitrage, cette réponse met en exergue la concurrence de la convention « universelle » avec d'autres normes, plus adaptées et « régionalisées », comme la résolution du Comité ONU des transports intérieurs de la Commission économique pour l'Europe citée. Sous réserve de la différence de cadre (la résolution s'inscrivant dans un cadre européen), la convention était alors caduque avant même d'être signée.

nécessaire de se borner à l'énoncé de principes généraux et de laisser toute la réglementation de détail à des accords bilatéraux. Un modèle facultatif d'accord bilatéral comportant de multiples variantes est ainsi joint à la convention, sans en faire partie intégrante comme l'indique l'article 8. De plus pour les stipulations les plus controversées de la convention multilatérale l'article 12 prévoit expressément la possibilité de réserves. »[59]

En pratique la convention souffre de l'opposition fondamentale entre États développés et États en développement. Les modèles conventionnels de l'OCDE et de l'ONU s'intéressant à l'ensemble des revenus, ils couvraient déjà la problématique des redevances – prises dans leur ensemble et englobant les droits d'auteurs – au sein de leur article 12. Le modèle OCDE privilégie en la matière l'imposition exclusive dans l'État de résidence, tandis que le modèle ONU entend partager l'imposition entre l'État de la source et l'État de résidence[60] – les États en développement étant, logiquement, davantage favorable à une imposition dans l'État de la source du revenu[61]. Ces positions n'étant pas conciliables, la convention multilatérale échoue à imposer une solution et ne pose que des principes directeurs et un engagement de principe

---

[59] Paul Marie GAUDEMET, « La Convention de Madrid du 13 décembre 1979 — Convention multilatérale tendant à éviter la double imposition des redevances de droits d'auteur », *Annuaire français de droit international*, 1980, n° 26, p. 49.

[60] À cette fin, le modèle ONU reprend le principe de l'imposition dans l'État de la résidence, en lui adjoignant la possibilité d'une retenue à la source dans l'État de la source, limitée à un taux déterminé par les États.

[61] Paul Marie GAUDEMET revient en particulier sur cet antagonisme au cœur des débats sur la convention multilatérale (Paul Marie GAUDEMET, « La Convention de Madrid du 13 décembre 1979 — Convention multilatérale tendant à éviter la double imposition des redevances de droits d'auteur », *Annuaire français de droit international*, 1980, n° 26, pp. 45-46) :

« [...] Les débats firent apparaître aussitôt un antagonisme entre les pays industrialisés et les pays en développement soutenus par les pays socialistes.

« Les premiers entendaient privilégier le droit d'imposition de l'État de la résidence de l'auteur. Ils justifiaient leur position en faisant valoir que l'impôt sur le revenu qui frappe les redevances de droits d'auteur est un impôt dont la technique exige qu'il soit établi au lieu de résidence du contribuable : c'est là et là seulement qu'il est possible d'avoir sur le contribuable cette vue fiscale d'ensemble nécessaire à la personnalisation et à la progressivité caractéristique de l'impôt sur le revenu. Les pays industrialisés présentaient cette argumentation technique en faveur de l'imposition des redevances par l'État de résidence des auteurs avec d'autant plus de vigueur que cette solution était généralement conforme à leurs intérêts financiers. Il y a plus d'œuvres dont les auteurs résident à Paris, à Londres ou à New York que de créations intellectuelles dont les auteurs sont installés à Ouagadougou, à Djakarta ou à Quito.

« Les experts des pays en développement demandaient que l'imposition fût établie dans l'État de la source de la redevance c'est-à-dire dans l'État où l'œuvre était exploitée. Ici encore un argument technique était invoqué : c'est là où la redevance prend naissance qu'elle peut être le plus efficacement taxée par la retenue de l'impôt à la source. Mais l'intérêt financier des pays en développement les incitait aussi à soutenir cette thèse ; très généralement ces pays devaient payer plus de redevances à des auteurs résidant à l'étranger pour des œuvres exploitées à l'intérieur de leurs frontières qu'ils n'en encaissaient pour les auteurs résidant sur leur territoire et dont les œuvres étaient exploitées à l'étranger. [...] »

dont la formulation finalement retenue anéantit tout aspect contraignant (article 8, 1.) :

> « Tout État contractant prend l'engagement de s'efforcer [...] d'éviter autant que possible la double imposition des redevances de droits d'auteur et, si elle subsiste, de l'éliminer ou d'en réduire les effets. Cette action est menée soit par le moyen d'accords bilatéraux, soit par la voie de mesures internes. »

La convention multilatérale ne résout pas elle-même la double imposition sur les droits d'auteurs, mais renvoie à des instruments annexes, en particulier à des conventions bilatérales dont elle propose un modèle (qui plus est facultatif) en annexe. Celui-ci ne tranche pas plus la question, puisqu'il prévoit six méthodes différentes de répartition des revenus entre l'État de la source et l'État de résidence, laissées au choix des États[62]. Partant, la convention n'avait guère d'utilité, les États préférant, quitte à entreprendre une négociation bilatérale, se référer à un modèle concernant l'ensemble des revenus plutôt que les seules redevances de droits d'auteur.

Les négociations de la convention multilatérale se soldèrent par un échec. Si la plupart des États représentés ont signé l'acte final de la Conférence de 1979, seuls trois signèrent également la convention multilatérale : le Cameroun, le Saint-Siège et Israël – aucun d'entre eux n'a ratifié à ce jour la convention. La Convention n'entra jamais en vigueur[63].

Bien que la question d'élaborer une convention multilatérale universelle ait fait l'objet de propositions répétées dès les travaux de la Société des Nations, les rares tentatives menées en ce sens au cours du XXe siècle témoignent de la difficulté d'une telle entreprise en présence de systèmes fiscaux différents et d'intérêts nationaux divergents. Alternativement à ces propositions, les experts recommandèrent régulièrement d'élaborer d'abord un réseau de conventions bilatérales suffisamment dense avant de les encadrer *a posteriori* par un instrument multilatéral. Les « universalistes » avaient

---

[62] Le modèle annexé propose ainsi six variantes de son Article VI dédié aux techniques d'imposition : la 1ère prévoit l'« Imposition par l'État de la résidence sous réserve de l'existence d'établissement stable ou de base fixe dans l'autre État », la 2e le « Partage de l'imposition entre l'État de la résidence et l'État de la source le droit d'imposition étant plafonné uniformément dans les deux État contractants », la 3e le « Partage de l'imposition entre l'État de la résidence et l'État de la source le droit d'imposition étant plafonné différemment dans les deux États contractant », la 4ème l'« Imposition par l'État de la source », la 5ème le « Partage de l'imposition entre l 'État de la résidence et l'État de la source le droit d'imposition étant plafonné dans l'État de la source », et la 6ème le « Partage de l'imposition entre l'État de la source et l'État de la résidence le droit d'imposition étant plafonné dans l'État de la résidence ».

[63] Même si quelques États accédèrent plus tard à la Convention, elle n'atteint jamais le nombre de dix ratifications nécessaires à son entrée en vigueur (en vertu de son article 13). Les États parties sont : le Bénin, l'Équateur, l'Égypte, l'Inde, l'Irak, le Libéria, le Pérou, la Slovaquie et la Tchéquie (v. treaties.un.org ; consulté le 1er juin 2022).

néanmoins comme argument la possibilité du multilatéralisme, mise en exergue par les quelques conventions régionales existantes.

239. **Le multilatéralisme régional en matière fiscale : une exception.** Les propositions relatives à l'adoption d'une convention multilatérale à vocation universelle reposaient sur des précédents conventionnels multilatéraux, mais régionaux et à l'efficacité relative.

En février 1922, lors de la 6e session du Comité financier de la Commission économique et financière provisoire de la Société des Nations, Giuseppe BIANCHINI, président de l'Association bancaire italienne représentant l'Italie, proposait par exemple à la Société des Nations de suivre dans ses travaux fiscaux l'exemple de la Convention de Rome de 1922[64]. Cette « Convention entre l'Autriche, la Hongrie, l'Italie, la Pologne, la Roumanie et le Royaume Serbe-Croate-Slovène désireux d'éviter la double imposition », signée à Rome le 6 avril 1922[65], constitue bien une convention multilatérale liant plusieurs États géographiquement proches. Elle répartit le droit d'imposer entre les États en fonction de la nature des impositions, en reconnaissant à l'État de la source ou à l'État de résidence un droit exclusif d'imposer – elle ne retenait pas la méthode de l'imputation. Cette convention n'eut finalement pas la portée espérée par ses auteurs : elle n'entra en vigueur qu'entre l'Autriche et l'Italie, illustrant là encore l'échec du multilatéralisme.

Lors des négociations précédant la Conférence internationale d'États sur la double imposition des redevances de droits d'auteurs de 1979, d'autres conventions multilatérales furent invoquées[66]. Les États socialistes firent état d'une convention multilatérale relative à la double imposition conclue au sein du Conseil d'assistance économique mutuelle (CAEM, ou *COMECON*). Il s'agit en fait de deux accords conclus au sein du *Comecon* : un en date du 22 mai 1977, relatif à la double imposition sur le revenu et la fortune des personnes physiques, et un autre en date du 19 mai 1978 relatif à la double imposition sur le revenu et le capital des personnes morales. Tous les pays du *Comecon* ont rejoint ces accords à l'exception de Cuba et du Vietnam, réunissant ainsi quatorze États[67]. Cette coopération régionale se compare toutefois difficilement avec le reste de la coopération fiscale internationale du

---

[64] Sunita JOGARAJAN, *Double Taxation and the League of Nations*, Cambridge University Press, Cambridge Tax Law Series, 2018, p. 24.

[65] Société des Nations, *Double imposition et évasion fiscale : Recueil des accords internationaux et des dispositions de droit interne tendant à éviter la double imposition et l'évasion fiscale*, Genève, Publications de la Société des Nations 1928, II, 45, Document n° C.345.M.102, pp. 75-77.

[66] Paul Marie GAUDEMET, « La Convention de Madrid du 13 décembre 1979 — Convention multilatérale tendant à éviter la double imposition des redevances de droits d'auteur », *Annuaire français de droit international*, 1980, n° 26, p. 49.

[67] V. Helmut LOUKOTA, « Multilateral Tax Treaty Versus Bilateral Treaty Network », *in* Michael LANG *et alii* (eds.), *Multilateral Tax Treaties: New Developments in International Tax Law*, London, Kluwer Law International, Series on International taxation n° 18, pp. 83-104. V. aussi Philip BAKER, « Multilateral Tax Treaties », *Bulletin for International Taxation*, vol. 75, 2021, n° 11/12.

fait de la nature même des États socialistes et de leurs relations économiques au sein du COMECON[68].

Par ailleurs, un autre accord avait déjà été conclu dans le cadre de la Communauté andine des Nations (CAN, ou Pacte andin, ou Groupe andin), créée par l'Accord de Carthagène du 26 mai 1969 en vue de réaliser une intégration économique régionale entre ses États membres : la Bolivie, le Chili (qui se retira de la CAN le 30 octobre 1976), la Colombie, l'Équateur, le Pérou, et plus tard le Venezuela (qui fut membre du 28 février 1973 au 22 avril 2006)[69]. La CAN a ainsi, dans une décision n° 40 du 16 novembre 1971, établi un accord entre ses États membres pour éviter la double imposition, contenant les règles prévenant la double imposition entre ses États membres, et proposant un modèle de convention fiscale entre États membres et États non membres. La spécificité de l'accord andin de 1971 est de reposer sur le principe de l'imposition exclusive des revenus dans l'État de la source – contrairement aux modèles OCDE et ONU. Cet accord a été renouvelé en mai 2004, dans une décision n° 578. D'un point de vue extérieur, l'Accord andin est considéré comme un échec : seules deux conventions ont pu être conclues sur la base du modèle de convention proposé[70]. Cet échec est la conséquence de l'approche en faveur exclusive de l'État de la source. Il faut néanmoins relever que, grâce à l'intégration économique réalisée par la CAN, cet accord peut être considéré comme un succès régional : il règle de fait les problèmes de double imposition et les questions d'assistance administratives en matière fiscale entre la Bolivie, la Colombie, l'Équateur et le Pérou[71].

Les États des Caraïbes ont également développé régionalement la coopération fiscale et économique, au sein de la Communauté des Caraïbes (*CARICOM*). Celle-ci fut créée par le traité de Chaguaramas le 4 juillet 1973 par la Barbade, le Guyana, la Jamaïque et Trinité-et-Tobago, puis s'est rapidement étendue aux autres États de la région, pour réunir aujourd'hui quinze États membres[72]. En 1973, les États membres de la CARICOM

[68] V. not. Jenny BRINE, *COMECON: The Rise and Fall of an International Socialist Organization*, Oxford, Clio Press, International Organizations Series n° 3, 1992, 225 p.

[69] La CAN accueille en outre, en tant que pays associés, l'Argentine, le Brésil, le Paraguay, l'Uruguay et le Chili, et en tant que pays observateurs, le Mexique, le Panama et le Maroc.

[70] L'Argentine conclut des conventions avec la Bolivie et avec le Chili sur la base de ce modèle dans les années 1970.

[71] Quant à l'Accord andin, v. Sunita JOGARAJAN, « A Multilateral tax Treaty for ASEAN – Lessons from the Andean, Caribbean, Nordic and South Asian Nations », *Asian Journal of Comparative* Law, 2011, vol. 6, issue 1, art. 8, pp. 9-11.

[72] Les quatre États fondateurs que sont la Barbade, le Guyana, la Jamaïque et Trinité-et-Tobago ont été rejoints en 1974 par Antigua-et-Barbuda, Belize, Dominique, Grenade, Montserrat, Sainte-Lucie, Saint-Christophe-et-Niévès, Saint-Vincent-et-les-Grenadines. Ont ensuite adhéré les Bahamas en 1983, le Suriname en 1995, et enfin Haïti en 2002. La CARICOM a également cinq États associés qui sont : Anguilla, les Bermudes, les Îles Vierges britanniques, les Îles Caïmans et les Îles Turques-

conclurent un Accord tendant à éviter les doubles impositions et à prévenir l'évasion fiscale en matière d'impôts sur le revenu et à encourager le commerce et l'investissement internationaux. Ce premier accord ne fut toutefois jamais pleinement ratifié, il présentait un champ trop restreint et ne correspondait pas aux objectifs d'intégration régionale ; pour ces raisons, l'accord de 1973 est un échec. La CARICOM parvint néanmoins le 6 juillet 1994 à adopter un nouvel accord sur la double imposition[73]. Cet accord lie douze des membres de la CARICOM[74] : s'il n'a pas emporté l'adhésion de tous, il constitue néanmoins un succès entre les États de la CARICOM ayant des systèmes fiscaux similaires, en particulier entre ceux partageant l'héritage d'un passé colonial britannique[75]. À l'instar de l'Accord andin, l'Accord de la CARICOM fait la part belle à l'imposition de l'État de la source. Il constitue un succès régional, lié à la proximité des États parties, de leurs économies et de leurs systèmes fiscaux, mais paraît difficilement transposable à une plus vaste échelle.

D'autres accords fiscaux régionaux peuvent encore être mentionnés, comme la Convention générale de coopération fiscale entre les États membres de l'Organisation commune africaine, malgache et mauricienne (OCAMM) du 29 janvier 1971[76], certains arrangements fiscaux multilatéraux conclus plus tard au sein de la Communauté économique des États de l'Afrique centrale et de la Communauté économique des États de l'Afrique de l'Ouest[77], la

---

et-Caïques. Huit autres États y ont un statut d'observateur : Aruba, la Colombie, Curaçao, la République dominicaine, le Mexique, Porto Rico, Saint-Martin et le Venezuela.
Le statut de Montserrat en tant qu'État membre est atypique en ce qu'il s'agit d'un territoire britannique d'outre-mer.

[73] V. *Agreement among the Governments of the Member States of the Caribbean Community for the Avoidance of Double Taxation and the Prevention of Fiscal Evasion with Respect to Taxes on Income, Profits or Gains and Capital gains and for the Encouragement of Regional Trade and Investment*, accessible sur caricom.org (consulté le 1er juin 2022). V. aussi Nations Unies, *Recueil des Traités*, vol. 2259, n° 40265, pp. 251-286.

[74] L'Accord compte douze participants, parmi lesquels Montserrat ; c'est pourquoi il est généralement enregistré comme n'ayant que onze États parties, à savoir : Antigua-et-Barbuda, Barbade, Belize, Dominique, Grenade, Guyana, Jamaïque, Saint-Christophe-et-Niévès, Sainte-Lucie, Saint-Vincent-et-les-Grenadines et Trinité-et-Tobago.

[75] Sunita JOGARAJAN, « A Multilateral tax Treaty for ASEAN – Lessons from the Andean, Caribbean, Nordic and South Asian Nations », *Asian Journal of Comparative* Law, 2011, vol. 6, issue 1, art. 8, p. 14.

[76] Cette convention, conclue à Fort-Lamy et aujourd'hui dénoncée, était signée par les gouvernements du Cameroun, de la République centrafricaine, de la République populaire du Congo, de la République démocratique du Congo, de Côte d'Ivoire, du Dahomey, du Gabon, de Haute-Volta, de Madagascar, de l'Île Maurice, du Rwanda, du Sénégal, du Tchad et du Togo. Pour le texte de la Convention, v. par ex. l'Ordonnance n° 32 du 2 septembre 1971 portant ratification de la convention générale de coopération fiscale entre les États membres de l'Organisation commune africaine, malgache et mauricienne signée à Fort-Lamy le 29 janvier 1971, *Journal officiel de la République togolaise*, 1er octobre 1971, pp. 508-514.

[77] V. Roy ROHATGI, *Basic International Taxation*, Volume I : *Principles, Richmond, Richmond Law & Tax*, London, Kluwer Law International, 2nd ed., 2005, p. 77.

convention fiscale conclue le 3 décembre 1973 au sein du Conseil de l'unité économique arabe[78], ou encore la Convention tendant à éviter les doubles impositions et à établir les règles d'assistance mutuelle en matière d'impôts sur le revenu entre les États de l'Union du Maghreb arabe du 23 juillet 1990[79].

La convention fiscale régionale la plus « réussie »[80] à laquelle il est souvent fait référence est celle conclue dans le cadre de la Communauté nordique. La coopération au sein de la région « nordique », c'est-à-dire entre le Danemark, la Finlande, l'Islande, la Norvège, la Suède, les Îles Féroé et le Groenland est l'une des plus anciennes et les plus abouties[81]. Elle s'exprime, au niveau fiscal, dans un premier temps par l'élaboration d'un modèle commun de convention fiscale bilatérale en matière d'assistance administrative en 1964, suivi en 1972 d'une convention multilatérale relative à l'assistance administrative en matière fiscale (remplacée par une nouvelle convention en 1989). Dans la continuité de cette coopération, une convention multilatérale en vue d'éviter les doubles impositions fut conclue le 22 mars 1983 (remplacée et étendue par des conventions successives en 1987, en 1989 et en 1996). Forte de ses précédents succès, la coopération fiscale nordique permit également en 2006 aux États nordiques d'harmoniser leur approche des « havres fiscaux » et des accords d'échanges d'informations passés avec eux pour lutter contre l'évasion fiscale[82].

De manière générale, les accords fiscaux régionaux s'inscrivent entre des États proches géographiquement, économiquement et juridiquement, au sein de structures de coopération plus vastes que la seule fiscalité. Ils sont spécifiques à la situation géopolitique de la région dans laquelle ils sont adoptés et reposent, le plus souvent, sur une volonté d'intégration économique, sur une zone de libre-échange ou une union douanière[83], existante ou en devenir.

---

[78] Convention conclue le 3 décembre 1973 et entrée en vigueur le 13 juillet 1975, liant l'Égypte, la Jordanie, l'Irak, le Koweït, le Soudan, la Syrie et le Yémen. Une nouvelle convention a été signée le 3 décembre 1997 pour la remplacer, mais n'est jamais entrée en vigueur.

[79] Conclue entre la Tunisie, l'Algérie, la Lybie, le Maroc et la Mauritanie.

[80] Lukasz STANKIEWICZ, *L'abus de convention fiscale internationale*, thèse de doctorat, Lyon 3, 2009, p. 725.

[81] Sunita JOGARAJAN, « A Multilateral tax Treaty for ASEAN – Lessons from the Andean, Caribbean, Nordic and South Asian Nations », *Asian Journal of Comparative* Law, 2011, vol. 6, issue 1, art. 8, p. 16, renvoyant pour un historique de la coopération nordique, depuis la création de l'Association nordique entre le Danemark, la Norvège et la Suède en 1919, à www.norden.org (consulté le 1er juin 2022).

[82] Sunita JOGARAJAN, « A Multilateral tax Treaty for ASEAN – Lessons from the Andean, Caribbean, Nordic and South Asian Nations », *op. cit.* p. 18.

[83] Une telle intégration économique ne requiert toutefois pas systématiquement de tels accords multilatéraux, surtout lorsque les accords bilatéraux antérieurs sont déjà suffisant. Par exemple, l'Union économique eurasiatique, qui réunit la Biélorussie, le Kazakhstan et la Russie, puis l'Arménie et Kirghizistan, n'a pas adopté d'accord fiscal multilatéral. Son Traité fondateur du 29 mai 2014 prévoit simplement une clause générale de la nation la plus favorisée entre les membres de l'Union valant en matière fiscale.

Les organisations régionales ne parvenant pas à s'imposer comme force de proposition dans la coopération fiscale face à l'OCDE, d'autres voies alternatives sont explorées par ailleurs.

§ 2 : Le BRITACOM comme embranchement

240. **La place de la Chine dans le réseau conventionnel mondial.** La position de la Chine dans le paysage économique mondial a largement évolué depuis les années 1980 ; sa politique fiscale conventionnelle et son positionnement au sein du système fiscal international traduisent d'une certaine manière cette évolution[84].

Le pays s'ouvre peu à peu à l'économie mondiale à partir de la prise de pouvoir *de facto* de DENG Xiaoping, à la fin de l'année 1978. La mise en œuvre des politiques de la réforme économique chinoise, qui définissent le nouveau système d'économie socialiste de marché chinois, va de pair avec une ouverture aux échanges internationaux. En 1979, les relations diplomatiques entre la Chine et les États-Unis sont normalisées et des relations commerciales initiées.

Ouverte au marché mondial, la Chine négocie des premières conventions fiscales dans les années 1980 (24 conventions) avec certains États de l'OCDE et d'autres pays développés. La Chine s'y inscrit alors en tant qu'importatrice de capitaux, et négocie sur une base plus proche du modèle ONU, en faveur de l'« État de la source ».

Dans les années 1990, suivant l'expansion de sa part dans les échanges internationaux, la Chine négocie 39 autres conventions fiscales avec d'autres pays développés (de l'OCDE ou européens), ainsi que certains pays en voie de développement proches de la Chine. Elle affirme ainsi progressivement sa position dans la région.

Dans les années 2000, la Chine opère un revirement dans son rapport à l'investissement. La stratégie de mondialisation (*Go Out Policy* ou *Going Global Strategy*) initiée en 1999 en consacre le principe.

Avec 112 conventions fiscales bilatérales[85], la Chine dispose désormais du quatrième plus important réseau conventionnel fiscal au monde – après le Royaume-Uni, la France et l'Italie (et ex aequo avec la Suisse).

241. **L'initiative des « Nouvelles routes de la soie ».** À partir de 2012, la Chine amorça un programme de « réintégration économique de l'Eurasie »[86]

---

[84] V. Yi LONG, « Developments in China's Treaty Policy: Where is the Dragon Heading ? », 72 *Bull. Intl. Taxn.* 9 (2018), Journals IBFD.

[85] V. Qiaolang LI, « Contributing to the Belt and Road Initiative from the Perspective of Tax Treaties », *Revue européenne et internationale de droit fiscal*, n° 2022/1, pp. 47-49.

[86] « Economic reintegration of Eurasia », v. ZHANG Yuejiao, « Foreword: Belt and Road Initiate – Navigating New Challenges and Opportunities », *in* Julien CHAISSE & Jędrzej GÓRSKI (eds.), *The Belt and Road Initiative: Law, Economics, and Politics*, Leiden, Brill Nijhoff, 2018, p. X.

avec la création du Groupe des 16+1[87] (appelé « Groupe des 17+1 », de 2019 – adhésion de la Grèce – à 2021 – retrait de la Lituanie) dont le but est de promouvoir les relations commerciales et l'investissement entre la Chine d'une part, et seize États d'Europe centrale et orientale d'autre part[88]. Se réunissent annuellement[89], autour de la Chine : l'Albanie, la Bosnie-Herzégovine, la Bulgarie, la Croatie, la Tchéquie, l'Estonie, la Grèce, la Hongrie, la Lettonie, la Macédoine du Nord, le Monténégro, la Pologne, la Roumanie, la Serbie, la Slovaquie et la Slovénie.

Cette coopération a été rapidement complétée par les annonces de Xi Jinping[90] à l'automne 2013, au Kazakhstan puis en Indonésie, relatives à la redynamisation d'anciens « corridors » commerciaux intercontinentaux au sein de deux projets, respectivement la *Silk Road Economic Belt*, visant les échanges terrestres, et la *Twenty-First Century Maritime Silk Road*, visant les échanges maritimes[91]. Le corridor économique Chine-Pakistan, formalisé par un accord signé le 20 avril 2015, illustre ces stratégies d'investissements massifs chinois dans les infrastructures d'échanges terrestres et maritimes dans les pays partenaires.

À partir de 2015, l'initiative *Silk Road Economic Belt and 21st-Century Maritime Silk Road Development Strategy* (ou OBOR, pour « *One Belt, One Road* »), se concrétise peu à peu et affirme sa vocation englobante, dépassant les seuls projets d'infrastructures commerciales. En 2017, le projet prend le nom de *Belt and Road Initiative* (BRI) ; en français il y est généralement fait référence par le vocable « Nouvelles routes de la soie ». Si les projets initiaux visaient une coopération entre une soixantaine d'États, la BRI réunit en janvier 2021 cent quarante États et territoires ayant conclu un protocole d'accord avec la Chine, répartis sur l'essentiel du globe : en Afrique subsaharienne (40 pays), en Europe et Asie centrale (34 pays), en Asie de l'Est et Pacifique (24 pays), au Moyen-Orient et en Afrique du Nord (17 pays), en Amérique latine et caraïbe (19 pays) et en Asie du Sud-Est (6 pays)[92]. Une coopération internationale d'une telle ampleur est de nature à rivaliser avec les modèles

---

[87] Il est parfois fait référence à la « coopération dans le Format 16+1 ».

[88] Dont onze membres de l'Union européenne. Celle-ci a d'ailleurs rapidement manifesté ses préoccupations à l'égard de cette coopération. En réponse à ces préoccupations, les résolutions prises lors du deuxième sommet du Groupe des 16+1, tenu à Bucarest en 2013, convinrent que cette coopération devait se faire de manière conforme au droit de l'Union européenne et au partenariat entre la Chine et l'Union européenne.

[89] Bien que son secrétariat se situe à Pékin, le groupe se réunit régulièrement ses États européens : Varsovie en 2012, Bucarest en 2013, Belgrade en 2014, Suzhou en 2015, Riga en 2016, Budapest en 2017, Sofia en 2018 et Dubrovnik en 2019. Les problématiques du Covid-19 ont empêché la tenue physique des réunions 2020 et 2021.

[90] Xi Jinping, président de la République populaire de Chine depuis le 14 mars 2013, a fait des Nouvelles routes de la soie une part prépondérante de la politique extérieure chinoise.

[91] Julien Chaisse & Jędrzej Górski, « Introduction », *in* Julien Chaisse & Jędrzej Górski (eds.), *The Belt and Road Initiative : Law, Economics, and Politics*, Leiden, Brill Nijhoff, 2018, pp. IX-X.

[92] V. fra.yidaiyilu.gov.cn (consulté le 1er juin 2022).

d'organisations internationales existant jusqu'alors. La BRI réunit, par exemple, davantage de participants que le cadre inclusif du BEPS (**Carte 7**). La nature de cette coopération est néanmoins plus vague.

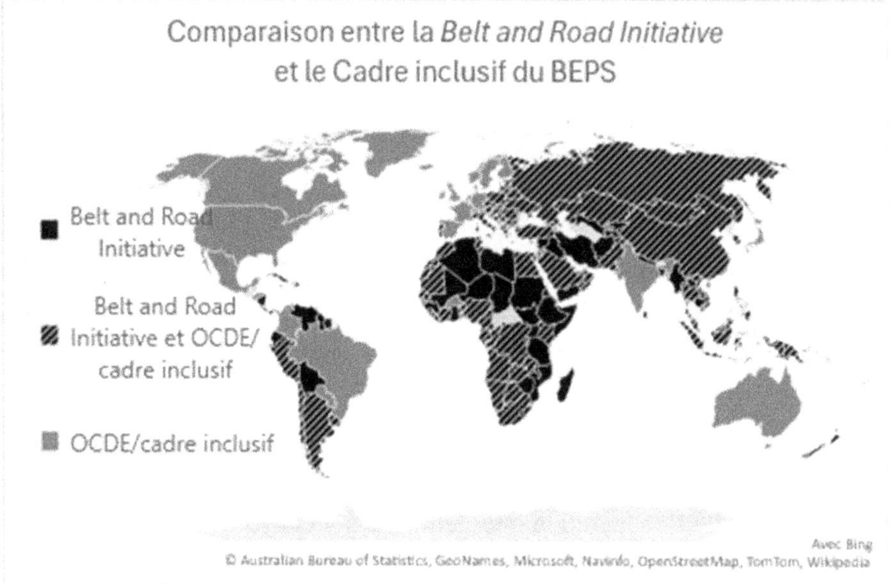

Carte 7 : Comparaison entre les pays membres de la *Belt and Road Initiative* et ceux du Cadre inclusif du BEPS[93]

Si la BRI est d'abord conçue comme un programme d'investissement massif chinois dans des États partenaires, permettant notamment à la Chine de s'assurer autant les moyens d'approvisionnement que les débouchés nécessaires à son économie en mutation. Ce programme d'investissements est souvent comparé au plan Marshall, dans son ampleur comme dans ses objectifs[94]. Les investissements dans les infrastructures sont assurés par plusieurs moyens, parmi lesquels un fonds de la route de la soie, abondé par plusieurs institutions nationales chinoises et finançant les projets de l'OBOR,

---

[93] Source : auteur ; données : www.oecd.org (consulté le 1er juin 2022) ; Christoph NEDOPIL, « Countries of the Belt and Road Initiative », Shanghai, Green Finance & Development Center, FISF Fudan University, 2022, www.greenfdc.org (consulté le 1er juin 2022).

[94] Par ex. Bashar H. MALKAWI &Joel SLAWOTSKY, « National Security Review of Chinese Foreign Direct Investment ("FDI") into the Cooperation Council for the Arab States of the Gulf ("GCC"): Challenges and Opportunities », *in* Julien CHAISSE & Jędrzej GÓRSKI (eds.), *The Belt and Road Initiative: Law, Economics, and Politics*, Leiden, Brill Nijhoff, 2018, pp. 316 *sqq*.
Cette vision est néanmoins contestée, notamment par Manuel CHASTAGNARET, « La problématisation juridique des nouvelles routes de la soie », *Revue européenne et internationale de droit fiscal*, n° 2022/1, p. 19 : « Les routes de la soie du XXIe siècle ne peuvent être comparées au plan Marshall post-guerre car, aussi ambitieuse soit-elle, l'initiative se présente comme strictement matérielle, sans aucune volonté affichée d'hégémonie culturelle ou d'engagement macroéconomique. »

des prêts de banques stratégiques chinoises (notamment de la Banque chinoise de développement, de la Banque chinoise d'import-export ou de la Banque chinoise de développement agricole), les fonds de la Banque asiatique d'investissement pour les infrastructures (banque multilatérale complémentaire à la Banque mondiale, abondée pour un tiers par la Chine, le reste par une soixantaine d'États partenaires, dont la France, l'Allemagne, le Royaume-Uni ou la Suisse), ceux de la Nouvelle banque de développement des BRICS (abondée à parts égales par les BRICS, qui y ont un droit de vote égal), ou encore les investissements des gouvernements et des banques des provinces chinoises[95].

Ces institutions financières, anciennes ou nouvelles, sont dès lors conçues comme orientées vers la Chine et susceptibles de créer une alternative aux institutions financières mondiales telles que le FMI ou le groupe de la Banque mondiale, davantage orientées vers les États-Unis[96]. Les investissements et les infrastructures financées s'inscrivent en outre dans un objectif plus vaste de coopération interétatique et intercontinentale, dont la BRI définit cinq priorités : la coordination en matière de politiques, l'interconnexion des infrastructures, la facilitation du commerce, l'intégration financière et la compréhension mutuelle des peuples[97]. La Chine se place ainsi comme un nouveau pôle de la coopération internationale dont la vocation est résolument mondiale. À cette fin, la BRI développe un réseau dense d'institutions et de forums de coopération dans de nombreux domaines, y compris en matière fiscale.

242. **La coopération fiscale des Nouvelles routes de la soie : le BRITACOM.** De la même manière que le plan Marshall a donné naissance à l'OCDE, la BRI a mis en place plusieurs structures de coopération plus ou moins institutionnalisées. Parmi elles, le *Belt and Road Initiative Tax Administration Cooperation Mechanism* (BRITACOM) a vocation à renforcer la coopération en matière fiscale entre les administrations fiscales des pays participants à la BRI[98].

---

95 « Financement de l'OBOR », *in* Stephen ARIS, « "One Belt, One Road" : la nouvelle route de la soie », *Politique de sécurité : analyses du CSS*, n° 195, Septembre 2016, p. 3.

96 Stephen ARIS, « "One Belt, One Road" : la nouvelle route de la soie », *Politique de sécurité : analyses du CSS*, n° 195, Septembre 2016, p. 2.

97 Selon le Portail de la Ceinture et de la Route, fra.yidaiyilu.gov.cn (consulté le 1er juin 2022).

98 Ruolian LIANG & Hongmei SUN, « BRITACOM : A Bridge for Closer Tax Cooperation », *Revue européenne et internationale de droit fiscal*, n° 2022/1, pp. 50-55. V. aussi le Site officiel du BRITACOM, www.britacom.org (consulté le 1er juin 2022) :

> « The vision of the BRITACOM is to facilitate trade and investment, foster economic growth of the BRI jurisdictions and contribute to the fulfillment of inclusive and sustainable development as set out in the United Nations' 2030 Agenda for Sustainable Development.
>
> « The BRITACOM aims to contribute to building a growth-friendly tax environment through cooperation and sharing of best practices in following rule of law, raising tax certainty, expediting tax dispute resolution, improving taxpayer service, and enhancing tax capacity building.

Du 18 au 20 avril 2019, se tint à Wuzhen le premier *Belt and Road Initiative Tax Administration Cooperation Forum* (BRITACOF)[99]. Ce forum réunit des représentants des administrations fiscales de quatre-vingt-cinq juridictions, seize organisations internationales et plusieurs institutions académiques, sous la présidence de l'Administration fiscale de l'État de la République populaire de Chine. S'y sont également joints des représentants du Fonds monétaire international, du Centre de politique et d'administration fiscales de l'OCDE, des Nations unies, du groupe de la Banque mondiale et de plusieurs autres organisations internationales[100]. Le premier BRITACOF lance officiellement le BRITACOM, lequel est composé d'un Conseil, d'un Secrétariat, du BRITACOF, du BRITACEG et d'un Comité consultatif (*Advisory Board*).

Le Conseil du BRITACOM est son organe de gouvernance[101]. Il réunit les administrations fiscales de trente-six pays, et fait participer en tant qu'observateur vingt-trois autres pays (dont des pays de l'Union européenne ne participant pas à la BRI, comme l'Allemagne ou l'Espagne) et sept autres structures internationales : le Centre interaméricain des administrations fiscales (CIAT), l'*International Bureau of Fiscal Documentation* (IBFD), la Chambre de commerce international (CCI), l'*International Tax and Investment Center* (ITIC), *Asia Oceania Tax Consultants' Association* (AOTCA), le Comité consultatif du commerce et de l'industrie auprès de l'OCDE (BIAC) et le Forum des administrations fiscales d'Afrique de l'Ouest (WATAF).

Le Secrétariat du BRITACOM, n'a pas de personnalité morale[102] : c'est un organe administratif de liaison entre les participants au BRITACOM[103], situé à Pékin.

---

[99] Le BRITACOF concrétise la proposition faite par la *Belt and Road Initiative Tax Cooperation Conference* (BRITACC), réunie à Astana du 14 au 16 mai 2018 (« Astana Proposal »).
Le BRITACOF était censé être un évènement annuel ; en raison du Covid-19 le forum de 2020 n'a pu se tenir, et le second BRITACOF, organisé sur la thématique de la numérisation de l'administration fiscale, se tint finalement en ligne des 7 au 9 septembre 2021 (v. not. BRITACOM, *Joint Statement of the Second Belt and Road Initiative Tax Administration Cooperation Forum*, 9 septembre 2021, 4 p., accessible en ligne : www.britacom.org).

[100] Wuzhen Statement, The First Conference of the Belt and Road Initiative Tax Administration Cooperation Forum, Wuzhen, China, April 18-20, 2019, § 1.

[101] « decision making body », v. Wuzhen Statement, The First Conference of the Belt and Road Initiative Tax Administration Cooperation Forum, Wuzhen, China, April 18-20, 2019, § 8.

[102] BRITACOM, *Memorandum of Understanding on the Establishment of the Belt and Road Initiative Tax Administration Cooperation Mechanism*, Wuzhen, China, April 18-20, 2019, art. 12.1 :

> « The Secretariat, not a legal entity, is the liaison office of the BRITACOM located in Beijing, supporting the routine operation of the Council, the BRITACOF and the BRITACEG. »

[103] À ce titre, le Secrétariat s'occupe des différentes tâches administratives du BRITACOM ; v. BRITACOM, *Memorandum of Understanding on the Establishment of the Belt and Road Initiative Tax Administration Cooperation Mechanism*, Wuzhen, China, April 18-20, 2019, art. 13 :

Le *Belt and Road Initiative Tax Administration Capacity Enhancement Group* (BRITACEG) est un réseau réunissant les administrations fiscales, membres ou observatrices au Conseil, qui sont prêtes à partager leur expertise et à participer à des programmes de formation, de recherche et d'assistance technique décidés par le Conseil[104], dans un but de développement de la capacité fiscale des États partenaires[105]. Le BRITACEG peut être rapproché, dans une certaine mesure, de l'action conjointe de l'OCDE et de l'ONU qu'est l'initiative « Inspecteurs des impôts sans frontières »[106]. Le Conseil du BRITACOM a approuvé, lors du premier BRITACOF, quatre académies fiscales de la BRI, ouvertes à toutes les administrations fiscales du BRITACOM[107]. Le BRITACEG réunit les administrations fiscales de dix-neuf États membres et de quatorze partenaires : ces derniers sont composés de huit États, trois organisations internationales (le Forum de l'administration fiscale africaine (ATAF), la Chambre chinoise de commerce international et le Centre interaméricain des administrations fiscales (CIAT)) et trois institutions de portée académique (l'*International Bureau of Fiscal Documentation* (IBFD), l'*International Tax Center* de l'Université de Leiden, et le *WU Global Tax Policy Center* de l'Institut de droit fiscal autrichien et international de l'Université de Vienne).

« The Secretariat should:

« 1) prepare and organize Council meetings;

« 2) implement resolutions of the Council, and assist the Chair, Vice-Chairs and other Council Members in fulfilling their duties;

« 3) assist the Member TAs in preparing BRITACOF conferences;

« 4) coordinate activities of the BRITACEG, such as training, research and technical assistance programs;

« 5) prepare and submit annual reports, budgets and financial statements to the Council for review and approval;

« 6) facilitate the work of the internal and external auditors, and submit audit reports to the Council;

« 7) assist the Council in raising and managing funds, review the source of the funding, and accept or reject the funding on behalf of the Council;

« 8) draft or revise the rules and regulations of the BRITACOM and submit them to the Council for approval;

« 9) keep records and documents for the BRITACOM; and

« 10) handle applications for admission and withdrawal of membership and observership. »

[104] Wuzhen Statement, The First Conference of the Belt and Road Initiative Tax Administration Cooperation Forum, Wuzhen, China, April 18-20, 2019, § 11.

[105] V. n° 128.

[106] V. n° 211.

[107] *Ibid.*, Annex 3 : Wuzhen Action Plan (2019-2021), § 9 :

« To upgrade the capacity of tax administrations to deal with the complex international tax issues that arise in the BRI jurisdictions, we have created a network of training institutions that spread throughout the BRI region. We welcome the creation of the BRI Tax Academies (hereinafter referred to as "BRITAs") in Kazakhstan, Macau SAR and the mainland of China and look forward to more jurisdictions offering to create similar academies. This network of BRITAs will provide a solid base to train our tax officials in a multilateral environment including, where appropriate, allowing the participation of businesses. »

Le Comité consultatif, que le Conseil peut établir, réunit des personnalités importantes au sein des organisations internationales, dans le domaine universitaire, au sein des entreprises, ou dans tout autre domaine connexe, pour prodiguer leurs conseils et avis, sur la base du volontariat. Les membres du Comité consultatif sont ainsi de profils très divers. Parmi eux figure notamment M. Pascal SAINT-AMANS, directeur du Centre de politique et d'administration fiscales de l'OCDE.

En 2020, l'administration fiscale chinoise a créé le *Belt and Road Initiative Tax Journal* (BRI Tax Journal), afin d'encourager la production et la diffusion d'articles relatifs aux actions du BRITACOM[108].

De manière générale, le BRITACOM a une vocation inclusive : y sont invitées toutes les administrations fiscales des États participant à la Belt and Road Initiative, mais également toute autre juridiction fiscale volontaire (l'Espagne et l'Allemagne, observateurs au Conseil du BRITACOM, ne sont pas participants de la BRI). Il fait également participer largement les autres organisations internationales et institutions concernées par la matière fiscale, y compris l'OCDE.

243. **Les propositions fiscales du BRITACOM.** Le BRITACOM s'inscrit pleinement dans la dynamique du système fiscal international et de ses instruments préexistants. La Déclaration de Wuhzen se réclame des standards internationaux actuels en matière de fiscalité :

> « The BRITACOM aims to facilitate tax administration cooperation and promote sharing of experience and best practices in tax administration so that the BRITACOM contributes towards building a growth-friendly tax environment. The BRITACOM supports and reinforces prevailing international tax standards such as the OECD and UN Model Tax Conventions on Income and on Capital, the OECD Transfer Pricing Guidelines, the UN Transfer Pricing Manual, the Inclusive Framework on Base Erosion and Profit Shifting and the Global Forum on Transparency and Exchange of Information. »[109]

Le BRITACOM étant organisé autour de la Chine, celle-ci ne désavoue pas en son sein ses engagements et prises de position manifestés dans les autres

---

108 WANG Jun, « The Belt and Road Initiative Tax Journal: An Important Platform for BRI Tax Cooperation », *Belt and Road Initiative Tax Journal*, vol. 1, n° 1, 2020, p. 2 :

« The *BRI Tax Journal* will serve as an important platform for communication and cooperation among tax administrations of the BRI jurisdictions and beyond, through which BRITACOM members and other stakeholders can share insights for the formulation and development of effective tax policies and tax systems, exchange innovative practices and invaluable experience so as to scale new heights in tax governance as well as in national governance in general, and explore more opportunities for cooperation and coordination in the field of tax to further foster the growth of international trade and economy. »

109 Wuzhen Statement, The First Conference of the Belt and Road Initiative Tax Administration Cooperation Forum, Wuzhen, China, April 18-20, 2019, § 6.

instances internationales, en particulier au sein des Nations Unies ou l'OCDE. Les objectifs fixés pour le BRITACOM dans la Déclaration de Wuhzen paraissent ainsi consensuels au regard du système fiscal international : suivre la règle de droit en matière de fiscalité, renforcer la sécurité fiscale, accélérer le règlement des différends fiscaux, rationaliser la conformité fiscale et numériser l'administration fiscale, ou encore améliorer la capacité des administrations fiscales[110].

244. **Le BRITACOM, comme embranchement aux propositions de l'OCDE.** Si le BRITACOM s'inscrit dans la continuité notamment des travaux de l'OCDE en recommandant l'adoption de la plupart de ses standards, il est également le miroir de certaines oppositions au sein des débats du BEPS et du Cadre inclusif.

Ainsi, pour reprendre l'exemple du règlement des différends entre pays et de l'arbitrage fiscal international (cité n° 233 ci-dessus), le BRITACOM fait de l'accélération des règlements des différends fiscaux une de ses priorités. À cette fin, il encourage les administrations fiscales de ses membres à respecter les standards internationaux de l'OCDE (notamment de l'action 14 du BEPS), et à les renforcer[111]. Aucun élément ne transparait toutefois, dans les communications du BRITACOM, au sujet de l'arbitrage. L'arbitrage fait l'objet d'une opposition formelle de la part de la Chine, ainsi d'ailleurs que de la plupart des États membres du BRITACOM et, de manière plus générale, de la BRI. L'arbitrage est classiquement et par principe refusé par la Chine, au nom de la souveraineté[112]. En un sens et par son silence, le BRITACOM continue le refus chinois de

---

[110] Ces objectifs sont notamment détaillés dans le Plan d'action de Wuhzen, annexé à la Déclaration.

[111] Wuzhen Statement, The First Conference of the Belt and Road Initiative Tax Administration Cooperation Forum, Wuzhen, China, April 18-20, 2019, §§ 22-25 ; les actions sont détaillées dans le Plan d'action : Wuzhen Action Plan (2019-2021), The First Conference of the Belt and Road Initiative Tax Administration Cooperation Forum, Wuzhen, China, April 18-20, 2019, § 8 :

« Recognizing the resource and constraints faced by tax administrations, we wish to consider a staged approach for minimizing and resolving tax disputes. The following are the actions to take in the coming two years.

« - Establishing clear internal tax administrative procedures to ensure that there are clear and consistent interpretations of laws and regulations.

« - Strengthening MAP [mutual agreement procedure] functions with dedicated personnel;

« - Drawing up a list of MAP contact points in the BRI tax administrations and publishing it on the BRITACOM website;

« - Ensuring taxpayer's accessibility to MAP;

« - Extending tax treaty networks;

« - Holding workshops to facilitate the negotiation and interpretation of tax treaties;

« - Adapting MAP and improving relevant procedures to the situations found in the BRI jurisdictions; and

« - Endorsing the minimum standards proposed under the [BEPS] Action 14. »

[112] Thierry LAMBERT & WAN Shuchun, « Les "nouvelles routes de la soie" Belt & Road Initiative – BRI Une nouvelle étape de la mondialisation », *Revue française de finances publiques*, n° 156, 2021, pp. 83-100, citant Jean-Pierre CABESTAN, *Demain la Chine : démocratie ou dictature*, Gallimard, 2018, p. 283.

l'arbitrage, et se pose en forum de coopération fiscale internationale aux idées ponctuellement concurrentes de celles de l'OCDE.

La comparaison entre les États participants au BRITACOM et ceux participant au Cadre inclusif du BEPS (**Carte 8**) met en exergue les rapports de force qu'une telle concurrence pourrait susciter. Ce rapport est amené à évoluer, le BRITACOM ayant vocation à s'étendre à toute administration fiscale partenaire, du moins à celles des pays membres de la BRI (**Carte 7**, ci-dessus).

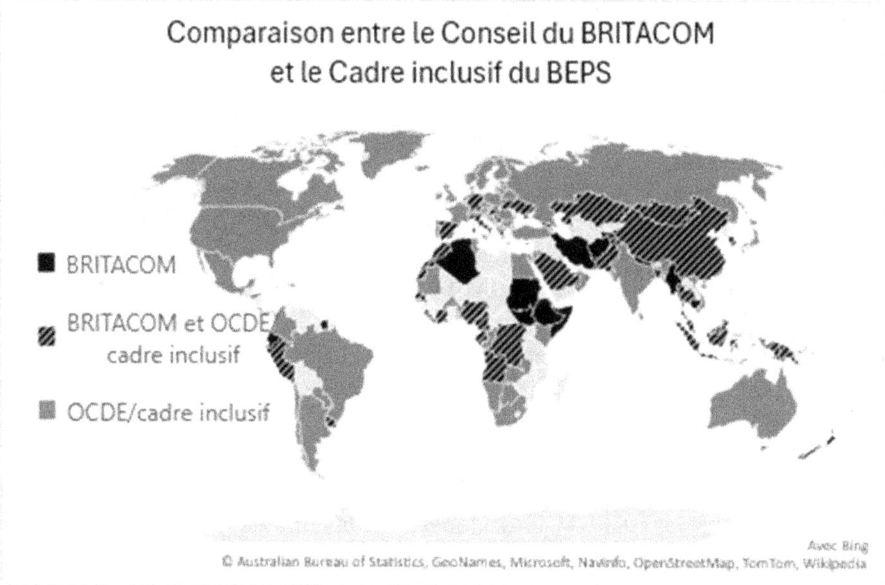

Carte 8 : Comparaison entre les pays du Cadre inclusif du BEPS et ceux du Conseil du BRITACOM (membres et observateurs)[113]

Cette opposition doit néanmoins être relativisée au regard de l'importante interconnexion entre les instances du BRITACOM et celles de l'OCDE, ainsi que des leurs États membres respectifs, et de manière générale des organisations et instances internationales.

En ce sens, le BRITACOM participe au dialogue des experts en matière fiscale, en l'étendant à des juridictions non acquises à l'OCDE, au G20 et au Cadre inclusif du BEPS. En proposant un cadre différent de coopération fiscale internationale de dimension mondiale, il renforce globalement la coopération fiscale internationale et le rôle des experts, et complète le système fiscal international. Les travaux de l'OCDE et du BRITACOM se répondent, les représentants de l'un participant aux travaux de l'autre : si la création du BRITACOM marque un embranchement aux travaux de l'OCDE, l'un et l'autre constituent les ramifications d'un même système.

[113] Hors entités non étatiques. Source : auteur ; données : www.oecd.org (consulté le 1er juin 2022) ; www.britacom.org, données à jour du 20 octobre 2020 (consulté le 1er juin 2022).

245. **Le BRITACOM complétant le système fiscal international.** À l'inverse de l'OCDE, le BRITACOM – et dans une plus vaste mesure la BRI – réunit une majorité de pays en développement. Si le BRITACOM parvenait à établir une coopération durable et concrète entre ses membres, il pourrait prétendre au rôle traditionnellement échu à l'ONU d'animation de la coopération fiscale entre États en développement, ainsi qu'entre États développés et États en développement, formalisant son rôle d'animateur alternatif de l'OCDE dans la coopération fiscale internationale.

Pour parvenir à cette fin, le BRITACOM doit encore généraliser son approche, pour l'instant centrée sur les problématiques spécifiquement rencontrées par les administrations fiscales de ses participants.

Il doit concrétiser normativement la coopération fiscale en son sein. Pour ce faire, il pourrait tenter d'établir un ou plusieurs accords multilatéraux entre ses États membres[114], à l'instar des accords régionaux en matière fiscale, ou, plus probablement, au regard de la portée géographique du BRITACOM, sur le modèle des accords multilatéraux conclus sous l'égide de l'OCDE.

Alternativement, le BRITACOM pourrait tenter de proposer un nouveau modèle de convention fiscale : le BRITACOM prévoyant notamment d'étendre les réseaux conventionnels fiscaux et de mener des ateliers afin de faciliter la négociation et l'interprétation des conventions fiscales[115], ces objectifs pourraient être atteints en publiant un tel modèle commenté, adapté aux spécificités des États membres du BRITACOM.

Une telle approche ne contredirait pourtant pas la dimension globale du système fiscal : le BRITACOM constitue davantage, d'un point de vue mondial, un complément structurel au cadre proposé par l'OCDE, ses propositions s'inscrivant nécessairement dans un dialogue avec l'institution.

---

[114] Telle est notamment la conclusion de Na LI, « The Belt and Road Initiative Tax Administration Cooperation Mechanism (BRITACOM): Where Is It Heading? », *Bulletin for International Taxation*, vol. 75, 2021, n° 11/12.

[115] V. Wuzhen Action Plan (2019-2021), The First Conference of the Belt and Road Initiative Tax Administration Cooperation Forum, Wuzhen, China, April 18-20, 2019, § 8 (*supra*).

Conclusion du chapitre

246. **La mondialité du système fiscal international.** L'étude de la concurrence entre les différents acteurs internationaux valide l'approche globale du système fiscal international. Elle conforte la place prééminente des experts auprès de ces acteurs, lesquels prennent le pas sur les émetteurs traditionnels de normes que sont les États.

Ces derniers restent bien entendu souverains, et exerçant cette souveraineté n'hésitent pas à refuser certaines propositions de l'OCDE qu'ils n'estiment pas pertinentes, à l'instar de l'arbitrage contraignant dans la résolution des différends. Ils peuvent en outre se reposer sur des organisations régionales, ou se greffer à de nouveaux cadres internationaux, pour tenter de proposer des alternatives. En pratique, toutefois, les organisations régionales s'inscrivent davantage dans le prolongement des travaux de l'OCDE, quand elles ne se contentent pas d'en faire le relais. Les rares forums alternatifs à l'OCDE, comme pourrait l'être le BRITACOM, peinent à imposer leurs propres problématiques. La place de l'OCDE au cœur du système fiscal international est ainsi d'autant plus centrale qu'elle est reprise ou contestée par d'autres forums, régionaux ou internationaux. Les autres organisations, et en particulier la BRI, achèvent en pratique la mondialisation du système fiscal international, en faisant participer au débat mondial un bon nombre des juridictions qui ne participaient pas (encore) au Cadre inclusif sur le BEPS.

Conclusion du titre

247. **Un système polarisé.** L'institutionnalisation de la coopération fiscale internationale met en exergue à la fois la place prépondérante que l'OCDE a su prendre au sein du système fiscal international, et le succès de la mondialisation dudit système.

Dans ces circonstances, la résistance des États à certains standards renforce le système fiscal international. Celui-ci procède d'interdépendances qui dépassent désormais le cadre bilatéral ou régional.

Le système fiscal international bénéficie, en grande partie grâce aux travaux de l'OCDE, d'un cadre institutionnel mondial. Celui-ci est de nature à remettre en cause les sources traditionnelles des normes fiscales internationales.

TITRE 2 :
Le renouvellement des sources

248. **Le déséquilibre entre ordre interne et ordre international.** L'OCDE affirme progressivement sa capacité à traiter des problématiques fiscales internationales, et s'impose désormais comme un acteur central du système fiscal international. Partant, le rôle des États au sein du système fiscal international se définit généralement par rapport à ces travaux : la majorité y participe, y adhère, et les opinions dissidentes par rapport à la *soft law* de l'OCDE se définissent comme telles.

Ce rôle de l'OCDE, qui se confirme d'année en année en menant toujours plus loin la coopération fiscale internationale, accapare *in facto* les débats sur les normes fiscales internationales : si les instances nationales restent les émetteurs traditionnels de normes, celles-ci y sont en réalité peu discutées. De même, la doctrine ne conceptualise que peu le système fiscal international, généralement concentrée sur l'approche nationale, sur la dimension interne du droit fiscal international.

Le désengagement relatif des pouvoirs publics dans la réception du système fiscal international dans l'ordre interne, que ce soit par désintérêt ou manque de moyens, constitue une fragilité du système fiscal international, menaçant sa légitimité (**Chapitre 1 : La réception du système en droit interne**). La résolution d'une telle faiblesse appelle à un réinvestissement du système fiscal international dans le débat politique, lequel nécessite la participation des auteurs dans le dialogue des experts et une réappropriation du système par la doctrine juridique (**Chapitre 2 : L'assimilation du système par la doctrine**).

Chapitre 1 :
La réception du système en droit français

249. **L'influence du système fiscal international sur le système national.** Le système fiscal international exerce une influence majeure sur les systèmes fiscaux nationaux.

À l'échelle des institutions nationales, la prééminence des experts remet en cause la compétence des émetteurs traditionnels de normes. Elle questionne la compétence réelle des différents pouvoirs : celle de l'exécutif et des administrations fiscales, quant à leur capacité à assimiler la technique fiscale internationale et à l'influencer ; celle du législateur quant à l'effectivité de son contrôle, de sa capacité à proposer et à refuser les normes qui lui sont proposées ; celle du juge enfin quant à son contrôle des normes et de leur application. Ces questionnements illustrent l'apparition d'une concurrence normative, entre le système fiscal international et les systèmes fiscaux nationaux, de nature à remettre en cause la hiérarchie des normes.

250. **La répartition des compétences fiscales.** L'affirmation du système fiscal international par la captation de compétences par des instances internationales d'experts remet en question, au niveau national, la répartition des compétences fiscales entre les pouvoirs et les modalités de leur exercice. D'un point de vue normatif, cette influence du système fiscal international en droit interne perturbe la production des normes fiscales (**Section 1**) et leur application (**Section 2**).

Section 1 :
L'influence sur la production des normes nationales

251. **L'influence du droit souple sur les émetteurs traditionnels de normes.** Il est admis que l'ensemble des règles produites par l'OCDE – ou l'ONU – en matière fiscale internationale, malgré leur influence fondamentale sur le système fiscal international, appartiennent au cadre indéfini de la *soft law* – ou « droit souple » selon l'expression retenue par le Conseil d'État dans

son étude dédiée en 2013[1]. L'intégration des recommandations, standards et modèles de normes de l'OCDE au sein de la *hard law* – « droit dur » – intègre un processus de « solidification » de la norme. Ce processus confronte alors les émetteurs traditionnels de normes au droit souple du système fiscal international[2].

L'exemple de l'adoption des conventions fiscales bilatérales négociées sur la base des modèles conventionnels illustre cette confrontation entre, d'une part, le système fiscal international et d'autre part les pouvoirs nationaux exécutifs, négociant et signant les conventions (**§ 1**), et législatifs, autorisant la ratification des conventions (**§ 2**). Cette confrontation se traduit *in fine* par l'abandon au système fiscal international d'une partie de leurs fonctions traditionnelles dans l'édification de la norme.

§ 1 : L'exécutif national dans le système fiscal international

252. **L'exécutif bicéphale et les négociations fiscales internationales.** L'exécutif est l'interlocuteur premier des instances internationales : il est l'acteur national privilégié du système fiscal international.

En France, conformément à l'article 52 de la Constitution, la négociation et la ratification des traités relèvent de la compétence du Président de la République[3] :

> « Le Président de la République négocie et ratifie les traités.
> « Il est informé de toute négociation tendant à la conclusion d'un accord international non soumis à ratification. »

Il s'agit néanmoins d'un pouvoir partagé avec le Gouvernement, ne figurant pas parmi les pouvoirs propres du Président limitativement énumérés à l'article 19 de la Constitution[4] ; les actes y afférant, comme les décrets de ratification et publication des traités, doivent bénéficier du contreseing du Premier ministre et des ministres responsables[5]. En matière de conventions

---

[1] Conseil d'État, Étude annuelle 2013, *Le droit souple*, Paris, La documentation française, 2013, 297 p.

[2] V. Polina KOURALEVA-CAZALS, « The importance of being effective. Soft law and hard law in the international tax system : a new design », *Revue européenne et internationale de droit fiscal*, n° 2021/1, pp. 45-56.

[3] Le Titre VI (articles 52 à 55) de la Constitution du 4 octobre 1958 en vigueur est relatif aux traités internationaux. Le Président de la République est également « garant [...] du respect des traités » en vertu de l'article 5 de la Constitution.

[4] Constitution du 4 octobre 1958, art. 19 :

> « Les actes du Président de la République autres que ceux prévus aux articles 8 (1er alinéa), 11, 12, 16, 18, 54, 56 et 61 sont contresignés par le Premier ministre et, le cas échéant, par les ministres responsables. »

[5] V. not. Ferdinand MÉLIN-SOUCRAMANIEN & Pierre PACTET, *Droit constitutionnel*, Paris, Sirey, coll. Université, Droit public, 40e éd. « 2022 », 2021, p. 462 ; ou Louis FAVOREU, *et alii*, *Droit constitutionnel*, Paris, Dalloz, coll. Précis, 24e éd. « 2022 », 2021, p. 788.

fiscales internationales, les décrets de publication après ratification – laquelle aura été préalablement autorisée par la loi, conformément à l'article 53 de la Constitution[6] – sont contresignés par le Premier ministre et le ministre chargé des Affaires étrangères. Le décret du 14 mars 1953 relatif à la ratification et à la publication des engagements internationaux de la France prévoit :

> « Le ministre des Affaires étrangères est seul chargé de pourvoir à la ratification et à la publication des conventions, accords, protocoles et règlements internationaux dont la France est signataire ou par lesquels la France se trouve engagée. Il en est de même en ce qui concerne le renouvellement ou la dénonciation de ces accords. »[7]

Le contreseing du ministre chargé des Finances n'est pas sollicité, malgré l'implication du domaine fiscal et financier au sein d'une convention. Cette absence à la fin du processus d'adoption des conventions ne saurait éclipser l'implication du ministre chargé des Finances et de son administration dans la négociation conventionnelle en matière fiscale, et plus généralement dans la politique fiscale internationale de la France[8]. Si cette politique fiscale internationale n'est pas citée expressément dans son décret d'attributions[9] –

---

[6] V. n° 257.

[7] Décret n° 53-192 du 14 mars 1953 relatif à la ratification et à la publication des engagements internationaux souscrits par la France, article 1, alinéa 1er. Il est néanmoins prévu dans l'alinéa suivant une exception en matière de conventions internationales du travail prévoyant la compétence conjointe du ministre des affaires étrangères et du ministre du travail. Bien qu'anecdotique, l'absence d'exception en matière financière ou fiscale dénote une appréhension restreinte des spécificités de ces matières au sein du droit conventionnel français.

[8] Sur le rôle du ministre des Finances et de ses services au niveau international, v. Julien DEFLINE, *Le ministre des Finances sous la Ve République : Contribution à l'étude du désenchantement d'une toute-puissance*, Paris, LGDJ, coll. Bibliothèque finances publiques et fiscalité n° 72, 2021, pp. 115-129.

[9] Par ex. Décret n° 2020-871 du 15 juillet 2020 relatif aux attributions du ministre de l'économie, des finances et de la relance (*JORF* n° 174 du 17 juillet 2020) ; le I. de son article 1 dispose notamment :

> « Le ministre de l'économie, des finances et de la relance prépare et met en œuvre la politique du Gouvernement en matière économique, financière, de relance, de concurrence, de consommation et de répression des fraudes, d'économie sociale et solidaire ainsi qu'en matière d'industrie, d'espace, de services, de petites et moyennes entreprises, d'artisanat, de commerce, de postes et communications électroniques, d'expertise comptable, de suivi et de soutien des activités touristiques.
>
> « À ce titre, il définit les mesures propres à promouvoir la croissance et la compétitivité de l'économie française et à encourager et orienter l'investissement. Il est responsable de la préparation des scénarios macroéconomiques pour la France et son environnement international. Il est compétent pour le financement des entreprises, par endettement et par augmentation de leurs fonds propres, en particulier des petites et moyennes entreprises et des entreprises de taille intermédiaire. Il est responsable de la politique en faveur de la création d'entreprises et de la simplification des formalités leur incombant. Il exerce la tutelle des établissements relevant des réseaux des chambres de métiers et de l'artisanat et des chambres de commerce et d'industrie.

ce qui pose la question de l'existence d'une telle politique au niveau gouvernemental –, il siège néanmoins dans plusieurs organisations internationales, en tant que représentant plénipotentiaire. Au sein de l'OCDE, il siège notamment lors des réunions du Conseil au niveau des ministres, qui ont lieu au moins annuellement. Il siège également au sein du G20 Finances[10].

Le ministre chargé des Finances a en outre autorité sur la Direction générale des finances publiques (DGFiP)[11], laquelle a pour mission, notamment, de « représente[r] le ministère dans les négociations internationales en matière fiscale »[12]. C'est cette administration qui concrétise l'essentiel du travail de l'exécutif en matière fiscale internationale, bien qu'elle reste en contact avec le ministère des Affaires étrangères[13].

253. **L'organisation de l'administration en charge des négociations fiscales.** Si la négociation des conventions internationales dépend classiquement des services du ministère de l'Europe et des affaires étrangères, la Cour des comptes relevait dans un référé relatif aux conventions fiscales internationales en 2019 que le rôle du ministère de l'Europe et des affaires étrangères est de « second plan » dans la négociation des conventions fiscales[14].

Au sein de la DGFiP, la mission de négociations internationales en matière fiscale est confiée à la Direction de la législation fiscale (DLF)[15], qui comprend de 200 à 250 agents. Les questions internationales sont essentiellement gérées par la Sous-Direction E chargée des « Questions européennes et relations internationales » au sein de la DLF, mais également, sur certains sujets, par la Délégation aux relations internationales, placée directement auprès du directeur général des finances publiques.

La Sous-Direction E est composée de deux bureaux : le bureau E1, en charge des « règles de fiscalité internationale et conventions fiscales », et le

---

« Il met en œuvre le plan de relance destiné au redressement de l'économie française à la suite de l'épidémie de covid-19. Il est responsable de sa bonne exécution.

« Il prépare et met en œuvre la politique du Gouvernement en matière de comptes publics, d'achats et d'immobilier de l'État. Il est responsable de l'ensemble des comptes publics et de la stratégie pluriannuelle des finances publiques. »

Il n'apparaît donc pas de « politique du Gouvernement » en matière fiscale ; cette dernière doit se lire en filigrane d'autres politiques, comme en matière économique ou financière. Malgré une référence à « l'environnement international », il n'est pas plus fait mention d'une politique fiscale internationale.

[10] V. n° 213.

[11] Article 2, I. du même décret.

[12] Décret n° 2008-310 du 3 avril 2008 relatif à la direction générale des finances publiques (*JORF* n° 80 du 4 avril 2008), article 2, 11°.

[13] Le ministère des affaires étrangères n'intervient que ponctuellement dans le contenu des conventions fiscales, par exemple en matière de définition de la France et de son territoire (article 3 du modèle OCDE).

[14] Cour des comptes, référé, *Les conventions fiscales internationales*, 31 mai 2019, réf. S2019-1421, 5 p.

[15] Article 3, 1° du même décret.

bureau E2, en charge des « questions européennes et comparaisons internationales ». Chacun des bureaux réunit une quinzaine d'agents.

La France semble mieux dotée que la plupart des administrations fiscales, à de rares exceptions comme l'administration fiscale allemande. Cette organisation permet à la France d'avoir une plus grande capacité de négociation[16]. Les postes de direction sont occupés essentiellement par des énarques, tandis que l'essentiel du personnel de ces bureaux est issu du corps des inspecteurs des impôts. Cette structure de l'administration est spécifique à la France – des États comme l'Allemagne ou les États-Unis recourant plus facilement à des agents issus du secteur privé disposant d'une expérience en matière fiscale. Cette spécificité peut contribuer à expliquer certaines positions françaises dans les négociations fiscales, notamment une approche parfois davantage en faveur du principe d'interventionnisme que du principe de neutralité[17].

254. **La négociation du modèle.** De manière générale, la France promeut dans le cadre de ses relations fiscales bilatérales le modèle de convention fiscale de l'OCDE qu'elle a investi.

La France n'a qu'un statut d'observateur au sein du Comité d'experts en charge de l'édition et de la révision du modèle conventionnel de l'ONU. Ce Comité d'experts s'avère en pratique beaucoup plus restreint que l'OCDE et son Cadre inclusif, entamant de ce fait, d'un point de vue interne, la légitimité du modèle ONU[18].

À l'inverse, le bureau E1 participe activement à la mise à jour du modèle conventionnel OCDE en y défendant les positions de la France, notamment au sein du « GT 1 », groupe de travail relatif aux conventions fiscales et questions connexes, du Comité des affaires fiscales de l'OCDE[19]. Ces positions n'étant pas systématiquement retenues dans le modèle OCDE (par exemple sur la notion de résidence, ou au regard de la notion française de « translucidité » fiscale), l'administration fiscale française a conçu son propre modèle de convention fiscale, dérivé du modèle OCDE. Ce modèle n'est pas publié, mais

---

[16] D'après un entretien de l'auteur avec Nicolas GELLI, chef du Bureau E1 chargé des règles de fiscalité internationales et de la négociation et de l'interprétation des conventions fiscales, et Patricia LECHARD, adjointe au chef de bureau, 13 janvier 2020, 13h30-15h, Bercy.
Le bureau E1 est ainsi composé de 16 personnes : un chef de bureau, un adjoint au chef de bureau, un secrétariat et de deux équipes de six agents, chargés pour les uns des négociations conventionnelles et pour les autres de certaines questions abordées à l'OCDE (mise à jour du modèle conventionnel, questions relatives à l'instrument multilatéral, ou encore aux prix de transfert). Le Bureau E2 a une conception similaire.

[17] V. n° 48 ci-dessus.

[18] Selon Nicolas GELLI (v. Entretien du 13 janvier 2020, *op. cit.*), certaines récentes évolutions du modèle ONU (par exemple en matière de retenue à la source sur les prestation de services techniques, ou en matière de taxation des pensions) contribuent à inciter la France à lui préférer le modèle OCDE.

[19] Le GT1 travaille également sur la mise en œuvre de l'instrument multilatéral ; il a en pratique trait à l'ensemble du système conventionnel fiscal.

correspond peu ou prou aux termes de la convention franco-luxembourgeoise du 20 mars 2018[20].

255. **La négociation des conventions.** Relevant de questions diplomatiques, le déroulé même des négociations bilatérales fait l'objet d'une certaine discrétion[21]. Elles sont menées prioritairement par les administrations fiscales des deux pays.

Avec 121 conventions fiscales bilatérales, la France dispose d'un des réseaux conventionnels en matière fiscale les plus développés. Ces conventions peuvent (et doivent) faire l'objet de renégociations, pour les mettre à jour au regard de l'évolution des standards (du modèle français, héritant des mises à jour régulières du modèle OCDE). Au regard des ressources allouées, des choix doivent être faits quant aux conventions sur lesquelles l'administration concentre ses efforts et engage la négociation ou la renégociation. Ce choix est proposé au ministre par ses services, qui prennent en compte l'intérêt économique de la renégociation, l'intensité des relations commerciales, les problématiques régionales, la nature des clauses préexistantes, les éventuelles demandes de mises en conformité reçues d'États partenaires, etc. Des demandes de négociations ou renégociations peuvent également émaner des acteurs privés, concernés au premier ordre. Les milieux économiques sont de fait consultés, aussi bien par l'OCDE dans l'édification de ses standards que par la DLF dans la négociation des conventions.

Dans le déroulé de la négociation, le modèle conventionnel aiguillonne la discussion davantage qu'il ne la contraint. Il sert de référence aux deux parties, à partir de laquelle chacune devra, en pratique, justifier le cas échéant ses divergences.

Lorsque les délégations des deux pays parviennent à un accord, ils paraphent la convention. Le texte paraphé n'est qu'un accord technique, il n'a aucune valeur juridique[22]. La convention est formalisée par l'accord politique entre les gouvernements, souvent représentés par leur ministre des Finances, qui signent la convention, authentifiant ainsi son contenu. Elle ne peut toutefois entrer en vigueur, c'est-à-dire devenir applicable dans l'ordre juridique interne, sans que les États parties n'aient échangé au préalable, par notes diplomatiques, leurs instruments de ratification. Cette ratification relève en France du Président de la République, et requiert l'accord préalable du Parlement.

256. **La prépondérance de l'expertise administrative.** Les administrations fiscales sont les interlocutrices privilégiées de l'OCDE,

---

[20] Convention entre le Gouvernement de la République française et le Gouvernement du Grand-Duché de Luxembourg en vue d'éviter les doubles impositions et de prévenir l'évasion et la fraude fiscales en matière d'impôts sur le revenu et la fortune, signée à Paris le 20 mars 2018.

[21] Entretien avec Nicolas GELLI et Patricia LECHARD, 13 janvier 2020, *op. cit.*

[22] V. Bruno GOUTHIÈRE, *Les impôts dans les affaires internationales*, Paris, Éditions Francis Lefebvre, 15e éd., 2021, n° 10120, p. 277.

conçue essentiellement comme une instance technique. En parallèle, l'administration est le principal outil du gouvernement dans la mise en œuvre de ses politiques publiques[23]. L'administration joue un rôle important dans l'élaboration des conventions fiscales, comme dans l'ensemble de la conduite de la politique fiscale internationale, réunissant l'approche pragmatique et conceptuelle de la contribution au système fiscal international. Il en résulte une apparition récurrente de l'OCDE et de ses standards dans ces processus. La relation qu'entretient le ministre avec son administration pourrait alors être mise en parallèle, *mutatis mutandis*, avec celle entre le G20 et l'OCDE[24].

§ 2 : Le législateur national dans le système fiscal international

257. **Le rôle restreint du législateur dans la conclusion des traités.** Paradoxalement, si le législateur est le détenteur de la compétence fiscale en vertu du principe du consentement à l'impôt, celui-ci joue en pratique un rôle anecdotique dans le système fiscal international.

En France, le législateur a vocation à intervenir dans la conclusion des traités fiscaux, en vertu de l'article 53 de la Constitution qui dispose :

> « Les traités de paix, les traités de commerce, les traités ou accords relatifs à l'organisation internationale, ceux qui engagent les finances de l'État, ceux qui modifient des dispositions de nature législative, ceux qui sont relatifs à l'état des personnes, ceux qui comportent cession, échange ou adjonction de territoire, ne peuvent être ratifiés ou approuvés qu'en vertu d'une loi.
> « Ils ne prennent effet qu'après avoir été ratifiés ou approuvés. [...] »

Toutes les conventions fiscales sont soumises à cette disposition dans la mesure où elles constituent des traités qui « modifient les dispositions de nature législative, ou qui engagent les finances de l'État ». Les parlementaires sont saisis des conventions fiscales dont ils sont appelés à voter une loi autorisant la ratification ou l'approbation, mais en aval de la négociation et de la signature. Ils ne peuvent, en pratique, modifier le texte de la convention[25].

258. **La nécessité relative de l'autorisation parlementaire.** L'autorisation parlementaire d'approbation ou de ratification a longtemps été considérée comme une simple formalité. Le Conseil constitutionnel admit pendant un temps qu'elle fût implicite : dans trois décisions des années 1970,

---

[23] V. not. l'article 20 de la Constitution du 4 octobre 1958 :
« Le Gouvernement détermine et conduit la politique de la nation.
« Il dispose de l'administration [...]. »
[24] V. Partie 2 : Titre 1 : Chapitre 1 : Le transfert de compétences.
[25] V. Bernard CASTAGNÈDE, *Précis de fiscalité internationale*, Paris, Presses universitaires de France, 6e éd., 2019, p. 332 (n° 392).

il a admis que l'autorisation parlementaire de ratifier certaines conventions puisse être donnée implicitement par le vote des crédits y afférents[26]. Ainsi, dans sa décision n° 75-60 DC du 30 décembre 1975[27], le Conseil constitutionnel considère que le vote, au sein de la loi de finances pour 1976, des crédits du compte de règlement avec les Gouvernements étrangers (le « Compte de consolidation des dettes commerciales de pays étrangers ») valait autorisation des ratifications notamment de deux accords (conclus le 15 juin 1972 et le 16 septembre 1974) passés entre les Gouvernements français et chilien. Le vote des crédits avait, selon le Conseil, « pour sens et pour portée d'habiliter le Gouvernement à procéder, dans la limite des crédits fixés, aux diverses opérations que comporte la gestion d'un tel compte avec les pays intéressés, et d'autoriser, par voie de conséquence, les accords techniques qui peuvent intervenir à cet effet ». Des interprétations similaires ont été retenues, dans des contextes différents, dans une décision n° 78-93 DC du 29 avril 1978 relative à l'augmentation de la quote-part de la France au Fonds monétaire international[28], et dans une décision n° 78-99 DC du 29 décembre 1978 relative au nouveau système monétaire européen[29].

Cette « théorie de la ratification implicite »[30], critiquée tant par la doctrine que par le Parlement, reste marginale dans la pratique. Elle n'est pas employée en matière strictement fiscale, c'est-à-dire pour les conventions fiscales internationales, relatives à la double imposition ou à l'assistance administrative en matière fiscale.

Le Conseil constitutionnel a par ailleurs renforcé cette incompatibilité en refusant, dans le cadre de la loi organique relative aux lois de finances (LOLF) du 1er août 2001[31], que cette approbation puisse se faire au sein d'une loi de

---

[26] V. Jean-Claude MARTINEZ, « Théorie générale des conventions fiscales », *JurisClasseur* fasc. 350, § 40, nov. 1984 ; Jean-Claude MARTINEZ, *Droit budgétaire*, Paris, Litec, 1983, p. 119.

[27] Conseil constitutionnel, décision n° 75-60 DC du 30 décembre 1975, *Loi de finances pour 1976 et notamment ses articles 41-III et 47* (*JO* du 31 décembre 1975, p. 13 652 ; *Recueil* p. 28) ; Loïc PHILIP, « La décision du 30 décembre 1975 dans l'affaire consolidation des dettes commerciales », *Revue du droit public et de la science politique en France et à l'étranger*, 1976, n° 4, pp. 995-1 026.

[28] Conseil constitutionnel, décision n° 78-93 DC du 29 avril 1978, *Loi autorisant l'augmentation de la quote-part de la France au Fonds monétaire international* (*JO* du 30 avril 1978, p. 1 943 ; *Recueil* p. 23).

[29] Conseil constitutionnel, décision n° 78-99 DC du 29 décembre 1978, *Loi de finances pour 1979* (*JO* du 30 décembre 1978, p. 4 413 ; *Recueil* p. 36) ; Loïc PHILIP, « [Note sous décision n° 78-99 DC] », *Revue du droit public et de la science politique en France et à l'étranger*, janvier-février 1979.

[30] Loïc PHILIP, « La décision du 30 décembre 1975 dans l'affaire consolidation des dettes commerciales », *Revue du droit public et de la science politique en France et à l'étranger*, 1976, n° 4, p. 1 013.

[31] Loi organique n° 2001-692 du 1er août 2001 relative aux lois de finances (*JORF* n° 177 du 2 août 2001, texte n° 1).

finances. Dans sa décision n° 2016-743 DC[32], le Conseil a censuré l'article 147 de la loi de finances rectificative pour 2016, lequel autorisait l'approbation de l'avenant du 25 août 2016 modifiant la convention fiscale franco-portugaise. Sans se prononcer sur la nécessité ou non de recourir à une loi spéciale pour autoriser l'approbation d'une telle convention[33], le Conseil constitutionnel juge que ces dispositions constituent un « cavalier budgétaire »[34] :

> « Les dispositions contestées autorisent l'approbation d'un avenant à une convention fiscale visant notamment à éviter les doubles impositions. Elles ne constituent ni des dispositions relatives aux ressources de l'État qui affectent l'équilibre budgétaire, ni des dispositions relatives à l'assiette, au taux et aux modalités de recouvrement d'impositions de toute nature qui n'affectent pas l'équilibre budgétaire. Elles n'ont pas non plus pour objet d'approuver des conventions financières. Elles ne relèvent d'aucune des autres catégories de dispositions mentionnées dans la loi organique du 1er août 2001. Dès lors [...] elles ne trouvent pas

[32] Conseil constitutionnel, décision n° 2016-743 DC du 29 décembre 2016, *Loi de finances rectificative pour 2016* (*JORF* n° 303 du 30 décembre 2016, texte n° 9), cons. 30 à 33.

[33] Les sénateurs de la saisine considéraient (cons. 31) notamment que les dispositions visées méconnaissaient l'article 53 de la Constitution. Dans l'expression : « les traités [...] qui engagent les finances de l'État [...] ne peuvent être ratifiés ou approuvés qu'en vertu d'une loi », la notion d'« une loi » pourrait être interprétée comme se référant à une loi dédiée spécialement à cette autorisation. Tel était déjà l'argument des sénateurs auteurs de la saisine dans la décision n° 75-60 DC, mais le Conseil constitutionnel ne s'est jamais prononcé en ce sens. En outre, dans ses observations émises sur la décision n° 2016-743 DC, le Gouvernement conteste formellement cette approche :

> « Bien que la pratique du Gouvernement soit de présenter en principe des projets de loi dédiés à l'autorisation de ratifier ou d'approuver un ou plusieurs traités ou accords internationaux, des lois ordinaires ont déjà comporté, aux côtés d'articles énonçant des règles relevant de l'article 34 de la Constitution, un article autorisant la ratification ou l'approbation d'un traité (article 5 de la loi n° 2003-698 du 30 juillet 2003 relative à la chasse ; article 1er de la loi n° 2004-806 du 9 août 2004 relative à la politique de santé publique ; article 1er de la loi n° 2011-814 du 7 juillet 2011 relative à la bioéthique). Récemment, l'article 46 de la loi n° 2016-1087 du 8 août 2016 pour la reconquête de la biodiversité, de la nature et des paysages a autorisé la ratification du protocole de Nagoya sur l'accès aux ressources génétiques et le partage juste et équitable des avantages découlant de leur utilisation relative à la convention sur la diversité biologique, signé par la France le 20 septembre 2011.
>
> « L'autorisation de ratifier une convention internationale peut donc figurer dans une loi ordinaire qui n'aurait pas pour unique objet de procéder à une telle autorisation. »

[34] En vertu des articles 34 et 47 de la Constitution, le contenu des lois de finances est prévu par la loi organique, en l'occurrence par les articles 34 et suivants de la LOLF. Les dispositions devant ou pouvant figurer dans une loi de finances y sont limitativement énumérées. Si des dispositions adoptées en loi de finances ne rentrent pas dans ces catégories, elles constituent des « cavaliers budgétaires » et doivent, en principe, être censurées par le Conseil constitutionnel. V. not. Jean-Luc ALBERT, *Finances publiques*, Paris, Dalloz, Cours Dalloz, Série Droit public, 11e édition, 2019, pp. 530-532.

leur place dans une loi de finances. Elles sont donc contraires à la Constitution. »[35]

Suite à cette décision, l'avenant à la convention franco-portugaise fit finalement l'objet d'une loi spéciale en date du 18 octobre 2017[36]. La décision du Conseil constitutionnel ne permet pas de trancher sur la nécessité d'une loi spéciale d'autorisation en matière de conventions fiscales, mais elle permet de préserver le rôle d'une telle loi qui permet une information du Parlement, dans le cadre de ses missions de contrôle. Comme le remarque le professeur Éric OLIVA : « cette solution présente le mérite de préserver l'intégrité de la loi de finances qui comporte déjà de nombreuses dispositions et obéit à des règles procédurales d'urgence qui ne sont guère compatibles avec les pouvoirs du Parlement dans le domaine des relations internationales »[37].

S'il n'est pas certain que recueillir l'autorisation parlementaire au sein d'une loi spéciale, ni même expliciter l'autorisation parlementaire, soit juridiquement nécessaire à la ratification des conventions fiscales, il s'agit de néanmoins de la procédure habituelle en la matière.

259. **Une autorisation parlementaire sans pouvoir décisionnel.** Le Parlement ne dispose d'aucun pouvoir d'initiative en matière de convention fiscale et, plus largement, en matière de traités en général. Il ne dispose que d'un rôle « passif »[38].

La négociation des traités relevant de la compétence de l'exécutif, les lois d'autorisation de ratification ou d'approbation d'une convention internationale relèvent de l'initiative gouvernementale.

En outre, les règlements des assemblées excluent le droit d'amendement en matière d'accords internationaux. Les articles 128 et 129 du Règlement de l'Assemblée nationale précisent la procédure spéciale dédiée à ces accords ; l'article 128 dispose notamment :

> « Lorsque l'Assemblée est saisie d'un projet de loi autorisant la ratification d'un traité ou l'approbation d'un accord international non soumis à ratification, il n'est pas voté sur les articles contenus dans ces actes.

---

[35] Conseil constitutionnel, décision n° 2016-743 DC du 29 décembre 2016, *Loi de finances rectificative pour 2016* (*JORF* n° 303 du 30 décembre 2016, texte n° 9), cons. 33.

[36] Loi n° 2017-1479 du 18 octobre 2017 autorisant la ratification de l'avenant modifiant la convention du 14 janvier 1971 entre la France et le Portugal tendant à éviter les doubles impositions et à établir des règles d'assistance administrative réciproque en matière d'impôts sur le revenu (*JORF* n° 245 du 19 octobre 2017, texte n° 3). Les rapports parlementaires sur le projet de loi sont abordés *infra*.

[37] Éric OLIVA, « Jurisprudence du Conseil constitutionnel : Décision n° 2016-744 DC du 29 décembre 2016, *Loi de finances pour 2017* », *Revue française de droit constitutionnel*, 2017/2, n° 110, p. 482.

[38] Luc SAÏDJ, *Le Parlement et les traités : La loi relative à la ratification ou à l'approbation des engagements internationaux*, Paris, LGDJ, 1979, pp. 180-182.

« L'Assemblée conclut à l'adoption ou au rejet. [...] »

À cette procédure spéciale devant l'Assemblée nationale répond l'article 47 du Règlement du Sénat :

> « Lorsque le Sénat est saisi d'un projet de loi tendant à autoriser la ratification ou l'approbation d'une convention internationale, il n'est pas voté sur les articles de cette dernière, mais seulement sur le projet de loi tendant à autoriser la ratification ou l'approbation. »

Par conséquent, les parlementaires ne peuvent ni amender le contenu de la convention internationale ni amender le projet de loi autorisant sa ratification ou son approbation.

260. **La réduction du droit d'amendement sous la Ve République.** Un contre-exemple peut toutefois être relevé dans la loi du 15 juillet 1959 autorisant la ratification de la convention fiscale franco-belge relative à la double imposition[39] dont l'article unique contient un alinéa 2 qui dispose :

> « Le gouvernement négociera, en tant que de besoin, l'extension de la présente convention aux départements français d'Algérie. »

Cet alinéa est issu d'un amendement proposé par la Commission des Finances de l'Assemblée nationale en réponse au regret exprimé notamment par Marc LAURIOL, député de la deuxième circonscription d'Algérie, quant à la non-application de la convention aux départements français d'Algérie[40]. Cet amendement, et l'article unique amendé ont été adoptés sans discussion ni objection. Cette exception est généralement attribuée[41] à la non-applicabilité, lors du vote de la loi, du nouveau règlement de l'Assemblée nationale[42] : ce

---

[39] Loi n°59-855 du 15 juillet 1959 autorisant le Président de la République à ratifier la convention entre la France et la Belgique, signée à Bruxelles le 20 janvier 1959, tendant à éviter les doubles impositions et à régler certaines autres questions en matière d'impôts sur les successions et de droits d'enregistrement (*JORF* du 16 juillet 1959, p. 7012).

[40] L'amendement est présenté lors du vote devant l'Assemblée nationale, le 18 juin 1959, par Pascal ARRIGHI, rapporteur général de la commission des finances, de l'économie générale et du plan (Débats parlementaires, Assemblée nationale, Session ordinaire de 1959, Compte rendu intégral, 24e séance, Séance du 18 juin 1959, *JORF* du 19 juin 1959, p. 889) :

> « Dans la discussion en commission, notre collègue M. Lauriol a fait remarquer que l'Algérie était exclue du champ d'application de la convention. Mais la dualité des régimes fiscaux métropolitain et algérien ne permet pas d'étendre à l'Algérie sans négociations particulières, les dispositions fiscales déjà arrêtées. Pour répondre à la préoccupation de M. Lauriol, la commission a adopté un amendement demandant au Gouvernement de négocier en tant que de besoin l'extension de cette convention aux départements français d'Algérie. »

[41] Par ex. Didier MAUS, « L'Assemblée nationale et les lois autorisant la ratification des traités », Chronique constitutionnelle française, *Revue du droit public et de la science politique en France et à l'étranger*, 1978, p. 1 080.

[42] Dans sa rédaction de l'époque, l'article 128 disposait dans son premier alinéa :

> « Lorsque l'Assemblée est saisie d'un projet de loi autorisant la ratification d'un traité ou l'approbation d'un accord international non soumis à ratification, il n'est pas voté sur les articles contenus dans ces actes et il ne peut être présenté d'amendement. »

dernier avait été adopté le 3 juin 1959, mais n'a été définitivement reconnu conforme à la Constitution par le Conseil constitutionnel – condition nécessaire à sa mise en application[43] – que le 24 juillet 1959[44]. Les dispositions transitoires reprenaient les dispositions du règlement de l'Assemblée nationale de la IVe République, permettant en principe l'adoption d'amendements lors du vote de ces lois.

Pour Luc SAÏDJ, « l'admission sans aucune objection de principe d'un tel amendement a probablement plus relevé d'une "faute d'inattention" de la part du Gouvernement et de la présidence de l'Assemblée que d'une appréciation de caractère juridique »[45]. Quoiqu'il en soit de l'applicabilité du règlement de l'Assemblée, cette exception illustre avant tout la transition, dans l'appréhension du rôle du Parlement, notamment en matière de relations internationales, entre la IVe et la Ve République.

Pour pallier les blocages parlementaires des IIIe et IVe Républiques, le système institutionnel de la Ve se réclame d'un « parlementarisme rationalisé »[46], lequel procède notamment d'un cloisonnement entre les pouvoirs, par des mesures empêchant certaines interférences parlementaires avec les prérogatives gouvernementales.

L'explication de l'exception de l'amendement à la loi par la modification du règlement de l'Assemblée nationale n'est d'ailleurs pas pleinement satisfaisante. En réalité, l'article 128 du règlement avait déjà été déclaré conforme dans une décision du 24 juin 1959, donc antérieure à l'adoption de la loi du 15 juillet. Cette décision n° 59-2 DC[47] concluait à une non-conformité partielle du règlement de l'Assemblée nationale tel qu'il lui était proposé, mais déclarant la conformité des articles qu'il ne contestait pas (article 3 de la décision), parmi lesquels était l'article 128. En outre, la rédaction de l'article 69 de l'ancien règlement de l'Assemblée ne différait que peu de celle de l'article 128 du nouveau – dans sa rédaction de 1959. Lors de son adoption, l'article 128 du règlement de l'Assemblée nationale fut

---

43 V. Constitution du 4 octobre 1958, article 61.

44 Conseil constitutionnel, décision n° 59-4 DC du 24 juillet 1959, *Règlement de l'Assemblée nationale (deuxième examen)* (*JO* du 28 juillet 1959, p. 7 522 ; *Recueil* p. 61).

45 Luc SAÏDJ, *Le Parlement et les traités : La loi relative à la ratification ou à l'approbation des engagements internationaux*, Paris, LGDJ, 1979, p. 27.

46 V. par ex. Maurice DUVERGER, *Les constitutions de la France*, Paris, Presses universitaires de France, coll. Que sais-je ?, 2004, pp. 103 *sqq*. Sous la Ve République, les restrictions du rôle des parlementaires, et en particulier des commissions des finances, en matière de préparation du budget illustrent notamment la « rationalisation du parlementarisme » ; v. Irène BOUHADANA, *Les commissions des finances des assemblées parlementaires en France : origines, évolutions et enjeux*, Paris, LGDJ, coll. Bibliothèque Finances publiques et fiscalité t. 46, 2007, pp. 164 *sqq*.

47 Conseil constitutionnel, décision n° 59-2 DC du 24 juin 1959, *Règlement de l'Assemblée nationale* (*JO* du 3 juillet 1959, p. 6 642 ; *Recueil* p. 58).

d'ailleurs présenté comme reprenant, en les simplifiant, les dispositions antérieurement applicables[48].

Le professeur Didier MAUS[49] relève que l'amendement aurait pu néanmoins être contesté sur le fondement du principe selon lequel les propositions parlementaires qui « tendraient à orienter ou à contrôler l'action gouvernementale » seraient contraires à l'article 20 de la Constitution[50]. Ce principe avait, lors du vote de la loi du 15 juillet 1959, déjà été relevé par le Conseil constitutionnel, dans la même décision qui validait seulement partiellement le nouveau règlement de l'Assemblée nationale[51].

C'est pourtant sur le fondement du règlement de l'Assemblée nationale que fut motivé le refus de principe du droit d'amendement opposé ensuite systématiquement par la Présidence de la chambre basse. Ce refus apparaît dès décembre 1959, lors de la discussion du projet de loi autorisant la ratification du traité franco-éthiopien du 12 novembre 1959 relatif au chemin de fer de Djibouti à Addis-Abeba. Michel HABIB-DELONCLE, rapporteur de la Commission des affaires étrangères, y relate que la Commission aurait souhaité amender le projet de loi, mais que « le règlement de l'Assemblée ne le permet plus » selon la présidence de l'Assemblée nationale[52]. Ce refus de principe des amendements parlementaires aux projets de loi autorisant

---

[48] Didier MAUS, « L'Assemblée nationale et les lois autorisant la ratification des traités », Chronique constitutionnelle française, *Revue du droit public et de la science politique en France et à l'étranger*, 1978, pp. 1 078-1 079. L'article 128 reprend ainsi des dispositions présentes dans le règlement de la chambre basse déjà sous la IIIe République.

[49] *Ibid.*, p. 1 080.

[50] Constitution du 4 octobre 1958, article 20 :

« Le Gouvernement détermine et conduit la politique de la nation.

« Il dispose de l'administration et de la force armée.

« Il est responsable devant le Parlement dans les conditions et suivant les procédures prévues aux articles 49 et 50. »

[51] Conseil constitutionnel, décision n° 59-2 DC du 24 juin 1959, *Règlement de l'Assemblée nationale* (*JO* du 3 juillet 1959, p. 6 642 ; *Recueil* p. 58) :

« Article 81-1 et 4, article 82, article 86-3 et 4, article 92-6, article 98-6 et article 134-5, en tant qu'ils contiennent des dispositions relatives aux propositions de résolution :

« Par les motifs que, dans la mesure où de telles propositions tendraient à orienter ou à contrôler l'action gouvernementale, leur pratique serait contraire aux dispositions de la Constitution qui, dans son article 20, en confiant au Gouvernement la détermination et la conduite de la politique de la Nation, ne prévoit la mise en cause de la responsabilité gouvernementale que dans les conditions et suivant les procédures fixées par ses articles 49 et 50 [...]. »

[52] Débats parlementaires, Assemblée nationale, 1ère session ordinaire de 1959-1960, Compte rendu intégral, 71e séance, Séance du 16 décembre 1959, *JORF* du 17 décembre 1959, p. 3 399 :

« Nous aurions donc souhaité que le Gouvernement se donnât et nous donnât de l'air, qu'il prit le temps de négocier un échange de lettres complémentaires qui auraient été jointes au traité et qui en auraient fait, en quelque sorte, partie intégrante.

« Nous aurions souhaité, à défaut – mais le règlement de l'Assemblée ne le permet plus, je m'en suis assuré hier auprès de la présidence – voir inclure ces garanties non dans le traité mais dans le projet de loi. Tout cela n'est pas possible. »

ratification ou approbation des traités fut réitéré à plusieurs reprises et relève essentiellement du Président de l'Assemblée nationale[53].

Le droit d'amendement des projets de loi autorisant la ratification ou l'approbation des traités ne connaissait pas le même rejet de principe au Sénat, bien que ce droit n'y fût pas plus effectif. En effet, les quelques tentatives d'amendements présentées devant le Sénat sur de tels projets de loi furent déclarées irrecevables, mais à l'initiative du Gouvernement et non du Président du Sénat, sur le fondement de l'article 41 de la Constitution[54].

Dans une décision du 9 avril 2003, le Conseil constitutionnel a tenté d'harmoniser la situation des amendements parlementaires devant le Parlement et devant le Sénat : saisi d'une résolution supprimant de l'article 128 du règlement de l'Assemblée l'interdiction expresse de présenter un amendement, il a considéré (et en a fait une réserve d'interprétation) que « cette suppression, comme l'absence, depuis l'origine, de toute référence aux amendements dans l'article 47 du règlement du Sénat, ne sauraient être interprétées comme accordant aux membres du Parlement compétence pour assortir de réserves, de conditions ou de déclarations interprétatives l'autorisation de ratifier un traité ou d'approuver un accord international non soumis à ratification ».[55] Cette réserve d'interprétation s'inscrit dans la continuité du considérant 15 de la même décision qui rappelle que « le seul pouvoir reconnu au Parlement en matière de traités et d'accords internationaux par la Constitution est celui d'en autoriser ou d'en refuser la ratification ou l'approbation dans les cas mentionnés à l'article 53 ».

Le droit d'amendement des parlementaires serait finalement restreint à un cas unique et exceptionnel, relevé par M. Jean-Éric SCHOETTL : « les seuls amendements recevables, à l'Assemblée comme au Sénat, sont ceux par lesquels les parlementaires supprimeraient la mention d'un traité ou d'un accord lorsque leur est soumis un projet de loi autorisant simultanément la

---

[53] V. Luc SAÏDJ, *Le Parlement et les traités : La loi relative à la ratification ou à l'approbation des engagements internationaux*, Paris, LGDJ, 1979, pp. 28-31.

[54] Constitution du 4 octobre 1958, article 41 :

« S'il apparaît au cours de la procédure législative qu'une proposition ou un amendement n'est pas du domaine de la loi ou est contraire à une délégation accordée en vertu de l'article 38, le Gouvernement ou le président de l'assemblée saisie peut opposer l'irrecevabilité.

« En cas de désaccord entre le Gouvernement et le Président de l'Assemblée intéressée, le Conseil constitutionnel, à la demande de l'un ou de l'autre, statue dans un délai de huit jours. »

[55] Conseil constitutionnel, décision n° 2003-470 DC du 9 avril 2003, *Résolution modifiant le règlement de l'Assemblée nationale (articles 14, 36, 50, 65, 66, 91, 104, 128, 140-1 et 145)* (*JO* du 15 avril 2003, p. 6 692 ; *Recueil* p. 359), considérant 18. V. Sophie de CACQUERAY, « [Note sous décision n° 2003-470 DC] », *Revue française de droit constitutionnel*, juillet-septembre 2003, n° 55, pp. 580-583, relevant notamment que « [d]ans la pratique parlementaire, il ne fait cependant aucun doute que le Sénat ne se sentira pas tenu de respecter une telle décision ».

ratification ou l'approbation de plusieurs traités ou accords »[56]. Que le droit d'amendement soit juridiquement admissible ou non en matière de ratification des traités, le peu d'exemples qui permettent d'étudier la question témoigne de la faiblesse du rôle du Parlement dans le contrôle du processus conventionnel. Ce désengagement parlementaire vis-à-vis de la matière conventionnelle est notamment confirmé en 2019 par la suppression de la motion d'ajournement.

261. **La suppression de la motion d'ajournement.** Lors de l'examen du traité franco-éthiopien de 1959, Michel HABIB-DELONCLE, constatant que le règlement de l'Assemblée lui interdisait de présenter un amendement, déposa à la place une motion d'ajournement. La motion d'ajournement est une procédure par laquelle « l'une des chambres, saisie d'un projet de loi autorisant la ratification ou l'approbation d'un accord international, plutôt que d'adopter ou de rejeter en bloc le texte qu'il lui est interdit d'amender, sursoit à sa décision de manière à attirer l'attention du gouvernement sur telle clause »[57]. Elle permet aux parlementaires, lorsque la motion est motivée, de subordonner la discussion – et donc le vote – d'un projet de loi à certaines conditions[58]. Une telle motion a pu être considérée comme une éventuelle alternative au droit d'amendement[59] ; elle fut utilisée une fois en 1994 pour

---

[56] Jean-Éric SCHOETTL, « Les modifications apportées le 26 mars 2003 au règlement de l'Assemblée nationale sont-elles constitutionnelles ? », *Les Petites Affiches*, 2003 n° 84, p. 17. V. aussi Pauline TÜRK, « L'encadrement jurisprudentiel du droit d'amendement parlementaire en matière d'élaboration des lois visées à l'article 53 de la Constitution », note sous décision n° 2003-470 DC, *Les Petites Affiches*, 2003, n° 175, pp. 6-13, qui précise (p. 13) :

> « [...] Cependant, on peut, sans prendre trop de risques, imaginer que d'autres types d'amendements pourront être jugés recevables. Il pourrait, sans doute, en être ainsi des amendements de forme. Il pourrait, a fortiori, en être de même des amendements visant des articles qui, bien qu'inclus dans le projet de loi, seraient dissociables de l'autorisation de ratifier ou d'approuver. Dans les limites fixées par les articles 98-5 du règlement de l'Assemblée nationale et 48-3 du règlement du Sénat, tenant à l'existence d'un lien avec le texte en discussion, on peut ainsi envisager la recevabilité d'amendements relatifs à l'adaptation du droit interne éventuellement impliquée par l'autorisation de ratifier ou d'approuver.
>
> « Ainsi, sont désormais recevables les amendements qui n'emportent ni conditions, ni réserves, ni déclarations interprétatives susceptibles de lier le gouvernement. Si le champ ouvert aux parlementaires s'annonce étroit, il revient maintenant aux assemblées d'en préciser les contours... »

[57] Gérard CORNU, Association Henri CAPITANT (dir.), *Vocabulaire juridique*, Paris, PUF, coll. Quadrige, 14e éd., 2022, p. 53.

[58] Didier MAUS, « Le cadre institutionnel de la diplomatie parlementaire », *Parlement[s], Revue d'histoire politique*, 2012/1, n° 17, p. 19.

[59] Daniel HOCHEDEZ & Vannina PATRIARCHE, « L'Assemblée nationale et l'Union européenne », *Connaissance de l'Assemblée*, n° 9, février 1998, www.assemblee-nationale.fr (consulté le 1er juin 2022) :

> « L'article 128, alinéa 2, du Règlement prévoit [...] la possibilité de présenter, outre une exception d'irrecevabilité et une question préalable, motions de procédure dont l'adoption équivaut au rejet du texte en discussion, une motion d'ajournement, qui est appelée après la

enjoindre le Gouvernement à donner un fondement juridique à certaines décisions du Conseil des Communautés européennes. La motion d'ajournement fut néanmoins réduite à une motion de procédure. Examinée après la clôture de la discussion générale, elle permettait à certains parlementaires de prendre la parole avant le vote définitif pour critiquer la politique diplomatique du Gouvernement. Tel fut notamment le cas des deux dernières motions d'ajournement à avoir été défendues, l'une présentée le 5 juillet 2018 sur le projet de loi autorisant la ratification de la convention multilatérale sur le BEPS, et l'autre présentée le 14 février 2019 sur le projet de loi autorisant l'approbation de la convention fiscale avec le Luxembourg, toutes deux défendues par M. Jean-Luc MÉLENCHON. Le caractère fiscal des conventions discutées alors témoigne de l'importance croissante de la fiscalité internationale dans les débats.

Mais les effets de la motion d'ajournement étant assimilés à ceux d'un renvoi en commission, elle fut enfin supprimée en 2019 lors de la révision du règlement de l'Assemblée supprimant ce même renvoi[60]. Cette suppression de la motion d'ajournement ne fit l'objet d'aucun débat, ni en commission ni en séance[61]. Ce peu d'émois, autant que la suppression elle-même, témoigne du désengagement de l'Assemblée à l'égard des conventions internationales.

262. **Une autorisation parlementaire comme acte de contrôle.** Depuis la révision constitutionnelle de 2008[62], l'article 24 de la Constitution, alinéa 1er, explicite les trois missions institutionnelles échues au Parlement :

---

clôture de la discussion générale et dont l'adoption entraîne les mêmes conséquences que celle d'une motion de renvoi en commission, c'est-à-dire qu'il appartient au Gouvernement ou à l'Assemblée, selon que le texte était inscrit à l'ordre du jour prioritaire ou complémentaire, de fixer le moment auquel la commission compétente devra présenter un nouveau rapport. L'ajournement, qui peut être motivé, constitue, en fait, une "*alternative à l'amendement*", car les députés peuvent expliciter les motifs les conduisant à différer l'autorisation de ratification sans toutefois aller jusqu'à la refuser. »

60 Résolution adoptée par l'Assemblée nationale modifiant le Règlement de l'Assemblée nationale le 4 juin 2019, T.A. n° 281.

61 La suppression des motions d'ajournement avait été ajoutée par amendement de la Commission dans un article 30 *quinquies*, et était ainsi présentée dans le rapport de la Commission (Assemblée nationale, Sylvain Waserman, Rapport n° 1955 fait au nom de la Commission des lois constitutionnelles, de la législation et de l'administration générale de la République *sur la proposition de résolution de M. Richard Ferrand tendant à modifier le Règlement de l'Assemblée nationale (n° 1882)*, 22 mai 2019, p. 130) :

« Les motions d'ajournement permettent de différer l'autorisation de ratification d'un traité ou d'approbation d'un accord international : elles sont appelées après la clôture de la discussion générale et leur adoption entraîne les mêmes conséquences que celle d'une motion de renvoi en commission. Leur nature est cependant différente puisqu'elles portent sur des textes qui ne peuvent faire l'objet d'amendements, hormis des amendements de suppression, et contestent moins le travail de la commission que le résultat de la négociation conduite par l'Exécutif, auquel elles s'adressent au premier chef. »

62 Loi constitutionnelle n° 2008-724 du 23 juillet 2008 de modernisation des institutions de la Ve République (*JORF* n° 171 du 24 juillet 2008), art. 9.

« Le Parlement vote la loi. Il contrôle l'action du Gouvernement. Il évalue les politiques publiques. »

Si ces missions bénéficient désormais d'un temps préservé au sein des séances parlementaires[63], il ne faut pas pour autant les considérer comme étant cloisonnées entre elles. Par exemple, le vote annuel de la loi de règlement du budget et d'approbation des comptes tient lieu classiquement d'acte de contrôle parlementaire *a posteriori* des politiques budgétaires et fiscales[64]. D'une manière analogue, les lois d'autorisation de ratification ou d'approbation des traités peuvent être considérées comme des actes de contrôle parlementaire de la politique diplomatique du Gouvernement[65]. L'absence de valeur décisionnelle de ces lois, à l'inverse du processus normatif classique, explique le désintérêt qu'elles peuvent susciter chez les parlementaires.

263. **Une information parlementaire parcellaire.** La mission de contrôle du Parlement tend à se développer, la révision constitutionnelle de 2008 étant un jalon de ce développement. La loi organique du 15 avril 2009 s'inscrit dans la continuité de la révision constitutionnelle, y adaptant le cadre organique en matière de vote de résolutions, de conditions de présentation des projets de loi et d'exercice du droit d'amendement[66]. Elle dispose notamment, dans le dernier alinéa de son article 11, que les projets de loi d'autorisation de ratification ou d'approbation des traités ne doivent pas faire l'objet d'études d'impact, mais précise :

---

[63] V. Constitution du 4 octobre 1958, article 48, al. 2 et 4, tels qu'ajoutés par la loi constitutionnelle n° 2008-724, art. 23 :

> « [...] Deux semaines de séance sur quatre sont réservées par priorité, et dans l'ordre que le Gouvernement a fixé, à l'examen des textes et aux débats dont il demande l'inscription à l'ordre du jour.
>
> « [...] Une semaine de séance sur quatre est réservée par priorité et dans l'ordre fixé par chaque assemblée au contrôle de l'action du Gouvernement et à l'évaluation des politiques publiques. [...] »

V. aussi Anne LEVADE, « La révision du 23 juillet 2008 : Temps et contretemps », *Revue française de droit constitutionnel*, 2009/2, n° 78, p. 306.

[64] V. par ex. Vincent DUSSART, « Le Parlement et l'impôt », *Pouvoirs*, 2014/4, n° 151, p. 62. Il n'est pas anodin de relever que les lois de règlement font l'objet d'un certain désintérêt parlementaire, et ce malgré la place que prétend leur donner la LOLF ; v. François BONNEVILLE, « L'évolution du processus de règlement des comptes », *Revue française de finances publiques*, n° 135, pp. 335-348.

[65] Les professeurs Pierre AVRIL et Jean et Jean-Éric GICQUEL présentent ainsi les lois d'autorisation (Pierre AVRIL, Jean GICQUEL & Jean-Éric GICQUEL, *Droit parlementaire*, Paris, LGDJ, coll. Précis Domat Droit public, 6e édition, 2021, p. 244) :

> « À côté de la loi normative, la Constitution a prévu des autorisations qui, dans certains cas, sont données par le Parlement en la forme législative : ces lois n'édictent pas de règles de fond, mais constituent des décisions conjointes des deux assemblées permettant au pouvoir exécutif d'accomplir valablement certains actes. Sous ce rapport, elles ne sont pas étrangères à l'exercice de la fonction de contrôle. »

[66] Loi organique n° 2009-403 du 15 avril 2009 relative à l'application des articles 34-1, 39 et 44 de la Constitution (*JORF* n° 89 du 16 avril 2009).

> « [...] Toutefois, le dépôt de ces projets est accompagné de documents précisant les objectifs poursuivis par les traités ou accords, estimant leurs conséquences économiques, financières, sociales et environnementales, analysant leurs effets sur l'ordre juridique français et présentant l'historique des négociations, l'état des signatures et des ratifications, ainsi que, le cas échéant, les réserves ou déclarations interprétatives exprimées par la France. »[67]

Le Conseil constitutionnel a validé ces dispositions en soulignant néanmoins que les réserves ou déclarations interprétatives ainsi transmises au Parlement n'engageaient pas le pouvoir exécutif qui reste libre, lors de la ratification du traité « de déposer des réserves, de renoncer à des réserves qu'il avait envisagé de déposer et dont il avait informé le Parlement ou, après la ratification, de lever des réserves qu'il aurait auparavant formulées »[68].

Les éléments d'information transmis par le Gouvernement ne le lient pas. De même, les engagements du Gouvernement à transmettre au Parlement annuellement, dans un jaune budgétaire, des informations détaillées relatives à la mise en œuvre de l'instrument multilatéral ne l'engagent pas plus[69].

Cette relative absence de contrainte du Gouvernement dans l'information du Parlement crée une difficulté pour les parlementaires à accéder à une information fiable et à une vision d'ensemble de la politique fiscale internationale.

264. **Les questions parlementaires : un outil imparfait de contrôle et d'information.** Si le Gouvernement est peu contraint à informer les parlementaires, ces derniers peuvent toutefois poser des questions aux ministres, à l'oral ou à l'écrit, conformément à l'article 48 de la Constitution[70], aux articles 133 à 135 du règlement de l'Assemblée nationale[71] et aux

---

[67] Ces informations mentionnées par la loi organique sont généralement présentées par le Gouvernement dans un document annexé au projet de loi intitulé « étude d'impact ».

[68] Conseil constitutionnel, décision n° 2009-579 DC du 9 avril 2009, *Loi organique relative à l'application des articles 34-1, 39 et 44 de la Constitution* (*JO* du 16 avril 2009, p. 6 530, texte n° 2 ; *Recueil* p. 84).

[69] V. n° 231 ci-dessus.

[70] Constitution du 4 octobre 1958, art. 48, dernier alinéa (tel que modifié par la loi constitutionnelle n° 2008-724 du 23 juillet 2008 de modernisation des institutions de la Ve République (*JORF* n° 171 du 24 juillet 2008), art. 23) :

> « Une séance par semaine au moins, y compris pendant les sessions extraordinaires prévues à l'article 29, est réservée par priorité aux questions des membres du Parlement et aux réponses du Gouvernement. »

[71] Les modalités précises de ces questions posées sont fixées par la Conférence des présidents. Les questions orales comprennent les questions au Gouvernement (article 133) et les questions orales sans débat (article 134). À l'inverse des questions orales sans débat, les questions au Gouvernement n'ont pas besoin d'être déposées, notifiées ou publiées au préalable, permettant un échange plus « spontané » entre parlementaires et membres du Gouvernement, bien que chronométré. En pratique, « la dualité questions orales - questions au Gouvernement permet de réserver les questions d'intérêt

articles 74 à 77 du règlement du Sénat[72]. Ces questions permettent aux parlementaires d'interroger les ministres sur des points politiques ou juridiques ponctuels, les questions et les réponses étant publiées au *Journal officiel*.

Si les réponses ministérielles sont *a priori* dépourvues de toute valeur normative[73], une exception notable existe en matière fiscale : les réponses ministérielles portant une interprétation administrative de portée générale de la loi fiscale sont opposables à l'administration par les contribuables sur le fondement de l'article L. 80 A du Livre des procédures fiscales[74]. Les

---

local aux premières et les questions politiques à caractère général aux secondes » (« Fiche de synthèse n° 51 : Les questions », *in* www.assemblee-nationale.fr).

Les questions écrites (article 135) permettent enfin aux députés d'interroger un ministre (ou le Premier ministre en cas de question sur la politique générale du Gouvernement) quand ils le souhaitent et autant qu'ils le souhaitent, selon une procédure différée mais simplifiée. Les questions écrites sont les plus utilisées : au cours de la XVe législature (à date du 10 mai 2022), 45 509 questions écrites ont été posées, pour 1 716 questions orales et 4 851 questions au Gouvernement (source : www.assemblee-nationale.fr).

[72] Les modalités précises des questions sont également fixées par la Conférence des présidents. De manière analogue aux pratiques de l'Assemblée nationale, les sénateurs peuvent poser au Gouvernement des questions écrites (articles 74 et 75), des questions d'actualité au Gouvernement (article 75 *bis*) ou de questions orales (articles 76 et 77). Aux fins de comparaison, sur la même période mentionnée à la note précédente (c'est-à-dire du 21 juin 2017 au 10 mai 2022), les sénateurs ont posé 32 465 questions écrites, 2 168 questions orales et 2 330 questions d'actualité au Gouvernement (source : www.senat.fr).

[73] V. Johanna NOËL, « La normativité des réponses ministérielles », *Civitas Europa*, 2021/1, n° 46, pp. 103-116. La jurisprudence du Conseil d'État est constante en la matière : la réponse d'un ministre à une question écrite d'un membre du Parlement ne sont pas « de nature à faire l'objet d'un recours par la voie contentieuse devant le Conseil d'État » (CE, sect., 12 juin 1936, n°s 46.562, 46.654, 46.701, 47.011, 47.664 et 47.830, *Sieurs Hitzel et autres*, *Rec.* p. 641 ; CE, sect., 16 décembre 2005, n° 272618, *SARL Friadent France*, *Rec.* p. 580) et les interprétations qui y sont données par le ministre « ne s'imposent pas aux juridictions administratives » (CE, 20 avril 1956, *Sieur Lucard* ; CE, 26 février 1969, n° 72.426, *Sieur Duflocq*, *Rec.* p. 119).

[74] V. Pierre-Olivier RIGAUDEAU, « Les réponses ministérielles en matière fiscale », *Civitas Europa*, 2021/1, n° 46, pp. 117-135. L'article L. 80 A du LPF dispose en son alinéa 1er :

> « Il ne sera procédé à aucun rehaussement d'impositions antérieures si la cause du rehaussement poursuivi par l'administration est un différend sur l'interprétation par le redevable de bonne foi du texte fiscal et s'il est démontré que l'interprétation sur laquelle est fondée la première décision a été, à l'époque, formellement admise par l'administration. »

La jurisprudence admet à cet égard « qu'une réponse ministérielle a la question d'un parlementaire doit être regardée, lorsqu'elle a pour objet de préciser d'une manière générale le sens et la portée d'un texte fiscal, comme exprimant l'interprétation administrative visée à l'article 1649 septies G [devenu plus tard article 1649 quinquies E du CGI, puis L. 80 A du LPF] ; [et] que si la réponse d'un ministre ne peut normalement prévaloir contre la loi fiscale ni lier le juge de l'impôt cette règle ne trouve pas son application, en vertu des termes mêmes des dispositions précitées, lorsque sont réunies les conditions requises par ledit article 1649 septies G du Code » (CE, 7e ss.-sect., 24 juin 1968, n° 66883, *Sieur R.*, *Rec.* p. 384). Encore faut-il toutefois que la réponse ministérielle apporte une réelle interprétation d'un texte fiscal ; ne sont donc pas opposables sur le fondement de l'article L. 80 A du LPF les réponses ministérielles « rappelant simplement les dispositions de la loi, sans les interpréter » (CE, sect., 22 octobre 1976, n° 98874, *Rec.* ; CE, 8e et 7e ss.-sect., 21 mars 1983, parlementaires sont ainsi parfois sollicités par des contribuables pour relayer des questions en matière fiscale[75].

En matière fiscale internationale, les questions posées par les parlementaires sont relativement peu nombreuses[76], et concernent davantage des questions techniques et spécifiques à une situation, plutôt que la politique fiscale internationale dans son ensemble. Les questions écrites en particulier, les plus nombreuses, concernent pour l'essentiel des situations particulières, certains contribuables pouvant par ailleurs solliciter plusieurs parlementaires sur un même sujet[77]. Les parlementaires posant plusieurs questions sont en outre généralement personnellement sensibilisés aux problématiques soulevées[78]. Dans de telles situations, les questions des parlementaires

---

n° 35966), ni celles « annonçant les intentions du Gouvernement en ce qui concerne un décret à prendre pour l'application d'une disposition législative » (CE, sect., 22 octobre 1976, n° 96359, *Rec.*), ni encore celles qui laissent « un pouvoir d'appréciation au service des impôts » (CAA Paris, 29 mai 1990, n° 89PA01616). V. *BOFiP*, BOI-SJ-RES-10-10-10, 4 mars 2020, §§ 200 à 220.

[75] La pratique est ancienne ; v. not. Philippe BERN, « La protection du contribuable contre les changements de doctrine administrative », *Revue de science financière*, t. 63, 1971, n° 4, pp. 751-778.

[76] Au cours de la XVe législature (à date du 10 mai 2022), 90 questions ont été posées par des députées contenant la mention « convention fiscale » : 76 questions écrites, 8 questions au Gouvernement et 6 questions orales sans débat. Sur la même période et sur le même critère, 88 questions ont été posées par des sénateurs : 78 questions écrites, 3 questions d'actualité au Gouvernement et 7 questions orales (sources : www.assemblee-nationale.fr et www.senat.fr). Ce nombre réduit de questions en droit fiscal international peut être mis en parallèle avec la marginalisation des questions des parlementaires en droit international ; v. Pascaline MOTSCH, « Les questions écrites des parlementaires en droit international », *Civitas Europa*, 2021/1, n° 46, pp. 43-64.

[77] Pour un exemple topique, la situation des enseignants français du lycée franco-hellénique Eugène DELACROIX d'Athènes au regard de la convention fiscale franco-grecque a fait l'objet de cinq questions de députés et trois questions de sénateurs en l'espace d'un an et demi (2021-2022) ; à l'Assemblée nationale : Question écrite n° 36043 de M. Meyer HABIB, *Violation de la convention fiscale France Grèce* (*JO AN* du 2 février 2021, p. 825) ; Question écrite n° 40479 de M. Olivier FALORNI, *Situation des enseignants français du lycée franco-hellénique d'Athènes* (*JO AN* du 27 juillet 2021, p. 5943) ; Question écrite n° 41797 de Mme Bénédicte TAURINE, *Double imposition en Grèce pour les fonctionnaires français détachés* (*JO AN* du 12 octobre 2021, p. 7475) ; Question écrite n° 43057 de M. Patrick HETZEL, *Situation fiscale des enseignants français du lycée franco-hellénique d'Athènes* (*JO AN* du 14 décembre 2021, p. 8775) ; Question écrite n° 43595 de M. Michel LARIVE, *Lycée franco-hellénique* (*JO AN* du 18 janvier 2022, p. 266) ; et au Sénat : Question écrite n° 20625 de Mme Évelyne RENAUD-GARABEDIAN, *Situation des enseignants français du lycée franco-hellénique Eugène Delacroix d'Athènes* (*JO Sénat* du 11 février 2021, p. 861) ; Question écrite n° 23633 de Mme Hélène CONWAY-MOURET, *Situation fiscale des enseignants résidents de l'agence pour l'enseignement français à l'étranger au lycée franco-hellénique d'Athènes* (*JO Sénat* du 8 juillet 2021, p. 4195) ; Question écrite n° 23898 de Mme Évelyne RENAUD-GARABEDIAN, *Situation des enseignants français du lycée franco-hellénique Eugène Delacroix d'Athènes* (*JO Sénat* du 22 juillet 2021, p. 4492).

[78] Par exemple, parmi les questions des députés posées au cours de la XVe législature (à date du 10 mai 2022) contenant la mention « convention fiscale », le député ayant posé le plus de questions est M. Xavier PALUSZKIEWICZ, avec 9 questions : 4 questions écrites, 3 questions orales sans débat et 2

s'éloignent de leur fonction de contrôle. Le constat est ancien : « les préoccupations d'ordre général – qui répondent seules au principe même du contrôle parlementaire – ont fait place à des soucis d'ordre particulier »[79]. Elles sont en outre contraintes, lorsqu'elles ne sont pas rédigées par une instance extérieure (contribuable, lobby, etc.), par l'expérience personnelle du parlementaire.

Les questions posées par les parlementaires ne leur donnent de fait pas les moyens d'appréhender globalement les problématiques du système fiscal international, ni d'y participer. Les parlementaires relaient les préoccupations ponctuelles qui peuvent leur être transmises par les contribuables au sein des questions écrites ; mais les questions au Gouvernement (questions d'actualité au Gouvernement au Sénat) qui permettraient d'engager un échange sur la politique fiscale internationale restent une pratique marginale[80], et leur format chronométré ne permet pas de nourrir un débat de fond.

265. **Le difficile traitement individuel de l'information.** La complexification du réseau conventionnel apportée par l'adoption de l'instrument multilatéral n'aide pas non plus les parlementaires à appréhender de manière précise les problématiques en jeu. Cette complexification illustre la technicisation des problématiques fiscales internationales, laquelle interroge la capacité des parlementaires à établir un véritable dialogue avec les experts.

Même si la majorité des députés a suivi des études supérieures[81], les moyens mis à leur disposition ne leur permettent pas d'aborder avec expertise l'ensemble des domaines sur lesquels ils sont amenés à légiférer – ou qu'ils sont amenés à contrôler. La formation individuelle des députés dans le cadre

---

questions au Gouvernement. Ces questions concernent toutes la situation fiscale des travailleurs transfrontaliers entre la France et le Luxembourg. M. Xavier PALUSZKIEWICZ est personnellement sensibilisé à ces problématiques, en tant que député de Meurthe-et-Moselle d'une part, et en tant qu'ancien travailleur transfrontalier d'autre part, étant employé avant son mandat par la BGL BNP Paribas, banque luxembourgeoise (v. Déclaration d'intérêts et d'activités, modifiée le 4 mai 2022, www.hatvp.fr).

[79] Michel AMELLER, *Les questions instrument du contrôle parlementaire*, Paris, LGDJ, Bibliothèque constitutionnelle et de science politique t. 6, 1964, p. 96.

[80] Les questions demandant au Gouvernement de justifier sa politique en matière de fiscalité internationale sont anecdotiques. V. par ex. à l'Assemblée nationale, au cours de la XVe législature : Question au Gouvernement n° 348 de Mme Bénédicte PEYROL, *Liste noire des paradis fiscaux* (*JO AN* du 29 novembre 2017, p. 5640) ; Question au Gouvernement n° 400 de M. André CHASSAIGNE, *Lutte contre l'évasion fiscale* (*JO AN* du 13 décembre 2017, p. 6409) ; Question au Gouvernement n° 1815 de M. Joachim SON-FORGET, *Politique fiscale* (*JO AN* du 28 mars 2019, p. 3157) ; Question au Gouvernement n° 3978 de M. Dominique POTIER, *Lutte contre les paradis fiscaux* (*JO AN* du 5 mai 2021, p. 4719).

[81] Pour un panorama des études suivies par les députés, v. Clément LE FOLL, « Les diplômés des grandes écoles surreprésentés à l'Assemblée nationale », *Le Monde*, Les décodeurs, 26 juin 2017, www.lemonde.fr (consulté le 1er juin 2022).

de leur fonction reste particulièrement limitée, et porte essentiellement sur la procédure parlementaire en tant que telle[82].

Les parlementaires disposent par ailleurs de prise en charge de frais de mandat, ainsi qu'un crédit mensuel dédié à la rémunération d'une équipe de collaborateurs parlementaires. Cette fonction, créée en 1975 (1976 au Sénat), constitue les principaux moyens humains à leur disposition. Le montant mensuel du crédit collaborateur reste néanmoins très limité : de l'ordre de 10 500 € pour un député et de 8 500 € pour un sénateur[83]. Cette enveloppe permet, en moyenne, la rémunération de trois ou quatre collaborateurs parlementaires à temps plein[84]. Les profils des collaborateurs sont très divers et leurs fonctions dépendent du parlementaire : travail de secrétariat, gestion administrative, lien avec la circonscription, travaux de légistique, etc.

Ces moyens ne permettent pas aux parlementaires de disposer individuellement des moyens nécessaires à la pleine appréhension des sujets trop techniques, comme peuvent l'être ceux de droit fiscal international. Cette problématique fait écho à la remarque de Guy CARCASSONNE sur le rôle du Parlement sous la Ve République : « ce qui lui manque, ce ne sont pas des pouvoirs, mais des parlementaires pour les exercer »[85].

266. **Le difficile traitement collectif de l'information.** Pour pallier les limites de leurs ressources, les parlementaires agissent souvent en groupe. Les groupes parlementaires permettent ainsi, outre la coordination de l'action politique de leurs membres, une mutualisation de certaines ressources de gestion administrative et de secrétariat. Mais ce sont surtout les commissions parlementaires[86] qui fournissent le lieu principal du travail parlementaire.

---

[82] Le site de l'Assemblée nationale mentionne également des formations informatiques ou des cours de langues.

[83] En 2018, le montant mensuel de ce crédit était de 10 581 € à l'Assemblée nationale et de 8 402,85 € au Sénat (« Fiche de synthèse n° 17 : La situation matérielle du député », *in* www.assemblee-nationale.fr ; « Les moyens mis à la disposition des sénateurs », *in* www.senat.fr ; consultés le 24/04/2022]). V. aussi Pierre AVRIL, Jean GICQUEL & Jean-Éric GICQUEL, *Droit parlementaire*, Paris, LGDJ, coll. Précis Domat Droit public, 6e édition, 2021, pp. 97-98.

[84] Une moyenne de 3,76 et une médiane de 4 collaborateurs par député, selon les données de l'Assemblée nationale (« Liste des collaborateurs par député », *in* data.assemblee-nationale.fr, consulté le 1er juin 2022). La plateforme des données ouvertes du Sénat ne comprend en revanche aucune information sur les collaborateurs des sénateurs (data.senat.fr, consulté le 1er juin 2022).

[85] Guy CARCASSONNE, « La LOLF et le renouveau du contrôle », *Revue française de finances publiques*, 2007, n° 97, pp. 77-86, cité notamment par Aurélien BAUDU, *Contribution à l'étude des pouvoirs budgétaires du Parlement en France*, Paris, Dalloz, coll. Bibliothèque parlementaire & constitutionnelle, 2010, p. 565, abordant le recours très limité à des expertises extérieures par les parlementaires dans le contrôle budgétaire.

[86] V. Article 43 de la Constitution du 4 octobre 1958 (tel que modifié par la loi constitutionnelle n° 2008-724 du 23 juillet 2008 de modernisation des institutions de la Ve République (*JORF* n° 171 du 24 juillet 2008), article 18) :

> « Les projets et propositions de loi sont envoyés pour examen à l'une des commissions permanentes dont le nombre est limité à huit dans chaque assemblée.

En matière de conventions fiscales internationales, la pratique diffère entre le Sénat et l'Assemblée nationale quant à la commission compétente. Au Sénat, devant lequel est souvent déposé en premier le projet de ratification de tels traités, seule la Commission des finances est saisie au fond, tandis qu'à l'Assemblée nationale c'est la Commission des affaires étrangères qui est saisie au fond, la Commission des finances se saisissant pour avis[87]. Les travaux des commissions reposent essentiellement sur les quelques informations annexées au projet de loi et, surtout, sur le rapport du rapporteur désigné. Ceux-ci entrent relativement peu dans les détails en matière de conventions fiscales internationales. Les débats en commission sont généralement courts en matière de projet de loi autorisant la ratification d'un traité en matière fiscale, se limitant souvent à un exposé général et de brefs échanges, et pour cause : le texte du traité est généralement survolé, et l'unique article du projet de loi autorisant la ratification n'appelle pas de discussion (d'autant moins en l'absence de droit d'amendement).

De même les débats en séance sont restreints, si tant est qu'ils aient lieu : les autorisations de ratifications des traités font très souvent l'objet d'une procédure d'examen simplifiée. Cette procédure est prévue à l'article 16 de la loi organique de 2009[88], et aux articles 103 à 107 du règlement de l'Assemblée nationale et 47 *decies* du règlement du Sénat[89]. Elle est décidée devant chaque chambre par la Conférence des Présidents, à la demande du président de la chambre, du président de la commission saisie au fond, du président d'un groupe ou du Gouvernement, et sous réserve qu'aucune de ces autorités ne s'y oppose. Elle permet de soumettre au vote le projet de loi sans débat : le texte est mis aux voix sans discussion préalable. Le site de l'Assemblée nationale, dans une fiche de synthèse sur la procédure législative, introduit cette procédure par une justification éloquente :

> « À la demande du Gouvernement ou de l'assemblée qui en est saisie, les projets ou propositions de loi sont envoyés pour examen à une commission spécialement désignée à cet effet. »

[87] La saisine (ou auto-saisine) pour avis d'une commission permanente est prévue par l'article 87 du règlement de l'Assemblée nationale et l'article 17 du règlement du Sénat. Elle se fait sur décision de la commission permanente qui s'auto-saisit, ou à la demande de la commission saisie au fond. La commission saisie pour avis désigne alors un rapporteur, qui participe aux travaux de la commission saisie au fond avec une voix consultative, y présente oralement l'avis de sa commission, et y défend ses amendements. V. not. Pierre AVRIL, Jean GICQUEL & Jean-Éric GICQUEL, *Droit parlementaire*, Paris, LGDJ, coll. Précis Domat Droit public, 6e édition, 2021, p. 261.

[88] Loi organique n° 2009-403 du 15 avril 2009 relative à l'application des articles 34-1, 39 et 44 de la Constitution (*JORF* n° 89 du 16 avril 2009), article 16 :

> « Les règlements des assemblées peuvent, s'ils instituent une procédure d'examen simplifiée d'un texte et si la mise en œuvre de cette procédure ne fait pas l'objet d'une opposition du Gouvernement, du président de la commission saisie au fond ou du président d'un groupe, prévoir que le texte adopté par la commission saisie au fond est seul mis en discussion en séance. »

[89] À l'inverse du règlement de l'Assemblée nationale, le règlement du Sénat cantonne la « procédure d'examen simplifié » aux projets de loi tendant à autoriser la ratification ou l'approbation d'une convention internationale.

« L'Assemblée ne dispose que d'un temps limité pour ses séances publiques. Or, le Parlement est couramment saisi de textes qui exigent, certes, l'intervention du législateur, mais n'en présentent pas moins un intérêt plus technique que politique.

« C'est essentiellement pour la discussion de ces textes que l'Assemblée dispose d'une procédure d'examen simplifiée. [...] »[90]

La pratique de la procédure simplifiée se systématisant, la tenue d'un débat en séance devant l'une des chambres sur un traité fiscal ne peut se faire qu'à la demande des parlementaires. Tel fut par exemple le cas pour l'approbation de l'avenant à la convention fiscale franco-botswanaise[91], qui ne fut soumis à discussion générale devant l'Assemblée nationale qu'à la demande du groupe de la gauche démocrate et républicaine, et aux fins essentiellement de porter un commentaire global sur la situation fiscale internationale – sans mener néanmoins de réelle objection politique[92].

Le plein exercice par les parlementaires de leur compétence législative apparaît alors comme anecdotique, l'ensemble des chambres étant rarement saisies – et se saisissant rarement – des conventions fiscales internationales.

267. **Les traités comme contrainte du législateur.** Les conventions fiscales internationales guident néanmoins – sinon contraignent – l'ensemble de la politique fiscale internationale française, et créent un carcan juridique pesant sur le législateur lors de l'exercice postérieur de ses compétences. L'article 55 de la Constitution dispose en effet :

« Les traités ou accords régulièrement ratifiés ou approuvés ont, dès leur publication, une autorité supérieure à celle des lois, sous réserve, pour chaque accord ou traité, de son application par l'autre partie. »

Contrairement à d'autres ordres juridiques, le droit français prévoit ainsi explicitement la supériorité du droit conventionnel sur la loi interne[93]. Le

---

[90] Assemblée nationale, Fiche de synthèse n° 32 : La procédure législative », www.assemblee-nationale.fr, consulté le 1er juin 2022.

[91] Loi n° 2020-1236 du 9 octobre 2020 autorisant l'approbation de l'avenant à la convention du 15 avril 1999 entre le Gouvernement de la République française et le Gouvernement de la République du Botswana en vue d'éviter les doubles impositions et de prévenir l'évasion et la fraude fiscales en matière d'impôts sur le revenu (*JORF* n° 247 du 10 octobre 2020, texte n° 1).

[92] V. *JO*, Assemblée nationale, 2e séance du 1er octobre 2020, compte rendu intégral, pp. 6 664-6 671 ; la discussion générale sur le projet de loi tient sur cinq page du *JO*.

[93] Dans l'ordre interne, le droit conventionnel reste néanmoins hiérarchiquement soumis aux normes constitutionnelles. Selon la formule consacrée par la décision du Conseil d'État, ass., 30 octobre 1998, *Sarran, Levacher et autres* (*Lebon* p. 369 ; v. « Primauté de la Constitution dans l'ordre interne », obs. n° 91, *in* Pierre DELVOLVÉ, Marceau LONG, Prosper WEIL, Guy BRAIBANT & Bruno GENEVOIS, *Les grands arrêts de la jurisprudence administrative*, Paris, Dalloz, coll. Grands arrêts, 23e éd., 2021, pp. 699-708) : « la suprématie [conférée par l'article 55 de la Constitution] aux engagements internationaux ne s'applique pas, dans l'ordre interne, aux dispositions de nature constitutionnelle ».

traité, même antérieur à la loi, prime sur cette dernière. Partant, le législateur est contraint par les traités : il ne peut légiférer à l'encontre des stipulations conventionnelles en vigueur.

En réduisant l'autorisation de ratification ou d'approbation des traités à une simple formalité[94], le législateur prend alors le risque d'abandonner l'ensemble de sa compétence fiscale en matière internationale, qui sera contrainte par le droit conventionnel. Les importants développements du droit conventionnel peuvent alors se traduire par autant de réductions du pouvoir législatif, sauf à redynamiser l'implication du Parlement dans la ratification des traités.

SECTION 2 :
L'influence sur l'application des normes en droit national

268. **Le juge face à l'intrication normative du système fiscal international.** La faiblesse du contrôle parlementaire sur le droit conventionnel fiscal n'est pas compensée par l'ordre juridictionnel. Le juge national saisi en matière fiscale internationale n'exerce qu'un contrôle restreint, contraint dans leur application (**§ 1**). Des solutions à ces contraintes ont été développées de manière diverse et contingente, mettant en exergue l'intrication normative des systèmes fiscaux nationaux et international (**§ 2**).

§ 1 : Une application contrainte des traités

269. **La faiblesse du contrôle juridictionnel des traités.** La conclusion des conventions fiscales par le Gouvernement ne peut faire l'objet d'aucun recours juridictionnel en vertu de la théorie des « actes de gouvernement »[95].

---

[94] Pour M. Bruno GOUTHIÈRE, l'autorisation parlementaire de ratification ou d'approbation constitue, « [e]n général, [...] du moins en France, [...] une formalité assez rapidement expédiée, même si les travaux parlementaires sont plus approfondis aujourd'hui que dans le passé », citant notamment l'exemple des débats parlementaires sur l'instrument multilatéral (Bruno GOUTHIÈRE, *Les impôts dans les affaires internationales*, Paris, Éditions Francis Lefebvre, 15e éd., 2021, n° 1510, p. 32). Ces débats sur l'instrument multilatéral (v. Partie 2 : Titre 1 : Chapitre 2), qui s'expliquent par le regain d'intérêt pour la matière fiscale internationale et la récente publicité de ses problématiques (v. Partie 1 : Titre 2 : Chapitre 1), font néanmoins figure d'exceptions. Par ailleurs, leur déroulé tient davantage d'un cours magistral de l'OCDE (en la personne de M. Pascal SAINT-AMANS) aux parlementaires qu'à un véritable échange (v. Partie 2 : Titre 2 : Chapitre 2).

[95] Cette théorie est fondamentale dans le développement de l'ordre juridictionnel administratif. Les actes de gouvernement sont les actes discrétionnaires du gouvernement qui ne peuvent faire l'objet d'un recours pour excès de pouvoir. Cette théorie était originellement fondée sur le critère du mobile politique (v. Conseil d'État, 20 janvier 1816, *Allut* ; Conseil d'État, 1er mai 1822, n° 5363, *Laffitte* ; *Rec.* 1821-1825.202 ; ou encore Conseil d'État, 9 mai 1867, *Duc d'Aumale et Michel Lévy*, *Rec.* 472, concl. Aucoc ; S. 1867.2.124, concl., note Choppin), lequel empêchait donc tout recours contentieux

De manière générale, l'ensemble des actes se rattachant directement aux relations internationales de la France bénéficie d'une immunité juridictionnelle[96]. Partant, sont insusceptibles de recours les actes procédant de la conduite des négociations conventionnelles[97], d'éléments de proposition préalables à de telles négociations[98], de l'opportunité de signer ou non un

---

contre des actes de nature politique ; mais ce critère fut finalement abandonné par l'arrêt fondateur *Prince Napoléon*, lequel initie une extension importante du contrôle des actes administratifs par le Conseil d'État (Conseil d'État, 19 février 1875, *Prince Napoléon* ; *Rec.* 155, concl. DAVID ; D. 1875.3.18, concl. ; *GJCA*, vol. 1, n° 13, concl.).

Or « ce critère n'a pas été remplacé depuis lors, de telle sorte que les actes de gouvernement ne peuvent faire aujourd'hui l'objet d'une définition générale et théorique, mais seulement d'une liste établie d'après la jurisprudence ». Cette liste est aujourd'hui réduite à deux types d'actes : « les actes concernant les rapports de l'exécutif avec le Parlement, et ceux qui se rattachent directement aux relations de la France avec les puissances étrangères ou les organismes internationaux » (« Actes de Gouvernement », observations sous Conseil d'État, 19 février 1875, *Prince Napoléon*, *in* Pierre DELVOLVÉ, Marceau LONG, Prosper WEIL, Guy BRAIBANT & Bruno GENEVOIS, *Les grands arrêts de la jurisprudence administrative*, Paris, Dalloz, coll. Grands arrêts, 23e éd., 2021, p. 19). La conclusion des conventions internationales, notamment fiscales, et tous les actes qui s'y rattachent, relèvent de cette dernière catégorie.

[96] La jurisprudence du Conseil d'État accepte néanmoins de connaître des actes qu'il considère détachables des relations internationales, et ce dès 1926 (Conseil d'État, 5 février 1926, *Dame Caraco*, *Rec.* 125 ; D. 1927.3.1, note DEVAUX). De manière générale, « [l]a tendance profonde de la jurisprudence est [...] d'admettre de plus en plus largement qu'un acte ou des agissements sont détachables des relations internationales » (« Actes de Gouvernement », observations sous Conseil d'État, 19 février 1875, *Prince Napoléon*, *op. cit.* p. 26), et donc susceptibles de recours devant les juridictions administratives. Cette évolution de la jurisprudence n'a pas toutefois de réelle incidence en matière de conventions fiscales.

[97] V. Conseil d'État, 2 mars 1966, n° 65180, *Dame Cramencel* (*Lebon*, p. 157) ; Conseil d'État, sect., 28 juin 1967, n° 57906, *Sté des transports en commun de la région de Hanoï* (*Lebon*, p. 279). Pour un exemple récent de cette jurisprudence, v. Conseil d'État, 20 décembre 2013, n° 335235, *Fano* (*JurisData* n° 2013-029921 ; *Lebon*, p. 826) : « le choix de la France de ne pas dissocier, dans ses négociations avec les autorités chinoises, le règlement de la question du remboursement des emprunts or de 1903 et de 1925 et celui de l'indemnisation des biens confisqués lors de la proclamation de la République populaire de Chine en 1949, n'était pas détachable de la conduite des relations internationales de la France ni, par suite, susceptible d'engager la responsabilité de l'État ».

En matière spécifiquement fiscale, v. not. Conseil d'État, sect., 13 juillet 1979, n°s 4880 & 4881, *Coparex* (*Lebon* p. 319 ; *AJDA* 1980, p. 371).

[98] V. Conseil d'État, 10 février 1978, n° 05225, *CFDT* (*Lebon*, p. 61) ; Conseil d'État, 23 novembre 1984, n° 54359, *Association « Les Verts, Parti écologiste »* (*JurisData* n° 1984-042834 ; *Lebon*, p. 382).

traité[99], des réserves émises à un traité[100], de l'exécution d'un traité[101], ou encore de la suspension unilatérale de l'application d'un traité[102].

En revanche, le juge administratif est compétent pour contrôler les modalités d'intégration de la règle internationale dans l'ordre interne. Il vérifie notamment l'existence d'un acte de ratification ou d'approbation du traité[103] et contrôle la régularité de sa publication[104]. En 1998, le Conseil d'État a étendu son contrôle à la régularité de l'acte de ratification : dans le cas des traités relevant de l'article 53 de la Constitution dont font partie les conventions fiscales, il vérifie l'existence d'une loi préalable autorisant la ratification ou l'approbation[105] – contraignant de fait l'exécutif à saisir le

---

[99] Conseil d'État, sect., 1er juin 1951, *Société des étains et wolfram du Tonkin* (*Lebon*, p. 312 ; *RJPUF* 1951.584).

[100] Conseil d'État, ass., 12 octobre 2018, n° 408567, *SARL Super Coiffeur* (*Lebon* p. 373, concl. TOUBOUL ; *RFDA* 2018.1161 concl. et 1148 note ROBLOT-TROIZIER), considérant 4 :

> « [...] Lorsqu'un traité ou un accord a fait l'objet de réserves, visant, pour l'État qui exprime son consentement à être lié par cet engagement, à exclure ou à modifier l'effet juridique de certaines de ses clauses dans leur application à son endroit, il incombe au juge administratif, après s'être assuré qu'elles ont fait l'objet des mêmes mesures de publicité que ce traité ou cet accord, de faire application du texte international en tenant compte de ces réserves. De telles réserves définissant la portée de l'engagement que l'État a entendu souscrire et n'étant pas détachables de la conduite des relations internationales, il n'appartient pas au juge administratif d'en apprécier la validité. »

[101] Comme le vote du ministre français au Conseil des communautés européennes, v. Conseil d'État, 23 novembre 1984, n° 54359, *Association « Les Verts, Parti écologiste »* (*JurisData* n° 1984-042834 ; *Lebon*, p. 382).

[102] Conseil d'État, ass., 18 décembre 1992, n° 120461, *préfet de la Gironde c. Mahmedi* (*JurisData* n° 1992-048205 ; *Lebon*, p. 446). De manière générale, comme le rappelle en outre le professeur Marie-Christine ROUAULT, « [n]e sauraient être indemnisés, en l'absence de loi le prévoyant, les préjudices résultant de l'action diplomatique » (Marie-Christine ROUAULT, « Emprunts russes : possible indemnisation par l'État français ? », note sous Tribunal des conflits, 11 mars 2019, n° C4153 (*JurisData* n° 2019-003911), *La Semaine Juridique Edition Générale* n° 17, 29 avril 2019, note 467).

[103] Conseil d'État, ass., 16 novembre 1956, *Villa* (*Lebon*, p. 433).

[104] Conseil d'État, ass., 13 juillet 1965, *Société Navigator* (*Lebon*, p. 423). Un traité non publié au *Journal officiel* sera considéré comme inapplicable par le juge administratif (v. en matière fiscale Conseil d'État, 24 février 1967, n° 68729, *min. fin. c. Chauvineau* (*Lebon* p. 93 ; *Droit fiscal* 1967, n° 11, comm. 331)) comme par le juge judiciaire (v. en matière fiscale Cour de Cassation, Chambre commerciale, 2 mai 1972, n° 68-12.561, Publié au bulletin ; *Droit fiscal* 1972, n° 48, comm. 1696).

[105] Conseil d'État, ass., 18 décembre 1998, n° 181249, *SARL du parc d'activités de Blotzheim* (*JurisData* n° 1998-051509 ; *Lebon*, p. 483 ; *RFDA* 1999, p. 315, concl. G. BACHELIER ; *AJDA* 1999, p. 127, chron. F. RAYNAUD et P. FOMBEUR ; *RGDI* 1999, p. 753, note F. POIRAT ; *LPA* 23 mai 2000, p. 6, note BÉQUAIN) :

> « [L]a publication d'un traité ou accord relevant de l'article 53 de la Constitution ne peut intervenir légalement que si la ratification ou l'approbation de ce traité ou accord a été autorisée en vertu d'une loi ; [partant,] il appartient au juge administratif de se prononcer sur le bien-fondé d'un moyen soulevé devant lui et tiré de la méconnaissance, par l'acte de publication d'un traité ou accord, des dispositions de l'article 53 de la Constitution[.] »

Il s'agit là d'un revirement de jurisprudence : en application de la jurisprudence *Villa* de 1956 (v. note 103), le juge administratif se cantonnait jusqu'alors au contrôle de l'existence d'un acte de

Parlement sur ces traités, tandis que la jurisprudence antérieure admettait l'application de conventions irrégulièrement ratifiées[106]. En cas de suspension unilatérale de l'application d'un traité, le juge administratif vérifie la validité et la publicité de l'acte qui en porte la décision[107].

L'extension du contrôle du Conseil d'État à la régularité de l'acte de ratification peut être observée en parallèle de réformes contemporaines visant à renforcer la place du Parlement au sein des institutions de la Ve

---

ratification, refusant d'en contrôler la régularité (par exemple, quant à la convention fiscale franco-monégasque, v. Conseil d'État, 8e et 9e sous-sect., 6 octobre 1969, n° 74169 ; *Droit fiscal* 1970, n° 11, comm. 280, concl. DUFOUR).

[106] À titre d'exemple, les conclusions du commissaire du gouvernement Jacques ARRIGHI DE CASANOVA sont éloquentes *in* Conseil d'État, 8e et 9e sous-sections, 6 mai 1996, n° 132 330, *Mme Guerhia* (*RJF* 6/96 n° 698 ; *Droit fiscal* 1996, n° 39, comm. 1149, concl. Jacques ARRIGHI DE CASANOVA) :

> « En consultant le recueil des traités des Nations unies, on apprend que [la condition d'entrée en vigueur du traité en cause, tenant au dépôt des instruments de ratification auprès du secrétariat général des Nations unies,] a été remplie, pour la France, le 18 août 1947. Et la même date est mentionnée au recueil national des traités et accords multilatéraux signés par la France. Mais on relève aussi la mention d'une publication au Journal officiel le 14 mai 1947. En se reportant au numéro correspondant, on constate que cette publication est précédée de celle d'un décret du 26 avril, signé par le président du conseil. Ce décret ne vise aucun texte de loi ayant autorisé cette ratification. Au demeurant, aucune loi ayant cet objet ne figure au Journal officiel.
>
> « Ces différents éléments nous paraissent appeler les deux observations suivantes :
>
> « – d'une part, la circonstance que la publication soit postérieure à la ratification – alors qu'elle aurait dû lui être antérieure – n'a selon nous pas pour effet de la rendre irrégulière, mais seulement prématurée : la convention en cause étant simplement sans effet en droit interne entre le 14 mai 1947, date de sa publication, et le 18 août 1947, date de sa ratification.
>
> « – d'autre part, il paraît clair que cette convention n'a pas été régulièrement ratifiée. S'agissant d'un accord comme celui qui est en cause ici, sa ratification devait être précédée, en vertu de l'article 27, d'une autorisation parlementaire, puisqu'elle engage les finances de l'État et se rapporte à une organisation internationale.
>
> « Mais si le juge administratif contrôle la régularité de la publication, il vérifie seulement l'existence de la ratification (CE, Ass., 16 nov. 1956, *Villa* : *Rec. CE*, p. 433 ; sol. impl., CE, 3 mars 1961, *André* : *Rec. CE*, p. 154). Le fait que cette dernière ne soit pas intervenue régulièrement ne fait donc pas obstacle à ce que vous appliquiez le texte en cause. »

En appliquant en l'espèce le texte de la convention, le Conseil d'État a entériné de fait cette conception très restrictive du contrôle de la ratification.

[107] Conseil d'État, ass., 18 décembre 1992, n° 120461, *Préfet de la Gironde c. Mahmedi* (*JurisData* n° 1992-048205 ; *Lebon*, p. 446).

République[108]. Cette jurisprudence n'a en pratique qu'une portée limitée, et n'a pour le moment pas été sollicitée en matière fiscale[109].

270. **L'application juridictionnelle des traités.** En vertu de l'article 55 de la Constitution[110], les traités ont valeur supérieure à la loi. Partant, le juge saisi en matière fiscale est amené classiquement à appliquer les traités et, le cas échéant, à se prononcer sur la conventionnalité d'actes règlementaires ou législatifs[111]. Le juge, contrôlant l'insertion des prescriptions des normes

---

[108] Plusieurs lois constitutionnelles, par exemple, sont venues renforcer la place du Parlement : Loi constitutionnelle n° 95-880 du 4 août 1995 *portant extension du champ d'application du référendum, instituant une session parlementaire ordinaire unique, modifiant le régime de l'inviolabilité parlementaire et abrogeant les dispositions relatives à la Communauté et les dispositions transitoires* (*JORF* n° 181 du 5 août 1995, p. 11 744) ; Loi constitutionnelle n° 96-138 du 22 février 1996 *instituant les lois de financement de la sécurité sociale* (*JORF* n° 46 du 23 février 1996, p. 2 911) ; Loi constitutionnelle n° 2008-724 du 23 juillet 2008 *de modernisation des institutions de la Ve République* (*JORF* n° 171 du 24 juillet 2008, texte n° 2) ; v. Conseil constitutionnel, « Quelle est la place du Parlement ? », *in* www.conseil-constitutionnel.fr (consulté le 1er juin 2022).

[109] Étant donné sa rédaction, il n'y a pas lieu de douter que la solution de la jurisprudence *SARL du parc d'activités de Blotzheim* s'applique à tous les traités, y compris aux conventions fiscales. Néanmoins, en l'absence de décision spécifiquement fiscale, d'aucuns n'intègrent pas ce revirement de jurisprudence à leurs présentations du contrôle juridictionnel des conventions fiscales ; v. par exemple Bruno GOUTHIÈRE, *Les impôts dans les affaires internationales*, Paris, Éditions Francis Lefebvre, 15e éd., 2021, n° 1482, p. 30. Sur les implications de cette jurisprudence en droit international public en général, v. Pierre-Marie DUPUY & Yann KERBRAT, *Droit international public*, Paris, Dalloz, coll. Précis, 15e éd., 2020, pp. 481-484, n° 441.

[110] V. n° 267 ci-dessus.

[111] L'application de la primauté des traités sur la loi a fait l'objet d'une évolution jurisprudentielle bien connue. Influencée par la décision du Conseil constitutionnel refusant d'étudier la conventionnalité des lois (Conseil constitutionnel, décision n° 74-54 DC du 15 janvier 1975, *Loi relative à l'interruption volontaire de la grossesse* ; *JO* du 16 janvier 1975, p. 671 ; *Recueil* p. 19), la Cour de cassation a fait prévaloir les termes d'un traité sur une loi pourtant postérieure dans son arrêt Cass., Ch. mixte, 24 mai 1975, *Société des cafés Jacques Vabre* (*Dalloz* 1975.497, concl. TOUFFAIT). Le Conseil d'État était dans un premier temps réticent à procéder à une telle application (v. Conseil d'État, Sect., 1er mars 1968, *Syndicat général des fabricants de semoules de France* ; *Lebon* p. 149) ; il s'y est finalement résolu à partir de sa décision Conseil d'État, ass., 20 otobre 1989, *Nicolo* (*Lebon* p. 190, concl. FRYDMAN). V. notamment « Traités internationaux, suprématie sur la loi », observations sous Conseil d'État, ass., 20 octobre 1989, *Nicolo*, *in* Pierre DELVOLVÉ, Marceau LONG, Prosper WEIL, Guy BRAIBANT & Bruno GENEVOIS, *Les grands arrêts de la jurisprudence administrative*, Paris, Dalloz, coll. Grands arrêts, 23e éd., 2021, pp. 612-625.

Si cette jurisprudence met en cohérence l'ordre juridictionnel avec la volonté du constituant de 1958, elle réduit néanmoins de fait le pouvoir du Parlement, le Conseil d'État veillant jusqu'alors à ne pas contredire le législateur, en refusant tout contrôle de constitutionnalité ou de conventionnalité des lois (selon la théorie de la « loi-écran » ; Conseil d'État, sect., 6 novembre 1936, *Arrighi* ; *Lebon* p. 966).

fiscales internationales dans l'ordre interne[112], fait alors œuvre d'interprétation du droit fiscal international[113].

271. **L'interprétation des traités.** Chargé d'appliquer les traités, le juge saisi est par conséquent chargé de leur interprétation[114]. De manière générale, le juge français privilégie une interprétation littérale du texte conventionnel – ce qui a amené, par exemple, le Conseil d'État à privilégier l'application des termes de la convention (qui créaient de fait une double imposition juridique par rapport à l'application du seul droit interne) sur l'objectif de lutte contre la double imposition présent dans l'intitulé de la convention[115]. Cette interprétation littérale suppose néanmoins de considérer l'ensemble du texte de la convention et non ses articles pris isoléments[116].

Le juge français peut néanmoins retenir, en cas de termes jugés obscurs, d'autres méthodes d'interprétation[117]. Pour ce faire, il se repose sur les méthodes prévues par le Convention de Vienne sur le droit des traités[118], qui prévoit comme règle générale d'interprétation (art. 31, 1.) :

---

[112] V. Marc PELLETIER, *Les normes du droit fiscal*, Paris, Dalloz, coll. Nouvelle bibliothèque de thèses, 2008, pp. 254 *sqq.*

[113] Pour un panorama de la jurisprudence en matière de droit fiscal international et le rôle interprétatif du juge, v. not. Nicole DAVOULT, « L'interprétation du juge concernant le droit fiscal international », *in* Thierry LAMBERT (dir.), *Le contentieux fiscal en débats,* Paris, LGDJ-Lextenso, coll. Grands colloques, 2014, pp. 139-164.

[114] Depuis la décision Conseil d'État, ass., 9 juin 1990, n° 78519, *GISTI* (*RJF* 8-9/90, n° 1096), le Conseil d'État ne s'estime plus tenu par l'interprétation qui aurait été faite de la convention par le ministre des Affaires étrangères. La jurisprudence administrative rejoint en ce sens la jurisprudence judiciaire en se réservant le droit d'interpréter directement les traités. Auparavant, le Conseil d'État était tenu de transmettre toute difficulté d'interprétation des traités au ministre des Affaires étrangères, et était contraint par sa réponse (Conseil d'État, ass., 3 juillet 1933, *Karl et Toto Samé* ; *Lebon* p. 727). Dans la pratique toutefois, le Conseil d'État recourrait à la théorie de l'acte clair pour limiter ces renvois préjudiciels, ce qui a peut-être pu influencer la préférence des juges pour une interprétation littérale des traités (Philippe MARTIN, « L'interprétation des conventions fiscales internationales », *Droit fiscal* n° 24, 13 juin 2013, étude 320).

[115] Par exemple Conseil d'État, ass., 28 juin 2002, n° 232276, *Société Schneider Electric* (v. n° 272 ci-dessous). Sur la priorité de la méthode littérale sur les autres méthodes d'interprétation, le rapporteur Benoît BOHNERT sous l'arrêt *Lufthansa* en 2015 citait notamment Conseil d'État, 3e et 8e ss-sect., 24 mai 2000, n° 209699 et n° 209891, *CRCAM Normand* et n° 185647, *CRCAM du Midi* (*JurisData* n° 2000-060947 ; *Droit fiscal* 2000, n° 48, comm. 943, concl. L. TOUVET ; *RJF* 7-8/2000, n° 974) ; Conseil d'État, 8e et 3e ss-sect., 26 juillet 2006, n° 284930, *Sté Natexis Banques populaires* (*JurisData* n° 2006-080989 ; *Droit fiscal* 2006, n° 50, comm. 791, concl. P. Collin ; *RJF* 11/2006, n° 1421) ; et encore Guy GEST, « L'affaire des crédits d'impôt brésiliens, ou les limites de l'interprétation littérale des conventions », *Droit fiscal* 2006, n° 50, étude 69 (v. Philippe LEGENTIL, « L'affaire Lufthansa : le principe d'interprétation littérale à la croisée des chemins ? », concl. B. BOHNERT, *Droit fiscal* 2015, n° 14, comm. 245.

[116] Par exemple Conseil d'État, ss-sect.7 et 8 réunies, 26 février 1992, n° 83461, *Mallet.*

[117] C'est le sens même de la jurisprudence *GISTI* du 9 juin 1990 (v. note 114 ci-dessus).

[118] Convention sur le droit des traités, signée à Vienne le 23 mai 1969, entrée en vigueur le 27 janvier 1980. Bien que la France n'ait jamais ni signé ni ratifié cette convention (ses représentants votant contre lors de la Conférence de Vienne le 22 mai 1969 ; v. Olivier DELEAU, « Les positions

« Un traité doit être interprété de bonne foi suivant le sens ordinaire à attribuer aux termes du traité dans leur contexte et à la lumière de son objet et de son but. »[119]

Cette approche permet au juge, quand l'interprétation littérale n'est pas possible, de procéder à une approche téléologique des termes de la convention. Dans une telle approche, les commentaires des modèles conventionnels proposés par l'OCDE et l'ONU peuvent servir d'éléments permettant d'établir l'intention des parties ; ces commentaires n'ont pas de valeur juridique en tant que telle, et le Conseil d'État, allant à l'encontre des préconisations du comité des affaires fiscales de l'OCDE, refuse de considérer les commentaires publiés postérieurement à la conclusion de la convention – car ils n'ont pas pu influencer les parties dans la rédaction de la convention[120].

Le juge peut aller jusqu'à retenir une « interprétation neutralisante » de certaines stipulations conventionnelles pour assurer le respect de la hiérarchie des normes et de la supériorité du droit constitutionnel et du droit européen dans l'ordre interne. Le Conseil d'État a considéré que les traités devaient être interprétés conformément à la Convention européenne des droits de l'Homme, au droit de l'Union européenne[121], ainsi que conformément aux règles et principes de valeur constitutionnelle[122]. Dans ce dernier aspect, le juge saisi est alors, dans une certaine mesure, supplétif du Conseil constitutionnel qui, s'il n'est pas

---

françaises à la Conférence de Vienne sur le droit des traités », *Annuaire français de droit international*, 1969, n° 15, pp. 7-23), elle en applique néanmoins l'essentiel des termes en ce qu'elle codifie des principes coutumiers du droit international public. S'il y est rarement fait explicitement référence dans la jurisprudence, le juge français fait une application implicite de ces règles et les rapporteurs publics peuvent s'y référer dans leurs conclusions (v. Jérôme PRÉVOST-GELLA, *Le juge administratif français et les conflits de traités internationaux*, Paris, Dalloz, coll. Nouvelle bibliothèque de thèses, 2018, pp. 26-27). Les règles d'interprétation des traités sont prévues aux articles 31, 32 et 33 (v. Pierre-Marie DUPUY & Yann KERBRAT (éds.), *Les grands textes de droit international public*, Paris, Dalloz, coll. Grands arrêts, 10e éd., 2018, pp. 321-343).

[119] Le Conseil d'État ne cite pas explicitement la Convention de Vienne, mais considère que les stipulations d'une convention, notamment fiscale, « doivent être interprétées conformément au sens ordinaire à attribuer à leurs termes, dans leur contexte et à la lumière de leur objet et de leur but » (Conseil d'État, 9e et 10e sous-sect., 9 novembre 2015, n° 370054, *LHV* ; cité not. par Bernard CASTAGNÈDE, *Précis de fiscalité internationale*, Paris, Presses universitaires de France, 6e éd., 2019, p. 357 (n° 426)).

[120] V. Philippe MARTIN, « L'interprétation des conventions fiscales internationales », *Droit fiscal* n° 24, 13 juin 2013, étude 320.

[121] Conseil d'État, 9e et 10e ss-sect., 27 juillet 2012, n° 337656, *ministre c. Regazzacci* et n° 337810, *Regazzacci* (*JurisData* n° 2012-019035 ; *Lebon* p. 293).

[122] Décision rendue en matière d'extradition : Conseil d'État, ass., 3 juillet 1996, n° 169219, *Koné* (*Lebon*, p. 255). À noter que le Conseil d'État n'est pas pour autant juge de la constitutionnalité intrinsèque des conventions, rôle exclusif du Conseil constitutionnel (v. Conseil d'État, 8 juillet 2002, n° 239366, *Commune de Porta* ; Conseil d'État, ass., 9 juillet 2010, n° 327663, *Fédération nationale de la libre pensée* ; *Lebon* p. 268).

compétent pour juger de la conventionnalité des lois[123], est néanmoins compétent pour connaître de la constitutionnalité des conventions[124].

De manière générale, l'application juridictionnelle du droit conventionnel privilégie les normes internes sur la production des experts internationaux qui constitue essentiellement de la *soft law*. Le juge se place alors dans un rôle de protection des prérogatives nationales au sein du système fiscal international. Sans nier la valeur supra-législative des conventions internationales, il les réintègre dans la hiérarchie des normes. Il les place alors en perspective autant vis-à-vis des normes infra-conventionnelles (lois et règlements) et que des normes supra-conventionnelles (droit européen et constitutionnel).

§ 2 : Des solutions hétérogènes et conjoncturelles

272. **L'équilibre de la hiérarchie des normes dans la subsidiarité des conventions fiscales.** Le principe de subsidiarité des conventions fiscales illustre le particularisme des conventions fiscales dans l'application par le juge administratif du droit conventionnel. Il constitue en outre une « exception française », en ce que la France semble être l'un des seuls États à appliquer un tel principe[125].

Reconnu de manière implicite par le Conseil d'État dès 1975[126], le principe de subsidiarité est consacré (sans être nommé[127]) dans la décision *Schneider Electric* de 2002[128] dans son considérant de principe suivant :

---

[123] Conseil constitutionnel, décision n° 74-54 DC du 15 janvier 1975, *Loi relative à l'interruption volontaire de la grossesse* (v. note 111, ci-dessus).

[124] L'article 54 de la Constitution du 6 octobre 1958 (modifié par la Loi constitutionnelle n° 92-554 du 25 juin 1992 *ajoutant à la Constitution un titre : « Des Communautés européennes et de l'Union européenne »*, art. 2) dispose :

> « Si le Conseil constitutionnel, saisi par le Président de la République, par le Premier ministre, par le président de l'une ou l'autre assemblée ou par soixante députés ou soixante sénateurs, a déclaré qu'un engagement international comporte une clause contraire à la Constitution, l'autorisation de ratifier ou d'approuver l'engagement international en cause ne peut intervenir qu'après la révision de la Constitution. »

La révision de 1992 a ajouté la mention de soixante députés ou soixante sénateurs, ouvrant la saisine du Conseil constitutionnel en pareil cas aux mêmes conditions que celles prévues pour le contrôle *a priori* de la constitutionnalité des lois à l'article 61 de la Constitution.

[125] Marilyne SADOWSKY, « Le principe de subsidiarité des conventions fiscales internationales », *Droit fiscal* n° 45, 8 novembre 2018, étude 436.

[126] Conseil d'État, plén., 19 décembre 1975, n°s 84774 et 91895, *Compagnie d'assurance A* ; continué par Conseil d'État, 8e et 9e ss-sect., 17 mars 1993, n° 85894, *Memmi* dans les conclusions duquel le commissaire du Gouvernement Jacques ARRIGHI DE CASANOVA affirme le caractère « subsidiaire » des conventions fiscales (v. *RJF* 1993, n° 5, p. 359).

[127] Le Conseil d'État s'est par la suite référé explicitement au « principe de subsidiarité des conventions fiscales » dans la décision Conseil d'État, 9e et 10e ss-sect., 12 mars 2014, n° 362528, *Société Céline* (*JurisData* n° 2014-004866 ; *Lebon*, p. 155 ; *Droit fiscal* 2014, n° 22, comm. 356, concl. F. ALADJDI, note Ph.DURAND).

[128] Conseil d'État, ass., 28 juin 2002, n° 232276, *Sté Schneider Electric.*

> « Considérant que si une convention bilatérale conclue en vue d'éviter les doubles impositions peut, en vertu de l'article 55 de la Constitution, conduire à écarter, sur tel ou tel point, la loi fiscale nationale, elle ne peut pas, par elle-même, directement servir de base légale à une décision relative à l'imposition ; que, par suite, il incombe au juge de l'impôt, lorsqu'il est saisi d'une contestation relative à une telle convention, de se placer d'abord au regard de la loi fiscale nationale pour rechercher si, à ce titre, l'imposition contestée a été valablement établie et, dans l'affirmative, sur le fondement de quelle qualification ; qu'il lui appartient ensuite, le cas échéant, en rapprochant cette qualification des stipulations de la convention, de déterminer – en fonction des moyens invoqués devant lui ou même, s'agissant de déterminer le champ d'application de la loi, d'office – si cette convention fait ou non obstacle à l'application de la loi fiscale ; »

La subsidiarité des conventions fiscales, qui a fait l'objet de diverses évolutions[129], constitue essentiellement un principe méthodologique visant à concilier la primauté des conventions sur la loi (article 55 de la Constitution) et la légalité fiscale (article 34 de la Constitution)[130]. Lorsqu'il est saisi d'une problématique fiscale internationale, le juge administratif doit, dans un premier temps, vérifier que l'imposition est fondée en droit interne, et sur quels fondements, puis, dans un second temps, si et seulement si l'imposition est fondée en droit interne, vérifier si une convention fiscale internationale ne s'oppose pas à cette imposition (**Figure 9**, ci-dessous). Le Conseil d'État impose ainsi une priorité du droit interne, sans pour autant nier la primauté du droit conventionnel (qui n'intervient toutefois que subsidiairement).

---

129 V. not. Anapaula TRINDADE MARINHO, *La subsidiarité des conventions fiscales*, thèse de doctorat, Paris 1, 2015, 513 p. ; ou encore Marilyne SADOWSKY, « Le principe de subsidiarité des conventions fiscales internationales », *Droit fiscal* n° 45, 8 novembre 2018, étude 436.

130 Constitution du 4 octobre 1958, article 34 :

> « La loi fixe les règles concernant : [...]
>
> « – l'assiette, le taux et les modalités de recouvrement des impositions de toutes natures ; [...] »

Le principe de légalité fiscale concrétise celui du consentement à l'impôt, prévu à l'article 14 de la Déclaration des droits de l'Homme et du citoyen de 1789 :

> « Tous les Citoyens ont le droit de constater, par eux-mêmes ou par leurs représentants, la nécessité de la contribution publique, de la consentir librement, d'en suivre l'emploi, et d'en déterminer la quotité, l'assiette, le recouvrement et la durée. »

Le droit de lever l'impôt est donc une prérogative strictement réservée à la loi. Partant, une convention internationale ne peut, en tant que telle, fonder une imposition.

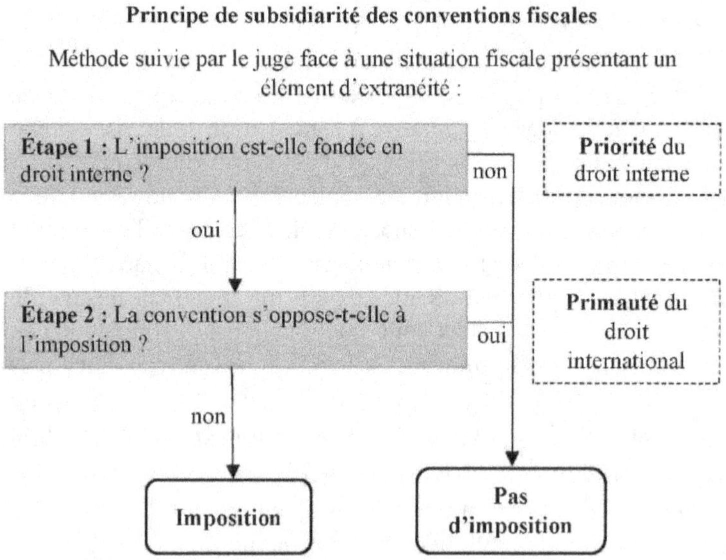

Figure 9 : Principe de subsidiarité des conventions fiscales[131]

Cette méthodologie n'est pas sans conséquences. Dans sa décision *Aznavour*[132], le Conseil d'État en déduit par exemple que l'application prioritaire du droit interne permet, par une qualification préalable des faits en application de la loi française (en l'espèce du dispositif anti-abus de l'article 155 A), de désigner la convention fiscale qui sera applicable à l'espèce[133]. Cette approche peut en outre créer une situation défavorable au contribuable d'une manière contradictoire avec l'objet même de la convention. Dans sa décision *Société Céline*[134], le Conseil

[131] Source : auteur.

[132] Conseil d'État, 10ᵉ et 9ᵉ ss-sect., 28 mars 2008, n° 271366, *Aznavour* (*JurisData* n° 2008-081297 ; *Droit fiscal* 2008, n° 17, comm. 293).

[133] Dans la décision *Aznavour*, les sommes versées par une société française à une société britannique en paiement d'une prestation artistique réalisée en France par Charles AZNAVOUR, domicilié fiscalement en Suisse (soit un montage de « *rent a star company* »), avaient été imposées, en application du dispositif anti-abus de l'article 155 A du CGI, dans les mains du bénéficiaire réel, ici Charles AZNAVOUR. L'imposition étant fondée en droit interne, il restait à étudier la convention fiscale. Le contribuable contestait l'imposition sur le fondement de la convention fiscale franco-britannique. Le Conseil d'État, refusant de suivre les conclusions du commissaire du Gouvernement Claire LANDAIS, a considéré que la qualification préalable des faits supposait d'appliquer la convention fiscale franco-suisse (permettant l'imposition en l'espèce), et non la convention fiscale franco-britannique.

[134] Conseil d'État, 9ᵉ et 10ᵉ ss-sect., 12 mars 2014, n° 362528, *Société Céline* (*JurisData* n° 2014-004866 ; *Lebon*, p. 155 ; *Droit fiscal* 2014, n° 22, comm. 356, concl. F. ALADJIDI, note Ph. DURAND). Pour une application au détriment du contribuable, v. aussi Conseil d'État, 3ᵉ et 8ᵉ ss-sect., 12 juin 2013, n° 351702, *Société BNP Paribas* (*JurisData* n° 2011-015730 ; *Droit fiscal* 2012, n° 5, comm. 129), visant le refus à la société BNP Paribas de la déduction de provisions pour dépréciation de titres d'une filiale canadienne, la convention franco-canadienne prévoyant en l'espèce une

d'État a considéré par exemple que les termes des conventions fiscales franco-italienne et franco-japonaise s'opposaient à la déduction en charge de l'impôt payé à l'étranger telle que prévue par l'article 39 du CGI. Partant, en cas d'exercice déficitaire, l'existence des conventions aggravait la situation de double-imposition connue par le contribuable qui, en l'absence d'impôt sur lequel l'imputer, ne pouvait bénéficier du crédit d'impôt prévu par les stipulations conventionnelles (méthode de l'imputation[135]), et ne pouvait non plus bénéficier de la déduction prévue par le droit interne, laquelle aurait augmenté le déficit reportable, et donc diminué *in fine* l'imposition de l'entreprise.

Cette application particulière du droit conventionnel en droit fiscal par le Conseil d'État n'est pas suivie par la jurisprudence judiciaire. La Cour de cassation, en application de sa jurisprudence *Société des cafés Jacques Vabre*[136], considère seulement la supériorité des conventions internationales par rapport à la loi pour appliquer directement les conventions fiscales, sans opérer le détour par le droit interne requis par le principe de subsidiarité. Cette divergence de jurisprudence et de méthode entre les deux ordres juridictionnels crée une dissonance dans l'ordre juridique fiscal interne et une incertitude pour le contribuable, autant liées à la dualité juridictionnelle en matière fiscale[137] qu'à une certaine difficulté d'appréhension par les magistrats de la dimension internationale au sein de la matière fiscale.

273. **L'intrication normative des systèmes fiscaux nationaux et international.** L'intrication des systèmes fiscaux national et international s'illustre en outre dans les renvois explicites des conventions au droit interne, ou du droit interne aux conventions, bouleversant le cas échéant l'application du principe de subsidiarité.

Le modèle OCDE par exemple renvoie expressément à la législation interne (fiscale) des États, notamment en matière de définitions (article 3 du modèle

---

imposition exclusive des gains en capital au Canada, et donc une exemption totale en France (méthode de l'exemption, v. n°s 62 et suivants).

[135] V. n°s 66 ci-dessus et suivants.

[136] Cass., Ch. mixte, 24 mai 1975, *Société des cafés Jacques Vabre* (*Dalloz* 1975.497, concl. TOUFFAIT) ; v. note 111.

[137] V. Florent OLIVER, *Le juge et l'impôt – D'un dualisme complexe à un monisme vertueux*, Paris, L'Harmattan, coll. Finances publiques, 2022, not. pp. 188-190.

conventionnel), sur certains termes spécifiques[138] ou de manière générale, en l'absence de définition conventionnelle[139].

À l'inverse, la législation interne peut se référer expressément au droit conventionnel, y compris pour fonder une imposition. Tel est notamment le cas de l'article 209 du CGI qui dispose dans son premier alinéa que sont notamment passibles de l'impôt sur les sociétés les bénéfices « dont l'imposition est attribuée à la France à la France par une convention internationale relative aux doubles impositions ». L'attribution par une convention fiscale de l'imposition de bénéfices à la France est susceptible de fonder territorialement leur imposition au titre de l'impôt sur les sociétés, sous réserve des règles matérielles. Dans ce cas, le Conseil d'État a pu faire une application directe de la convention fiscale, sans vérifier au préalable que l'imposition était fondée en droit interne[140]. Cette application « raccourcie » du principe de subsidiarité peut aussi bien traduire que susciter une certaine perplexité à l'égard de telles intrications normatives.

Elle manifeste une forme d'inconsistance du système fiscal national face à l'international, l'expertise des juges restant avant tout une expertise interne.

274. **La confusion des normes en droit interne : l'exemple de la « convention » entre la France et Taïwan.** D'autres anomalies peuvent enfin apparaitre dans l'appréhension normative du système fiscal international par le droit interne, et ce de manière transversale. L'exemple de l'accord fiscal entre la France et Taïwan est topique d'une certaine dissipation de la distinction des

---

[138] L'article 3, 1., du modèle prévoit notamment (OCDE, *Modèle de Convention fiscale concernant le revenu et la fortune 2017 (Version complète)*, Paris, Éditions OCDE, 10e éd., 2019, M-10) :

> « 1. Au sens de la présente Convention, à moins que le contexte n'exige une interprétation différente : [...]
> « *g)* le terme « national », en ce qui concerne un État contractant, désigne : [...]
> « *(ii)* toute personne morale, société de personnes ou association constituée conformément à la législation en vigueur dans cet État contractant ; [...]
> « *i)* l'expression « fonds de pension reconnu » d'un État désigne une entité ou un dispositif établi dans cet État qui est considéré comme une personne distincte au regard de la législation fiscale de cet État [...]. »

[139] C'est le sens du 2. de l'article 3 (OCDE, *Modèle de Convention fiscale concernant le revenu et la fortune 2017 (Version complète)*, Paris, Éditions OCDE, 10e éd., 2019, M-11) :

> « 2. Pour l'application de la Convention à un moment donné par un État contractant, tout terme ou expression qui n'y est pas défini a, sauf si le contexte exige une interprétation différente ou que les autorités compétentes conviennent d'un sens différent conformément aux dispositions de l'article 25, le sens que lui attribue, à ce moment, le droit de cet État concernant les impôts auxquels s'applique la Convention, le sens attribué à ce terme ou expression par le droit fiscal de cet État prévalant sur le sens que lui attribuent les autres branches du droit de cet État. »

[140] V. not. CE, sect., 20 juin 2003, n° 224407, *Interhome AG* ; CE, 9e et 10e ss-sect., 5 avril 20006, n° 281098, *Sté Midex* ; CE, 3e et 8e ss-sect., 31 juillet 2009, n° 297933, *Sté Swiss International Air Lines AG* et n° 296471, *Overseas Thoroughbred Racing Stud Farms Ltd.* Mme Marilyne SADOWKY commente ainsi ces jurisprudences (Marilyne SADOWSKY, « Le principe de subsidiarité des conventions fiscales internationales », *Droit fiscal* n° 45, 8 novembre 2018, étude 436) :

> « Il existe ainsi deux méthodes : l'une complète résultant de l'arrêt *Schneider* et l'autre raccourcie essentiellement applicable en matière de territorialité de l'impôt des sociétés. La multiplication des méthodes interroge la logique de subsidiarité. »

normes de droit fiscal, de leur interchangeabilité voire de leur confusion. Cet accord (ou « quasi-convention »[141]) est inscrit à l'article 77 (article 32 du PLFR) de la loi de finances rectificatives pour 2010[142]. Il peut être qualifié de « pseudo-convention » (fausse convention) ou de « pro-convention » (à la place d'une convention), dans la mesure où il reprend la structure et le contenu du modèle de convention fiscale de l'OCDE : il contient le fond d'une convention fiscale bilatérale, mais pas la forme.

Cet article[143], peu discuté[144] et peu commenté[145], a pour cause la situation diplomatique complexe de Taïwan et de sa non-reconnaissance en tant qu'État souverain par une grande partie de la communauté internationale (plus de 160 États, l'ONU et l'UE, France comprise[146]). Cette non-reconnaissance induit une absence d'entité juridique indépendante avec laquelle interagir. Toute convention bilatérale ou tout autre instrument de droit international public est nécessairement exclu entre la France et Taïwan. Néanmoins l'absence de convention fiscale entre

---

[141] « Institution d'une "quasi-convention" fiscale régissant l'élimination des doubles impositions et la prévention de la fraude fiscale entre la France et Taïwan », *Droit fiscal* n° 5, 3 février 2011, comm. 194.

[142] Loi n° 2010-1658 du 29 décembre 2010 *de finances rectificative pour 2010* (*JORF* n° 302 du 30 décembre 2010, p. 23 127). Cet article s'inscrit dans les dispositions permanentes, mesures fiscales non rattachées, autres mesures.

[143] Pour de plus amples détails, v. Assemblée Nationale, Gilles CARREZ (rapp. gén.), Rapport n° 2998 fait par la Commission des finances, de l'économie générale et du contrôle budgétaire *sur le projet de loi de finances rectificative pour 2010 (n° 2944)*, 1er décembre 2010, Tome 1, pp. 396-413.

[144] Cet article n'a fait l'objet que d'amendements rédactionnels, tous adoptés, (24 amendements introduits par Gilles CARREZ, président de la commission des finances de l'Assemblée), ce qui au regard de son objectif est parfaitement compréhensible – un amendement de fond aurait rompu l'effet miroir d'avec la loi taïwanaise correspondante et brisé la réciprocité de cette « quasi-convention ». L'admission de la recevabilité de ces amendements semble néanmoins contrevenir à la dimension conventionnelle de ces dispositions.

[145] À titre d'exemple, la *Revue de droit fiscal* lui consacra une courte page dans son numéro dédié à la loi de finances rectificative pour 2010, mais dans une stricte approche de synthèse et sans commentaire particulier : « Institution d'une « quasi-convention » fiscale régissant l'élimination des doubles impositions et la prévention de la fraude fiscale entre la France et Taïwan », *Droit fiscal* n° 5, 3 février 2011, comm. 194, p. 105. De même, le commentaire dédié aux lois de finances de décembre 2010 de la *Gazette du Palais* ne s'y est pas plus attardé : Betty TOULEMONDE & Hervé ZAPF, « Commentaire des principales dispositions de la loi de finances pour 2011 et de la loi de finances rectificative pour 2010 », *Gazette du Palais*, *Recueil* 2011 n° 2, mars-avril 2011, p. 765. Le *BOFiP* lui-même ne s'émeut guère de la singularité de cet instrument et renvoie à l'article 77 de la LFR et au décret n° 2010-1721 du 30 décembre 2010 (*JO* n° 303 du 31 décembre 2010, p. 23 127) fixant la date d'entrée en vigueur de ses dispositions : BOI-INT-CVB-TWN ; à noter que la classification de ces quelques phrases permet de déduire que l'administration fiscale assimile entièrement l'instrument à une convention bilatérale.

[146] La Cour de cassation a pu néanmoins accorder à la République de Chine-Taïwan une « reconnaissance de fait » (lui donnant notamment droit au bénéfice de l'immunité de juridiction de l'article 684, al. 2, du Code de procédure civile) : *v.* Cass. civ. 1ère, 19 mars 2014, n° 11-20.312, Publié au *Bulletin* 2014, I, n° 44. Il est donc permis de considérer, pour la beauté de la formule, que Taïwan est un État de fait sinon un État de droit.

les deux a pu causer des situations de double imposition et constituer un terrain propice à la fraude, d'où la nécessité d'une convention malgré son impossibilité.

Pour contourner cette difficulté, l'administration fiscale a pris le parti de négocier malgré tout la « convention », mais en s'accordant sur une intégration dans la loi plutôt que de passer par le traité. Le texte final reprend pour l'essentiel le modèle de convention OCDE ; quelques aménagements ont été faits pour s'accorder aux traditions conventionnelles françaises, d'autres en accord avec le modèle ONU, d'autres pour s'adapter à certaines spécificités du territoire taïwanais et d'autres enfin pour ajuster la rédaction – notamment, pour ne pas avoir à parler d'un territoire de Taïwan, l'article 77, I. — 1., préfère retenir un « territoire sur lequel s'applique la législation fiscale administrée par l'Agence des impôts de Taïwan » (la périphrase revenant 88 fois dans l'article, la lisibilité en est bien réduite). Bien entendu, l'esprit de la négociation implique que la législation taïwanaise intègre *mutatis mutandis* un texte similaire, afin d'assurer la réciprocité de la pseudo-convention. Le contrôle de cette réciprocité est abandonné au ministre chargé des finances dans le dernier alinéa de l'article 77 : « Cet article cesse d'être applicable à compter du 1er janvier suivant le constat, par arrêté du ministre chargé des finances, de la non-application de dispositions équivalentes par l'Agence des impôts de Taïwan. »[147]

Si le Conseil constitutionnel a été saisi sur la LFR pour 2010, la saisine n'a pas porté sur cet article et le Conseil n'a pas jugé opportun de s'en saisir d'office, ce qui pourrait laisser supposer – mais le conditionnel est de mise car s'il se saisit régulièrement d'office en matière de cavaliers budgétaires, son contrôle n'est pas nécessairement exhaustif en la matière – que ces dispositions entrent bel et bien dans le champ constitutionnel des lois de finances – et ne sont donc pas de nature conventionnelle.

La chose est d'autant plus « perturbante » qu'il est parfaitement admis en France, notamment par le Conseil constitutionnel, que l'État peut conclure des conventions fiscales avec des entités autres que des États souverains : le Conseil considère par exemple que « de façon générale, aucun principe ou règle de valeur constitutionnelle ne s'oppose à ce que l'État passe des conventions avec les diverses collectivités territoriales de la République telles que les communes, les

[147] Cet « abandon » correspond néanmoins à la jurisprudence de la Cour de cassation en matière de réciprocité des conventions selon laquelle « en l'absence d'initiative prise par le gouvernement pour dénoncer une convention ou suspendre son application, il n'appartient pas aux juges d'apprécier le respect de la condition de réciprocité prévue dans les rapports entre États par l'article 55 de la Constitution du 4 octobre 1958 » (Cass., 1ère civ., 6 mars 1984, n° 82-14008, *Kryla c/ Kappy* ; *JurisData* n° 1984-700402 ; *JDI* 1984, p. 858, note J. CHAPPEZ) ; cette solution n'est toutefois pas partagée par le Conseil d'État qui, lorsque que la problématique lui est soumise, instruit la question (auprès du ministre des Affaires étrangères et le cas échéant auprès de l'autre État) et la soumet à un véritable débat contradictoire (CE, ass., 9 juillet 2010, *Chériet-Benseghir* ; *Rec. CE* 2010 p. 251, concl. G. DUMORTIER ; *RFDA* 2010 p. 1 133, concl. G. DUMORTIER ; *RFDA* 2010 p. 1 146, note J.-F. LACHAUME ; *Dr. admin.* 2010, comm. 131, note G. GAUTIER).

départements, les régions ou les territoires d'outre-mer »[148]. Il ne faut néanmoins pas interpréter de manière trop extensive cette dernière décision qui assimile *in fine* la « convention » en question (texte formel) à une mesure d'ordre intérieur (portée normative) et non à une véritable convention internationale : le Conseil précise que la convention franco-calédonienne qui était alors en jeu « ne comporte aucune référence explicite ou implicite à l'article 53 de la Constitution relatif à la ratification et à l'approbation des traités et accords internationaux et procède de l'application des règles de pur droit interne relatives à l'exercice des compétences publiques en matière contractuelle »[149]. Louis FAVOREU y voyait « une importante contribution au droit des *contrats administratifs* »[150] sans relever de véritable spécificité fiscale là où le professeur Henri LABAYLE, s'y attardant plus longuement[151], évoque les conséquences que la décision pouvait emporter en matière de « souveraineté fiscale » mais surtout soulignait l'aspect éminemment technique du choix qui avait été fait de calquer la mesure sur la convention-type OCDE. Selon lui, il est bien clair que « "calquer" l'armature d'un texte de droit interne sur la pratique internationale ne saurait lui "conférer un quelconque caractère international", sous l'effet de quelque mystérieuse alchimie ».

Quoiqu'il en soit, la pseudo-convention entretient de manière très manifestement volontaire une confusion entre la loi et la convention internationale afin de contourner une problématique strictement diplomatique.

---

[148] Conseil constitutionnel, décision n° 83-160 DC du 19 juillet 2983, *Loi portant approbation d'une convention fiscale avec le territoire d'outre-mer de la Nouvelle-Calédonie et dépendances* (*JO* 21 juillet 1983, p. 2251 ; *Recueil* p. 43), considérant 3

[149] *Ibid.*, considérant 12 ; de même le Conseil d'État se prononçant sur la nature de cette « convention » refusa de la considérer comme un traité international, le territoire de la Nouvelle-Calédonie ne disposant pas de la personnalité juridique internationale (CE, ass., 19 avril 1991, *Faure* ; JurisData n° 1991-044261 ; *Rec. CE* 1991 p. 114 ; *RFDA*, 1992, p. 35, concl. J. GAEREMYNCK ; *AFDI*, 1992, p. 1 036, chron. J.-F. LACHAUME).

[150] Louis FAVOREU, « Le droit constitutionnel jurisprudentiel (mars 1983-mars 1986) », *Revue du droit public et de la science politique*, 1986, n° 2, p. 448

[151] Henri LABAYLE, note sous décision n° 83-160 DC, *JCP G* n° 9, 27 février 1985, II 20352

Conclusion du chapitre

275. **Un désinvestissement national.** L'analyse du comportement des acteurs normatifs internes, qu'ils relèvent des pouvoirs exécutif, législatif ou judiciaire, met en exergue l'influence du système fiscal international au sein de l'ordre interne. Bien que les standards de l'OCDE ne devraient y être intégrés qu'après un processus normatif classique, dans la pratique ils s'imposent aux institutions étatiques. Cette approche en partie attentiste des institutions nationales est paradoxale et problématique dans un contexte de réprobation générale des pratiques d'évitement de l'impôt au niveau international et de participation accrue des États à la coopération fiscale internationale.

L'exemple français permet de l'expliquer en illustrant notamment le caractère prépondérant de l'expertise dans la mise en œuvre d'une politique fiscale internationale. L'existence d'une telle politique au sein d'un État est conditionnée par sa capacité à investir cette expertise. Faute d'une pleine capacité d'expertise, le système fiscal international s'impose de fait aux États.

Chapitre 2 : L'assimilation du système par la doctrine

276. **De l'expertise à la doctrine : la place des acteurs privés dans le système.** Les instances nationales peinent à construire et affirmer une véritable politique fiscale internationale et à investir le système fiscal international pour lui insuffler des idées qui leur soient propres. Il en résulte une importance accrue en apparence du rôle des organisations internationales – ou, en l'occurrence, *d'une* organisation internationale, l'OCDE. Le système fiscal international ne se borne pas à l'ordre international public, et intègre dans sa dynamique les acteurs privés. Cette intégration se manifeste notamment par les différents processus de consultation des milieux économiques, tant par les instances nationales (comme la DLF) que par l'OCDE. La place des experts, qu'ils soient publics ou privés, est de fait fondamentale au sein des instances du système fiscal international : leurs rôles et leurs interactions conditionnent les rapports entre les acteurs du système (**Section 1**). Si la production de commentaires doctrinaux sur le système fiscal international s'opère essentiellement à l'intérieur même du système, au sein de ses différentes instances, la reconnaissance de l'existence du système fiscal international ouvre de nombreuses opportunités d'objectiver le système, et d'en proposer différentes théories, concepts et modèles (**Section 2**).

SECTION 1 : Le rôle des experts dans le système fiscal international

277. **Le rôle de l'expert dans l'action publique, entre légitimation et prescription.** La notion d'expertise peut être définie comme la « rencontre d'une conjoncture problématique et d'un savoir spécialisé »[1], ou plus « classiquement [...] comme la production d'une connaissance spécifique pour

[1] Centre de recherches et d'études sociologiques appliquées de la Loire (CRESAL), *Situations d'expertise et socialisation des savoirs*, Saint-Etienne, CRESAL, 1985, p. 3.

l'action »[2]. Partant, l'expert est à la fois le détenteur du savoir spécialisé, qui fonde sa qualité d'expert, et le producteur de la connaissance spécifique, par l'acte d'expertise.

Cette double définition fait apparaitre l'ambigüité inhérente au rôle de l'expert au sein de l'action publique et à laquelle les experts du système fiscal international n'échappent pas. L'expertise est d'abord un « dispositif de légitimation » de l'action publique[3] qui permet d'objectiver le choix politique qui lui est inhérent. C'est en ce sens que M. Pierre LASCOUMES qualifie l'expert de « source de normativité décisionnelle »[4]. Se pose alors la question de la légitimité de l'expert, et notamment du rôle politique qu'il acquiert incidemment. Si l'expert et le commanditaire de l'expertise, c'est-à-dire l'autorité politique, sont *a priori* complémentaires, la proximité entretenue par la sollicitation des experts dans l'action publique est susceptible de brouiller la frontière entre « le savant et le politique » et de les placer en situation de rivalité. L'expert, initialement outil de légitimation, peut devenir prescripteur d'acte politique. Comme le souligne le professeur Jacques CHEVALLIER, l'expert est alors « écartelé entre la légitimité scientifique qu'il a conquise et la légitimité sociale et politique qui lui est octroyée »[5].

Ce conflit inhérent à l'expertise peut être transposé au rapport entre le G20, commanditaire politique de l'expertise en matière fiscale internationale, et l'OCDE, principal organe d'expertise du système fiscal international. L'identification de ce système requiert alors de préciser les rôles respectifs et les interactions des experts en son sein (**§ 1**). Les travaux en cours en matière de fiscalité du numérique illustrent et confirment cet agencement de l'expertise du sein du système (**§ 2**).

§ 1 : La répartition des rôles entre les experts internationaux

278. **La multiplicité des expertises selon leur objet.** L'expertise jouant un rôle prépondérant au sein du système fiscal international, il faut considérer la nature de cette expertise au regard des savoirs qu'elle mobilise.

---

[2] Pierre LASCOUMES, « L'expertise, de la recherche d'une action rationnelle à la démocratisation des connaissances et des choix », *Revue française d'administration publique*, 2002/3 n° 103, p. 369.

[3] Cécile ROBERT, « Expertise et action publique », *in* Olivier BORRAZ & Virginie GUIRAUDON (dir.), *Politiques publiques 1 : La France dans la gouvernance européenne*, Paris, Presses de Sciences Po, coll. Académique, 2008, p. 310.

[4] Pierre LASCOUMES, « L'expertise, de la recherche d'une action rationnelle à la démocratisation des connaissances et des choix », *Revue française d'administration publique*, 2002/3 n° 103, p. 371.

[5] Jacques CHEVALLIER, « L'entrée en expertise », *Politix*, vol. 9, n° 26, 1996, p. 46 ; v. aussi Jérôme LAMY, « Gouverner par l'expertise scientifique et technique – Note critique », *Cahiers Droit, Sciences & Technologies*, n° 8, 2019, pp. 149-165.

Trois types d'expertises peuvent classiquement être identifiés, correspondant à trois profils d'experts[6]. L'*expertise administrative* sollicite une compréhension globale de l'État, de l'administration dans son ensemble, et de son fonctionnement pour pouvoir en proposer des réformes. Elle est essentiellement portée par des experts issus de la fonction publique, essentiellement des hauts fonctionnaires, dont l'expertise se veut généraliste[7] et qui sont fortement sollicités au sein des instances internationales pour défendre les intérêts des États. L'*expertise spécialisée* sollicite des connaissances spécifiques au domaine d'action visé, généralement techniques. Au sein du système fiscal international, les experts spécialistes sont généralement issus des cabinets d'avocats, ou des milieux universitaires. Enfin, le professeur Jacques CHEVALLIER met en exergue un troisième type d'expertise qui relèverait de *sages*, chargés d'« arbitrer entre les divers points de vue en présence, en recherchant les voies d'un consensus »[8].

Ces profils ne s'excluent pas mutuellement : un même expert peut être amené à fournir ces trois types d'expertises. Ces trois expertises sont en outre complémentaires : la place de l'OCDE au sein du système fiscal international procède notamment de sa capacité à les réunir.

279. **La nécessaire mixité des expertises.** La fiscalité internationale et ses problématiques sont dominées *ab initio* par l'expertise administrative.

Cette priorité de l'expertise administrative s'observe au niveau des instances nationales : en France, les agents de la Direction de la législation fiscale (DLF) en charge de la fiscalité internationale sont recrutés parmi le corps des inspecteurs des finances publiques (généralement des agents expérimentés, susceptibles de porter à ce titre une forme d'expertise spécialisée), mais sont essentiellement dirigés (chefs de bureaux, sous-directeurs et directeur) par des « généralistes » formés à l'École nationale de l'administration (ENA, remplacée à partir du 1er janvier 2022 par l'Institut national du service public – INSP). Certains États, notamment anglo-saxons, ont recours davantage à des professionnels expérimentés, spécialistes du secteur privé pour concevoir leurs politiques fiscales.

Cette priorité de l'expertise administrative se retrouve en outre au sein des premières instances internationales à s'être penchées sur la fiscalité. Tel est notamment le cas au sein des travaux de la Société des Nations qui, après le rapport des Quatre Économistes – relevant d'une expertise plus spécialisée – ont été essentiellement menés par des représentants des administrations fiscales des États participants. Telle est encore la pratique au sein de l'ONU : les 25 membres du Comité d'experts de la coopération internationale en

---

[6] Jacques CHEVALLIER, *Science administrative*, Paris, PUF, coll. Thémis droit, 6e éd., 2019, p. 473 ; v. aussi Jacques CHEVALLIER, « L'entrée en expertise », *Politix*, vol. 9, n° 26, 1996, pp. 33-50.
[7] V. Jacques CHEVALLIER, *Science administrative*, Paris, PUF, coll. Thémis droit, 6e éd., 2019, p. 302.
[8] Jacques CHEVALLIER, *Science administrative*, Paris, PUF, coll. Thémis droit, 6e éd., 2019, p. 473.

matière fiscale de l'ECOSOC sont nommés par le Secrétaire général, mais sur désignation des États membres. Ils sont expressément choisis dans les « domaines de la politique et de l'administration fiscales »[9]. De fait, les 25 experts sont tous issus des administrations fiscales des États membres[10]. Cette homogénéité de l'expertise au sein de l'ECOSOC explique en partie l'échec de l'ONU à s'imposer davantage au sein du système fiscal international, à l'inverse de l'OCDE qui bénéficie d'une expertise plurielle.

De fait, l'expertise fondée sur un seul expert, ou sur un seul type d'expert, présente des limites évidentes, opposant à une pluralité de situations une unicité de méthode et de jugement. De manière générale, le recours à l'expertise dans l'action publique a peu à peu privilégié le recours à « l'expertise collective et pluridisciplinaire »[11], intégrant des experts divers et faisant participer les personnes directement intéressées par les problématiques étudiées, spécialistes ou non. Comme le relève M. Pierre LASCOUMES, les « expertises collectives, intégrant des spécialistes d'horizons différents et des profanes, se sont multipliées ces dernières années dans les domaines marqués de fortes incertitudes »[12]. Cette observation peut être transposée à l'expertise telle qu'exercée dans le domaine de la fiscalité internationale au sein de l'OCDE.

280. **Les experts travaillant avec l'OCDE.** Au sein de ses nombreuses initiatives en matière fiscale, l'OCDE s'adresse prioritairement aux administrations fiscales, celles de ses États membres comme celles de pays tiers. Le Forum mondial sur la transparence et l'échange de renseignements à des fins fiscales réunit ainsi les administrations de 164 pays et juridictions[13], travaillant sur un pied d'égalité pour mettre en œuvre les normes de transparence fiscale et d'échange de renseignements. Le Cadre inclusif OCDE/G20 du BEPS réunit quant à lui les administrations de 141 membres

---

[9] ECOSOC, Résolution n° 2004/69 du 11 novembre 2004.

[10] V. ECOSOC, *Nomination de 25 membres du Comité d'experts de la coopération internationale en matière fiscale*, E/2021/9/Add.13, 15 juillet 2021, nommant les nouveaux membres du Comité d'expert pour le mandat 2021-2025. Sont annexés au document des éléments biographiques de chaque membre, notamment leurs fonctions actuelles (il s'agit de hauts-fonctionnaires, occupant des postes de direction au sein de l'administration) et antérieures. La plupart semblent avoir une carrière exclusivement menée au sein de l'administration de leur pays. Quatre d'entre eux ont travaillé par le passé pour d'autres instances internationales : deux à l'OCDE, un au Fonds monétaire international, et une à la Commission européenne. Deux mentionnent avoir travaillé pour un cabinet d'avocat.

[11] Pierre LASCOUMES, « L'expertise, de la recherche d'une action rationnelle à la démocratisation des connaissances et des choix », *Revue française d'administration publique*, 2002/3 n° 103, p. 373.

[12] *Ibid.* p. 374.

[13] V. « Liste complète des membres du Forum mondial », mise à jour : mai 2022, *in* www.oecd.org, consulté le 1er juin 2022. Pour mémoire, l'Union européenne peut figurer un 165e membre, participant pleinement aux travaux du Forum mondial.

pour lutter contre l'érosion de la base d'imposition et le transfert de bénéfices[14].

Sont également invitées à participer à ces forums internationaux de nombreuses structures internationales. Le Forum mondial compte ainsi 21 organisations internationales ayant le statut d'observateur[15], qu'il s'agisse d'organisations à vocation universelle[16] ou régionale[17], dans des domaines économiques généraux[18] ou spécialisés[19] (comme diverses banques de développement[20]), visant les intérêts privés[21], ou étant spécifiquement dédiées aux administrations fiscales[22]. Ces dernières sont les plus nombreuses ; elles servent notamment de support aux réunions régionales permettant le déploiement des mesures proposées par le Forum. Une logique similaire a été retenue pour le Cadre inclusif du BEPS en y incluant 14 organisations ayant le statut d'observateur[23].

L'OCDE recourt en outre très fréquemment à la consultation des parties prenantes à la fiscalité. Elle organise des consultations publiques, fait des appels à contributions et organise des conférences et des sondages. Elle ouvre notamment aux consultations publiques ses différents accords, actions et propositions en matière fiscale, et publie les commentaires ainsi recueillis[24]. En matière fiscale, l'emploi de telles consultations s'est développé ces dernières années, en particulier pour la mise en place des actions du BEPS, dont les rapports ont été publiés en 2015 (**Figure 10**).

---

[14] V. « Membres du Cadre inclusif sur le BEPS de l'OCDE et du G20 », mise à jour : novembre 2021, *in* www.oecd.org, consulté le 1er juin 2022.

[15] V. « Liste complète des membres du Forum mondial », mise à jour : septembre 2021, *in* www.oecd.org, consulté le 1er juin 2022.

[16] Comme l'Organisation des Nations unies.

[17] Comme la Commission de l'Union africaine ou la Communauté caribéenne – ou, dans une certaine mesure, le Secrétariat du Commonwealth.

[18] Comme le Groupe de la Banque mondiale ou le Fonds monétaire international.

[19] Comme le Groupe d'action financière ou l'Organisation mondiale des douanes.

[20] Comme la Banque asiatique de développement, la Banque africaine de développement, la Banque de développement du Conseil de l'Europe, la Banque européenne d'investissement, la Banque européenne pour la reconstruction et le développement, la Banque interaméricaine de développement, ou encore, plus généralement, le Groupe de la Banque Mondiale.

[21] Comme la Société financière internationale (relevant du Groupe de la Banque mondiale).

[22] Comme l'Association des administrateurs fiscaux des îles du Pacifique, le Centre inter-américain des administrations fiscales, le Cercle de Réflexion et d'Échange des Dirigeants des Administrations Fiscales, le Forum sur l'Administration Fiscale Africaine, le Forum des administrations fiscales ouest africaines, ou encore l'Organisation intra-européenne des administrations fiscales.

[23] V. www.oecd.org, consulté le 1er juin 2022.

[24] V. OCDE, « Planned stakeholder input in OECD tax matters », www.oecd.org, consulté le 1er juin 2022. Les auteurs – ou les intérêts qu'ils représentent – doivent être clairement identifiés :

> « Please note that all comments received will be made publicly available. Comments submitted in the name of a collective "grouping" or "coalition", or by any person submitting comments on behalf of another person or group of persons, should identify all entreprises or individuals who are members of that collective group, or the person(s) on whose behalf the commentator(s) are acting. »

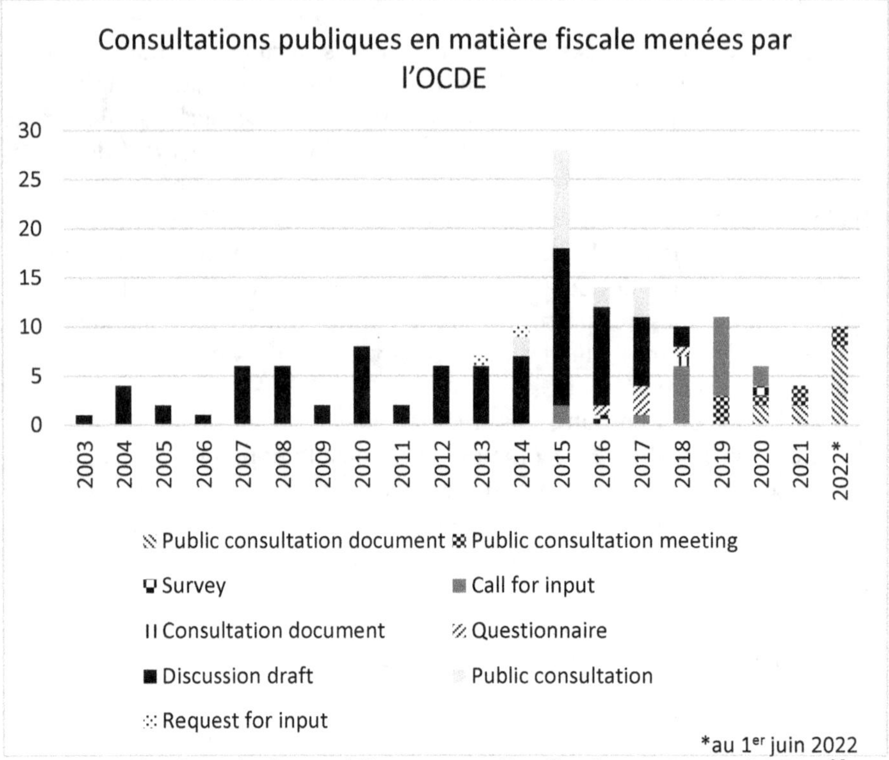

Figure 10 : Consultations publiques en matière fiscale menées par l'OCDE[25]

Ces consultations sont ouvertes à toute personne intéressée, permettant des commentaires venant aussi bien de lobbyistes professionnels que d'universitaires, de cabinets d'avocats ou de simples contribuables intéressés. À titre d'exemple, les contributions des parties prenantes sur les rapports sur les *blueprints* des Piliers Un et Deux du Cadre inclusif du BEPS, sollicitées le 12 octobre 2020[26], en amont de la réunion de consultation publique tenue les 14 et 15 janvier 2021[27], ont fait l'objet de réponses de 266 auteurs, totalisant

---

[25] Source : auteur ; données : OCDE, « Planned stakeholder input in OECD tax matters », www.oecd.org, consulté le 1er juin 2022. L'année 2015, marquée par la publication des rapports du projet BEPS, a connu de nombreuses consultations rattachées à chacune des quinze actions.

[26] Un document présentant diverses questions susceptibles de guider le public dans ses commentaires a été publié par l'OCDE : v. OCDE, *Document pour consultation publique relatif aux rapports sur les blueprints des Piliers Un et Deux : Questions soumises à commentaires publics*, Paris, OCDE, 12 octobre 2020, 15 p., accessible en ligne : www.oecd.org , consulté le 1er juin 2022. Force est de constater que cette approche par questions successives n'a été que peu reprise dans les réponses qui y ont été faites.

[27] Rediffusion disponible en ligne : OCDE, « Réunion de consultation publique sur les rapports sur les blueprints des Piliers Un et Deux », 14-15 janvier 2021, www.oecd.org, consulté le 1er juin 2022.

3 243 pages de commentaires[28]. Parmi ces auteurs figurent certains contribuables importants et directement visés par les mesures – par exemple Amazon, Disney, Spotify, Unilever, Uber, Ford, etc. –, des acteurs du conseil fiscal – notamment les « Big Four » Deloitte, Ernst & Young (deux contributions : Ernst & Young et Lukasz WILK pour EY Poland), KPMG (trois contributions : KPMG, KPMG Poland et KPMG Baltics OÜ) et PricewaterhouseCoopers (PwC) –, de nombreux organismes représentant des intérêts privés nationaux ou sectoriels – notamment des syndicats comme le MEDEF –, des déclarations jointes de plusieurs entreprises – à l'instar du commentaire joint de 15 groupes pharmaceutiques –, des organisations non gouvernementales – par une déclaration jointe[29], et par des déclarations individuelles comme celle d'Oxfam – ou encore des universitaires, professeurs ou doctorants.

L'accroissement des sollicitations du public s'est manifestement accompagné d'une augmentation des réponses. L'OCDE investit des ressources dans la mise en œuvre de ces appels aux parties prenantes ; ils s'inscrivent dans sa dynamique consensualiste reposant sur la consultation du plus grand nombre. Il est toutefois difficile d'apprécier l'apport concret de ces contributions sur les standards et recommandations émis *in fine* par l'OCDE et le Cadre inclusif. Ils n'y sont d'ailleurs que rarement mentionnés[30], sinon pour insister sur leur existence davantage que sur leurs résultats[31]. En outre, si

---

[28] Lesdits commentaires peuvent être téléchargés directement depuis le site de l'OCDE, v. « Commentaires publics reçus sur les rapports sur les blueprints des Piliers Un et Deux », 16 décembre 2020 (m.-à-j. 12 janvier 2021), www.oecd.org, consulté le 1er juin 2022.

[29] Une déclaration intitulée « Submission to the Public consultation on the Reports on the Pillar One and Pillar Two Blueprints » en date du 14 décembre 2020 est notamment co-signée par 20 organisations non gouvernementales : 11.11.11, Alliance Sud, APIT Portugal, Asia Initiatives, Church Action for Tax Justice, Centre national de coopération au développement (CNCD-11.11.11), Comité Catholique Contre la Faim et pour le Développement – Terre Solidaire (CCFD-Terre Solidaire), European Network on Debt and Development (Eurodad), Finnwatch, Global Alliance for Tax Justice, Global Policy Forum, Oxfam, Plateforme Paradis Fiscaux et Judiciaires, Society for International Development (SID), Sisters of Charity Federation, Tax Justice Europe, Tax Justice Netherlands, Tax Justice Network, Tax Justice Network – Norway, et Vienna Institute for International Dialogue and Cooperation (VIDC).

[30] Par exemple, les documents relatifs aux Piliers Un et Deux (déclarations des pays et modèles de règles sur chacun des Piliers) publiés depuis les consultations ne font aucune mention de ces dernières.

[31] Les consultations sont régulièrement citées par l'OCDE comme gage de la qualité de ses travaux ; v. par ex. Pascal SAINT-AMANS, Séverine BARANGER & Kevin DE RAAT, « The OECD and International Tax Governance: a Constant Evolution », *Revue européenne et internationale de droit fiscal*, n° 2021/1, p. 42 :

> « Civil society and businesses [...] play a vital role. After all, taxes are predominantly targeted at income from citizens and businesses. Accordingly, they are frequently consulted in any standard setting process. Different instruments are employed to facilitate such consultation. Through the Trade Union Advisory Committee to the OECD [...] and Business at the OECD [...], trade unions and businesses are frequently consulted. The OECD Secretariat also has regular bilateral

elles interviennent en amont de l'adoption définitive de rapports ou standards, ces consultations ne se font qu'en aval d'une proposition déjà développée au sein même de l'OCDE, par ses propres experts.

281. **Les experts travaillant à l'OCDE.** Le Centre de politique et d'administration fiscale de l'OCDE (CPAF) est composé de « quelque 200 fonctionnaires internationaux au sein d'une équipe de travail multiculturelle et pluridisciplinaire, comptant des économistes, des experts en droit fiscal, des analystes politiques, des statisticiens ainsi que des personnels administratifs »[32].

Les agents de l'OCDE sont recrutés en principe parmi les nationaux des États membres ; des nationaux d'États tiers peuvent, par exception, être recrutés pour travailler sur des programmes spécifiques, limitativement énumérés[33]. Cette ouverture aux États non-membres s'est développée ces dernières années au sein de l'OCDE[34]. En matière fiscale, depuis 2009, le Secrétariat du Forum mondial sur la transparence et l'échange de renseignements à des fins fiscales peut recruter ses agents parmi les ressortissants des 163 pays membres du Forum mondial[35]. De la même manière, depuis 2017, le Centre de politique et d'administration fiscales peut

---

discussions with a wide range of businesses to discuss technical details and practicalities of proposed standards. The dialogue with business is valuable to gather different perspectives on the technical functioning of the standards and the related compliance costs.

« More importantly, public consultations are organised to gather input from all stakeholders. These public consultations may be held both before of a global standard, with the view to continue improving the standards. These consultations frequently lead to thousands of pages of comments from academics, businesses, trade associations, NGOs, financial institutions and other actors. The outreach to all stakeholders ensures that standards are relevant and useful for all those involved. »

[32] OCDE, *Les travaux de l'OCDE en matière de fiscalité*, Paris, OCDE, 2021, p. 70, accessible en ligne : www.oecd.org, consulté le 1er juin 2022.

[33] V. Article 6 du Statut du personnel de l'OCDE, dernière révision : mars 2020 (OCDE, *Statut, règlement et instructions applicables aux agents de l'organisation*, janvier 2022, p. 17, accessible en ligne : www.oecd.org, consulté le 1er juin 2022) :

« a) Le Secrétaire général nomme les agents de l'Organisation, en vertu de l'article 11 de la Convention relative à l'Organisation de Coopération et de Développement Économiques.

« b) À moins que le Conseil n'en décide autrement, seuls les ressortissants d'un Membre de l'Organisation peuvent être nommés en qualité d'agents. »

En note de ce dernier alinéa sont précisés les 15 programmes et services dans lesquels peuvent être nommées en qualité d'agents des personnes qui ne sont pas ressortissantes d'un État membre de l'OCDE, et sous quelles conditions.

[34] Le nombre de pays non-membres dont des nationaux ont été recrutés en tant qu'agent de l'OCDE a doublé entre 2016, passant de 11 à 22, auxquels il faut ajouter des nationaux des cinq « Partenaires clés » de l'OCDE (Afrique du Sud, Brésil, Chine, Inde et Indonésie). Les possibilités de recrutement aux nationaux d'États non-membres sont d'autant plus développées en matière de personnel temporaire ; en 2020, les agents temporaires provenaient de plus de 84 pays (35 États membres, 4 Partenaires clés et 45 États non-membres). V. OCDE, *Annual diversity and inclusion report 2021*, Paris, OCDE, 2021, pp. 7-8, accessible en ligne : www.oecd.org, consulté le 1er juin 2022.

[35] Réunion du Conseil du 17 septembre 2009, document C(2009)122/FINAL.

recruter des agents pour la réalisation de fonctions qui se rapportent au Projet BEPS et à l'initiative IISF parmi les 141 pays associés au Cadre inclusif sur le BEPS[36]. Les nationalités au sein de l'OCDE se diversifient, bien que les Français constituent les nationaux les plus nombreux (près de 29 % en 2020), le siège de l'OCDE étant sis à Paris, suivis par les Britanniques (10 %), les États-Uniens (9 %), les Italiens (8 %) et les Allemands (6 %)[37]. Cette diversification illustre l'ouverture des actions de l'OCDE, passant progressivement d'un cadre « restreint » (bien qu'intercontinental) à une vocation résolument universelle[38]. Les agents de l'OCDE restent néanmoins indépendants de leurs pays d'origine, en vertu du principe classique d'indépendance des fonctionnaires internationaux, formulé notamment au 2. de l'article 11 de la Convention relative à l'Organisation de Coopération et de Développement Économiques de 1960 :

> « Étant donné le caractère international de l'Organisation, le Secrétaire général, les Secrétaires généraux suppléants ou adjoints et le personnel ne solliciteront ni recevront de directives d'aucun des Membres de l'Organisation, ni d'aucun Gouvernement ou autorité extérieurs à l'Organisation. »

Pour le professeur Thierry LAMBERT, « [l]'OCDE rassemble la haute fonction publique mondiale à compétence fiscale, ou des agents qui ont ce profil, ayant une expérience et une vision mondiale partagée des problématiques »[39]. Cette « haute fonction publique mondiale » discourt avec les hautes fonctions publiques nationales et s'engage dans la formation des agents nationaux, harmonisant les approches des problématiques fiscales internationales. Le CPAF propose ou encourage des formations à destination des administrations fiscales de tous pays dans pléthore d'initiatives : dans le Programme des relations mondiales de l'OCDE, dans l'initiative « Inspecteurs des impôts sans frontières », au sein de l'Académie internationale de l'OCDE pour les enquêtes en matière de délinquance fiscale et financière, dans le cadre du Forum sur l'administration fiscale, ou encore dans celui du Forum mondial

---

[36] Réunion du Conseil du 12 juillet 2017, documents C(2017)34/REV1 et C/M(2017)13.

[37] Calculés sur les effectifs des agents non-temporaires de l'OCDE, pour l'ensemble de l'organisation (arrondi au point de pourcentage). Données : OCDE, *Annual diversity and inclusion report 2021*, Paris, OCDE, 2021, pp. 6 & 8, accessible en ligne : www.oecd.org, consulté le 1er juin 2022.

[38] Le fait de limiter ou non les recrutements des fonctionnaires des organisations aux nationaux de leurs États membres constitue une différence notable entre les « organisations intergouvernementales qualifiées de régionales » et les « institutions à vocation universelle » ; v. Alain PLANTEY & François LORIOT, *Fonction publique internationale : Organisations mondiales et européennes*, Paris, CNRS Éditions, nouvelle éd., 2005, pp. 90-91, § 246.

[39] Thierry LAMBERT, *L'impôt dans une économie mondialisée : Contribution à une théorie générale de l'impôt*, Bruxelles, Bruylant, coll. Droit & Économie, 2021, p. 190.

sur la transparence et l'échange de renseignements à des fins fiscales[40]. Il fournit également aux administrations fiscales nombre d'outils pratiques et de manuels techniques destinés aux agents des administrations fiscales nationales[41]. Il intervient en outre dans les initiatives régionales qui participent à leur niveau à la formation des agents nationaux et au relai de ces outils.

Les « hautes fonctions publiques » nationales et mondiale contribuent à renforcer le dialogue des experts en leur donnant une base de réflexion commune, et tendent à harmoniser les approches du système fiscal.

282. **Le millefeuille des experts et leur difficile dialogue.** L'aboutissement du dialogue des experts peut néanmoins être relativisé au regard du nombre d'acteurs au sein de ce système. La participation « sur un pied d'égalité » des pays au sein des travaux de l'OCDE, que ce soit au sein du Forum mondial ou du Cadre inclusif, fait de chacun d'entre eux un interlocuteur potentiel auprès des acteurs non étatiques du système fiscal international, en particulier auprès des contribuables.

En outre, l'interposition de structures régionales complexifie la structure par rapport aux usagers-contribuables du système. C'est notamment le cas de l'Union européenne, laquelle participe aux travaux de l'OCDE, du Forum mondial comme du Cadre inclusif, en plus de ses États membres.

283. **La place ambiguë de l'Union européenne au sein de l'OCDE.** Cette participation s'opère par l'intermédiaire de la Délégation de l'Union européenne auprès de l'OCDE et de l'UNESCO, bureau diplomatique permanent de l'Union européenne auprès des organisations internationales à Paris créé par la Commission dans les années 1960[42]. Cette délégation assume la représentation permanente de la Commission européenne auprès de l'OCDE telle que prévue au Protocole additionnel n° 1 à la Convention

[40] Le Forum mondial soutient les administrations fiscales à travers de nombreuses actions, notamment en promouvant la mise en œuvre d'assistance technique bilatérale sur mesure – à travers des programmes d'initiation complets pour les nouveaux membres (38 programmes en cours en 2020) et d'assistance à la demande des États (39 pays bénéficiaires en 2020) –, en encadrant des actions d'apprentissages par les pairs, et en organisant des modules de formation – plus de 7 500 agents de 157 pays différents en ont bénéficié en 2020. V. OCDE, *Les travaux de l'OCDE en matière de fiscalité*, Paris, OCDE, 2021, p. 32, accessible en ligne : www.oecd.org, consulté le 1er juin 2022.

[41] V. par exemple la récente publication jointe du Secrétariat du Forum mondial, de la Banque africaine de développement et du Groupe de la Banque mondiale (mise à jour du modèle de manuel de 2013) : Forum mondial, *Modèle de manuel sur l'échange de renseignements à des fins fiscales*, Paris, OCDE, 2021, 119 p., accessible en ligne : www.oecd.org, consulté le 1er juin 2022.

[42] V. « L'OCDE et l'UE », 23 juin 2016, sur le site de la Délégation de l'Union européenne auprès de l'OCDE et de l'UNESCO à Paris et auprès des Principautés d'Andorre et de Monaco, eeas.europa.eu, consulté le 1er juin 2022.

relative à l'OCDE du 14 décembre 1960[43]. La délégation met en avant sur son site les bénéfices de son activité pour l'Union européenne et ses États membres, dont elle a pour mission de défendre les intérêts :

> « Les bénéfices que [l'activité de la délégation] représente pour l'UE sont multiples [...]. En effet, [...] l'OCDE fournit une analyse et un suivi de la politique économique, sociale et environnementale de l'UE. Cette dernière bénéficie ainsi de l'expertise unique de l'OCDE, notamment grâce aux évaluations des pairs, et d'un accès à l'ensemble des travaux de recherche et d'analyse effectués par le Secrétariat de l'OCDE.
>
> « [L]'OCDE constitue également un forum d'échanges [...] La participation de l'UE à l'Organisation lui permet ainsi, dans un contexte d'interdépendance accrue exigeant des solutions globales, de tirer profit du dialogue et de la concertation entre la majorité des acteurs de la scène internationale. »[44]

La représentation de l'Union européenne au sein des instances de travail de l'OCDE pose néanmoins un problème dans les relations entretenues avec les représentations des États membres de l'Union auprès de l'OCDE. En effet, la plupart des États membres de l'UE sont également membres de l'OCDE[45], et ceux qui ne le sont pas sont amenés à participer aux travaux de l'OCDE, à travers notamment le Cadre inclusif sur le BEPS[46] ou le Forum mondial sur la transparence[47]. Partant, l'Union européenne peut faire l'objet, au sein d'un même travail, de 28 voix, à travers les 27 représentants des États membres et du représentant de la Commission. Les difficultés au sein de l'Union

---

[43] V. « Protocole additionnel no. 1 à la Convention relative à l'OCDE », www.oecd.org, consulté le 1er juin 2022. Le site de l'OCDE précise (« Statut de la Commission Européenne au sein de l'OCDE », www.oecd.org, consulté le 1er juin 2022) :

> « Ce statut a été résumé ainsi : "(...) le représentant de la Commission a presque les mêmes droits que les Pays Membres. Il a le droit de parole à tout moment, et non pas en fin de séance comme c'est souvent le cas pour les observateurs. Il peut être élu membre du bureau des organes subsidiaires. Il participe pleinement à l'élaboration des textes, y compris des actes juridiques, en jouissant notamment du droit de proposition et d'amendement sans aucune restriction". Cependant, le représentant de la Commission ne dispose pas du droit de vote et ne prend pas part de façon officielle à l'adoption des Actes soumis au Conseil. »

[44] « L'OCDE et l'UE », 23 juin 2016, *op. cit.*

[45] 22 des 27 États membres de l'UE sont également membres de l'OCDE : il s'agit de l'Allemagne, l'Autriche, la Belgique, le Danemark, l'Espagne, l'Estonie, la Finlande, la France, la Grèce, la Hongrie, l'Irlande, l'Italie, la Lettonie, la Lituanie, le Luxembourg, les Pays-Bas, la Pologne, le Portugal, la Slovaquie, la Slovénie, la Suède et la Tchéquie. N'en sont pas membres la Bulgarie, Chypre, la Croatie, Malte et la Roumanie.

[46] Tous les États membres de l'UE sont membres du Cadre inclusif sur le BEPS, à l'exception de Chypre. Toutefois Chypre, à l'instar de tous les autres membres de l'UE, a signé l'instrument multilatéral sur le BEPS. (Chypre est l'un des rares pays à adhérer à l'instrument multilatéral sans participer au Cadre inclusif, avec le Koweït et les Fidji ; à ce jour, il est le seul des trois à avoir déposé ses instruments de ratification).

[47] Tous les États membres de l'UE sont également membres du Forum mondial, sans exception.

européenne à mettre en œuvre certaines initiatives en matière fiscale – en particulier en matière de fiscalité directe – augurent les discordances qui peuvent alors apparaître entre ces représentants. La représentation de l'Union européenne à l'OCDE constitue davantage la voix de la Commission que le héraut de ses États membres.

284. **La place ambiguë des services de la Commission au sein du système fiscal international.** Au sein de la Commission européenne, exécutif européen, la Direction générale Fiscalité et union douanière (DG TAXUD) assure une expertise en matière fiscale comparable à celle des administrations nationales[48]. Cantonnée à un rôle purement technique, la DG TAXUD ne fait l'objet d'aucune étude dédiée – moins encore que les administrations fiscales étatiques. Il en est généralement fait mention sous la désignation vague des « services de la Commission »[49], l'organe politique occultant l'organe administratif. La DG TAXUD assume pourtant un rôle pivot dans l'édification des normes fiscales (et douanières) européennes, en préparant les textes proposés ensuite à la Commission.

D'un côté, la DG TAXUD est une interlocutrice privilégiée des « grands contribuables » européens, opérant à son niveau les travaux de consultation, sondage et conseil auprès des acteurs économiques, en amont afin d'adapter ses propositions au plus près des réalités économiques, et en aval pour accompagner les acteurs économiques dans la mise en œuvre des réformes. À l'instar des administrations nationales, ce rôle l'expose à un certain nombre de critiques. Elle s'inscrit en outre comme un interlocuteur supplémentaire pour ces contribuables, entre les administrations nationales et l'OCDE, provoquant une dilution des efforts dans les échanges et une certaine opacité vis-à-vis du contribuable du système fiscal international, de ses acteurs et du lieu réel de négociation, et donc de décision.

D'un autre côté, la DG TAXUD est la principale interlocutrice de l'OCDE pour l'implémentation des standards fiscaux internationaux qui relèveraient, conformément au principe de subsidiarité du droit européen[50], de la

---

[48] L'appareil administratif de la Commission est divisé en « directions générales ou DG et en services articulés eux-mêmes en directions et les directions en unités ce qui permet de les comparer à des ministères, toutes proportions gardées » (Patrick RAMBAUD, Jean-Louis CLERGERIE & Annie GRUBER, *Droit institutionnel et matériel de l'Union européenne*, Paris, Dalloz, coll. Précis, 13e éd., 2020, p. 160, § 165). La DG TAXUD fait partie des « directions générales politiques », par opposition aux « directions générales : "relations extérieures" ».

[49] Pour une mention explicite de la DG TAXUD dans ce cadre, v. par ex. Grégory ABATE, « La fiscalité de l'entreprise à l'aune du droit de l'Union européenne : La fiscalité directe des entreprises façonnée par le droit européen et ses incertitudes », *Revue européenne et internationale de droit fiscal*, n° 2019/1, p. 508.

[50] Le principe de subsidiarité est défini à l'article 5 du Traité instituant la Communauté européenne : « La Communauté agit dans les limites des compétences qui lui sont conférées et des objectifs qui lui sont assignés par le présent traité.

compétence de l'Union européenne. Les standards fiscaux de l'OCDE font ainsi l'objet de transpositions au sein de directives, qui vont souvent au-delà des « minimums » fixés par l'OCDE. L'Union joue alors le rôle de catalyseur dans la mise en œuvre des réformes fiscales internationales promues par l'OCDE : les États participant d'ores et déjà aux travaux de l'OCDE et appliquant les standards minimums sont incités par les instances européennes à aller plus loin, notamment par l'adoption de directives contraignantes au sein de l'Union. Pour autant, l'incapacité de la Commission – et de ses services – à faire adopter certaines réformes ambitieuses en matière fiscale, comme l'échec des propositions de directive ACCIS (Assiette commune consolidée pour l'impôt sur les sociétés)[51] est de nature à remettre en question la capacité réelle d'initiative des instances européennes à mener une véritable politique fiscale internationale indépendamment des travaux de l'OCDE. La question de la fiscalité du numérique, de l'échec des initiatives européennes en matière d'imposition des GAFAM, et le développement de l'alternative de l'OCDE dans le projet GloBE sont topiques de cette problématique.

§ 2 : La confirmation des rôles dans la négociation sur la fiscalité du numérique

285. **Rôles respectifs des acteurs nationaux, européens et de l'OCDE dans la fiscalité numérique.** Les profondes mutations liées à la numérisation de l'économie remettent en question les principes classiques de répartition des bases d'imposition entre les États. Au sein de l'économie numérique, une entreprise peut exercer une part conséquente de son activité au sein d'un marché national sans avoir dans ce pays la moindre présence physique – qu'il s'agisse de vente à distance ou de réalisation de services. À l'heure de cette « révolution numérique », les principales notions du droit fiscal international sont issues des XIXe et XXe siècles, forgées pour faire face aux « révolutions industrielles ». Certains concepts classiques, au premier rang desquels la définition d'établissement stable (art. 5 des modèles conventionnels), sont inefficaces à localiser concrètement la substance économique des activités

---

« Dans les domaines qui ne relèvent pas de sa compétence exclusive, la Communauté n'intervient, conformément au principe de subsidiarité, que si et dans la mesure où les objectifs de l'action envisagée ne peuvent pas être réalisés de manière suffisante par les États membres et peuvent donc, en raison des dimensions ou des effets de l'action envisagée, être mieux réalisés au niveau communautaire.

« L'action de la Communauté n'excède pas ce qui est nécessaire pour atteindre les objectifs du présent traité. »

Sur ce principe, v. not. Laurent Coutron, *Droit de l'Union européenne : Institutions, sources, contentieux*, Paris, Dalloz, coll. Mémentos, 6e éd., 2021, pp. 39 *sqq*.

[51] Proposition de directive du Conseil du 25 octobre 2016 concernant une assiette commune pour l'impôt sur les sociétés (ACIS) (COM(2016)0685) et proposition de directive du Conseil du 25 octobre 2016 concernant une assiette commune consolidée pour l'impôt sur les sociétés (ACCIS) (COM(2016)0683).

numériques[52]. Les bases fiscales de telles activités deviennent alors très volatiles, favorisant des pratiques d'évasion des bénéfices dans des pays à fiscalité privilégiée[53].

286. **Une prise de conscience internationale antérieure au BEPS.** La question de la fiscalité du numérique a été rapidement prise en compte par les différentes instances. L'OCDE initie ses travaux sur l'économie du numérique par une déclaration sur les flux transfrontières de données, dès 1985[54]. Elle prend progressivement conscience de l'incidence des technologies de communication[55] puis d'information, et le Comité des affaires fiscales s'en saisit en 1996[56]. Une première conférence sur le commerce électronique fut organisée par l'OCDE à Turku, en Finlande, en novembre 1997, consacrée au « Démantèlement des obstacles au commerce électronique mondial » et réunissant dans le cadre de discussions informelles membres des administrations fiscales et entreprises. Dans la continuité de cette conférence, le Comité des affaires fiscales émit des propositions présentées et adoptées lors de la conférence ministérielle d'Ottawa d'octobre 1998, intitulée : « Un monde sans frontières : concrétiser le potentiel du commerce électronique ». Conséquemment à la conférence d'Ottawa, le Comité des affaires fiscales publia des *Conditions cadres pour l'imposition du commerce électronique*, avalisées par les ministres et les milieux d'affaires. La conférence d'Ottawa concrétise la position de l'OCDE comme référente en matière de négociations sur la fiscalité du numérique :

---

[52] D'autres problématiques propres à cette « révolution numérique » peuvent également être mentionnée, comme l'accroissement de l'automatisation et le recours aux « robots » dans l'économie et la fiscalité afférente qui peut être envisagée ; v. Xavier OBERSON, *Taxer les robots : Aider l'économie à s'adapter à l'usage de l'intelligence artificielle*, Bruxelles, Larcier, coll. Droit international, 228 p., et not. d'un point de vue international pp. 167 *sqq*.

[53] Pour un panorama des incidences fiscales des mutations apportées par la numérisation de l'économie, v. not. Olivier BRANDOUY, *L'impact sur le système fiscal des nouveaux modèles économiques*, Projet de rapport particulier n° 3 *in* Conseil des prélèvements obligatoires, *Adapter la fiscalité des entreprises à une économie mondiale numérisée*, Paris, La Documentation française, 2020, 153 p.

[54] OCDE, « Déclaration de l'OCDE sur les flux transfrontières de données », *Documents de travail de l'OCDE sur l'économie numérique*, n° 1, Paris, Éditions OCDE, 1985, 2 p. La déclaration amorce les travaux de l'OCDE concernant dans un premier temps « les flux de données d'accompagnement du commerce international », « les services informatiques et d'information automatisée à caractère marchand » et « les flux de données internes aux entreprises », dans le but, entre autres, de « développer des approches communes pour traiter des problèmes liés aux flux transfrontières de données et, si opportun, de développer des solutions harmonisées ».

[55] V. par ex. OECD, « The Changing Role for Telecommunications in the Economy: Globalisation and its Impact on National Telecommunication Policy », *OECD Digital Economy Papers*, n° 11, Paris, OECD Publishing, 1995, 73 p. (OCDE/GD(95)116), ou OECD, « The Economic and Regulatory Aspects of Telecommunication Numbering », *OECD Digital Economy Papers*, n° 12, Paris, OECD Publishing, 1995, 45 p. (OCDE/GD(95)117).

[56] V. OCDE, *Relever les défis fiscaux posés par l'économie numérique, Action 1 – Rapport final 2015*, Projet OCDE/G20 sur l'érosion de la base d'imposition et le transfert de bénéfices, Paris, Éditions OCDE, 2017, p. 174.

« [...] Depuis lors, ces conditions-cadres ont été généralement acceptées par la plupart des pays comme constituant une base solide pour les travaux en cours sur l'imposition du commerce électronique. L'OCDE, dans le cadre d'une coopération avec d'autres organisations internationales, a été reconnue à Ottawa comme l'Organisation la mieux placée pour coordonner et faire progresser ces travaux. »[57]

287. **L'insuffisance du BEPS en la matière.** Fort de l'accueil favorable des conditions-cadre par les ministres présents à la conférence d'Ottawa (représentant 29 États membres de l'OCDE et 11 États non-membres), le Comité des affaires fiscales a poursuivi ses travaux en la matière, à travers notamment plusieurs groupes techniques consultatifs, groupes de travail réunissant les administrations fiscales de pays membres et non-membres, des représentants du milieu des affaires et des chercheurs[58]. Si originellement il semble convenu que les règles fiscales internationales classiques peuvent et doivent s'appliquer au commerce électronique et à la fiscalité du numérique en général, les problématiques soulevées par les nouvelles technologies d'information et de communication sont progressivement révélées par les rapports successifs des différents groupes de travail. Ces problématiques étaient toutefois toujours pendantes en 2013, lorsque l'OCDE et le G20 initièrent le *Plan d'action sur l'érosion de la base d'imposition et le transfert*

---

[57] OCDE, *Commerce électronique et fiscalité : mise en œuvre des conditions cadres d'Ottawa sur la fiscalité*, Paris, OCDE, 2001, p. 10.
Les travaux sur les conditions-cadres menés par l'OCDE sont notamment résumés dans le Plan d'action pour le commerce électronique, adopté par les ministres lors de la conférence d'Ottawa (OCDE, *Plan d'action de l'OCDE pour le commerce électronique*, Conférence ministérielle de l'OCDE « Un monde sans frontières : concrétiser le potentiel du commerce électronique mondial », Ottawa, 7-9 octobre 1998, SG/EC(98)9/FINAL, pp. 7-8) :

« Le rapport intitulé *Conditions cadres pour l'imposition du commerce électronique* qui a été accueilli favorablement à la Conférence énonce les principes fiscaux à appliquer au commerce électronique, à savoir : neutralité, efficience, certitude, simplicité, efficacité, équité et flexibilité. Le rapport expose aussi les conditions convenues pour un cadre d'imposition couvrant les possibilités de services aux contribuables, les besoins en matière d'identification et d'information, le recouvrement de l'impôt et son contrôle, les impôts sur la consommation, ainsi que la coopération et les arrangements fiscaux internationaux. Les propositions sur la façon de poursuivre ces travaux ont été approuvées à la Conférence.

« L'OCDE continuera, en travaillant le cas échéant en étroite collaboration avec les autres organisations internationales, le secteur privé et les pays non-membres :

« – à suivre les développements pertinents des questions techniques, de protocoles et de normes, et le cas échéant, contribuer à assurer la poursuite d'une saine administration des systèmes fiscaux ;

« – préciser, au besoin, les normes fiscales internationales pertinentes ;

« – à fournir des orientations sur l'adaptation des normes ou pratiques administratives actuelles pour répondre à l'évolution future du commerce électronique. »

[58] V. OCDE, *Relever les défis fiscaux posés par l'économie numérique, Action 1 – Rapport final 2015*, Projet OCDE/G20 sur l'érosion de la base d'imposition et le transfert de bénéfices, Paris, Éditions OCDE, 2017, pp. 175 *sqq.*

de bénéfices (*Base erosion and profit shifting*, BEPS)[59]. C'est pourquoi l'action 1 du projet BEPS visait à « relever les défis fiscaux posés par l'économie numérique ». Le Groupe de réflexion sur l'économie du numérique, créé au sein du Comité des affaires fiscales pour l'occasion en septembre 2013, a publié son rapport définitif sur l'ensemble de la question en 2015[60]. Toutefois, les conclusions du rapport furent globalement considérées comme « décevantes »[61], exposant certaines problématiques mais y apportant peu de solutions concrètes[62]. Consciente de cet échec[63], l'OCDE a renouvelé le mandat du Groupe de réflexion sur l'économie numérique pour poursuivre ces travaux au sein du Cadre inclusif sur le BEPS.

288. **La prise de conscience des instances nationales.** Les difficultés posées par la fiscalité du numérique ont par ailleurs fait l'objet d'une attention toujours croissante de la part des États, en particulier des États européens[64].

---

[59] OCDE, *Plan d'action concernant l'érosion de la base d'imposition et le transfert de bénéfices*, Paris, Éditions OCDE, 2013, 45 p. Pour une revue critiques des pratiques internationales en la matière à ce moment, v. la thèse d'Angharad MILLER, *Taxing Cross-Border Services : Current Worldwidde Practices and the Need for Change*, Amsterdam, IBFD, IBFD Doctoral Series n° 37, 2015, 364 p.

[60] V. OCDE, *Relever les défis fiscaux posés par l'économie numérique, Action 1 – Rapport final 2015*, Projet OCDE/G20 sur l'érosion de la base d'imposition et le transfert de bénéfices, Paris, Éditions OCDE, 2017, 324 p.

[61] Stéphane GELIN & Clément HERR, « L'imposition des profits des entreprises numériques : vers l'établissement stable virtuel et au-delà ! », *Revue européenne et internationale de droit fiscal*, n° 2021/2, p. 197.

[62] Marcel OLBERT & Christoph SPENGEL, « International Taxation in the Digital Economy: Challenge Accepted? », *World Tax Journal*, February 2017, p. 5 :

> « [...] Although the OECD depicts some of the technological foundations and innovative business models of the digital era, the corresponding consequences and potential issues for taxation are not thoroughly discussed. Rather, the latest report highlights how the business models of multinational companies in the IT or e-commerce sector can facilitate undesired outcomes in terms of low or no taxation. Options to address the tax challenges put forward by the OECD are characterized by mitigating BEPS risks and creating awareness of the tax challenges, rather than by confronting the long-term tax issues caused by digital business models. [...] »

V. encore sur la question Bruno GOUTHIÈRE, *Les impôts dans les affaires internationales*, Paris, Francis Lefebvre, 15e éd., 2021, p. 390, n° 17780.

[63] V. not. OCDE, *Les défis fiscaux soulevés par la numérisation de l'économie – rapport intérimaire 2018*, Cadre inclusif sur le BEPS, Projet OCDE/G20 sur l'érosion de la base d'imposition et le transfert de bénéfices, Paris, Éditions OCDE, 2018, p. 242 :

> « Le Rapport de 2015 établi au titre de l'Action 1 du projet BEPS recensait un certain nombre de défis fiscaux soulevés par la numérisation de l'économie qui dépassent le cadre du projet BEPS, à savoir la question du lien, des données et de la qualification, et envisageait diverses options possibles pour remédier à certains de ces défis plus larges. Toutefois, aucun accord n'a été trouvé en 2015 sur le point de savoir si l'une de ces options devrait être adoptée. [...] »

[64] En ce sens, v. par ex. les déclarations des ministres du G5 – c'est-à-dire de France, d'Allemagne, d'Italie, d'Espagne et du Royaume-Uni – en 2014 (*Réunion des Ministres du G5 sur la fraude et l'évasion fiscales*, Communiqué de presse, Paris, 28 avril 2014, n° 20) :

> « [Les ministres] insistent pour qu'une réponse soit trouvée face aux défis spécifiques liés aux nouveaux *business models* dans le secteur de l'économie numérique, à travers des mesures

En France, une mission d'expertise sur la fiscalité de l'économie numérique a été confiée en 2012 à MM. Pierre COLLIN, conseiller d'État, et Nicolas COLIN, inspecteur des Finances, par le ministre de l'Économie et des Finances, le ministre du Redressement productif, le ministre délégué chargé du budget et la ministre déléguée chargée des petites et moyennes entreprises, de l'innovation et de l'économie numérique. Cette mission visait notamment à formuler « des propositions d'évolution du droit qui [permettraient] de taxer les opérateurs exerçant une activité en France ou fournissant un bien ou un service à des consommateurs français », et plus généralement à « présenter toute proposition de mesures qui conduiraient à adapter le système fiscal aux pratiques économiques nouvelles qui sont nées de la révolution numérique ». Les lettres de mission précisent :

> « [...] Vous veillerez à avancer, au moins en partie, des préconisations dont la mise en œuvre peut s'envisager à court terme sans attendre l'issue des négociations en cours (Union européenne, OCDE). »[65]

Cette mission met en évidence la prise de conscience au niveau national de problématiques fiscales liées au numérique[66], et de l'échec des négociations internationales en la matière jusqu'alors. Le rapport COLLIN et COLIN se concentre en outre, dans son analyse de l'économie numérique, sur ses principaux acteurs, visant notamment Google (aujourd'hui Alphabet), Apple, Facebook (aujourd'hui Meta) et Amazon, classiquement désignés comme les GAFA (GAFAM en y ajoutant Microsoft)[67]. Il met en exergue les « conditions

---

efficaces. Les pays où ces sociétés conduisent leurs activités doivent être en capacité de percevoir leur juste part d'impôt. À cet effet, les ministres du G5 ont convenu de l'intérêt de travailler sur des interprétations flexibles des règles de territorialité actuellement en vigueur, sans s'interdire d'envisager, si cela apparaît nécessaire, l'adoption de notions nouvelles telles que la présence fiscale numérique (*Digital Tax Presence*). »

[65] V. « Annexe 1 – Lettres de mission », *in* Pierre COLLIN & Nicolas COLIN, *Mission d'expertise sur la fiscalité de l'économie numérique*, Rapport public, 18 janvier 2013, pp. 169-176.

[66] Voyant dans l'économie numérique une forme de « dépassement de la théorie de la firme », le rapport COLLIN et COLIN met notamment l'accent sur la valeur des données collectées, en particulier des données personnelles, qui forment la « ressource essentielle de l'économie numérique » (Pierre COLLIN & Nicolas COLIN, *Mission d'expertise sur la fiscalité de l'économie numérique*, *op. cit.* p. 2). Partant, il faut considérer la valeur générée par le « travail gratuit » des utilisateurs dans l'appréhension de la substance économique de l'activité des entreprises numériques, et donc idéalement dans la répartition du droit d'imposer cette activité. Le rapport propose notamment de voir dans la collecte de ces données la possibilité de caractériser un « cycle commercial complet » susceptible de fonder l'impôt en France, et de modifier la définition de l'établissement stable pour permettre sa reconnaissance dans de telles situations, même en l'absence de présence matérielle de l'entreprise (*Ibid.* pp. 121 *sqq.*).

[67] De nombreuses autres entreprises participent de l'économie du numérique, les GAFA (ou GAFAM) occupent néanmoins une position dominante et leur situation fiscale est topique des problématiques portant sur l'ensemble du secteur. Leur position sur le marché leur est peu contestée en Amérique du Nord ou en Europe, mais dans d'autres régions du monde d'autres entreprises

initiales favorables permettant aux grandes entreprises américaines du numérique de payer peu d'impôt sur les sociétés »[68], et une « asymétrie entre les États-Unis et le reste du monde »[69], le marché du numérique étant dominé par ces entreprises américaines.

La faiblesse de l'imposition de ces grands groupes du numérique[70], profitant largement de la concurrence fiscale entre États pour localiser leurs bénéfices dans des États à fiscalité moindre, induit une forme d'injustice fiscale, appelant à une réforme de la fiscalité internationale[71]. Ce besoin de réforme est devenu plus insistant avec plusieurs affaires médiatisées. L'affaire *Google*, devant les juridictions administratives françaises, a par exemple mis en exergue les difficultés rencontrées dans l'imposition des activités numériques, la jurisprudence administrative refusant de reconnaitre dans la société Google France un établissement stable de la société Google Ireland, lequel aurait permis une imposition en France de l'activité de publicité réalisée par Google Ireland en France[72]. Bien que le jugement et l'appel lui aient donné

---

occupent une position similaire. C'est le cas par exemple en Chine, où l'économie du numérique est dominée par les « BATX » (Baidu, Alibaba, Tencent et Xiaomi).

[68] Pierre COLLIN & Nicolas COLIN, *Mission d'expertise sur la fiscalité de l'économie numérique*, *op. cit.* p. 18.

[69] *Ibid.* p. 65.

[70] V. par ex. Conseil national du numérique, *Concertation sur la fiscalité du numérique*, Rapport du Conseil national du numérique, septembre2013, p. 44 :

> « Les optimisations fiscales sont facilitées dans l'économie du numérique. À titre illustratif, selon la Fédération française des télécoms les revenus générés par quatre des acteurs majeurs (Google, iTunes, Amazon et Facebook) sont estimés de 5 milliards d'euros en France, et pourraient atteindre 9 milliards d'euros en 2015. Or, ces derniers ont acquitté en moyenne 4 millions d'euros par an au titre de l'impôt sur les sociétés alors qu'ils pourraient être, si on appliquait le régime français, redevables d'environ 500 millions d'euros. Le chiffre d'affaires français de Google est par exemple estimé entre 1,25 et 1,4 milliard d'euros. La seule activité de la régie publicitaire sur Internet est d'environ 1 milliard d'euros, selon Capgemini. Et sur le 7,6 milliards de dollars de bénéfices engrangés hors des États-Unis en 2011, Google a pris une provision de 248 millions de dollars. Soit un taux d'imposition de seulement 3,2 %. »

Étant donné le développement constant de l'économie du numérique, cet état de fait ne peut que se renforcer en l'absence de réforme ; v. par ex. Justine DANIEL & Vincent LEQUEUX, « Qu'est-ce que la taxe Gafa ? », touteleurope.eu, m.-à-j. 18 janvier 2021, consulté le 1er juin 2022.

> « [...] Google France n'a déclaré en 2018 qu'un chiffre d'affaires de 411 millions d'euros et a payé en France 17 millions d'euros d'impôts. Pourtant, les seules recettes publicitaires réalisées en France auraient rapporté à Google environ 2 milliards d'euros, estime le Syndicat des régies internet. »

[71] V. Partie 1 : Titre 2 : Chapitre 2 : L'objectif dynamique de justice fiscale.

[72] V. pour l'impôt sur les sociétés : TA Paris, 1re sect., 1re ch., 12 juillet 2017, *Sté Google Ireland Ltd*, n° 1505178 (Florence DEBOISSY & Guillaume WICKER, « Ne pas confondre signature et consentement pour une qualification d'établissement stable conforme à la réalité. – À propos de TA Paris, 12 juill. 2017, Sté Google Ireland Ltd », *Droit fiscal* n° 10, 8 mars 2018, étude 209) ; et CAA Paris, 25 avril 2019, *min. c. Sté Google Ireland Limited*, nos 17PA03067 et 17PA03068 (Florence DEBOISSY & Guillaume WICKER, « Affaire "Google Ireland", la cour administrative d'appel de Paris confirme l'annulation des rectifications : suite et peut-être pas fin », *Droit fiscal*

raison, la société Google a néanmoins conclu, en 2019, une transaction fiscale avec l'administration française pour éviter un recours devant le Conseil d'État – ainsi qu'une convention judiciaire d'intérêt public pour éteindre la procédure pénale ouverte en parallèle – pour un montant de 965 millions d'euros. En 2020, le Conseil d'État a été finalement saisi de faits comparables dans l'affaire *Conversant* (anciennement *ValueClick*)[73], et a consacré une acception large et pragmatique de l'établissement stable en matière d'activités numériques, en se fondant notamment sur de récents commentaires OCDE[74]. L'enjeu de ces affaires gravite autour de la notion d'établissement stable, défini au sein des conventions fiscales. Malgré les efforts de la jurisprudence, la redéfinition de l'établissement stable, notion conventionnelle, ne peut donc s'opérer qu'au niveau conventionnel, les options étatiques en la matière étant nécessairement réduites.

289. **L'échec européen.** Faute de pouvoir rééquilibrer la fiscalité existante au sein de l'économie du numérique, l'idée de créer une nouvelle fiscalité, c'est-à-dire un nouvel impôt, visant spécifiquement l'économie numérique a progressivement fait son chemin. Exclue de manière liminaire des travaux menés à l'OCDE, cette idée a fait l'objet d'une première proposition de directive[75] portant sur une « taxe sur les services numériques » et correspondant à 3 % du chiffre d'affaires de certaines activités numériques dans l'État où sont situés les utilisateurs des services. Les propositions de

---

n° 25, 20 juin 2019, comm. 305) ; l'ensemble de l'affaire relève en fait de cinq jugements et de cinq arrêts, respectivement des mêmes jours. La possibilité d'un établissement stable était envisagée sous l'angle de la jurisprudence *Interhome* (Conseil d'État, 20 juin 2003, *Interhome AG*, n° 224407), en vertu de laquelle une société résidente française contrôlée par une société étrangère peut constituer un établissement stable en France de cette dernière « si elle exerce habituellement en France, en droit ou en fait, des pouvoirs lui permettant d'engager [contractuellement] cette société ». Dans l'affaire *Google*, les juges administratifs ont reconnu l'existence d'un lien de dépendance entre Google France et Google Ireland, mais sans pouvoir d'engager – il ont donc refusé de caractériser un établissement stable. Pour les implications juridiques de l'affaire, v. André LEFEUVRE, « France – Google : finalement match nul ? », *Revue européenne et internationale de droit fiscal*, n° 2019/4, pp. 521-524.

[73] Conseil d'État, 11 décembre 2020, *Société Conversant International Ltd*, n° 420174.

[74] Commentant la décision *Conversant* et revenant sur la jurisprudence antérieure, v. Florence DEBOISSY & Guillaume WICKER, « La qualification d'établissement stable déduite de la réalité du pouvoir d'engager la société étrangère : un coup d'arrêt aux montages contractuels purement formels », *Droit fiscal* n° 4, 28 janvier 2021, comm. 117 ; v. aussi Franck LOCATELLI, « Affaire Conversant : un classicisme qui fait encore recette », *Droit fiscal* n° 30-35, 29 juillet 2021, étude 324.

[75] Commission européenne, *Proposition de directive du Conseil concernant le système commun de taxe sur les services numériques applicable aux produits tirés de la fourniture de certains services numériques*, Bruxelles, 21 mars 2018, COM(2018) 148 final. Cette proposition fait partie d'un paquet législatif faisant suite à une consultation publique menée du 26 octobre 2017 au 3 janvier 2018, et dont l'autre volet concernait la reconnaissance de l'établissement stable virtuel (Commission européenne, *Proposition de directive du Conseil établissant les règles d'imposition des sociétés ayant une présence numérique significative*, Bruxelles, 21 mars 2018, COM(2018) 147 final). V. not. Ariane PÉRIN-DUREAU, « Instauration de la taxe sur les services numériques », *Communication Commerce électronique* n° 1, janvier 2020, étude 1.

l'Union européenne firent long feu, se heurtant au principe de l'unanimité en matière de fiscalité directe : outre les menaces par les États-Unis de représailles commerciales en vue de défendre leurs entreprises et les États préférant se concentrer sur une solution globale des problématiques au niveau de l'OCDE, certains États comme le Luxembourg et l'Irlande, accueillant les sièges européens de plusieurs GAFAM, ont rapidement manifesté leur veto à l'encontre de telles mesures[76].

290. **La mise en œuvre de solutions nationales mais temporaires.** Partant, plusieurs États se sont résolus à adopter, en droit interne, leur propre taxe sur les services numériques, sous diverses formes. Le Royaume-Uni, l'Espagne, l'Italie, la Tchéquie ou l'Autriche disposent ainsi, à l'instar de la France, d'une imposition visant spécifiquement les activités numériques. La France a initié ce mouvement en étant la première à adopter une taxe sur les services numériques, laquelle a été mise en place par la loi du 24 juillet 2019[77] et inscrite aux articles 299 et 300 du Code général des impôts. Elle reprend pour l'essentiel la proposition de directive européenne, prévoyant le même taux pour une base similaire, avec des seuils d'assujettissement comparables pour ne viser que les plus grandes entreprises du numérique[78].

La justification de ces propositions et lois repose classiquement sur le double objectif de justice fiscale (ou d'équité fiscale) et de rendement[79]. Ce double objectif est clairement explicité dans l'étude d'impact sur le projet de loi[80], et repris dans les différents rapports et débats sur le projet de loi.

---

[76] V. Justine DANIEL & Vincent LEQUEUX, « Qu'est-ce que la taxe Gafa ? », touteleurope.eu, m.-à-j. 18 janvier 2021, consulté le 1er juin 2022.

[77] Loi n° 2019-759 du 24 juillet 2019 portant création d'une taxe sur les services numériques et modification de la trajectoire de baisse de l'impôt sur les sociétés (*JORF* n° 171 du 25 juillet 2019).

[78] V. Communiqué de presse du Conseil des ministres du 6 mars 2019 :

> « Seuls les services disposant d'une large audience et générant des revenus importants seront concernés. Deux seuils d'assujettissement sont ainsi prévus : 750 millions d'euros de services numériques taxables au niveau mondial et 25 millions d'euros de services numériques taxables au niveau français. »

La proposition de directive prévoyait le même seuil au niveau mondial, et 50 millions d'euros de services numériques taxables au niveau européen.

[79] V. Partie 1 : Titre 2 : La primauté de l'objectif fiscal. Le même communiqué de presse avance ainsi que : « [c]ette taxe permettra de mettre à contribution les entreprises qui tirent une part significative de leur valeur de la participation d'internautes localisés sur le territoire national », et que « [s]on rendement atteindra rapidement 500 millions d'euros par an ». De manière générale, les sommes en jeu sont souvent invoquées dans la presse.

[80] *Projet de loi portant création d'une taxe sur les services numériques et modification de la trajectoire de baisse de l'impôt sur les sociétés*, étude d'impact, 5 mars 2019, p. 7 :

> « La mesure proposée a pour objectifs :
>
> « – De produire de nouvelles recettes, à hauteur d'environ 400 millions d'euros au titre de 2019, auprès des grandes entreprises du secteur numérique qui tirent des revenus élevés de l'activité des internautes localisés en France ;
>
> « – De répondre à un impératif d'équité fiscale dans un contexte où le secteur numérique représente une part croissante de la création de valeur au niveau national. »

Un autre élément est prégnant dans les discussions sur la Taxe sur les services numériques, que ce soit au niveau européen ou au niveau national : son caractère transitoire[81]. Le sénateur Albéric DE MONTGOLFIER, rapporteur pour le Sénat sur le projet de loi, rappelle à cet égard :

> « Nous partageons tous l'objectif d'assurer une plus juste répartition de l'imposition des entreprises, quels que soient les modèles d'activité et en tenant compte du développement du numérique.
>
> « Le système fiscal international actuel ne nous le permet pas ; une réforme est à l'étude sous l'égide de l'Organisation de coopération et de développement économiques (OCDE). Elle pourrait se concrétiser plus rapidement que nous l'anticipions il y a encore quelques mois.
>
> « Nous considérons que la solution dont nous discutons constitue un "pis-aller", c'est-à-dire un "plan C", dans l'attente d'un accord international et en l'absence d'accord européen. [...] »[82]

Là encore, l'OCDE apparaît comme la seule institution à même de parvenir à une résolution globale, efficace et pérenne d'une problématique fiscale internationale globale.

291. **La cristallisation d'une « solution systémique » au niveau de l'OCDE : « BEPS 2.0 ».** Les travaux sur l'économie du numérique ont de fait continué à l'OCDE. Les membres du Cadre inclusif ont convenu, en janvier 2019, d'aborder la problématique en deux piliers distincts[83]. Cette

---

[81] Ce caractère transitoire est également assumé dans l'étude d'impact du projet de loi de 2019 (*Ibid.* p. 5) :

> « [...] Cette [mesure] permet de répondre partiellement à la problématique soulevée et s'appliquerait de manière transitoire, le temps qu'un compromis soit trouvé sur [un accord international]. »

La proposition de directive de 2018 s'inscrivait dans une logique similaire (Commission européenne, *Proposition de directive du Conseil concernant le système commun de taxe sur les services numériques applicable aux produits tirés de la fourniture de certains services numériques*, Bruxelles, 21 mars 2018, COM(2018) 148 final) :

> « [...] L'objectif spécifique de la proposition est de présenter une mesure ciblant les produits tirés de la fourniture de certains services numériques, qui soit facile à mettre en œuvre et qui contribue à assurer des conditions de concurrence équitables pendant la période transitoire jusqu'à ce qu'une solution globale soit en place. »

[82] Assemblée nationale, Sénat, Joël GIRAUD & Albéric DE MONTGOLFIER (rapp. gén.), Rapport AN n° 2080 & Sénat n° 615 fait au nom de la Commission mixte paritaire chargée de proposer un texte sur les dispositions restant en discussion *du projet de loi portant création d'une taxe sur les services numériques et modification de la trajectoire de baisse de l'impôt sur les sociétés*, 26 juin 2019, p. 6.

[83] OCDE, *Relever les défis fiscaux soulevés par la numérisation de l'économie – Note politique, Telle qu'approuvée par le Cadre inclusif sur le BEPS le 23 janvier 2019*, Projet OCDE/G20 sur l'érosion de la base d'imposition et le transfert des bénéfices, Paris, OCDE, 2019, 4 p. Cette note politique fait suite au rapport intérimaire réalisé en 2018 sous l'égide du Cadre inclusif et du G20 : OCDE, *Les*

approche renouvelée des problématiques fiscales, qui s'inscrit dans la continuité des travaux de l'action 1 du BEPS, est souvent désignée comme « BEPS 2.0 ». Les travaux ont été menés classiquement en phases successives de négociations entre États et de consultations des parties prenantes, les *blueprints* publiés le 12 octobre 2020[84] ayant fait l'objet de nombreuses réponses[85]. Les deux piliers ont fait l'objet d'un accord politique au sein d'une déclaration commune du 8 octobre 2021[86], acceptée par 137 juridictions[87].

292. ***Pillar One : Profit Allocation and Nexus.*** Le Pilier Un aborde une solution de répartition du droit d'imposer les multinationales entre les États. Cette proposition se veut une alternative à celle de l'établissement stable dont les tentatives de redéfinition ont été un échec (l'action 1 du BEPS ne parvenant pas à en proposer une définition valable) ou trop peu fructueuses (les modifications de définition présentes – en vertu notamment de l'action 7 – au sein de l'instrument multilatéral restant optionnelles). De fait, l'établissement stable étant une notion strictement conventionnelle, sa redéfinition ne permettait de toute façon pas de couvrir les situations impliquant deux États ne disposant pas entre eux d'une convention fiscale bilatérale, quand bien même ils adhéreraient l'un et l'autre à cette redéfinition. En se détournant de l'établissement stable, le Pilier Un manifeste l'ambition résolument globale de BEPS 2.0.

Les États se sont accordés au sein du Pilier Un pour que les entreprises multinationales dont le chiffre d'affaires mondial dépasse 20 milliards d'euros (dans un premier temps) et dont la rentabilité est supérieure à 10 % fassent l'objet de règles d'imposition spécifiques, en vertu desquels 25 % des bénéfices au-delà d'un seuil de 10 % (appelé « Montant A ») seront attribués aux juridictions de marché, selon une clef de répartition fondée sur le chiffre d'affaires. Cette approche s'affranchit de la dichotomie classique entre État de la source et État de résidence ; elle s'attache à distinguer le pays d'origine des entreprises de leurs « juridictions de marché » dans lesquelles les biens et les

---

défis fiscaux soulevés par la numérisation de l'économie – rapport intérimaire 2018, Cadre inclusif sur le BEPS, Projet OCDE/G20 sur l'érosion de la base d'imposition et le transfert de bénéfices, Paris, Éditions OCDE, 2018, 243 p.

[84] OECD, *Tax Challenges Arising from Digitalisation – Report on Pillar One Blueprint*, Inclusive Framework on BEPS, OECD/G20 Base Erosion and Profit Shifting Project, Paris, OECD Publishing, 12 octobre 2020, 224 p. ; et OECD, *Tax Challenges Arising from Digitalisation – Report on Pillar Two Blueprint*, Inclusive Framework on BEPS, OECD/G20 Base Erosion and Profit Shifting Project, Paris, OECD Publishing, 12 octobre 2020, 246 p.

[85] V. n° 280 ci-dessus.

[86] OCDE, *Déclaration sur une solution reposant sur deux piliers pour résoudre les défis fiscaux soulevés par la numérisation de l'économie*, Projet OCDE/G20 sur l'érosion de la base d'imposition et le transfert des bénéfices, Paris, OCDE, 8 octobre 2021, 9 p.

[87] V. OCDE, *Membres du Cadre inclusif sur le BEPS de l'OCDE et du G20 rejoignant la* Déclaration sur une solution reposant sur deux piliers pour résoudre les défis fiscaux soulevés par la numérisation de l'économie, à jour du 4 novembre 2021, www.oecd.org (consulté le 1er juin 2022). Tous les pays membres du Cadre inclusif n'adhèrent donc pas (encore) à cette déclaration.

services sont finalement utilisés ou consommés, sans qu'il soit nécessaire que l'entreprise ait une présence physique dans le pays concerné. La répartition du Montant A entre les juridictions de marché s'opère alors selon une approche « nexus ». Le Pilier Un prévoit en outre la mise en œuvre d'exceptions au bénéfice de certaines activités, un mécanisme de règlement des différends obligatoire et contraignant, des règles d'élimination des doubles impositions, ainsi que la poursuite de ses travaux à travers la mise en œuvre d'un « Montant B », destiné à identifier un « rendement fixe » pour certaines activités et à fixer ainsi une base d'imposition moins malléable que les seuls bénéfices et moins arbitraire que le seul chiffre d'affaires.

Concrètement, la mise en œuvre du Pilier Un (dans un premier temps, du Montant A) repose sur l'adoption d'une convention multilatérale. L'accord politique de 2021 veut que celle-ci soit élaborée (par l'OCDE) et ouverte à la signature en 2022, pour prendre effet en 2023. L'accord prévoit en outre que la convention imposera à toutes les parties de supprimer toutes taxes sur les services numériques et autres mesures similaires.

La concrétisation du Pilier Un, qui a été avalisée politiquement par le Cadre inclusif, par le G7 et par le G20, parachèverait la multilatéralisation du système fiscal international. En introduisant des notions indépendantes des conventions préexistantes, et en créant pour les États des obligations de faire (mise en œuvre du Montant A) et de ne pas faire (prohibition des taxes sur les services numériques), ainsi qu'en prévoyant un mécanisme de règlement des différends obligatoire et contraignant, l'adoption par un nombre suffisant d'États de la convention multilatérale assurerait définitivement au système fiscal international sa dimension concrète et globale. Si la mise en œuvre de certains aspects semble imminente, sa dimension inachevée peut toutefois laisser planer des doutes sur l'effectivité réelle qu'elle revêtira – notamment au regard de l'opposition formelle de certains États à certaines de ses dispositions (par exemple le refus systématique de la Chine des mécanismes de règlements des différends contraignants).

293. ***Pillar Two : Global Minimum Taxation.*** Le Pilier Deux introduit quant à lui un impôt mondial minimum sur les sociétés. Il est présenté comme la base d'une « solution systémique »[88] aux problématiques de BEPS restantes.

Le Pilier Deux prévoit trois règles. Les deux premières règles sont nationales et interdépendantes (dites règles globales de lutte contre l'érosion de la base d'imposition, ou règles GloBE[89]) : une règle d'inclusion du revenu (RDIR) consistant à imposer une entité mère en cas de faible imposition d'une

---

[88] OECD, *Tax Challenges Arising from Digitalisation – Report on Pillar Two Blueprint*, Inclusive Framework on BEPS, OECD/G20 Base Erosion and Profit Shifting Project, Paris, OECD Publishing, 12 octobre 2020, p. 11.

[89] Pour *Global anti-Base Erosion rules*. Le terme GloBE est également parfois employé pour désigner l'ensemble du Pilier Deux dans la mesure où il tend à la résolution des problématiques de BEPS (et que les RAI n'en sont qu'un dispositif d'ajustement).

entité constitutive, et une règle relative aux paiements insuffisamment imposés (RPII) qui refuse la déductibilité ou requiert un ajustement équivalent lorsque le revenu d'une entité constitutive n'est pas assujetti à une RDIR. La troisième règle est conventionnelle : une règle d'assujettissement à l'impôt (RAI), permettant à l'État de la source d'imposer certains paiements entre parties liées qui seraient imposés à un taux inférieur au taux minimum (il s'agit en fait d'une solution en faveur des pays en développement : la RAI donnant une priorité à l'État de la source – l'État en développement – dans l'imposition minimale).

Ces règles s'appliqueront aux entreprises multinationales réalisant un chiffre d'affaires d'au moins 750 millions d'euros, tel que déterminé dans la déclaration pays par pays (action 13 du BEPS) – les États pouvant choisir d'appliquer la RDIR aux entreprises multinationales ayant leur siège dans leur territoire même si elles n'atteignent pas ce seuil. Les États se sont accordés pour fixer un taux minimum d'imposition à 15 %.

Les RAI seront incluses aux conventions bilatérales, les États s'accordant pour mettre en œuvre ces règles dans le cadre de leurs conventions bilatérales conclues avec des pays en développement membres du Cadre inclusif si ceux-ci le leur demandent. Les règles GloBE sont quant à elles d'application autonome : elles doivent être inscrites dans les droits nationaux respectifs des États parties. L'accord politique prévoit que leur transposition en droit interne soit opérée en 2022 pour une entrée en vigueur effective en 2023.

L'OCDE a été chargée de proposer un modèle de règles transposables par les États membres. Ces règles modèles ont été publiées le 20 décembre 2021[90]. Le surlendemain de cette publication, la Commission européenne a publié un projet de directive proposant la transposition de l'accord sur l'imposition minimale des multinationales directement en droit communautaire[91].

Quel que soit le résultat du Pilier Un, la transposition de Pilier Deux manifeste encore l'effectivité du système fiscal international et la place prépondérante de l'OCDE en son sein.

294. **Deux piliers illustrant deux facettes du système fiscal international.** Les deux Piliers du BEPS 2.0 témoignent des différents aspects du système fiscal international et apportent chacun une preuve supplémentaire de son effectivité. Le Pilier Un cristallise l'appel constant du multilatéralisme

---

[90] OECD, *Tax Challenges Arising from the Digitalisation of the Economy Global Anti-Base Erosion Model Rules (Pillar Two)*, Inclusive Framework on BEPS, Paris, OECD, 2021, 68 p. Le 14 mars 2022, l'OCDE a également publié des commentaires et des exemples afin de clarifier au mieux la portée et les effets des règles proposées : OECD, *Tax Challenges Arising from the Digitalisation of the Economy – Commentary to the Global Anti-Base Erosion Model Rules (Pillar Two)*, Inclusive Framework on BEPS, Paris, OECD, 2022, 226 p. et OECD, *Tax Challenges Arising from the Digitalisation of the Economy – Global Anti-Base Erosion Model Rules (Pillar Two) Examples*, Inclusive Framework on BEPS, Paris, OECD, 2022, 47 p.

[91] European Commission, *Proposal for a Council directive on ensuring a global minimum level of taxation for multinational groups in the Union*, Brussels, 22/12/2021, COM(2021) 823 final.

face à des problématiques mondialisées, qui demandent que les États adoptent une vision globale des problématiques et intègrent pleinement l'internationalité de la matière. Le Pilier Deux matérialise la résilience du système fiscal international tel qu'il existe déjà, reposant sur une coopération non juridiquement contraignante mais dirigée fondamentalement par l'expertise des instances internationales, et par le *leadership* des principales instances politiques mondiales.

Ainsi la mise en œuvre des deux piliers repose sur l'assentiment du G7 et du G20, et la proposition GloBE n'a été considérée comme véritablement crédible, c'est-à-dire concrétisable, qu'à partir de la manifestation par les États-Unis de leur volonté d'y adhérer. Cette volonté américaine s'inscrit pourtant également dans un cadre systémique : elle est la réponse aux taxes sur les services numériques, lesquelles portaient essentiellement atteinte aux intérêts d'entreprises américaines, et dont les États s'engagent à mettre fin lors de la mise en œuvre de BEPS 2.0.

SECTION 2 :
La conceptualisation du système fiscal international

295. **Les gouvernances du système fiscal international.** Les débats sur l'existence même d'un système fiscal international sont devenus de plus en plus fréquents. S'interrogeant sur l'existence d'une gouvernance fiscale d'un point de vue français, M. Gaël PERRAUD, sous-directeur des affaires européennes et internationales à la DLF, considérait prématuré de conclure à l'existence d'une telle gouvernance dans la mesure où la dynamique fiscale internationale repose toujours sur la seule volonté des États à coopérer, y compris dans la sphère européenne. Mais cette réticence à reconnaitre une gouvernance dans la direction des travaux fiscaux internationaux à l'OCDE ne s'oppose pas à la reconnaissance du système fiscal international :

> « Le développement des réseaux conventionnels en matière fiscale a [...] progressivement contribué à bâtir un ensemble "faisant système", qui par cohérence, tend à s'appuyer sur des principes communs, que l'on retrouve à la fois dans les modèles de convention et dans les législations internes des États [...]. »[92]
>
> « Dans ce système, la place de l'OCDE est prépondérante, notamment par ses travaux menés au sein du Forum mondial et, plus encore, du Cadre inclusif :
>
> « [...] Aucune autre enceinte n'est susceptible de lui être substituée, et assurément pas le comité des experts de l'ONU,

[92] Gaël PERRAUD, « Une gouvernance fiscale mondiale ? », *Revue européenne et internationale de droit fiscal*, n° 2021/1, p. 74.

émanation de l'ECOSOC, dont la méthode est – paradoxalement – tout sauf inclusive et les orientations trop fondées sur des partis pris idéologiques insusceptibles d'être réconciliés avec les positions d'une partie de la communauté internationale. »[93]

Le succès de certains travaux ne doit pas néanmoins occulter la diversité des acteurs du système fiscal international : si ce dernier a évolué ces dix dernières années en cristallisant des consensus inédits, il n'est pour autant pas uniforme et homogène. Sa dimension systémique repose davantage sur l'affirmation de son caractère auto-poïétique, c'est-à-dire sa capacité à se renouveler lui-même. Il est encore loisible d'identifier plusieurs pôles de gouvernance au sein du système fiscal international. L'OCDE constitue l'un des pôles majeurs de ce système, si ce n'est le plus important, amenant les autres acteurs à se positionner vis-à-vis d'elle et des standards qu'elle émet.

L'invocation même de la notion de gouvernance en matière fiscale internationale[94] induit la pluralité d'intérêts et d'acteurs du système fiscal international. La gouvernance est polysémique ; elle constitue une notion politique et non juridique. Elle peut être classiquement définie comme un « processus de coordination d'acteurs publics et privés, de groupes sociaux, d'institutions [destiné à] atteindre des buts propres discutés et définis collectivement dans des environnements fragmentés, incertains »[95]. La gouvernance est donc un processus interne à un système, et s'il est loisible de s'interroger sur l'existence d'une telle gouvernance au niveau global, il l'est également de considérer alternativement que le système fiscal international fait l'objet de processus pluriels, donc de plusieurs gouvernances fiscales internationales, chacune située à un pôle du système.

L'intérêt croissant autour des questions de gouvernance, de régime et de système fiscal international dans la doctrine se cristallise alors autour de différents aspects du système, mettant en exergue sous plusieurs angles son interconnexion. L'interdépendance des fiscalités nationales et l'interconnexion de leurs processus normatifs en matière internationale ne sont de fait plus contestées aujourd'hui ; seule l'interprétation subjective – et potentiellement prescriptive – des auteurs permettra de la qualifier ou non de gouvernance. Cette interconnexion connaît sa plus évidente manifestation dans les conventions fiscales internationales, formant un véritable réseau et pouvant être modélisé comme tel (**§ 1**). Ce maillage conventionnel n'est

---

[93] *Ibid.* p. 78.

[94] L'article de M. Gaël PERRAUD s'inscrit dans un dossier de la *Revue européenne et internationale de droit fiscal* (n° 2021/1) dédié à la « Gouvernance fiscale internationale » (pp. 9-134).

[95] Guy HERMET, Bertrand BADIE, Pierre BIRNBAUM *et alii*, *Dictionnaire de la science politique et des institutions politiques*, Paris, Armand Colin, coll. Dictionnaire, 8e éd., 2015, p. 38, not. cité par Lukasz STANKIEWICZ, « Gouvernance fiscale mondiale – Présentation du dossier », *Revue européenne et internationale de droit fiscal*, n° 2021/1, p. 9.

toutefois que l'illustration de l'interconnexion fondamentale au système fiscal de ses acteurs et de ses normes (§ **2**).

§ 1 : L'interconnexion conventionnelle : le réseau des conventions bilatérales

296. **Les conventions bilatérales en réseau.** L'élément le plus structurant du système fiscal international est le réseau de conventions fiscales bilatérales. Les conventions fiscales sont les véhicules normatifs les plus symboliques – et contraignants – du système (Partie 1 : Titre 1) ; l'histoire de la fiscalité internationale est celle des conventions (Partie 2 : Titre 2). Les conventions, qu'elles se fondent sur le modèle OCDE ou le modèle ONU, forment un support solide sur lequel s'appuient les réformes actuelles du système fiscal international. Fort de plus de 3 000 conventions fiscales[96], ce réseau est néanmoins incomplet et inégalement réparti au sein du système fiscal international.

297. **Un réseau incomplet et hétérogène.** L'incomplétude du réseau conventionnel est flagrante : en considérant les seuls 193 États membres des Nations Unies (c'est-à-dire abstraction faite des juridictions fiscales non souveraines ou non reconnues), le nombre de relations bilatérales possibles entre tous ces États est de 18 528[97] ; les conventions existantes n'en couvrent que 16 %. Et pour cause, même les États ayant les réseaux conventionnels les plus développés (à savoir le Royaume-Uni et la France) ne disposent pas d'un réseau « complet », ne dépassant pas les 130 conventions fiscales. Le réseau conventionnel s'accroît pourtant au fil des années et des négociations conventionnelles. La multiplication du nombre d'États au cours du XXe siècle, notamment par la décolonisation, crée néanmoins une difficulté certaine à la complétion du réseau : le réseau actuel correspond davantage au réseau tel qu'il aurait pu être complet il y a plus d'un demi-siècle (c'est-à-dire au nombre de relations bilatérales possibles entre environ 80 entités souveraines[98]). Outre les difficultés diplomatiques à parvenir à un accord fiscal avec chacun des États, la conclusion d'un réseau complet implique des moyens de négociations dont les États ne disposent pas[99], qui plus est au regard des besoins de renégociations régulières qu'implique une relation bilatérale.

Le réseau est en outre inégalement développé. Certains États ont historiquement un réseau conventionnel important, comme la France

[96] 3 132 conventions d'après eoi-tax.com, mai 2022. De manière générale, « plus de 3 000 conventions » est l'estimation reprise la plus fréquemment.

[97] Le nombre de paires possibles (relations bilatérales) pour un nombre *n* d'éléments (États) vaut :

$$\frac{n \times (n-1)}{2}$$

[98] Pour 80 États, le nombre de relations bilatérales possibles est de 3 160. À titre de comparaison, les Nations Unies réunissaient en 1945, lors de leur création, 51 États membres.

[99] V. Partie 2 : Titre 2 : Chapitre 1 : La réception du système en droit français.

(126 conventions fiscales[100]) et le Royaume-Uni (158 conventions[101]). D'autres États ont par ailleurs massivement développé leur propre réseau conventionnel au cours de ces dernières décennies, à l'instar de la Chine[102]. À l'inverse, d'autres ont une pratique conventionnelle sensiblement plus restreinte. Les États-Unis, par exemple, malgré leur poids économique au niveau mondial, n'ont que 58 conventions fiscales bilatérales en vigueur[103]. Les raisons de pratiques conventionnelles restreintes ont été abordées *supra*[104]. D'autres États enfin ne sont apparus sur la scène internationale que récemment, et n'ont pas eu le temps de négocier beaucoup de conventions, ou ne disposent pas des moyens techniques et diplomatiques pour développer un réseau important. La répartition dans le monde du nombre de conventions fiscales bilatérales conclues par les États (**Carte 9**) illustre, sans qu'il soit nécessaire d'étudier en détail le contenu de ces conventions, l'hétérogénéité du réseau conventionnel fiscal mondial.

---

[100] D'après le BOFIP, Liste des conventions fiscales conclues par la France (en vigueur au 1er janvier 2018), BOI-ANNX-000306, 7 mars 2018. Cette annexe du BOFIP répertorie les conventions et accords en vigueur au 1er janvier 2018 ; certains de ces accords ne visent pas directement l'élimination des doubles impositions, et certains sont conclus avec des entités non-étatiques.

[101] D'après « Tax treaties », *in* www.gov.uk, publié le 28 juillet 2014, dernière mise à jour 30 décembre 2021, consulté le 13/03/2022.

[102] V. n° 240 ci-dessus.

[103] D'après « United States Income Tax Treaties », *in* www.irs.gov, consulté le 1er juin 2022.

[104] V. not. nos 222 ci-dessus et suivants.

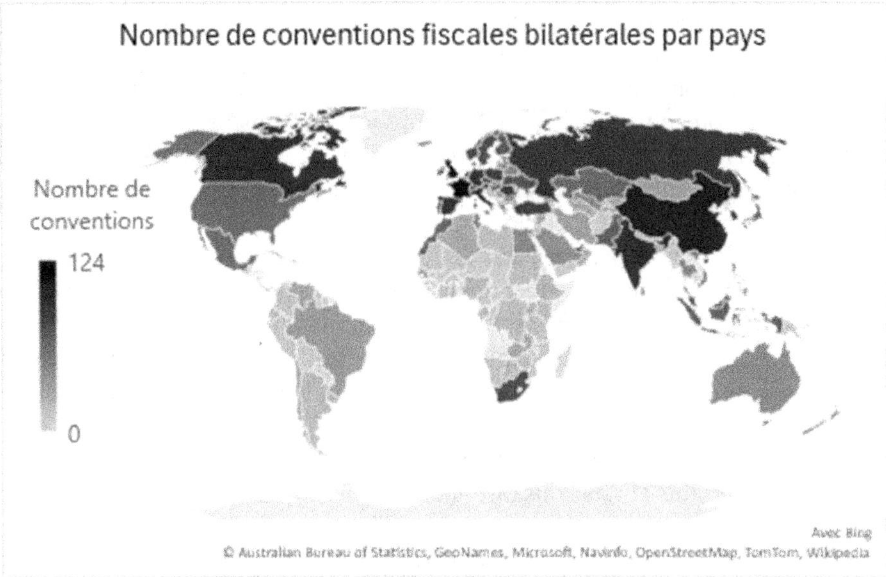

Carte 9 : Nombre de conventions fiscales bilatérales contre la double imposition par pays[105]

298. **Les opportunités de modélisation du réseau.** Cette hétérogénéité ouvre certaines possibilités d'études du réseau du point de vue de la théorie des graphes, dans la continuité de l'application de la théorie des réseaux aux relations internationales en général[106].

La théorie des graphes permet une représentation graphique de relations entre des éléments, et d'évaluer mathématiquement la proximité des éléments du fait de ces relations. Appliquée au système fiscal international, une telle approche permettra d'identifier les principaux acteurs du système, d'évaluer l'état du réseau de conventions fiscales et sa dynamique. Partant, elle permettra d'identifier les moyens de le perfectionner.

---

[105] Source : auteur ; données : 3 132 conventions fiscales de double impositions identifiées *in* eoi-tax.com, mai 2022. La pertinence des données et de leur représentation graphique doit être considérée à l'aune des éventuelles divergences d'interprétation dans ce qu'est une convention fiscale bilatérale contre la double imposition, et notamment dans l'identification des entités (pays et juridictions) qui sont reconnues comme ayant la capacité à contracter une telle convention (v. par exemple la situation de Taïwan, n° 274 ci-dessus, ou encore l'autonomie de certains territoires – territoires d'Outre-mer, Groënland, etc.). La carte ici présentée est nécessairement sujette à de nombreux artéfacts localisés, mais sert néanmoins une représentation du phénomène d'un point de vue global.

[106] La théorie des graphes s'est également développée en sociologie autour de la notion de réseau social ; la société internationale constitue de fait un réseau social d'États et peut faire l'objet des mêmes modélisations. Cette approche ne doit toutefois pas être interprétée de manière trop extensive : il ne peut s'agir que d'un modèle, impliquant de nombreuses simplifications du réel.
Pour un panorama de l'utilisation de la théorie des graphes en matière de relations internationales et de ses apports, v. not. Jacques VIRET, « Les mathématiques et les modélisations », *in* Thierry BALZACQ & Frédéric RAMEL (dir.), *Traité de relations internationales*, Paris, Presses de Sciences Po, coll. Références, 2013, pp. 373-410.

Le réseau mondial de conventions fiscales peut être assimilé à un graphe, chaque juridiction fiscale figurant des sommets (ou nœuds) du graphe et chaque convention fiscale figurant une arête (ou lien) reliant deux sommets. Dans le cadre de cette modélisation, il convient de considérer que la relation conventionnelle est strictement symétrique (donc le graphe est non orienté). (Pour une représentation du réseau – arêtes et sommets – projetée sur un planisphère, voir **Carte 11**, ci-dessous.)

Une telle approche permet par exemple d'étudier la modularité du réseau, c'est-à-dire son éventuelle décomposition en « clusters » (**Carte 10**). Ces clusters sont, au sein du réseau global, des communautés présentant entre leurs membres des interconnexions plus fortes (des relations bilatérales plus fréquentes) qu'en dehors. Toutes proportions gardées, les clusters mis ici en évidence font écho à certaines réalités diplomatiques historiques. La France (en bleu foncé) et le Royaume-Uni (en rouge clair) sont chacun dans un cluster regroupant certains États faisant anciennement partie de leurs empires coloniaux ; cela peut notamment s'expliquer par la continuation de conventions réalisées avant la décolonisation, et le maintien de relations diplomatiques privilégiées suite à la décolonisation. Il est loisible de voir dans le cluster bleu clair une sphère d'influence diplomatique américaine couvrant l'Amérique, l'Océanie et certains pays asiatiques, tandis que le cluster vert peut évoquer certains partenariats du BRITACOM[107].

[107] V. n°s 240 ci-dessus et suivants.

Carte 10 : Identification de « clusters » au sein du réseau de conventions fiscales bilatérales contre la double imposition[108]

La pertinence de ces communautés doit néanmoins être mise en perspective de la modularité générale du graphe (c'est-à-dire du réseau de conventions), égale à 0,162, ce qui indique finalement une grande interconnexion des communautés : les juridictions sont peu cloisonnées au sein de leurs clusters respectifs.

Sous réserve des mêmes précautions interprétatives, cette approche du réseau comme graphe permet d'invoquer d'autres indicateurs relatifs aux différents acteurs étatiques du système fiscal international, comme leur centralité intermédiaire (*betweeness centrality*). Celle-ci permet d'évaluer l'importance d'un sommet au sein du réseau, assimilé à un réseau social : la centralité intermédiaire d'un sommet représente le nombre de fois que ce sommet est sur le chemin le plus court entre deux autres sommets du réseau. Plus le score de centralité intermédiaire est élevé, plus le sommet (l'État) permet de connexions avec les autres. Dans cette approche, le Royaume-Uni, la France et la Suisse s'imposent comme les sommets les plus centraux du réseau conventionnel fiscal actuel (**Figure 11**). À l'inverse, de grandes puissances économiques mondiales comme la Chine ou, plus encore, les États-Unis disposent d'une centralité réduite.

[108] Source : auteur ; données : 3 132 conventions fiscales de double impositions identifiées *in* eoi-tax.com, mai 2022. Les réserves émises pour la Carte 9 sont valables ici *a fortiori*. Chaque motif représente un cluster distinct, les zones grisées représentant une absence de donnée ou des juridictions isolées (cluster d'une seule juridiction).
Les clusters sont ici identifiés avec le logiciel Gephi (v. gephi.org), selon l'algorithme de Vincent D. BLONDEL, Jean-Loup GUILLAUME, Renaud LAMBIOTTE & Étienne LEFEBVRE, « Fast unfolding of communities in large networks », *Journal of Statistical Mechanics: Theory and Experiment*, 2008, n° 10, p. 1 000. Sont représentés les clusters de plus d'une juridiction.

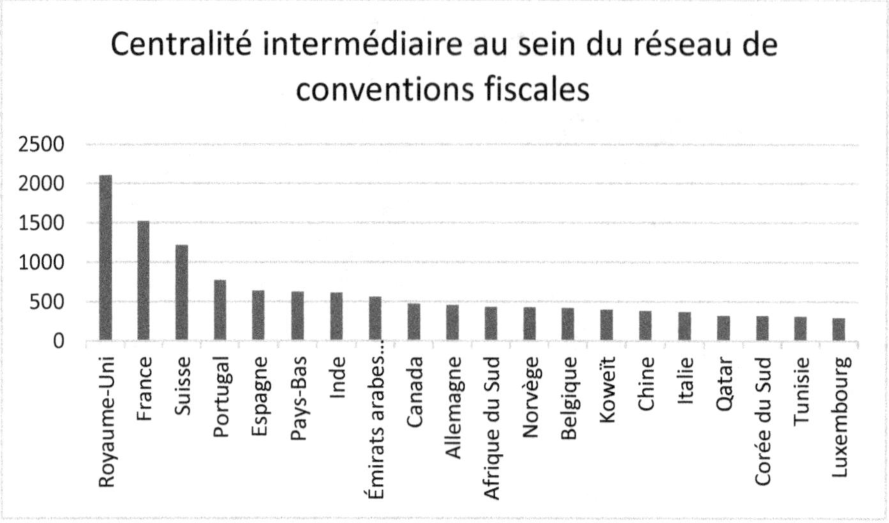

Figure 11 : Centralité intermédiaire des 20 juridictions les plus centrales du réseau de conventions fiscales contre la double imposition[109]

299. **Des modèles pour faire face aux évolutions du réseau.** Il ne faut pas tirer de conclusions hâtives de telles approches, mais simplement relever le potentiel qu'elles révèlent sur le réseau conventionnel fiscal international. Ce dernier est encore susceptible d'évoluer et de se densifier. Cette densification peut procéder d'un accroissement des interconnexions au niveau global, ou bien au niveau régional, renforçant alors les communautés internes au réseau. Il offre en outre des opportunités à certains acteurs étatiques qui pourraient être considérés *a priori* comme n'étant pas centraux dans le système fiscal international.

Au regard de l'accélération de la coopération fiscale internationale, en particulier ces dix dernières années, la bilatéralité conventionnelle et son réseau apparaissent parfois comme un frein au déploiement d'une véritable gouvernance fiscale internationale. Ainsi, le déploiement de l'instrument multilatéral sur le BEPS a amorcé une multilatéralisation du réseau (**Carte 11**), que la convention multilatérale sur le Pilier Un du BEPS 2.0 pourrait continuer.

[109] Source : auteur ; données : 3 132 conventions fiscales de double impositions identifiées *in* eoi-tax.com, juillet 2020. Les réserves émises pour la Carte 9 restent valables ici. La centralité intermédiaire (*betweeness centrality*) est ici calculée avec le logiciel Gephi (v. gephi.org), selon l'algorithme de Ulrik BRANDES, « A Faster Algorithm for Betweenness Centrality », *Journal of Mathematical Sociology*, 25(2), 2001, pp. 163-177.

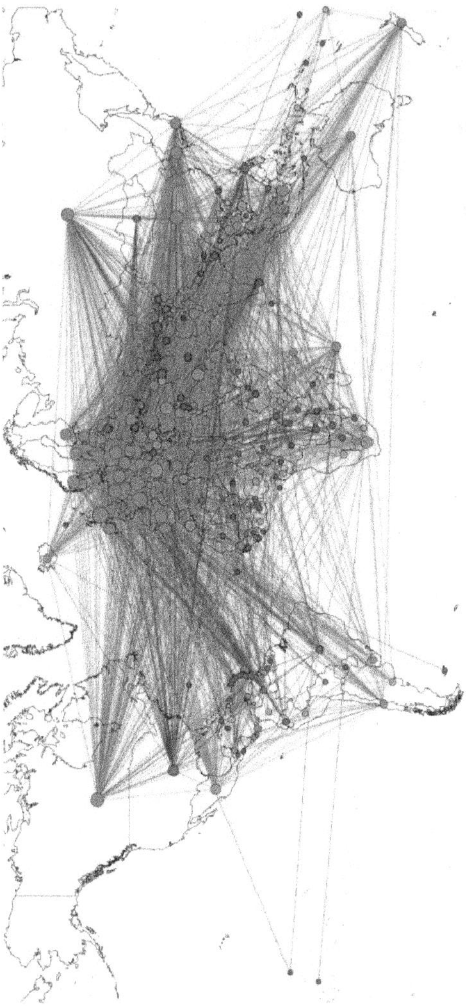

Carte 11 : Réseau mondial des conventions fiscales bilatérales et incidence de l'instrument multilatéral sur le BEPS[110] – une version vectorisée et en couleur de la présente carte est disponible sur l'archive ouverte HAL (https://hal.science/)

---

[110] Source : auteur ; données : 3 132 conventions fiscales de double impositions identifiées *in* eoi-tax.com, mai 2022 (les réserves émises pour la Carte 9 restent valables ici) ; OCDE, *Base de données pour l'appariement de l'IM*, m.-à-j. au 1 juin 2022, accessible en ligne : www.oecd.org.
La taille des sommets du réseau est proportionnelle au nombre de conventions bilatérales conclues par l'État ; les arêtes représentent ces conventions ; la couleur d'un nœud signifie le statut de l'État au regard de l'instrument multilatéral, selon qu'il y est entré en vigueur (en vert), qu'il est en cours de ratification (en jaune), ou qu'il ne s'applique pas (en rouge) – partie n'ayant pas signé l'instrument ; la couleur d'une arrête signifie le statut de la convention au regard de l'instrument, selon qu'il s'y applique (en vert), que la convention a été notifiée par une des deux parties (en jaune), ou qu'elle n'est pas concernée par l'instrument (en rouge).

§ 2 : L'interconnexion des acteurs et des normes : l'institutionnalisation du système

300. **L'interconnexion des acteurs : l'institutionnalisation du système.** Le début du XXIe siècle a vu une multiplication des acteurs internationaux s'intéressant aux questions fiscales internationales[111]. La mise en place d'un comité dédié à l'ECOSOC (remplaçant le groupe d'experts *ad hoc*), la participation du Fonds monétaire international et des institutions du groupe de la Banque mondiale aux initiatives internationales en matière fiscale (par exemple au sein de la Plateforme de collaboration sur les questions fiscales regroupant le FMI, le groupe de la Banque mondiale, l'ONU et l'OCDE), ou encore la prolifération d'initiatives régionales en la matière sont représentatives de cette multiplication[112]. L'incidence de ce regain d'intérêt auprès des organisations internationales n'égale pas toutefois celle de l'implication du G20 dans la politique fiscale internationale et des initiatives développées par l'OCDE sur la même période : que ce soit au sein du Forum mondial sur la transparence et l'échange de renseignements à des fins fiscales, du Cadre inclusif sur le BEPS, ou dans une moindre mesure à travers l'initiative « Inspecteurs des impôts sans frontières », l'OCDE a développé une influence primordiale au sein du système fiscal international. Cette influence dépasse largement ses seuls États membres[113]. L'OCDE s'impose désormais comme « force de proposition et partenaire du G20, ce qui lui donne une légitimité politique et une audience sans égales »[114]. Les organisations régionales s'inscrivent généralement dans la continuité de ses recommandations dont elles se font le relai auprès des États. Comme le montre le professeur Thierry LAMBERT, cette place de l'OCDE tient de son expertise en matière de fiscalité internationale et de sa capacité à proposer une vision globale de ces problématiques :

> « Les rapports et études de l'OCDE irriguent les pratiques administratives nationales, mais aussi la pensée des auteurs comme des organisations, gouvernementales et non gouvernementales, qui s'y réfèrent. L'OCDE a une vision cohérente, une théorie générale

---

[111] V. Partie 2 : Titre 1 : La redistribution des compétences.

[112] Pour le professeur Wolfgang SCHÖN, cette multiplication constitue un changement fondamental du « monde fiscal international » (v. Wolfgang SCHÖN, « Is There Finally an International Tax System? », *World Tax Journal*, 2021, Vol. 13, n° 3, pp. 357-384) :

> « Maybe the most striking change in the international tax world since 1998 concerns the emergence of novel international institutions and procedures. [...] »

[113] États membres qui sont en outre de plus en plus nombreux sur la période : un mouvement de nouvelles adhésions à l'OCDE avait été amorcé dès les années 1990 (5 adhésions), et confirmé à partir de 2000 (et surtout 2010) : de 2000 à 2021, l'OCDE passe de 29 à 38 États membres.

[114] Thierry LAMBERT, *L'impôt dans une économie mondialisée : Contribution à une théorie générale de l'impôt*, Bruxelles, Bruylant, coll. Droit & Économie, 2021, p. 189.

> de l'impôt à proposer, qu'elle s'efforce avec un certain succès de faire appliquer. »[115]

Les interrogations sur l'existence d'une gouvernance fiscale mondiale illustrent notamment la place prépondérante de l'OCDE : si cette gouvernance existe, cela ne peut être qu'à l'OCDE, ou du moins l'étude de cette gouvernance ne peut être faite sans étudier les actions de l'OCDE[116]. D'une certaine manière, l'OCDE permet une incarnation du système fiscal international ; elle en institutionnalise le fonctionnement, à travers différents forums et initiatives dont elle est le dénominateur commun[117].

Cette incarnation est parachevée par l'expression de certaines opinions dissidentes (États-Unis, Brésil), et la mise en œuvre de propositions alternatives (ONU, BRITACOM...) qui se positionnent *de facto* comme telles : l'OCDE crée la référence à laquelle les acteurs décident de se conformer ou de proposer une alternative. Partant, si l'OCDE tend à cristalliser des consensus en matière fiscale internationale, elle se situe de la même manière au centre de l'appréhension doctrinale du système fiscal international.

301. **L'interconnexion des normes : le régime fiscal international.** Depuis la fin des années 1990, la question de l'existence d'un régime fiscal international nourrit un débat au sein de la doctrine anglo-saxonne. Le principal théoricien et défenseur de cette thèse est le professeur Reuven S. AVI-YONAH, qui la présente ainsi :

> « [A] coherent international tax regime exists [...]. The practical implication is that countries are not free to adopt any international tax rules they please, but rather operate in the context of the regime, which changes in the same ways international law changes over time. »[118]

---

[115] Thierry LAMBERT, *L'impôt dans une économie mondialisée*, *op. cit.* p. 190.

[116] V. not. Pascal SAINT-AMANS, Séverine BARANGER & Kevin DE RAAT, « The OECD and International Tax Governance: a Constant Evolution », *Revue européenne et internationale de droit fiscal*, n° 2021/1, pp. 26-44.

[117] V. Partie 2 : Titre 1 : La redistribution des compétences.

[118] Reuven S. AVI-YONAH, *International Tax as International Law: An Analysis of the International Tax Regime*, Cambridge, Cambridge University Press, Cambridge Tax Law Series, 2007, p. 1. Il ajoute :

> « Thus, unilateral action is possible, but is also restricted, and countries are generally reluctant to take unilateral actions that violate the basic norms that underlie the regime. Those norms are the single tax principle (i.e., that income should be taxed once – not more and not less) and the benefits principle (i.e., that active business income should be taxed primarily at source, and passive investment income primarily at residence). »

Cette théorie, développée à partir des années 1990[119], reprise par certains auteurs[120] et contredite par d'autres[121], s'attache à identifier la part normative – contraignante pour les États – du système fiscal international. Sans qu'il soit nécessaire de trancher sur le caractère effectivement contraignant des principes mis en avant au sein du régime fiscal international, le débat qu'elle suscite met en exergue l'interconnexion des normes fiscales en matière internationale. Cette interconnexion fait porter au moins un doute sur la pleine liberté des États dans l'édification de leurs règles internationales. Plus encore, l'interconnexion normative parachève la structure systémique de la fiscalité internationale : que les normes des États soient ou non contraintes par la *soft law* internationale, elles se répondent nécessairement, formant un maillage symptomatique d'un système global.

Pour le professeur Reuven S. AVI-YONAH, l'accord politique sur le BEPS 2.0 constitue une révolution sans précédent dans la fiscalité internationale[122] :

> « Pillars One and Two together represent a revolution in international taxation. However, they both build on the past. In fact,

[119] V. par ex. Reuven S. AVI-YONAH, « The Structure of International Taxation: A Proposal for Simplification », *Texas Law Review*, 1996, vol. 74, pp. 1301-1359 ; Reuven S. AVI-YONAH, « International Taxation of Electronic Commerce », *Tax Law Review*, 1997, vol. 52, pp. 507-556 ; Reuven S. AVI-YONAH, « Globalization, Tax Competition, and the Fiscal Crisis of the Welfare State », *Harvard Law Review*, 2000, n° 7, vol. 113, pp. 1 573-1 676 ; Reuven S. AVI-YONAH, « International Tax as International Law », *Tax Law Review*, 2004, vol. 57, pp. 483-501 ; Reuven S. AVI-YONAH, « Tax Competition, Tax Arbitrage and the International Tax Regime », *Bulletin for International Taxation*, 2007, pp. 130-138.

[120] Par ex. Diane M. RING, « One Nation Among Many: Policy Implications of Cross-Border Tax Arbitrage », *Boston College Law Review*, 2002, vol. 44, n° 1, pp. 79-175 ; Shay N. MENUCHIN, *The Dilemma of International Tax Arbitrage*, Ph.D Thesis, University of London, 2005, 259 p. ; Hugh J. AULT, « The Importance of International Cooperation in Forging Tax Policy », *Brooklyn Journal of International Law*, 2001, vol. 26, n° 4, pp. 1 693-1 697 ; Paul R. MCDANIEL, « Trade and Taxation », *Brooklyn Journal of International Law*, 2001, vol. 26, n° 4, pp. 1 621-1 640 ; Richard J. VANN, « International Aspects of Income Tax », *in* Victor THURONYI (ed.), *Tax Law Design and Drafting*, Volume 2, Washington D.C., International Monetary Fund, 1998, pp. 718-810 ; Philip R. WEST, « Foreign Law in U.S. International Taxation », *Florida Tax Review*, 1996, vol. 3, n° 4, pp. 147-185.

[121] Par ex. Michael J. GRAETZ, « Taxing International Income: Inadequate Principles, Outdated Concepts, and Unsatisfactory Policies », *Brooklyn Journal of International Law*, 2001, vol. 26, n° 4, art. 8, pp. 1 357-1 448 ; H. David ROSENBLOOM, « The David R. Tillinghast Lecture: International Tax Arbitrage and the "International Tax System" », *Tax Law Review*, 2000, vol. 53, n° 2, pp. 137-166 ; H. David ROSENBLOOM, « Cross-Border Arbitrage : The Good, the Bad and the Ugly », *Taxes: The Tax Magazine*, 2007, vol. 85, n° 3, p. 115-118 ; Julie ROIN, « Competition and Evasion: Another Perspective on International Tax Competition », *The Georgetown Law Journal*, 2000, vol. 89, pp. 543-604 ; Tsilly DAGAN, « The Tax Treaties Myth », *New York University Journal of International Law and Politcs*, 2000, vol. 32, n° 4, pp. 939-996 ; Mitchell A. KANE, « Strategy and Cooperation in National Responses to International Tax Arbitrage », *Emory Law Journal*, 2004, vol. 53, pp. 89-170.

[122] V. not. Reuven S. AVI-YONAH, « The New International Tax Regime », *University of Michigan Public Law Research Paper* n° 21-031, 2021.

> the Single Tax Principle can be traced back to the origins of the international tax regime in the early 20th century. Thus, the new framework, like most historical developments, encompasses both revolution and evolution. »[123]

Il voit dans Pilier Un et Pilier Deux un passage vers un régime fiscal international « 2.0 ». Cette évolution met en exergue le mouvement global de renforcement des connexions entre les normes fiscales internationales, et augmente *in fine* la confusion des sources normatives. Là encore, la perception doctrinale de cette interconnexion illustre autant la dimension systémique de la fiscalité internationale qu'elle ouvre le champ des débats autour de la notion même de normativité en droit fiscal international. Elle illustre la capacité du système fiscal international à susciter le développement de nouvelles théories qui lui sont propres.

---

123 Reuven S. AVI-YONAH, « The New International Tax Framework: Evolution or Revolution? », *American Society of International Law Insights*, 2021, vol. 25, n° 11, accessible en ligne : www.asil.org.

Conclusion du chapitre

302. **De nouvelles approches doctrinales pour de nouvelles expertises.** Le système fiscal international est caractérisé par la prévalence de l'expertise dans son fonctionnement. L'initiative dans la coopération fiscale internationale relève de la capacité à identifier les faiblesses du système fiscal international et à proposer des solutions originales. Cette capacité nécessite une mobilisation des expertises, exercice dans lequel l'OCDE s'illustre particulièrement bien dans ses projets en cours.

La place de l'OCDE ne doit toutefois pas occulter le renouvellement doctrinal de la matière fiscale internationale. Tous les auteurs sont invités à participer, a minima par la consultation des parties prenantes, aux travaux de l'OCDE. Pour autant la production doctrinale en la matière doit pouvoir s'épanouir également en dehors de ces travaux.

Si l'OCDE s'impose aujourd'hui comme l'outil indispensable à une mise en œuvre efficace des réformes fiscales internationales au niveau mondial – comme l'illustrent les actuelles réformes de la fiscalité du numérique –, l'invention de solutions innovantes appelle à une ouverture doctrinale vers une dimension plus conceptuelle, à même d'appréhender l'ensemble du système fiscal international. Des voies d'ouvertures conceptuelles ont été ici proposées pour réinterpréter les interconnexions du système, à la lumière par exemple de la théorie des graphes.

Quoiqu'il en soit, l'intrication des éléments du système fiscal international, qu'il s'agisse de ses véhicules comme les conventions, de ses acteurs étatiques ou internationaux, ou encore de ses règles au fond, s'inscrit dans un ensemble systémique. Dès lors, l'étude de ces mêmes éléments par les auteurs, qu'ils fassent corps avec le système en y participant en tant qu'experts, ou bien qu'ils cherchent à l'objectiver, à le théoriser, doit nécessairement accepter et acter la dimension systémique du droit fiscal international.

Conclusion du titre

303. **Vers un rééquilibrage des sources.** La captation des compétences par les instances internationales, en particulier par l'OCDE, accentue le désengagement des institutions nationales, détentrices traditionnellement de la compétence fiscale, dans le développement du système fiscal international. L'affirmation du système fiscal international remet alors en cause les sources du droit fiscal international, la *soft law* internationale gagnant progressivement en influence sur la *hard law* nationale.

Cette évolution tient de l'aspect technique de la fiscalité internationale, le système fiscal international se développant essentiellement par le dialogue des experts, dont l'OCDE s'est fait le terrain idéal. Pour autant, des opportunités demeurent pour la doctrine de s'affirmer en dehors de ce cadre, notamment dans le renouvellement du cadre théorique de la fiscalité internationale. Ce renouvellement ne peut toutefois s'épanouir qu'en acceptant une vision globale et systémique du droit fiscal international.

Conclusion de la partie

304. **Une structure pour le système fiscal.** Il pourrait être tentant d'assimiler la structure du système fiscal international aux principales institutions qui le portent. Dans cette optique, l'OCDE s'imposerait comme détentrice du système. Une telle approche serait toutefois par trop réductrice : elle exclurait les institutions nationales du système, alors qu'elles en sont les premiers destinataires, et disqualifierait le rôle de la doctrine quand, au contraire, les développements rapides de la coopération fiscale internationale appellent à proposer de nouvelles approches théoriques qui puissent appréhender le droit fiscal international et sa cohérence. Or de la cohérence du droit fiscal international est tributaire sa légitimité.

Partant, il faut à l'inverse considérer la structure du système fiscal international comme dépassant les organisations qui le portent. Si l'OCDE s'est imposée comme l'institution aujourd'hui la plus influente du système, se faisant le terrain du dialogue des experts, le développement du système fiscal international bénéficie également des autres institutions internationales, qu'elles se fassent les relais de sa *soft law* ou qu'elles tentent d'y donner des alternatives. Il faut en outre considérer l'incidence de cette *soft law* dans l'ordre juridique interne, notamment auprès des institutions détentrices de la compétence traditionnelle en matière de fiscalité. Il faut enfin, pour en parachever la structure, s'assurer que la doctrine puisse développer un cadre théorique général à cette *soft law* technique. Tous ces éléments constituent le système fiscal international.

Conclusion

305. **L'affirmation de la dimension systémique du droit fiscal international.** Cette thèse a démontré que l'organisation du droit fiscal international permet d'identifier aujourd'hui un véritable système fiscal international. Le droit fiscal international actuel, par ses objectifs et par ses mécanismes, fait système. L'approche globale que porte la notion de système a été rendue nécessaire par le développement de la coopération fiscale internationale, et l'identification dudit système contribue à fonder les bases théoriques de ses futures évolutions.

306. **Le système comme lien de cohérence entre des solutions techniques.** L'analyse fonctionnelle du système fiscal international a mis en exergue la multiplication et l'hétérogénéité des moyens mis en œuvre dans la coopération fiscale internationale. Lutte contre la double imposition, contre la non-imposition ou contre la concurrence fiscale sollicitent des outils de plus en plus variés, dans des domaines toujours plus divers. Le découpage du plan BEPS en 15 actions distinctes[1] témoigne de cette diversité.

Cette diversification technique de la fiscalité nécessite une pluralité d'experts à même de développer, dans leurs domaines respectifs, des solutions aux problématiques soulevées. La centralisation de ces experts dans des instances internationales comme l'OCDE permet une mise en commun des moyens dans le déploiement de ces solutions, à l'instar de l'Instrument multilatéral sur le BEPS développé au sein du Cadre inclusif. Le développement du système fiscal international n'en est que plus efficace, comme en témoignent les succès rencontrés ces dernières années. Cette concentration de l'initiative des règles en matière fiscale internationale gagne à être théorisée au sein d'un système. Cela permet d'inscrire chacune de ces nouvelles règles dans un ensemble plus vaste et cohérent qui définit des objectifs communs : l'optimisation du rendement budgétaire à destination des États, et la recherche de la justice fiscale.

307. **Le système comme moyen de légitimation des solutions internationales.** Ces objectifs, parfaitement adhérents à ceux de l'impôt,

[1] V. Annexe : Résumé des 15 actions BEPS, p. 363.

légitiment la prééminence des solutions internationales sans remettre en cause la souveraineté des États.

Le développement de la coopération fiscale porte *a priori* atteinte à la souveraineté des États qui abandonnent *de facto* aux instances internationales la compétence technique et l'initiative des règles fiscales internationales. Il en résulte alors un décalage entre la légitimité de la règle et de sa source. Ce sont les instances nationales qui détiennent la compétence fiscale traditionnelle ; en France, c'est en particulier le Parlement qui, en vertu du principe du consentement à l'impôt, est seul capable de légitimer l'imposition, et reste de fait seul compétent pour adopter ou non les règles. Mais l'abandon de l'initiative de ces règles, bien qu'il soit nécessaire à une coopération fiscale efficace, remet en cause sa position au sein du droit fiscal. Cela étant, démontrer que l'objectif du système fiscal international est d'atteindre la justice fiscale le légitime car il le place dans un cadre universel. L'universalité de cette approche rend ensuite possible le dialogue direct avec le contribuable, à travers la consultation des parties prenantes à chaque projet de règle. Elle appelle également à la mise en œuvre de nouveaux moyens pour renouer le lien entre le contribuable et la règle fiscale.

308. **Le système fiscal international : une construction conceptuelle et pragmatique.** Pragmatique, le système fiscal international l'est autant dans son objectif de rendement que dans la mise en œuvre de ses mécanismes, tant au niveau international qu'interne. Il permet de concevoir et mettre en place des solutions pratiques, contournant les difficultés en recourant à des innovations juridiques. Parmi les travaux menés sous l'égide de l'OCDE (et du G20), le recours à un instrument multilatéral pour l'implémentation des standards du BEPS en est un exemple topique. Au niveau national, la pseudo-convention franco-taïwanaise, recourant à la loi pour contourner l'impossibilité d'adopter un traité, en est un autre exemple.

L'affirmation de sa dimension conceptuelle permet d'éclairer pleinement l'aspect systémique du droit fiscal international. Celui-ci n'est pas qu'un ensemble de règles pratiques réagissant aux difficultés posées en matière fiscale par les situations internationales : il dispose d'une cohérence interne. Il répond à des objectifs unifiés qui procèdent davantage de sa dimension fiscale que de sa dimension internationale. Il s'inscrit dans un cadre global et, pris comme tel, permet l'émergence de nouveaux outils et de nouveaux concepts.

309. **Des propositions d'évolutions.** Le système fiscal international est dynamique : les travaux en cours, au sein de l'OCDE comme les propositions de réformes de l'imposition des multinationales, ou dans une moindre mesure dans d'autres instances comme l'ECOSOC ou le BRITACOM, illustrent le mouvement d'évolution continue qui anime désormais le système fiscal international. L'identification du système fiscal international permet d'en relever les enjeux, mais aussi de faire plusieurs propositions pour l'avenir.

D'un point de vue doctrinal les évolutions du système ouvrent de nombreuses opportunités conceptuelles. Des approches nouvelles peuvent être envisagées pour étudier la fiscalité internationale dans sa dimension mondiale. La théorie des graphes qui analyse le réseau des conventions fiscales bilatérales permet d'identifier les sommets de ce réseau et leur influence sur le système pour en identifier les évolutions et le rendre plus efficace.

Par ailleurs, le décalage entre institutions nationales et internationales dans l'édiction des règles fiscales pourrait être réduit en faisant participer davantage les instances nationales aux travaux internationaux. Les examens par les pairs ou l'initiative « Inspecteurs des impôts sans frontières » peuvent figurer des exemples de participation d'instances nationales au système fiscal international. Ces procédures et initiatives méritent d'être prolongées et augmentées dans leurs moyens, mais elles ne concernent pour le moment que les administrations fiscales.

Annexe :
Résumé des 15 actions BEPS

Résumé par l'auteur de chacune des actions du plan BEPS tel que proposé par l'OCDE et entériné par le G20 en 2015.

Action 1 : Relever les défis fiscaux posés par l'économie numérique. L'économie numérique désigne l'ensemble des mutations induites dans l'économie traditionnelle par la diffusion et l'utilisation massive des nouvelles technologies de l'information et de la communication dans tous les secteurs de l'économie. Ces évolutions ont bouleversé l'application des règles de droit fiscal international dont les principes ont été forgés entre la fin du XIXe et la première moitié du XXe siècle : construites pour faire face à l'économie des révolutions industrielles, les normes fiscales internationales doivent être revues à l'aune des révolutions informatiques.

Le rapport sur l'action 1[1] tient lieu de constat de l'évolution de l'économie et des défis qu'elle pose à la fiscalité internationale ; l'exposé des solutions envisageables renvoie à la plupart des autres actions du projet BEPS.

Action 2 : Neutraliser les effets des dispositifs hybrides. Les « dispositifs hybrides » désignent une multiplicité de situations bénéficiant de l'asymétrie entre plusieurs systèmes juridiques nationaux. Concrètement, « [l]es dispositifs hybrides exploitent les différences de traitement fiscal d'une entité ou d'un instrument entre les législations de deux pays ou plus en vue de bénéficier de situations de double non-imposition, y compris un report à long terme de l'impôt »[2]. La lutte contre les dispositifs hybrides suppose une double concertation : sur l'harmonisation des normes internes d'une part, afin de réduire l'asymétrie entre les systèmes fiscaux nationaux, et sur l'adaptation des normes fiscales internationales, afin d'empêcher l'exploitation de

---

[1] OCDE, *Relever les défis fiscaux posés par l'économie numérique, Action 1 – Rapport final 2015*, Projet OCDE/G20 sur l'érosion de la base d'imposition et le transfert de bénéfices, Paris, Éditions OCDE, 2017, 324 p.

[2] OCDE, *Neutraliser les effets des dispositifs hybrides, Action 2 – Rapport final 2015*, Projet OCDE/G20 sur l'érosion de la base d'imposition et le transfert de bénéfices, Paris, Éditions OCDE, 2017, p. 11.

l'asymétrie en réduisant au maximum le phénomène de chalandage fiscal. Ces deux axes forment les deux parties du rapport sur l'action 2 publié en 2015[3].

L'action 2 est une action transversale et l'une des plus vastes du projet BEPS.

Action 3 : Concevoir des règles efficaces concernant les sociétés étrangères contrôlées. Les sociétés étrangères contrôlées (SEC) désignent une catégorie de montages par lesquels un contribuable réduit sa base d'imposition en transférant ses bénéfices vers une filiale située dans un autre pays.

Si l'OCDE avait déjà eu l'occasion de rapporter sur la question des SEC dès 1962, le rapport sur l'action 3[4] met en exergue l'inadéquation de règles en vigueur avec l'évolution des pratiques en la matière et recommande leur mise à jour. Dans son rapport de 2015, l'OCDE insiste autant sur la nécessité de dissuader la mise en place de tels montages SEC que celle d'éviter que ces règles ne mènent à des doubles impositions, ou qu'elles fassent peser sur les contribuables des contraintes -notamment déclaratives – excessives. Elle préconise de « trouver le juste équilibre entre la simplification propre aux règles mécaniques et l'efficacité de règles plus subjectives »[5]. Les règles relatives aux SEC font en outre écho aux problématiques de prix de transfert visées par les actions 8 à 10, le champ des situations visées se rejoignant dans certains cas[6].

Action 4 : Limiter l'érosion de la base d'imposition faisant intervenir les déductions d'intérêts et autres frais financiers[7]. Parmi les différentes techniques de transfert de bénéfices, l'emprunt est sans doute la plus simple. En manipulant les intérêts dus, en ce qu'ils correspondent à des dépenses déductibles, il est facile de jouer sur le transfert entre le prêteur et l'emprunteur pour peu que le premier contrôle le second, et bénéficier ainsi d'éventuelles doubles non-impositions.

De manière générale, la différence de traitement fiscal entre les capitaux propres et les emprunts entre entités liées fait déjà l'objet de nombreux débats au sein des systèmes fiscaux nationaux ; le fait que les entités soient localisées fiscalement dans des États différents ajoute au risque de manipulation des

---

[3] OCDE, *Neutraliser les effets des dispositifs hybrides, Action 2 – Rapport final 2015*, Projet OCDE/G20 sur l'érosion de la base d'imposition et le transfert de bénéfices, Paris, Éditions OCDE, 2017, 489 p.

[4] OCDE, *Concevoir des règles efficaces concernant les sociétés étrangères contrôlées, Action 3 – Rapport final 2015*, Projet OCDE/G20 sur l'érosion de la base d'imposition et le transfert de bénéfices, Paris, Éditions OCDE, 2015, 273 p.

[5] *Ibid.*, p. 15.

[6] *Ibid.*, p. 14.

[7] OCDE, *Limiter l'érosion de la base d'imposition en faisant intervenir les déductions d'intérêts et d'autres frais financiers, Action 4 – Rapport final 2015*, Projet OCDE/G20 sur l'érosion de la base d'imposition et le transfert de bénéfices, Paris, Éditions OCDE, 2015, 121 p.

résultats des entreprises par ce biais, et donc de manipulation de la localisation de la base imposable.

Action 5 : Lutter plus efficacement contre les pratiques fiscales dommageables, en prenant en compte la transparence et la substance. La lutte contre les pratiques fiscales dommageables est un objectif de longue date de l'OCDE. Elle est notamment menée par le Forum sur les pratiques fiscales dommageables (*Forum on Harmful Tax Practice* ou FHTP), créé suite au rapport sur la *Concurrence fiscale dommageable* en 1998[8], et a fait l'objet de nombreux travaux au cours des années 2000. Les pratiques fiscales dommageables correspondent aux régimes fiscaux préférentiels mis en place par les États en vue d'attirer artificiellement les bases d'imposition. De manière générale, le FHTP dispose de plusieurs critères pour déterminer quels régimes doivent être considérés comme « préférentiels », et le cas échéant sous quelles conditions ils peuvent s'avérer « dommageables » (le rapport de 1998 retient 4 facteurs essentiels et 8 « autres » facteurs).

L'action 5 du BEPS[9] revient sur la détermination des régimes préférentiels dommageables pour mettre en avant le critère du caractère substantiel de l'activité (jusqu'ici mentionné au dernier élément de la liste des « autres » facteurs) en tant que facteur essentiel de l'analyse du FHTP, qui en propose la déclinaison pratique, notamment pour les régimes de propriété intellectuelle. Le FHTP a pu notamment désigner certains régimes fiscaux considérés comme dommageables au titre des critères du rapport de 1998 ou de celui de l'activité substantielle ; ce fut le cas par exemple du régime français de « taux réduit pour les plus-values à long terme et pour les bénéfices des concessions de licence d'exploitation de droits de la [propriété intellectuelle] »[10].

L'examen et l'identification des pratiques fiscales dommageables reposant sur un système d'auto-examen suivi par un examen par les pairs, il suppose une transparence des États quant à leurs régimes fiscaux sur laquelle insiste l'action 5. Le BEPS prévoit notamment un échange spontané et obligatoire de renseignements relatifs à certaines décisions impactant leur régime fiscal. Ces éléments, s'inscrivant dans l'objectif général de transparence, font notamment écho à l'action 12.

Action 6 : Empêcher l'octroi des avantages des conventions fiscales lorsqu'il est inapproprié d'accorder ces avantages. L'action 6 cherche à lutter contre l'utilisation abusive des conventions fiscales, et en particulier contre la pratique du chalandage fiscal, ou *treaty shopping*. Le chalandage fiscal est une technique fiscale par laquelle un contribuable tente de bénéficier

---

[8] OCDE, Comité des affaires fiscales, *Concurrence fiscale dommageable : Un problème mondial*, Paris, Éditions OCDE, 1998, 88 p.

[9] OCDE, *Lutter plus efficacement contre les pratiques fiscales dommageables, en prenant en compte la transparence et la substance, Action 5 – Rapport final 2015*, Projet OCDE/G20 sur l'érosion de la base d'imposition et le transfert de bénéfices, Paris, Éditions OCDE, 2016, 84 p.

[10] *Ibid.*, p. 66.

des avantages d'une convention fiscale qui ne se serait normalement pas appliquée à la situation visée[11]. Le problème du chalandage fiscal est très présent dans la littérature de l'OCDE ; à partir des années 1970, l'OCDE travaille à adapter son modèle de convention fiscale afin de contrer ce phénomène, en y intégrant par exemple la notion de bénéficiaire effectif ou en développant des modèles de clauses anti-abus comme les clauses LoB (limitation des avantages, *limitation on benefits*) et PPT (critère des objets principaux, *principal purpose test*).

Le rapport sur l'action 6[12] promeut d'une part l'édition du modèle OCDE pour y développer ces clauses, et recommande d'autre part la mise en place de règles nationales générales anti-abus (à l'instar de l'article L. 64 du Livre des procédures fiscales en France) selon un standard minimum.

Action 7 : Empêcher les mesures visant à éviter artificiellement le statut d'établissement stable. La définition de l'établissement stable prévue à l'article 5 du modèle de convention fiscale est un des éléments les plus sensibles des conventions, en ce qu'il conditionne généralement l'imposition ou non dans l'État de la source. L'action 7 du BEPS[13] préconise quelques modifications de cette définition afin de lutter contre les stratégies visant à éviter artificiellement le statut d'établissement stable.

Actions 8-10 : Aligner les prix de transfert calculés sur la création de valeur. Les actions 8 à 10 du plan BEPS[14], réunies en un seul rapport[15], portent une réflexion globale sur les prix de transferts. Les prix de transferts sont « les prix des transactions entre sociétés d'un même groupe et résidentes d'États différents »[16]. La manipulation des prix de transfert joue sur la localisation de l'assiette taxable au sein d'un même groupe, et sur l'imposition effective finale. La règlementation des prix de transfert est donc un enjeu important de la fiscalité internationale.

---

[11] V. Lukasz STANKIEWICZ, « Chalandage fiscal », *in* Jean-Luc ALBERT, Jean-Luc PIERRE & Daniel RICHER (dir.), *Dictionnaire de droit fiscal et douanier*, Paris, Ellipses, coll. Dictionnaires de droit, 2007, pp. 81-82.

[12] OCDE, *Empêcher l'octroi inapproprié des avantages des conventions fiscales, Action 6 – Rapport final 2015*, Projet OCDE/G20 sur l'érosion de la base d'imposition et le transfert de bénéfices, Paris, Éditions OCDE, 2017, 111 p.

[13] OCDE, *Empêcher les mesures visant à éviter artificiellement le statut d'établissement stable, Action 7 – Rapport final 2015*, Projet OCDE/G20 sur l'érosion de la base d'imposition et le transfert de bénéfices, Paris, Éditions OCDE, 2017, 111 p.

[14] Les actions 8, 9 et 10 sont respectivement intitulées : « Actifs incorporels », « Risques et capital » et « Autres transactions à haut risque ».

[15] OCDE, *Aligner les prix de transfert calculés sur la création de valeur, Actions 8-10 – Rapports finaux 2015*, Projet OCDE/G20 sur l'érosion de la base d'imposition et le transfert de bénéfices, Paris, Éditions OCDE, 2016, 205 p.

[16] Georges CAVALIER, « Prix de transfert », *in* Jean-Luc ALBERT, Jean-Luc PIERRE & Daniel RICHER (dir.), *Dictionnaire de droit fiscal et douanier*, Paris, Ellipses, coll. Dictionnaires de droit, 2007, pp. 429-430.

La principale règle en matière de prix de transfert tient dans le principe de pleine concurrence, lequel figure à l'article 9(1) du modèle conventionnel de l'OCDE et est repris dans la majorité des conventions fiscales :

> « 1. Lorsque
>
> « a) une entreprise d'un État contractant participe directement ou indirectement à la direction, au contrôle ou au capital d'une entreprise de l'autre État contractant, ou que
>
> « b) les mêmes personnes participent directement ou indirectement à la direction, au contrôle ou au capital d'une entreprise d'un État contractant et d'une entreprise de l'autre État contractant,
>
> « et que, dans l'un ou l'autre cas, les deux entreprises sont, dans leurs relations commerciales ou financières, liées par des conditions convenues ou imposées, qui diffèrent de celles qui seraient convenues entre des entreprises indépendantes, les bénéfices qui, sans ces conditions, auraient été réalisés par l'une des entreprises mais n'ont pu l'être en fait à cause des conditions peuvent être inclus dans les bénéfices de cette entreprise et imposés en conséquence. »[17]

Il s'agit de neutraliser l'effet fiscal des éventuels avantages que pourraient être tentées de s'accorder des entreprises associées, afin d'empêcher toute évasion fiscale et de s'assurer que les valeurs sont imposées là où elles sont créées. Pour ce faire, il faut encadrer pratiquement les prix de transferts afin qu'ils correspondent précisément à la création de la valeur. À cette fin, l'OCDE propose depuis 1979[18] des principes applicables en matière de prix de transfert afin de guider leur juste appréciation ; ces principes sont, depuis 1995, édités en tant que *Principes de l'OCDE applicables en matière de prix de transfert*, régulièrement mis à jour – la dernière édition, de 2017, intégrant les modifications apportées par les actions 8 à 10 et l'action 13 du projet BEPS[19].

Action 11 : Mesurer et suivre les données relatives au BEPS. Recoupant logiquement toutes les autres actions, l'action 11 relève d'une approche économique des phénomènes d'érosion des bases d'imposition et de transfert des bénéfices. L'évaluation économique des phénomènes est

---

[17] OCDE, *Modèle de Convention fiscale concernant le revenu et la fortune 2017 (Version complète)*, Paris, Éditions OCDE, 10e éd., 2019, p. M-33.

[18] OCDE, *Prix de transfert et entreprises multinationales*, Rapport du Comité des affaires fiscales, Paris, OCDE, 1979, 106 p.

[19] OCDE, *Principes de l'OCDE applicables en matière de prix de transfert à l'intention des entreprises multinationales et des administrations fiscales 2017*, Paris, Éditions OCDE, 2017, 668 p.

complexe et le rapport sur l'action 11[20] estime que 4 à 10 % des recettes totales de l'impôt sur les sociétés seraient éludées par le phénomène de BEPS, soit entre 100 et 240 milliards de dollars par an dans le monde. Afin d'identifier les pratiques de BEPS et en assurer un suivi, l'action 11 identifie notamment six indicateurs économiques.

Action 12 : Règles de communication obligatoire d'informations. L'action 12 présente une série de recommandations faites aux États sur la manière de mettre en place un régime de déclarations obligatoires ou de développer le régime existant, en vue d'assurer une parfaite information des administrations fiscales et des décideurs politiques sur les différents montages fiscaux utilisés par leurs contribuables. Le rapport sur l'action 12[21] propose notamment un « cadre modulaire » permettant la mise en place et l'adaptation d'un tel régime de déclarations obligatoires. Certaines informations récoltées de cette manière pouvant être utiles aux administrations d'autres États, l'action 12 aborde également la question de l'échange d'informations entre les administrations fiscales – qui s'inscrit dans la continuité des travaux de l'OCDE sur l'échange de renseignements à des fins fiscales, notamment inscrits à l'article 26 du modèle conventionnel[22] ou faisant l'objet de conventions bilatérales spécifiques.

Action 13 : Documentation des prix de transfert et aux déclarations pays par pays. L'action 13 s'inscrit encore dans l'objectif d'information des administrations fiscales, en matière de prix de transfert cette fois. Le rapport sur l'action 13[23] révise certaines normes s'imposant aux entreprises dans la documentation qu'elles doivent communiquer aux administrations fiscales en matière de prix de transfert, et propose la mise en place de la déclaration pays par pays (*country-by-country reporting*). Cette dernière implique que les entreprises multinationales reportent annuellement selon un formulaire proposé par l'OCDE, pays par pays, le chiffre d'affaires réalisé, les impôts acquittés et certains autres éléments permettant d'appréhender l'activité économique du groupe.

Action 14 : Accroître l'efficacité des mécanismes de règlement des différends. L'application ou l'interprétation d'une convention fiscale pouvant

---

[20] OCDE, *Mesurer et suivre les données relatives au BEPS, Action 11 – Rapport final 2015*, Projet OCDE/G20 sur l'érosion de la base d'imposition et le transfert des bénéfices, Paris, Éditions OCDE, 2017, 296 p.

[21] OCDE, *Règles de communication obligatoire d'informations, Action 12 – Rapport final 2015*, Projet OCDE/G20 sur l'érosion de la base d'imposition et le transfert de bénéfices, Paris, Éditions OCDE, 2016, 105 p.

[22] V. OCDE, *Modèle de Convention fiscale concernant le revenu et la fortune 2017 (Version complète)*, Paris, Éditions OCDE, 10e éd., 2019, pp. M-73 à M-76.

[23] OCDE, *Documentation des prix de transfert et déclaration pays par pays, Action 13 – Rapport final 2015*, Projet OCDE/G20 sur l'érosion de la base d'imposition et le transfert de bénéfices, Paris, Éditions OCDE, 2015, 74 p.

faire l'objet de contentieux, l'article 25 du modèle conventionnel[24] prévoit une procédure amiable de règlement des différends. Cette procédure est primordiale pour assurer le caractère effectif de la convention en permettant aux contribuables d'attaquer toute décision nationale ne respectant les termes de la convention et pour assurer l'homogénéité des solutions retenues entre les États parties en organisant l'accord entre les États sur les situations problématiques. L'action 14 du BEPS[25] revient sur les modalités de cette procédure amiable de règlement des différends, en préconisant notamment un standard minimum en la matière, visant à prévenir les différends et à assurer le traitement rapide et de bonne foi des éventuels recours.

Action 15 : L'élaboration d'un instrument multilatéral pour modifier les conventions fiscales bilatérales. Des quinze actions du plan BEPS, l'action 15[26] cristallise le mieux les modifications initiées au sein du droit fiscal interétatique, en introduisant un élément de multilatéralité au sein d'un paysage conventionnel jusqu'alors quasi exclusivement bilatéral. L'instrument multilatéral (IML) permet notamment la concrétisation d'un certain nombre de recommandations prescrites dans les actions précédentes.

La Convention multilatérale pour la mise en œuvre des mesures relatives aux conventions fiscales pour prévenir l'érosion de la base d'imposition et le transfert de bénéfices (ou « instrument multilatéral », ou IML) élaborée par le groupe ad hoc à la suite du rapport sur l'action 15 est un outil normatif original, dont le but est de modifier automatiquement les conventions fiscales préalablement conclues entre les parties à l'instrument, selon les termes de l'instrument, en tenant compte des options choisies – et des réserves émises – par les parties. Elle intègre, entre autres, les standards minimums prévus par les actions 5, 6, 13 et 14, et permet ainsi leur mise en œuvre rapide, là où la renégociation de chaque convention bilatérale eût pris plusieurs décennies.

L'efficacité du BEPS était tributaire du succès de l'instrument multilatéral. L'ouverture des négociations sur ce dernier et de son adhésion à un « Cadre inclusif », consistant en un forum international accueillant tout État volontaire, a permis son rayonnement bien au-delà du cadre de l'OCDE et du G20.

---

24 V. OCDE, *Modèle de Convention fiscale concernant le revenu et la fortune 2017 (Version complète)*, Paris, Éditions OCDE, 10e éd., 2019, pp. M-70 à M-72.

25 OCDE, *Accroître l'efficacité des mécanismes de règlement des différends, Action 14 – Rapport final 2015*, Projet OCDE/G20 sur l'érosion de la base d'imposition et le transfert des bénéfices, Paris, Éditions OCDE, 2016, 45 p.

26 OCDE, *L'élaboration d'un instrument multilatéral pour modifier les conventions fiscales bilatérales, Action 15 – Rapport final 2015*, Projet OCDE/G20 sur l'érosion de la base d'imposition et le transfert de bénéfices, Paris, Éditions OCDE, 2015, 58 p.

Bibliographie

Ouvrages, traités et manuels

ALBERT, Jean-Luc ; PIERRE, Jean-Luc & RICHER, Daniel (dir.)
Dictionnaire de droit fiscal et douanier, Paris, Ellipses, coll. Dictionnaires de Droit, 2007, 598 p.

ALBERT, Jean-Luc *et alii* (dir.)
De l'esprit de réforme et de quelques fondamentaux : Mélanges en l'honneur du Professeur Gilbert Orsoni, Aix-en-Provence, PUAM, 2018, 568 p.

ALBERT, Jean-Luc
Douane et droit douanier, Paris, PUF, coll. Questions judiciaires, 2013, 240 p.
Finances publiques, Paris, Dalloz, Cours Dalloz, Série Droit public, 11e édition, 2019, 953 p.

ALBI IBÁÑEZ, Emilio & MARTINEZ-VAZQUEZ, Jorge (eds.)
The Elgar Guide to Tax Systems, Cheltenham, Edward Elgar, 2011, 462 p.

ALLAND, Denis & RIALS, Stéphane (dir.)
Dictionnaire de la culture juridique, Paris, Lamy, Presses universitaires de France, coll. Quadrige, Dicos poche, 2003, 1 649 p.

D'AQUIN, Thomas
La somme théologique de Saint Thomas (*Summa theologiae*, 1266), trad. Claude-Joseph DRIOUX, Paris, E. Belin, 1851, 8 vol.

ARDANT, Gabriel
Histoire de l'impôt, Livre I : De l'Antiquité au XVIIe siècle, Paris, Fayard, coll. Les grandes études historiques, 1971, 634 p.
Histoire de l'impôt, Livre II : Du XVIIIe au XXIe siècle, Paris, Fayard, coll. Les grandes études historiques, 1972, 870 p.

ARISTOTE
Éthique à Nicomaque, trad. Jean-François THUROT, Paris, 1823.
Les Économiques, trad. Ferdinand HOEFER, Livre second, Paris, 1843.

ASCENSIO, Hervé *et alii* (dir.)
Dictionnaire des idées reçues en droit international, Paris, Éditions A. Pedone, 2017, 606 p.

ATIAS, Christian
Épistémologie juridique, Paris, Dalloz, coll. Précis Dalloz, 2002, 240 p.

AUBY, Jean-Bernard

La globalisation, le droit et l'État, paris, LGDJ, coll. Systèmes, série Perspectives, 3e éd., 2020, 262 p.

AUJEAN, Michel & SAINT-ÉTIENNE, Christian (dir.)

Stratégies fiscales des États et des entreprises : souveraineté et concurrence, Paris, PUF, Descartes & Cie, coll. Les cahiers, 2009, 184 p.

AVI-YONAH, Reuven S.

International Tax as International Law: An Analysis of the International Tax Regime, Cambridge, Cambridge University Press, Cambridge Tax Law Series, 2007, 213 p.

Advanced Introduction to International Tax Law, Cheltenham, Northampton, Edward Elgar Publishing, coll. Elgar Advanced Introductions, 2nd ed., 2019, 165 p.

AVRIL, Pierre ; GICQUEL, Jean & GICQUEL, Jean-Éric

Droit parlementaire, Paris, LGDJ, coll. Précis Domat Droit public, 6e édition, 2021, 498 p.

AXELROD, Robert

The Evolution of Cooperation, New York, Basic Books, revised edition, 2006, 241 p.

BARRAUD, Boris

La recherche juridique : sciences et pensées du droit, Paris, L'Harmattan, coll. Logiques juridiques, 2016, 550 p.

BEAUD, Olivier

La puissance de l'État, Paris, Presses universitaires de France, coll. Léviathan, 1994, 512 p.

BAKER, Russell (ed.), Tax Institute (U.S.)

Taxation and Operations Abroad, A Symposium Volume, Princeton, Series on the impact of taxation on management responsibility, 1960, 308 p.

BALASSA, Béla A.

The Theory of Economic Integration, London, George Allen & Unwin Ltd, 1961, 304 p.

BALZACQ, Thierry & RAMEL, Frédéric (dir.),

Traité de relations internationales, Paris, Presses de Sciences Po, coll. Références, 2013, 1 228 p.

BARTHÉLEMY, Joseph *et alii*

Les fondateurs du droit international (1904), Paris, Éditions Panthéon-Assas, coll. Introuvables, 2014, 457 p.

BELTRAME, Pierre

Les systèmes fiscaux, Paris, Presses universitaires de France, coll. Que sais-je ?, 3e éd., 1997, 125 p.

BERLIN, Dominique

Politique fiscale, vol. 1, Bruxelles, Éditions de l'Université de Bruxelles, Institut d'études européennes, 3e éd. m-à-j., 2012, 642 p.

BERR, Claude J. & TRÉMEAU, Henri

Le droit douanier : Communautaire et national, Paris, Economica, coll. Droit des Affaires et de l'Entreprise, série Études et Recherches, 7e éd., 2006, 621 p.

BERR, Claude J.
Introduction au droit douanier, Paris, Economica, nouvelle éd., 2008, 73 p.

BERTHET, Karim
L'évolution de la lutte contre les paradis fiscaux : Europe, États-Unis, Bruxelles, Larcier, 2015, 582 p.

BIRD, Richard M. & HEAD, John G. (eds.)
Modern Fiscal Issues : Essays in Honour of Carl S. Shoup, Toronto, University of Toronto Press, coll. Heritage, 1972, 362 p.

BLEVIN, Pierre-Alexis
Les paradis fiscaux, Paris, PUF, coll. Que sais-je ?, 2e éd., 2022, 124 p.

BOBBIO, Norberto
De la structure à la fonction : nouveaux essais de théorie du droit (1975), Paris, Dalloz, coll. Rivages du droit, 2012, 186 p.

BODIN, Jean
Les Six Livres de la République, Paris, Jacques du Puys, 1576, 861 p.

BONNOT DE CONDILLAC, Étienne
Traité des systèmes, Paris, Ch. Houel, 1798, 204 p.

BORIA, Pietro
Taxation in European Union, Cham, Springer, 2nd ed., 2017, 208 p.

BORRAZ, Olivier & GUIRAUDON, Virginie (dir.)
Politiques publiques 1 : La France dans la gouvernance européenne, Paris, Presses de Sciences Po, coll. Académique, 2008, 368 p.

BOUDET, Jean-François & CABANNES, Xavier (dir.)
Finances publiques citoyennes, Paris, LGDJ, 2017, 330 p.

BOUDON, Raymond
À quoi sert la notion de « structure » ? Essai sur la signification de la notion de structure dans les sciences humaines, Paris, Gallimard, coll. Les Essais, 1968, 253 p.

BOUVIER, Jean & WOLFF, Jacques (dir.)
Deux siècles de fiscalité française, XIXe-XXe siècle : histoire, économie, politique, Paris, Mouton, coll. Le savoir historique, 1973, 322 p.

BOUVIER, Michel
L'impôt sans le citoyen ?, Issy-les-Moulineaux, LGDJ, Lextenso, coll. Forum, 2019, 174 p.

BRINE, Jenny
COMECON: The Rise and Fall of an International Socialist Organization, Oxford, Clio Press, International Organizations Series n° 3, 1992, 225 p.

KEMMEREN, Eric C.C.M.
Principle of Origin in Tax Conventions: A Rethinking of Models, Pijnenburg, Dongen, 2001, 623 p.

CABESTAN, Jean-Pierre
Demain la Chine : démocratie ou dictature, Gallimard, 2018, p. 283.

CARBONNIER, Jean
Sociologie juridique (2004), Paris, PUF, Quadrige Manuels, 2016, 416 p.

CARPANO, Éric, CHASTAGNARET, Manuel & MAZUYER, Emmanuelle (dir.)
La concurrence règlementaire, sociale et fiscale dans l'Union européenne, Bruxelles, Larcier, coll. Europe(s), 2016, 380 p.

CARRÉ DE MALBERG, Raymond
Contribution à la théorie générale de l'État, Tome 1, Paris, Sirey, 1920, 837 p.
CASTAGNÈDE, Bernard
Précis de fiscalité internationale, Paris, Presses universitaires de France, 6e éd., 2019, 580 p.
Centre de recherches en littérature et linguistique de l'Anjou et des Bocages
Jean Bodin : Actes du Colloque Interdisciplinaire d'Angers (24-27 Mai 1984), vol. 2, Angers, Presses Universitaires d'Angers, 1985, 639 p.
Centre de recherches et d'études sociologiques appliquées de la Loire (CRESAL)
Situations d'expertise et socialisation des savoirs, Saint-Etienne, CRESAL, 1985, 480 p.
CHAISSE, Julien & GÓRSKI, Jędrzej (eds.)
The Belt and Road Initiative: Law, Economics, and Politics, Leiden, Brill Nijhoff, 2018, 786 p.
CHAMBOST, Édouard
Guide des paradis fiscaux, Paris, Tchou, coll. Patrimoines, 1977, 248 p.
Guide Chambost des paradis fiscaux face au XXIe siècle, Lausanne, Favre, 7e éd., 1999, 735 p.
CHAMPEIL-DESPLATS, Véronique
Méthodologie du droit et des sciences du droit, Paris, Dalloz, coll. Méthodes du droit, 2e éd., 2016, 440 p.
CHAVAGNEUX, Christian & PALAN, Ronen
Les paradis fiscaux, Paris, La Découverte, coll. Repères, 2012, 128 p.
CHÉROT, Jean-Yves & FRYDMAN, Benoît (dir.)
La science du droit dans la globalisation, Bruxelles, Bruylant, coll. Penser le droit, 2012, 320 p.
CHEVALLIER, Jacques
L'État post-moderne, Paris, Maison des Sciences de l'Homme, coll. Droit et société, Série politique, 4e éd., 2014, 265 p.
Science administrative, Paris, PUF, coll. Thémis droit, 6e éd., 2019, 613 p.
CHRÉTIEN, Maxime
À la recherche du droit international fiscal commun : étude de droit positif à partir de la jurisprudence des cours internationales, Paris, Librairie du Recueil Sirey, 1955, 246 p.
Le statut fiscal des organisations internationales, Paris, Cours de l'Institut des hautes études internationales, 1959-60.
CLINQUART, Jean
L'administration des douanes en France de 1914 à 1940, Paris, Comité pour l'Histoire Économique et Financière de la France, 2000, 482 p.
CNOSSEN, Sijbren (ed.)
Taxing Capital Income in the European Union: Issues and Options for Reform, Oxford, Oxford University Press, 2000, 302 p.
DE COGAN, Dominic & HARRIS, Peter (eds.)
Tax Justice and Tax Law: Understanding Unfairness in Tax Systems, Oxford, Hart Publishing, 2020, 304 p.

Collectif
Mélanges dédiés à Louis Boyer, Toulouse, Presses de l'Université des sciences sociales de Toulouse, 1996, 831 p.
Mélanges en l'honneur de Pierre Beltrame, Aix-en-Provence, Presses universitaires d'Aix-Marseille, 2010, 615 p.

Collet, Martin
Droit fiscal, Paris, PUF, coll. Thémis, 10e éd., 2022, 467 p.

Conseil d'État,
La fiscalité internationale à réinventer ? Un colloque organisé par le Conseil d'État le 30 novembre 2018, Paris, La Documentation Française, 2020, 176 p.

Cornu, Gérard ; Association Henri Capitant (dir.)
Vocabulaire juridique, Paris, PUF, coll. Quadrige, 14e éd., 2022, 1 105 p.

Coutron, Laurent
Droit de l'Union européenne : Institutions, sources, contentieux, Paris, Dalloz, coll. Mémentos, 6e éd., 2021, 276 p.

Cozian, Maurice
Les grands principes de la fiscalité des entreprises, Paris, LexisNexis, 4e éd. (1999), 2016, 493 p.

de Crouy-Chanel, Emmanuel, Glineur, Crédric & Husson-Rochcongar, Céline (dir.),
La justice fiscale (Xe-XXIe siècle), Bruxelles, Bruylant, coll. Finances publiques, 2020, 457 p.

Dagan, Tsilly
International Tax Policy: Between Competition and Cooperation, Cambridge, Cambridge University Press, coll. Cambridge Tax Law Series, 2018, 251 p.

Daguzan, Jean-François
La fin de l'État-nation ? De Barcelone à Bagdad, Paris, CNRS éditions, coll. Débats, 2015, 64 p.

Delalande, Nicolas & Spire, Alexis
Histoire sociale de l'impôt, Paris, La Découverte, coll. Repères, 2010, 125 p.

Delattre, Pierre
Système, structure, fonction, évolution : essai d'analyse épistémologique, Paris, Maloine, coll. Recherches interdisciplinaires, 1971, 184 p.

Delvolvé, Pierre, Long, Marceau, Weil, Prosper, Braibant, Guy & Genevois, Bruno
Les grands arrêts de la jurisprudence administrative, Paris, Dalloz, coll. Grands arrêts, 23e éd., 2021, 1 081 p.,

Dietsch, Peter
Catching Capital: The Ethics of Tax Competition, New York, Oxford University Press, 2015, 254 p.

Dollinger, Philippe
La Hanse (XIIe-XVIIe siècles), Paris, Aubier, Collection historique, 1988, 598 p.

DUMAS, Georges
Politique fiscale : le naufrage, Paris, L'Harmattan, coll. Finances publiques, 2007, 322 p.
DUPUY, Pierre-Marie & KERBRAT, Yann
Droit international public, Paris, Dalloz, coll. Précis, 15e éd., 2020, 962 p.
(éds.) *Les grands textes de droit international public*, Paris, Dalloz, coll. Grands arrêts, 10e éd., 2018, 1 028 p.
DUVERGER, Maurice
Les constitutions de la France, Paris, Presses universitaires de France, coll. Que sais-je ?, 2004, 123 p.
EASSON, Alex J.
Taxation of Foreign Direct Investment: An Introduction, Zuidpoolsingel (Ndl), Kluwer Law International, Series on International Taxation, 1999, 224 p.
ECKER, Thomas & RESSLER, Gernot (eds.)
History of Tax Treaties : The Relevance of the OECD Documents for the Interpretation of Tax Treaties, Vienne, Linde, coll. Series on International Tax Law, 2011, 734 p.
ECCLESTON, Richard & ELBRA, Ainsley (eds.)
Business, Civil Society and the 'New' Politics of Corporate Tax Justice: Paying a Fair Share?, Cheltenham, Edward Elgar Publishing, coll. Elgar Politics and Business, 2018, 336 p.
FARQUET, Christophe
Histoire du paradis fiscal suisse, Paris, Presses de Sciences Po, 2018, 321 p.
La défense du paradis fiscal suisse avant la Seconde Guerre mondiale : une histoire internationale, Neuchâtel, Éditions Alphil Presses universitaires suisses, 2016, 541 p.
FAVOREU, Louis *et alii*
Les grandes décisions du Conseil constitutionnel, Paris, Dalloz, coll. Grands arrêts, 19e éd., 2018, 1 025 p.
Droit constitutionnel, Paris, Dalloz, coll. Précis, 24e éd. « 2022 », 2021, 1 254 p.
FAVOREU, Louis, HERTZOG, Robert & ROUX, André (dir.)
Constitution et finances publiques : études en l'honneur de Loïc Philip, Paris, Économica, 2005, 622 p.
FERNANDEZ, Julian
Relations internationales, Paris, Dalloz, coll. Précis, 3e éd., 2021, 778 p.
FRYDMAN, Benoît
Petit manuel pratique de droit global, Bruxelles, Académie royale de Belgique, coll. L'Académie en poche, 2014, 122 p.
GEST, Guy & TIXIER, Gilbert
Droit fiscal international, Paris, Presses Universitaires de France, Collection Droit fondamental, 2e éd., 1990, 611 p.
GOUTHIÈRE, Bruno
Les impôts dans les affaires internationales, Paris, Éditions Francis Lefebvre, 15e éd., 2021, 1 881 p.

GRAWITZ, Madeleine
Méthodes des sciences sociales, Paris, Dalloz, coll. Précis, 11e éd., 2000, 1 019 p.
GUINCHARD, Serge & DEBARD, Thierry (dir.),
Lexique des termes juridiques, Paris, Dalloz, coll. Lexiques, 29e éd., 2021, 1 119 p.
HAGUENAU-MOIZARD, Catherine
Introduction au droit comparé, Paris, Dalloz, coll. Séquences, 2018, 306 p.
HALLIDAY, Terence C. & SCHAFFER, Gregory (eds.)
Transnational Legal Orders, Cambridge, Cambridge University Press, coll. Cambridge Studies in Law and Society, 2015, 542 p.
HAMPTON, Mark P. & ABBOTT, Jason P. (eds.)
Offshore Finance Centres and Tax Havens, The Rise of Global Capital, Palgrave Macmillan, coll. Business, 1999, 262 p.
HEAD, John G. & KREVER, Richard (eds.)
Tax Reform in the 21st century: A Volume in Memory of Richard Musgrave, Alphen aan den Rijn, Kluwer Law International, coll. Series on International Taxation, vol. 34, 2009, 576 p.
HELFAND, Michael A. (ed.)
Negotiating State and Non-State Law : The Challenge of Global and Local Legal Pluralism, New York, Cambridge University Press, coll. ASIL Studies in International Legal Theory, 2015, 351 p.
HERMET, Guy ; BADIE, Betrand ; BIRNBAUM, Pierre *et alii*
Dictionnaire de la science politique et des institutions politiques, Paris, Armand Colin, coll. Dictionnaire, 8e éd., 2015, 321 p.
HONGLER, Peter
Justice in International Tax Law, Amsterdam, IBFD, 2019, 581 p.
International Law of Taxation, Oxford, Oxford University Press, coll. Elements of International Law, 2021, 252 p.
Institute for Fiscal Studies (ed.)
Dimensions of Tax Design, Oxford, Oxford University Press, 2017, 1 347 p.
JELLINEK, Georg
L'État moderne et son droit, Deuxième Partie : Théorie juridique de l'État, Paris, M. Giard & É. Brière, 1913, 593 p.
JÈZE, Gaston
Cours élémentaire de science des finances et de législation financière française (1931), Paris, Éditions la Mémoire du droit, coll. de la Faculté Jean Monnet, 2013, 432 p.
JOGARAJAN, Sunita
Double Taxation and the League of Nations, Cambridge University Press, Cambridge Tax Law Series, 2018, 341 p.
KARPENSCHIF, Michaël & NOURISSAT, Cyril (dir.)
Les grands arrêts de la jurisprudence de l'Union européenne, Paris, Presses Universitaires de France, coll. Thémis, Droit, 4e éd., 2021, 824 p.
KAUL, Inge & CONCEIÇÃO, Pedro (eds.)
The New Public Finance: Responding to Global Challenges, New York, Oxford University Press, 2006, 688 p.

KISS, Áron
Essays in political economy and international public finance, Frankfurt am Main, Peter Lang, 2009, 110 p.
KOBETSKY, Michael
International Taxation of Permanent Establishments : Principles and Policy, Cambridge, Cambridge University Press, Cambridge Tax Law Series, 2011, 459 p.
KOFLER, Georg, MASON, Ruth & Rust, Alexander (eds.)
Thinker, Teacher, Travaler: Reimagining International Tax, Essays in Honor of H. David Rosenbloom, Amsterdam, IBFD, 2021, 716 p.
LAMARQUE, Jean ; NÉGRIN, Olivier & AYRAULT, Ludovic
Droit fiscal général, Paris, LexisNexis, coll. Manuel, 4e éd., 2016, 1 642 p.
LAMBERT, Thierry (dir.)
La fin des paradis fiscaux ?, Paris, Montchrestien, coll. Grands colloques, 2011, 227 p.
Le contentieux fiscal en débats, Paris, LGDJ, coll. Grands colloques, 2014, 392 p.
LAMBERT, Thierry *et alii*
Égalité et équité : antagonisme ou complémentarité ?, Paris, Economica, 1999, 146 p.
LAMBERT, Thierry
L'impôt dans une économie mondialisée : Contribution à une théorie générale de l'impôt, Bruxelles, Bruylant, coll. Droit & Économie, 2021, 200 p.
LAMORLETTE, Thierry ; RASSAT, Patrick & CLÉMENT, Kristina
Guide critique et sélectif des paradis fiscaux, Paris, Maxima, 2010, 269 p.
LANG, Michael *et alii* (eds.)
Multilateral Tax Treaties: New Developments in International Tax Law, London, Kluwer Law International, Series on International taxation n° 18, 250 p.
LAURÉ, Maurice
Traité de politique fiscale, Paris, Presses universitaires de France, 1956, 427 p.
LE DIVELLEC, Armel & DE VILLIERS, Michel
Dictionnaire du droit constitutionnel, Paris, Dalloz, coll. Dictionnaire Sirey, 12e éd., 2020, 421 p.
LE MOIGNE, Jean-Louis
La théorie du système général : Théorie de la modélisation, Paris, Presses universitaires de France, coll. Systèmes, 1994, 338 p.
LEAMAN, Jeremy & WARIS, Attiya (eds.)
Tax Justice and the Political Economy of Global Capitalism, 1945 to the Present, New York, Berghahn, 2013, 360 p.
LEROY, Marc (dir.)
Regards croisés sur le système fiscal : Allemagne, France, Italie, Russie, Paris, L'Harmattan, coll. Finances publiques, 2005, 229 p.
Mondialisation et fiscalité : La globalisation fiscale, Paris, L'Harmattan, coll. Finances publiques, 2006, 286 p.

LEROY, Marc
Sociologie de l'impôt, Paris, PUF, coll. Que sais-je ?, 2002, 125 p.
L'impôt, l'État et la société : la sociologie fiscale de la démocratie interventionniste, Paris, Economica, coll. Finances publiques, 2010, 376 p.

LHUILIER, Gilles
Le droit transnational, Paris, Dalloz, coll. Méthodes du droit, 2016, 522 p.

LIPPERT, Gustav
Das internationale Finanzrecht : Eine systematische Darstellung der internationalen Finanzrechtsnormen, Triest, M. Quidde, 1912, 1 152 p.

LUGAN, Jean-Claude
La systémique sociale, Paris, PUF, coll. Que sais-je ?, 2009, 128 p.

MACHIAVEL, Nicolas
« Le Prince (Il Principe, 1532) », in Charles LOUANDRE (dir.), *Œuvres politiques de Machiavel*, Paris, Charpentier, 1855, 578 p.

MAITROT DE LA MOTTE, Alexandre
Droit fiscal de l'Union européenne, Bruxelles, Bruylant, coll. Droit de l'Union européenne, Traités, 3e éd., 2022, 1 117 p.

MALGOYRE, Antoine
Montages juridiques & habileté fiscale, Paris, Gualino, 3e éd., 2020, 312 p.

MALHERBE, Philippe
Éléments de droit fiscal international, Bruxelles, Bruylant, 2015, 219 p.

MARTINEZ, Jean-Claude
Droit budgétaire, Paris, Litec, 2nde éd., 1999, 998 p.
La fraude fiscale, Paris, PUF, coll. Que sais-je ?, 2nde éd., 1990, 127 p.

MASTOR, Wanda ; BENETTI, Julie ; EGÉA, Pierre & MAGNON, Xavier (dir.)
Les grands discours de la culture juridique, Paris, Dalloz, coll. Grands arrêts, 2e éd., 2020, 1 089 p.

MÉLIN-SOUCRAMANIEN, Ferdinand & PACTET, Pierre
Droit constitutionnel, Paris, Sirey, coll. Université, Droit public, 40e éd. « 2022 », 2021, 715 p.

MONTESQUIEU
De l'esprit des lois (1748), Paris, L'Harmattan, 2021, 497 p.

MORIN, Edgar
La méthode (1977), t. 4, *Les idées*, Paris, Éditions Points, coll. Essais, 2014, 396 p.
La méthode, Tome III : *La connaissance de la connaissance*, Paris, Éditions du Seuil, coll. Points, série Essais, 1991, 243 p.

MUSA, Shavana
Reflections on Global Law, Leiden, Brill, 2013, 234 p.

MUSGRAVE, Peggy B.
The Policy in the Global Economy: Selected Essays of Peggy B. Musgrave, Cheltenham, Edward Elgar, coll. Studies in Fiscal Federalism and State-Local Finance, 2002, 470 p.
United States Taxation of Foreign Investment Income: Issues and Arguments, Cambridge (Mass.), Law School of Harvard University, 1969, 171 p.

MUSGRAVE, Richard A. & MUSGRAVE, Peggy B.
Public Finance in Theory and Practice, New York, McGraw-Hill, Finance Series, 5th ed., 1989, 627 p.
MUSGRAVE , Richard A.
The theory of public finance: a study in public economy, New York, McGraw-Hill, 1959, 628 p.
DE NANTEUIL, Arnaud
Introduction aux conventions de double imposition, Bruxelles, Bruylant, coll. Paradigme, 2019, 234 p.
OBERSON, Xavier
Taxer les robots : Aider l'économie à s'adapter à l'usage de l'intelligence artificielle, Bruxelles, Larcier, coll. Droit international, 228 p.
ORSONI, Gilbert (dir.)
Finances publiques : Dictionnaire encyclopédique, Paris, PUAM, Economica, coll. Finances publiques, 2e éd., 2017, 992 p.
ORSONI, Gilbert
L'interventionnisme fiscal, Paris, Presses universitaires de France, coll. Fiscalité, 1995, 305 p.
Les finances publiques en question, Bruxelles, Bruylant, coll. Finances publiques, 2021, 284 p.
PÉRIN-DUREAU, Ariane
Précis de droit fiscal international et de l'Union européenne, Paris, LexisNexis, coll. Précis fiscal, 2022, 373 p.
PHILIP, Loïc (dir.)
Dictionnaire encyclopédique de finances publiques, Paris, Economica, 1re éd., 1991, 2 Tomes, 1 647 p.
PIATIER, André
L'évasion fiscale et l'assistance administrative entre États, Paris, Recueil Sirey, coll. Bibliothèque de finances publiques françaises et étrangères, 1938, 345 p.
PICHET, Éric
Théorie générale des dépenses socio-fiscales, Chatou, Les Éditions du Siècle, 2016, 491 p.
PIÉTRI, François
Justice et injustice fiscale, Paris, Éditions Tallandier, Collection du temps présent, 1933, 196 p.
PLANTEY, Alain & LORIOT, François
Fonction publique internationale : Organisations mondiales et européennes, Paris, CNRS Éditions, nouvelle éd., 2005, 497 p.
POGGE, Thomas & MEHTA, Krishen (eds.)
Global Tax Fairness, Oxford, Oxford University Press, 2016, 366 p.
PONTES VIEIRA, Iure
La valeur en droit fiscal et douanier, Paris, LGDJ Lextenso éditions, Bibliothèque finances publiques et fiscalité, 2012, 589 p.
POUNDSTONE, William
Prisoner's dilemma, New York, Anchor Books, 1993, 283 p.

RAMBAUD, Patrick ; CLERGERIE, Jean-Louis & GRUBER, Annie
Droit institutionnel et matériel de l'Union européenne, Paris, Dalloz, coll. Précis, 13e éd., 2020, 1 144 p.

RAIMBAULT DE FONTAINE, Sophie (dir.)
Doctrines fiscales : à la redécouverte de grands classiques, Paris, L'Harmattan, coll. Finances publiques, 2007, 266 p.

ROHATGI, Roy
Basic International Taxation, Volume I : *Principles, Richmond, Richmond Law & Tax*, London, Kluwer Law International, 2nd ed., 2005, 567 p.

SAÏDJ, Luc
Le Parlement et les traités : La loi relative à la ratification ou à l'approbation des engagements internationaux, Paris, LGDJ, 1979, 191 p.

SCHMITT, Carl
Political Theology – Four Chapters on the Concept of Sovereignty (*Politische Theologie: Vier Kapitel zur Lehre von der Soueränität*, 2nd ed., 1934), Cambridge, The MIT Press, Studies in Contemporary German Social Thought, 1985, 70 p.
Les trois types de pensée juridique (*Über die drei Arten des rechtswissenschaftlichen Denkens*, 1934), Paris, PUF, coll. Quadrige, 1995, 163 p.

SELIGMAN, Edwin R. A.
Essays in Taxation, New York, Macmillan and co., 1895, 434 p.

SFDI & OCDE (dir.)
Le pouvoir normatif de l'OCDE, Paris, Éditions A. Pedone, 2014, 150 p.

SMITH, Adam
Recherche sur la nature et les causes de la richesse des nations (1776), Paris, Economica, 2005, 989 p.

SPITALER, Armin
Das Doppelbesteuerungsproblem bei den Direkten Steuern, Reichenberg, Gebruder Stiepel, 1936, 678 p.

STEIN, Herbert (ed.)
Tax Policy in the Twenty-First Century, New York, Wiley, 1988, 324 p.

STOURM, René
Systèmes généraux d'impôts, Paris, Librairie Guillaumin et Cie, 2e éd., 1905

THIERS, Adolphe
De la propriété, Paris, Paulin, Lheureux et Cie, 1848, 439 p.

THURONYI, Victor (ed.)
Tax Law Design and Drafting, 2 Volumes, Washington D.C., International Monetary Fund, 1998, 1 199 p.

TROPER, Michel
Pour une théorie juridique de l'État, Paris, PUF, coll. Léviathan, 1994, 360 p.

VALLÉE, Annie
Les systèmes fiscaux, Paris, Éditions du Seuil, coll. Points. Économie, 2000, 242 p.

WEBER, Dennis (ed.)
EU Law and the Building of Global Supranational Tax Law: EU BEPS and State Aid, Amsterdam, IBFD, GREIT Series, 2017, 324 p.
WEBER, Max
Le savant et le politique (1919), trad. Catherine COLLIOT-THÉLÈNE, Paris, La Découverte, coll. Sciences humaines et sociales, 2003, 206 p.,
DE WILDE, Maarten Floris
Sharing the Pie: Taxing Multinationals in a Global Market, Amsterdam, IBFD, 2017, 770 p.
WILKINS, Mira
The History of Foreign Investment in the United States to 1914, Cambridge, Harvard University Press, coll. Harvard studies in business history, 1989, 1 055 p.

Thèses

AGRON, Laure
Histoire du vocabulaire fiscal, Paris, LGDJ, coll. Bibliothèque de science financière, t. 36, 519 p.
AMELLER, Michel
Les questions instrument du contrôle parlementaire, Paris, LGDJ, Bibliothèque constitutionnelle et de science politique t. 6, 1964, 227 p.
ARGINELLI, Paolo
Multilateral Tax Treaties: Interpretation, Semantic Analysis and Legal Theory, Amsterdam, IBFD, IBFD Doctoral Series n° 33, 2015, 784 p.
BAL, Lider
Le mythe de la souveraineté : la souveraineté des États à l'épreuve des mutations de l'ordre juridique international, thèse de doctorat, Université de Strasbourg, 2012, 702 p.
BAUDU, Aurélien
Contribution à l'étude des pouvoirs budgétaires du Parlement en France, Paris, Dalloz, coll. Bibliothèque parlementaire & constitutionnelle, 2010, 681 p.
BLANCHON, Clothilde
Recherche sur la subvention : contribution à l'étude du don en droit public, Paris, LGDJ, coll. Bibliothèque de droit public t. 307, 2019, 386 p.
BOMMIER, Loup
L'objectif de neutralité du droit fiscal comme fondement d'une imposition unitaire de l'entreprise, Paris, LGDJ, coll. Bibliothèque Finances publiques et fiscalité t. 73, 2021, 504 p.
BOUHADANA, Irène
Les commissions des finances des assemblées parlementaires en France : origines, évolutions et enjeux, Paris, LGDJ, coll. Bibliothèque Finances publiques et fiscalité t. 46, 2007, 420 p.
CARUANA, Nicolas
La fiscalité environnementale, Paris, L'Harmattan, coll. Finances publiques, 2015, 507 p.
CHAZELLES, Léon
L'idée de justice en matière fiscale, Paris, Giard et Brière, 1912, 117 p.

DEFLINE, Julien
Le ministre des Finances sous la Ve République : Contribution à l'étude du désenchantement d'une toute-puissance, Paris, LGDJ, coll. Bibliothèque finances publiques et fiscalité n° 72, 2021, 478 p.

DUMONT, Alexandre
La justice en droit fiscal, thèse dactylographiée, Paris 1, 2016, 402 p.

GROS, Damien
Naissance de la Troisième République, Paris, Presses universitaires de France, coll. Léviathan, 527 p.

ISENBAERT, Mathieu
EC Law and the Sovereignty of the Member States in Direct Taxation, Amsterdam, IBFD, IBFD Doctoral Series n° 19, 2010, 904 p.

JESTIN, Kevin
La notion d'abus de convention fiscale internationale : Réflexions à la lumière des droits français et américains, thèse de doctorat, Aix-Marseille Université, 2 tomes, 2017, 855 p.

KALLERGIS, Andréas
La compétence fiscale (Paris 1, 2016), Paris, Dalloz, coll. Nouvelle bibliothèque de thèses, 2018, 1 002 p.

LAUMONIER, Alexandre
La coopération entre États dans la lutte contre la fraude et l'évasion fiscales internationales, Paris, LGDJ, coll. Bibliothèque de finances publiques et fiscalité, t. 67, 2019, 531 p.

LEVADE, Anne
Souveraineté et compétences des États, thèse de doctorat, Paris 12, 1997, 739 p.

MAITROT DE LA MOTTE, Alexandre
Souveraineté fiscale et construction communautaire – Recherche sur les impôts directs, Paris, LGDJ, coll. Bibliothèque de science financière, 2005, 537 p.

MAYER, Stefan
Formulary Apportionment for the Internal Market, Amsterdam, IBFD, IBFD Doctoral Series n° 17, 2009, 336 p.

MELOT, Nicolas
Territorialité et mondialité de l'impôt : étude de l'imposition des bénéfices des sociétés de capitaux à la lumière des expériences française et américaine (thèse, Paris 2, 2002), Paris, Dalloz, coll. Nouvelle bibliothèque de thèses, 2004, 954 p.

MENUCHIN, Shay N.
The Dilemma of International Tax Arbitrage, Ph.D Thesis, University of London, 2005, 259 p.

MOLÉ, Antoine
Les paradis fiscaux dans la concurrence fiscale internationale, thèse de doctorat, Université Paris Dauphine-Paris IX, 2015, 950 p.

MONDONNEIX, Alix
La concurrence fiscale étatique, thèse de doctorat, Université Côte d'Azur, 2021, 734 p.

MORTIER, Pauline

Les métamorphoses de la souveraineté, thèse de doctorat, Université d'Angers, 2011, 473 p.

OLIVER, Florent

Le juge et l'impôt : D'un dualisme complexe à un monisme vertueux, Paris, L'Harmattan, coll. Finances publiques, 2022, 448 p.

OUEDRAOGO, Jean Kassim

De la notion d'abus de droit fiscal, thèse de doctorat, Université Jean Moulin (Lyon 3), 2016.

PAPADAMAKI, Ioanna

Les aides d'État de nature fiscale en droit de l'Union européenne, Bruxelles, Bruylant, coll. Droit de l'Union européenne, Thèses, 2018, 539 p.

PELLETIER, Marc

Les normes du droit fiscal, Paris, Dalloz, coll. Nouvelle bibliothèque de thèses, 2008, 593 p.

PETERS, Cees

On the Legitimacy of International Taxation, Amsterdam, IBFD, IBFD Doctoral Series vol. 31, 2014, 452 p.

PONTES VIEIRA, Iure

La valeur en droit fiscal et douanier, Paris, LGDJ Lextenso éditions, Bibliothèque finances publiques et fiscalité, 2012, 589 p.

PRÉVOST-GELLA, Jérôme

Le juge administratif français et les conflits de traités internationaux, Paris, Dalloz, coll. Nouvelle bibliothèque de thèses, 2018, 524 p.

RICHMAN, Peggy B.

Taxation of Foreign Investment Income : An Economic Analysis, Baltimore, Johns Hopkins Press, 1963, 140 p.

ROBBEZ MASSON, Charles

La notion d'évasion fiscale en droit interne français, Paris, LGDJ, coll. Bibliothèque de science financière t. 29, 1990, 503 p.

ROSA, Audrey

Solidarité et impôt : recherche sur les fondements de l'impôt moderne, Paris, Dalloz, coll. Bibliothèque parlementaire et constitutionnelle, 2005, 500 p.

DE SENARCLENS, Pierre

La mondialisation : Théories, enjeux et débats, Paris, Armand-Collin, Dalloz, coll. U. Science politique, 2e éd., 2001, 219 p.

STANKIEWICZ, Lukasz

L'abus de convention fiscale internationale, thèse de doctorat, Lyon 3, 2009, 782 p.

SZUDOCZKY, Rita

The Sources of EU Law and Their Relationships: Lessons for the Field of Taxation, Amsterdam, IBFD, IBFD Doctoral Series n° 32, 2014, 804 p.

TRINDADE MARINHO, Anapaula

La subsidiarité des conventions fiscales, thèse de doctorat, Paris 1, 2015, 513 p.

VAIL, Morgan

Marché intérieur et neutralité de l'impôt direct : la construction fiscale européenne revisitée, thèse de doctorat, Paris 2, 2011, 322 p.

VERGNET, Nicolas

La création et la répartition de la valeur en droit fiscal international, Paris, LGDJ, Bibliothèque Finances publiques et fiscalité t. 71, 2020, 466 p.

VIESSANT, Céline

La pénétration du droit communautaire en droit fiscal français, thèse de doctorat, Université Paul Cézanne (Aix-Marseille 3), 1999, 599 p.

Articles

ABATE, Grégory

« La fiscalité de l'entreprise à l'aune du droit de l'Union européenne : La fiscalité directe des entreprises façonnée par le droit européen et ses incertitudes », *Revue européenne et internationale de droit fiscal*, n° 2019/1, pp. 499-509.

ABDELGHANI, Samia

« L'initiative "Inspecteurs des impôts sans frontières" au service de la mobilisation des ressources intérieures », *Revue européenne et internationale de droit fiscal*, n° 2018/1, pp. 103-110.

ALBERT, Jean-Luc

« OCDE : du pluriel au singulier », *in* Thierry LAMBERT (dir.), *La fin des paradis fiscaux ?*, Paris, Montchrestien, coll. Grands colloques, 2011, pp. 19-36.

« La dimension environnementale dans l'histoire fiscale française », *Revue française de finances publiques*, n° 114, avril 2011, pp. 5-16.

ALLÈGRE, Guillaume & PELLEFIGUE, Julien

« Quel rôle peut jouer l'Europe dans l'imposition des multinationales ? », *Revue de l'OFCE*, 2018/4, n° 158, pp. 331-358.

D'ALMEIDA, Deana ; DEJAUNE, Valentin & BURNICHON, Célia

« Les modèles de convention fiscale à l'épreuve de la diversité des pays d'Afrique », *Revue européenne et internationale de droit fiscal*, n° 2021/4, pp. 517-524.

AMSELEK, Paul

« Peut-il y avoir un État sans finances ? », *Revue du droit public et de la science politique en France et à l'étranger*, 1983, n° 2, pp. 267-283.

ARIS, Stephen

« "One Belt, One Road" : la nouvelle route de la soie », *Politique de sécurité : analyses du CSS*, n° 195, Septembre 2016, 4 p.

ASCENSIO, Hervé & FOLSCHÉ, Céline

« L'OCDE et la coopération fiscale internationale », *in* SFDI & OCDE, *Le pouvoir normatif de l'OCDE*, Paris, Éditions A. Pedone, 2014, pp. 79-96.

AUJEAN, Michel & MAIGNAN, Clara

« Les raisons d'être du Code de conduite contre la concurrence fiscale dommageable », *Droit fiscal* n° 25, 20 juin 2013, ét. 331.

AULT, Hugh J.

« The Importance of International Cooperation in Forging Tax Policy », *Brooklyn Journal of International Law*, 2001, vol. 26, n° 4, pp. 1 693-1 697.

AVI- YONAH, Reuven S.

« The Structure of International Taxation: A Proposal for Simplification », *Texas Law Review*, 1996, vol. 74, pp. 1301-1359.

« International Taxation of Electronic Commerce », *Tax Law Review*, 21997, vol. 52, pp. 507-556.

« Commentary (Response to article by H. David Rosenbloom) », *Tax Law Review*, 2000, vol. 53, pp. 167-175.

« Globalization, Tax Competition, and the Fiscal Crisis of the Welfare State », *Harvard Law Review*, 2000, n° 7, vol. 113, pp. 1 573-1 676.

« International Tax as International Law », *Tax Law Review*, 2004, vol. 57, pp. 483-501.

« All of a Piece Throughout: The Four Ages of U.S. International Taxation », *Virginia Tax Review* 25, n° 2, 2005, pp. 313-338.

« Tax Competition, Tax Arbitrage and the International Tax Regime », *Bulletin for International Taxation*, 2007, pp. 130-138.

« The New International Tax Framework: Evolution or Revolution? », *American Society of International Law Insights*, 2021, vol. 25, n° 11, accessible en ligne : www.asil.org.

« The New International Tax Regime », *University of Michigan Public Law Research Paper* n° 21-031, 2021.

BAKER, Philip

« Multilateral Tax Treaties », *Bulletin for International Taxation*, vol. 75, 2021, n° 11/12.

BARILARI, André & BRAND, Thomas

« Le paradoxe de Montesquieu. De la corrélation entre l'importance des prélèvements obligatoires, le développement économique et social et le niveau de démocratie », *Revue française de finances publiques*, n° 108, 2009, pp. 133 *sqq*.

BARILARI, André

« Le consentement à l'impôt », *Revue française de finances publiques*, n° 147, 2019, pp. 191 *sqq*.

BARTHÉLEMY, Joseph

« François de Vitoria » *in* Joseph BARTHÉLEMY *et alii*, *Les fondateurs du droit international* (1904), Paris, Éditions Panthéon-Assas, coll. Introuvables, 2014, pp. 39-60.

BÉNASSY-QUÉRÉ, Agnès

« Concurrence et harmonisation fiscale dans l'Union européenne », *in* Michel AUJEAN & Christian SAINT-ÉTIENNE (dir.), *Stratégies fiscales des États et des entreprises : souveraineté et concurrence*, Paris, PUF, Descartes & Cie, coll. Les cahiers, 2009, pp. 31-43.

BENZONI, Laurent & PELLEFIGUE, Julien

« Replacer l'équité au cœur de la réglementation des prix de transfert : une perspective économique », *Droit fiscal* n° 6, 7 février 2013, ét. 138.

BERLIN, Dominique
« Synthèse – Droit fiscal de l'Union européenne », *JurisClasseur Europe Traité*, 31 décembre 2020.
« Vers la fin de la double imposition ? », *La Semaine Juridique Edition Générale* n° 44-45, 30 octobre 2017, act. 1167.

BERN, Philippe
« La protection du contribuable contre les changements de doctrine administrative », *Revue de science financière*, T. 63, 1971, n° 4, pp. 751-778.

BILLION, Didier
« État, nation, mondialisation », *Revue internationale et stratégique*, 2016/2, n° 102, pp. 71-153.

BITTENCOURT, Rogério & LEVENHAGEN, Antonio
« Brazil's Road to OECD Accession: Tax Transparency and BEPS Standards », *Tax notes international*, Vol. 95, N° 9, August 26, 2019, pp. 851-853.

BLEVIN, Pierre-Alexis
« Que reste-t-il des paradis fiscaux ? », *Revue européenne et internationale de droit fiscal*, n° 2021/2, pp. 175-182.

BLONDEL, Vincent D. ; GUILLAUME, Jean-Loup ; LAMBIOTTE, Renaud & LEFEBVRE, Étienne
« Fast unfolding of communities in large networks », *Journal of Statistical Mechanics: Theory and Experiment*, 2008, n° 10, p. 1 000.

BONNEVILLE, François
« Réflexions sur la notion de justice fiscale », *Gestion & Finances Publiques*, 2017, n° 3, pp. 61-69.
« L'évolution du processus de règlement des comptes », *Revue française de finances publiques*, n° 135, pp. 335-348.

BOURGAIN, Arnaud
« Vers la fin du secret bancaire dans les centres financiers *offshore* : une question d'éthique et de concurrence fiscale », *Revue d'économie financière*, 2015/3, n° 119, pp. 287-302.

BRANDES, Ulrik
« A Faster Algorithm for Betweenness Centrality », *Journal of Mathematical Sociology*, 25(2), 2001, pp. 163-177.

BRAVO, Nathalie
« The Multilateral Tax Instrument and Its Relationship with Tax Treaties », *World Tax Journal*, October 2016 (Vol. 8), n° 3, pp. 279-304.

BROOKS, Kim
« Inter-Nation Equity : The Development of an Important but Underappreciated International Tax Value », *in* John G. HEAD & Richard KREVER (eds.), *Tax Reform in the 21st century: A Volume in Memory of Richard Musgrave*, Alphen aan den Rijn, Kluwer Law International, coll. Series on International Taxation, vol. 34, 2009, pp. 471-493.

BROSENS, Linda & BOSSUYT, Jasper
« Legitimacy in International Tax Law-Making: Can the OECD Remain the Guardian of Open Tax Norms? », *World Tax Journal*, 2020, vol. 12, n° 2, pp. 313-376.

BUISSON, Jacques
« Impôt et souveraineté », *Archives de philosophie du droit*, n° 46, 2002, pp. 25-31.

CARCASSONNE, Guy
« La LOLF et le renouveau du contrôle », *Revue française de finances publiques*, 2007, n° 97, pp. 77-86.

CARREAU, Dominique
« Souveraineté : comme la virginité, on l'a ou on ne l'a pas » in Hervé ASCENSIO *et alii* (dir.), *Dictionnaire des idées reçues en droit international*, Paris, Éditions A. Pedone, 2017, pp. 547-551.

CAVALIER, Georges
« Prix de transfert », *in* Jean-Luc ALBERT, Jean-Luc PIERRE & Daniel RICHER (dir.), *Dictionnaire de droit fiscal et douanier*, Paris, Ellipses, coll. Dictionnaires de droit, 2007, pp. 429-430.

CHAISSE, Julien & GÓRSKI, Jędrzej
« Introduction », *in* Julien CHAISSE & Jędrzej GÓRSKI (eds.), *The Belt and Road Initiative: Law, Economics, and Politics*, Leiden, Brill Nijhoff, 2018, pp. IX-X.

CHASTAGNARET, Manuel
« La problématisation juridique des nouvelles routes de la soie », *Revue européenne et internationale de droit fiscal*, n° 2022/1, pp. 13-21.

CHEN, Shu-Chien Jennifer
« Neutrality as Tax Justice : The Case of Common Consolidated Corporate Tax Base under the EU law », *European studies*, vol. 5/2018, pp. 33-66.

CHEVALLIER, Jacques
« L'entrée en expertise », *Politix*, vol. 9, n° 26, 1996, pp. 33-50.

CHRÉTIEN, Maxime
« Les recueils fiscaux de la SDN et de l'ONU », *RGDIP*, 1952, n° 4, pp. 529-585.
« Contribution à l'étude du droit international fiscal actuel : le rôle des organisations internationales dans le règlement des questions d'impôts entre divers états », *Collected Courses of the Hague Academy of International Law*, vol. 86, 1954, pp. 1-116.

COMBACAU, Jean
« Pas une puissance, une liberté : la souveraineté internationale de l'État », *Pouvoirs*, 1993, n° 67, p. 49.

CONAN, Matthieu
« Gaston Jèze et l'utilité de la dépense publique – l'élaboration d'une théorie générale des finances publiques », *La Revue du Trésor* 2008, n° 2, p. 159.

COZIAN, Maurice
« Propos désobligeants sur une "tarte à la crème" : l'autonomie et le réalisme du droit fiscal », *Droit fiscal* 1980, n° 41, p. 1054.

« Éloge de l'habileté fiscale », *La revue fiscale du patrimoine* n° 1, janvier 2006, act. 1.

DAGAN, Tsilly

« National Interests in the International Tax Game », *Virginia Tax Review*, 1998, vol. 18, n° 2, pp. 363-416.

« The Tax Treaties Myth », *New York University Journal of International Law and Politcs*, 2000, vol. 32, n° 4, pp. 939-996.

« Chapter 3: Tax Sovereignty in an Era of Tax Multilateralism », *in* Dennis WEBER (ed.), *EU Law and the Building of Global Supranational Tax Law: EU BEPS and State Aid*, Amsterdam, IBFD, GREIT Series, 2017, pp. 37-48.

« Re-Imagining Tax Justice in a Globalised World », *in* Dominic DE COGAN & Peter HARRIS (eds.), *Tax Justice and Tax Law: Understanding Unfairness in Tax Systems*, Oxford, Hart Publishing, 2020, pp. 169-185.

DANIEL, Justine & LEQUEUX, Vincent

« Qu'est-ce que la taxe Gafa ? », touteleurope.eu, m.-à-j. 18 janvier 2021.

DAVOULT, Nicole

« L'interprétation du juge concernant le droit fiscal international », *in* Thierry LAMBERT (dir.), *Le contentieux fiscal en débats,* Paris, LGDJ-Lextenso, coll. Grands colloques, 2014, pp. 139-164.

DEAN, Steven A.

« Inclusive International Tax Policymaking: FATCA, the U.S. Congressional Black Caucus, and the OECD Blacklist », *Revue européenne et internationale de droit fiscal*, n° 2021/1, pp. 88-94.

DEBOISSY, Florence & WICKER, Guillaume

« Affaire "Google Ireland", la cour administrative d'appel de Paris confirme l'annulation des rectifications : suite et peut-être pas fin », *Droit fiscal* n° 25, 20 juin 2019, comm. 305.

« La qualification d'établissement stable déduite de la réalité du pouvoir d'engager la société étrangère : un coup d'arrêt aux montages contractuels purement formels », *Droit fiscal* n° 4, 28 janvier 2021, comm. 117.

« Ne pas confondre signature et consentement pour une qualification d'établissement stable conforme à la réalité. – À propos de TA Paris, 12 juill. 2017, Sté Google Ireland Ltd », *Droit fiscal* n° 10, 8 mars 2018, étude 209.

DECORZANT, Yann

« La Société des Nations et l'apparition d'un nouveau réseau d'expertise économique et financière (1914-1923) », *Critique internationale*, 2011/3, n° 52, pp. 35-50.

DEFLINE, Julien

« Le système fiscal français face aux réformes : essai de modélisation systémique de la fiscalité », *Gestion & Finances publiques*, 2019/5, n° 5, pp. 53-61.

« Une remise en cause des contraintes européennes par la crise ? Entre capacité d'adaptation et imperfections », *Gestion & Finances publiques*, 2021/3, n° 3, pp. 29-35.

DELAUNAY, Benoît

« Essai de typologie des pratiques fiscales dommageables », *in* Thierry LAMBERT (dir.), *La fin des paradis fiscaux ?*, Paris, Montchrestien, coll. Grands colloques, 2011, pp. 41-56.

« Droit de l'Union européenne et politique fiscale », *Revue française de finances publiques*, n° 126, mai 2014, p. 51.

« L'arbitrage dans la Convention multilatérale BEPS », *Revue européenne et internationale de droit fiscal*, n° 2017/4, pp. 390-395.

DELEAU, Olivier

« Les positions françaises à la Conférence de Vienne sur le droit des traités », *Annuaire français de droit international*, 1969, n° 15, pp. 7-23.

DESAI, Mihir A. & HINES Jr., James R.

« Evaluating International Tax Reform », *National Tax Journal*, 2003, vol. 56, n° 3, pp. 487-502.

« Old Rules and New Realities: Corporate Tax Policy in a Global Setting », *National Tax Journal*, 2004, vol. 57, n° 4, pp. 937-960.

DESAI, Mihir A.

« New Foundations for Taxing Multinational Corporations », *Taxes – The Tax Magazine*, 2004, vol. 82, n° 3, pp. 39-46/235-236.

DETRAZ, Stéphane

« Délit général de fraude fiscale et autres infractions communes à tous les impôts », *JurisClasseur Lois pénales spéciales*, V° Impôts, fasc. 20, màj. 30 octobre 2020.

DEVAUX, Angélique

« Imposition sur la citoyenneté : *made in USA* », *La revue fiscale du patrimoine*, n° 10, 2019, ét. 25.

DEVEREUX, Michael P. ; LOCKWOOD, Ben & REDOANO, Michela

« Do countries compete over corporate tax rates? », *Journal of Public Economics*, 2008, n° 92, pp. 1210-1235.

DEVEREUX, Michael P. & LORETZ, Simon

« Increased efficiency through consolidation and formula apportionment in the European Union ? », Oxford University, Center for Business Taxation, *Working Paper Series*, 2008, n° 12 (*WP* 08/12), 34 p.

DEVEREUX, Michael P. & PEARSON, Mark

« European Tax Harmonization and Production Efficiency », *European Economic Review* 39 n° 8, October 1995, pp. 1657-1681.

DEVEREUX, Michael P.

« Capital Export Neutrality, Capital Import Neutrality and Capital Ownership Neutrality and All That », *IFS Working Paper*, London, Institute for Fiscal Studies, June, 1990.

« Efficiency Criteria in the International Taxation of Income from Capital », *Keele University Department of Economics Working Papers* 93-8, May 1993.

« Issues in the Taxation of Income from Foreign Portfolio and Direct Investment », *Keele University Working Paper*, April 1998.

DIDIER, Philippe

« La notion de concurrence fiscale », *Archives de philosophie du droit*, vol. 46 (2002), pp. 103-115.

DUFAU, Élisabeth

« Optimisation, évasion et fraude fiscales : le nécessaire maintien de frontières au tracé délicat », *Revue Droit & Affaires* n° 12, septembre 2015, ét. 18.

DUMONT, Alexandre

« Le citoyen et la nécessité de l'impôt (contribution autour des articles 13 et 14 de la Déclaration des droits de l'homme et du citoyen) », *in* Jean-François BOUDET & Xavier CABANNES (dir.), *Finances publiques citoyennes*, Paris, LGDJ, 2017, pp. 37-44.

DUSSART, Vincent

« Maxime Chrétien et la question de la souveraineté fiscale », *in* Sophie RAIMBAULT DE FONTAINE (dir.), *Doctrines fiscales : À la redécouverte de grands classiques*, Paris, L'Harmattan, coll. Finances publiques, 2007, pp. 187-195.

« Le Parlement et l'impôt », *Pouvoirs*, 2014/4, n° 151, pp. 57-69.

« La création de l'impôt sur le revenu et la justice fiscale », *in* Wanda MASTOR, Julie BENETTI, Pierre EGÉA & Xavier MAGNON (dir.), *Les grands discours de la culture juridique*, Paris, Dalloz, coll. Grands arrêts, 2e éd., 2020, pp. 173-183.

EINAUDI, Luigi

« La coopération internationale en matière fiscale », *Recueil des Cours de l'Académie de droit international de La Haye*, vol. 25, 1928, pp. 1-115.

ELKINS, David

« A Critical Reassessment of the Role of Neutrality in International Taxation », *Nw. J. Intl'l L. & Bus.*, vol. 40, n° 1, 2019, pp. 1-46.

FALCO, Damien

« Une nouvelle légende fiscale : la TVA de Maurice Lauré », *Gestion & Finances publiques*, 2021/1, n° 1, pp. 22-28.

FARQUET, Christophe

« Expertise et négociations fiscales à la Société des Nations », *Relations internationales* 2010/2, n° 142, pp. 5-21.

« Lutte contre l'évasion fiscale : l'échec de la SDN durant l'entre-deux-guerres », *L'Économie politique* 2009/4, n° 44, pp. 93-112.

FAVOREU, Louis

« Le droit constitutionnel jurisprudentiel (mars 1983-mars 1986) », *Revue de droit public et de la science politique*, 1986, n° 2, pp. 395-472.

FAVRET, Jean-Marc

« L'intégration européenne et la France : quelques réflexions sur la divisibilité de la souveraineté », *Revue du droit public*, 1999, n° 6, p. 1743.

FAWCETT, Peter

« "When I Squeeze You with *Eisphorai*" : Taxes and Tax Policy in Classical Athens », *Hesperia : The Journal of the American School of Classical Studies at Athens*, vol. 85, n° 1 (January-March 2016), pp. 153-199.

FEENSTRA, Robert C. ; INKLAAR, Robert & TIMMER, Marcel P.

« The Next Generation of the Penn World Table », *American Economic Review*, 2015, vol. 105, n° 10, pp. 3150-3182.

FELDSTEIN, Martin & HARTMAN, David
« The Optimal Taxation of Foreign Source Investment Income », *The Quaterly Journal of Economics*, November 1979, vol. 93, n° 4, pp. 613-629.

FOUQUET, Olivier
« Le Conseil constitutionnel et le principe d'égalité devant l'impôt », *N3C* 2011, n° 33, pp. 7-13.

FOURNIER, Alice
« L'éternel retour de la taxe européenne sur les transactions financières », *Droit fiscal* n° 6, 11 février 2021, ét. 143.

FREIHERR VON ROENNE, Christian
« The Very Begining – The First Tax Treaties », *in* Thomas Ecker & Gernot Ressler (eds.), *History of Tax Treaties : The Relevance of the OECD Documents for the Interpretation of Tax Treaties*, Vienne, Linde, coll. Series on International Tax Law, 2011, pp. 17-39.

GAOUA, Noah & JOANNARD-LARDANT, Emmanuel
« French "rent a star" anti-avoidance measure compliant with international tax law – Article 155 A of the French Tax Codes », *Revue européenne et internationale de droit fiscal*, n° 2015/2, pp. 320-325.

GAUDEMET, Paul Marie
« La Convention de Madrid du 13 décembre 1979 — Convention multilatérale tendant à éviter la double imposition des redevances de droits d'auteur », *Annuaire français de droit international*, 1980, n° 26, pp. 45-55.

GELIN, Stéphane & HERR, Clément
« L'imposition des profits des entreprises numériques : vers l'établissement stable virtuel et au-delà ! », *Revue européenne et internationale de droit fiscal*, n° 2021/2, pp. 192-201

GENSCHEL, Philipp & RIXEN, Thomas
« Settling and Unsettling the Transnational Legal Order of International Taxation » *in* Terence C. HALLIDAY & Gregory SCHAFFER (eds.), *Transnational Legal Orders*, Cambridge, Cambridge University Press, coll. Cambridge Studies in Law and Society, 2015, pp. 154-183.

GERVAL, Charles-Éloi
« Norme internationale d'échange automatique de renseignements à des fins fiscales : la reprise d'une législation américaine extraterritoriale ? », *Revue européenne et internationale de droit fiscal*, n° 2017/3, pp. 259-165

GEST, Guy
« L'affaire des crédits d'impôt brésiliens, ou les limites de l'interprétation littérale des conventions », *Droit fiscal* n° 50, 14 décembre 2006, ét. 69, note 64

GHÉBALI, Victor-Yves
« Aux origines de l'Ecosoc : l'évolution des commissions et organisations techniques de la Société des nations », *Annuaire français de droit international*, vol. 18, 1972, pp. 469-511

GIANONCELLI, Stefania
« Un marché libre et non faussé par la concurrence fiscale », *Revue européenne et internationale de droit fiscal*, n° 2019/4, pp. 444-450

GLON, Guillaume & RODRIGUEZ, Florian
« Convention multilatérale de l'OCDE : comprendre sa prise d'effet et ses impacts pratiques sur les conventions fiscales françaises », *Droit fiscal* n° 38, 19 septembre 2019, ét. 370

GRAETZ, Michael J.
« The David R. TILLINGHAST Lecture – Taxing International Income: Inadequate Principles, Outdated Concepts, and Unsatisfactory Policies », *Tax Law Review*, 2001, vol. 54, n° 261, pp. 261-336
« Taxing International Income: Inadequate Principles, Outdated Concepts, and Unsatisfactory Policies », *Brooklyn Journal of International Law*, 2001, vol. 26, n° 4, art. 8, pp. 1 357-1 448

GRAVELLE, Jane G.
« Reform of U.S. International Taxation : Alternatives », *Congressional Research Service Report* RL34115, v. 18, August 01, 2017, 26 p.

GREGG, Cornelius J.
« Double Taxation », *Transactions of the Grotius Society*, Vol. 33, Problems of Public and Private International Law (1947), pp. 77-98.

GRIFFITH, Rachel, HINES Jr. James R. & SØRENSEN, Peter Birch
« International Capital Taxation » (2008), *in* Institute for Fiscal Studies (ed.), *Dimensions of Tax Design*, Oxford, Oxford University Press, 2017, pp. 953-954.

GRIZIOTTI, Benvenuto
« L'imposition fiscale des étrangers », *Recueil des Cours de l'Académie de droit international de La Haye*, vol. 13, 1926, pp. 5-169.

GUTMANN, Daniel *et alii*
« La responsabilité sociale des entreprises, un nouvel enjeu fiscal », actes du colloque organisé le 24 mai 2011 à la Sorbonne par le Master 2 professionnel de droit des affaires et fiscalité, le département Sorbonne Fiscalité (ex-centre de recherche de fiscalité de l'université Paris I), l'École de droit de la Sorbonne et HEC, *Droit fiscal* n° 6, 9 février 2012, ét. 131.

GUTMANN, Daniel
« Brèves réflexions sur les règles procédurales de l'arbitrage fiscal international post-BEPS », *Revue européenne et internationale de droit fiscal*, n° 2017/4, pp. 396-401

HEMERY, Marie
« L'inclusion difficile mais envisagée de la fiscalité dans le financement du budget européen : le plan de relance ultime impulsion vers la création d'un impôt européen ? », *Droit fiscal* n° 6, 11 février 2021, ét. 141.

HERTZOG, Robert
« À la recherche d'une théorie du système financier public complexe », *in* Louis FAVOREU, Robert HERTZOG & André ROUX (dir.), *Constitution et finances publiques : études en l'honneur de Loïc Philip*, Paris, Économica, 2005, pp. 401-421.

HINES Jr., James R.
« The Case Against Deferral: A Deferential Reconsideration », *National Tax Journal*, 1999, vol. 52, n° 385

HOCHEDEZ, Daniel & PATRIARCHE, Vannina

« L'Assemblée nationale et l'Union européenne », *Connaissance de l'Assemblée* n° 9, février 1998, www.assemblee-nationale.fr (consulté le 1er juin 2022).

HORST, Thomas

« A Note on the Optimal Taxation of International Investment Income », *The Quaterly Journal of Economics*, June 1980, vol. 94, n° 4, pp.793-798

JARNEVIC, Jean-Pierre

« Souveraineté fiscale » *in* Loïc PHILIP (dir.), *Dictionnaire encyclopédique de finances publiques*, Paris, Economica, 1re éd., 1991, Tome 2, pp. 1 443-1 445.

JEANNIN, Pierre

« Enfin une synthèse sur la Hanse [Philippe Dollinger, *La Hanse (XIIe-XVIIe siècles)*.] », *Annales Economie, Sociétés, Civilisation*, 22e année, n° 2, 1967, pp. 385-395

JESTIN, Kevin

« De la perception du concept de Responsabilité Sociétale de l'Entreprise (RSE) à sa transposition dans le domaine fiscal », *Revue européenne et internationale de droit fiscal*, n° 2020/1, pp. 129-143.

« L'extraterritorialité du droit fiscal américain », *Revue européenne et internationale de droit fiscal*, n° 2021/2, pp. 261-276.

JOANNARD-LARDANT, Emmanuel ; LERAT, Florence & VILLETTE, Vincent

« La preuve de l'acte anormal de gestion : le droit et la pratique », *Droit fiscal* n° 41, 12 octobre 2019, ét. 394.

JOGARAJAN, Sunita

« Stamp, Seligman and the Drafting of the 1923 Experts's Report on Double Taxation », *World Tax Journal* 2013, n° 5, pp. 368-392.

« A Multilateral tax Treaty for ASEAN – Lessons from the Andean, Caribbean, Nordic and South Asian Nations », *Asian Journal of Comparative* Law, 2011, vol. 6, issue 1, art. 8, 23 p.

« Prelude to the International Tax Treaty Network: 1815-1914 Early Tax Treaties and the Conditions for Action », *Oxford Journal of Legal Studies*, vol. 31, n° 4 (Winter 2011), pp. 679-707

KANE, Mitchell A.

« A United States Perspective on the Relevance of the OECD BEPS Project to the Taxation of Non-Resident », *New Zealand Law Review*, Vol. 2017, Issue 2, pp. 175-206, p. 176.

« Ownership Neutrality, Ownership distorsion, and International Tax Welfare Benchmarks », *Virginia Tax Review*, vol. 26, 2006, pp. 53-79.

« Strategy and Cooperation in National Responses to International Tax Arbitrage », *Emory Law Journal*, 2004, vol. 53, pp. 89-170.

KAUFMAN, Nancy H.

« Fairness and the Taxation of International Income », *Law & Policy in International Business*, vol. 29, n° 2, 1998, pp. 145-204

KLASING, Mariko J. & MILIONIS, Petros

« Quantifying the Evolution of World Trade, 1870-1949 », *Journal of International Economics*, vol. 92, issue 1, January 2014, pp. 185-197

KNOLL, Michael S.
« Reconsidering International Tax Neutrality », *Tax Law Review*, 2011, vol. 64, n° 2, pp. 99-130.

KOFLER, Georg
« Indirect Credit versus Exemption : Double Taxation Relief for Intercompany Distributions », *Bulletin for International Taxation* vol. 66, n° 2, 2012.

KONGBRÉ, Gaston
« L'Initiative "Inspecteurs des impôts sans frontières" (IISF) et le recouvrement des impôts en Afrique », *Revue européenne et internationale de droit fiscal*, n° 2021/4, pp. 567-582.

KOURALEVA-CAZALS, Polina
« Quelques réflexions sur les particularités de l'appréciation du caractère confiscatoire ou excessif d'une imposition par le Conseil constitutionnel », *Revue européenne et internationale de droit fiscal*, n° 2017/2, pp. 141-147.
« The importance of being effective. Soft law and hard law in the international tax system : a new design », *Revue européenne et internationale de droit fiscal*, n° 2021/1, pp. 45-56.

KUBE, Hanno ; REIMER, Ekkehart & SPENGEL, Christoph
« Tax Policy: Trends in the Allocation of Powers Between the Union and Its Member States », *EC Tax Review*, vol. 25, n°s 5-6, 2016, pp. 247-261.

LACOUDRE, Anthony
« La France, un "paradis fiscal" pour les Américains », *Droit fiscal* n° 15, 11 avril 2019, étude 224.

LAFFAILLE, Franck
« Évasion fiscale » *in* Gilbert ORSONI (dir.), *Finances publiques : Dictionnaire encyclopédique*, Paris, PUAM, Economica, coll. Finances publiques, 2e éd., 2017, p. 439.

LAMBERT, Thierry & WAN, Shuchun
« Les "nouvelles routes de la soie" Belt & Road Initiative – BRI Une nouvelle étape de la mondialisation », *Revue française de finances publiques*, n° 156, 2021, pp. 83-100.

LAMBERT, Thierry
« L'équité, supplétif de l'égalité en matière fiscale », *in* Thierry LAMBERT *et alii*, *Égalité et équité : antagonisme ou complémentarité ?*, Paris, Economica, 1999, pp. 113-128.
« Droit fiscal de l'Union européenne : les occasions manquées », *Revue européenne et internationale de droit fiscal*, n° 2019/4, pp. 485-493.
« Y penser tout le temps, n'en parler jamais ! », édito, *Billet Edgard Allix*, n° 7, juin 2021, p. 2.
« À la recherche d'une solution satisfaisante pour le règlement des différends fiscaux », *Revue européenne et internationale de droit fiscal*, n° 2022/1, pp. 56-63

LAMY, Jérôme
« Gouverner par l'expertise scientifique et technique – Note critique », *Cahiers Droit, Sciences & Technologies*, n° 8, 2019, pp. 149-165.

LANGBEIN, Stanley I.
« The Unitary Method and the Myth of Arm's Lenght », 30 *Tax Notes* 625, 17 février 1986.
LASCOUMES, Pierre
« L'expertise, de la recherche d'une action rationnelle à la démocratisation des connaissances et des choix », *Revue française d'administration publique*, 2002/3 n° 103, pp. 269-377.
LATTY, Franck
« Sujets : *en sont toujours un* », *in* Hervé ASCENSIO *et alii* (dir.), *Dictionnaire des idées reçues en droit international*, Paris, éditions A. Pedone, 2017, pp. 559-564.
LAUFENBURGER, Henry
« Rôle et fonctions de l'impôt dans l'économie contemporaine », *Revue économique et sociale*, juillet 1959, vol. 17, n° 3, pp. 237-263
LAURATET, Séverine & DELSOL, Charlotte
« Transposition de la nouvelle clause anti-abus générale en droit fiscal français : s'agit-il d'une révolution législative et quelles seront les évolutions jurisprudentielles ? », *Droit fiscal* n° 47, étude n° 472, 22 Novembre 2018.
LAURÉ, Maurice
« Petite histoire de la naissance de la TVA » (1984), *La Jaune et la Rouge*, août/septembre 2001, pp. 7-11.
LE FOLL, Clément
« Les diplômés des grandes écoles surreprésentés à l'Assemblée nationale », *Le Monde*, Les décodeurs, 26 juin 2017, www.lemonde.fr.
LECOMTE, Didier
« Le praticien et les abus de droit, entre inquiétude et sérénité », *Revue européenne et internationale de droit fiscal*, n° 2020/4, pp. 507-512.
LEAMAN, Jeremy & WARIS, Attiya
« Why Tax Justice Matters in Global Economic Development », *in* Jeremy LEAMAN & Attiya WARIS (eds.), *Tax Justice and the Political Economy of Global Capitalism, 1945 to the Present*, New York, Berghahn, 2013, pp. 1-16.
LEFEUVRE, André
« France – Google : finalement match nul ? », *Revue européenne et internationale de droit fiscal*, n° 2019/4, pp. 521-524.
LEGENTIL, Philippe
« L'affaire Lufthansa : le principe d'interprétation littérale à la croisée des chemins ? », concl. B. Bohnert, *Droit fiscal* 2015, n° 14, comm. 245.
LEROY, Marc
« Découvrir la sociologie fiscale », *Regards croisés sur l'économie*, 2007/1, n° 1, pp. 94-100.
« Sociologie fiscale », *in* Gilbert ORSONI (dir.), *Finances publiques : Dictionnaire encyclopédique*, Paris, PUAM, Economica, coll. Finances publiques, 2e éd., 2017, pp. 827-833.
LEVADE, Anne
« La révision du 23 juillet 2008 : Temps et contretemps », *Revue française de droit constitutionnel*, 2009/2, n° 78, pp. 299-316.

LI, Jinyan
« Global Profit Split : An Evolutionary Approach to International Income Allocation », *Canadian Tax Journal*, vol. 50, n° 3, 2002, pp. 823-883

LI, Na
« The Belt and Road Initiative Tax Administration Cooperation Mechanism (BRITACOM): Where Is It Heading? », *Bulletin for International Taxation*, vol. 75, 2021, n° 11/12.

LI, Qiaolang
« Contributing to the Belt and Road Initiative from the Perspective of Tax Treaties », *Revue européenne et internationale de droit fiscal*, n° 2022/1, pp. 47-49.

LIANG, Ruolian & SUN, Hongmei
« BRITACOM: A Bridge for Closer Tax Cooperation », *Revue européenne et internationale de droit fiscal*, n° 2022/1, pp. 50-55.

LIOTTI, Belisa Ferreira
« Limits of International Cooperation: The Concept of "Jurisdiction Not to Tax" from the BEPS Project to GloBE », *Bulletin for International Taxation* vol.76 n° 4, february 2022 pp. 63-81.

LIPSEY, Robert E.
« Foreign Direct Investment and the Operations of Multinational Firms: Concepts, History, and Data », *National Bureau of Economic Research Working Papers*, 2001, n° 8665.

LOCATELLI, Franck
« Affaire Conversant : un classicisme qui fait encore recette », *Droit fiscal* n° 30-35, 29 juillet 2021, étude 324.

LONG, Yi
« Developments in China's Treaty Policy: Where is the Dragon Heading ? », 72 *Bull. Intl. Taxn.* 9 (2018), Journals IBFD.

LOUKOTA, Helmut
« Multilateral Tax Treaty Versus Bilateral Treaty Network », *in* Michael LANG *et alii* (eds.), *Multilateral Tax Treaties: New Developments in International Tax Law*, London, Kluwer Law International, Series on International taxation n° 18, pp. 83-104.

MAGNANT, Antoine
« La neutralité de la TVA : Propos introductifs », *Revue française de finances publiques*, nov. 2014, n° 128

MAITROT DE LA MOTTE, Alexandre
« La souveraineté fiscale et les organisations internationales à vocation économique », Dossier : Néji BACCOUCHE (dir.), Les implications financières, fiscales et douanières de l'Union euro-méditerranéenne, *Revue Tunisienne de Fiscalité*, 2009, n° 11, pp. 181-227.
« La concurrence fiscale dans la jurisprudence de la Cour de justice », *in* Éric CARPANO, Manuel CHASTAGNARET & Emmanuelle MAZUYER (dir.), *La concurrence règlementaire, sociale et fiscale dans l'Union européenne*, Bruxelles, Larcier, coll. Europe(s), 2016, pp. 293-311.
« Souveraineté fiscale » *in* Gilbert ORSONI (dir.), *Finances publiques : Dictionnaire encyclopédique*, Paris, PUAM, Economica, coll. Finances publiques, 2e éd., 2017, pp. 839-840.

« L'application du droit de l'Union européenne en matière fiscale », *Titre VII*, n° 2, avril 2019, pp. 60-68.

« Faire face à la crise de la Covid 19 : quelles nouvelles ressources propres européennes ? », *Revue des affaires européennes*, 2020, n° 4, pp. 823-837.

« L'avenir de l'Europe fiscale : Présentation du dossier », *Droit fiscal* n° 6, 11 février 2021, ét. 137.

« La redevance numérique du plan « Next Generation EU » : le premier impôt européen se matérialise », *Droit fiscal* n° 6, 11 février 2021, ét. 142.

« La concurrence fiscale et sa régulation dans l'Union européenne », *Revue européenne et internationale de droit fiscal*, n° 2021/2, pp. 218-225.

MALKAWI, Bashar H. & SLAWOTSKY, Joel

« National Security Review of Chinese Foreign Direct Investment ("FDI") into the Cooperation Council for the Arab States of the Gulf ("GCC"): Challenges and Opportunities », *in* Julien CHAISSE & Jędrzej GÓRSKI (eds.), *The Belt and Road Initiative: Law, Economics, and Politics*, Leiden, Brill Nijhoff, 2018, pp. 315-358.

MANGIAVILLANO, Alexandre

« Le caractère excessif de l'impôt », *Revue du droit public*, 2014, n° 1, pp. 121-136.

DE LA MARDIÈRE, Christophe

« L'œuvre fiscale de la Société des Nations », *Revue européenne et internationale de droit fiscal*, n° 2021/1, pp. 67-71.

MARONGLU, Antonio

« Bodin et le consentement à l'impôt », *in* Centre de recherches en littérature et linguistique de l'Anjou et des Bocages, *Jean Bodin : Actes du Colloque Interdisciplinaire d'Angers (24-27 Mai 1984)*, vol. 2, Angers, Presses Universitaires d'Angers, 1985, pp. 365-373.

MARTIN, Philippe, BLANLUET, Gauthier, ANTONI, Marie-Pascale, ROBERT, Éric & MATHÉ, Milena

« L'adaptation des standards du droit fiscal international à une économie mondialisée et transformée par le numérique », *in* Conseil d'État, *La fiscalité internationale à réinventer ? Un colloque organisé par le Conseil d'État le 30 novembre 2018*, Paris, La Documentation Française, 2020, pp. 45-69.

MARTIN, Philippe, EVERS, Maikel, JATON, Laurence, MARCUS, Édouard & SILBERZTEIN, Caroline

« La convention multilatérale OCDE : quel impact sur la fiscalité internationale ? – Actes de la soirée d'étude annuelle de l'IFA, 4 oct. 2017 », *Droit fiscal* n° 51-52, 21 décembre 2017, ét. 587.

MARTIN, Philippe

« L'interprétation des conventions fiscales internationales », *Droit fiscal* n° 24, 13 juin 2013, étude 320.

MARTINEZ, Jean-Claude

« Théorie générale des conventions fiscales », *JurisClasseur* fasc. 350, § 2, nov. 1984

MASON, Ruth

« Tax Discrimination and Capital Neutrality », *World Tax Journal*, 2010, n° 2, pp. 126-138.

MAUS, Didier

« L'Assemblée nationale et les lois autorisant la ratification des traités », Chronique constitutionnelle française, *Revue du droit public et de la science politique en France et à l'étranger*, 1978, pp. 1 075-1 088

« Le cadre institutionnel de la diplomatie parlementaire », *Parlement[s], Revue d'histoire politique*, 2012/1, n° 17, pp. 14-36

MCCLURE, William P. & BOUMA, Herman B.

« The Taxation of Foreign Income from 1909 to 1989: How a Tilted Playing Field Developed », *Tax Notes*, 1989, vol. 43 n° 1379

MCDANIEL, Paul R.

« Trade and Taxation », *Brooklyn Journal of International Law*, 2001, vol. 26, n° 4, pp. 1 621-1 640

DE MELO RIGONI, Joao Marcus

« Brazilian View on Base Erosion and Profit Shifting: An Alternative Path », *Intertax*, 2014, vol. 42, n° 11, pp. 730-742.

MICHAELS, Ralf

« What Is Non-State Law ? », *in* Michael A. HELFAND (ed.), *Negotiating State and Non-State Law : The Challenge of Global and Local Legal Pluralism*, New York, Cambridge University Press, coll. ASIL Studies in International Legal Theory, 2015, pp. 41-58.

MILHAC, Édouard & PASQUIER, Céline

« États-Unis : chronique de l'année 2016 », *Droit fiscal* n° 9, 2 mars 2017, ét. 181.

MIKLER, John & ELBRA, Ainsley

« Paying a 'faire share': multinational corporations' perspectives on taxation », *in* Richard ECCLESTON & Ainsley ELBRA (eds.), *Business, Civil Society and the 'New' Politics of Corporate Tax Justice: Paying a Fair Share?*, Cheltenham, Edward Elgar Publishing, coll. Elgar Politics and Business, 2018, pp. 155-176.

MONNIER, Jean-Marie

« L'impôt et la contrainte ou la dialectique de l'autonomie et de la responsabilité », *European Journal of Economic and Social System*, Lavoisier, 2006, 19 (1), pp. 99-110.

MORGAN, Ed

« International Tax Law as a Ponzi Scheme », *Suffolk Transnational Law Review*, vol. 34 : 1, n° 69, 2011, pp. 69-115.

MOTSCH, Pascaline

« Les questions écrites des parlementaires en droit international », *Civitas Europa*, 2021/1, n° 46, pp. 43-64.

MUSGRAVE, Peggy B.

« The OECD Model Tax Treaty: Problems and Prospects », *Columbia Journal of World Business*, vol. 10, n° 2, 1975, pp. 29-39.

« Interjurisdictional Equity in Company Taxation: Principles and Applications to the European Union », *in* Sijbren CNOSSEN (ed.), *Taxing Capital Income in the European Union: Issues and Options for Reform*, Oxford, Oxford University Press, 2000, pp. 46-77.

« Consumption Tax Proposals in an International Setting », *Tax Law Review*, vol. 54, n° 1, 2000, pp. 77-100.

« Sovereignty, Entitlement, and Cooperation in International Taxation », *Brooklyn Journal of International Law*, vol. 26,n° 4, 2001, pp. 1 335-1 356.

« Taxing International Income: Further Thoughts », *Brooklyn Journal of International Law*, vol. 26,n° 4, 2001, pp. 1 478-1 480.

« Combining Fiscal Sovereignty and Coordination: National Taxation in a Globalizing World », *in* Inge KAUL & Pedro CONCEIÇÃO (eds.), *The New Public Finance: Responding to Global Challenges*, New York, Oxford University Press, 2006, pp. 167-193.

MUSGRAVE, Richard A. & MUSGRAVE, Peggy B.

« Inter-nation equity », *in* Richard M. BIRD & John G. HEAD (eds.), *Modern Fiscal Issues: Essays in Honour of Carl S. Shoup*, Toronto, University of Toronto Press, coll. Heritage, 1972, pp. 63-85.

MUSGRAVE, Richard A.

« Criteria for Foreign Tax Credit », *in* Russell BAKER (ed.), Tax Institute (U.S.), Princeton, Series on the impact of taxation on management responsibility, 1960, pp. 83-93.

NAYBERG, Louis

« Refus de reconnaissance d'une clause de la nation la plus favorisée : la CJUE persiste et signe », *Droit fiscal* n° 39, 29 septembre 2016, act. 543.

NAVATTE, Bernard

« La fraude et l'habileté en droit fiscal », *Dalloz*, 1959, chron., 87.

NIBOYET, Jean-Paulin

« Les doubles impositions au point de vue juridique », *Recueil des Cours de l'Académie de droit international de La Haye*, vol. 31, 1930, pp. 1-103.

NOËL, Johanna

« La normativité des réponses ministérielles », *Civitas Europa* 2021/1, n° 46, pp. 103-116.

NOLDE, Boris

« La clause de la nation la plus favorisée et les tarifs préférentiels », *Recueil des cours de l'académie de droit international de La Haye*, 1932, vol. 39, pp. 1-130.

OBERSON, Xavier

« Les accords entre l'Union européenne et la Suisse pour lutter contre la fraude et l'évasion fiscale », *in* Thierry LAMBERT (dir.), *La fin des paradis fiscaux ?*, Paris, Montchrestien, coll. Grands colloques, 2011, pp. 157-174.

« L'évolution de la politique internationale de la Suisse en matière d'échange de renseignements fiscaux – Après le "big bang", la lumière », *Revue européenne et internationale de droit fiscal*, n° 2016/1, pp. 9-19.

OGLE, Vanessa

« 'Funk Money': The End of Empires, The Expansion of Tax Havens, and Decolonization as an Economic and Financial Event », *Past & Present*, vol. 249, issue 1, November 2020, pp. 213-249.

« Archipelago Capitalism: Tax Havens, Offshore Money, and the State, 1950s-1970s », *American Historical Review* vol. 122, n° 5, December 2017, pp. 1 431-1 458.

OLBERT, Marcel & SPENGEL, Christoph
« International Taxation in the Digital Economy: Challenge Accepted ? », *World Tax Journal*, February 2017, pp. 3-46.

OLIVA, Éric
« La lutte contre la fraude fiscale : principe à valeur constitutionnelle ou simple objectif ? », *in* Thierry LAMBERT (dir.), *Le contentieux fiscal en débats*, Paris, LGDJ, coll. Grands colloques, 2014, pp. 5-28.
« Compétitivité et impôt : Ne pas jeter le bébé avec l'eau du bain ! », *Pouvoirs*, 2014/4, n° 151, pp. 99-115.
« Jurisprudence du Conseil constitutionnel : Décision n° 2016-744 DC du 29 décembre 2016, *Loi de finances pour 2017* », *Revue française de droit constitutionnel*, 2017/2, n° 110, pp. 472-486.

OZAI, Ivan
« Inter-Nation Equity Revisited », *Columbia Journal of Tax Law*, vol. 12, n° 1, 2020, pp. 58-88.
« Institutional and Structural Legitimacy Deficits in the International Tax Regime », *World Tax Journal*, 2020, vol. 12, n° 1, pp. 53-78.

PELLEFIGUE, Julien
« Prix de transfert : un changement radical s'impose », *Bulletin fiscal* 12/14, novembre 2014.

PÉRIN-DUREAU, Ariane
« Instauration de la taxe sur les services numériques », *Communication Commerce électronique* n° 1, janvier 2020, étude 1.

PERRAUD, Gaël
« Une gouvernance fiscale mondiale ? », *Revue européenne et internationale de droit fiscal*, n° 2021/1, pp. 73-79.

PEZET, Fabrice
« Au nom du marché : une gouvernance fiscale européenne partagée ? », *Revue européenne et internationale de droit fiscal*, n° 2019/4, pp. 437-443.
« Du "serpent de mer" au "serpent de vert" : la refonte de la directive sur la fiscalité de l'énergie », *Droit fiscal* n° 6, 11 février 2021, ét. 144.

PFERSMANN, Otto
« Chapitre IV – Monisme revisité contre *juriglobisme* incohérent », *in* Jean-Yves CHÉROT & Benoît FRYDMAN (dir.), *La science du droit dans la globalisation*, Bruxelles, Bruylant, coll. Penser le droit, 2012, pp. 63-88.

PHILIP, Loïc
« La décision du 30 décembre 1975 dans l'affaire consolidation des dettes commerciales », *Revue du droit public et de la science politique en France et à l'étranger*, 1976, n° 4, pp. 995-1 026.
« Justice fiscale », *in* Gilbert ORSONI (dir.), *Finances publiques : Dictionnaire encyclopédique*, Paris, PUAM, Economica, coll. Finances publiques, 2e éd., 2017, pp. 570-571.

PICCIOTTO, Sol
« The End of Offshore? Regaining Public Control of Finance and Taxation in the Era of Globalization », *in* Mark P. HAMPTON & Jason P. ABBOTT (eds.), *Offshore Finance Centres and Tax Havens, The Rise of Global Capital*, Palgrave Macmillan, coll. Business, 1999, pp. 43-78.

« La naissance de l'offshore, les paradis fiscaux et le système international », *L'Économie politique*, n° 4, 1999, pp. 44-68.

PICHET, Éric

« Contribution à une théorie de la dépense fiscale, pour la réforme du système français des "niches" fiscales », *Droit fiscal*, n° 14, 5 avril 2012, ét. 242.

PICOD, Fabrice

« Synthèse - Libre circulation des marchandises », *JurisClasseur Europe Traité*, màj. 1er janvier 2021.

PRODI, Romano

« Global Governance and Global Summits from the G8 to the G20: History, Opportunities and Challenges », *China & World* Economy, vol. 24, n° 4, 2016, pp. 5-14.

RIGAUDEAU, Pierre-Olivier

« Les réponses ministérielles en matière fiscale », *Civitas Europa*, 2021/1, n° 46, pp. 117-135.

RING, Diane M.

« International Tax Relations: Theory and Implications », *Tax Law Review*, n° 60, 2007, pp. 83-154.

« One Nation Among Many: Policy Implications of Cross-Border Tax Arbitrage », *Boston College Law Review*, 2002, vol. 44, n° 1, pp. 79-175.

ROBERT, Cécile

« Expertise et action publique », *in* Olivier BORRAZ & Virginie GUIRAUDON (dir.), *Politiques publiques 1 : La France dans la gouvernance européenne*, Paris, Presses de Sciences Po, coll. Académique, 2008, pp. 309-335.

ROGERS, Toby

« Using Prisoner's Dilemma to Evaluate Corporate Tax Reform Proposals », *SSRN Electronic Journal*, 2013, 26 p.

ROIN, Julie

« Competition and Evasion: Another Perspective on International Tax Competition », *The Georgetown Law Journal*, 2000, vol. 89, pp. 543-604

ROSENBLOOM, H. David

« Cross-Border Arbitrage : The Good, the Bad and the Ugly », *Taxes : The Tax Magazine*, 2007, vol. 85, n° 3, p. 115-118.

« The David R. Tillinghast Lecture: International Tax Arbitrage and the "International Tax System" », *Tax Law Review*, 2000, vol. 53, n° 2, pp. 137-166.

ROTA-GRAZIOSI, Grégoire

« Implementing Tax Coordination and Harmonization through Voluntary Commitment », *Études et Documents,* 2016, n° 12, CERDI.

SABONNADIÈRE, Matthieu

« La remise en cause du système fiscal international : l'opportunité d'une révolution ? », *Droit fiscal* n° 41, 8 oct. 2015, ét. 616.

SADOWSKY, Marilyne

« Le principe de subsidiarité des conventions fiscales internationales », *Droit fiscal* n° 45, 8 novembre 2018, étude 436.

SAINT-AMANS, Pascal & ALEPIN, Brigitte
« Dix ans après la crise, où en sommes-nous dans les réformes de fiscalité internationale ? », *Revue française de finances publiques*, févr. 2019, n° 145, p. 289.

SAINT-AMANS, Pascal, BARANGER, Séverine & DE RAAT, Kevin
« The OECD and International Tax Governance: a Constant Evolution », *Revue européenne et internationale de droit fiscal*, n° 2021/1, p. 42 :

SAINT-AMANS, Pascal & ROBERT, Éric
« Le projet BEPS et la longue marche en direction d'une fiscalité globale pour l'économie du XXIe siècle », *Droit fiscal* n° 49, 3 décembre 2015, étude n° 709.
« Le projet BEPS et son héritage », *in* Dossier : *Base Erosion and Profit Shifting* – BEPS – ou la refondation du droit fiscal international, *Revue européenne et internationale de droit fiscal*, n° 2016/4, pp. 409-419.

SAINT-AMANS, Pascal
« MAP Arbitration in the OECD Model Tax Convention and the BEPS Multilateral Instrument », *Revue européenne et internationale de droit fiscal*, n° 2017/4, pp. 381-389.

SAMPER, Christophe
« Argumentaire pour l'application de la systémique au droit », *Archives de Philosophie du Droit*, n° 43, pp. 327-348.

SCHNERB, Robert
« La politique fiscale de Thiers », *Revue historique*, t. 202, fasc. 2, 1949, pp. 184-220.

SCHOETTL, Jean-Éric
« Les modifications apportées le 26 mars 2003 au règlement de l'Assemblée nationale sont-elles constitutionnelles ? », *Les Petites Affiches*, 2003 n° 84, pp. 10-17.

SCHÖN, Wolfgang
« International Tax Coordination for a Second-Best World (Part I) », *World Tax Journal*, 2009, vol. 1, n° 1, pp. 67-114.
« International Tax Coordination for a Second-Best World (Part III) », *World Tax Journal*, 2010, vol. 2, n° 3, pp. 227-261.
« Is There Finally an International Tax System? », *World Tax Journal*, 2021, Vol. 13, n° 3, pp. 357-384.
« Is There Finally an International Tax System? », *in* Georg KOFLER, Ruth MASON & Alexander Rust (eds.), *Thinker, Teacher, Travaler: Reimagining International Tax, Essays in Honor of H. David Rosenbloom*, Amsterdam, IBFD, 2021, pp. 475-488.

SCHOUERI, Luis Eduardo & PIGNATARI, Leonardo Thomaz
« Brazilian Perspective on International Tax Governance », *Revue européenne et internationale de droit fiscal*, n° 2021/1, pp. 112-134.

SCHUSTER, Ernst J.
« The Nationality and Domicil of Trading Corporations », *Problems of the War*, 1916, vol. 2, Papers Read before the Society in the Year 1916 (1916), pp. 57-85.

SELIGMAN, Edwin R. A.

« La double imposition et la coopération fiscale internationale », *Recueil des Cours de l'Académie de droit international de La Haye*, vol. 20, 1927, pp. 459-631.

SÉRANDOUR, Yolande

« Déductions. – Principes généraux », *JurisClasseur Fiscal Chiffre d'affaires*, Fasc. 2025-10, 6 juillet 2015.

SERLOOTEN, Patrick

« La neutralité fiscale. Un principe obsolète ? », *in Mélanges dédiés à Louis BOYER*, Toulouse, Presses de l'Université des sciences sociales de Toulouse, 1996, pp. 701-715.

SHAHEEN, Fadi

« International Tax Neutrality: Reconsiderations », *Virginia Tax Review*, 2007, vol. 27, n° 1, pp. 203-240.

SILBERZTEIN, Caroline ; GRANEL, Benoît & TRISTRAM, Jean-Baptiste

« La convention multilatérale de l'OCDE : vous ne lirez plus les conventions fiscales comme avant ! », *Droit fiscal* n° 39, 28 septembre 2017, ét. 475.

SLEMROD, Joel

« Free-Trade Taxation and Protectionist Taxation », *International Tax and Public Finance* 2 n° 3, November 1995, pp. 471-489.

STANKIEWICZ, Lukasz

« Chalandage fiscal », *in* Jean-Luc ALBERT, Jean-Luc PIERRE & Daniel RICHER (dir.), *Dictionnaire de droit fiscal et douanier*, Paris, Ellipses, coll. Dictionnaires de droit, 2007, pp. 81-82.

« Le rôle de l'OCDE dans la régulation de la concurrence fiscale », *Revue européenne et internationale de droit fiscal*, n° 2021/2, pp. 235-246

« Gouvernance fiscale mondiale – Présentation du dossier », *Revue européenne et internationale de droit fiscal*, n° 2021/1, pp. 9-11.

TAP, Florent

« La définition de l'acte anormal de gestion par le juge fiscal est-elle constitutionnelle ? », *Droit fiscal* n° 9, 4 mars 2021, étude 154.

TAYLOR, John

« Twilight of the neanderthals, or are bilateral double taxation treaty networks sustainable », *Melbourne University Law Review* 2010, vol. 34, pp. 268-312.

THÉRET, Bruno & URI, Didier

« La courbe de Laffer dix ans après : un essai de bilan critique », *Revue économique*, 1998, n° 39-4, pp. 753-808.

TIMSIT, Gérard

« Système », *in* Denis ALLAND & Stéphane RIALS (dir.), *Dictionnaire de la culture juridique*, Paris, Lamy, Presses universitaires de France, coll. Quadrige, Dicos poche, 2003, pp. 1 462-1 465.

TOULEMONDE, Betty & ZAPF, Hervé

« Commentaire des principales dispositions de la loi de finances pour 2011 et de la loi de finances rectificative pour 2010 », *Gazette du Palais*, *Recueil* 2011 n° 2, mars-avril 2011, p. 765.

TROPER, Michel
« La pyramide est toujours debout », *Revue du droit public*, 1978, n° 6, pp. 1 523 *sqq*.
« Positivisme juridique », *Encyclopædia Universalis* [en ligne], consulté le 1er juin 2022.

TUCKER, Albert W.
« A Two-Person Dilemma: The Prisoner's Dilemma » (1951), cité dans « The Mathematics of Tucker: A Sampler », *The Two-Year College Mathematics Journal*, vol. 14, n° 3, June 1983, pp. 228-232.

UTZ, Stephen
« Tax neutrality », *in Mélanges en l'honneur de Pierre BELTRAME*, Aix-en-Provence, Presses universitaires d'Aix-Marseille, 2010, pp. 567-587.

VAPAILLE, Laurence
« Le fédéralisme et le régionalisme fiscal », Dossier : Le fédéralisme et le régionalisme fiscal, *Revue européenne et internationale de droit fiscal*, n° 2019/1, pp. 5-98.

VANN, Richard J.
« International Aspects of Income Tax », *in* Victor THURONYI (ed.), *Tax Law Design and Drafting*, Volume 2, Washington D.C., International Monetary Fund, 1998, pp. 718-810.

VIRALLY, Michel
« La Conférence au sommet », *Annuaire français de droit international*, vol. 5, 1959, pp. 7-36.
« Le principe de réciprocité dans le droit international contemporain », *Recueil des cours de l'académie de droit international de La Haye*, 1967, vol. 122, pp. 1-105.

VIRET, Jacques
« Les mathématiques et les modélisations », *in* Thierry BALZACQ & Frédéric RAMEL (dir.), *Traité de relations internationales*, Paris, Presses de Sciences Po, coll. Références, 2013, pp. 373-410.

VOGEL, Klaus
« The Search for Compatible Tax Systems », *in* Herbert STEIN (ed.), *Tax Policy in the Twenty-First Century*, New York, Wiley, 1988, pp. 76-85.
« Worldwide vs. Source Taxation of Income – A Review and Re-Evaluation of Arguments (Part II) », *Intertax*, 1988, vol. 16, n° 10, pp. 310-320.

WANG, Jun
« The Belt and Road Initiative Tax Journal: An Important Platform for BRI Tax Cooperation », *Belt and Road Initiative Tax Journal*, vol. 1, n° 1, 2020, pp. 1-2.

WANG, Ke Chin
« International Double Taxation of Income: Relief Through International Agreement 1921-1945 », *Harvard Law Review*, Vol. 59, n° 1 (Nov., 1945), pp. 73-116.

WATHELET, Melchior
« Direct taxation and EU law: integration or disintegration ? », *EC Tax Review*, vol. 13, n° 1, 2004, pp. 2-4.

WEISBACH, **David A.**
« The Use of Neutralities in International Tax Policies », *University of Chicago Coase-Sandor Institute for Law & Economics Research Paper* n° 697, 2014, 25 p.
WEST, Philip R.
« Foreign Law in U.S. International Taxation », *Florida Tax Review*, 1996, vol. 3, n° 4, pp. 147-185.
WILKINS, Mira
« Foreign Investment in the U.S. Economy before 1914 », *The Annals of the American Academy of Political and Social Science*, vol. 516, July 1991, pp. 9-21.
ZHANG, Yuejiao
« Foreword: Belt and Road Initiate – Navigating New Challenges and Opportunities », *in* Julien CHAISSE & Jędrzej GÓRSKI (eds.), *The Belt and Road Initiative: Law, Economics, and Politics*, Leiden, Brill Nijhoff, 2018, pp. IX-X.

Rapports, études, avis et modèles
Assemblée nationale
Didier MIGAUD (prés.), Gilles CARREZ (rapp. gén.), Rapport d'information n° 946 déposé par la Commission des finances, l'économie générale et du plan *sur les niches fiscales*, 5 juin 2008, 278 p.
Gilles CARREZ (rapp. gén.), Rapport n° 2998 fait par la Commission des finances, de l'économie générale et du contrôle budgétaire *sur le projet de loi de finances rectificative pour 2010 (n° 2944)*, 1er décembre 2010, Tome 1, 624 p.
Benjamin DIRX, Rapport n° 1099 fait au nom de la Commission des affaires étrangères *sur le projet de loi, adopté par le Sénat, autorisant la ratification de la convention multilatérale pour la mise en œuvre des mesures relatives aux conventions fiscales pour prévenir l'érosion de la base d'imposition et le transfert de bénéfices*, 20 juin 2018, 61 p.
Bénédicte PEYROL (rapp.), Jean-François PARIGI (prés.), Rapport d'information n° 1236 déposé en application de l'article 145 du règlement, par la commission des finances, de l'économie générale et du contrôle budgétaire, en conclusion des travaux d'une mission d'information *relative à l'évasion fiscale internationale des entreprises*, 12 septembre 2018, 313 p.
Sylvain WASERMAN, Rapport n° 1955 fait au nom de la Commission des lois constitutionnelles, de la législation et de l'administration générale de la République *sur la proposition de résolution de M. Richard FERRAND tendant à modifier le Règlement de l'Assemblée nationale (n° 1882)*, 22 mai 2019, 386 p.
Joël GIRAUD & Albéric DE MONTGOLFIER (rapp. gén.), Rapport AN n° 2080 & Sénat n° 615 fait au nom de la Commission mixte paritaire chargée de proposer un texte sur les dispositions restant en discussion *du projet de loi portant création d'une taxe sur les services numériques et modification de la trajectoire de baisse de l'impôt sur les sociétés*, 26 juin 2019, 33 p.

Conseil d'État

« De la sécurité juridique », Rapport public 1991, *Études et documents*, n° 43, 1992, pp. 15-48.

Étude annuelle 2013, *Le droit souple*, Paris, La documentation française, 2013, 297 p.

Conseil des impôts ; Conseil des prélèvements obligatoires

Conseil des impôts, *L'imposition des bénéfices industriels et commerciaux*, IIIe Rapport au Président de la République, Paris, Éditions des journaux officiels, 1977, 140 p.

Conseil des impôts, *La concurrence fiscale et l'entreprise*, XXIIe Rapport au Président de la République, Paris, Éditions des journaux officiels, 2004, 364 p.

Conseil des impôts, *Fiscalité et environnement*, XXIIIe Rapport au Président de la République, Paris, Éditions des journaux officiels, 2005, 161 p.

Conseil des prélèvements obligatoires, *Les prélèvements obligatoires des entreprises dans une économie globalisée*, Paris, La Documentation française, 2009, 322 p.

Conseil des prélèvements obligatoires, *Adapter la fiscalité des entreprises à une économie mondiale numérisée*, Paris, La Documentation française, 2020, 153 p.

Conseil national du numérique

Concertation sur la fiscalité du numérique, Rapport du Conseil national du numérique, septembre 2013, 120 p.

Cour des comptes

Référé, *Les conventions fiscales internationales*, 31 mai 2019, réf. S2019-1421, 5 p.

Rapport, La fraude aux prélèvements obligatoires : Évaluer, prévenir, réprimer, communication au Premier ministre, novembre 2019, 201 p.

Organisation de coopération et de développement économique (OCDE)

Projet de Convention de double imposition concernant le revenu et la fortune 1963, Document n° C(63)87, 19 octobre 1963, 176 p.

Comité des affaires fiscales, *Rapport du Comité des affaires sur la révision du Projet de Convention de l'OCDE de 1963 en vue d'éviter les doubles impositions en matière d'impôts sur le revenu et sur la fortune*, 7 mars 1977, Document n° CFA(76)7(1ère Révision).

Prix de transfert et entreprises multinationales, Rapport du Comité des affaires fiscales, Paris, OCDE, 1979, 106 p.

Prix de transfert, ajustements corrélatifs et procédure amiable, adopté par le Conseil de l'OCDE le 24 novembre 1982, R(1), 42 p.

L'imposition des revenus provenant de la location d'équipement industriel, commercial ou scientifique, adopté par le Conseil de l'OCDE le 13 septembre 1983, R(2), 11 p.

L'imposition des revenus provenant de la location de conteneurs, adopté par le Conseil de l'OCDE le 13 septembre 1983, R(3), 15 p.

La sous-capitalisation, adopté par le Conseil de l'OCDE le 26 novembre 1986, R(4), 39 p.

Les conventions préventives de la double imposition et l'utilisation des sociétés écran, adopté par le Conseil de l'OCDE le 27 novembre 1986, R(5), 39 p.

Les conventions préventives de la double imposition et l'utilisation des sociétés relais, adopté par le Conseil de l'OCDE le 27 novembre 1986, R(6), 27 p.

L'imposition des revenus des activités de divertissement et des activités artistiques et sportives, adopté par le Conseil de l'OCDE le 27 mars 1987, R(7), 36 p.

Dérogation aux conventions fiscales, adopté par le Conseil de l'OCDE le 2 octobre 1989, R(8), 16 p.

Problèmes posés par l'application et l'interprétation de la règle des 183 jours, adopté par le Conseil de l'OCDE le 24 octobre 1991, R(9), 20 p.

Régime fiscal appliqué aux logiciels, adopté par le Conseil de l'OCDE le 23 juillet 1992, R(10), 38 p.

Cas triangulaires, adopté par le Conseil de l'OCDE le 23 juillet 1992, R(11), 17 p.

Régime fiscal des cotisations des salariés à des régimes de retraite établis à l'étranger, adopté par le Conseil de l'OCDE le 23 juillet 1992, R(12), 25 p.

Attribution de revenus aux établissements stables, adopté par le Conseil de l'OCDE le 26 novembre 1993, R(13), 42 p.

« The Changing Role for Telecommunications in the Economy: Globalisation and its Impact on National Telecommunication Policy », *OECD Digital Economy Papers*, n° 11, Paris, OECD Publishing, 1995, 73 p. (OCDE/GD(95)116)

« The Economic and Regulatory Aspects of Telecommunication Numbering », *OECD Digital Economy Papers*, n° 12, Paris, OECD Publishing, 1995, 45 p. (OCDE/GD(95)117).

Les crédits d'impôt fictif – Un réexamen de la question, adopté par le Conseil de l'OCDE le 23 octobre 1997, R(14), 64 p.

Comité des affaires fiscales, *Conditions cadres pour l'imposition du commerce électronique*, Rapport du Comité des affaires fiscales comme présenté aux Ministres à la Conférence ministérielle de l'OCDE, « Un monde sans frontières : concrétiser le potentiel du commerce électronique mondial » le 8 octobre 1998, rapport approuvé par les Ministres, 7 p.

Comité des affaires fiscales, *Concurrence fiscale dommageable : Un problème mondial*, Paris, OCDE, 1998, 88 p.

L'application du Modèle de Convention fiscale de l'OCDE aux sociétés de personnes, adopté par le Comité des affaires fiscales le 20 janvier 1999, R(15), 109 p.

Problèmes posés par l'article 14 du Modèle de Convention fiscale de l'OCDE, adopté par le Comité des affaires fiscales le 27 janvier 2000, R(16), 49 p.

Commerce électronique et fiscalité : mise en œuvre des conditions cadres d'Ottawa sur la fiscalité, Paris, OCDE, 2001, 268 p.

La limitation du droit aux avantages des conventions fiscales, adopté par le Comité des affaires fiscales le 7 novembre 2002, R(17), 26 p.

La classification conventionnelle des paiements effectués au titre du commerce électronique, adopté par le Comité des affaires fiscales le 7 novembre 2002, R(18), 41 p.

Questions soulevées par l'article 5 (établissement stable, du Modèle de Convention fiscale, adopté par le Comité des affaires fiscales le 7 novembre 2002, R(19), 58 p.

Plans d'options d'achat d'actions pour les salariés : problèmes transfrontaliers concernant l'impôt sur le revenu, adopté par le Comité des affaires fiscales le 16 juin 2004, R(20), 45 p.
Améliorer la résolution des différends en matière de conventions fiscales, adopté par le Comité des affaires fiscales le 30 janvier 2007, R(21), 72 p.
Fiscalité et non-discrimination, adopté par le Comité des affaires fiscales le 20 juin 2008, R(22), 43 p.
Application des conventions fiscales aux sociétés de placement immobilier, adopté par le Comité des affaires fiscales le 20 juin 2008, R(23), 29 p.
Accorder le bénéfice des conventions fiscales aux revenus d'organismes de placement collectif, adopté par le Comité des affaires fiscales le 23 avril 2010, R(24), 40 p.
Les dépenses fiscales dans les pays de l'OCDE, Paris, Éditions OCDE, 2010, 250 p.
Comité des affaires fiscales, Groupe de travail n° 9 sur les impôts sur la consommation, *Principes directeurs internationaux de l'OCDE pour l'application de la TVA/TPS : Principes directeurs sur la neutralité,* approuvés par le Comité des affaires fiscales le 28 juin 2011, 11 p.
Plan d'action concernant l'érosion de la base d'imposition et le transfert de bénéfices, Paris, Éditions OCDE, 2013, 45 p.
Questions posées par les permis/crédits d'émission au regard des conventions fiscales, adopté par le Comité des affaires fiscales le 26 juin 2014, R(25), 22 p.
Questions relatives à l'article 17 du Modèle de Convention fiscale de l'OCDE, adopté le 26 juin 2014 par le Comité des affaires fiscales de l'OCDE, R(26), 40 p.
Exposé des actions 2015, Projet OCDE/G20 sur l'érosion de la base d'imposition et le transfert de bénéfices, OCDE, 2015, 22 p.
Convention multilatérale pour la mise en œuvre des mesures relatives aux conventions fiscales pour prévenir l'érosion de la base d'imposition et le transfert des bénéfices, Paris, OCDE, 2015, 50 p.
Note explicative portant sur la Convention multilatérale pour la mise en œuvre des mesures relatives aux conventions fiscales pour prévenir l'érosion de la base d'imposition et le transfert de bénéfices, Paris, OCDE, 2016, 95 p.
Relever les défis fiscaux posés par l'économie numérique, Action 1 – Rapport final 2015, Projet OCDE/G20 sur l'érosion de la base d'imposition et le transfert de bénéfices, Paris, Éditions OCDE, 2017, 324 p.
Neutraliser les effets des dispositifs hybrides, Action 2 – Rapport final 2015, Projet OCDE/G20 sur l'érosion de la base d'imposition et le transfert de bénéfices, Paris, Éditions OCDE, 2017, 489 p.
Concevoir des règles efficaces concernant les sociétés étrangères contrôlées, Action 3 – Rapport final 2015, Projet OCDE/G20 sur l'érosion de la base d'imposition et le transfert de bénéfices, Paris, Éditions OCDE, 2015, 273 p.
Limiter l'érosion de la base d'imposition en faisant intervenir les déductions d'intérêts et d'autres frais financiers, Action 4 – Rapport final 2015, Projet OCDE/G20 sur l'érosion de la base d'imposition et le transfert de bénéfices, Paris, Éditions OCDE, 2015, 121 p.
Lutter plus efficacement contre les pratiques fiscales dommageables, en prenant en compte la transparence et la substance, Action 5 – Rapport final 2015,

Projet OCDE/G20 sur l'érosion de la base d'imposition et le transfert de bénéfices, Paris, Éditions OCDE, 2016, 84 p.
Empêcher l'octroi inapproprié des avantages des conventions fiscales, Action 6 – Rapport final 2015, Projet OCDE/G20 sur l'érosion de la base d'imposition et le transfert de bénéfices, Paris, Éditions OCDE, 2017, 111 p.
Empêcher les mesures visant à éviter artificiellement le statut d'établissement stable, Action 7 – Rapport final 2015, Projet OCDE/G20 sur l'érosion de la base d'imposition et le transfert de bénéfices, Paris, Éditions OCDE, 2017, 111 p.
Aligner les prix de transfert calculés sur la création de valeur, Actions 8-10 – Rapports finaux 2015, Projet OCDE/G20 sur l'érosion de la base d'imposition et le transfert de bénéfices, Paris, Éditions OCDE, 2016, 205 p.
Mesurer et suivre les données relatives au BEPS, Action 11 – Rapport final 2015, Projet OCDE/G20 sur l'érosion de la base d'imposition et le transfert des bénéfices, Paris, Éditions OCDE, 2017, 296 p.
Règles de communication obligatoire d'informations, Action 12 – Rapport final 2015, Projet OCDE/G20 sur l'érosion de la base d'imposition et le transfert de bénéfices, Paris, Éditions OCDE, 2016, 105 p.
Documentation des prix de transfert et déclaration pays par pays, Action 13 – Rapport final 2015, Projet OCDE/G20 sur l'érosion de la base d'imposition et le transfert de bénéfices, Paris, Éditions OCDE, 2015, 74 p.
Accroître l'efficacité des mécanismes de règlement des différends, Action 14 – Rapport final 2015, Projet OCDE/G20 sur l'érosion de la base d'imposition et le transfert des bénéfices, Paris, Éditions OCDE, 2016, 45 p.
L'élaboration d'un instrument multilatéral pour modifier les conventions fiscales bilatérales, Action 15 – Rapport final 2015, Projet OCDE/G20 sur l'érosion de la base d'imposition et le transfert de bénéfices, Paris, Éditions OCDE, 2015, 58 p.
Environmental Fiscal Reform: Progress, Prospects and Pitfalls, OECD Report for the G7 Environment Ministers, June 2017, 47 p.
Principes de l'OCDE applicables en matière de prix de transfert à l'intention des entreprises multinationales et des administrations fiscales 2017, Paris, Éditions OCDE, 2017, 667 p.
Les défis fiscaux soulevés par la numérisation de l'économie – rapport intérimaire 2018, Cadre inclusif sur le BEPS, Projet OCDE/G20 sur l'érosion de la base d'imposition et le transfert de bénéfices, Paris, Éditions OCDE, 2018, 243 p.
Modèle de Convention fiscale concernant le revenu et la fortune 2017 (Version abrégée), Paris, Éditions OCDE, 10e éd., 2018, 716 p.
Taxing Energy Use 2019 : Using Taxes for Climate Action, Paris, OECD Publishing, 2019, 105 p.
Relever les défis fiscaux soulevés par la numérisation de l'économie – Note politique, Telle qu'approuvée par le Cadre inclusif sur le BEPS le 23 janvier 2019, Projet OCDE/G20 sur l'érosion de la base d'imposition et le transfert des bénéfices, Paris, OCDE, 2019, 4 p.
Modèle de Convention fiscale concernant le revenu et la fortune 2017 (Version complète), Paris, Éditions OCDE, 10e éd., 2019, 2 855 p.

Statistiques de l'impôt sur les sociétés : Deuxième édition, Paris, OCDE, 2020, 51 p.
Statistiques des recettes publiques 2020, Paris, OCDE Éditions, 2020, 200 p.
Les réponses de politiques fiscale et budgétaire à la crise du coronavirus : Accroître la confiance et la résilience, Paris, OCDE Éditions, (màj.) 19 mai 2020, 57 p.
Tax Challenges Arising from Digitalisation – Report on Pillar One Blueprint, Inclusive Framework on BEPS, OECD/G20 Base Erosion and Profit Shifting Project, Paris, OECD Publishing, 12 octobre 2020, 224 p.
Forum mondial, *Modèle de manuel sur l'échange de renseignements à des fins fiscales*, Paris, OCDE, 2021, 119 p.
« Impôt sur les successions dans les pays de l'OCDE », *Études de politique fiscale de l'OCDE*, n° 28, 2021, 168 p.
OCDE/PNUD, *Inspecteurs des impôts sans frontières – Rapport annuel 2021*, Paris, 2021, 51 p.
Tax Policy Reforms 2021: Special Edition on Tax Policy during the COVID-19 Pandemic, Paris, OECD Publishing, 21 April 2021, 75 p.
Annual diversity and inclusion report 2021, Paris, OCDE, 2021, 30 p.
Cadre inclusif sur le BEPS de l'OCDE et du G20 : Rapport d'étape juillet 2020 – septembre 2021, Paris, Éditions OCDE, 2021, 32 p.
Les travaux de l'OCDE en matière de fiscalité, Paris, OCDE, 2021, 64 p.
Tax Challenges Arising from the Digitalisation of the Economy Global Anti-Base Erosion Model Rules (Pillar Two), Inclusive Framework on BEPS, Paris, OECD, 2021, 68 p.
Rapport sur la fiscalité du Secrétaire général de l'OCDE à l'intention des ministres des Finances et des gouverneurs de banques centrales des pays du G20, Paris, OCDE, juillet 2021, 16 p.
Taxer la consommation d'énergie au service du développement durable, Paris, OECD Publishing, 2021, 28 p.
Statut, règlement et instructions applicables aux agents de l'organisation, janvier 2022, 460 p.
Tax Challenges Arising from the Digitalisation of the Economy – Commentary to the Global Anti-Base Erosion Model Rules (Pillar Two), Inclusive Framework on BEPS, Paris, OECD, 2022, 226 p.
Tax Challenges Arising from the Digitalisation of the Economy – Global Anti-Base Erosion Model Rules (Pillar Two) Examples, Inclusive Framework on BEPS, Paris, OECD, 2022, 47 p.

Organisation des Nations unies (ONU)

United Nations, *Report of the Preparatory Commission of the United Nations*, PC/20, 23 December, 1945, 151 p.
Department of Economic & Social Affairs, *United Nations Model Double Taxation Convention between Developed and Developing Countries*, New York, United Nations, 2001, 383 p.
CNUCED, *Traitement de la nation la plus favorisée*, New York et Genève, Nations Unies, Collection de la CNUCED consacrée aux problèmes relatifs aux accords internationaux d'investissement II, 2010, 135 p.
UNCTAD, *World Investment Report 2014 – Investing in the SDGs: An Action Plan* (UNCTAD/WIR/2014), 24 juin 2014, 228 p.

United Nations, Department of Economic & Social Affairs, *Model Double Taxation Convention between Developed and Developing Countries*, 2017 Update, New York, United Nations, 2017, 804 p.

United Nations, Department of Economic & Social Affairs, *Manuel for the Negotiation of Bilateral Tax Treaties between Developed and Developing Countries 2019*, New York, United Nations, 2019, 222 p.

UNCTAD, *World Investment Report 2020 – International Production Beyond the Pandemic* (UNCTAD/WIR/2020), 16 juin 2020, 247 p.

UNCTAD, *World Investment Report 2021 – Investing in Sustainable Recovery* (UNCTAD/WIR/2021), 21 juin 2021, 257 p.

Société des Nations

Provisional Economic and Financial Committee, *Report to the Council upon the Session Held at Geneva, August – September 1921, Communicated to the Assembly in Accordance with the Council's Resolution of September 19th 1921* (A.95.1921.II), 1921, p. 6.

Gijsbert BRUINS, Luigi EINAUDI, Edwin SELIGMAN & Josiah STAMP, *Report on Double Taxation submitted to the Financial Committee Economic and Financial, Commission Report by the Experts on Double Taxation*, Document E.F.S.73. F.19, April 5th 1923, 51 p.

ASDN, F.212, *Double imposition et évasion fiscale*, Rapport et résolutions présentés par les experts techniques au comité financier de la Société des Nations, 7 février 1925.

Technical Experts to the Financial Committee of the League of Nations, *Double Taxation and Tax Evasion: Report and Resolutions submitted by the Technical Experts to the Financial Committee*, Document F.212, Geneva, February 1925.

Committee of Technical Experts on Double Taxation and Tax Evasion, *Double Taxation and Tax Evasion: Report*, Document C. 216. M. 85, London, April 12th, 1927.

Société des Nations, *Double imposition et évasion fiscale : Recueil des accords internationaux et des dispositions de droit interne tendant à éviter la double imposition et l'évasion fiscale*, Genève, Publications de la Société des Nations 1928, II, 45, Document n° C.345.M .102, 281 p.

General Meeting of Government Experts on Double Taxation and Tax Evasion, *Double Taxation and Tax Evasion : Report Presented by the General Meeting of Government Experts on Double Taxation and Tax Evasion*, Document C.562.M.178.1928.II., Geneva, October 31st, 1928.

Comité financier, *Rapport au Conseil sur les travaux de la 33e session du Comité et résolutions adoptées par le Conseil au cours de sa 53e session*, décembre 1928, Document C.613.M.190.1928.II [F.616] *Questions économiques et financières* 1928.II.5.

League of Nations, Fiscal Committee, *Report to the Council on the Work of the Fifth Session of the Committee*, Document C.252.M.124.1935.II.A., Geneva, June 1935.

League of Nations, Fiscal Committee, *Model Bilateral Conventions for the Prevention of International Double Taxation and Fiscal Evasion*, Second Regional

Tax Conference, Mexico, D.F., July 1943, Document C.2.M.2.1945.II.A., Geneva, 1945.
League of Nations, Fiscal Committee, *London and Mexico Model Tax Conventions Commentary and Text*, Document C.88.M.88.1946.II.A., Geneva, 1946, 117 p.
League of Nations, Fiscal Committee, *Report on the Work of the Tenth Session of the Committee*, Document C.37.M.37.1946.II.A., Geneva, March 20th to 26th, 1946.

Sénat

Raymond BRUN (rap.), Avis n° 261 présenté au nom de la Commission des Affaires économiques et du Plan sur le projet de loi, adopté par l'Assemblée Nationale, autorisant l'approbation de la Convention relative à l'Organisation de Coopération et de Développement économiques, Annexe au procès-verbal de la séance du 15 juin 1961, 38 p.
Philippe DOMINATI (prés.), Éric BOCQUET (rapp.), Rapport n° 673 fait au nom de la commission d'enquête *sur l'évasion des capitaux et des actifs hors de France et ses incidences fiscales*, 17 juillet 2012, Tome I : rapport, 860 p.
Yves DAUDIGNY & Catherine DEROCHE, Rapport d'information n° 399 fait au nom de la mission d'évaluation et de contrôle de la sécurité sociale de la commission des affaires sociales *sur la fiscalité comportementale*, 26 février 2014, 166 p.
Joël GIRAUD & Albéric DE MONTGOLFIER (rapp. gén.), Rapport AN n° 2080 & Sénat n° 615 fait au nom de la Commission mixte paritaire chargée de proposer un texte sur les dispositions restant en discussion *du projet de loi portant création d'une taxe sur les services numériques et modification de la trajectoire de baisse de l'impôt sur les sociétés*, 26 juin 2019, 33 p.

Sites web et bases de données

Australian Digital Collections (University of Sydney)
https://adc.library.usyd.edu.au/
Assemblée nationale (France)
https://www.assemblee-nationale.fr/
Site Open data : https://data.assemblee-nationale.fr/
Belt and Road Initiative Tax Administration Cooperation Mechanism
https://www.britacom.org/
Bulletin Officiel des Finances Publiques – Impôts
https://bofip.impots.gouv.fr/
Centre de recherche sur le G20 (Université de Toronto)
http://www.g20.utoronto.ca/
Conseil économique, social et environnemental
https://www.lecese.fr/
Cour des comptes (France)
https://www.ccomptes.fr/
Exchange of Information Database
https://eoi-tax.com/

Forum sur l'administration fiscale africaine
https://www.ataftax.org/
Gephi
https://gephi.org/
Google Scholar
https://scholar.google.com/
Government Digital Service (United Kingdom)
https://www.gov.uk/
Green Finance & Development Center
https://greenfdc.org/
Haute autorité pour la transparence et la vie publique (France)
https://www.hatvp.fr/
Inspecteurs des impôts sans frontières
http://www.tiwb.org/
Institut international des sciences fiscales
https://www.2isf.org/
Institut national de la statistique et des études économiques
https://www.insee.fr/
Institute for Fiscal Studies
https://ifs.org.uk/
Internal Revenue Service (United States)
https://www.irs.gov/
International Bureau of Fiscal Documentation
https://www.ibfd.org/
International Fiscal Association
https://www.ifa.nl/
IFA France : https://www.ifa-france.eu/
John F. Kennedy Presidential Library and Museum
https://www.jfklibrary.org/
Légifrance
https://www.legifrance.gouv.fr/
Ministère de l'Économie, des Finances et de la Relance (France)
https://www.economie.gouv.fr/
Nordic Co-operation
https://www.norden.org/
Organisation de coopération et de développement économiques
https://www.oecd.org/fr/
Base de données pour l'appariement de l'IM (beta) : https://www.oecd.org/fr/fiscalite/conventions/base-de-donnees-pour-l-appariement-de-l-im.htm
Inclusive Framework on BEPS : https://www.oecd.org/tax/beps/
Organisation des Nations unies
https://www.un.org/
Collection des Traités : https://treaties.un.org/
Our World in Data
https://ourworldindata.org/
Platform for Collaboration on Tax
https://www.tax-platform.org/

Portail de la Ceinture et la Route

https://fra.yidaiyilu.gov.cn/

Sénat (France)

https://www.senat.fr/

Site Open data : https://data.senat.fr/

Union européenne

http://europa.eu/

Portail d'accès au droit de l'Union européenne : https://eur-lex.europa.eu/

Délégation de l'Union Européenne auprès de l'OCDE et de l'UNESCO : https://www.eeas.europa.eu/delegations/paris-oecd-and-un_en

Index alphabétique

Les nombres renvoient aux numéros de paragraphe.

Table des cartes

Table des figures

Table des tableaux

Table des matières

Structures éditoriales du groupe L'Harmattan

L'Harmattan Italie
Via degli Artisti, 15
10124 Torino
harmattan.italia@gmail.com

L'Harmattan Hongrie
Kossuth l. u. 14-16.
1053 Budapest
harmattan@harmattan.hu

L'Harmattan Sénégal
10 VDN SICAP AMITIE 3
BP 45034 Dakar-Fann
direction@senharmattan.com

L'Harmattan Cameroun
Tsinga/Derrière polyclinique FECAFOOT
BP 11486 Yaoundé
Jacques.koukam@harmattan.fr

L'Harmattan Burkina Faso
Villa 281, secteur 23 623, rue 14.32
Ouagadougou
zagbie@outlook.fr

L'Harmattan Guinée
Almamya, rue KA 028 OKB Agency
BP 3470 Conakry
harmattanguinee@yahoo.fr

L'Harmattan RDC
185, avenue Nyangwe
Commune de Lingwala - Kinshasa
matangilamusadila@yahoo.fr

L'Harmattan Congo
219, avenue Nelson Mandela
BP 2874 Brazzaville
deunovmikhael@gmail.com

L'Harmattan Mali
Immeuble Mgr Jean Marie Cissé
Aci Hamadallaye
BP 145 Bamako
syllaka@yahoo.fr

L'Harmattan Togo
Djidjole - Maison Amela
face EPP BATOME
02 BP 20680 Lomé
didieramela11@gmail.com

L'Harmattan Côte d'Ivoire
Résidence Karl - Cité des Arts
Abidjan-Cocody
03 BP 1588 Abidjan
harmattan.ivoire@gmail.com

L'Harmattan Bénin
Rue 604, (Immeuble à l'entrée
de la rue UCAO- Cite de Saint-Jean)
Cotonou
stepcorpus@gmail.com

Nos librairies en France

Librairie internationale
16, rue des Écoles
75005 Paris
librairie.internationale@harmattan.fr
01 40 46 79 11
www.librairieharmattan.com

Librairie des savoirs
21, rue des Écoles
75005 Paris
librairie.sh@harmattan.fr
01 46 34 13 71
www.librairieharmattansh.com

www.ingramcontent.com/pod-product-compliance
Lightning Source LLC
LaVergne TN
LVHW010018081026
849535LV00016B/369